點校本二十四史修訂本

〔宋〕歐陽脩 撰
〔宋〕徐無黨 注

新五代史

第一册
卷一至卷三一

中華書局

圖書在版編目(CIP)數據

新五代史/(宋)歐陽脩撰；(宋)徐無黨注.—北京：中華書局，2016.8(2024.9重印)
(點校本二十四史修訂本)
ISBN 978-7-101-12006-6

Ⅰ.新…　Ⅱ.①歐…②徐…　Ⅲ.中國歷史－五代(907~960)-紀傳體　Ⅳ.K243.104.2

中國版本圖書館 CIP 數據核字(2016)第 169310 號

責任編輯：魯　明
責任校對：李曉霞
責任印製：管　斌

點校本二十四史修訂本

新 五 代 史

(全三册)

〔宋〕歐陽脩 撰
〔宋〕徐無黨 注

＊

中 華 書 局 出 版 發 行
(北京市豐臺區太平橋西里 38 號　100073)
http://www.zhbc.com.cn
E-mail：zhbc@zhbc.com.cn
北京新華印刷有限公司印刷

＊

880×1230 毫米 1/32・35 印張・9 插頁・618 千字
2016 年 8 月第 1 版　2024 年 9 月第 4 次印刷
印數：9001-10000 册　定價：128.00 元

ISBN 978-7-101-12006-6

五代史記卷第一

歐陽脩 撰
徐無黨 注

梁本紀第一

本紀因舊以為名本原其所始起而紀次其事以時也即
位以前其事詳原本其所自來故曲而備之見其起之有
漸有暴也即位以後其事略居尊任重
所責者簡惟大故乃可立法

太祖神武元聖孝皇帝姓朱氏宋州碭山午溝里人也其
父誠以五經教授鄉里生三子曰全昱存溫變諱其書名義
誠卒三子貧不能為生與其母傭食蕭縣人劉崇家全昱在稱王注中
無他材能然為人頗長者存溫勇有力而溫尤兇悍唐僖
宗乾符四年黃巢起曹濮存溫亡入賊中巢攻嶺南存溫從
死巢陷京師以溫為東南面行營先鋒使攻陷同州以為同

五代史記卷第四十八

歐陽　脩　撰
徐　無黨　注

雜傳第三十六

盧文進　　李金全　　楊思權
王弘贄　　劉審交　　王周
高行周　　　　　　　白再榮　安叔千

盧文進字大用范陽人也為劉守光騎將唐莊宗攻范陽
文進以先降拜壽州刺史莊宗以蜀其弟存矩名存矩會
州團練使統山後八軍莊宗與劉鄩相距於莘召存矩會
兵擊鄩存矩募山後勁五數千人課民出馬民以十牛易
一馬山後之人皆怨而兵人不樂南行行至祁溝關聚而謀

五代史記卷第三

歐陽脩 撰

徐無黨 注

梁本紀第三

末帝太祖第三子友貞也愛其諡號為人美容貌沈厚寡言雅好儒士太祖即位封均王為左天興軍使東京馬步軍都指揮使乾化二年六月太祖遇弑友珪自立殺博王友文以弑帝之罪歸之以王為東京留守開封尹改翔為中書侍郎同中書門下平章事戶部尚書李振為崇政院使明年友珪改元曰鳳曆二月驛馬都尉趙巖至東都王私與之謀遣馬慎交之魏州見楊師厚計事師厚遣小校王舜賢至洛陽告左龍虎統軍袁象先使討賊是

五代史記卷第六十一

嗚呼自唐失其政天下乘時顯髮盜販袞竟我
魏吳暨南唐姦豪竊擾雷險而富漢險而貧能
自疆富者先亡閩陋荊蹙楚開蠻服剝剽韓堪
吳越其尤年牲視人嶺蜑遭劉百年之間並起
爭雄山川亦絕風氣不通語曰清風興羣陰伏
日月出爝火息故真人作而天下同作十國世

家

吳世家第一

楊行密 子渥 隆演 溥

五代史記卷第三十七

歐陽　脩　撰
徐　無黨　注

伶官傳第二十五

嗚呼盛衰之理雖曰天命豈非人事哉原莊宗之所以得天下與其所以失之者可以知之矣世言晉王之將終也以三矢賜莊宗而告之曰梁吾仇也燕王吾所立契丹與吾約爲兄弟而皆背晉以歸梁此三者吾遺恨也與爾三矢忘其無忘乃父之志莊宗受而藏之于廟其後用兵則遣從事以一少牢告廟請其矢盛以錦囊負而前驅及凱

新五代史整理人員名録

原點校者　陳　垣　柴德賡

　　　　　石淑儀　李國鈞　李德清　沈灌群　周子美　林艾園　金祖孟

　　　　　袁英光　徐震堮　徐德嶙　馬興榮　陳光祖　陳懷良　梁永昌

　　　　　張惠芬　張瑞璠　葉百豐　趙善詒　戴家祥　簡修煒　鄒逸麟

　　　　　陸　楓　葉亞廉　劉德權　馮菊年　周琪生

修訂主持人　陳尚君

修訂承擔單位　復旦大學

修訂組成員　唐　雯　仇鹿鳴

編輯組成員　張忱石　馮寶志　魯　明　劉彥捷　王　勇

點校本二十四史及清史稿修訂緣起

以「二十四史」及清史稿爲代表的紀傳體史書，記載了中國古代從傳說中的黃帝到辛亥革命結束清朝統治前各個朝代的歷史概貌，以歷代王朝的興亡更替爲先後，反映了中國的歷史進程，構成了關於中國古代政治、經濟、軍事、科技、思想文化、社會風俗等各個方面最爲重要的基本史料，使中國和中華民族成爲世界上惟一擁有數千年連貫、完整歷史記載的國家和民族。這是中華民族引以爲榮並值得進一步發揚光大的寶貴歷史文化遺產。

爲了更好地傳承與保護這份珍貴的歷史文化遺產，二十世紀五十至七十年代，在毛澤東主席、周恩來總理的親自部署和國家有關部門的直接領導下，由中華書局承擔組織落實和編輯出版工作，集中全國學術界、出版界的力量，完成了「二十四史」及清史稿的點校整理和出版。從一九五八年九月標點「前四史」及改繪楊守敬地圖工作會議召開，次年九月點校本史記問世，到一九七八年點校本宋史完成出版，整理工作歷時二十年，其間不

斷完善點校體例,逐史加以標點、分段、正誤、補闕,所積累的科學整理方法和豐富的實踐經驗,爲傳統文獻的整理做出了寶貴的探索,確立了現代古籍整理的基本範式和標準。點校本出版之後,以其優秀的學術品質和適宜閱讀的現代形式,逐漸取代了此前的各種舊本,爲學術界和廣大讀者普遍採用,成爲使用最廣泛的權威性通行本。

點校本「二十四史」及清史稿從開始出版,至今已超過半個世紀,上距一九七八年宋史出版,點校工作完成,也已經過去了三十多年。點校本「二十四史」及清史稿的整理出版工作,由於受到當時種種客觀條件的制約,加之整理出版過程歷時綿長,時間跨度大,參與點校者時有變動,點校體例未能統一,或底本選擇不夠精當,或校勘過於簡略,或標點間有失誤,各史都存在着不同程度的缺憾。爲適應新時代學術發展和讀者使用的需求,亟需予以全面修訂。

中華書局於二〇〇五年開始籌備「二十四史」及清史稿的修訂工作,梳理學術界關於點校本的意見建議,清理點校工作原始檔案,進一步明確修訂工作重點。二〇〇六年四月召開專家論證會,得到了學術界的積極響應。其後,在新聞出版總署、中國出版集團公司和社會各界學術力量的支持下,正式組建了點校本「二十四史」及清史稿修訂工程組織機構,擬定了修訂工作的各項具體規定,包括修訂工作總則、修訂工作流程,以及標點分

段辦法舉例、校勘記寫法細則舉例等一系列規範性文件，並在全國範圍內通過廣泛調研，遴選確定了各史修訂承擔單位和主持人。

點校本「二十四史」及清史稿，是二十世紀中國古籍整理的標誌性成果，修訂本是原點校本在新的歷史時期的延續。修訂工作在原有點校本基礎上展開，嚴格遵守在點校本基礎上進行適度、適當修訂和完善的原則，通過全面系統的版本覆核、文本校訂，解決原點校本存在的問題，彌補不足，力求在原有基礎上，形成一個體例統一、標點準確、校勘精審、閱讀方便的新的升級版本。

修訂工作的總體目標，主要包括兩個方面：一，保持點校本已取得的整理成果和學術優勢，通過各個修訂環節，消弭點校本存在的缺憾，並認真吸收前人與時賢的研究成果，包括當代學術研究的新發現（文物、文獻資料）、新結論（學術定論），使修訂本成爲符合現代古籍整理規範、代表當代學術水準、能夠體現二十一世紀新的時代特點的典範之作。二，解決原點校本各史體例不一的問題，做到體例基本統一，包括：規範取校範圍、校勘取捨標準、分段及校勘記、標點方式；撰寫各史修訂本前言、凡例；編製主要參考文獻目錄及其他附錄、索引。

早在一九六〇年，時任國務院古籍整理出版規劃小組組長的齊燕銘同志，就曾對點

校本「二十四史」提出過兩點明確的要求，其一是在學術成果上「超越前人」；其二是經過重版修訂使之「成爲定本」。點校本的學術業績，獲得了學術界和廣大讀者的高度評價和廣泛採用，經過全面修訂，希望能在保持原有學術優勢的基礎上完善提高，進一步確立並鞏固點校本「二十四史」及清史稿的現代通行本地位，「成爲定本」還需要廣大讀者的檢驗和今後不斷的努力。

點校本「二十四史」及清史稿整理工作自二十世紀五十年代起始，至本世紀全面修訂再版，五十餘年間，一代又一代學者如同接力賽跑，前赴後繼，爲之默默奉獻，傾盡心力。點校本的學術成就和首創之功，以及其間展現的幾代人鍥而不捨的爲學精神，將澤被學林，彪炳史冊！值此修訂本出版之際，我們向所有參加過點校工作的前輩學者和出版工作者，表示崇高的敬意，對已故前輩表達深切的懷念，向承擔本次修訂的各位學者專家表示誠摯的謝意，向國家出版基金管理委員會及其辦公室、各史點校和修訂承擔單位、各相關圖書收藏機構，以及關注和支持本次修訂工作的社會各界人士，謹致由衷的謝忱。

中華書局編輯部　二〇一三年七月

點校本新五代史修訂前言

新五代史，北宋歐陽脩撰，原名五代史記，後世爲區別於薛居正等官修的五代史，習稱爲新五代史。全書七十四卷，記載後梁、後唐、後晉、後漢、後周五朝共五十三年的歷史。

一

唐末的動亂，可以追溯到唐懿宗咸通後期的桂林戍卒叛亂，至唐僖宗廣明以後，戰亂遍及全國，各地割據自守，在中原則形成朱全忠與沙陀李克用互相爭雄的局面。至唐哀帝天祐四年（九〇七），佔據優勢的朱全忠受唐禪，建立後梁。李克用父子據河東與之抗衡，復經十七年戰爭，李存勗於同光元年（九二三）稱帝滅梁，建立後唐。此後石敬瑭建後

晉（九三六），劉知遠建後漢（九四七），郭威建後周（九五一），都是河東沙陀勢力分化的結果。與此同時，北方的契丹日益強盛，成爲影響五代歷史走向的重要外部因素，而各地割據勢力先後稱王建號者有岐李茂貞、前蜀（國號漢）王建、吳越錢鏐、燕劉守光、吳楊隆演、閩王審知、南漢劉龑、楚馬殷、後蜀孟知祥、南唐李昪、北漢劉旻等，佔據數州之地而同割據者則有荆南（即南平）高季興、夏州李仁福、靈武韓洙等。後世取其大端，習稱爲五代十國時期。嚴格地説，這一時期僅包括後梁建立到宋受周禪的五十三年，但如以唐僖宗乾符後期河東沙陀勢力崛起爲起點，以宋太宗太平興國四年（九七九）北漢滅亡爲終點，則約有一百年。

宋太祖趙匡胤建立宋王朝後，先後出兵征服後蜀、南漢，並迫使荆南歸順，政局穩定，統一可期，乃於開寶六年（九七三）詔參知政事薛居正監修五代史，歷時一年半成書，凡一百五十卷。薛史主要依據五代各朝實録删削而成，大量保存了五代實録的原始記録，但因成書倉促，失於本紀太繁，列傳僅次履歷，拙於敍事，史筆無法，美惡失實，頗爲後人詬病。

宋王朝完成國家統一後，實力增强，更重視國家的制度建設和士人的道德敦尚，因此時人不滿於薛撰五代史，多有重修之議。宋仁宗天聖五年（一〇二七）二月「知寧州楊及

上所修五代史」[一]。慶曆初翰林學士盛度建議重修唐書後，時居相位的宋庠即有奏劄請同時重修五代史。他認爲薛書「雖粗成卷帙，而實多漏略，義例無次，首末相違」，「其五代帝紀則殆是全寫實録，别傳則更同銘誌，比於唐史，抑又甚焉」。而當時秘府所藏「五代實録、諸國僭僞之篇，往往完具，若得裒類而通閲，猶足以整齊年月，補緝散亡，勒成新書，或矯前病」。並推薦其弟刑部員外郎宋祁、翰林侍讀學士李淑承擔編纂[二]。可知在歐陽脩之前，宋人已有重修五代史的動議和嘗試。

二

歐陽脩（一〇〇七—一〇七二），字永叔，廬陵（今江西吉安）人，北宋著名政治家、文學家、史學家。宋仁宗天聖八年（一〇三〇）進士及第。景祐、康定間兩度任館閣校勘，參與編纂崇文總目。至和元年（一〇五四）後，主持新唐書編修，任翰林學士、樞密副使，至參知政事，以太子少師致仕。歐陽脩詩文負天下重名，一生勤於著述，開創尤多。著有居士集、居士外集、詩本義、集古録跋尾等，南宋時彙輯爲歐陽文忠公文集一百五十三卷。

歐陽脩編纂五代史書，始於景祐初任館閣校勘期間。其寶元元年（一〇三八）作答李

淑內翰書云:「五代紀傳,脩曩在京師,不能自閒,輒欲妄作。」景祐四年(一〇三七)作與尹師魯第二書云:「開正以來,始似無事,治舊史。前歲所作十國志蓋是進本,務要卷多,今若便爲正史,盡宜刪削。」「正史更不分五史,而通爲紀傳,今欲將梁紀并漢、周,脩且試撰次;唐、晉,師魯爲之,如前歲之議。其他列傳,約略且將逐代功臣隨紀各自撰傳,待續次盡,將五代列傳姓名寫出,分而爲二,分手作傳。」可知他在京期間,初擬修十國志,因貶官中輟,且計劃也有所改變,即從敍述十國歷史的十國志,改作通述五代的正史。乃初擬纂述體例,與尹洙同撰,明確各自分工,互相閱讀刪削。歐陽脩與尹師魯第三書云:「列傳人名,便請師魯錄取一本,分定寄來。不必以人死年月斷於一代,但著功一代多者,隨代分之,所貴作傳與紀相應。」旨在尌酌立傳原則及紀傳間之照應。此書提及慶曆四年(一〇四四)蘇舜欽案,應作於次年春歐陽脩出使河北、河東期間,知二人合作撰史當在九年以上。全書最終由歐陽脩一手完成,但尹洙曾參與前期編撰,應可確定。

歐陽脩修史主要在景祐三年(一〇三六)貶夷陵、慶曆五年(一〇四五)知滁州及皇祐四年(一〇五二)丁母憂去職期間。皇祐五年與梅聖俞云:「閒中不曾作文字,祇整頓了五代史,成七十四卷。」知初稿已大體完成。至和元年(一〇五四)與澠池徐宰云:「五代史,昨見曾子固議,今卻重頭改換,未有了期。」知曾以史稿聽取曾鞏意見,並擬大幅度

改作。嘉祐五年（一○六○）作免進五代史狀云：「外方難得文字檢閱，所以詮次未成。昨自還朝，便蒙差在唐書局，因之無暇更及私書，是致全然未成次第。欲候得外任差遣，庶因公事之暇，漸次整緝成書。」至此全書似尚未完稿。

此後數年，歐陽脩仍繼續整比全書。

治平二年（一○六五）濮議而發。又治平元年，詔路振所撰九國志五十卷以付史館［三］，今十國世家注中多引及路書。熙寧五年（一○七二）閏七月二十三日，歐陽脩去世［四］，半個多月後，朝廷向其家詔求五代史［五］，其時全書似乎仍未最終定稿，故元吳師道敬鄉錄卷二引洪興祖云：「五代史，歐陽公未及考正而薨，其家遽以進御，後人傳刻，舛繆增多。」清周中孚鄭堂讀書記卷一五嘗議此書：「梁末帝紀竟無論贊，馮道傳前忽有序引，使史體敧側偏枯，成何體制？」此類未及劃一處，或皆因未曾最終定稿所致。

三

歐陽脩對五代歷史有自己獨特的認識，他不贊同李昉以梁爲僞的見解，認爲正統是指「王者所以一民而臨天下」，而「五代之得國者，皆賊亂之君也」，而獨僞梁而黜之者，因

惡梁者之私論也」[六]。認爲五代「其君天下者，類皆爲國日淺，威德未洽」「是以兵無制，用無節，國家無法度，一切苟且而已」[七]。各代皆未嘗合天下於一，因而都不具備正統地位。這一觀念貫穿於五代史記全書編纂中。

歐陽脩改變了舊五代史五代各朝分別成編的體例，打破朝代界限，將各朝本紀、列傳總合在一起，以此體現其大一統的史觀。編纂體例則模仿史記，將全書分爲紀、傳、世家、考（即志）、年譜（即表）五部分。其中特別之處有以下數端：一是將五代各朝皇室傳記分別編爲家人傳，按照血緣關係區分爲五朝八家，特意於後唐分爲唐太祖家人傳、唐明宗家人傳和唐廢帝家人傳，後周分爲周太祖家人傳和周世宗家人傳，強調血緣宗族是禮法社會的根本，糾正舊史以義兒、繼子具有合法繼承地位的偏差。二是臣工傳記，對專事一朝之人，列爲梁臣傳、唐臣傳等，而將歷事兩朝或數朝之人統列入雜傳。以砥礪名節、忠于職守爲原則，體現宋王朝對士人廉恥名節之重視，也成爲歐陽脩評騭人物品德之關鍵。三是另立類傳以收不同職業或操守之人，死節、死事、一行諸傳有所褒揚，唐六臣傳、義兒傳、伶官傳皆寓貶抑。歐陽脩斥責將唐社稷印信奉達梁廷之六臣「皆庸懦不肖，傾險獪猾，趨利賣國之徒」，認爲義兒緣起於「世道衰，人倫壞，而親疏之理反其常，干戈起於骨肉，異類合爲父子」，是導致世亂的根本所在。此外，作十國世家以存各割據政權歷史，不

依舊史以是否得到中原王朝的承認來區分僭僞與否。作十國世家年譜以貫穿中原五朝與割據十國的年代先後,作四夷附錄以存契丹政權歷史與四裔各族之梗概。

舊五代史原有記載典章制度的十志,新五代史改稱考。歐陽脩認爲五代時期是「干戈賊亂之世」,「禮樂崩壞,三綱五常之道絶,而先王之制度文章掃地而盡」,禮樂文章「無取焉」,因而只作司天考記録曆法及天象變化,作職方考記載州郡地理沿革。其他諸志部分内容融入列傳,如卷五七馬重績傳參取舊史曆志,多數典章制度則付闕如。

具體行文追求寓褒貶於敍事之中,歐陽發先公事迹云:「其於五代史,尤所留心,褒貶善惡,爲法精密,發論必以『嗚呼』,曰『此亂世之書也』。其論曰:『昔孔子作春秋,因亂世而立治法;余述本紀,以治法而正亂君。』此其志也。」由於行文簡雋,寓意深邃,爲了讓讀者體察行文中的褒貶之意,故而出現了史著與史注同時完成的特例。

新五代史注,歷代傳本及宋史藝文志皆題徐無黨注。徐無黨,東陽(今屬浙江)人,少從歐陽脩學,皇祐五年登進士第,知澠池縣。嘉祐初爲婺州教授,著作郎。官至政和殿學士,卒於元祐元年(一〇八六)。早年曾爲歐陽脩代筆作初配夫人胥氏墓誌銘,且二人屢有題贈唱和。徐無黨從歐陽脩受學在慶曆末至皇祐間,恰值新五代史撰作之時。歐陽脩與澠池徐宰云:「五代史『仍作注,有難傳之處,蓋傳本固未可,不傳本則下注尤難,此須相

見可論」。細繹此語,注文更似歐陽脩自撰而借名於弟子者。故北宋就有歐陽脩「授徐子爲注」的傳聞〔八〕。清俞正燮也認爲「其注於新義隱義,以一二語抉之,甚精到,但未整理文詞耳。疑歐自注而署徐名者」〔九〕。當然也可能徐曾爲其修史之助手,注文爲師生二人切磋而定。其注頗簡略,多集中於本紀,且多發揮義例,解讀微言大義。如梁本紀下「皇帝即位」注:「自即位以後,大事則書,變古則書,非常則書,意有所示則書。」「弑濟陰王」句注:「弑,臣子之大惡也,書『濟陰王』,從其實;書『弑』,正梁罪名。」凡此之類,皆旨在傳達作史者意圖。十國世家部分次之,内容爲敍述諸書異同及史文取捨之據,與司馬光通鑑考異類似。列傳則多半無注。

新五代史的史源,趙翼謂其「多據薛史舊本,然采證極博,不專恃薛本也」〔一〇〕。列傳部分主要以舊五代史爲藍本,酌取實録、野史、筆記乃至故老口述加以充實,其所涉細節也有較薛史豐富處。如朱全昱酒醉後斥責其弟朱全忠辜負唐恩而「滅他唐家三百年社稷」一節,係用五代史闕文所載,王鳴盛稱此爲採小説補史之「最妙」者。王景仁、郭崇韜、安重誨、李茂貞、孔謙、王彥章、段凝、趙在禮、范延光、盧文紀、馬胤孫、姚顗、崔梲、吕琦等傳中皆有史實上的增補。十國與四夷部分史料,較舊五代史大爲豐富。歐陽脩撰史時,十國亡國已久,文獻陸續散出,路振據以纂九國志五十一卷,爲歐陽脩所重視。又如

敍楊吳事用徐鉉吳錄，敍南唐、閩事用湯悦江南錄，敍前蜀事用前蜀書，皆甚可貴。論吳越稱帝改元，則引用吳越國封落星石爲寶石山制書，知其嘗改元，這一結論南宋後爲更多的文獻與刻石所證明。而述契丹道里用胡嶠陷虜記，述于闐風俗用平居誨（歐陽脩所引誤作高居誨）于闐記，尤足珍貴。

四

歐陽脩生前，新五代史已在友朋間傳閱，除前引曾鞏讀後提出修改意見外，劉敞也在皇祐二年（一〇五〇）作有觀永叔五代史詩，記其閱讀感受[二]。歐陽脩去世五年後，其書得以入藏秘閣[三]。由於歐陽脩在當時及後世的崇高地位與廣泛影響，加上北宋後期到南宋前期理學成爲學術主流，他所倡導的重一統、明血親、礪士節、黜勢利的見解，成爲士大夫的共識，新五代史影響也迅速擴大，爲世所重，邵氏聞見録卷一五云「今歐陽公五代史頒之學官，盛行於世」，約在北宋後期已取得官學的地位。

新五代史最早刊刻當在歐陽脩去世後不久，郡齋讀書志卷五云：「永叔没後，朝廷聞之，取以付國子監刊行。」惜北宋本已無存世。南宋至清代，此書屢經刊刻，版本衆多。列

入中國古籍善本書目的傳本達三十四種，其中宋元本（包括殘本及配補）九部，加上流播海外者，則傳世宋元本即達十餘部之多，去其重複，主要有五本：

一是中國國家圖書館藏殘宋本（簡稱宋甲本），存一至十四卷[二]，半葉十二行，行二十二字，有章鈺、傅增湘跋。其中一至十二卷係傅增湘舊藏，後歸周叔弢，餘二卷係周叔弢所藏。傅跋初以爲北宋本，後於藏園群書經眼録據刻工姓名，斷爲南宋初撫州刊本，阿部隆一宋元版所在目録亦同此説。此本爲新五代史現存最早刊本。

二是北京大學圖書館藏殘宋本（簡稱宋乙本），存卷四三至四五，卷四八至五〇，共六卷，半葉十二行，行二十二字。此本係李盛鐸舊藏，傅增湘藏園群書經眼録有著録，謂有七卷，較今存本多第四十六卷，並稱其「補刻之版已居八九」。

三是臺北「國家圖書館」所藏殘宋本（簡稱宋丙本），有補鈔。此本半葉十二行，行二十二字。楊守敬初得此本於日本，經繆荃孫、劉世珩、張乃熊遞藏。日本訪書志、藝風藏書記等著録。尾崎康據刻工及避諱定爲南宋初浙江刊本。清劉世珩影刻宋本即以此爲底本。

四是元覆宋慶元五年（一一九九）建刊曾三異校訂本（簡稱慶元本）。此本半葉十行，行十八字，曾三異之校訂多以「三異案」與原注區別，卷一八末有題記一行：「慶元五

年魯郡曾三異校定。」傅增湘、張元濟初據此認爲此本係南宋寧宗時所刊，尾崎康據刻工及字體定爲元覆刻本。曾三異，字無疑，號雲巢，臨江軍人，曾協助周必大校正歐陽脩文集，又以承務郎差監潭州南嶽廟，充秘閣校勘，轉太社令。宋史藝文志著録其宋新舊官制通考十卷及宋新舊官制通釋二卷。曾校多考新五代史與他書之異同，間亦記古本面貌。此本傳本尚多，中國古籍善本書目著録有三部，百衲本新五代史取傅增湘雙鑑樓舊藏元覆宋慶元本爲底本影印，流通頗廣。

五是元大德間鉛山州宗文書院刊本（簡稱宗文本）。此本半葉十行，行二十二字，文字多有優長之處，係明清以降諸多通行版本的祖本，明南監本、北監本、汲古閣本、汪文盛本、清殿本等皆據此本整理翻刻。中國古籍善本書目著録有四部，以中華再造善本影印中國國家圖書館藏本爲易見。

點校本新五代史整理工作最初由陳垣、柴德賡承擔，一九七一年後轉由華東師範大學完成，於一九七四年出版。原點校本以百衲本影印元覆宋慶元本爲底本，參酌了當時通行的明清諸本，並吸取了前人一些研究成果，糾訂了部分史實錯謬。

本次修訂，仍以百衲本影印元覆宋慶元本爲底本，以宋甲本、宋乙本、宋丙本、宗文本爲通校本，以南監本、北監本爲參校本。北宋吴縝五代史纂誤、司馬光資治通鑑考異、南

宋錢端禮編諸史提要、題南宋吕祖謙編五代史詳節、元胡三省資治通鑑音注以及宋類書、文集中所引新五代史文字，亦或保存宋元舊本面貌，本次校訂皆酌情參考。歐陽脩纂修時間有史實訛誤，亦酌情加校記予以説明。歷代學者考訂新五代史成果有資校勘者，本次修訂皆盡力予以吸收，限於體例，未能一一標注，謹此一併致謝。

點校本新五代史修訂組　二〇一五年三月

〔一〕續資治通鑑長編卷一〇五。

〔二〕永樂大典卷一〇一三六引宋元憲公集。按原剳稱范質五代史，但内容係針對薛史。進奏時間據所涉諸人官職確定。

〔三〕續資治通鑑長編卷二〇二。

〔四〕吳充歐陽脩行狀。

〔五〕宋會要輯稿崇儒五。

〔六〕居士集卷一六正統論下。

〔七〕居士外集卷九本論上。

〔八〕敬鄉錄卷二引吳縝五代史纂誤,按此語不見於今本五代史纂誤。

〔九〕癸巳存稿卷八書五代史纂誤後。

〔一〇〕廿二史劄記卷二一歐史不專據薛史舊本條。

〔一一〕公是集卷九。按歐陽脩有答原父詩酬答,歐陽脩集編年箋注繫於皇祐二年。

〔一二〕續資治通鑑長編卷二八二。

〔一三〕王文進文祿堂訪書記著錄殘宋本五代史記一部,存卷一二三、卷一二五,據其所記行款及刻工姓名,可知與宋甲本同版,但文祿堂書影所收書影爲卷一七,與著錄不符。傅增湘藏園群書經眼錄記此本曾歸李盛鐸,今下落俟訪。

點校本新五代史修訂凡例

一 本次修訂以百衲本二十四史影印元覆宋慶元五年建刊曾三異校訂本爲底本。

二 修訂所用通校本及簡稱如下：

（一）宋甲本：中國國家圖書館藏南宋初撫州刊本（存卷一至一四，其中卷八殘）；

（二）宋乙本：北京大學圖書館藏南宋刊宋元遞修本（存卷四三至四五、卷四八至五〇）；

（三）宋丙本：臺北「國家圖書館」藏南宋初浙江刊宋修本（其中序、目録首七葉、卷三四至四一、卷四九至五〇、卷五五至五七及其他卷個別葉係補鈔）；

（四）宗文本：中華再造善本影印中國國家圖書館藏元宗文書院刊明修本。

三 修訂所用參校本及簡稱如下：

（一）南監本：中華書局圖書館藏明萬曆四年南京國子監刊本；

（二）北監本：中華書局圖書館藏明萬曆二十八年北京國子監刊本。

四　本次修訂以版本對校爲基礎，充分運用本校、他校，審慎使用理校。凡有改字，除極易致訛、學界公認可徑改的形近字外，均出校記說明。對於新五代史在改寫舊五代史及其他文獻時所造成的史實錯訛，爲便於讀者閱讀，酌情出校說明。

五　北宋吳縝五代史纂誤、司馬光資治通鑑考異、南宋錢端禮編續諸史提要、題南宋吕祖謙編五代史詳節、元胡三省資治通鑑音注以及宋類書、文集中所引新五代史文字，亦或保存宋元舊本面貌，皆酌情參考。

六　凡底本缺筆避諱字，一律徑改作正字。但爲保存追溯史源的綫索，歐陽脩著述時所存五代及宋前期避諱改字，除歐陽脩家諱外，一般不作校改及説明。

七　本次修訂充分吸收了原點校本的標點及分段成果，對未盡妥善之處，適當加以改正完善。

八　前人校訂本書的研究著作及論文有資校勘者，盡力予以吸收，具體篇目見參考文獻，校記中僅引及有獨特發明者。

九　爲行文簡便，校記中部分文獻使用簡稱：

資治通鑑，簡稱通鑑。

册府元龜，簡稱册府。

太平御覽，簡稱御覽。

五代史詳節，簡稱詳節。

吳縝五代史纂誤，簡稱吳縝纂誤。

吳蘭庭五代史記纂誤補，簡稱吳蘭庭纂誤補。

吳光耀五代史記纂誤續補，簡稱吳光耀纂誤續補。

周壽昌五代史記纂誤補續，簡稱周壽昌纂誤補續。

錢大昕廿二史考異，簡稱錢大昕考異。

王鳴盛十七史商榷，簡稱王鳴盛商榷。

朱玉龍五代十國方鎮年表，簡稱朱玉龍方鎮表。

劉次沅諸史天象記錄考證，簡稱劉次沅考證。

新五代史目錄

第一冊

卷一
　梁本紀第一
　　太祖_{朱溫} 上 ………… 一

卷二
　梁本紀第二
　　太祖下 ………… 一五

卷三
　梁本紀第三
　　末帝_{友貞} ………… 二七

卷四
　唐本紀第四
　　莊宗_{李存勖} 上 ………… 三五

卷五
　唐本紀第五
　　莊宗下 ………… 四七

卷六
　唐本紀第六
　　明宗_{嗣源} ………… 六一

卷七
　唐本紀第七
　　愍帝_{從厚} ………… 八一

新五代史目録

卷八
廢帝 從珂 .... 八三

卷八
晉本紀第八
高祖 石敬瑭 .... 九一

卷九
晉本紀第九
出帝 重貴 .... 一〇五

卷十
漢本紀第十
高祖 劉知遠
隱帝 承祐 .... 一二七

卷十一
周本紀第十一
太祖 郭威 .... 一三九

卷十二
周本紀第十二
世宗 柴榮
恭帝 宗訓 .... 一四六

卷十三
梁家人傳第一
太祖母文惠皇后王氏 .... 一五三
太祖元貞皇后張氏 .... 一五三
昭儀陳氏 .... 一五四
昭容李氏 .... 一五四
末帝德妃張氏 .... 一五五
次妃郭氏 .... 一五五
太祖兄全昱 .... 一五六
　　　　　　子友諒 .... 一五六
　　　　　　　友能 .... 一五六
　　　　　　　友誨 .... 一五七

兄存 …… 一五八

子友寧 …… 一五八

友倫 …… 一五八

太祖子友裕 …… 一五九

友文 …… 一六〇

友珪 …… 一六一

友孜 …… 一六二

卷十四

唐太祖家人傳第二

太祖劉太妃 …… 一六六

貞簡皇后曹氏 …… 一六六

莊宗神閔敬皇后劉氏 …… 一六九

淑妃韓氏 …… 一七二

德妃伊氏 …… 一七二

太祖弟克讓 …… 一七三

克脩 …… 一七四

子嗣弼 …… 一七四

嗣肱 …… 一七四

克恭 …… 一七五

克寧 …… 一七五

太祖子存美 …… 一七七

存霸 …… 一七七

存禮 …… 一七七

存渥 …… 一七七

存乂 …… 一七七

存確 …… 一七七

存紀 …… 一七七

莊宗子繼岌 …… 一七八

繼潼 …… 一七九

繼嵩 …… 一七九

继蟾……………………………………一七六

继峣……………………………………一七六

卷十五 唐明宗家人传第三

明宗和武宪皇后曹氏……………………一八五

昭懿皇后夏氏……………………………一八五

宣宪皇后魏氏……………………………一八六

淑妃王氏…………………………………一八六

愍帝哀皇后孔氏…………………………一八九

明宗子从璟………………………………一八九

从荣………………………………………一九一

明宗姪从璨………………………………一九五

从璋………………………………………一九五

从温………………………………………一九六

从敏………………………………………一九七

卷十六 唐废帝家人传第四

废帝皇后刘氏……………………………一九九

子 重吉…………………………………二〇〇

重美………………………………………二〇〇

卷十七 晋家人传第五

高祖皇后李氏……………………………二〇三

太妃安氏…………………………………二〇八

出帝皇后冯氏……………………………二〇八

高祖从弟敬威……………………………二一〇

敬赟………………………………………二一一

敬晖………………………………………二一二

高祖子重信………………………………二一三

重乂………………………………………二一三

重睿……二三
重杲……二四
出帝子延煦……二四
延寶……二四

卷十八
漢家人傳第六
高祖皇后李氏……二九
高祖子承訓……三一
承勳……三一
姪　贇……三一
弟　崇……三二
信……三三

卷十九
周太祖家人傳第七
太祖皇后柴氏……二五

淑妃楊氏……二五
貴妃張氏……二六
德妃董氏……二七
太祖子侗……二七
信……二七
姪　遜……二七
奉超……二七
守愿……二七

卷二十
周世宗家人傳第八
柴守禮……三一
世宗貞惠皇后劉氏……三一
宣懿皇后符氏……三二
後立皇后符氏……三四
世宗子誼……三四

誠	二三四
誠	二三四
熙讓	二三四
熙謹	二三四
熙誨	二三四

卷二十一

梁臣傳第九

敬翔	二三七
朱珍	二四〇
李唐賓	二四〇
龐師古	二四三
葛從周	二四四
霍存	二四六
張存敬	二四七
符道昭	二四八

劉捍	二四九
寇彥卿	二五〇

卷二十二

梁臣傳第十

康懷英	二五三
劉鄩	二五五
牛存節	二五八
張歸霸	二六〇
歸弁	二六一
弟歸厚	二六二
王重師	二六二
徐懷玉	二六三

卷二十三

梁臣傳第十一

楊師厚	二六七

王景仁 ………………… 二六九
賀瓌 …………………… 二七一
王檀 …………………… 二七三
馬嗣勳 ………………… 二七四
王虔裕 ………………… 二七四
謝彥章 ………………… 二七五

卷二十四
唐臣傳第十二
安重誨 ………………… 二七九
郭崇韜 ………………… 二八五

卷二十五
唐臣傳第十三
周德威 ………………… 二九五
符存審 ………………… 二九九
　子彥超 ……………… 三〇二

彥饒 …………………… 三〇二
史建瑭 ………………… 三〇三
　彥翰 ………………… 三〇五
王建及 ………………… 三〇五
元行欽 ………………… 三〇七
安金全 ………………… 三〇九
袁建豐 ………………… 三一〇
西方鄴 ………………… 三一一

卷二十六
唐臣傳第十四
符習 …………………… 三一七
烏震 …………………… 三一九
孔謙 …………………… 三二〇
張延朗 ………………… 三二一
李嚴 …………………… 三二三

李仁矩 ………………… 三三五

毛璋 …………………… 三三六

卷二十七

唐臣傳第十五

朱弘昭 ………………… 三二九

馮贇 …………………… 三三〇

劉延朗 ………………… 三三一

康思立 ………………… 三三五

康義誠 ………………… 三三六

藥彥稠 ………………… 三三八

卷二十八

唐臣傳第十六

豆盧革 ………………… 三四三

盧程 …………………… 三四五

任圜 …………………… 三四七

趙鳳 …………………… 三五〇

李襲吉 ………………… 三五三

張憲 …………………… 三五四

蕭希甫 ………………… 三五六

劉贊 …………………… 三五八

何瓚 …………………… 三五九

卷二十九

晉臣傳第十七

桑維翰 ………………… 三六三

景延廣 ………………… 三六六

吳巒 …………………… 三六九

卷三十

漢臣傳第十八

蘇逢吉 ………………… 三七一

史弘肇 ………………… 三七四

楊邠……三七七
王章……三七八
劉銖……三七九
李業……三八〇
聶文進……三八一
後贊……三八二
郭允明……三八三

卷三十一
周臣傳第十九
王朴……三八七
鄭仁誨……三九〇
扈載……三九一

第二冊
卷三十二
死節傳第二十

王彥章……三九五
裴約……三九八
劉仁瞻……三九九

卷三十三
死事傳第二十一
張源德……四〇四
夏魯奇……四〇五
姚洪……四〇六
王思同……四〇六
張敬達……四〇八
翟進宗……四一〇
張萬迪……四一〇
沈斌……四一〇
王清……四一一
史彥超……四一二

孫晟…………………四三

卷三十四

一行傳第二十二

鄭遨…………………四八
張薦明………………四九
石昂…………………四九
程福贇………………四○
李自倫………………四二

卷三十五

唐六臣傳第二十三

張文蔚………………四四
楊涉…………………四五
張策…………………四五
趙光逢………………四六
薛貽矩………………四七

蘇循…………………四七
杜曉…………………四九

卷三十六

義兒傳第二十四

李嗣昭………………四四
嗣本…………………四七
嗣恩…………………四八
存信…………………四八
存孝…………………四九
存進…………………四一
存璋…………………四二
存賢…………………四三

卷三十七

伶官傳第二十五

敬新磨………………四九

景進 ……四八〇
史彥瓊 ……四八一
郭從謙 ……四八一

卷三十八
宦者傳第二十六
張承業 ……四八四
張居翰 ……四八七

卷三十九
雜傳第二十七
王鎔 ……四八九
羅紹威 ……四九一
王處直 ……四九一
劉守光 ……四九四

卷四十
雜傳第二十八

李茂貞 ……四八七
韓建 ……四九一
李仁福 ……四九四
韓遜 ……四九六
楊崇本 ……四九六
高萬興 ……四九七
溫韜 ……四九九

卷四十一
雜傳第二十九
盧光稠 ……五〇五
譚全播 ……五〇五
雷滿 ……五〇七
鍾傳 ……五〇八
趙匡凝 ……五〇九

卷四十二

雜傳第三十
朱宣 .... 五一三
　弟瑾
王師範 .... 五一四
李罕之 .... 五一六
孟方立 .... 五一八
王珂 .... 五二○
趙犨 .... 五二一
馮行襲 .... 五二八

卷四十三
雜傳第三十一
氏叔琮 .... 五三一
李彥威 .... 五三二
李振 .... 五三三
裴迪 .... 五三五

韋震 .... 五三六
孔循 .... 五三七
孫德昭 .... 五三八
王敬蕘 .... 五四○
蔣殷 .... 五四二

卷四十四
雜傳第三十二
劉知俊 .... 五四三
丁會 .... 五四七
賀德倫 .... 五四九
閻寶 .... 五五○
康延孝 .... 五五二

卷四十五
雜傳第三十三
張全義 .... 五五五

朱友謙……五六○
袁象先……五六二
朱漢賓……五六四
段凝………五六五
劉玘………五六六
周知裕……五六七
陸思鐸……五六八

卷四十六
雜傳第三十四
趙在禮……五七一
霍彥威……五七三
房知溫……五七五
王晏球……五七七
安重霸……五七九
王建立……五八○

康福………五八三
郭延魯……五八四

卷四十七
雜傳第三十五
華溫琪……五八九
萇從簡……五九○
張筠………五九一
　弟籛
楊彥詢……五九二
李周………五九三
劉處讓……五九四
李承約……五九六
張希崇……五九七
相里金……五九八
張廷蘊……五九九

六○○

馬全節	六〇一
皇甫遇	六〇二
安彥威	六〇四
李瓊	六〇五
劉景巖	六〇六
卷四十八 雜傳第三十六	
盧文進	
李金全	六一一
楊思權	六一二
尹暉	六一四
王弘贄	六一五
劉審交	六一六
王周	六一七
高行周	六一九

弟行珪	六二〇
白再榮	六二二
安叔千	六二三
卷四十九 雜傳第三十七	
翟光鄴	六二七
馮暉	六二八
皇甫暉	六三〇
唐景思	六三一
王進	六三二
常思	六三三
孫方諫	六三四
卷五十 雜傳第三十八	
王峻	
王峻	六三七

王殷……六四〇
劉詞……六四一
王環……六四二
折從阮……六四四

卷五十一 雜傳第三十九
朱守殷……六四七
董璋……六四九
范延光……六五〇
婁繼英……六五六
安重榮……六五七
安從進……六六〇
楊光遠……六六二

卷五十二 雜傳第四十
杜重威……六六九
李守貞……六七二
張彥澤……六七五

卷五十三 雜傳第四十一
慕容彥超……六八一
趙思綰……六八三
王景崇……六八一

卷五十四 雜傳第四十二
馮道……六九二
李琪……六九五
　兄珽……六九六
鄭珏……六九九
李愚……七〇一

盧導	七〇三
司空頲	七〇四
卷五十五	
雜傳第四十三	
劉昫	七〇七
盧文紀	七〇九
馬胤孫	七一一
姚顗	七一二
劉岳	七一三
馬縞	七一五
盧損 原缺傳文	
崔居儉	七一七
崔梲	七一八
李懌	七二〇
卷五十六	
雜傳第四十四	七二三
和凝	七二三
趙瑩	七二五
馮玉	七二六
盧質	七二七
呂琦	七二八
薛融	七三〇
何澤	七三一
王權	七三二
史圭	七三二
龍敏	七三三
卷五十七	
雜傳第四十五	
李崧	七三七
李鏻	七四〇

賈緯	七二一
段希堯	七二三
張允	七二三
王松	七二四
裴皞	七二五
王仁裕	七二六
裴羽	七二七
王延	七二八
馬重績	七二八
趙延義	七三〇

第三册

卷五十八
 司天考第一 …… 七三三

卷五十九
 司天考第二 …… 七九三

卷六十
 職方考第三 …… 八〇三

卷六十一
 吳世家第一 …… 八四一
  楊行密
  隆演 …… 八四六
   子 渥
  溥 …… 八四七
  徐温 …… 八五二

卷六十二
 南唐世家第二 …… 八五四
  李昇 …… 八六一
   子 景
  景 …… 八六五
   子 煜
   景 煜

卷六十三 …… 八六四

新五代史目録

前蜀世家第三

　王建 …………………… 八八一

　　子 衍

卷六十四

後蜀世家第四

　孟知祥 ………………… 八九七

　　子 昶 …………………… 九〇三

卷六十五

南漢世家第五

　劉隱 …………………… 九一一

　　弟 龑 …………………… 九一六

　　龑子 玢 ………………… 九一七

　　玢弟 晟

　　晟子 鋹 ………………… 九一九

卷六十六

楚世家第六

　馬殷 …………………… 九二五

　　子 希聲 ………………… 九二九

　　　希範 ………………… 九三〇

　　　希廣 ………………… 九三一

　　　劉言 ………………… 九三三

　　　周行逢 ……………… 九三五

　　　子 保權 …………… 九三六

卷六十七

吳越世家第七

　錢鏐 …………………… 九四一

　　子 元瓘 ………………… 九四七

　　元瓘子 佐 ……………… 九四八

　　佐弟 俶 ………………… 九四九

一八

閩世家第八

王審知 …… 九五五
　子 延翰 …… 九五七
　鏻 …… 九五七
　　鏻子 繼鵬 …… 九六〇
　延義 …… 九六一
　延政 …… 九六三

卷六十九
南平世家第九
高季興 …… 九六九
　子 從誨 …… 九七二
　從誨子 保融 …… 九七三
　保勗 …… 九七四
　保融子 繼沖 …… 九七四

卷七十
東漢世家第十
劉旻 …… 九七七
　子 承鈞 …… 九八一
　承鈞子 繼恩 …… 九八三
　繼元 …… 九八四

卷七十一
十國世家年譜第十一 …… 九八七

卷七十二
四夷附錄第一 …… 一〇〇一

卷七十三
四夷附錄第二 …… 一〇一九

卷七十四
四夷附錄第三 …… 一〇二九

徐無黨曰：凡諸國名號，梁本紀自封梁王以後始稱梁，唐本紀自封晉王以後始稱晉，自建國號唐以後始稱唐，各從其實也。自傳而下，於未封王建國之前，或稱梁、稱晉、稱唐者，史官從後而追書也。唐嘗稱晉，而石敬瑭又稱晉；李昇又稱唐；劉龑已稱漢，而劉旻又稱漢；王建已稱蜀，而孟知祥又稱蜀。石晉自爲一代，不待別而可知；唐、漢、蜀則加東、南、前、後，以別其世家。梁初嘗封沛、東平，南唐初嘗稱齊，三號當時已不顯著，故皆略而不道。五代亂世，名號交雜而不常，史家撰述，隨事爲文，要於理通事見而已，覽者得以詳焉。

附錄

五代史記序 陳師錫 ………… 一〇四九

宋甲本題跋 章鈺　傅增湘 ………… 一〇五一

百衲本跋 張元濟 ………… 一〇五三

主要參考文獻 ………… 一〇五七

新五代史卷一

梁本紀第一

本紀,因舊以爲名,本原其所始起而紀次其事以時也。即位以前,其事詳,原本其所自來,故曲而備之,見其起之有漸有暴也。即位以後,其事略,居尊任重,所責者大,故所書者簡,惟簡乃可立法。

太祖神武元聖孝皇帝,姓朱氏,宋州碭山午溝里人也。其父誠,以五經教授鄉里,生三子,曰全昱、存、溫。[一]誠卒,三子貧,不能爲生,與其母傭食蕭縣人劉崇家。全昱無他材能,然爲人頗長者。存、溫勇有力,而溫尤兇悍。

[一]變諱某書名,義在稱王注中。

唐僖宗乾符四年,黃巢起曹濮,存、溫亡入賊中。巢攻嶺南,存戰死。巢陷京師,以溫爲東南面行營先鋒使。攻陷同州,以爲同州防禦使。是時,天子在蜀,諸鎮會兵討

賊。〔一〕溫數爲河中王重榮所敗，屢請益兵於巢，巢中尉孟楷抑而不通。溫客謝瞳說溫曰〔二〕：「黃家起於草莽，幸唐衰亂，直投其隙而取之爾，非有功德興王之業也，此豈足與共成事哉！今天子在蜀，諸鎮之兵日集，以謀興復，是唐德未厭於人也。且將軍力戰於外，而庸人制之於内，此章邯所以背秦而歸楚也。」溫以爲然，乃殺其監軍嚴實，自歸于河中，因王重榮以降。都統王鐸承制拜溫左金吾衛大將軍、河中行營招討副使，天子賜溫名全忠。

〔一〕諸鎮，記當時語也。唐謂節度使所治軍州爲藩鎮，故有赴鎮、移鎮之語〔三〕。

中和三年三月，拜全忠汴州刺史、宣武軍節度使。四月，諸鎮兵破巢，復京師。巢走藍田。七月丁卯，全忠歸于宣武。是歲，黃巢出藍田關，陷蔡州，節度使秦宗權叛附于巢，遂圍陳州。徐州時溥〔二〕爲東南面行營兵馬都統，會東諸鎮兵以救陳。陳州刺史趙犨亦乞兵于全忠。溥雖爲都統而不親兵。四年，全忠乃自將下兵太行，度河，出洛陽，與東兵會擊巢。巢走中牟，又敗之于王滿〔三〕。巢走封丘，又大敗之。巢挺身東走，至泰山狼虎谷，爲時溥追兵所殺。九月，天子以全忠爲檢校司徒、同中書門下平章事，封沛郡侯。光啓二年三月，進爵王。義成軍亂，逐其節度使安師儒，

推牙將張驍爲留後,師儒來奔,殺之。遣朱珍、李唐賓陷滑州,以胡真爲留後。十二月,徙封吳興郡王。

[一]凡稱某州某人者,皆其節度使。

自黃巢死,秦宗權稱帝,陷陝、洛、懷、孟、唐、許、汝、鄭州,募兵於東方,而求救于兗、鄆。三年春,珍得兵萬人[四]、馬數百匹以歸。乃擊賢板橋,拔其四栅。又擊瑭萬勝,瑭敗,投水死。宗權聞瑭等敗,乃自將精兵數千,栅北郊。五月,兗州朱瑾、鄆州朱宣來赴援。[二]王置酒軍中,中席,王陽起如厠,以輕兵出北門襲晊,而樂聲不輟。晊不意兵之至也,兗、鄆之兵又從而合擊,遂大敗之,斬首二萬餘級。宗權與晊夜走,過鄭,屠其城而去。宗權至蔡,復遣張晊攻汴。王聞晊復來,登封禪寺後岡,望晊兵過,遣朱珍躡之,戒曰:「晊見吾兵,必止。望其止,當速返,毋與之鬬也。」已而晊見珍在後,果止。珍即馳還。王令珍引兵蔽大林,而自率精騎出其東,伏大冢間。晊止而食,食畢,拔旗幟,馳擊珍。珍兵小却,王引伏兵橫出,斷晊軍爲三而擊之。晊大敗,脱身走。宗權怒,斬晊。而河陽、陝、洛之兵爲宗權守者,聞蔡精兵皆已殱於汴,因各潰去。故諸葛爽將李罕之取河陽,張全義取洛陽以來附。十月,天子使來,賜王紀功碑。朱宣、朱瑾兵助

汴,已破宗權東歸,王移檄兗、鄆,誣其誘汴亡卒以東,乃發兵攻之,取其曹州、濮州。遂遣朱珍攻鄆州,大敗而還。十二月,天子使來,賜王鐵券及德政碑。

【一】始而稱名,既而稱爵,既而稱帝,漸也。

【二】流俗本「宣」從「玉」者[五],非。

　　淮南節度使高駢死,楊行密入揚州。天子以王兼淮南節度使。王乃表行密爲副使,以行軍司馬李璠爲留後。璠之揚州,行密不納。文德元年正月,王如淮南,至宋州而還。是時,秦宗權陷襄州,以趙德諲爲節度使。德諲叛于宗權以來附。天子因以王爲蔡州四面行營都統,以德諲爲副。

　　三月庚子,僖宗崩。天雄軍亂,囚其節度使樂彥貞。其子相州刺史從訓攻魏,來乞兵。遣朱珍助從訓攻魏。而魏軍殺彥貞,從訓戰死,魏人立羅弘信,珍乃還。張全義取河陽,逐李罕之。罕之奔于河東。李克用遣兵圍河陽,全義來求救,遣丁會、牛存節救之,擊敗河東兵于沇河。

　　五月,行營討蔡州,圍之百餘日,不克。是時,時溥已爲東南面都統,又以王統行營而溥猶稱都統,王乃上書,論溥討蔡無功而不落都統,且欲激怒溥以起兵端。初,高駢死,淮南亂,楚州刺史劉瓚來奔,納之,及王兵攻蔡不克,還,欲攻徐,乃遣朱珍將兵數千以東,聲

言送瓚還楚州。溥怒論己,又聞珍以兵來,果出兵拒之。珍戰于吳康,大敗之,取其豐、蕭二縣。遂攻宿州,下之。珍屯蕭縣,別遣龐師古攻徐州。龍紀元年正月,師古敗溥于呂梁。淮西牙將申叢執秦宗權,折其足,將檻送京師,別將郭璠殺叢,篡宗權以來獻。王遣行軍司馬李璠獻俘于京師,表郭璠淮西留後。三月,天子封王為東平王。七月,朱珍殺李唐賓,王如蕭縣,執珍殺之,遂攻徐州。冬,大雨,水,不能軍而旋。

初,秦宗權遣其弟宗衡掠地淮南,是歲,宗衡為其將孫儒所殺,儒攻楊行密于揚州。淮南大亂,行密走宣州,儒入揚州。大順元年春,遣龐師古攻孫儒于淮南,大敗而還。四月,宿州將張筠以宿州復歸于時溥,王自將攻之,不克。

初,黃巢敗走,李克用追之,至于冤朐,不及而旋。過汴,駐軍于北郊,王邀克用置酒上源驛,夜以兵攻之。克用踰城而免,訟其事于京師,天子知曲在汴而和解之。至是,宰相張濬私與汴交,王厚之以賂,濬為汴請伐河東。唐諸大臣皆以為不可興師。濬挾汴力請益堅。天子不得已,許之。五月,以濬為太原四面行營都統,王為東南面招討使〔六〕。然王不親兵,以兵二千屬濬而已。濬屯于陰地。河東叛將馮霸殺潞州守將李克恭來降,遣葛從周入潞州。李克用遣康君立攻之,從周走河陽。九月,王如河陽。十月,天子以王兼宣義軍節度使,遂如滑州,假道于魏,以攻河東,且責其軍須,亦所以怒魏為兵端也。魏

人果以謂非兵所當出,而辭以糧乏,皆不許。於是攻魏。十一月,張濬之師大敗于陰地。

二年正月,王及魏人戰于內黃,大敗之,屠故元城,羅弘信來送款。十月,克宿州。十一月,曹州將郭紹賓殺其刺史郭饒來降[七]。十二月,丁會敗朱瑾于金鄉。景福元年二月,攻鄆州,前軍朱友裕敗于斗門,王軍後至,又敗而還。冬,友裕取濮州,遂攻徐州。二年四月,龐師古克徐州,殺時溥。王如徐州,以師古為留後,遂攻兗、鄆。

乾寧元年二月,王及朱宣戰于漁山[八],大敗之。二年八月,又敗宣于梁山。十一月,又敗之于鉅野。兗、鄆求救于河東,李克用發兵救之,假道于魏。既而魏人擊之,克用怒,大舉攻魏。羅弘信來求救,遣葛從周救魏。是歲,李克用封晉王。三年五月,戰于洹水,擒克用子落落,送于魏,殺之。七月,鳳翔李茂貞犯京師,天子出居于華州。王請以兵赴難,天子優詔止之。又請遷都洛陽,不許。四年正月,龐師古克鄆州,王如鄆州,以朱友裕為留後。朱瑾奔于淮南,以葛從周為兗州留後。九月,攻淮南,龐師古出清口,葛從周出安豐,王軍屯于宿州。楊行密遣朱瑾先擊清口,師古敗死。從周返兵,至于淠河,瑾又敗之。王懼,馳歸。

光化元年三月,天子以王兼天平軍節度使。四月,遣葛從周攻晉之山東,取邢、洺、磁三州。襄州趙匡凝自其父德諲時來附,匡凝又與楊行密、李克用通,而其事泄。七月,遣

氏叔琮、康懷英攻匡凝，取其泌、隨、鄧三州。〔二〕匡凝請和乃止。十二月，李罕之以潞州來降。二年，幽州劉仁恭攻魏，羅紹威來求救。王救魏，敗仁恭于內黃。四月，遣氏叔琮攻晉太原，不克。七月，李克用取澤潞。十一月，保義軍亂，殺其節度使王珙，推其牙將李璠爲留後，其將朱簡殺璠，來降。以簡爲保義軍節度使。三年四月，遣葛從周攻劉仁恭之滄州，取其德州，及仁恭戰于老鴉堤，大敗之。八月，晉取洺州。王如洺州，復取之。是時，鎮、定皆附于晉。遂攻鎮州，破臨城，王鎔來送款。進攻定州，王郜奔于晉，其將王處直以定州降。

〔一〕曾三異校定曰：三異案，唐書地理志：唐州，天祐三年朱全忠徙治泌陽，表更名泌州。則是天祐二年唐州舊名猶在，至三年始更爲泌。光化之初，未當有泌州之名。今書爲「泌」，則誤也。

唐宦者劉季述作亂，天子幽于東宮。天復元年正月，護駕都頭孫德昭誅季述〔九〕，天子復位。封王爲梁王。遣張存敬攻王珂于河中，出含山，下晉、絳二州。王珂求救于晉，晉不能救，乃來降。三月，大舉攻晉。氏叔琮出太行，取澤潞。葛從周、張存敬、侯言、張歸厚及鎮、定之兵，皆會于太原，圍之，不克，遇雨而還。五月，天子以王兼河中尹、護國軍節度使。六月，晉取慈、隰。

自劉季述等已誅，宰相崔胤外與梁交，欲假梁兵盡誅宦者。而鳳翔李茂貞、邠寧王行瑜等皆遣子弟以精兵宿衛天子，宦官韓全誨等亦因恃以爲助。天子與胤計事，宦者屬耳，頗聞之，乃選美女，內之宮中，陰令伺察其實。久之，果得胤奏謀所以誅宦者之說。全誨等大懼，日夜相與涕泣，思圖胤以求全。胤知謀洩，事急，即矯爲制，召梁兵入誅宦者。十一月，王以宣武、宣義、天平、護國兵七萬，至于河中，取同州，遂攻華州，韓建出降。全誨聞梁王兵且至〔一〇〕，即以岐、邠宿衛兵劫天子奔于鳳翔。王乃上書言胤所以召之之意。天子怒，罷胤相，責授工部尚書，詔梁兵還鎮。崔胤奔于華州。二年春，王退軍于河中，屯于三原。邠州節度使楊崇本以邠、寧、慶、衍四州降。王引兵去，攻邠州，不克而還。四月，友寧擊敗晉軍于蒲縣，取汾、慈、隰，遂圍太原。晉攻晉、絳。遣朱友寧西至興平，及李茂貞戰于武功，大敗之。王兵犯鳳翔，茂貞數出戰，輒敗，遂圍之。是時，鄜坊李周彝以兵救鳳翔，王遣孔勍襲鄜州，虜周彝之族，徙于河中，周彝乃降。三年正月，遣使者馳召崔胤，胤遣使者馳召崔胤，胤一月，城中食盡，自天子至後宮，皆凍餒。甲子〔一一〕，天子出幸梁軍，約出天子以爲解。十人，囊其首，示梁軍，約出天子以爲解。時，岐兵屢敗，而圍久，城中食盡，自天子至後宮，皆凍餒。甲子〔一一〕，天子出幸梁軍，茂貞殺韓全誨等二十人，囊其首，示梁軍，約出天子以爲解。王使人戲胤曰：「吾未識天子，懼其非是，子來爲我辨之。」天子還至興平，胤託疾不至。王自爲天子執轡，且泣且行，行十餘里，止之。人見者，咸以爲忠。己巳，天率百官奉迎。

子至自鳳翔，素服哭于太廟而後入，殺宦者七百餘人。二月甲戌，天子賜王回天再造竭忠守正功臣，以輝王祚爲諸道兵馬元帥，王爲副元帥。王乃留子友倫爲護駕指揮使[一]，以爲天子衛，引兵東歸。天子餞于延喜樓，賜楊柳枝五曲。

[一]曾三異校定曰：三異案，家人傳友倫乃王兄存之子，其後中書上議，亦皆謂之皇姪。

初，梁兵已西，青州王師範遣其將劉鄩襲據梁克州。王已還梁，四月，如鄆州，遣朱友寧攻青州。師範敗之于石樓，友寧死。九月，楊師厚敗青人于臨朐，取其棣州，師範以青州降，而鄩亦降。友倫擊鞠，墮馬死。王怒，以爲崔胤殺之，遣朱友謙殺胤于京師[二]。[二]其與友倫擊鞠者，皆殺之。

[二]曾三異校定曰：三異案，家人傳殺崔胤者朱友謙[三]，非友謙。

自天子奔華州，王請遷都洛陽，雖不許，而王命河南張全義修洛陽宮以待。天祐元年正月，王如河中，遣牙將寇彥卿如京師，請遷都洛陽，并徙長安居人以東。天子行至陝州，王朝于行在，先如東都。是時，六軍諸衛兵已散亡，其從以東者，小黃門十數人，打毬供奉、內園小兒等二百餘人。行至穀水，王教醫官許昭遠告其謀亂，悉殺而代之，然後以聞。由是天子左右皆梁人矣。四月甲辰[四]，天子至自西都。是時，晉王李克用、岐王李茂貞、

楚王趙匡凝、蜀王王建、吳王楊行密[二]聞梁遷天子洛陽，皆欲舉兵討梁，王大懼。六月，楊崇本復附于岐。王乃以兵如河中，聲言攻崇本。遣朱友恭、氏叔琮、蔣玄暉等行弒，昭宗崩。十月，王朝于京師，殺朱友恭、氏叔琮。十一月，攻淮南，取其光州。攻壽州，不克而旋。二年二月，遣蔣玄暉殺德王裕等九王于九曲池。六月，殺司空裴贄等百餘人。七月，天子使來，賜王「迎鑾紀功碑」。

[一]曾三異校定曰：三異案，克用本紀及茂貞傳，建、行密世家，皆書其在唐所授，獨匡凝不書其在唐，此乃闕文。

王欲代唐，使人諭諸鎮，襄州趙匡凝以爲不可。遣楊師厚攻之，取其唐、鄧、復、郢、隨、均、房七州。王如襄州，軍于漢北。九月，師厚破襄州，匡凝奔于淮南。師厚取荆南，荆南留後趙匡明奔于蜀。遂出光州，以攻壽州，不克。天子卜祀天于南郊，王怒，以爲蔣玄暉等欲祈天以延唐。天子懼，改卜郊。十一月辛巳，天子封王爲魏王、相國，總百揆，以宣武、宣義、天平、護國、天雄、武順、佑國、河陽、義武、昭義、武寧、保義、忠義、武昭[五]、武定、泰寧、平盧、匡國、鎮國、荆南、忠武二十一軍爲魏國，備九錫。王怒，不受。十二月，天子以王爲天下兵馬元帥。王益怒，遣人告樞密使蔣玄暉與何太后私通，殺玄暉而焚之，遂弒太后于積善宮。又殺宰相柳璨，太常卿張廷範車裂以徇[六]。天子詔以太后故停

郊。

三年春，魏州羅紹威謀殺其牙軍，來假兵以虞變，王爲發兵北攻劉仁恭之滄州，兵過魏而紹威已殺牙軍，其兵之在外者果皆叛[七]，據貝、衞、澶、博州，王以兵悉殺之。遂攻滄州，軍于長蘆。劉仁恭求救于晉。晉人取潞州，王乃旋軍。

校勘記

〔一〕謝瞳　原作「謝曈」，據宋甲本、宋丙本、册府卷七二一、卷七六六（宋本）改。按文苑英華卷四一一有授陵州謝瞳兼御史中丞前舒州司馬倪徽端州刺史制。舊五代史卷二〇謝瞳傳云其「字子明」，柴德賡識語：「以其字核之，當作『瞳』。」

〔二〕移鎮之語　「之」字原闕，據宋甲本、宋丙本補。

〔三〕又敗之于王滿　「王滿」原作「王蒲」，據宋甲本、宋丙本、宗文本、舊五代史卷一梁太祖紀一、通鑑卷二五五改。

〔四〕珍得兵萬人　「兵」字原闕，據宋甲本、宋丙本、宗文本補。

〔五〕流俗本宣從玉者　「玉」，原作「王」，據宋甲本、宋丙本改。通鑑卷二五五考異引五代史記注：「今流俗以宣弟瑾，於名加『玉』者，非也。」

〔六〕五月……王爲東南面招討使 舊唐書卷二〇上昭宗紀同，通鑑卷二五八：「（大順元年五月）以朱全忠爲南面招討使。」舊五代史卷一梁太祖紀一：「（大順元年六月）朱全忠爲河東東面行營招討使」，「（六月）朱全忠爲河東東面行營招討使。」新唐書卷一〇昭宗紀：「（大順元年五月）充河東東面行營招討使，王鎔爲東面招討使。」

〔七〕曹州將郭紹賓殺其刺史郭饒來降 「郭紹賓」、「郭饒」，舊五代史卷一梁太祖紀一、册府卷一八七同，新唐書卷一〇昭宗紀，通鑑卷二五八作「郭銖」、「郭詞」。

〔八〕王及朱宣戰于漁山 「漁山」，舊五代史卷一梁太祖紀一、舊唐書卷一八二朱瑄傳、通鑑卷二五九作「魚山」。

〔九〕孫德昭 原作「孫德」，據宋甲本、宗文本、舊五代史卷一五有孫德昭傳。書卷四三、舊五代史卷一五有孫德昭傳。

〔一〇〕全誨等聞梁王兵且至 「梁王兵」，宋甲本作「梁兵」。

〔一一〕甲子 「子」字原闕，據宋甲本補。按舊五代史卷二梁太祖紀二：「甲子，昭宗發離鳳翔，幸左劍寨，權駐驛帝營。」新唐書卷一〇昭宗紀，通鑑卷二六三改。按本書卷一三梁家人傳、舊五代史卷二梁太祖紀二、舊唐書卷二〇上昭宗紀，卷一七七崔胤傳，通鑑卷二六四皆云殺崔胤者乃朱友諒。按友諒爲梁太祖兄朱全昱之子，本書卷一三，舊五代史卷一二有傳。

〔三〕朱友謀　本書卷一三梁家人傳作「朱友諒」。按錢大昕考異卷六一：「『友謀』當作『友諒』，此刊本之訛也。」

〔四〕四月甲辰　舊五代史卷二梁太祖紀二、舊唐書卷二〇上昭宗紀、新唐書卷一〇昭宗紀、通鑑卷二六四皆繫其事於閏四月。按四月丙寅朔，無甲辰，閏四月乙未朔，甲辰爲初十。

〔五〕武昭　舊唐書卷二〇下哀帝紀、通鑑卷二六五作「戎昭」。按戎昭軍治金州，原名昭信軍，唐末避朱溫祖諱改，唐代無武昭軍。

〔六〕張廷範　原作「張延範」，據本書卷四三蔣殷傳、舊唐書卷二〇下哀帝紀、新唐書卷一〇哀帝紀、通鑑卷二六五改。按新唐書卷二二三下有張廷範傳。

〔七〕其兵之在外者果皆叛　「果」字原闕，據宋甲本、宗文本補。

新五代史卷二

梁本紀第二

開平元年春正月壬寅，天子使御史大夫薛貽矩來勞軍。宰相張文蔚率百官來勸進。夏四月壬戌，更名晃。甲子，皇帝即位。〔一〕戊辰，大赦，〔二〕改元，國號梁。封唐主爲濟陰王。〔三〕升汴州爲開封府，建爲東都，以唐東都爲西都。廢京兆府爲雍州。〔四〕賜東都酺一日。契丹阿保機使袍笏梅老來。〔五〕

〔一〕自即位以後，大事則書，變古則書，非常則書，意有所示則書，後有所因則書。非此五者，則否。

〔二〕赦文皆曰大赦天下，此書「大」，見其志之欲遠及也，不曰天下，實有所不及也。

〔三〕謂天子爲唐主，錄其本語如此。

〔四〕州縣廢置，見職方考，惟京都則書。

〔五〕夷狄來，不言朝，不責其禮；不言貢，不貴其物。故書曰「來」。五代亂世，著其屢來，以見

夷狄之來不來,不因治亂。而亂世屢來,不足貴也。

五月丁丑朔,以唐相張文蔚楊涉爲門下侍郎、御史大夫薛貽矩爲中書侍郎:同中書門下平章事。戊寅,渤海、契丹遣使者來。[一]乙酉,封兄全昱爲廣王[二]、子友文博王[三]、友珪郢王、友璋福王、友貞均王、友徽建王、姪友諒衡王、友能惠王、友誨邵王。甲午,改樞密院爲崇政院,太府卿敬翔爲使。是月,潞州行營都指揮使李思安及晉人戰,敗績。[三]

[一]夷狄君臣姓名、官爵,或書或否,不必備,或因其舊史之詳略,但書其來以示意爾。

[二]友文非子而書「子」,語在家人傳。

[三]我敗日敗績,彼敗日敗之,文理宜然。已見行營,故戰不言地。

六月甲寅,平盧軍節度使韓建守司徒、同中書門下平章事。

秋七月己亥,追尊祖考爲皇帝,妣爲皇后:皇高祖黯諡曰宣元,廟號肅祖,祖妣范氏諡曰宣僖;曾祖茂琳諡曰光獻,廟號敬祖,祖妣楊氏諡曰光孝;祖信諡曰昭武,廟號憲祖,祖妣劉氏諡曰昭懿;考誠諡曰文穆,廟號烈祖,妣王氏諡曰文惠。

八月丁卯,同州好蚄蟲生。隰州黃河清。[二]

[一]於此書,見不爲瑞也。

九月，括馬。

冬十月己未，講武于繁臺。

十一月壬寅，赦亡命背軍、髡黥刑徒。〔一〕

〔一〕於好殺之世，小赦必書，見其亦有愛人之意也。

二年春正月丁酉，渤海遣使者來。己亥，卜郊于西都。弒濟陰王。〔二〕

〔二〕弒，臣子之大惡也，書「濟陰王」，從其實，書「弒」，正梁罪名。

二月辛未，契丹阿保機遣使者來。

三月壬申朔，如西都。〔二〕丙子，如懷州。〔三〕丁丑，如澤州。戊寅，封鴻臚卿李崧介國公〔三〕，爲二王後。〔三〕壬午，匡國軍節度使劉知俊爲潞州行營招討使。癸巳，改卜郊。張文蔚薨。

〔一〕幸，已至也。如，往而未至之辭。書「如」，則在道。有事，可以書。

〔二〕五代亂世，兵無虛日，不可悉書。故用兵無勝敗，攻城無得失，皆不書。其命大將與天子有所如，自著大事爾。此如懷、澤者，以兵方攻潞州也。

〔三〕梁嘗更「戊」曰「武」，而舊史悉復爲「戊」。

夏四月癸卯，楊涉罷。吏部侍郎于兢爲中書侍郎，翰林學士承旨、禮部侍郎張策爲刑部侍郎：同中書門下平章事。壬子，至自澤州〔四〕。

五月己丑，潞州行營都虞候康懷英及晉人戰于夾城，敗績。〔二〕戊戌，立唐三廟。契丹遣使者來。

〔一〕築城圍潞，戰于城中，故書地。

六月壬寅，忠武軍節度使劉知俊爲西路行營招討使，以伐岐。〔二〕己酉，殺右金吾衛上將軍王師範，滅其族。〔三〕丙辰，劉知俊及岐人戰于漠谷，敗之。

〔一〕用兵之名有四：兩相攻曰攻，以大加小曰伐，加有罪曰討，天子自往曰征。隨事爲文，不得不異，非有褒貶也。

〔二〕兩相攻日伏誅，不當殺者，以兩相殺爲文。

〔三〕當殺日伏誅，不當殺者，以兩相殺爲文。

秋九月丁丑，如陝州〔一〕。博王友文留守東都。

〔一〕以晉人攻晉、絳故也。

冬十月丁未，至自陝州。

十一月癸巳，張策罷，左僕射楊涉同中書門下平章事。

十二月己亥，以介國公爲三恪，酅國公、萊國公爲二王後。

三年春正月甲戌,如西都。復然燈以祈福。〔一〕庚寅,享于太廟。辛卯,有事于南郊,〔二〕大赦。丙申,羣臣上尊號曰睿文聖武廣孝皇帝。

〔一〕然燈,風俗相傳,自天子至于庶人,舉天下同其奢樂,而風俗敝之大者,故錄其詔意,則其失可知。

〔二〕祀天于南郊,書曰「有事」,錄當時語。

二月壬戌,講武于西杏園。甲子,延州高萬興叛于岐,來降。〔一〕

〔一〕唐末之亂,彊弱相并,或去彼來此,不可爲常,難於遽責。至此乃書曰「叛」,始正其定分也。

三月辛未,渤海國王大諲譔遣使者來。甲戌,如河中。〔一〕山南東道節度使楊師厚爲潞州四面行營招討使。劉知俊取丹州。

〔一〕以高萬興降,劉知俊兵攻鄜、延故也。

夏四月丙午,知俊克延、鄜、坊三州。〔二〕

〔二〕易得曰取,難得曰克,文理宜然爾。

五月己卯,至自河中,殺佑國軍節度使王重師。

六月庚戌，劉知俊執佑國軍節度使劉捍，叛附于岐。〔一〕辛亥，如陝州。〔二〕乙卯，冀王朱友謙爲同州東面行營招討使〔五〕。劉知俊奔于岐。丹州軍亂，殺其刺史宋知誨。

〔一〕以身歸日降，以地歸日附，亦文理宜然爾。知俊爲忠武軍節度使，以同州附岐，今直書知俊叛，而不言地，蓋忠武已見上文。

〔二〕以劉知俊叛故也。

秋七月，商州軍亂，逐其刺史李稠，稠奔于岐。乙丑，克丹州，執其首惡王行思。〔二〕房州刺史楊虔叛附于蜀。

〔一〕初不知首惡之人，故直曰「軍亂」，既克而推得之也。克丹州無主將姓名，行思無官爵，又不見伏誅日〔六〕，皆舊史失之〔七〕。

〔三〕智不足以衞身，才不足以治衆而見殺者〔八〕，不書死之，而以被殺爲文，見死得其死者，士之大節，不妄以予人。

乙亥，至自陝州。甲申，襄州軍亂，殺其留後王班。〔二〕

八月辛亥，均州刺史張敬方克房州，執楊虔。辛酉，降死罪囚。己卯，閲稼于西苑。閏月癸酉，契丹遣使者來。

九月壬寅，行營招討使、左衞上將軍陳暉克襄州，執其首惡李洪。〔二〕丁未，保義軍節度使王檀爲潞州東面行營招討使。辛亥，韓建、楊涉罷。太常卿趙光逢爲中書侍郎，翰林

學士承旨、工部侍郎杜曉爲户部侍郎〔九〕:同中書門下平章事。辛酉,李洪、楊虔伏誅。

〔一〕命暉討亂,舊史失不書,至此始見。既克而推得其首惡,故初亦且書「軍亂」。

冬十一月甲午,日南至,告謝于南郊。〔一〕己酉,搜訪賢良。鎮國軍節度使康懷英伐岐。

〔一〕南至不必書,因其以至日告謝而書。告謝主用至日,故書之。不日有事于南郊,亦從其本語。蓋比南郊禮差簡。

十二月,懷英克寧、慶、衍三州。及劉知俊戰于昇平,敗績。

四年春正月壬辰朔,始用樂。〔二〕丁未,講武于榆林。

〔一〕自唐末之亂,禮樂亡,至此始用樂,故書。

二月己丑,閲稼于穀水。

秋八月丙寅,如陝州。〔二〕河南尹張宗奭留守西都。辛未,護國軍節度使楊師厚爲西路行營招討使以伐岐〔一〇〕。

〔一〕以岐人、晉人攻夏州故也。

九月己丑,至自陝州〔一〕。辛亥,搜訪賢良。

冬十一月己丑,寧國軍節度使王景仁爲北面行營招討使以伐趙。趙王王鎔、北平王王處直叛附于晉,晉人救趙。

十二月癸酉,頒律令格式。

乾化元年春正月丁亥,王景仁及晉人戰于柏鄉,敗績。庚寅,赦流罪以下囚,求危言正諫。癸巳,天雄軍節度使楊師厚爲北面行營招討使。

夏四月壬申,契丹阿保機遣使者來。

五月甲申朔,大赦,改元。癸巳,幸張宗奭第。

秋八月戊辰,閱稼于榆林。渤海遣使者來。戊寅,大閱于興安鞠場。

九月辛巳朔,御文明殿,入閤。〔二〕庚子,如魏州。〔三〕張宗奭留守西都。

冬十月丙子,大閱于魏東郊。

〔一〕御殿而云「入閤」,錄其本語。書之以見禮失,事在李琪列傳。此禮其後屢行,皆不書,一書以見其失,足矣。

〔二〕以晉人攻魏故也。

十一月,高萬興取鹽州。壬辰,至自魏州。乙未,回鶻、吐蕃遣使者來。

二年春二月丁巳,光祿卿盧玭使于蜀。甲子,如魏州,〔一〕張宗奭留守西都。次白馬,殺左散騎常侍孫騭、右諫議大夫張衍、兵部郎中張儁。戊寅,如貝州。

〔一〕亦以晉人及鎮、定攻相、魏也。

三月丙戌,屠棗彊。〔二〕丁未,復如魏州。

〔一〕書「屠」,著其酷之甚者。

夏四月己巳,至自魏州。〔二〕戊寅,如西都。

〔一〕書「如西都」,則此至東都可知。

五月丁亥,德音降死罪已下囚。〔二〕罷役徒,禁屠及捕生。渤海遣使者來。是月,薛貽矩薨。

〔一〕德音,赦之小者。從其本名,以著其實。

六月,疾革,郢王友珪反。〔二〕戊寅,皇帝崩。〔三〕

〔一〕叛者,背此而附彼,猶臣於人也。反,自下謀上,惡逆之大者也。日月之書不書〔三〕,雖無義

例，而事亦有不得而日者[一三]。反非一朝一夕，不能得其日，故反者皆不日。

[一三]年六十一。不書崩處，以異於得其終者。乾化二年十一月，友珪葬之河南伊闕縣，號宣陵。以不得其死，故不書葬。

嗚呼，天下之惡梁久矣！自後唐以來，皆以爲僞也。至予論次五代，獨不僞梁，而議者或譏予大失春秋之旨，以謂：「梁負大惡，當加誅絕，而反進之，是獎篡也，非春秋之志也。」予應之曰：「是春秋之志爾。魯桓公弒隱公而自立者，宣公弒子赤而自立者，鄭厲公逐世子忽而自立者，衛公孫剽逐其君衎而自立者，聖人於春秋，皆不絕其爲君。此予所以不僞梁者，用春秋之法也。」「然則春秋亦獎篡乎？」曰：「惟不絕四者之爲君，於此見春秋之意也。聖人之於春秋，用意深，故能勸戒切，爲言信，然後善惡明。夫欲著其罪於後世，在乎不沒其實。其實嘗爲君矣，書其爲君。其實篡也，書其篡。各傳其實，而使後世信之，則四君之罪，不可得而掩。使爲君者不得掩其惡，然後人知惡名不可逃，則爲惡者庶乎其息矣。是謂用意深而勸戒切，爲言信而善惡明也。桀紂，不待貶其王，而萬世所共惡者也。春秋於大惡之君不誅絕之者，不害其褒善貶惡之旨也。惟不沒其實以著其罪，而信乎後世，與其爲君而不得掩其惡，以息人之爲惡。能知春秋之此意，然後知予不僞梁

之旨也。」

校勘記

〔一〕不責其禮 「責」，宋甲本作「貴」。

〔二〕封兄全昱爲廣王 「封」字原闕，據宋甲本、宗文本補。

〔三〕封鴻臚卿李崧介國公 「李崧」，舊五代史卷四梁太祖紀四、五代會要卷五作「李嵷」。據舊五代史書卷五七、舊五代史卷一〇八李崧傳，崧後唐時方出仕，未聞有此事。「介國公」，舊五代史卷四梁太祖紀四、五代會要卷五作「萊國公」。按舊五代史卷四梁太祖紀四：「以周宇文氏子孫爲介國公。」五代會要卷五略同。

〔四〕至自澤州 「自」字原闕，據宋甲本補。按本卷上文已云三月丁丑如澤州，又舊五代史卷四梁太祖紀四、通鑑卷二六六敍其事皆云丙午離澤州，壬子至東都。

〔五〕朱友謙 原作「宋友謙」，據宋甲本、宋丙本、宗文本改。

〔六〕又不見伏誅日 「伏誅日」宋甲本作「伏誅之日」。

〔七〕皆舊史失之 「之」原作「亡」，據宋甲本、宗文本改。

〔八〕才不足以治衆而見殺者 「者」字原闕，據宋甲本、宗文本補。

〔九〕翰林學士承旨工部侍郎杜曉爲戶部侍郎 「承旨」宋甲本、宋丙本、舊五代史卷五梁太祖紀

〔一〇〕護國軍節度使楊師厚爲西路行營招討使以伐岐　吳蘭庭纂誤補卷一：「師厚傳無徙鎮河中事，此時鎮河中者爲朱友謙，師厚無由爲護國節度也。通鑑作『鎮國節度使』，此『護國』當是『鎮國』之誤。」

〔二〕九月己丑至自陝州　通鑑卷二六七敍其事云：「己丑，上發陝；甲午，至洛陽。」

〔三〕日月之書不書　宋丙本作「日月之者書不書」，宗文本作「日月之旨不書」。

五作「奉旨」。按舊五代史卷四梁太祖紀四注：「梁代避諱，改『承旨』爲『奉旨』。」

而事亦有不得而日者　「者」字原闕，據宋甲本補。

新五代史卷三

梁本紀第三

末帝,太祖第三子友貞也。〔一〕爲人美容貌,沈厚寡言,雅好儒士。太祖即位,封均王,爲左天興軍使、東京馬步軍都指揮使。

〔一〕「末」非謚號,從其本語。

乾化二年六月,太祖遇弑,友珪自立,殺博王友文,以弑帝之罪歸之。以王爲東京留守、開封尹,敬翔爲中書侍郎、同中書門下平章事,户部尚書李振爲崇政院使。明年,友珪改元曰鳳曆。二月,駙馬都尉趙巖至東都,王私與之謀,遣馬慎交之魏州,見楊師厚計事。師厚遣小校王舜賢至洛陽,告左龍虎統軍袁象先使討賊。是時,懷州龍驤屯兵叛,方捕索之,王乃僞爲友珪詔書,發左右龍驤在東都者皆還洛陽,因激怒之曰:「天子以懷州屯兵叛,追汝等欲盡坑之。」諸將皆泣,莫知所爲。王曰:「先皇帝經營王業

三十餘年，今日尚爲友珪所弒〖一〗，汝等安所逃死乎！」因出太祖畫像示諸將而泣曰：「汝能趨洛陽擒逆賊，則轉禍爲福矣。」軍士皆呼萬歲，請王爲主，王乃遣人趣象先等。庚寅，象先等以禁兵討賊，友珪死，杜曉見殺。象先遣趙巖持傳國寶至東都，請王入洛陽，王報曰：「夷門，太祖所以興王業也，北拒并汾，東至淮海，國家藩鎮，多在東方，命將出師，利於便近。」

是月，皇帝即位於東都，〖二〗復稱乾化三年，復博王友文官爵。

〖一〗即位大事，失其日而書「是月」，見亂之甚。「於東都」，終上文也。

三月丁未，更名鍠。

夏五月，楊師厚取滄州。

秋九月甲辰，御史大夫姚洎爲中書侍郎、同中書門下平章事。

冬十二月，晉人取幽州。

四年夏四月丁丑，貶于兢爲萊州司馬。武寧軍節度使蔣殷反，天平軍節度使牛存節討之。

貞明元年春正月，存節克徐州。[一]

[一]蔣殷自燔死，故不書伏誅。

三月丁卯，趙光逢罷。平盧軍節度使賀德倫為天雄軍節度使，[二]分其相、澶、衛州為昭德軍，宣徽使張筠為節度使。己丑，天雄軍亂，賀德倫叛附于晉。[三]邠州李保衡叛于岐，來附。

[一]命官不書，非常而有故則書，此書為天雄軍亂張本。
[二]軍亂有首惡不書[二]，而書「德倫叛」，責貴者深也。德倫不可加以首惡，而可責其不死以叛。
[三]軍亂有首惡，而略不書，彥，微者，德倫可以誅而不誅，故以德倫獨任其責。張彥實首惡，而略不書。

夏六月庚寅朔，晉王李存勖入于魏州，遂取德州。

冬十月辛亥，康王友孜反[三]，伏誅。[二]

十一月乙丑，改元。耀州溫昭圖叛于岐，來附。

[二]反者不日，誅反者有日，故書。

是歲，更名瑱。[二]

[二]舊史失其月日[四]。

二年春二月丙申，楊涉罷。

三月，鎮南軍節度使劉鄩及晉人戰于故元城，敗績，奔于滑州。晉人取衞州、惠州。

捉生都將李霸反，伏誅。

夏六月，捉生都將張溫叛降于晉。

秋七月，晉人取相州，張筠奔于京師，安國軍節度使閻寶叛附于晉。

八月丁酉，太子太保致仕趙光逢爲司空兼門下侍郎、同中書門下平章事。

九月，晉人取滄州，橫海軍節度使戴思遠奔于京師。晉人克貝州，守將張源德死之。[一]

[一]書「死」，得其死也。

冬十月丁酉，中書侍郎鄭珏同中書門下平章事。

三年夏四月辛卯，右千牛衞大將軍劉璩使于契丹。

冬十二月，宣義軍節度使賀瓌爲北面行營招討使。己巳，如西都卜郊。晉人取楊劉。

四年春正月[五]，不克郊。己卯，至自西都。

夏四月己酉，尚書吏部侍郎蕭頃爲中書侍郎、同中書門下平章事。己巳，趙光逢罷。冬十二月庚子朔，賀瓌殺其將謝彥章、孟審澄、侯溫裕。癸亥，瓌及晉人戰于胡柳，敗績。〔一〕

是歲，泰寧軍節度使張守進叛附于晉，亳州團練使劉鄩爲兗州安撫制置使以討之。〔二〕

五年春正月，晉軍于德勝。〔二〕

〔一〕舊史不書，亡其月日，故書于歲末，爲明年克兗州張本。
〔二〕用兵無勝敗不書，此梁、晉得失所繫，故書也。

秋八月乙未朔，開封尹王瓚爲北面行營招討使。

冬十月，劉鄩克兗州，張守進伏誅。

十二月，晉人取濮陽。天平軍節度使霍彥威爲北面行營招討使。

六年夏四月己亥，降死罪以下囚。乙巳，尚書左丞李琪爲中書侍郎、同中書門下平章事。河中節度使朱友謙襲同州，殺其節度使程全暉〔六〕，叛附于晉，泰寧軍節度使劉鄩

討之。

秋七月，陳州妖賊母乙自稱天子。

九月庚寅，供奉官郎公遠爲契丹歡好使。

冬十月，母乙伏誅。

龍德元年春，趙將張文禮殺其君鎔來乞師，不許。〔二〕

〔二〕文禮初爲鎔養子，號王德明，此書「張文禮」者，從舊史。

三月丁亥朔，禁私度僧尼。陳州刺史惠王友能反。

夏五月丙戌朔，德音改元，降流罪已下囚。

秋，赦友能，降封房陵侯。天平軍節度使戴思遠爲北面行營招討使。

冬十月，思遠及晉人戰于戚城，敗績。

二年春正月，思遠襲魏州，取成安。

秋八月，滑州兵馬留後段凝攻衞州，執其刺史李存儒。戴思遠克淇門、共城、新鄉。

三年春三月，澤州李繼韜叛于晉，來附。

夏閏四月，唐人取鄆州。〔一〕

秋八月，段凝爲北面行營招討使。先鋒將康延孝叛降于唐。

五月庚申，宣義軍節度使王彥章爲北面行營招討使，取德勝南城。

冬十月甲戌，宣義軍節度使王彥章及唐人戰于中都，敗績，死之。〔二〕唐人取曹州。盜竊傳國寶奔于唐。戊寅，皇帝崩。〔三〕梁亡。

校勘記

〔一〕今日尚爲友珪所弑　「弑」，原作「殺」，據宋甲本、通鑑卷二六八改。

〔二〕凡官皆不重書，此書者，嫌彥章已罷招討使而與唐戰，蓋罷使而别將兵以戰也。

〔二〕年三十六。

〔三〕書曰「梁亡」，見唐莊宗之立速也。四月，莊宗立，稱唐，十月，梁始亡，見唐不待滅梁而立。

〔二〕軍亂有首惡不書　「有」，原作「書」，據宋甲本、宋丙本、宗文本改。

〔三〕康王友孜反 「友孜」,舊五代史卷八梁末帝紀上同,通鑑卷二六九作「友敬」。按五代會要卷二有康王友敬。

〔四〕舊史失其月日 「月日」,原作「日月」,據宋甲本、宋丙本、宗文本乙正。

〔五〕四年春正月 「春」字原闕,據宋甲本補。

〔六〕殺其節度使程全暉 周壽昌纂誤補續:「薛史云河中朱友謙襲陷同州,節度使程全暉遂單騎奔京師。本史朱友謙傳云友謙遣其子令德襲同州,逐節度使程全暉。通鑑亦云逐。皆未云殺也。此歐隨筆改『逐』字爲『殺』之誤。」

新五代史卷四

唐本紀第四

莊宗光聖神閔孝皇帝，其先本號朱邪，蓋出於西突厥，至其後世，別自號曰沙陀，而以朱邪爲姓。

唐德宗時，有朱邪盡忠者，居於北庭之金滿州。貞元中，吐蕃贊普攻陷北庭，徙盡忠於甘州而役屬之。其後贊普爲回鶻所敗，盡忠與其子執宜東走，贊普怒，追之，及于石門關，盡忠戰死，執宜獨走歸唐，居之鹽州，以隸河西節度使范希朝。希朝徙鎮太原，執宜從之，居之定襄神武川之新城。其部落萬騎，皆驍勇善騎射，號「沙陀軍」。

執宜死，其子曰赤心。懿宗咸通十年，神策大將軍康承訓統十八將討龐勛於徐州，以朱邪赤心爲太原行營招討沙陀三部落軍使。以從破勛功，拜單于大都護、振武軍節度使，賜姓名曰李國昌，以之屬籍。沙陀素彊，而國昌恃功益橫恣，懿宗患之。十三年，徙國昌

雲州刺史、大同軍防禦使，國昌稱疾拒命。

國昌子克用，尤善騎射，能仰中雙鳧，爲雲州守捉使。國昌已拒命，克用乃殺大同軍防禦使段文楚，據雲州，自稱留後。唐以太僕卿盧簡方爲振武節度使，會幽、并兵討之。簡方行至鳳州[二]軍潰，由是沙陀侵掠代北爲邊患矣。

明年，僖宗即位，以謂前太原節度使李業遇沙陀有恩，而業已死，乃以其子鈞爲靈武節度使、宣慰沙陀六州三部落使[三]以招緝之。拜克用大同軍防禦使。

[一]六州三部落，皆不見其名處，據唐書除使有此語爾。

居久之，國昌出擊党項，吐渾赫連鐸襲破振武。克用聞之，自雲州往迎國昌，而雲州人亦閉關拒之。國昌父子無所歸，因掠蔚朔間，得兵三千，國昌入保蔚州，克用還據新城。僖宗乃拜鐸大同軍使，以李鈞爲代北招討使，以討沙陀。

乾符五年，沙陀破遮虜軍，又破岢嵐軍，而唐兵數敗，沙陀由此益熾，北據蔚、朔，南侵忻、代，嵐、石，至于太谷焉。

廣明元年，招討使李琢會幽州李可舉、雲州赫連鐸擊沙陀，克用與可舉相拒雄武軍。其叔父友金以蔚、朔州降于琢，克用聞之，遽還。可舉追至藥兒嶺，大敗之，琢軍夾擊，又敗之于蔚州，沙陀大潰，克用父子亡入達靼。

克用少驍勇，軍中號曰「李鴉兒」，其一目眇，及其貴也，又號「獨眼龍」，其威名蓋於代北。其在達靼，久之，鬱鬱不得志，又常懼其圖己，因時時從其羣豪射獵，或掛針于木，或立馬鞭，百步射之輒中，羣豪皆服以爲神。

黃巢已陷京師，中和元年，代北起軍使陳景思發沙陀先所降者，與吐渾、安慶等萬人赴京師，行至絳州，沙陀軍亂，大掠而還。景思念沙陀非克用不可將，乃以詔書召克用於達靼，承制以爲代州刺史，鴈門以北行營節度使。率蕃漢萬人出石嶺關，過太原，求發軍錢。節度使鄭從讜與之錢千緡、米千石，克用怒，縱兵大掠而還。

二年十一月，景思、克用復以步騎萬七千赴京師。三年正月，出于河中，進屯乾坑。巢黨驚曰：「鴉兒軍至矣！」二月，敗巢將黃鄴於石隄谷。三月，又敗趙璋〔二〕、尚讓於良田坡〔三〕，橫尸三十里。是時，諸鎮兵皆會長安，大戰渭橋，賊敗走入城，克用乘勝追之，自光泰門先入，戰望春宮昇陽殿，巢敗南走，出藍田關，京師平，克用功第一。天子拜克用檢校司空、同中書門下平章事、河東節度使，以國昌爲鴈門以北行營節度使。十月，國昌卒。

十一月，遣其弟克脩攻昭義孟方立，取其澤、潞二州。方立走山東，以邢、洺、磁三州自別爲昭義軍。〔一〕黃巢南走至蔡州，降秦宗權，遂攻陳州。四年，克用以兵五萬救陳州，

出天井關,假道河陽,諸葛爽不許,乃自河中渡河。四月,敗尚讓於太康,又敗黃鄴于西華。巢且走且戰,至中牟,臨河未渡,而克用追及之,賊衆驚潰。比至封丘,又敗之,巢脫身走,克用追之,一日夜馳二百里,至于冤朐,不及而還。

〔一〕昭義軍在唐時跨山東、西,管五州,至是澤、潞入于晉,邢、洺、磁孟氏據之,故當時有兩昭義。

過汴州,休軍封禪寺,朱全忠饗克用於上源驛。夜,酒罷,克用醉臥,伏兵發,火起,侍者郭景銖滅燭,匿克用牀下,以水醒面而告以難。回鶻等,隨電光,縋尉氏門出,還軍中。七月,至于太原,訟其事于京師,請加兵於汴,遣弟克脩將兵萬人屯于河中以待。僖宗和解之,用破巢功,封克用隴西郡王。

光啓元年,河中王重榮與宦者田令孜有隙,徙重榮兗州,以定州王處存爲河中節度使,詔克用以兵護處存之鎮。〔二〕重榮使人紿克用曰:「天子詔重榮,俟克用至,與處共誅之。」因僞爲詔書示克用曰:「此朱全忠之謀也。」克用信之,八上表請討全忠,僖宗不許,克用大怒。

〔一〕克用不僭號,故不稱王。

重榮既不肯徙,僖宗遣邠州朱玫、鳳翔李昌符討之。克用反以兵助重榮,敗玫于沙

苑,遂犯京師,縱火大掠。天子出居于興元,克用退屯河中。朱玫亦反以兵追天子,不及,得襄王熅,迫之稱帝,屯于鳳翔。僖宗念獨克用可以破玫而不能使也,當破黃巢長安時,天下兵馬都監楊復恭與克用善,乃遣諫議大夫劉崇望以詔書召克用,且道復恭意,使進兵討玫等。克用陽諾而不行。

明年〔四〕,孟方立死,弟遷立。大順元年,克用擊破孟遷,取邢、洺、磁三州,乃遣安金俊攻赫連鐸於雲州。幽州李匡威救鐸,戰於蔚州,金俊大敗。於是匡威、鐸及朱全忠皆請因其敗伐之。昭宗以克用破黃巢功高,不可伐,下其事臺省四品官議,議者多言不可。宰相張濬獨以謂沙陀前逼僖宗幸興元,罪當誅,可伐。軍容使楊復恭,克用所善也,亦極諫以爲不可,昭宗然之,詔諭全忠等。全忠陰賂濬,使持其議益堅,昭宗不得已,以濬爲太原四面行營兵馬都統,韓建爲副〔五〕。

是時,潞州將馮霸叛降于梁,梁遣葛從周入潞州。唐以京兆尹孫揆爲昭義軍節度使,克用遣李存孝執揆于長子,又遣康君立取潞州。十一月,濬及克用戰于陰地,濬軍三戰三敗,濬、建遯歸。克用兵大掠晉、絳,至于河中,赤地千里。克用上表自訴,其辭慢侮,天子爲之引咎,優詔答之。

二年二月,復拜克用河東節度使、隴西郡王,加檢校太師、兼中書令。四月,攻赫連鐸

于雲州，圍之百餘日，鐸走吐渾。八月，大蒐于太原，出晉、絳、掠懷、孟，至于邢州，遂攻王鎔于鎮州。克用栅常山西，以十餘騎渡滹沱覘敵，遇大雨，平地水深數尺。鎮人襲之，克用匿林中，禱其馬曰：「吾世有太原者，馬不嘶。」馬偶不嘶以免。前軍李存孝取臨城，進攻元氏。李匡威救鎔，克用還軍邢州。景福元年，王鎔攻邢州，李存信、李嗣勳等敗於堯山。二月，會王處存攻鎔，戰于新市，爲鎔所敗。八月，李匡威攻雲州，以牽克用之兵，克用潛入于雲州，返出擊匡威，匡威敗走。十月，李存孝以邢州叛。二年，存孝求援於王鎔，克用出兵井陘擊鎔，且以書招鎔，而急攻其平山。鎔懼，遂與克用通和，獻帛五十萬匹，出兵助攻邢州。乾寧元年三月，執存孝，殺之。冬，攻幽州，李匡儔棄城走[六]，追至景城，見殺，以劉仁恭爲留後。

二年，河中王重盈卒，其諸子珂、珙爭立，克用請立珂，鳳翔李茂貞、邠寧王行瑜、華州韓建請立珙。昭宗初兩難之，乃以宰相崔胤爲河中節度使，既而許克用立珂。茂貞怒，三鎮兵犯京師，聞克用亦起兵，乃皆罷去。六月，克用攻絳州，斬刺史王瑤。瑤，珙弟，助珙以爭者。七月，至于河中，同州王行約奔于京師，陽言曰：「沙陀十萬至矣！」謀奉天子幸邠州，茂貞假子閻圭亦謀劫幸鳳翔[七]，京師大亂，昭宗出居于石門。克用軍留月餘不進，昭宗遣延王戒丕、丹王允兄事克用，且告急。八月，克用進軍渭

橋，以爲邠寧四面行營都統。昭宗還京師。十一月，克用擊破邠州，王行瑜走至慶州，見殺。克用還軍雲陽，請擊茂貞，昭宗慰勞克用，使與茂貞解仇以紓難，拜克用忠正平難功臣，封晉王。是時，晉軍渭北，遇雨六十日，或勸克用入朝，克用未決。都押衙蓋寓曰：「天子還自石門，寢未安席，若晉兵渡渭，人情豈復能安？勤王而已，何必朝哉？」克用笑曰：「蓋寓猶不信我，況天下乎！」乃收軍而還。

三年正月，昭宗復以張濬爲相。克用曰：「此朱全忠之謀也」。乃上表曰：「若陛下朝以濬爲相，則臣將暮至闕廷！」京師大恐，濬命遽止。朱全忠之攻兗、鄆也，克用遣李存信假道魏州以救朱宣等。存信屯于莘縣，軍士侵掠魏境，羅弘信伏兵攻之，存信敗走洺州。克用自將擊魏，戰于洹水，亡其子落落。六月，破魏成安、洹水、臨漳等十餘邑。十月，又敗魏人于白龍潭，進攻觀音門，全忠救至，乃解。

四年，劉仁恭叛晉，克用以兵五萬擊仁恭，戰于安塞，克用大敗。

光化元年，朱全忠遣葛從周攻下邢、洺、磁三州。克用遣周德威出青山口，遇從周于張公橋，德威大敗。冬，潞州守將薛志勤卒，李罕之據潞州，叛附于朱全忠。

二年，全忠遣氏叔琮攻破承天軍，又破遼州，至于榆次，周德威敗之于洞渦。秋，李嗣昭復取澤潞。三年，嗣昭敗汴軍于沙河〔八〕，復取洺州。朱全忠自將圍之，嗣昭走，至青山

口,遇汴伏兵,嗣昭大敗。秋,嗣昭取懷州。是歲,汴人攻鎮、定,鎮、定皆絕晉以附于朱全忠。

天復元年,全忠封梁王。梁王攻下晉、絳、河中,執王珂以歸。晉失三與國,乃下意爲書幣聘梁以求和。梁王以爲晉弱可取,乃曰:「晉雖請盟,而書辭慢。」因大舉擊晉。四月,氏叔琮入天井,張文敬入新口,葛從周入土門,王處直入飛狐,侯言入陰地。叔琮取澤潞,其別將白奉國破承天軍,遼州守將張鄂、汾州守將李瑭皆迎梁軍降,晉人大懼。會天大雨霖,梁兵多疾,皆解去。五月,晉復取汾州。六月,周德威、李嗣昭取慈、隰。二年,進攻晉、絳,大敗于蒲縣,梁軍乘勝破汾、慈、隰三州,遂圍太原。克用大懼,謀出奔雲州,又欲奔匈奴,未決,梁軍大疫,解去,周德威復取汾、慈、隰三州。

四年,梁遷唐都於洛陽,改元曰天祐。克用以謂劫天子以遷都者梁也,天祐非唐號,不可稱,乃仍稱天復。

五年,會契丹阿保機於雲中,約爲兄弟。

六年,梁攻燕滄州,燕王劉仁恭來乞師。克用恨仁恭反覆,欲不許,其子存勗諫曰:「此吾復振之時也。今天下之勢,歸梁者十七八,彊如趙、魏、中山,莫不聽命。是自河以北,無爲梁患者,其所憚者惟我與仁恭耳,若燕、晉合勢,非梁之福也。夫爲天下者不顧小

怨,且彼常困我而我急其難,可因以德而懷之,是謂一舉而兩得,此不可失之機也。」克用以爲然,乃爲燕出兵攻破潞州,梁圍乃解去,以李嗣昭爲潞州留後。

七年〔九〕,梁兵十萬攻潞州,圍以夾城。遣周德威救潞州,軍于亂柳。冬,克用疾。是歲,梁滅唐,克用復稱天祐四年。

五年正月辛卯,克用卒,年五十三。子存勖立,葬克用於鴈門。

嗚呼,世久而失其傳者多矣,豈獨史官之繆哉!李氏之先,蓋出於西突厥,本號朱邪,至其後世,別自號曰沙陀,而以朱邪爲姓,拔野古爲始祖。其自序云:沙陀者,北庭之磧也。當唐太宗時,破西突厥諸部,分同羅、僕骨之人於此磧,置沙陀府,而以其始祖拔野古爲都督,其傳子孫,數世皆爲沙陀都督,故其後世因自號沙陀。然予考于傳記,其説皆非也。夷狄無姓氏,朱邪,部族之號耳,拔野古與朱邪同時人,非其始祖,而唐太宗時,未嘗有沙陀府也。

唐太宗破西突厥,分其諸部,置十三州,以同羅爲龜林都督府,僕骨爲金微都督府,拔野古爲幽陵都督府,未嘗有沙陀府也。當是時,西突厥有鐵勒、薛延陀〔一〇〕、阿史那之類爲最大;,其別部有同羅、僕骨、拔野古等以十數,蓋其小者也;,又有處月、處密諸部,又其小

者也。朱邪者，處月別部之號耳。太宗二十二年，已降拔野古，其明年，阿史那賀魯叛。至高宗永徽二年〔一〕，處月朱邪孤注從賀魯戰于牢山，爲契苾何力所敗，遂没不見。後百五六十年，當憲宗時〔二〕，有朱邪盡忠及子執宜見於中國，而自號沙陀，以朱邪爲姓矣。蓋沙陀者，大磧也，在金莎山之陽，蒲類海之東，自處月以來居此磧，號沙陀突厥，而夷狄無文字傳記，朱邪又微不足錄，故其後世自失其傳。至盡忠孫始賜姓李氏，李氏後大，而夷狄之人遂以沙陀爲貴種云。

校勘記

〔一〕簡方行至鳳州 「鳳州」舊唐書卷一九上懿宗紀、通鑑卷二五三敍其事作「嵐州」。按舊唐書卷三八、卷三九地理志，鳳州屬山南西道；大同軍置在代州，與嵐州俱屬河東道；振武軍在鄀州，屬隴右道。自代州赴振武，不應至鳳州。錢大昕考異卷六一：「惟五代史以嵐州爲鳳州，則轉寫之訛耳。」

〔二〕趙璋 舊五代史卷二五唐武皇紀上、新唐書卷二二五黃巢傳同，宗文本、舊唐書卷一九下僖宗紀、卷二〇〇下黃巢傳作「趙章」。

〔三〕良田坡 「良田」宋甲本、宗文本、舊唐書卷一九下僖宗紀作「良天」，宋丙本、舊五代史卷二

〔四〕 五唐武皇紀上、舊唐書卷二〇〇下黃巢傳、新唐書卷二一八沙陀傳、通鑑卷二五五、册府卷七作「梁田」。

〔五〕 明年 舊唐書卷二〇上昭宗紀、舊五代史卷二五唐武皇紀上、通鑑卷二五八皆云孟方立死於龍紀元年，本卷上文敍光啓元年事，此處云明年，疑誤。

〔六〕 韓建爲副 「副」原作「副使」，據宋甲本、宋丙本、宗文本、通鑑卷二五八敍其事皆云以韓建爲都虞候。

〔七〕 李匡儔 本書及舊五代史各處、舊唐書、新唐書、通鑑各處皆作「李匡籌」。通鑑卷二五九考異：「唐太祖紀年錄作『匡儔』，今從新舊紀、傳、實錄。」本書各處同。

〔八〕 閻圭 舊唐書卷二〇上昭宗紀、新唐書卷二〇八劉季述傳、御覽卷一一六引唐書同，舊五代史卷二六唐武皇紀下、卷一三二李茂貞傳、通鑑卷二六〇作「閻珪」。

〔九〕 嗣昭敗汴軍于沙河 「沙河」原作「汴河」，據宗文本、舊五代史卷二六武皇紀下、卷五二李嗣昭傳改。

〔一〇〕 七年 原作「後七年」，據宗文本改。按舊五代史卷二六唐武皇紀下繫其事於天祐四年，天祐四年即天復七年。

〔一一〕 薛延陀 「薛」字原闕，據宗文本、通鑑卷二一〇考異引五代史記補。

〔一二〕 至高宗永徽二年 「二年」，舊唐書卷四高宗紀、新唐書卷三高宗紀、通鑑卷一九九繫其事於

唐本紀第四

四五

〔三〕當憲宗時　「當」字原闕，據宋甲本、宗文本、通鑑卷二一○考異引五代史記補。

永徽三年。

新五代史卷五

唐本紀第五

存勖，克用長子也。初，克用破孟方立于邢州，還軍上黨，置酒三垂岡，伶人奏百年歌，至于衰老之際，聲甚悲愴，坐上皆悽愴。時存勖在側，方五歲，克用慨然捋鬚，指而笑曰：「吾行老矣，此奇兒也，後二十年，其能代我戰于此乎！」存勖年十一，從克用破王行瑜，遣獻捷于京師，昭宗異其狀貌，賜以鸂鶒卮、翡翠盤，而撫其背曰：「兒有奇表，後當富貴，無忘予家。」及長，善騎射，膽勇過人，稍習春秋，通大義，尤喜音聲歌舞俳優之戲。

天祐五年正月，即王位于太原。叔父克寧殺都虞候李存質，倖臣史敬鎔告克寧謀叛。二月，執而戕之，且以先王之喪，叔父之難告周德威，德威自亂柳還軍太原。梁夾城兵聞晉有大喪，德威軍且去，因頗懈。王謂諸將曰：「梁人幸我大喪，謂我少而新立，無能爲也，宜乘其怠擊之。」乃出兵趨上黨，行至三垂岡，歎曰：「此先王置酒處也！」會天大霧晝

瞑,兵行霧中,攻其夾城,破之,梁軍大敗,凱旋告廟。九月,蜀王王建、岐王李茂貞及楊崇本攻梁大安,晉亦遣周德威攻其晉州,敗梁軍于神山。

六年,梁遣王景仁攻趙,趙王王鎔來乞師,王自將至陰地關,遣周德威攻晉州,敗梁軍于蒙阬。七年正月,敗梁軍于柏鄉,斬首二萬級,獲其將校三百人、馬三千匹。進攻邢州,不下,留兵圍之,去,攻魏。別遣周德威徇梁夏津、高唐,攻博州,破東武、朝城,遂擊黎陽、臨河、淇門,掠新鄉、共城。

燕王劉守光聞晉攻梁深入,乃大治兵,聲言助晉,王患之,乃旋師。七月,會趙王王鎔于承天軍。劉守光稱帝于燕。九年正月,遣周德威會鎮、定以攻燕,守光求救於梁,梁軍攻趙,屠棗彊,李存審擊走之。八月,朱友謙以河中叛于梁,來降。梁遣康懷英討友謙,友謙復臣于梁,而亦陰附于晉。十年十月,劉守光請降,王如幽州,守光背約不降,攻破之。十一年,殺燕王劉守光于太原,用其父仁恭于鴈門。[二]於是趙王王鎔、北平王王處直奉冊推王為尚書令,始建行臺。七月,攻梁邢州,戰于張公橋,晉軍大敗。

[二]剖心以祭墓也。

十二年,魏州軍亂,賀德倫以魏、博二州叛于梁,來附。王入魏州,行至永濟,誅其亂

首張彥,以其兵五百自衛,號帳前銀槍軍。六月,王兼領魏博節度使。七月,取澶州。劉鄩軍于洹水,王率百騎覘其營,遇鄩伏兵,圍之數重,決圍而出,亡七八騎[一]。

八月,梁復取澶州,晉軍與鄩對壘于莘,鄩閉壁不出。十三年正月,王留李存審于莘,聲言西歸。鄩聞晉王且去,即引兵擊魏,攻城東。王行至貝州,返擊鄩,大敗之,追至于故元城,又敗之,鄩走黎陽。三月,攻梁衛州,降其刺史米昭。四月,克洺州。八月,圍邢州,降其節度使閻寶。梁張筠棄相州,戴思遠棄滄州而逃,遂取二州,而貝州人殺梁守將張源德,以城降。

契丹寇蔚州,執振武節度使李嗣本[三]。十四年,契丹寇新州,遂寇幽州,李嗣源擊走之。

冬,梁謝彥章軍于楊劉。十二月,攻楊劉,王自負芻以堙塹,遂破之。十五年正月,梁、晉相距于楊劉,彥章決河水以隔晉軍。六月,渡水擊彥章,破其四寨。八月,大閱于魏,合盧龍、橫海、昭義、安國及鎮、定之兵十萬、馬萬匹,軍于麻家渡。謝彥章軍于行臺。十二月,進軍臨濮,梁軍追之,戰于胡柳,晉軍大敗,周德威死之。梁軍暮休于土山,晉軍復擊,大敗之,遂軍德勝,為夾寨。十六年正月,王兼領盧龍軍節度使[四]。梁王瓚攻德勝南城,不克。十月,廣德勝北城。十二月,敗梁軍于河南。十七年,朱友謙襲同州,梁遣劉

鄩擊友謙，李存審敗梁軍于同州。

十八年正月，魏州僧傳真獻唐受命寶一。趙將張文禮弒其君鎔，文禮來請命。二月，以文禮為鎮州兵馬留後。三月，河中節度使朱友謙、昭義軍節度使李嗣昭、橫海軍節度使李存審、義武軍節度使王處直、安國軍節度使李嗣源、鎮州兵馬留後張文禮、領天平軍節度使閻寶、大同軍節度使李存璋、振武軍節度使李存進、匡國軍節度使朱令德，請王即皇帝位，王三辭，友謙等三請，王曰：「予當思之。」

八月，遣趙王王鎔故將符習及閻寶、史建瑭等攻張文禮於鎮州。建瑭取趙州。張文禮卒，其子處瑾閉城拒守。九月，建瑭戰死。十月，梁戴思遠攻德勝北城，李嗣源敗之于戚城。王處直叛附于契丹，其子都幽處直以來附。十二月，契丹寇涿州，遂寇定州。

十九年正月，敗契丹于新城、望都，追奔至于幽州。三月，閻寶敗于鎮州，以李嗣昭代之。四月，嗣昭戰死，以李存進代之。八月，梁取衛州。九月，存進敗鎮人于東垣，存進戰死。十月，李存審克鎮州。王兼領成德軍節度使。

同光元年春三月，李繼韜以潞州叛附于梁。

夏四月己巳，皇帝即位，大赦，改元，國號唐。行臺左丞相豆盧革為門下侍郎、右丞相

盧程爲中書侍郎、同中書門下平章事；中門使郭崇韜、昭義監軍張居翰爲樞密使。〔一〕以魏州爲東京，太原爲西京，鎮州爲北都。

〔一〕樞密使，唐故以宦者爲之，其職甚微，至此始參用士人，而與宰相權任鈞矣，故與宰相並書。

閏月，追尊祖考爲皇帝，妣爲皇后：曾祖執宜、祖妣崔氏皆諡曰昭烈〔五〕，廟號懿祖；祖國昌、祖妣秦氏皆諡曰文景，廟號獻祖；考諡曰武，廟號太祖。立廟于太原，自唐高祖、太宗、懿宗、昭宗爲七廟。〔二〕壬寅，李嗣源取鄆州。〔三〕

〔一〕追尊祖考，則立廟可知，故皆不書「廟」此書者，以立高祖已下四廟故也。此大事也，舊史失其日。

〔二〕後唐太祖置義兒軍如李嗣昭等甚衆，初皆賜姓名，而不全若子，故書「李嗣源」者，書其所賜姓名爾，不以子書也，與友文、從珂異。

五月辛酉，梁人取德勝南城。

六月，及王彥章戰于新壘，敗之。是月，盧程罷。

秋八月，梁人克澤州，〔一〕守將裴約死之。

〔一〕唐末，澤、潞皆屬晉，梁初已得澤州，至此又屬晉，而梁克之，中間不見晉得澤州年月，蓋舊史闕不書。五代之亂，戰爭攻取，彼此得失不常，多類此也。

九月戊辰,李嗣源及王彥章戰于遞坊,敗之。

冬十月壬申,如鄆州以襲梁。[一]甲戌,取中都。丁丑,取曹州。己卯,滅梁。敬翔自殺。[三]丙戌,貶鄭珏爲萊州司户參軍,蕭頃登州司户參軍,殺李振、趙巖、張漢傑、朱珪,滅其族。己丑,德音降死罪囚,流已下原之。

[一] 掩其不備,疾馳而入之,故曰「襲」,文理宜然,無褒貶也。

[三] 翔爲梁臣,梁所以亡唐,翔之謀爲多。梁之亡也,翔雖死之,不書「死」而書「自殺」,死,大節也,見不輕予人也。

十一月乙巳,復北都爲鎮州,太原爲北都。丙辰,復汴州爲宣武軍。丁巳,尚書左丞趙光胤爲中書侍郎、禮部侍郎韋説:同中書門下平章事。戊午,新羅國王金朴英遣使者來。辛酉,復永平軍爲西都。甲子,如洛京。[二]

[二] 洛京,從當時語。

十二月庚午朔,至自汴州。辛巳,李繼韜伏誅。繼韜之弟繼達殺其兄繼儔于潞州。[二]壬辰,畋于伊闕。

[二] 繼儔以被殺書,非不予其死,蓋繼達殺兄,自當著其罪爾。與書弒君者同。

二年春正月，河南尹張全義及諸鎮進暖殿物。己酉，求唐宦者。〔一〕庚戌，新羅國王金朴英及其泉州節度使王逢規皆遣使者來。乙卯，渤海國王大諲譔使大禹謨來。庚申，如河陽。〔二〕辛酉，至自河陽。丁卯，七廟神主至自太原，祔于太廟。朝獻于太微宮。戊辰，享于太廟。

〔一〕凡書過惡辭無譏貶者，直書其實而自見也。

〔二〕迎皇太后也。太后曹氏，莊宗母也。莊宗即位，遣盧程奉册爲皇太后。舊史、實錄皆無奉册月日，故不書。

二月己巳朔，有事于南郊，大赦。癸酉，羣臣上尊號曰昭文睿武光孝皇帝〔六〕。戊寅，幸李嗣源第。癸未，立劉氏爲皇后。〔二〕

〔一〕五代十三君，立后者七，辭有不同：立得其正者，曰「以某妃、某夫人某氏爲皇后〔七〕」；其不正者，直曰「立某氏爲皇后」。嫌與得正同爾，無褒貶也。

三月己酉，党項來。庚戌，賜從平汴州及入洛南郊立仗軍士等功臣。庚申，工部郎中李塗爲檢視諸陵使〔八〕。〔二〕潞州將楊立反。

〔一〕唐諸帝陵也。

夏五月壬寅，教坊使陳俊爲景州刺史，內園栽接使儲德源爲憲州刺史〔九〕。〔二〕丙辰，

渤海國王大諲譔遣使者來。丙寅，李嗣源克潞州。〔三〕

〔一〕命官不書，此書其甚也。

〔三〕不書命將，舊史闕。

六月丙子，楊立伏誅。己丑，封回紇王仁美爲英義可汗。

秋七月己酉，如雷山賽天神。〔二〕

〔二〕夷狄之事也。

八月，大雨霖，河溢。

九月壬子，置水于城門，以禳熒惑。〔二〕甲寅，幸郭崇韜第。丙辰，黑水遣使者來。

〔二〕本紀書災不書異，熒惑爲置水，非禮書爾，見其有懼禍之意，而不知畏天以修德。水、旱、風、蝗之類害物者，災也，故書；其變逆常理不知所以然者，異也，以其不可知，故不書爾。

冬十月癸未，左熊威軍將趙暉妻一産三男子〔一〇〕。〔二〕

〔二〕此亦變異，而書者，重人事，故謹之。後世以此爲善祥，故於亂世書，以見不然。

十一月癸卯，畋于伊闕。丙午，至自伊闕。〔二〕丁巳，回鶻使都督安千想來〔二〕。

〔二〕書「至」，見其留四日而荒甚。

十二月庚午，及皇后幸張全義第。

三年春正月庚子，如東京，毀即位壇爲鞠場。

二月己巳，聚鞠于新場。乙亥，射鴈于王莽河。辛巳，突厥渾解樓、渤海國王大諲譔皆遣使者來。射鴈于北郊。乙亥，射鴨于郭泊。

三月乙未，寒食，望祭于西郊。〔一〕庚申，至自東京。辛酉，改東京爲鄴都，以洛京爲東都。

〔一〕俚俗之祭也，非禮，故書。

夏四月乙亥，及皇后幸郭崇韜、朱漢賓第。旱。庚寅，趙光胤薨。

五月丁酉，皇太妃薨，廢朝五日。〔二〕己酉，黑水、女真皆遣使者來。

〔二〕太祖正室，於莊宗爲嫡母，書「太妃」及「輟朝」，見亂世禮壞而恩薄。

六月辛未，宗正卿李紓爲昭宗、少帝改卜園陵使。〔三〕括馬。

〔三〕少帝，濟陰王也。梁嘗謚曰「哀皇帝」，唐人謂之「少帝」，從其本語。

秋七月壬寅，皇太后崩。〔二〕

〔一〕不書「册皇太后」,已見上注。

八月癸未,殺河南縣令羅貫。

九月庚子,魏王繼岌爲西川四面行營都統、郭崇韜爲招討使以伐蜀。自六月雨至于是月。丁巳,射鴈于尖山。

冬十月壬午,奚、吐渾、突厥皆遣使者來。戊子,葬貞簡太后於坤陵。

十一月丁未,高麗遣使者來。己酉,王衍降〔三〕。〔二〕郭崇韜殺王宗弼及其弟宗訓,滅其族。

〔二〕唐兵入蜀,不攻不戰,君臣迎降,故直書其實,以見下書「殺衍」爲殺降。

十二月己卯,畋于白沙。癸未,至自白沙。

閏月辛亥,封弟存美爲邠王,存霸永王,存禮薛王,存渥申王,存乂睦王,存確通王,存紀雅王。

四年春正月壬戌,降死罪以下囚。甲子,魏王繼岌殺郭崇韜及其三子于蜀〔四〕。〔二〕戊寅,契丹使梅老鞋里來。庚辰,殺其弟睦王存乂及河中護國軍節度使李繼麟,滅其族。

乙酉，沙州曹義金遣使者來〔一五〕。丙戌，回鶻阿咄欲遣使者來。丁亥，殺李繼麟之將史武、薛敬容、周唐殷、楊師太、王景、來仁〔一六〕、白奉國，皆滅其族。

〔一〕實皇后劉氏作教與繼岌使殺崇韜，而書「繼岌殺」者，繼岌將兵在外，后教非天子命，可止而不止。

二月己丑，宣徽南院使李紹宏爲樞密使。癸巳，鄴都軍將趙在禮反于貝州〔二〕甲午，畋于冷泉。趙在禮陷鄴都，武寧軍節度使李紹榮討之〔七〕。邢州軍將趙太反，東北面招討使李紹真討之〔八〕。甲辰，成德軍節度使李嗣源討趙在禮。

〔二〕反者皆不書曰，獨在禮書曰，推迹其心可知爾。其事具本傳。蓋在禮初無亂心，以是曰見迫而反爾。雖加以大惡之名，猶原其本心而異於他反者。於此見凡書人善惡，不妄加之也如此。

三月，趙太伏誅。李嗣源反。博州守將翟建自稱刺史。甲子，殺王衍，滅其族〔二〕乙丑，如汴州。壬申，次滎澤。龍驤指揮使姚彥溫以前鋒軍叛降于李嗣源〔九〕。嗣源入于汴州。甲戌，至自萬勝。

〔二〕從馬直指揮使郭從謙反。

〔二〕許其不死，降而殺之，又滅其族，於殺非罪，此爲甚，而書無異辭者，前書「衍降」，義自見也。

〔三〕帝至萬勝鎮，聞嗣源已入汴州，乃還

夏四月丁亥朔，皇帝崩。[二]

[二]年四十三[一〇]。帝尸爲伶人焚之，明宗入洛，得其骨燼。天成元年七月，葬之河南新安縣[一一]，號雍陵，至晉避廟諱，更曰伊陵。其不書葬，與梁太祖同。

校勘記

[一]聲甚悲　宗文本作「聲辭甚悲」，舊五代史卷二七唐莊宗紀一作「聲調悽苦」。

[二]亡七八騎　宗文本作「亡七騎」，通鑑卷二六九敍其事作「亡其七騎」。

[三]契丹寇蔚州執振武節度使李嗣本　遼史卷一太祖紀上敍其事云：「八月，拔朔州，擒節度使李嗣本。」按振武軍治朔州，通鑑卷二六九胡注：「契丹攻蔚州，自麟、勝出詭道，以掩晉不備也。按麟、勝至蔚州，中間懸隔雲、朔，『蔚州』恐當作『朔州』。」

[四]正月王兼領盧龍軍節度使　舊五代史卷二九唐莊宗紀三、通鑑卷二七〇敍其事皆云正月命昭義軍節度使李嗣昭權知幽州軍府事。三月，帝兼領幽州。

[五]祖妣崔氏皆謚曰昭烈　「昭烈」原作「照烈」，據宋甲本、宗文本、舊五代史卷二九唐莊宗紀三、五代會要卷一改。

[六]羣臣上尊號曰昭文睿武光孝皇帝　「昭文睿武光孝皇帝」，李存進神道碑（拓片刊山西碑碣）同，舊五代史卷三一唐莊宗紀五、通鑑卷二七三、五代會要卷一作「昭文睿武至德光孝皇

帝」。

〔七〕某夫人 「某」字原闕，據宋甲本、宗文本補。

〔八〕李塗 舊五代史卷三二唐莊宗紀六、冊府卷一七四、五代會要卷四、通鑑卷二七三作「李途」。

〔九〕内園栽接使儲德源爲憲州刺史 「栽接使」，原作「栽接使」，據宋甲本、宗文本、本書卷三七伶官傳、御覽卷二五五引五代史後唐書、通鑑卷二七三改。

〔一〇〕左熊威軍將趙暉妻一産三男子 按五代無熊威軍，疑爲「雄威軍」之譌。時禁軍有雄威軍，據舊五代史卷四三唐明宗紀九、五代會要卷一二，至後唐明宗長興三年方改神威、雄威等軍爲左右羽林。「趙暉」，宋丙本作「趙威」。

〔一二〕安千想 本書卷七四四夷附錄、五代會要（四庫本）卷二八同，舊五代史卷一三八回鶻傳、五代會要卷二八作「安千」。

〔一三〕從其本語 「本語」，原作「本意語」，據宋甲本、宗文本改。

〔一四〕王衍降 宗文本作「蜀王衍降」。

〔一五〕魏王繼岌殺郭崇韜及其三子于蜀 按舊五代史卷五七郭崇韜傳、通鑑卷二七四，郭崇韜子從死於蜀者，止廷信、廷誨二人。本書卷二四郭崇韜傳亦云「崇韜有五子，其二從死於蜀」。

〔一六〕曹義金 按敦煌文書伯三八〇五背面同光三年六月一日敕河西歸義節度使牒署「使檢校司空兼太保曹議金」，此件鈐「沙州觀察處置使之印」，爲正式官文書，可知其名爲曹議金。本

書各處同。

〔六〕王景來仁　册府卷九二五作「王景來景仁」。

〔七〕武寧軍節度使李紹榮討之　舊五代史卷三四唐莊宗紀八敍其事作「宋州節度使」，按武寧軍治徐州。

〔八〕東北面招討使李紹真討之　舊五代史卷三四唐莊宗紀八、册府卷一二三作「東北面副招討使」，通鑑卷二七四作「東北面招討副使」。

〔九〕龍驤指揮使姚彥溫以前鋒軍叛降于李嗣源　「龍驤指揮使」，原作「龍驤指揮軍使」，據宋甲本、宋丙本、通鑑卷二七四改。

〔一〇〕年四十三　五代會要卷一作「年四十二」。

〔一一〕葬之河南新安縣　「新安縣」，原作「新縣」，據宋甲本、宋丙本、宗文本、五代會要卷一改。

新五代史卷六

唐本紀第六

明宗聖德和武欽孝皇帝，世本夷狄，無姓氏。父霓[一]，爲鴈門部將，生子邈佶烈，以騎射事太祖，爲人質厚寡言，執事恭謹，太祖養以爲子，賜名嗣源。

梁攻克、鄆，朱宣、朱瑾來乞師，太祖遣李存信將兵三萬救之。存信留莘縣不進，使嗣源別以兵三千先擊梁兵，梁兵解去。存信留莘縣久之，爲羅弘信所襲，存信敗走，嗣源獨殿而還，太祖以嗣源所將騎五百號「橫衝都」。

光化三年[二]，李嗣昭攻梁邢洺，出青山，遇葛從周兵，嗣昭大敗走，梁兵追之。嗣源從間道後至，謂嗣昭曰：「爲公一戰。」乃解鞍礪鏃，憑高爲陣，左右指畫，梁追兵望之莫測。嗣源急呼曰：「吾取葛公，士卒可無動！」乃馳騎犯之，出入奮擊，嗣昭繼進，梁兵解去。嗣源身中四矢，太祖解衣賜藥以勞之，由是「李橫衝」名重四方。

梁、晉相拒于柏鄉，梁龍驤軍以赤、白馬為兩陣，旗幟鎧仗皆如馬色，晉兵望之皆懼。莊宗舉鍾以飲嗣源曰：「卿望梁家赤、白馬懼乎？雖吾亦怯也。」嗣源笑曰：「有其表爾，翌日歸吾厩也。」莊宗大喜曰：「卿當以氣吞之。」因引鍾飲釂，奮檛馳騎，犯其白馬，挾二裨將而還。梁兵敗，以功拜代州刺史。

莊宗攻劉守光，嗣源及李嗣昭將兵三萬別出飛狐，定山後，取武、嬀、儒三州。莊宗已平魏州，因徇下磁、相，拜相州刺史，昭德軍節度使。久之，徙鎮安國。契丹攻幽州，莊宗遣嗣源與閻寶等擊走之。

同光元年，徙鎮橫海。是時，梁、唐相拒于河上，李繼韜以潞州叛降梁，莊宗有憂色，召嗣源帳中，謂曰：「繼韜以上黨降梁，而梁方急攻澤州，吾出不意襲鄆州，以斷梁右臂，可乎？」嗣源對曰：「夾河之兵久矣，苟非出奇，則大計不決，臣請獨當之。」乃以步騎五千涉濟，至鄆州，鄆人無備，遂襲破之，即拜天平軍節度使，蕃漢馬步軍副都總管。

梁軍攻破德勝南柵，莊宗退保楊劉，王彥章急攻鄆州，莊宗悉軍救之，嗣源為前鋒擊敗梁軍[三]，追至中都，擒彥章及梁監軍張漢傑。

彥章雖敗，而段凝悉將梁兵屯河上，莊宗未知所嚮，諸將多言乘勝以取青齊，嗣源曰：「彥章之敗，凝猶未知，使其聞之，遲疑定計，亦須三日。縱使料吾所向，亟發救兵，必

渡黎陽,數萬之衆,舟楫非一日具也。此去汴州,不數百里,前無險阻,方陣而行,信宿可至,汴州已破,段凝豈足顧哉!」而郭崇韜亦勸莊宗入汴,莊宗以爲然,遣嗣源以千騎先至汴州,攻封丘門,王瓚開門降。莊宗後至,見嗣源大喜,手攬其衣,以頭觸之曰:「天下與爾共之。」拜中書令。

二年,莊宗祀天南郊,賜以鐵券。五月,破楊立于潞州。六月,徙鎮宣武,兼蕃漢內外馬步軍總管。冬,契丹侵漁陽,嗣源敗之于涿州。

三年,徙鎮成德。莊宗幸鄴,請朝行在,不許。貞簡太后疾,請入省,又不許。太后崩,請赴山陵,許之,而契丹侵邊,乃止。十二月,遂朝于洛陽。

天成元年[二],郭崇韜、朱友謙皆以讒死,嗣源以名位高,亦見疑忌。趙在禮反於魏,大臣皆請遣嗣源討賊,莊宗不許。羣臣屢請,莊宗不得已遣之。

[一]實同光四年,而書「天成元年」者,大赦改元文見下可知。莊宗本紀自書「同光四年」,各從其所稱,既日改元,不嫌二號也。

三月壬子[四],嗣源至魏,屯御河南,在禮登樓謝罪。甲寅,軍變,嗣源入于魏,與在禮合,夕出,止魏縣。丁巳,以其兵南,遣石敬瑭將三百騎爲先鋒。嗣源行過鉅鹿,掠小坊馬

二千匹以益軍。壬申,入汴州。

四月丁亥,莊宗崩。己丑,入洛陽。甲午,監國,朝羣臣于興聖宮。乙未,中門使安重誨爲樞密使。殺元行欽及租庸使孔循。壬寅,左驍衛大將軍孔循爲樞密使。丙午,始奠于西宮,[二]皇帝即位于樞前,[三]易斬縗以袞冕。[三]壬子,魏王繼岌薨。[四]甲寅,大赦,改元。渤海國王大諲譔使大陳林來。是月,張居翰罷。

[一]曰「始奠」,見其緩也。自己丑入洛,至此二十日矣。

[二]樞前即位,嗣君之禮也。反逆之臣自立,而用嗣君之禮,書從其實而不變文者,蓋先已書反,正其罪矣。此書其實者,見其猶有自愧之心,而欲逃大惡之名也。

[三]既用嗣君之禮矣,遽釋縗而服冕,故書以見其情詐。

[四]諸王薨不書,此書者,見明宗舉兵實反,會從謙弑逆,遂託赴難爲名。及即位時,莊宗元子猶在,則其辭屈矣。

五月丙辰朔,太子賓客鄭珏、工部尚書任圜爲中書侍郎、同中書門下平章事。戊辰,趙在禮爲義成軍節度使。[一]

[一]在禮始亂宜誅,而明宗因之以反,命以方鎮,報其功也,故書。

六月丁酉,汴州控鶴軍亂,指揮使張諫殺其權知州事高逖。己亥,諫伏誅。

秋七月庚申，安重誨殺殿直馬延于御史臺門〔一〕契丹使梅老述骨來，渤海使大昭佐來。己卯，貶豆盧革爲辰州刺史、韋説敍州刺史。甲申，流革于陵州、説于合州。

〔一〕御史臺所以糾百官之不法，殺人于臺門，惡其甚。

八月乙酉朔，陝州硤石縣民高存妻一産三男子〔五〕。丁酉，以象笏三十二賜百官之無笏者〔六〕。〔二〕閱稼于冷泉宫。己亥，契丹犯邊。丁未，平盧軍節度使霍彦威殺其登州刺史王公儼。甲寅，醫官張志忠爲太原少尹。

〔二〕是時朝廷衰弱之甚，故書。

九月己未，幸至德宫及袁建豐第。

冬十月丁亥，雲南山後兩林百蠻都鬼主、右武衞大將軍李卑晚使大鬼主傅能何華來〔七〕。辛丑，契丹使没骨餒來告阿保機哀，廢朝三日〔八〕。旱，辛亥雨。

二年春正月癸丑朔，更名亶。癸亥，端明殿學士兵部侍郎馮道、太常卿崔協爲中書侍郎、同中書門下平章事。

二月壬午朔，新羅使張芬來。西川節度使孟知祥殺其兵馬都監李嚴。丙申，赦京師

囚。郭從謙爲景州刺史,既而殺之。〔二〕戊戌,山南東道節度使劉訓爲南面招討使,以伐荊南。〔二〕

〔一〕從謙弒君,不討而命以官,故書。與在禮同罪宜誅,而書「殺」者,明宗亦同罪,不得行誅,故以兩相殺書之。

〔二〕是時,荊南自絕於中國而附吳,不足以有罪,不書討而書「伐」,見非內臣,不責其叛。

三月壬子朔,幸會節園,羣臣買宴。〔二〕盧臺軍亂〔九〕,殺其將烏震。新羅使林彥來。

〔一〕遊幸若不過度,則小事也,皆不書。惟莊宗及晉出帝之世則書者〔一〇〕,著其過度耳。明宗於五代爲勤儉之君,遊幸無過度,此書以著買宴,見君臣之失矣。

夏四月庚寅,盧臺軍將龍晊等伏誅。

六月丙戌,任圜罷。庚子,幸白司馬坡,祭突厥神。〔二〕

〔二〕夷狄之事也。

秋七月甲子,隨州刺史西方鄴取夔、忠、萬州〔一一〕。癸酉,殺豆盧革、韋說。

八月乙酉,祥珂使宋朝化及昆明使者來。

九月庚午,党項使如連山來。壬申,契丹使梅老來。

冬十月乙酉,如汴州。宣武軍節度使朱守殷反,馬步軍都指揮使馬彥超死之。己丑,

守殷自殺。[一]乙未,殺太子少保致仕任圜。[二]辛丑,德音釋繫囚[二]。是月,傳箭于霍彥威。[三]

[一]不書克汴州者,天子自以兵討,未嘗攻戰,直入其城也。佗自殺不書,爲書克州;此不書克州,故書「自殺」。

[二]實安重誨矯詔殺之,不書重誨殺者,明宗知而不責,又下詔書誣圜以罪,故以明宗自殺書之。

[三]夷狄之事也。

十一月乙亥,契丹使梅老來。

十二月己丑,回鶻西界吐蕃遣使者來。甲辰,畋于東郊。丙午,追尊祖考爲皇帝,妣爲皇后:高祖聿謚曰孝恭,廟號惠祖,祖妣劉氏謚曰孝恭昭[三];曾祖敖謚曰孝質,廟號毅祖,祖妣張氏謚曰孝質順[四];祖琰謚曰孝靖,廟號烈祖,祖妣何氏謚曰孝靖穆;考謚曰孝成,廟號德祖,妣劉氏謚曰孝成懿。立廟于應州。

三年春正月丁巳,契丹陷平州。

二月辛巳,吐渾都督李紹虞來[五]。乙未,孔循罷。戊戌,回鶻使李阿山來。

三月丁未朔,御札求直言。己未,鄭珏罷。癸亥,成德軍節度使王建立爲尚書右僕

射、同中書門下平章事。西方鄴克歸州。戊辰,宣徽南院使范延光爲樞密使。

夏四月戊寅,延光罷。乙酉,達靼遣使者來。義武軍節度使王都反。壬寅,歸德軍節度使王晏球爲北面行營招討使。

五月,契丹禿餒入于定州。辛酉,右衛上將軍趙敬怡爲樞密使。封回鶻可汗王仁裕爲順化可汗。

秋七月己未,殺齊州防禦使曹廷隱[一六]。

八月,盧龍軍節度使趙德鈞執契丹首領惕隱赫邈。慶州防禦使竇廷琬反。

冬十月,靜難軍節度使李敬周討之。丁巳,突厥使張慕晉來。

十一月壬午,吐渾使念九來。甲午,王建立罷。

十二月,李敬周克慶州,竇廷琬伏誅。辛亥,幸康義誠第。

四年春正月壬辰,回鶻使掣撥都督來。

二月癸卯,王晏球克定州。[一二]辛酉,晏球獻馘俘。趙敬怡薨。丁卯,崔協薨。庚午,至自汴州。

[一一]王都自焚,故不書伏誅。

三月丙戌，殺姪從璨。

夏四月，契丹寇雲州。癸丑，契丹使撩括梅里來求禿餧[一七]，殺之。甲寅，端明殿學士、尚書兵部侍郎趙鳳爲門下侍郎兼工部尚書、同中書門下平章事。

五月己巳，朝羣臣，賀朔。[一二]乙酉，追謚少帝曰昭宣光烈孝皇帝。契丹寇雲州。[一二]不日視朝，而曰「賀朔」，著非禮。視朝常事，自不書爾。五月賀朔，出於道家之説，自唐以來用之。書之見亂世舉非禮之不急者。此禮其後屢行，皆不復書者，與入閤同。

秋七月壬申，殺左金吾衛上將軍毛璋[一八]。

八月乙巳，黑水使骨至來。丁未，吐渾首領念公山來。乙卯，党項折遇明來。己未，高麗王建使張彬來。

九月癸巳，殺供奉官烏昭遇。

冬十二月辛丑，殺西平縣令李商。

長興元年春正月丁卯，閲馬于苑。辛卯，宣徽南院使朱弘昭爲大内留守。

二月戊戌，黑水兀兒遣使者來。乙巳，天雄軍節度使石敬瑭爲御營使。癸丑，朝獻于太微宫。甲寅，享于太廟。乙卯，有事于南郊，大赦，改元。

三月庚寅,立淑妃曹氏爲皇后。

夏四月戊戌,安重誨使河中牙内指揮使楊彥溫逐其節度使從珂。壬寅,西京留守索自通,侍衛步軍指揮使藥彥稠討之。辛亥,自通執彥溫殺之。[一]戊午,羣臣上尊號曰聖明神武文德恭孝皇帝。辛酉,吐蕃首領于撥葛來[九]。

[一]彥溫雖有罪,有命獲而勿殺,自通擅殺之,故不書「誅」而書「殺」。

五月丁丑,回鶻使孼栗祖來。庚辰,回鶻使安黑連來。

秋七月壬午,訪莊宗子孫瘞所。[二]

[二]莊宗子孫而不知瘞所,見明宗舉兵不順,禍害所罹者可哀也。於此始求之,見事緩而無恩也。

八月乙未,忠武軍節度使張延朗爲三司使。[二]壬寅,殺捧聖都軍使李行德、十將張儉,滅其族。吐渾來附。封子從榮爲秦王。戊申,海州將王傳極殺其刺史陳宣[二○],叛于吳,來降。乙卯,吐渾康合畢來。丙辰,封子從厚爲宋王。

[二]三司使始於此,而今遂因之。

九月壬戌,吐蕃使王滿儒來。東川節度使董璋反。甲申,成德軍節度使范延光爲樞密使。丁亥,石敬瑭爲東川行營都招討使。

冬十月丁酉，始藏冰〔一〕。甲辰，驍衞上將軍致仕張筠進助軍粟。乙巳，董璋陷閬州，殺節度使李仁矩，指揮使姚洪死之。孟知祥反。

十一月庚申朔，秦王從榮受册，謁于太廟。〔二〕丙戌，契丹東丹王突欲來奔。〔三〕

〔一〕册禮廢於亂世，至此始一行之，故書。

〔二〕夷狄不可以禮義責，故不曰叛于契丹。

十二月丁未，二王後、祕書丞、鄆國公楊仁矩卒，廢朝一日。丁巳，回鶻順化可汗王仁裕使翟末斯來〔二〕。安重誨討董璋。〔二〕沙州曹義金遣使者來。

〔二〕不命將名，直以樞密使往。

二年春正月戊辰，党項使折七移來。庚辰，達靼使列六薛孃居來。

二月丁酉，幸安元信第。戊戌，突厥使杜阿熱、吐渾使康萬琳來。辛丑，安重誨罷。

三月，趙鳳罷〔三〕。丁亥，太常卿李愚爲中書侍郎、同中書門下平章事。甲寅，董璋陷遂州，武信軍節度使夏魯奇死之。乙卯，以旱赦流罪以下囚。

夏四月甲辰，宣徽北院使趙延壽爲樞密使。

閏五月丁酉，殺太子太師致仕安重誨及其妻張氏、子崇贊崇緒。

秋八月己未，契丹使邪姑兒來。

九月丁亥，放五坊鷹隼。

冬十一月戊申，吐蕃遣使者來。辛丑，旌表棣州民邢釗門閭。[一]

十二月甲寅朔，除鐵禁，初稅農具錢。[二]己未，西涼府遣使者來。己巳，回鶻使安求思來[四]。辛未，渤海使文成角來。党項寇方渠。

三年春正月庚子，契丹使拽骨來。己酉，渤海、回鶻皆遣使者來。

二月己卯，靜難軍節度使藥彥稠及党項戰于牛兒谷[五]，敗之。

三月甲申，契丹遣使者來。

夏四月庚申，新羅遣使者來。

五月己丑，二王後、詹事司直楊延紹襲封酅國公。丙午，孟知祥攻董璋，陷綿州。

六月甲寅，封王建爲高麗國王、大義軍使。孟知祥殺董璋，陷東川。達靼首領頡哥以其族來附。

[一]干戈之世，王道息而禮義亡，民猶有自知孝悌，而時君旌表，猶有勸民之意，故兩善而書之。

[二]至今因之，故書。

秋八月己卯，吐蕃遣使者來。

冬十月庚申，幸石敬瑭第。

四年春正月庚寅，端明殿學士、兵部侍郎劉昫為中書侍郎、同中書門下平章事。

二月戊午，孟知祥使朱滉來。〔二〕

〔二〕十國外而不書，此書者，知祥本唐臣而反，至此改過自歸，絕之則嫌不許其自新，錄之則尚冀其遷善，然其來也，臣禮不備，故如夷狄書之。

三月甲辰，追册晉國夫人夏氏為皇后。

夏五月戊寅，封子從珂為潞王，〔二〕從益許王、姪從溫兖王、從璋洋王、從敏涇王。丙戌，契丹使述骨卿來。

〔二〕從珂非子，而書「子」，與梁博王友文同。

秋七月乙未，回鶻都督李末來，獻白鶻，命放之。

八月戊申，大赦。

九月戊戌，趙延壽罷。山南東道節度使朱弘昭為樞密使。

冬十月庚申，范延光罷。三司使馮贇為樞密使。壬申，幸士和亭，得疾。〔二〕

十一月壬辰,秦王從榮以兵入興聖宮,不克,伏誅。[二]乙未,侍衛親軍都指揮使康義誠殺三司使孫岳。戊戌,皇帝崩于雍和殿。[三]

[一]君病不侍疾,以兵求立,罪當誅,故書「伏誅」。其意以謂帝崩矣,懼不得立,而舉兵自助,非反,故不書反。

[三]年六十七。清泰元年,葬河南洛陽縣,號徽陵。雖得其死,而爲賊所葬,故亦不書葬。

嗚呼!自古治世少而亂世多,三代之王有天下者,皆數百年,其可道者,數君而已,況於後世邪,況於五代邪!

予聞長老爲予言,明宗雖出夷狄,而爲人純質,寬仁愛人。於五代之君,有足稱也。自初即位,減罷宮人、伶官,廢內藏庫,四方所上物,悉歸之有司。嘗夜焚香,仰天而祝曰:「臣本蕃人,豈足治天下!世亂久矣,願天早生聖人。」廣壽殿火災,有司請加丹雘,嘳然歎曰:「天以火戒我,豈宜增以侈邪!」歲嘗旱,已而雪,暴坐庭中,詔武德司,宮中無得掃雪[六],曰:「此天所以賜我也。」數問宰相馮道等民間疾苦,聞道等言穀帛賤,民無疾疫,則欣然曰:「吾何以堪之,當與公等作好事,以報上天。」吏有犯贓,輒寘之死,曰:

「此民之蠹也！」以詔書褒廉吏孫岳等，以風示天下。其愛人恤物，蓋亦有意於治矣。

其即位時，春秋已高，不邇聲色，不樂遊畋。在位七年，於五代之君，最爲長世，兵革粗息，年屢豐登，生民實賴以休息。

然夷狄性果，仁而不明，屢以非辜誅殺臣下。至於從榮，父子之間，不能慮患爲防，而變起倉卒，卒陷之以大惡，帝亦由此飲恨而終。

當是時，大理少卿康澄上疏言時事，其言曰：「爲國者有不足懼者五，深可畏者六：三辰失行不足懼，天象變見不足懼，小人訛言不足懼，山崩川竭不足懼，水旱蟲蝗不足懼也；賢士藏匿深可畏，四民遷業深可畏，上下相徇深可畏，廉恥道消深可畏，毀譽亂真深可畏，直言不聞深可畏也。」識者皆多澄言切中時病。若從榮之變，任圜、安重誨等之死，可謂上下相徇，而毀譽亂真之敝矣。然澄之言，豈止一時之病，凡爲國者，可不戒哉！

校勘記

〔一〕父霆 「霆」，原作「電」，據宋甲本、宗文本、舊五代史卷三五唐明宗紀一、五代會要卷一改。吳光耀纂誤續補卷一：「按『霆』誤『電』，天成四年建定晉禪院碑曰『雷訇電曜，水溢溝穿』、鑒誡錄李昊爲孟知祥答唐明宗奏狀曰『臣幸以疾雷之勢，破其急電之機』、册府元龜潞王舉

〔一〕兵次陝州，令曰『霆電之速，軍民可知』清泰元年宰臣李愚等奏請以來年正月降聖日爲千春節曰『仰惟樞電之祥，最是寰區之樂』。果名『電』不應不避。」

〔二〕光化三年　通鑑卷二六一繫其事於光化元年。

〔三〕嗣源爲前鋒擊敗梁軍　「敗」字原闕，據宋甲本、宗文本、吳縝纂誤卷下引五代史補。

〔四〕壬子　舊五代史卷三四唐莊宗紀八同，通鑑卷二七四作「壬戌」。按是月丁巳朔，無壬子，舊五代史卷三五唐明宗紀一、册府卷一一繫其事於初六，即壬戌。壬子較壬戌早十日，本段下文敍甲寅、丁巳、壬申事皆較舊五代史唐明宗紀、通鑑、册府早十日，舊五代史唐莊宗紀敍天成元年三、四月事皆較正確干支早十日，吳縝纂誤卷上：「歐陽史分采兩紀之文，未嘗總核月日，遂致前後參差。」

〔五〕陝州硤石縣民高存妻一産三男子　「州硤」二字原闕，據宗文本補。

〔六〕以象笏三十二賜百官之無笏者　「三十二」舊五代史卷三七唐明宗紀三作「三十四」。

〔七〕傅能何華　本書卷七四四夷附錄同，舊五代史卷三七唐明宗紀三、册府卷九六二、卷九七二作「傅能阿花」，五代會要卷三〇作「傅能阿花」。

〔八〕廢朝三日　舊五代史卷三七唐明宗紀三、册府卷九八〇、五代會要卷二九敍其事皆云輟當月十九日朝參，僅廢朝一日。

〔九〕盧臺軍亂　「軍」字原闕，據宋甲本、宋丙本、宗文本補。

〔一〇〕惟莊宗及晉出帝之世則書者 「出」字原闕，據宋甲本、宗文本補。

〔一一〕隨州刺史西方鄴取夔忠萬州 「隨州」，本書卷二五西方鄴傳、舊五代史卷三八唐明宗紀四、卷六一西方鄴傳、西方鄴墓誌（拓片刊千唐誌齋藏誌）敍其事作「夔州」。

〔一二〕德音釋繫囚 宗文本「釋」下有「輕」字。

〔一三〕祖妣劉氏謚曰孝恭昭 「劉氏」，舊五代史卷三五唐明宗紀一、册府卷三一、五代會要卷一作「崔氏」。

〔一四〕祖妣張氏謚曰孝質順 「質」原作「毅」，據宋甲本、宋丙本、宗文本、舊五代史卷三五唐明宗紀一、册府卷三一改。

〔一五〕吐渾都督李紹虞來 「李紹虞」，五代會要卷二八、册府卷九七二作「李紹魯」。按本書卷七四四夷附錄，吐渾有首領白承福，唐莊宗爲置寧朔、奉化兩府，使爲都督，賜姓名爲李紹魯。舊五代史卷三一唐莊宗紀五載吐渾李紹魯貢馳馬，卷三九唐明宗紀五亦云「以吐渾寧朔、奉化兩府都知兵馬使李紹魯爲吐渾寧朔府都督」，即其人。

〔一六〕秋七月己未殺齊州防禦使曹廷隱 舊五代史卷三九唐明宗紀五：「壬戌，齊州防禦使曹廷隱以奏舉失實，配流永州，續敕賜自盡。」按是月甲辰朔，己未爲十六日，壬戌爲十九日，誅曹廷隱不當在配流前。

〔一七〕契丹使撩括梅里來求禿餒 「撩括」，舊五代史卷四〇唐明宗紀六、卷一三七契丹傳、册府

〔八〕殺左金吾衛上將軍毛璋 「左」原作「右」，據舊五代史卷四〇唐明宗紀六改。按舊五代史卷三九唐明宗紀五：「（天成三年六月己卯）以右金吾上將軍毛璋爲左金吾上將軍。」是時毛璋已遷爲「左金吾衛上將軍」。毛璋墓誌（拓片刊北京圖書館藏中國歷代石刻拓本匯編第三十六册）謂其終於左金吾衛上將軍。

〔九〕于撥葛 宗文本、册府卷九七二作「干撥葛」。

〔一〇〕王傳極 舊五代史卷四一唐明宗紀七、通鑑卷二七七、册府（宋本）卷六七七、卷六八九作「王傳拯」。

〔一一〕冬十月丁酉始藏冰 舊五代史卷四一唐明宗紀七：「己亥……尚書博士田敏請依舊典藏冰、頒冰。」按是月辛卯朔，丁酉爲初七，己亥爲初九，藏冰不當在奏事前。

〔一二〕回鶻順化可汗王仁裕使翟末斯來 「仁」字原闕，據宋甲本、宗文本補。按本卷上文：「（天成三年五月）封回鶻可汗王仁裕爲順化可汗。」「翟末斯」，舊五代史卷一三八回鶻傳作「翟來思」，五代會要卷二八作「翟來思」。

〔一三〕趙鳳罷 「罷」字下吳縝纂誤卷上引五代史注有「忘其日」三字。清人按語曰：「今本五代史無此注，有殘闕。」

〔一四〕安求思 册府卷九七二作「安末思」。

〔五〕二月己卯靜難軍節度使藥彥稠及党項戰于牛兒谷　舊五代史卷四三唐明宗紀九:「甲戌……藥彥稠奏誅党項阿埋等十族。」，按是月癸丑朔，甲戌爲二十二日，己卯爲二十七日，奏捷不當於破敵前。

〔六〕宮中無得掃雪　「得」字原闕，據宋甲本、宗文本補。

新五代史卷七

唐本紀第七

愍皇帝，明宗第五子從厚也〔一〕。爲人形質豐厚，寡言好禮，明宗以其貌類己，特愛之。天成二年，以檢校司徒拜河南尹、判六軍諸衛事，加檢校太保、同中書門下平章事。從厚妃，孔循女也，安重誨怒循以女妻從厚，三年，罷循樞密使，出從厚爲宣武軍節度使。明年，徙鎮河東。長興元年，封從厚宋王，徙鎮成德。二年，徙鎮天雄，累加兼中書令。

四年十一月，秦王從榮伏誅。明宗病甚，遣宦者孟漢瓊召王于鄴，而明宗崩，祕其喪六日。十二月癸卯朔，發喪于西宮，皇帝即位于柩前，羣臣見於東階，復于喪位。丙午，成服于西宮。〔二〕庚戌，登光政門樓，存問軍民。辛亥，殺王衣王氏。癸丑，始聽政。乙卯，殺司儀康氏。丁巳，馮道爲大行皇帝山陵使，户部尚書韓彥惲爲副，中書舍人王延爲判官，禮部尚書王權爲禮儀使，兵部尚書李鏻爲鹵簿使〔三〕，御史中丞龍敏爲儀仗使，左僕射

權判河南府盧質爲橋道頓遞使〔三〕。丁卯,禫。

〔一〕三代五君,於此始見嗣君即位服喪之事,先君得其終,嗣君得其始,而免禍亂於臣民,於篡亂之世,稀見之事也,故特詳言之〔四〕。

應順元年春正月壬申朔,視朝于廣壽殿。〔二〕乙亥,契丹使都督没辣于來。戊寅,大赦,改元,用樂。回鶻可汗王仁美遣使者來〔五〕。沙州、瓜州遣使者來。乙未,朱弘昭、馮贇獻錢助作山陵。

〔二〕著非禮也。

閏月丙午,册皇太后。〔二〕甲寅,册太妃王氏。北京留守石敬瑭獻銀絹助作山陵。

〔二〕不書姓氏,不曰册某人爲太后者,母尊不可斥,其事自見於傳也。

二月庚寅,視作山陵。鳳翔節度使潞王從珂反。辛卯,西京留守王思同爲西面行營都部署,靜難軍節度使藥彥稠爲副〔六〕。

三月丙辰,思同兵潰,嚴衞指揮使楊思權以其軍叛降于從珂。辛酉,殺侍衞親軍馬軍都指揮使朱弘實〔七〕。癸亥,河陽三城節度使康義誠爲鳳翔行營都招討使,王思同爲副。西京副留守劉遂雍叛降于從珂,思同奔歸于京師,不克,死之。丁卯,

京城巡檢使安從進叛，殺馮贇，朱弘昭自殺，從進傳其二首于從珂。戊辰，如衞州。[二]

[一]不書帝崩者，當於廢帝紀書弒鄂王也。

廢帝，鎮州平山人也。本姓王氏，其世微賤，母魏氏，少寡，明宗爲騎將，過平山，掠得之。魏氏有子阿三，已十餘歲，明宗養以爲子，名曰從珂。及長，狀貌雄偉，謹信寡言，而驍勇善戰，明宗甚愛之。自晉兵戰梁于河上，從珂常立戰功，莊宗呼其小字曰：「阿三不徒與我同年，其敢戰亦類我。」

同光二年，爲衞州刺史，突騎指揮使，戍于石門。明宗討趙在禮，自魏反兵而南，從珂率戍兵自曲陽、孟縣馳出常山以追明宗[八]。明宗之南也，兵少，得從珂兵在後，而軍聲大振。明宗入立，拜從珂河中節度使，封潞王。是時，明宗春秋已高，王於諸子次最長，樞密使安重誨患之，乃矯詔河中裨將楊彥溫使圖之。王閱馬于黃龍莊，彥溫即閉門拒之，王止于虞鄉以聞，明宗召王還京師，居之清化里第。重誨數請行軍法，明宗不聽，後重誨見殺，乃起王爲左衞大將軍、西京留守。

長興三年，爲鳳翔節度使。王子重吉自明宗時典禁兵，爲控鶴指揮使，愍帝即位，朱

弘昭、馮贇用事，乃罷重吉兵職，出爲亳州團練使。又徙王爲北京留守，不降制書而宣授，又以李從璋爲代。初，安重誨得罪，罷河中，以從璋爲代，而重誨見殺，故王益自疑，遂據城反。愍帝遣王思同會諸鎮兵討之，思同戰敗走，諸鎮兵皆潰。

清泰元年三月丁巳，王以兵東。庚申，次長安，西京副留守劉遂雍叛于唐，來降。甲子，次華州，執藥彥稠。丙寅，次靈寶，河中安彥威、陝州康思立叛于唐，來降。己巳，次陝州〔九〕。康義誠叛于唐，來降。殺宣徽使孟漢瓊。愍帝出居于衞州。

夏四月壬申，入京師，馮道率百官迎王于蔣橋，王辭不見。入哭于西宮，遂見羣臣，道拜，王答拜。入居于至德宮。癸酉，以太后令降天子爲鄂王，命王監國。乙亥，皇帝即位。丙子，率河南民財以賞軍。丁丑，借民房課五月以賞軍。戊寅，弒鄂王，〔一〕磁州刺史宋令詢死之〔一〇〕。乙酉，大赦，改元。戊子，殺康義誠及藥彥稠。〔二〕

〔一〕義與「弒濟陰王」同。

〔二〕義誠叛于愍帝，罪宜曰「誅」，而廢帝同惡相殺，故書曰「殺」。

五月丙午，端明殿學士、左諫議大夫韓昭胤爲樞密使，莊宅使劉延朗爲樞密副使。庚戌，馮道罷。天雄軍節度使范延光爲樞密使。甲寅，賜勸進選人、宗子官。

六月庚辰，幸范延光及索自通第。

秋七月辛亥，太常卿盧文紀爲中書侍郎，同中書門下平章事。丁巳，立沛國夫人劉氏爲皇后。

八月辛未，尚書左丞姚顗爲中書侍郎，同中書門下平章事。許御署官選。〔一〕御署官，疑是廢帝初舉兵時所置之官，以其非吏部正授，故須有旨方得選。此於事無勸戒，不必書，以舊史不詳，故存所不知，慎傳疑也。

庚寅，幸龍門。旱。

九月，契丹寇邊。

冬十月戊寅，李愚、劉昫罷。

十二月乙亥，雄武軍節度使張延朗爲中書侍郎，同中書門下平章事。契丹寇雲州。

二年春二月甲戌，范延光罷。己丑，追尊魯國太夫人魏氏爲皇太后。〔二〕〔二〕非嫡母，故詳其爵氏。

三月辛丑，忠武軍節度使趙延壽爲樞密使〔二〕。

夏五月辛卯〔三〕，宣徽南院使劉延皓爲樞密使。契丹寇邊。

六月癸未，羣臣獻添都馬。[二]

[一]「都」者，軍伍之名。

秋七月丁酉，回鶻可汗王仁美使其都督陳福海來。劉延皓罷。

九月己酉，刑部尚書房暠爲樞密使。乙卯，渤海遣使者來。

三年春正月乙未，百濟遣使者來。丁未，封子重美爲雍王。

三月丙午，翰林學士、禮部侍郎馬胤孫爲中書侍郎、同中書門下平章事。河東節度使石敬瑭反[三]。

夏五月乙卯，建雄軍節度使張敬達爲太原四面招討使[四]，義武軍節度使楊光遠爲副[五]。戊申，先鋒指揮使安審信叛降于石敬瑭。

壬子，天雄軍屯駐捧聖都虞候張令昭逐其節度使劉延皓。

六月癸亥，以令昭爲右千牛衛將軍，權知天雄軍府事[六]。[二]甲戌，宣武軍節度使范延光爲天雄軍四面招討使。

[二]佗命官不書「以」，此書「以」者，明令昭猶可「以」。

秋七月戊申，克魏州。壬子，張令昭伏誅。癸丑，彰聖指揮使張萬迪叛降于石敬瑭。八月戊午，契丹使梅里來。九月甲辰，張敬達及契丹戰于太原，敗績，契丹圍敬達于晉安。戊申，如河陽。冬十月壬戌，括馬，籍民爲兵。十一月戊子，盧龍軍節度使趙德鈞爲行營都統。丁酉，契丹立晉。閏月甲子，楊光遠殺張敬達，以其軍叛降于契丹。〔一〕甲戌，契丹及晉人至于潞州。丁丑，至自河陽。辛巳，皇帝崩。〔二〕

〔一〕敬達不書「死之」而書「殺」者，敬達大將，宜以義責光遠而誅之，雖不果而見殺，猶爲得死，乃諷光遠殺己以叛，故書之如其志。

〔二〕年五十一〔三〕，帝自焚死，晉高祖命葬其燼骨於徽陵域中。

嗚呼，君臣之際，可謂難哉！蓋明者慮於未萌而前知，暗者告以將及而不懼，故先事而言，則雖忠而不信，事至而悔，其可及乎？重誨區區獨見潞王之禍，而謀之不臧，至於殞身赤族，其隙自茲。及愍帝之亡也，穴於徽陵，其土一壠，路人見者，皆爲之悲。使明宗爲有知，其有媿於重誨矣，哀哉！

校勘記

〔一〕明宗第五子從厚也 「第五子」，舊五代史卷四五唐閔帝紀、五代會要卷一作「第三子」。按本書卷一五唐明宗家人傳云明宗凡四子，從厚爲第三子。

〔二〕李鏻 原作「李璘」，據宋丙本、宗文本、舊五代史卷四五唐閔帝紀改。按本書卷五七、舊五代史卷一〇八有李鏻傳。

〔三〕左僕射權判河南府盧質爲橋道頓遞使 「左」，舊五代史卷四五唐閔帝紀作「右」。按舊五代史卷四四唐明宗紀十二：（長興四年十一月丙子）以前滄州節度使盧質爲右僕射。

〔四〕故特詳言之 「言」，宋甲本、宗文本作「書」。

〔五〕回鶻可汗王仁美遣使者來 舊五代史卷三二唐莊宗紀六、卷一三八回鶻傳、册府卷九六七、五代會要卷二八皆記同光二年仁美卒；天成三年，唐明宗封仁裕爲順化可汗。本書卷七四四夷附錄略同。而本卷應順元年、清泰二年、卷八晉高祖紀天福三年、四年，凡四次記仁美遣使，受封事。錢大昕考異卷六一謂「此四條『仁美』字似皆『仁裕』之訛」。

〔六〕藥彥稠 原作「藥彥儔」，據宋甲本、宗文本、舊五代史卷四五唐閔帝紀改。按本書卷二七、舊五代史卷六六有藥彥稠傳。本卷下文清泰元年四月條同。

〔七〕殺侍衛親軍馬軍都指揮使朱弘實 「馬軍」二字原闕，據宗文本補。按舊五代史卷四五唐閔帝紀、卷六六朱洪實傳、通鑑卷二七九皆記其爲「馬軍都指揮使」。

〔八〕從珂率戍兵自曲陽孟縣馳出常山以追明宗　據舊五代史卷四六唐末帝紀上、通鑑卷二七三，末帝同光三年三月謫戍石門鎮，胡注云其地即唐之橫水柵，顧祖禹讀史方輿紀要卷四四謂其在雲州北，由橫水柵南下，逕孟縣出娘子關往常山，陽曲爲必經之地。吳光耀纂誤續補卷一二：「按新舊唐書地理志、太平寰宇記、元豐九域志，并州有陽曲、有孟，此作『曲陽』，仍薛史誤也。」按曲陽在河北定州。

〔九〕次陝州　「州」字原闕，據宗文本、吳縝纂誤卷上引五代史補。

〔一〇〕磁州刺史宋令詢死之　「磁州」，原作「慈州」，據宋甲本、舊五代史卷四六唐末帝紀上、通鑑卷二七九改。按舊五代史卷四五唐閔帝紀：「以元從都押衙宋令詢爲磁州刺史。」

〔一一〕忠武軍節度使趙延壽爲樞密使　舊五代史卷四七唐末帝紀中、通鑑卷二七九繫其事於四月辛卯。按五月甲午爲忠武節度使兼樞密使。」舊五代史卷四七唐末帝紀中略同。

〔一二〕夏五月辛卯　舊五代史卷四七唐末帝紀中、通鑑卷二七九繫其事於四月辛卯。按五月甲午朔，無辛卯，四月乙丑朔，辛卯爲二十七日。

〔一三〕三月……河東節度使石敬瑭反　本書卷八晉本紀、舊五代史卷四八唐末帝紀下、通鑑卷二八〇皆繫其事於五月。

〔一四〕夏五月乙卯建雄軍節度使張敬達爲太原四面兵馬都部署，尋改爲招討使　舊五代史卷四八唐末帝紀下、通鑑卷二八〇敍其事云：「乙卯，以晉州節度使張敬達爲太原四面兵馬都部署，尋改爲招討使。」按通鑑卷二八〇

〔五〕楊光遠　原作「楊光達」，據宋甲本、宗文本、舊五代史卷四八唐末帝紀下改。按本書卷五一、舊五代史卷九七有楊光遠傳。

〔六〕權知天雄軍府事　「府」字原闕，據宋甲本、宋丙本、宗文本、本書卷一六唐廢帝家人傳、舊五代史卷四八唐末帝紀下、通鑑卷二八〇補。

〔七〕年五十一　五代會要卷一作「年五十二」。

新五代史卷八

晉本紀第八

高祖聖文章武明德孝皇帝〔一〕，其父臬捩雞，本出於西夷，自朱邪歸唐，從朱邪入居陰山。其後，晉王李克用起於雲朔之間，臬捩雞以善騎射，常從晉王征伐有功，官至洺州刺史。臬捩雞生敬瑭，其姓石氏，不知其得姓之始也〔二〕。

敬瑭爲人沈厚寡言，明宗愛之，妻以女，是爲永寧公主，由是常隸明宗帳下，號左射軍。

莊宗已得魏，梁將劉鄩急攻清平，莊宗馳救之，兵未及陣，爲鄩所掩，敬瑭以十餘騎橫槊馳擊，取之以旋。莊宗拊其背而壯之，手啗以蘇，啗蘇，夷狄所重，由是名動軍中。十五年，莊宗戰于胡柳，前鋒周德威戰死，敬瑭以左射軍從明宗復擊敗梁兵，楊村，爲梁兵所敗，敬瑭常脫明宗於危。

趙在禮之亂，明宗討之，至魏而兵變，明宗初欲自歸于天子，明己所以不反者。敬瑭獻計曰：「豈有軍變於外，上將獨無事者乎？且猶豫者兵家大忌，不如速行。願得騎兵三百，先攻汴州。夷門，天下之要害也，得之可以成事。」明宗然之，與之驍騎三百，渡黎陽為前鋒，明宗遂入汴。莊宗自洛後至，不得入，而兵皆潰去。莊宗西還，明宗以敬瑭為前鋒趣汜水，且收其散卒。莊宗遇弒，明宗入立，拜敬瑭保義軍節度使，賜號竭忠建策興復功臣，兼六軍諸衛副使。

在陝為政以廉聞。是時，諸侯多不奉法，鄧州陶玘、亳州李鄴皆以贓汙論死，明宗下詔書襃廉吏普州安崇阮〔三〕、洺州張萬進〔四〕、耀州孫岳等以諷天下，而以敬瑭為首。

天成二年十月，從幸汴州，為御營使，拜宣武軍節度使、侍衛親軍馬步軍都指揮使，六軍副使如故，改賜耀忠匡定保節功臣。三年四月，徙鎮天雄，拜同中書門下平章事、興唐尹。五月，拜駙馬都尉。董璋反東川，為行營都招討使，不克而還。復兼六軍諸衛副使。徙鎮河陽三城，未行，而契丹、吐渾、突厥皆入寇，是時，秦王從榮統六軍，敬瑭疑其必及禍，不欲為其副，乃自請行。及制出，不落副使，輒復辭行。明宗數責大臣，問誰可行者，范延光、趙延壽等卒以敬瑭為請，乃拜河東節度使、大同彰國振武威塞等軍蕃漢馬步軍總管，落六軍副使，乃行。

明年〔五〕，明宗崩，愍帝即位，加中書令。三月，徙鎮成德。清泰元年五月，潞王從珂反於鳳翔，愍帝出奔，遇敬瑭于道，敬瑭殺帝從者百餘人，幽帝于衛州而去。廢帝即位，疑敬瑭必反。

天福元年五月，徙鎮天平，敬瑭果不受命，謂其屬曰：「先帝授吾太原使老焉，今無故而遷，是疑吾反也。且太原地險而粟多，吾當內檄諸鎮，外求援於契丹，可乎？」桑維翰、劉知遠等共以爲然。乃上表論廢帝不當立，請立許王從益爲明宗嗣。廢帝下詔削奪敬瑭官爵，命張敬達等討之，敬瑭求援於契丹。

九月，契丹耶律德光入自鴈門，與唐兵戰，敬達大敗。敬瑭夜出北門見耶律德光，約爲父子。

十一月丁酉，皇帝即位〔二〕國號晉。以幽、涿、薊、檀、順、瀛、莫〔六〕、蔚、朔、雲、應、新、嬀、儒、武、寰州入于契丹。己亥，大赦，改元。掌書記桑維翰爲翰林學士，尚書禮部侍郎，知樞密使事。

〔二〕於廢帝本紀書「契丹立晉」，據所見也，於此書「皇帝即位」，以自立爲文，原其心也。晉高祖之反，無契丹之助，亦必自立，蓋其志在於爲帝，故使自任其惡也。

閏月丙寅，翰林學士承旨、尚書户部侍郎趙瑩爲門下侍郎，桑維翰爲中書侍郎、同中書門下平章事、兼樞密使〔七〕。甲戌，趙德鈞及其子延壽叛于唐，來降，契丹鏁之以歸。己卯，次河陽，節度使萇從簡叛于唐，來降。〔二〕辛巳，至自太原。盧文紀、姚顗罷。甲申，大赦，殺張延朗、劉延朗，赦房暠。

〔一〕是日廢帝猶在〔八〕。

度使王建立殺其副使李彥贇。旱。

州牙内都虞候祕瓊逐其節度副使李彥琦。同州裨將門鐸殺其將楊漢賓。庚子，天平軍節

門下平章事。己丑，曹州指揮使石重立殺其刺史鄭玩〔九〕。辛卯，御札求直言。癸巳，鎮

十二月乙酉，如河陽。追降王從珂爲庶人。〔二〕丁亥，司空馮道兼門下侍郎、同中書

〔一〕「王從珂」從晉人本語。

子爲公，及隋鄖公爲二王後，以周介公備三恪。〔二〕

州防禦使祕瓊。戊寅，兵部侍郎李崧爲中書侍郎、同中書門下平章事、樞密使。封唐宗室

二年春正月癸亥，安遠軍節度使盧文進叛降于吳。丁卯，天雄軍節度使范延光殺齊

〔一〕唐宗室子，史失其名，書之以見二王後、三恪猶存，不必著其人也。

二月丁酉，契丹使皇太子解里來。

三月庚辰，如汴州。

夏四月丁亥，赦囚，蠲民租賦。趙瑩使于契丹。辛卯，宣武軍節度使楊光遠進助國錢。契丹使宮苑使李可興來。

五月壬戌，御札求直言。丁丑，追尊祖考爲皇帝，妣爲皇后：高祖璟諡曰孝安，廟號靖祖，祖妣秦氏諡曰孝安元[一〇]；曾祖郴諡曰孝簡，廟號肅祖，祖妣安氏諡曰孝簡恭；祖昱諡曰孝平，廟號睿祖，祖妣米氏諡曰孝平獻[一一]；考紹雍諡曰孝元，廟號憲祖[一二]，妣何氏諡曰孝元懿。

六月癸未，契丹使夷離畢來。天雄軍節度使范延光反。丁酉，傳箭于義成軍節度使符彥饒。丁未，楊光遠爲魏府四面行營都部署。東都巡檢張從賓反，留守判官李遐死之，從賓寇河陽，殺皇子重乂，寇河南，殺皇子重信[一三]。

秋七月，從賓陷汜水關，殺巡檢使宋廷浩。壬子，右衛大將軍尹暉叛奔于吳，不克，伏誅。右監門衛大將軍婁繼英叛降于張從賓。義成軍亂，殺戍將侍衛馬軍都指揮使白奉進[一四]。甲寅，戍將奉國指揮使馬萬執符彥饒歸于京師，命殺之于赤岡。乙卯，楊光遠

爲魏府行營都招討使。辛酉,杜重威克汜水關。〔二〕壬申,楊光遠克博州。丙子,安州屯防指揮使王暉殺其節度使周瓌,右衛上將軍李金全討之〔五〕。〔三〕

〔一〕彥饒雖有縱軍之罪,被誣以反而見殺,故不書誅,曰「命殺」,嫌萬擅殺。

〔二〕張從賓投河死,故不書伏誅。

〔三〕金全未至而暉走見殺,故不書暉反,不書克安州,不書伏誅。

八月丙申,靜難軍節度使安叔千進添都馬。乙巳,赦非死罪囚及張從賓、符彥饒、王暉餘黨。

九月,楊光遠進粟。

冬十月辛巳,禁造甲兵。

三年春二月戊戌,諸鎮皆進物以助國。〔二〕

〔一〕殘民以獻其上,君臣同欲,賄賂公行,至此而不勝其多矣!故總言「諸鎮」,此後不復書矣。

三月壬戌,回鶻可汗王仁美使翟全福來。丁丑,禁私造銅器。

秋七月辛酉,以皇業錢作受命寶。〔二〕

〔一〕作寶不必書,「皇業錢」者,私錢也,天子畜私錢,故書。

八月戊寅，馮道及左僕射劉昫爲契丹册禮使。壬午，澶州刺史馮暉降。丙戌，許御署官選。己丑，蠲水旱民稅。辛丑，歸伶官于契丹〔一〕。

〔一〕高祖以父事契丹，其有所求不曰「與」而曰「歸」者，若輸之也。

九月己酉，赦范延光。〔二〕己未，歸靜鞭官劉守威、金吾勘契官王殷〔六〕、司天雞叫學生殷暉于契丹。于闐使馬繼榮來，回鶻使李萬金來。己巳，赦魏州，蠲民稅。是月，宣徽南院使劉處讓爲樞密使〔七〕。

〔二〕初，延光請降，高祖不許，延光遂堅壁，攻之，久不克，卒悔而赦之，故不書降。

冬十月戊寅，契丹使中書令韓頎來奉册曰英武明義皇帝〔八〕。庚辰，升汴州爲東京，以洛陽爲西京，雍州爲晉昌軍。戊子，右金吾衛大將軍馬從斌使于契丹。己未，契丹使梅里來。戊戌，大赦。庚子，封李聖天爲大寶于闐國王。

十一月辛亥，升廣晉府爲鄴都。壬戌，除鑄錢令。

十二月丙子，封子重貴爲鄭王。

四年春正月，盜發唐愍皇帝墓。〔一〕辛亥，澶州防禦使張從恩爲樞密副使。旌表深州

民李自倫門間。

[一]愍帝附于明宗徽陵域中,無陵名,故曰「墓」,晉高祖即位,追謚爲愍皇帝。五代諸帝謚號不可爲法,皆不足道,惟愍帝宜書者,嫌嘗降爲鄂王也。而國亡禮闕,舊史、實錄皆無奏謚上册月日,故雖當書而不得,因事而見於此爾[九]。

三月乙巳,回鶻使其都督拽里敦來。丙辰,頒調元曆[一〇]。靈州戍將王彥忠以懷遠城反。

己未,彥忠降,供奉官齊延祚殺之。

夏四月辛巳[一一],封回鶻可汗王仁美爲奉化可汗。甲申,廢樞密使。

秋七月丙辰,復禁鑄錢。

閏月壬申,桑維翰罷。

八月己亥朔,河決博平。西戎寇涇州,彰義軍節度使張彥澤敗之,執其首領野離羅蝦獨。

九月丁丑,契丹使粘木孤來。癸未,封李從益爲郇國公以奉唐後。丙戌,高麗王建使其廣評侍郎邢順來。

冬十一月乙亥[一二],立唐高祖、太宗、莊宗、明宗、愍帝廟于西京。戊子,契丹使遙折來,吐蕃罷延族來附。

五年春正月丁卯朔，德音除民公私債。己丑，回鶻使石海金來。

夏四月甲子，契丹興化王來。

五月丙戌，安遠軍節度使李金全叛附于唐。

六月癸卯，李昇遣其將李承裕入于安州，金全奔于唐，安遠軍節度使馬全節及承裕戰，敗之。丁巳，克安州，承裕奔于雲夢，全節執而殺之。

秋八月丁酉，閱稼于西郊。己未，西京留守楊光遠殺太子太師范延光。

九月丁卯，翰林學士承旨、户部侍郎和凝爲中書侍郎、同中書門下平章事。辛巳，閱稼于沙臺。

冬十月丁未，契丹使舍利來。

十一月丙子，冬至，始用二舞。

二月戊申，停買宴錢。三月，除民二年至四年以前税。[二]

六年春正月戊寅，封唐叔虞爲興安王，臺駘爲昌寧公。

[二]見時斂重而民不堪。

夏四月己未，契丹使述括來。五月，吐渾首領白承福來。

秋七月壬午，突厥使薛同海來。

八月壬辰，如鄴都，開封尹鄭王重貴留守東京，宣徽南院使張從恩東京內外兵馬都監。壬寅，大赦。甲寅，光禄卿張澄使于契丹〔二〕。

九月乙亥，前安國軍節度使楊彥詢使于契丹。丁丑，吐渾使白可久來。河決中都，入于沓河。

冬十月，河決滑、濮、鄆、澶州。山南東道節度使安從進反。

十一月丁丑，西京留守高行周爲南面軍前都部署以討之。

十二月丙戌朔，鄭王重貴爲廣晉尹，徙封齊王。先鋒都指揮使郭海金及安從進戰于唐州〔三〕，敗之。成德軍節度使安重榮反。天平節度使杜重威爲鎮州行營招討使。丙申，契丹遣使者來。戊戌，杜重威及安重榮戰于宗城，敗之。

七年春正月丁巳，克鎮州，安重榮伏誅，赦廣晉。庚午，契丹使達剌來。

三月，歸德軍節度使安彥威塞決河于滑州。

閏月，天興蝗食麥。

夏五月乙巳，尊皇太妃劉氏爲皇太后〔二五〕。

六月丙辰，吐渾使念醜漢來。乙丑，皇帝崩于保昌殿。〔二〕

〔一〕高祖所生母也。

〔二〕年五十一。

校勘記

〔一〕高祖聖文章武明德孝皇帝 「章武」，舊五代史卷七五晉高祖紀一、五代會要卷一同，「石延煦墓誌（拓片刊文物二〇〇四年第十一期）作「彰武」。本書各處同。

〔二〕不知其得姓之始也 「其得」，原作「得其」，據宋丙本、宗文本乙正。

〔三〕明宗下詔書褒廉吏普州安崇阮 「普州」，册府卷六五作「晉州」。按舊五代史卷三六唐明宗紀二：「（天成元年六月）以右龍武統軍安崇阮爲晉州留後。」

〔四〕洺州張萬進 「張萬進」，册府卷六五作「張進」。按册府卷一二八「以前洺州團練使張進爲鄭州防禦使」，即其人。

〔五〕明年 按本卷上文云天成三年，而愍帝即位於應順元年，其間間隔六年。另據舊五代史卷七五晉高祖紀一，所述董璋反之事在長興元年，使石敬瑭副秦王從榮事則在長興二年。

〔六〕莫 原作「漠」，據宗文本、通鑑卷二八〇改。按舊五代史卷一五〇郡縣志，河北道有「莫州」。

〔七〕翰林學士承旨尚書戶部侍郎趙瑩爲門下侍郎桑維翰爲中書侍郎同中書門下平章事兼樞密使 據本書卷二九桑維翰傳、卷五六趙瑩傳，舊五代史卷七六晉高祖紀二、卷八九趙瑩傳、通鑑卷二八〇，趙瑩、桑維翰並同平章事，而兼樞密使者僅桑維翰。

〔八〕是日廢帝猶在 「猶」，原作「由」，據宋甲本、宋丙本改。

〔九〕鄭玩 舊五代史卷九六鄭阮傳、通鑑卷二八〇、册府卷九一作「鄭阮」。

〔一〇〕祖妣秦氏謚曰孝安元 「元」字原闕，據宗文本、舊五代史卷七五晉高祖紀一、五代會要卷一補。

〔一一〕祖妣米氏謚曰孝平獻 「米氏」，原作「來氏」，據宋丙本、宗文本、舊五代史卷七五晉高祖紀一、册府卷三二一、五代會要卷一改。

〔一二〕廟號憲祖 「憲祖」，原作「獻祖」，據宗文本、舊五代史卷七六晉高祖紀二、卷九七張從賓傳、五代會要卷一改。

〔一三〕從賓寇河陽殺皇子重乂寇河南殺皇子重信 舊五代史卷七六晉高祖紀二、卷九七張從賓傳、通鑑卷二八一皆云於河陽被殺者爲重信，於河南被殺者爲重乂。

〔一四〕殺成將侍衛馬軍都指揮使白奉進 「馬軍」，原作「馬步軍」，據宗文本、舊五代史卷七六晉高祖紀二改。按舊五代史卷九五白奉進傳、通鑑卷二八一皆記其爲侍衛馬軍都指揮使。

〔一五〕右衛上將軍李金全討之 「上將軍」，原作「大將軍」，據宋甲本、宋丙本、宗文本、本書卷四八

〔六〕李金全傳、舊五代史卷七六晉高祖紀二、册府卷一一二三改。

〔六〕王殷　舊五代史卷七七晉高祖紀三作「王英」。

〔七〕是月宣徽南院使劉處讓爲樞密使　舊五代史卷七七晉高祖紀三：「（九月丙寅）遣宣徽南院使劉處讓權知魏府軍府事。」通鑑卷二八一繫劉處讓爲樞密使事於十月。

〔八〕韓頲　原作「韓頻」，據宋丙本、宗文本、本書卷七二四夷附録改。

〔九〕因事而見於此爾　「事」，原作「書」，據宋丙本、宗文本改。

〔二〇〕三月……丙辰頒調元曆　舊五代史卷七八晉高祖紀四繫其事於八月丙辰，五代會要卷一〇亦繫其事於八月。

〔二一〕夏四月辛巳　舊五代史卷七八晉高祖紀四、通鑑卷二八二皆繫其事於三月辛酉。

〔二二〕冬十一月乙亥　「十一月」，原作「十二月」，據宋丙本、宗文本、舊五代史卷七八晉高祖紀四、册府卷一七四改。按十二月丁酉朔，無乙亥，十一月戊辰朔，乙亥爲初八。

〔二三〕光禄卿張澄使于契丹　「契丹」，舊五代史卷八〇晉高祖紀六、册府卷九六五、五代會要卷三〇敍其事作「高麗」。

〔二四〕郭海金　本書卷五一安從進傳、舊五代史卷八〇晉高祖紀六、卷九八安從進傳、册府卷一二三、通鑑卷二八二作「郭金海」。按舊五代史卷九四有郭金海傳。

〔二五〕尊皇太妃劉氏爲皇太后　「皇太后」，原作「太后」，據宗文本改

新五代史卷九

晉本紀第九

出帝父敬儒，高祖兄也，爲唐莊宗騎將，早卒，高祖以其子重貴爲子。高祖六子，五皆早死，而重睿幼，故重貴得立。

重貴少而謹厚，善騎射，高祖使博士王震教以禮記，久之，不能通大義，謂震曰：「此非我家事也。」高祖爲契丹所立，謀以一子留守太原，契丹使盡出諸子自擇之，指重貴曰：「此眼大者可也。」遂拜金紫光祿大夫、行太原尹、北京留守，知河東節度事。

天福二年九月，召拜左金吾衞上將軍〔一〕。三年冬，爲開封尹，封鄭王，加太尉、同中書門下平章事。六年，高祖幸鄴，留守東京，已而爲廣晉尹，徙封齊王。

七年六月乙丑，高祖崩，皇帝即位于柩前。庚午，使右驍衞將軍石德超以御馬二，撲

祭于相州之西山。〔一〕如京使李仁廓使于契丹,契丹使梅里來〔二〕。丙子,馮道爲大行皇帝山陵使,門下侍郎竇貞固爲副,太常卿崔梲爲禮儀使,户部侍郎吕琦爲鹵簿使,御史中丞王易簡爲儀仗使〔三〕己卯,四方館使朱崇節、右金吾衛大將軍梁言使于契丹。

〔一〕夷狄之禮也。

〔二〕舊史、實録無橋道頓遞使,疑不置,或闕書。

庚子,大赦。甲辰,契丹使通事來。

秋七月壬辰,皇祖母劉氏崩,輟視朝三日。〔二〕丁酉,使石德超撲馬于相州之西山。〔三〕

〔一〕高祖所生母也,高祖時尊爲皇太后矣,其崩也,喪葬不用后禮,見恩禮之薄。不書曰皇太后者,於帝爲祖母也,曰「崩」正其名也。漢高祖亦然。

〔二〕前已備見,故文省。

八月戊午,高行周克襄州。〔二〕庚申,天平軍節度使景延廣、義成軍節度使李守貞、彰德軍節度使郭謹進錢粟助作山陵。甲子,契丹使郎五來。庚午,葬皇祖母於魏縣。癸酉,契丹使其客省使張九思來。

〔一〕安從進自焚死,故不書伏誅。

九月辛丑,李守貞爲大行皇帝山陵都部署。

冬十月己未，契丹使舍利來。庚午，回鶻遣使者來。

十一月，契丹使大卿來。庚寅，葬聖文章武孝皇帝于顯陵〔三〕。〔一〕己亥，牛羊使董殷使于契丹。庚子，祔高祖神主于太廟。辛丑，蜀高祖靈車所過民租之半。

〔二〕陵在河南壽安縣。五代之亂，至此七君，而不得其死者五，明宗雖善終，而愍帝不克葬，至廢帝時始克葬，故皆不書。至此始見子得葬其父，故并祔廟詳書之。

十二月庚午，北京留守劉知遠進百頭穹廬。〔二〕契丹于越使令骨支來。辛未，又使野里巳來。丙子，于闐使都督劉再昇來〔四〕，沙州曹元深、瓜州曹元忠皆遣使附再昇以來。旱蝗。

〔二〕穹廬，夷狄之用也。

八年春正月，契丹于越使烏多奧來。

二月壬子，景延廣為御營使。己未，如東京，赦廣晉府囚。庚申，次澶州，赦囚。乙丑，至自鄴都。庚午，寒食，望祭顯陵于南莊，焚御衣、紙錢。〔二〕

〔二〕焚衣野祭之類，皆閭巷人之事也，用之天子，見禮樂壞甚。

三月己卯朔，趙瑩罷。晉昌軍節度使桑維翰為侍中。辛丑，引進使、太府卿孟承誨使

于契丹。蝗。

夏四月庚午，董殷使于契丹。

五月，泰寧軍節度使安審信捕蝗于中都。丁亥，追封皇伯敬儒爲宋王。癸卯，馮道罷。

六月庚戌，祭蝗于皋門。癸亥，供奉官七人帥奉國軍捕蝗于京畿。辛未，括借民粟，殺藏粟者。

秋七月甲午，册皇太后。丁酉，射于南莊。契丹使梅里等來。甲辰，供奉官李漢超帥奉國軍捕蝗于京畿。

八月丁未朔，募民捕蝗，易以粟。辛亥，檢民青苗。丙申，幸大年莊及景延廣第。

九月戊寅，尊秦國夫人安氏爲皇太妃。丙申，幸大年莊及景延廣第。

冬十月戊申，立馮氏爲皇后。[一]壬子，畋于近郊，幸沙臺。丙寅，契丹使通事劉胤來。庚午，括借民粟。

[一]馮氏於帝爲叔母。

十一月己卯，董殷使于契丹。甲申，幸八角，閱馬牧。乙未，契丹使梅里來。戊戌，齊州刺史楊承祚奔于青州[五]。辛丑，高麗使其廣評侍郎金仁逢來。

十二月癸丑，給事中邊光範、登州刺史郭彥威使于契丹。甲寅，高麗使太相來〔六〕。平盧軍節度使楊光遠反，淄州刺史翟進宗死之。

開運元年春正月甲戌朔，契丹寇滄州。己卯，陷貝州。庚辰，歸德軍節度使高行周爲北面行營都部署。契丹入鴈門，寇代州。辛巳，殿直王班使于契丹，至于鄴都，不得進而復〔二〕大饑。壬午，前靜難軍節度使李周留守東京〔七〕，景延廣爲御營使。乙酉，北征。丙戌，契丹寇黎陽。辛卯，講武于澶州。丙申，契丹寇黎陽。辛丑，劉知遠及契丹偉王戰于秀容，敗之。博州刺史周儒叛降于契丹。

〔一〕晉自高祖以父事契丹甚謹，而歲時遣使，舊史、實錄皆不書。至出帝立，使者旁午不絕，不可勝數，故其官卑者皆略而不書，班以不得進，故書。

二月戊申，前軍都虞候李守貞及契丹戰于馬家渡，敗之。癸丑，北面行營都虞候馬全節及契丹戰于北平，敗之。

三月癸酉，及契丹戰于戚城，契丹去。〔二〕己丑，冀州刺史白從暉及契丹戰于衡水，敗之。癸巳，籍民爲武定軍。

〔一〕戰而兩各傷失,收兵徐去,晉不能追,故以自去爲文。

夏四月,契丹陷德州,沿河巡檢使梁進敗之,取德州。甲寅,至自澶州,赦京師。己未,馬全節及契丹戰于定豐,敗之。辛酉,率借民財。

五月戊寅,李守貞討楊光遠。丁亥,鄴都留守張從恩爲貝州行營都部署。辛卯,李守貞爲青州行營都部署。

六月,克淄州。丙午,復置樞密使。丁未,侍中桑維翰爲中書令、充樞密使。丙辰,河決滑州,環梁山,入于汶、濟。

秋七月辛未朔,大赦,改元。己丑,太子太傅劉昫守司空兼門下侍郎、同中書門下平章事。

八月辛丑朔,劉知遠爲北面行營都統,順德軍節度使杜威爲都招討使〔八〕。戊辰,旌表陳州項城民史仁謂門閭。

九月丙子,契丹寇遂城、樂壽,代州刺史白文珂及契丹戰于七里烽,敗之。

冬十月庚戌,武寧軍節度使趙在禮爲北面行營副都統,鄴都留守馬全節爲副招討使〔九〕。

十二月己亥朔,射兔于皋門。丁巳,楊承勳囚其父光遠以降,殺之。〔一〇〕

〔一〕出帝已許其不死,既而命李守貞自殺之,故不書伏誅。

閏月乙酉,德音赦青州囚。契丹寇恒州。

二年春正月,契丹陷泰州〔一〇〕。壬子,馬全節及契丹戰于榆林,兩軍皆潰。戊午,幸南莊,張從恩留守東都。辛酉,高行周爲御營使。乙丑,北征,契丹去。

二月己巳,幸黎陽。橫海軍節度使田武爲東北面行營都部署,以備契丹。〔一一〕丙子,大閱于戚城。丙戌,閱馬於鐵丘。丙申,端明殿學士、尚書戶部侍郎馮玉爲戶部尚書、樞密使。

〔二〕曰「以備契丹」,嫌契丹去而命將。

三月戊戌,契丹陷祁州,刺史沈贇死之。丁未,畋于戚城。庚戌,馬全節克泰州〔一二〕。甲寅,杜威克滿城。乙卯,克遂城。辛亥,易州戍將孫方諫及契丹諧里戰于狼山,敗之。甲寅,杜威及契丹戰于陽城,敗之,追奔至于衛村,又敗之。

庚申,杜威及契丹戰于陽城,敗之。己卯,勞旋于王莽河。甲申,至自澶州,赦左右軍囚。庚寅,大賞軍功。

夏四月戊寅,勞旋于戚城。

五月丙申朔，大赦。丙午，幸南莊。

六月丁卯，射于繁臺〔二〕，幸杜威第。

秋八月甲子朔，廢二舞。丙寅，和凝罷。馮玉爲中書侍郎、同中書門下平章事。辛未，閱馬于茂澤陂。丁丑，括馬。

九月己亥，閱馬于萬龍岡，幸李守貞第。

冬十月丁丑，高麗使其廣評侍郎韓玄珪、禮賓卿金廉等來。戊寅，射兔于硯臺。戊子，高麗使其兵部侍郎劉崇珪〔三〕、内軍卿朴藝言來。

十一月戊戌，封王武爲高麗國王。己巳〔四〕，射兔于皋門，幸沙臺。

十二月丁丑，臘，畋于郊。丁亥，桑維翰罷。開封尹趙瑩爲中書令，李崧守侍中、樞密使。

三年春二月丙子，回鶻使突厥陸來。壬午，射鴨于板橋，幸南莊。

夏六月，孫方諫以狼山叛附于契丹。丙寅，契丹寇邊。己丑，李守貞爲行營都部署，義成軍節度使皇甫遇爲副。河決魚池〔五〕。大饑，羣盜起。

秋七月，大雨，水，河決楊劉、朝城、武德。

八月辛酉,河溢歷亭。

九月,河決澶、滑、懷州。辛丑,行營馬軍排陣使張彥澤及契丹戰于新興,敗之。癸卯,劉知遠及契丹戰于朔州,敗之。

冬十月,河決衛州。丙寅,河決原武。辛未,杜威為北面行營都招討使,李守貞為兵馬都監。

十一月,永靜軍節度使梁漢璋及契丹戰于瀛州〔六〕,敗績。契丹寇鎮、定。

十二月己未,杜威軍于中渡。壬戌,奉國都指揮使王清及契丹戰于滹沱,敗績,死之。〔二〕杜威、李守貞、張彥澤以其軍叛降于契丹。契丹滅晉。〔三〕

庚午,射兔于沙臺。壬申,張彥澤犯京師,殺開封尹桑維翰。

〔一〕戰將歿於陣,守將歿於城而不書死者,以其志未可知也。或欲走而不得,或欲降而未暇,遂以被殺爾。若不走、不降而死節明者,自書「死」,如清是已。

〔二〕出帝雖存,而晉則亡矣〔七〕,故書「滅」。

嗚呼,余書「封子重貴為鄭王」者,豈無意哉!禮:「兄弟之子猶子也。」重貴書「子」可矣,敬儒,出帝父也,書曰「皇伯」者,何哉?出帝立不

以正,而絕其所生也。蓋出帝於高祖得爲子而不得爲後者,高祖自有子也。方高祖疾病,抱其子重睿實於馮道懷中而託之,出帝豈得立邪?晉之大臣,既違禮廢命而立之,以謂出帝爲高祖子則得立,爲敬儒子則不得立,於是深諱其所生而絕之,以欺天下爲真高祖也。禮曰:「爲人後者,爲其父母,報〔二八〕。」使高祖無子,出帝得爲後而立以正,則不待絕其所生以爲欺也。故余書曰「追封皇伯敬儒爲宋王」者,以見其立不以正,而滅絕天性,臣其父而爵之,以欺天下也。

校勘記

〔一〕召拜左金吾衞上將軍 「左」,舊五代史卷七七晉高祖紀二、卷八一晉少帝紀一、通鑑卷二八一作「右」。

〔二〕契丹使梅里來 「梅里」,原作「梅李」,據宋甲本、宋丙本、宗文本改。

〔三〕葬聖文章武孝皇帝于顯陵 「聖文章武孝皇帝」,本書卷八晉本紀、舊五代史卷七五晉高祖紀一、五代會要卷一、通鑑卷二八○作「聖文章武明德孝皇帝」。

〔四〕于闐使都督劉再昇來 舊五代史卷八一晉少帝紀一:「(天福八年正月)乙巳,于闐、迴鶻入朝使劉再成等並授懷化大將軍、將軍、郎將。」疑劉再昇即劉再成。

〔五〕齊州刺史楊承祚奔于青州 「齊州」，本書卷五一楊光遠傳、舊五代史卷八二晉少帝紀二、卷九七楊光遠傳、通鑑卷二八三敍其事皆作「單州」。

〔六〕高麗使太相來 「太相」，五代會要卷三〇作「大相」。高慈墓誌（拓片刊隋唐五代墓誌匯編洛陽卷第七册）：「祖量……兼大相。」本書各處同。

〔七〕前靜難軍節度使李周留守東京 「李周」，原作「李同」，據宋甲本、宋丙本、宗文本、舊五代史卷八二晉少帝紀二改。

〔八〕順德軍節度使杜威威爲都招討使 「順德」，通鑑卷二八四作「順國」。按舊五代史卷八〇晉高祖紀六、通鑑卷二八三：「（天福七年正月癸亥）改鎮州爲恒州，成德軍爲順國軍。」五代會要卷二四亦云：「鎮州，天福七年正月改爲順國軍節度。」

〔九〕鄴都留守馬全節爲副招討使 「副」字原闕，據宋丙本、宗文本、本書卷四七馬全節傳、舊五代史卷八三晉少帝紀三、卷九〇馬全節傳補。

〔一〇〕契丹陷泰州 「泰州」，原作「秦州」，據宗文本改。

〔一一〕馬全節克泰州 「泰州」，原作「秦州」，據宗文本、舊五代史卷八三晉少帝紀三、通鑑卷二八四改。

〔一二〕射于繁臺 「射」，吳縝纂誤卷上引五代史作「射雁」。

〔一三〕劉崇珪 宗文本作「劉崇規」。

晉本紀第九

一一五

〔四〕己巳　册府卷一一五繫其事於十月己巳。按十一月甲午朔,無己巳,十月甲子朔,己巳爲初六。

〔五〕河決魚池　「魚池」,原作「漁池」,據宗文本改。本書卷一〇漢本紀、舊五代史卷一〇一漢隱帝紀上、通鑑卷二八八皆記漢乾祐元年河決滑州魚池。

〔六〕永靜軍節度使梁漢璋及契丹戰于瀛州　「永靜軍」,舊五代史卷九五梁漢璋傳、通鑑卷二八五、册府卷四二五敍其事皆作「永清軍」。舊五代史卷八五晉少帝紀五:「貝州節度使梁漢璋戰死。」按貝州置永清軍。

〔七〕而晉則亡矣　「矣」,原作「已」,據宋甲本、宋丙本、宗文本改。

〔八〕報　原作「服」,據宗文本、儀禮喪服改。

新五代史卷十

漢本紀第十

高祖睿文聖武昭肅孝皇帝，姓劉氏，初名知遠，其先沙陀部人也，其後世居于太原。知遠弱不好弄，嚴重寡言，面紫色，目多白睛，凜如也。與晉高祖俱事明宗爲偏將，明宗及梁人戰德勝，晉高祖馬甲斷，梁兵幾及，知遠以所乘馬授之，復取高祖馬殿而還，高祖德之。高祖留守北京，以知遠爲押衙〔一〕。潞王從珂反，愍帝出奔，高祖自鎮州朝京師，遇愍帝于衞州，止傳舍，知遠遣勇士石敢袖鐵槌侍高祖以虞變。高祖與愍帝議事未決，左右欲兵之，知遠擁高祖入室，敢與左右格鬭而死，知遠即率兵盡殺愍帝左右，留帝傳舍而去。廢帝入立，高祖復鎮河東，已而有隙，高祖將舉兵，知遠與桑維翰密爲高祖謀畫，贊成之。高祖即位於太原，以知遠爲侍衞親軍都虞候〔二〕，領保義軍節度使。契丹耶律德光送

高祖至潞州,臨決,指知遠曰:「此都軍甚操剌〔二〕無大故勿棄之。」

〔一〕世俗謂勇猛爲「操剌」,錄其本語。

天福二年,遷侍衞馬步軍都指揮使,領忠武軍節度使。已而以杜重威代知遠領忠武,徙知遠領歸德,知遠恥與重威同制,杜門不出。高祖怒,欲罷其兵職,宰相趙瑩以爲不可,高祖乃遣端明殿學士和凝就第宣諭,知遠乃受命。五年,徙鄴都留守。九月,朝京師,高祖幸其第。六年,拜河東節度使、北京留守。七年,高祖崩。

知遠從高祖起太原,有佐命功,自出帝立,與契丹絕盟,用兵北方,常疑知遠勳位已高,幸晉多故而有異志,每優尊之。拜中書令,封太原王、幽州道行營招討使,又拜北面行營都統。開運二年四月,封北平王。三年五月,加守太尉,然王未嘗出兵。契丹寇澶州,別遣偉王攻鴈門,王敗之于秀容〔三〕。八月,殺吐渾白承福等族,取其貲鉅萬,良馬數千。

四年,契丹犯京師,出帝北遷,王遣牙將王峻奉表契丹,耶律德光呼之爲兒,賜以木枴〔四〕。木枴〔五〕,虜法貴之,如中國几杖,非優大臣不可得。峻持枴歸,虜人望之皆避道。峻還,爲王言契丹必不能有中國,乃議建國。

二月戊辰,河東行軍司馬張彥威等上牋勸進。辛未,皇帝即位,稱天福十二年。〔二〕

磁州賊首梁暉取相州來歸。〔三〕武節都指揮使史弘肇取代州，殺其刺史王暉。晉州將藥可儔殺其守將駱從朗及括錢使、諫議大夫趙熙來歸。辛巳，陝州留後趙暉、潞州留後王守恩來歸。

〔一〕天福，晉高祖年號也。天福止八年，改元開運，至此四年矣。漢雖建國，而未有國號，又稱晉年號，捨開運而追續天福爲十二年，初無義理，但書其實爾。

〔三〕變來降曰「來歸」，哀斯人也。是時天下無主，得其主則往歸之，與乎叛于彼而來於此者異矣。漢高祖非有德之君，惶惶斯人之無所歸者，猶得而歸也，故曰「歸」。

三月丙戌朔，蠲河東雜稅。辛卯，延州軍亂，逐其節度使周密。壬辰，丹州指揮使高彥詢以其州來歸〔六〕。壬寅，契丹遜〔二〕以其將蕭翰爲宣武軍節度使守汴州。

〔二〕聞漢起太原，畏而去，故與自去異其文，「遜」者，退避之稱。

夏四月己未，右都押衙楊邠爲樞密使〔七〕，蕃漢兵馬都孔目官郭威權樞密副使。契丹陷相州，殺梁暉。癸亥，立魏國夫人李氏爲皇后。甲子，河東節度判官蘇逢吉、觀察推官蘇禹珪爲中書侍郎〔八〕同中書門下平章事。乙丑，侍衛親軍步軍都指揮使史弘肇取潞州。戊辰，奉國指揮使武行德以河陽來歸。史弘肇取澤州。丙子，契丹耶律德光卒于欒城，契丹入于鎮州。

五月甲午，太原尹劉崇爲北京留守。丙申，如東京。蕭翰遯歸于契丹，以郁國公李從益知南朝軍國事。戊申，次絳州，刺史李從朗來歸。

六月丙辰，次河陽〔九〕，殺李從益及其母于京師。甲子，至自太原。戊辰，改國號漢，〔一二〕赦罪人，蠲民稅。于闐遣使者來。

〔一一〕高祖初建國無國號，蓋其制詔皆無明文，故闕不書。然稱天福十二年，則國仍號晉可知，但無明據，故慎於所疑爾。此書「改國號漢」，則未改之前宜有所稱，此可以推知也。

是夏，劉昫薨。

秋閏七月乙丑，禁造契丹服器。天雄軍節度使杜重威反，〔一二〕天平軍節度使高行周爲鄴都行營都部署以討之〔一〇〕。庚辰，追尊祖考爲皇帝，妣爲皇后：高祖湍謚曰明元，祖僎謚曰昭文祖，祖妣李氏謚曰明貞，曾祖昂謚曰恭僖，廟號德祖，祖妣楊氏謚曰恭惠；祖憲〔一一〕，廟號翼祖，祖妣李氏謚曰昭穆；考琠謚曰章聖，廟號顯祖，妣安氏謚曰章懿。以漢高皇帝爲高祖，光武皇帝爲世祖，皆不祧。

〔一二〕杜重威於晉出帝時避出帝名去「重」，至漢而復之。

八月，護聖指揮使白再榮逐契丹，以鎮州來歸。丙申，安國軍節度使薛懷讓殺契丹之將劉鐸，入于邢州。

九月甲戌，吏部尚書竇貞固守司空兼門下侍郎，翰林學士、中書舍人李濤爲中書侍郎、同中書門下平章事。庚辰，北征。

冬十月甲申，次韋城，赦河北。

十一月壬申，杜重威降。

十二月癸巳，至自鄴都。

乾祐元年春正月乙卯，大赦，改元。己未，更名暠。丁丑，皇帝崩于萬歲殿。〔一〕

〔二〕年五十四。

隱帝，高祖第二子承祐也。高祖即位，拜右衛上將軍〔三〕、大內都點檢。魏王承訓長而賢，高祖愛之，方屬以爲嗣，承訓薨，高祖不豫，悲哀疾劇，乃以承祐屬諸將相。宰相蘇逢吉曰：「皇子承祐未封王，請亟封之。」未及封而高祖崩，祕不發喪，殺杜重威。乾祐元年二月辛巳，封承祐周王。是日，皇帝即位于柩前。壬辰，右衛大將軍、鳳翔巡檢使王景崇及蜀人戰于大散關，敗之。癸巳，大赦。

三月壬戌，竇貞固爲大行皇帝山陵使，吏部侍郎段希堯爲副，太常卿張昭爲禮儀使，兵部侍郎盧價爲鹵簿使，御史中丞邊蔚爲儀仗使。丁丑，李濤罷。護國軍節度使李守貞反，陷潼關。

夏四月辛巳，陝州兵馬都監王玉克潼關。壬午，永興軍將趙思綰叛附于李守貞，客省使王峻帥師屯于關西。[二]楊邠爲中書侍郎兼吏部尚書、同中書門下平章事，郭威爲樞密使，鎮寧軍節度使郭從義爲永興軍兵馬都部署。戊子，保義軍節度使白文珂爲河中兵馬都部署。河決原武。

五月己未，回鶻遣使者來。乙亥，魏州内黃民武進妻一產三男子。河決滑州魚池。

秋七月戊申朔，彰德軍節度使王繼弘殺其判官張易。鸜鵒食蝗，丙辰，禁捕鸜鵒。庚申，郭威同中書門下平章事。癸亥，契丹鄭州刺史王彥徽來奔。庚午，殺成德軍副使張鵬。

八月乙亥，王景崇叛附于李守貞。

八月壬午，郭威討李守貞。

九月，西面行營都虞候尚洪遷及趙思綰戰[三]，敗績。

[一]峻不命爲將，又不令討賊，但令以兵實關西，下文乃見命將。

冬十月甲申，吐蕃使斯漫篤繭氀藥斯來。

十一月甲寅，殺太子太傅李崧，滅其族。壬申，葬睿文聖武昭肅孝皇帝于睿陵。[二]

十二月己卯，彰武軍節度使高允權殺太子太師致仕劉景巖。

[二]在河南告成縣。

二年[一]春正月乙巳朔，赦囚。

二月丙子，蠲民紐配租。

夏五月，李守貞之將周光遜降。乙丑，趙思綰降。

六月辛卯，回鶻首領楊彥珣來。西涼府遣使者來。蝗。

秋七月丁巳，郭威殺華州留後趙思綰于京兆。甲子，克河中。[二]

八月，郭從義殺前永興巡檢喬守溫。丙戌，郭威使來獻俘。

[一]隱帝即位至此，宜改元而不改元，具周顯德二年注。而帝名承祐，年名乾祐，舉國臣民共稱而不改避，當時莫大之失，本紀無譏者，但書其實，後世自見也。

[二]守貞自焚死，故不書伏誅。

冬十月，契丹寇趙、魏，羣臣進添都馬。契丹陷內丘。己丑，郭威及宣徽南院使王峻伐契丹。

十一月，契丹遯。

三年春正月，西面行營都部署趙暉克鳳翔〔四〕。丙午，郭威進添都馬。壬子，趙暉獻馘俘。

〔一〕景崇自焚死，故不書伏誅。

二月甲戌，旌表潁州汝陰民麴溫門閭。

三月己酉，寒食，望祭于南御園。

夏四月壬午，郭威以樞密使為天雄軍節度使〔五〕。

六月癸卯，河決原武。

秋八月，達靼來附。

冬十一月丙子，殺楊邠及侍衞親軍都指揮使史弘肇、三司使王章，皆滅其族。郭威反。庚辰，義成軍節度使宋延渥叛附于威。壬午，威犯封丘，泰寧軍節度使慕容彥超軍于七里店。癸未，勞軍于北郊。甲申，勞軍于劉子陂。慕容彥超及郭威戰，敗績，開封尹侯

益叛降于威。郭允明反。乙酉,皇帝崩,[二]蘇逢吉自殺。漢亡。[三]

[一]年二十。周廣順元年葬之許州陽翟縣,號潁陵,爲賊所葬,故不書。

[二]自隱帝崩後四十二日,周太祖始即位,而斷自帝崩書「漢亡」者,見帝崩而漢亡矣。其太后臨朝,湘陰公嗣立,皆周所假託,非誠實,所以破其姦,故書曰「漢亡」,見周之立遲也,遲而難於自立,則猶有自媿之心焉。

嗚呼！人君即位稱元年,常事爾,古不以爲重也。孔子未修春秋其前固已如此,雖暴君昏主,妄庸之史,其記事先後遠近,莫不以歲月一二數之,乃理之自然也。其謂一爲元,亦未嘗有法,蓋古人之語爾。[一]及後世曲學之士,始謂孔子書「元年」爲春秋大法,遂以改元爲重事。

[一]古謂歲之一月,亦不云一,而曰正月。國語言六日日元間大呂[六],周易列六爻曰「初九」。大抵古人言數,多不云一,不獨謂年爲元也。

自漢以後,又名年以建元,而正僞紛雜,稱號遂多,不勝其紀也。五代,亂世也,其事無法而不合於理者多矣,皆不足道也。至其年號乖錯以惑後世,則不可以不明。初[七],梁太祖以乾化二年遇弒,明年,末帝已誅友珪,黜其鳳曆之號,復稱乾化三年,尚爲有説。

至漢高祖建國，黜晉出帝開運四年，復稱天福十二年者，何哉？蓋以其愛憎之私爾。方出帝時，漢高祖居太原，常憤憤下視晉，而晉亦陽優禮之，幸而未見其隙。及契丹滅晉，漢未嘗有赴難之意。出帝已北遷，方陽以兵聲言追之，至土門而還。及其即位改元，而黜開運之號，則其用心可知矣。蓋其於出帝無復君臣之義，而幸禍以爲利者，其素志也，可勝歎哉！夫所謂有諸中必形於外者，其見於是乎！

校勘記

〔一〕以知遠爲押衙　「以」字原闕，據宋甲本、宗文本補。

〔二〕以知遠爲侍衛親軍都虞候　「都虞候」原作「都軍虞候」，據宋甲本、宗文本改。

〔三〕三年五月……王敗之于秀容　「王」字原闕，據宋甲本、宋丙本、宗文本補。本書卷九晉本紀、舊五代史卷九九漢高祖紀上、册府卷八、通鑑卷二八三皆繫其事於開運元年正月。

〔四〕賜以木拐　「二」字原闕，據宋甲本、宋丙本、宗文本、舊五代史卷九九漢高祖紀上補。

〔五〕木拐　以木拐一　以上二字原闕，據宋甲本、宋丙本、宗文本。

〔六〕高彥詢　舊五代史卷九九漢高祖紀上、通鑑（兩浙東路茶鹽司公使庫刻本）卷二八六、册府卷八作「高彥珣」。

〔七〕夏四月己未右都押衙楊邠爲樞密使　舊五代史卷九九漢高祖紀上敍其事云，天福十二年四月己未以右都押衙楊邠爲權樞密使，至是年閏七月辛未，方以權樞密使楊邠爲樞密使。通鑑卷二八六敍其事亦云「右都押牙楊邠權樞密使」。

〔八〕觀察推官蘇禹珪爲中書侍郎　「推官」，舊五代史卷九九漢高祖紀上、通鑑卷二八六、册府卷七四作「判官」。

〔九〕次河陽　「河陽」，舊五代史卷一〇〇漢高祖紀下、通鑑卷二八七作「洛陽」。

〔一〇〕天平軍節度使高行周爲鄴都行營都部署以討之　錢大昕考異卷六一：「薛史高祖紀是年七月，以鄴都留守、天雄軍節度使杜重威爲宋州節度使，以宋州節度使高行周爲鄴都留守。其時天平節度李守貞與河中節度白文珂亦互相更代，初無行周移鎮天平之事，蓋歐史誤也。」

〔一一〕祖撰諡曰昭憲　「昭憲」，舊五代史卷九九漢高祖紀上、五代會要卷一、册府卷三一作「昭獻」。

〔一二〕拜右衞上將軍　「右」，舊五代史卷一〇一漢隱帝紀上作「左」。

〔一三〕尚洪遷　原作「尚弘遷」，據舊五代史卷一〇一漢隱帝紀上、通鑑卷二八八、尚洪遷墓誌（拓片刊晉陽古刻選隋唐五代墓誌卷）改。

〔一四〕西面行營都部署趙暉克鳳翔　「西」，舊五代史卷一〇三漢隱帝紀下、卷一二五趙暉傳、册府卷三六〇作「西南」。

〔五〕天雄軍節度使 「使」字原闕，據宋甲本、宗文本補。

〔六〕國語言六呂曰元間大呂 「六呂」原作「六品」，據宋甲本、宋丙本、宗文本、通鑑卷二八六胡注引歐史改。

〔七〕初 此字原闕，據宋甲本、宗文本、詳節卷一補。

新五代史卷十一

周本紀第十一

太祖聖神恭肅文武孝皇帝〔一〕，姓郭氏，邢州堯山人也。父簡，事晉爲順州刺史。劉仁恭攻破順州，簡見殺，子威少孤，依潞州人常氏。

潞州留後李繼韜募勇敢士爲軍卒，威年十八，以勇力應募。爲人負氣，好使酒，繼韜特奇之。威嘗游于市，市有屠者，常以勇服其市人。威酒醉，呼屠者，使進刀割肉，割不如法，叱之，屠者披其腹示之曰：「爾勇者，能殺我乎？」威即前取刀刺殺之，一市皆驚，威頗自如。爲吏所執，繼韜惜其勇，陰縱之使亡，已而復召置麾下。繼韜叛晉附于梁，後莊宗滅梁，繼韜誅死，其麾下兵悉隸從馬直，威以通書算補爲軍吏。好讀閫外春秋，略知兵法，後高祖所臨鎮，嘗以威從。契丹滅晉，漢高祖起兵太原，即皇帝位，拜威樞密副使。漢高祖爲侍衞親軍都虞候，尤親愛之，後高祖所臨鎮，嘗以威從。契丹滅晉，漢高祖起兵太原，即皇帝位，拜威樞密副使。

乾祐元年正月，高祖疾大漸，以隱帝託威及史弘肇等。隱帝即位，拜威樞密使。是歲三月，河中李守貞、永興趙思綰、鳳翔王景崇相次反，隱帝遣白文珂、郭從義、常思等分討之，久皆無功。隱帝謂威曰：「吾欲煩公，可乎？」威對曰：「臣不敢請，亦不敢辭，惟陛下命。」乃加拜威同中書門下平章事，使西督諸將。

威至河中，自柵其城東，思柵其南，文珂柵其西，調五縣丁二萬人築連壘以護三柵。諸將皆謂守貞窮寇，破在旦夕，不宜勞人如此，威不聽。已而守貞數出兵擊壞連壘，威輒補之，守貞輒復出擊，每出必有亡失。久之，城中兵食俱盡，威曰：「可矣！」乃治攻具，為期日，四面攻之，破其羅城，守貞與妻子自焚死，思綰、景崇相次降。

威居軍中，延見賓客，褒衣博帶，及臨陣行營，幅巾短後，與士卒無異，上所賜予，與諸將會射，恣其所取，其餘悉以分賜士卒，將士皆懽樂。

隱帝勞威以玉帶，加檢校太師，兼侍中，威辭曰：「臣事先帝，見功臣多矣，未嘗以玉帶賜之。」因言：「臣幸得率行伍，假漢威靈以破賊者，豈特臣之功，皆將相之賢，有以安朝廷，撫內外，而饋餉以時，故臣得以專事征伐。」隱帝以威為賢，威又推功大臣，請加爵賞，於是加貞固司空，逢吉司徒，禹珪、鄔左右僕射。已而又曰：「此特漢廷親近之臣耳。漢諸宗室，天下逢吉、禹珪、竇貞固、王章等皆賜以玉帶，威乃受。

方鎮，外暨荆、浙、湖南，皆未及也。」由是濫賞遍于天下。

是冬，契丹寇邊，威以樞密使北伐，至魏州，契丹遁。三年二月，師還。四月，拜威鄴都留守、天雄軍節度使，仍以樞密使之鎮。宰相蘇逢吉以謂樞密使不可以藩鎮兼領，與史弘肇等固爭。久之，卒以樞密使行，詔河北諸州皆聽威節度。

隱帝與李業等謀，已殺史弘肇等，詔鎮寧軍節度使李弘義殺侍衛步軍指揮使王殷于澶州，又詔侍衛馬軍指揮使郭崇殺威及宣徽使王峻于魏。詔書先至澶州，弘義恐事不果，反以詔書示殷，殷與弘義遣人告威。已而詔殺威、峻使者亦馳騎至，威匿詔書，召樞密院吏魏仁浦謀於臥内〔二〕。仁浦勸威反，教威倒用留守印，更爲詔書，詔威誅諸將校以激怒之，將校皆憤然效用。

十一月丁丑，威遂舉兵渡河，隱帝遣開封尹侯益、保大軍節度使張彥超、客省使閻晉卿等率兵拒威，又遣内養鸞脫覘威所嚮〔三〕。鸞脫爲威所得，威乃附奏請縛李業等送軍中。隱帝得威奏，以示業等，業等皆言威反狀已白，乃悉誅威家屬于京師。庚辰，威至滑州，義成軍節度使宋延渥叛于漢，來降。壬午，犯封丘。甲申〔四〕及泰寧軍節度使慕容彥超戰于劉子陂，彥超敗，奔于兗州。郭允明反，弑隱帝于趙村。丙戌，威入京師，縱火大掠。戊子，率百官朝太后于明德門，請立嗣君。太后下令：文武百寮、六軍將校，議擇賢

明，以承大統〔五〕。庚寅，威率百官詣明德門，請立武寧軍節度使贇爲嗣。遣太師馮道迎贇于徐州。辛卯，請太后臨朝聽政，以王峻爲樞密使，翰林學士、尚書兵部侍郎范質爲副使。

十二月甲午朔，威北伐契丹，軍于滑州。癸丑，至澶州而旋。王峻遣郭崇以騎七百逆劉贇于宋州，殺之，其將鞏廷美、楊溫爲贇守徐州。戊午，次皋門，漢宰相竇貞固、蘇禹珪來勸進。庚申，太后制以威監國。

廣順元年春正月丁卯，皇帝即位，大赦，改元，國號周。己巳，上漢太后尊號曰昭聖皇太后。戊寅，漢劉崇自立于太原。〔二〕己卯，馮道爲中書令。

〔一〕吳、蜀諸國自立，皆絕而不書，此書，與其不屈于周，語在十國年譜論。

二月辛丑，西州回鶻使都督來。丁未，契丹兀欲遣使裹骨支來。癸丑，寒食，望祭于蒲池。〔二〕丁巳，尚書左丞田敏使于契丹。回鶻使摩尼來。

〔二〕蒲池，佛寺名也。

三月甲戌，武寧軍節度使王彥超克徐州。〔二〕

〔二〕鞏廷美〔六〕、楊溫不書死之，語在贇傳。

夏四月甲午，立夫人董氏爲德妃。

五月辛未，追尊祖考爲皇帝，妣爲皇后：高祖璟謚曰睿和，廟號信祖，祖妣張氏謚曰睿恭〔七〕；曾祖諶謚曰明憲，廟號僖祖，祖妣申氏謚曰翼順，廟號義祖，祖妣韓氏謚曰翼敬；考諟曰章肅，廟號慶祖，妣王氏謚曰章德。

六月辛亥，范質及戶部侍郎判三司李穀爲中書侍郎、同中書門下平章事。丁巳，宣徽北院使翟光鄴爲樞密副使。竇貞固、蘇禹珪罷。癸丑，范質參知樞密院事。

秋七月戊寅，幸王峻第。

八月壬寅，契丹來歸趙瑩之喪。

冬十月丙午，漢人來討，二攻自晉州。〔二〕

〔一〕討加有罪，漢之於周，義所得討〔八〕。

〔二〕云「自晉州」者，見漢兵當誅罪人于京師，自晉州而入耳。攻城無得失不書，此書者，許漢來討。

十一月，王峻及建雄軍節度使王彥超拒之。

十二月，慕容彥超反。

二年春正月甲子,侍衛步軍都指揮使曹英爲兗州行營都部署。庚午,高麗王昭使其廣評侍郎徐逢來。

二月庚寅,府州防禦使折德扆克岢嵐軍。

三月丁巳朔[九],寒食,望祭于郊。戊辰,内客省使鄭仁誨爲樞密副使,翟光鄴罷。

夏五月庚申,東征,李穀留守東都,鄭仁誨爲大内都點檢。癸亥,次曹州,赦流罪以下囚。乙亥,克兗州。[一二]壬午,赦兗州。

[一]彦超投井死,故不書伏誅。

六月乙酉朔,幸曲阜,祠孔子。庚子,至自兗州。

秋九月乙丑,太僕少卿王演使于高麗。契丹寇邊。

閏月丙戌,回鶻使獨呈相溫來。

二月甲子,貶王峻爲商州司馬。

三月甲申,封榮爲晉王。[一二]丙戌,鄭仁誨罷。己丑,棣州團練使王仁鎬爲右衛大將軍、樞密副使。

三年春正月乙卯[一〇],麟州刺史楊重訓叛于漢,來附。

〔二〕不書子者，榮於禮不得爲子，不書子則當書其本姓〔一〕，又不書者，周人所共諱。

夏六月，大雨，水。

秋七月，契丹盧臺軍使張藏英來奔。

九月，吐渾党富達等來。

冬十月庚申，馮道爲奉迎神主使。

十一月癸未，党項使吳怗磨五等來。

十二月戊申，四廟神主至自西京，迎之于西郊，祔于太廟。壬申，殺天雄軍節度使王殷。乙亥，享于太廟。

顯德元年春正月丙子朔，有事于南郊，大赦，改元，羣臣上尊號曰聖明文武仁德皇帝。壬辰，端明殿學士、戶部侍郎王溥爲中書侍郎、同中書門下平章事，王仁鎬罷。是日，皇帝崩于滋德殿。〔二〕

戊寅，罷鄴都。丙戌，鎮寧軍節度使鄭仁誨爲樞密使。

〔一〕年五十一。書「是日」，連上文，嫌無崩日。

校勘記

〔一〕聖神恭肅文武孝皇帝 「孝」字原闕，據宗文本、吳縝纂誤卷上引五代史補。按舊五代史卷一一〇周太祖紀一、卷一一三周太祖紀四、五代會要卷一、通鑑卷二九一、册府卷三一、任公屏盜碑（拓片刊北京圖書館藏中國歷代石刻拓本匯編第三十六册）記周太祖謚號皆作聖神恭肅文武孝皇帝。

〔二〕召樞密使院吏魏仁浦謀於臥内 「樞密使院吏」，宋甲本作「樞密院院吏」，通鑑卷二八九胡注引歐史作「樞密院吏」。

〔三〕鷙脱 宋甲本、宗文本、通鑑卷二八九、册府卷八作「鷙脱」。

〔四〕甲申 原作「甲辰」，據宗文本、本書卷一〇漢本紀、舊五代史卷一〇三漢隱帝紀下、通鑑卷二八九改。按是月甲子朔，無甲辰，甲申爲二十一日。

〔五〕以承大統 「大統」，舊五代史卷一〇三漢隱帝紀下、册府卷八、通鑑卷二八九同，宋甲本、本書卷一八漢家人傳作「天統」。

〔六〕鞏廷美 原作「鞏延美」，據宋甲本、宋丙本、舊五代史卷一一〇周太祖紀一及本卷正文改。

〔七〕祖妣張氏謚曰睿恭 「祖」字原闕，據宋甲本、宋丙本、宗文本及本卷上下文補。

〔八〕義所得討 「討」，原作「誅」，據宋甲本、宋丙本、宗文本改。

〔九〕三月丁巳朔 「三月」，原作「二月」，據宋甲本、宋丙本、宗文本改。按三月丁巳朔，二月丁亥

朔,無丁巳。

〔一0〕三年春正月乙卯 舊五代史卷一一七周世宗紀四、通鑑卷二九三繫其事於顯德四年十月。

〔一一〕不書子則當書其本姓 「子」字原闕,據宋甲本、宋丙本、宗文本補。

新五代史卷十二

周本紀第十二

世宗睿武孝文皇帝，本姓柴氏，邢州龍岡人也。柴氏女適太祖，是爲聖穆皇后。后兄守禮子榮，幼從姑長太祖家，以謹厚見愛，太祖遂以爲子。太祖後稍貴，榮亦壯，而器貌英奇，善騎射，略通書史黃老，性沈重寡言。太祖爲漢樞密使[一]，榮爲左監門衞將軍[二]，太祖鎮天雄，榮領貴州刺史、天雄軍牙內都指揮使。

乾祐三年冬，周兵起魏，犯京師，留榮守魏。太祖入立，拜澶州刺史、鎮寧軍節度使、檢校太傅、同中書門下平章事。榮素爲樞密使王峻所忌，廣順三年正月來朝，不得留。既而峻有罪誅，三月，拜榮開封尹，封晉王。是冬，卜以來年正月朔旦有事于南郊，而太祖遇疾，不能視朝者久之。

顯德元年正月丙子，郊，僅而成禮，即以王判內外兵馬事。壬辰，太祖崩，祕不發喪。丙申，發喪，皇帝即位于樞前。〔二〕右監門衛大將軍魏仁浦爲樞密副使。

〔一〕於書「封晉王」，正其非子矣。其餘假竊嗣君之禮，不待譏貶而可知，故皆無異辭。

二月庚戌，回鶻遣使者來。丁卯，馮道爲大行皇帝山陵使，太常卿田敏爲禮儀使，兵部尚書張昭爲鹵簿使，御史中丞張煦爲儀仗使，開封少尹權判府事王敏爲橋道頓遞使。漢人來討，攻自潞州。

三月辛巳，大赦。癸未，鄭仁誨留守東京。乙酉，如潞州以攻漢。〔二〕壬辰，次澤州，閱兵于北郊〔三〕。癸巳，及劉旻戰于高原，敗之，〔三〕追及于高平，又敗之。丁酉，幸潞州。己亥，侍衛馬軍都指揮使樊愛能、步軍都指揮使何徽伏誅。壬寅，天雄軍節度使符彥卿爲河東行營都部署。

〔一〕不日伐，曲在周，不可以大小爲言，故用兩相攻爲文。
〔二〕與其不屈于周，不與其稱帝，故書姓名。

夏四月乙卯，葬聖神文武恭肅孝皇帝于嵩陵〔四〕。〔二〕汾州防禦使董希顏叛于漢，來附。丙辰，遼州刺史張漢超叛于漢，來附。辛酉，取嵐、憲州。壬戌，立衛國夫人符氏爲皇后。取石、沁州。乙丑，馮道薨。庚午，赦潞州流罪以下囚。如太原。忻州監軍李勍殺其

刺史趙暠,叛于漢,來附。

〔一〕在鄭州新鄭縣。

五月丙子,代州守將鄭處謙叛于漢,來附。契丹救漢。丁酉,回鶻使因難敵略來。符彥卿及契丹戰于忻口,敗績,先鋒都指揮使史彥超死之。

六月乙巳,班師。乙丑,次新鄭,遂拜嵩陵。庚午,至自太原。

秋七月庚辰,閱稼于南御莊。癸巳,樞密院直學士、工部侍郎景範爲中書侍郎、同中書門下平章事,魏仁浦爲樞密使。

冬十月甲辰,殺左羽林大將軍孟漢卿。

二年〔一〕春二月,御札求直言。

〔一〕五代亂世,以嗣君即位者五,而改元不依古者四,梁末帝、晉出帝即位踰年,宜改元而不改,又明年然後改,漢隱帝、周世宗皆仍稱先帝年號,終其世不改,而本紀無譏者,但書其實,自見其失也。

夏五月辛未,宣徽南院使向訓、鳳翔節度使王景伐蜀。甲戌,大毁佛寺,禁民親無侍養而爲僧尼及私自度者。

秋九月丙寅朔,頒銅禁。

閏月癸丑,向訓克秦州。

冬十月辛未,取成州。戊寅,高麗使王子太相融來。取階州。

十一月乙未朔,李穀爲淮南道行營都部署以伐唐。戊申,王景克鳳州。

十二月丙戌,鄭仁誨薨。

三年春正月,增築京城。庚子,向訓留守東京。壬寅,南征。辛亥,侍衞親軍都指揮使李重進及唐人戰于正陽,敗之。甲寅,重進爲淮南道行營都招討使。

二月丙寅,幸下蔡浮橋。壬申,克滁州。甲戌,李景來求成,不答。壬午,景使其臣鍾謨來奉表。丙戌,取揚州。辛卯,取泰州。

三月庚子,內外馬步軍都軍頭袁彥爲竹龍都部署〔五〕。是月,取光、舒、常州。〔二〕

〔二〕書「是月」,見取三州不同日。

夏四月,常、泰州復入于唐。

五月乙卯,至自淮南,赦京師囚。

六月壬申,德音赦淮南囚。

秋七月,皇后崩。揚、光、舒、滁州復入于唐。

八月乙丑，課民種木及韭。

九月丙午，端明殿學士、左散騎常侍王朴爲尚書戶部侍郎、樞密副使。

冬十月辛酉，葬宣懿皇后于懿陵。

十一月庚寅，廢諸祠不在祀典者。乙巳，殺李景之臣孫晟。[一]

[一]書「殺景臣」而不書晟死，蓋已深罪周殺忠臣，則晟之死節自著。

四年春正月己丑朔，赦非死罪囚。

二月甲戌，王朴留守東京。乙亥，南征。

三月丁未，克壽州。[二]

[二]不書劉仁瞻降，事見死節傳。蓋仁瞻實不降，故書周自克之爾。「克」者，難取之名也，壽難取，則見仁瞻之節著，不書死之者，仁瞻自以病死，以其至死守節，故列之死節傳。

夏四月己巳，至自壽州。己卯，放降卒八百歸于蜀。癸未，追册彭城郡夫人劉氏爲皇后。

五月丙申，殺密州防禦使侯希進[六]。

秋八月乙亥，李穀罷，王朴爲樞密使。癸未，蜀人來歸我濮州刺史胡立。

冬十月己巳，王朴留守東京，三司使張美爲大内都點檢。壬申，南征。十二月乙卯，泗州守將范再遇叛于唐，以其州來降。庚申，濠州團練使郭廷謂以其州來降。[一]丁丑，取泰州。

[一]身居其地而來降者書「附」，再遇、廷謂雖以地降，既降而不居其地，故不書「附」而書「降」。廷謂不書叛，事見南唐世家。

五年春正月丁亥，取海州。壬辰，取靜海軍。丁未，克楚州，守將張彥卿、鄭昭業死之。[二]

[二]自四年十二月辛酉攻之，彥卿等堅守四十餘日乃克之，其不走不降可知，故予其死。本紀書「死」者十餘人，宋令詢及李遇、彥卿、昭業皆以事迹不完不能立傳。然所貴者死爾，本紀著其大節可矣。

二月甲寅，取雄州。丁卯，如揚州。癸酉，如瓜洲。

三月壬午朔，如泰州。丁亥，復如揚州。辛卯，幸迎鑾。己亥，克淮南十有四州，以江爲界。[一]辛亥[七]，李景來買宴。

[一]并前所得通十四州耳，書之，見其本志所止。

夏四月庚申〔八〕，祔五室神主于新廟。壬申，至自淮南。回鶻、達靼遣使來。

六月辛未，放降卒四千六百于唐〔九〕。

秋七月乙酉，水部員外郎韓彥卿市銅于高麗。丁亥，頒均田圖。

九月，占城國王釋利因德縵使莆訶散來。

冬十月丁酉，括民租。

十一月庚戌，作通禮、正樂。

十二月丙戌，罷州縣課户、俸户。

六年春正月，高麗王昭遣使者來。辛酉，女真使阿辨來。

三月己酉，甘州回鶻來獻玉，却之。庚申，王朴薨。丙寅，宣徽南院使吴廷祚留守東京〔一〇〕。癸酉，停給銅魚。甲戌，北征。是月〔一一〕，吴廷祚爲左驍衛上將軍、樞密使。

夏四月壬辰，取乾寧軍。辛丑，取益津關，以爲霸州。癸卯，取瓦橋關，以爲雄州。〔一二〕

五月乙巳朔，取瀛州。〔一二〕甲戌，至自雄州。

【一二】州縣廢置不書，此書，重復中國故地。世宗下三關，瓦橋、益津以建州及見，淤口關止置寨，故舊史、實録皆闕不書，遂不見其取得時日，今信安軍是也。

〔一〕復中國故地,故不書契丹。

六月癸未,立皇后符氏,〔二〕封子宗訓為梁王、宗誼燕國公〔三〕。戊子,占城使莆訶散來。己丑,范質、王溥參知樞密院事,魏仁浦同中書門下平章事。癸巳,皇帝崩于滋德殿〔四〕。〔五〕

〔二〕符氏無國爵,不曰立符氏為皇后,嫌同於不正也。蓋其位先定而後娶,故書曰「立皇后符氏」,文理宜然,無褒貶也。

〔三〕年三十九。

恭皇帝,世宗第四子宗訓也。世宗即位,大臣請封皇子為王,世宗謙抑久之。及北取三關,遇疾還京師,始封宗訓梁王,時年七歲。

顯德六年六月癸巳,世宗崩。甲午,皇帝即位于柩前。癸卯,范質為大行皇帝山陵使,翰林學士竇儼為禮儀使,兵部尚書張昭為鹵簿使,御史中丞邊歸讜為儀仗使,宣徽南院使、判開封府事昝居潤為橋道頓遞使。

秋七月丁未，户部尚書李濤爲山陵副使，度支郎中盧億爲判官。

八月庚寅，封弟熙讓爲曹王、熙謹紀王、熙誨蘄王。壬寅，高麗遣使者來。

九月丙寅，左驍衛大將軍戴交交使于高麗。

冬十一月壬寅，葬睿武孝文皇帝于慶陵。[二]高麗遣使者來。

[一]在鄭州管城縣。

七年春正月甲辰，遜于位。宋興。[二]

[二]五代之亡，所書不同，隨事爲文爾。「梁亡」見唐之速，「漢亡」見周之遲也。唐欺天下以討賊，周欺天下以立贊。故書「梁亡」，見唐之立速，則知其志不在討賊也；「漢亡」見周之立遲，則知立贊者僞也。唐亡無辭，莊宗之弑，唐已亡矣，而明宗又稱唐，愍帝之奔，唐又亡矣，而廢帝又稱唐，其亡也不可以屢書，故不書也。晉亡曰「契丹滅晉」，明言以深戒。周曰「遜于位」，遜，順也，能順乎天命也。

嗚呼，五代本紀備矣！[二]君臣之際，可勝道哉。梁之友珪反，唐戕克寧而殺存乂，從璨，則父子骨肉之恩幾何其不絕矣。太妃薨而輟朝，立劉氏、馮氏爲皇后，則夫婦之義幾何其不乖而不至於禽獸矣。寒食野祭而焚紙錢，居喪改元而用樂，殺馬延及任圜，則禮

樂刑政幾何其不壞矣。至於賽雷山，傳箭而撲馬，則中國幾何其不夷狄矣。可謂亂世也歟！而世宗區區五六年間，取秦隴，平淮右，復三關，威武之聲震懾夷夏，而方內延儒學文章之士，考制度、脩通禮、定正樂、議刑統，其制作之法皆可施於後世。其爲人明達英果，論議偉然。即位之明年，廢天下佛寺三千三百三十六。是時，中國乏錢，乃詔毀天下銅佛像以鑄錢，嘗曰：「吾聞佛說以身世爲妄，而以利人爲急，使其真身尚在，苟利於世，猶欲割截，況此銅像，豈其所惜哉？」由是羣臣皆不敢言。嘗夜讀書，見唐元稹均田圖，慨然歎曰：「此致治之本也，王者之政自此始！」乃詔頒其圖法，使吏民先習知之，期以一歲大均天下之田，其規爲志意豈小哉！其伐南唐，問宰相李穀以計策，後克淮南，出穀疏，使學士陶穀爲贊，而盛以錦囊，嘗置之坐側。其英武之材可謂雄傑，及其虛心聽納，用人不疑，豈非所謂賢主哉！其北取三關，兵不血刃，而史家猶譏其輕社稷之重，而饒倖一勝於倉卒，殊不知其料彊弱、較彼我而乘述律之殆，得不可失之機，此非明於決勝者，孰能至哉？誠非史氏之所及也！

〔二〕備，謂喪亂之事，無所不有。

校勘記

〔一〕太祖爲漢樞密使　「樞密使」，舊五代史卷一一四周世宗紀一作「樞密副使」。

〔二〕左監門衞將軍　原作「左監門衞大將軍」，據宗文本、本書卷二〇周世宗家人傳、舊五代史卷一一四周世宗紀一改。

〔三〕閱兵于北郊　「北郊」，舊五代史卷一一四周世宗紀一作「東北郊」，通鑑卷二九一敍其事作「宿于州東北」。

〔四〕聖神文武恭肅孝皇帝　「聖神」，原作「神聖」，據吳縝纂誤卷一、通鑑卷二九一、冊府卷三二、任卷一一〇周太祖紀一、卷一一三周太祖紀四、五代會要卷一、通鑑卷二九一、冊府卷三二、任公屏盜碑（拓片刊北京圖書館藏中國歷代石刻拓本匯編第三十六冊）記周太祖謚號皆作聖神恭肅文武孝皇帝。

〔五〕内外馬步軍都軍頭袁彦爲竹龍都部署　「都軍頭」，原作「都頭」，據宋甲本、宗文本、舊五代史卷一一七周世宗紀四、宋史卷二六一袁彦傳改。

〔六〕殺密州防禦使侯希進　「防禦使」，舊五代史卷一一七周世宗紀四作「防禦副使」。

〔七〕辛亥　句上原有「三月」二字，據宋甲本刪。按本卷上文已有「三月」，此處不當重出。

〔八〕夏四月庚申　「夏」字原闕，據宋甲本、宗文本補。

〔九〕放降卒四千六百于唐　「四千六百」，舊五代史卷一一八周世宗紀五作「四千七百」。

周本紀第十二

一四九

〔一〇〕吳廷祚 原作「吳延祚」,據隆平集卷九、東都事略卷一二三、宋史卷二五七吳廷祚傳、吳廷祚墓誌(拓片刊北京圖書館藏中國歷代石刻拓本匯編第三十七册)、其子吳元載墓誌(拓片刊千唐誌齋藏誌)改。本卷下一處同。

〔一一〕是月 舊五代史卷一一九周世宗紀六、通鑑卷二九四皆繫其事於六月。

〔一二〕宗誼燕國公 「宗誼」,舊五代史卷一一九周世宗紀六、通鑑卷二九四作「宗讓」。按本書卷二〇周世宗家人傳,宗誼爲漢所誅,顯德四年追封越王,六年封宗讓爲燕國公。錢大昕考異卷六一:「案宗誼世宗長子,漢末爲劉銖所殺,顯德四年追封越王。凡追封之王,本紀例不書,此必誤也。以家人傳證之,當爲『宗讓』之譌。宗讓即熙讓,恭帝之弟。薛史本作『宗讓』。」

〔一三〕滋德殿 舊五代史卷一一九周世宗紀六、五代會要卷一敍其事作「萬歲殿」。

新五代史卷十三

梁家人傳第一

嗚呼，梁之惡極矣！自其起盜賊，至於亡唐，其遺毒流于天下。天下豪傑，四面並起，孰不欲戡刃於其胸，然卒不能少挫其鋒以得志。梁之無敵於天下，可謂虎狼之強矣。及其敗也，因於一二女子之娛，至於洞胸流腸，刲若羊豕，禍生父子之間，乃知女色之能敗人矣。自古女禍，大者亡天下，其次亡家，其次亡身，身苟免矣，猶及其子孫，雖遲速不同，未有無禍者也。然原其本末，未始不起於忽微。易坤之初六曰：「履霜，堅冰至。」家人之初九曰：「閑有家，悔亡。」其言至矣，可不戒哉！梁之家事，詩所謂「不可道」者，至於唐、晉以後，親疏嫡庶亂矣！作家人傳。

文惠皇后王氏

梁太祖母曰文惠皇后王氏，單州單父人也。其生三子：長曰廣王全昱，次曰朗王存，其次太祖。

后少寡，攜其三子傭食蕭縣人劉崇家。太祖壯而無賴，縣中皆厭苦之。崇患太祖慵墮不作業，數加笞責，獨崇母憐之，時時自為櫛沐，戒家人曰：「朱三非常人也，宜善遇之。」黃巢起，太祖與存俱亡為盜，從黃巢攻廣州，存戰死。居數歲，太祖背巢降唐，反以破巢，遂鎮宣武。乃遣人以車馬之蕭縣，迎后於崇家。使者至門，后惶恐走避，謂劉氏曰：「朱三落魄無行，作賊死矣，何以至此邪！」使者具道太祖所以然，后乃驚喜泣下，與崇母俱載以歸，封晉國太夫人。

太祖置酒太夫人前，舉觴為壽，歡甚。太祖啟曰：「朱五經平生讀書，不登一第，有子為節度使，無忝於先人也。」后惻然良久曰：「汝能至此，可謂英特，然行義未必得如先人也！」太祖莫知其故，后曰：「朱二與汝俱從黃巢，獨死蠻嶺，其孤皆在午溝，汝今富貴，獨不念之乎？」太祖泣涕謝罪，乃悉召存諸子以歸。太祖剛暴多殺戮，后每誡之，多賴以全

活。

大順二年秋，后疾，卜者曰：「宜還故鄉。」乃歸。卒於午溝。太祖即位，立四廟，追尊皇考爲文穆皇帝[二]，后曰文惠皇后。

元貞皇后張氏

太祖元貞皇后張氏，單州碭山縣渠亭里富家子也。太祖少以婦聘之，生末帝。太祖貴，封魏國夫人。

后賢明精悍，動有禮法，雖太祖剛暴，亦嘗畏之。太祖每以外事訪之，后言多中。太祖時時暴怒殺戮，后嘗救護，人賴以獲全。太祖嘗出兵，行至中途，后意以爲不然，馳一介召之，如期而至。

郴王友裕攻徐州，破朱瑾於石佛山，瑾走，友裕不追，太祖大怒，奪其兵。友裕惶恐，與數騎亡山中，久之，自匿於廣王。后陰使人教友裕脱身自歸，友裕晨馳入見太祖，拜伏庭中，泣涕請死，太祖怒甚，使左右捽出，將斬之。后聞之，不及履，走庭中持友裕泣曰：「汝束身歸罪，豈不欲明非反乎？」太祖意解，乃免。

太祖已破朱瑾,納其妻以歸,后迎太祖於封丘,太祖告之。后邊見瑾妻,瑾妻再拜,后亦拜,悽然泣下曰:「兗、鄆與司空同姓之國,昆仲之間,以小故興干戈,而使吾姒至此,若不幸汴州失守,妾亦如此矣!」言已又泣。太祖爲之感動,乃送瑾妻爲尼,后嘗給其衣食。司空,太祖時檢校官也。

天祐元年[三],后以疾卒。太祖即位,追册爲賢妃。初葬開封縣潤色鄉,末帝立,追謚曰元貞皇太后[四],祔于宣陵。后已死,太祖始爲荒淫,卒以及禍云。

昭儀陳氏

昭儀陳氏,宋州人也,少以色進。太祖已貴,嬪妾數百,而昭儀專寵。太祖嘗疾,昭儀與尼數十人晝夜爲佛法,未嘗少懈,太祖以爲愛己,尤寵之。開平三年,度爲尼,居宋州佛寺。

昭容李氏

昭容李氏,亦以色進,尤謹愿,未嘗去左右。太祖病,晝寢方寐,棟折,獨李氏侍側,遽

德妃張氏

末帝德妃張氏,其父歸霸,事太祖爲梁功臣。帝爲王時,以婦聘之。帝即位,將册妃爲后,妃請待帝郊天,而帝卒不得郊。貞明五年[五],妃病甚,帝遽册爲德妃,其夕薨,年二十四。

次妃郭氏

次妃郭氏,父歸厚,事梁爲登州刺史。妃少以色進。梁亡,唐莊宗入汴[六],梁故妃妾,皆號泣迎拜。賀王友雍妃石氏有色,莊宗召之,石氏慢罵,莊宗殺之。次以召妃,妃懼而聽命。已而度爲尼,賜名誓正[七],居于洛陽。

初,莊宗之入汴也,末帝登建國樓,謂控鶴指揮使皇甫麟曰:「晉,吾世讎也[八],不可俟彼刀鋸,卿可盡我命,無使我落讎人之手!」麟與帝相持慟哭。是夕,進刃於帝,麟亦自到。莊宗入汴,命河南張全義葬其尸,藏其首於太社。晉天福三年[九],詔太社先藏罪人

首級，許親屬收葬，乃出末帝首，遣右衞將軍安崇阮與妃同葬之。妃卒洛陽。

太祖二兄：曰全昱，曰存。八子：長曰友裕，次曰友珪、友璋、友貞、友雍、友徽、友孜，其一養子曰友文。

開平元年五月乙酉，封友文爲博王，友珪郢王，友璋福王，友貞均王，友雍賀王，友徽建王。友裕前即位卒，追封郴王，而康王友孜，末帝即位封。

友璋初爲壽州團練使、押左右番殿直、監豐德庫，友珪時，爲鄆州留後，末帝時，爲忠武軍節度使，徙鎮武寧，及友雍、友徽皆不知其所終。

廣王全昱

廣王全昱，太祖即位封。太祖與仲兄存俱亡爲盜，全昱獨與其母猶寄食劉崇家。太祖已貴，乃與其母俱歸宣武，領山南西道節度使[〇]。以太師致仕。太祖將受禪，有司備禮前殿，全昱視之，顧太祖曰：「朱三，爾作得否？」太祖宴居宮

中，與諸王飲博〔一〕，全昱酒酣，取骰子擊盆而迸之，呼太祖曰：「朱三，爾碭山一百姓，遭逢天子用汝爲四鎮節度使，於汝何負？而滅他唐家三百年社稷，吾將見汝赤其族矣，安用博爲！」太祖不悦，罷會。全昱亦不樂在京師，常居碭山故里。三子皆封王：友諒衡王，友能惠王，友誨邵王。

乾化元年，升宋州爲宣武軍，以友諒爲節度使。友諒進瑞麥一莖三穗，太祖怒曰：「今年宋州大水，何用此爲！」乃罷友諒，居京師。太祖卧病，全昱來視疾，與太祖相持慟哭，太祖爲釋友諒，使與東歸。貞明二年，全昱以疾薨。徙衡王友諒嗣封廣王。

友能爲宋、滑二州留後，陳州刺史，所至爲不法，姦人多依倚之。而陳俗好淫祠左道，其學佛者，自立一法，號曰「上乘」，晝伏夜聚〔二〕，男女雜亂。妖人母乙、董乙聚衆稱天子，建置官屬，友能初縱之，乙等攻劫州縣，末帝發兵擊滅之。自康王友孜謀反伏誅，末帝始疏斥宗室，宗室皆反仄。貞明四年〔三〕，友能以陳州兵反，犯京師，至陳留，兵敗，還走陳州，後數月降，末帝赦之，降爲房陵侯。

友誨爲陝州節度使，欲以州兵爲亂，末帝召還京師，與友諒、友能皆被幽囚宗人汴，皆見殺。梁亡，莊

朗王存 子友寧 友倫

朗王存，初與太祖俱從黃巢攻廣州，存戰死。存子友寧、友倫。

友寧，字安仁。幼聰敏，喜慍不形於色。太祖以爲軍校，善用弓劍。遷衙內制勝都指揮使，襲州刺史。太祖圍鳳翔，遣友寧東備宣武。王師範襲梁，圍齊州，友寧引兵擊之，奪馬千匹，斬首數千級。太祖奉昭宗還京師，拜友寧建武軍節度使，賜號迎鑾毅勇功臣。太祖復遣攻師範，圍博昌，屠之，清河爲之不流。戰於石樓，兵敗，友寧墮馬見殺。

友倫，幼亦明敏，通論語、小學，曉音律。存已死，太祖以友倫爲元從馬軍指揮使，表右威武將軍[一四]。燕人攻魏内黄，友倫以前鋒夜渡河，奪馬千匹。李罕之以潞州降梁，晉人攻潞，友倫以兵入潞州，取罕之以歸。累遷檢校司空，領藤州刺史。昭宗還長安，拜友倫寧遠襲梁，友倫以兵三萬至礬山，晉人乃却。友倫西會太祖於鳳翔。太祖圍鳳翔，晉人軍節度使。太祖東歸，留友倫宿衛，伺察昭宗所爲。友倫擊鞠墜馬死，太祖大怒，以兵七

萬至河中。昭宗涕泣，不知所爲，將奔太原，不果。宰相崔胤遣人止太祖，太祖以爲友倫胤等殺之，奏請誅胤等，昭宗未從，乃遣友諒至京師，以兵圍開化坊，殺胤及京兆尹鄭元規、皇城使王建勳、飛龍使陳班、閤門使王建襲、客省使王建乂、前左僕射張濬。

太祖即位，已封宗室，中書上議，故皇兄存、皇姪建武軍節度使友寧、寧遠軍節度使友倫，皆當封。於是追封存朗王，友寧安王，友倫密王。

郴王友裕

郴王友裕，字端夫。幼善騎射，從太祖征伐，能以寬厚得士卒心。太祖與晉圍黃鄴於西華，鄴卒荷稍登城罵敵，晉王使胡騎連射不能中。太祖顧友裕，一發中之，軍中皆大謹呼，晉王喜，遺友裕良弓百矢。太祖鎮宣武，以爲衙內都指揮使。景福元年，太祖攻鄆，友裕以先鋒次斗門，鄆兵夜擊之，友裕敗走。太祖從後來，不知友裕之敗也，前軍遇敵多死。太祖至村落間，始與友裕相得。是時，朱宣在濮州，太祖乃遣友裕先以二百騎前，太祖後至，與友裕相失。太祖卒與敵遇，敗而走。敵兵追之甚急，前至

大溝，幾不免，賴溝中有積薪，馬乃得過，梁將李璠等死者十餘人。冬，友裕取濮州，遂圍時溥於徐州。朱瑾以兵二萬救溥，友裕敗瑾于石佛山，瑾走。都虞候朱友恭讒之太祖，以爲瑾可追而友裕不追。太祖大怒，奪其兵屬龐師古，以友裕屬吏，使者誤致書於友裕，友裕惶恐，不知所爲，賴張皇后教之得免。權知許州。許州近蔡，苦於大寇，居民殘破，友裕招撫流散，增户三萬餘。

遷諸軍都指揮使，與平兗、鄆，還領許州。崔洪奔淮南，友裕引兵定蔡州，市不易肆。太祖兼鎮護國軍，以友裕爲留後。遷忠武軍節度使[一五]。太祖攻鳳翔，未下，去攻邠州。友裕破靈臺、良原，下隴州，楊崇本以邠州降。後崇本復叛，太祖遣友裕攻之，屯于永壽。友裕以疾卒。

博王友文

博王友文，字德明，本姓康，名勤。幼美風姿，好學，善談論，頗能爲詩，太祖養以爲子。

太祖領四鎮，以友文爲度支鹽鐵制置使。太祖用兵四方，友文征賦聚斂以供軍實。

太祖即位，以故所領宣武、宣義、天平、護國四鎮征賦，置建昌宮總之，以友文爲使，封博王。太祖幸西都，友文留守東京。

庶人友珪者，太祖初鎮宣武，略地宋亳間，與旅婦人野合而生也。長而辯黠多智。博王友文多材藝，太祖愛之，而年又長，太祖即位，嫡嗣未立，心嘗獨屬友文。友文妻王氏有色，尤寵之。太祖病久，召友文來，吾與之決。」蓋心欲以後事屬之。乃謂敬翔曰：「友珪可與一郡，趣使之任。」乃以友珪爲萊州刺史。

太祖素剛暴，既病而喜怒難測，是時，左降者必有後命，友珪大懼。其妻張氏曰：「大家以傳國寶與王氏，使如東都召友文，君令受禍矣！」夫婦相對而泣。左右勸友珪曰：「事急計生，何不早自爲圖？」友珪乃易衣服，微行入左龍虎軍，見統軍韓勍計事，勍夜以牙兵五百隨友珪，雜控鶴衛士而入。夜三鼓，斬關入萬春門，至寢中，侍疾者皆走。太祖惶駭起呼曰：「我疑此賊久矣，恨不早殺之，逆賊忍殺父乎！」友珪親吏馮廷諤以劍犯太祖，太祖旋柱而走，劍擊柱者三，太祖憊，仆于牀，廷諤以劍中之，洞其腹，腸胃皆流，以祔褥裹之，瘞之寢中[一六]，祕喪四日。遣受旨丁昭浦矯詔以出府庫，大賚羣臣及諸軍。

馳至東都[七],殺友文。又下詔曰:「朕艱難創業,踰三十年。託于人上,忽焉六載,中外叶力,期于小康。豈意友文陰畜異圖,將行大逆。昨二日夜,甲士突入大内,賴鄆王友珪忠孝[八],領兵勤戮,保全朕躬。然而疾恙震驚,彌所危殆。友珪克平兇逆,厥功靡倫,宜委權主軍國。」領兵留後,河中朱友謙為中書令。友謙不受命。而懷州龍驤軍三千,劫其將劉重霸,據懷州,自言討賊。三年正月,友珪祀天於洛陽南郊,改元曰鳳曆。

太祖外孫袁象先與駙馬都尉趙巖等[九],謀與末帝討賊。二月,象先以禁兵入宫,友珪與妻張氏趨北垣樓下,將踰城以走,不果,使馮廷諤進刃其妻及己,廷諤亦自殺。末帝即位,復友文官爵,廢友珪為庶人。

康王友孜

康王友孜,目重瞳子,嘗竊自負,以為當為天子。貞明元年,末帝德妃薨,將葬,友孜使刺客夜入寢中。末帝方寐,夢人害己,既寤,聞榻上寶劍鏘然有聲,躍起,抽劍曰:「將有變邪!」乃索寢中,得刺客,手殺之,遂誅友孜。明日,謂趙巖、張漢傑曰:「幾與卿輩不

相見。」由此遂疏弱宗室,而信任趙、張,以至於敗亡。

嗚呼,春秋之法,是非與奪之際,難矣哉!或問:「梁太祖以臣弒君,友珪以子弒父,一也。與弒即位,踰年改元,春秋之法,皆以君書,而友珪不得列于本紀,何也?且父子之惡均,而奪其子,是與其父也,豈春秋之旨哉?」予應之曰:「梁事著矣!其父之惡,不待與奪其子而後彰,然末帝之志,不可以不伸也。春秋之法,君弒而賊不討者,國之臣子任其責。予於友珪之事,所以伸討賊者之志也。」

校勘記

（一）孰不欲戡刃於其胸 「其」字原闕,據宋甲本、宗文本補。

（二）追尊皇考爲文穆皇帝 「文」字原闕,據宋甲本、宗文本、五代會要卷一、册府卷一八九、通鑑卷二六六補。

（三）天祐元年 宗文本作「天復元年」。通鑑卷二六二:「（天復元年）全忠聞張夫人疾亟,遽自河中東歸。」吳蘭庭纂誤補卷二以爲張氏當卒於此時。

（四）追謚曰元貞皇太后 「皇太后」,五代會要卷一作「皇后」。錢大昕考異卷六二謂「太」字衍。

〔五〕貞明五年　本卷下文康王友孜傳、舊五代史卷八梁末帝紀一、通鑑卷二八九皆繫其事於貞明元年。五代會要卷一：「少帝妃張氏，乾化五年九月二十四日冊爲德妃，其夕薨。」按乾化五年即貞明元年。

〔六〕唐莊宗入汴　「汴」，宗文本作「宮」。

〔七〕賜名誓正　錢大昕考異卷六二：「『誓』當作『晉』，即『辯』字，六朝俗體，所謂巧言爲辯也。」

〔八〕晉吾世讎也　原作「吾晉世讎也」，據宋甲本、宗文本改。

〔九〕晉天福三年　舊五代史卷一〇梁末帝紀下、卷七六晉高祖紀二、通鑑卷二八一、冊府卷四二一皆繫其事於天福二年。

〔一〇〕領山南西道節度使　「山南西道」，宋丙本、宗文本作「嶺南西道」。按通鑑卷二六五：「以安南節度使、同平章事朱全昱爲太師致仕。」

〔一一〕與諸王飲博　「諸」字原闕，據宋甲本、宗文本補。通鑑卷二六六敍其事云：「帝復與宗戚飲博於宮中。」

〔一二〕晝伏夜聚　原作「晝夜伏聚」，據宋甲本、宗文本改。舊五代史卷一〇梁末帝紀下敍其事作「宵聚晝散」。

〔一三〕貞明四年　本書卷三梁本紀、舊五代史卷一〇梁末帝紀下、通鑑卷二七一皆繫其事於龍德元年。

〔四〕右威武將軍　舊五代史卷一二朱友倫傳、册府卷三六七作「右武衞將軍」。

〔五〕忠武軍節度使　舊五代史卷一二朱友裕傳敍其事作「華州節度使」，通鑑卷二六五作「鎮國節度使」。按鎮國軍治華州，忠武軍治許州。

〔六〕瘞之寢中　「瘞之」二字原闕，據宗文本補。通鑑卷二六八敍其事作「瘞於寢殿」。

〔七〕丁昭浦　通鑑卷二六八、通曆卷二二作「丁昭溥」。

〔八〕賴郢王友珪忠孝　「郢王」二字原闕，據宋甲本、宗文本、通鑑卷二六八補。

〔九〕太祖外孫袁象先與駙馬都尉趙巖等　本書卷四五袁象先傳、舊五代史卷五九袁象先傳皆記象先爲梁太祖外甥。

新五代史卷十四

唐太祖家人傳第二

正室劉氏　次妃曹氏

正室劉氏

太祖正室劉氏，代北人也；其次妃曹氏，太原人也。

太祖封晉王，劉氏封秦國夫人。自太祖起兵代北，劉氏常從征伐。爲人明敏多智略，頗習兵機，常教其侍妾騎射，以佐太祖。太祖東追黃巢，還軍過梁，館于封禪寺。梁王邀太祖入城，置酒上源驛，夜半以兵攻之。太祖左右有先脫歸者，以難告夫人，夫人神色不動，立斬告者，陰召大將謀保軍以還。遲明，太祖還軍[一]，與夫人相嚮慟哭，因欲舉兵擊梁。夫人曰：「公本爲國討賊，今梁事未暴，而遽反兵相攻，天下聞之，莫分曲直。不若斂軍還鎮，自訴于朝。」太祖從之。

其後，太祖擊劉仁恭，敗歸。梁遣氏叔琮、康懷英等連歲攻晉，圍太原，晉兵屢敗，太祖憂窘，不知所爲。大將李存信等勸太祖亡入北邊，收兵以圖再舉，太祖然之。入以語夫人，夫人問誰爲此謀者，曰：「存信也。」夫人罵曰：「存信，代北牧羊兒耳，安足與計成敗邪！且公嘗笑王行瑜棄邠州走，卒爲人擒，今乃自爲此乎？昔公亡在達靼，幾不能自脫，賴天下多故，乃得南歸。今屢敗之兵，散亡無幾，一失其守，誰肯從公？北邊其可至乎？」太祖大悟而止。已而亡兵稍稍復集。

夫人無子，性賢，不妬忌，常爲太祖言：「曹氏相當生貴子，宜善待之。」而曹氏亦自謙退，因相得甚歡。

曹氏封晉國夫人，後生子，是謂莊宗，太祖奇之，曹氏由是專寵。及莊宗立，事曹氏尤謹，其救趙破燕取魏博，與梁戰河上十餘歲，歲嘗馳歸省其母至三四[二]。人皆稱其孝。莊宗即位，册尊曹氏爲皇太后，而以嫡母劉氏爲皇太妃[三]。往謝太后，太后有慚色。太妃曰：「願吾兒享國無窮，使吾獲沒于地以從先君，幸矣，復何言哉！」

莊宗滅梁入汴，使人迎太后歸洛，居長壽宮，而太妃獨留晉陽。同光三年五月，太妃薨。七月，太后崩[四]，謚曰貞簡，葬于坤陵。而太妃無謚，葬魏縣。太妃與太后甚相愛，

其送太后于洛也,涕泣而別,歸而相思慕,遂至不起。太后聞之,欲馳至晉陽視疾,及其卒也,又欲自往葬之,莊宗泣諫,羣臣交章請留,乃止。而太后自太妃卒,悲哀不飲食,逾月亦崩。

皇后劉氏

莊宗神閔敬皇后劉氏,魏州成安人也。莊宗正室曰衞國夫人韓氏,其次燕國夫人伊氏,其次后也,初封魏國夫人。

后父劉叟,黃鬚,善醫卜,自號劉山人。后生五六歲,晉王攻魏,掠成安,裨將袁建豐得后,納之晉宮,貞簡太后教以吹笙歌舞。既笄,甚有色,莊宗見而悦之。莊宗已爲晉王,太后幸其宮,置酒爲壽,自起歌舞,太后歡甚,命劉氏吹笙佐酒,酒罷去,留劉氏以賜莊宗。先時,莊宗攻梁軍於夾城,得符道昭妻侯氏,寵專諸宮,宮中謂之「夾寨夫人」。莊宗出兵魏博,戰河上十餘年,獨以劉氏從。其後,劉氏生子繼岌,莊宗以爲類己,愛之,由是劉氏寵益專,自下四方,常以侯氏從軍。

劉氏多智,善迎意承旨,其佗嬪御莫得進見。其父聞劉氏已貴,詣魏宫上謁。莊宗召袁建豐問之,建豐曰:「臣始得劉氏於成安北

塢,時有黃鬚丈人護之。」及出劉叟示建豐[五],建豐曰:「是也。」然劉氏方與諸夫人爭寵,以門望相高,因大怒曰:「妾去鄉時,略可記憶,妾父不幸死於亂兵,妾時環尸慟哭而去。此田舍翁安得至此!」因命笞劉叟于宮門。

莊宗已即皇帝位,欲立劉氏為皇后,而韓夫人正室也,伊夫人位次在劉氏上,以故難其事而未發。宰相豆盧革、樞密使郭崇韜希旨,上章言劉氏當立,莊宗大悅,同光二年四月己卯[六],皇帝御文明殿,遣使冊劉氏為皇后。皇后受冊,乘重翟車[七],鹵簿、鼓吹,見於太廟。韓夫人等皆不平之,乃封韓氏為淑妃,伊氏為德妃。

莊宗自滅梁,志意驕怠,宦官、伶人亂政,后特用事於中。自以出於賤微,踰次得立,以為佛力。又好聚斂,分遣人為商賈,至於市肆之間,薪芻果茹,皆稱中宮所賣。四方貢獻,必分為二,一以上天子,一以入中宮,宮中貨賄山積。惟寫佛書,饋賂僧尼,而莊宗由此亦佞佛。

有胡僧自于闐來,莊宗率皇后及諸子迎拜之。僧遊五臺山,遣中使供頓,所至傾動城邑。又有僧誠惠,自言能降龍。嘗過鎮州,王鎔不為之禮,誠惠怒曰:「吾有毒龍五百,當遣一龍揭片石,常山之人,皆魚鱉也。」會明年滹沱河大水,壞鎮州關城,人皆以為神。莊宗及后率諸子、諸妃拜之,誠惠端坐不起,由是士無貴賤皆拜之,獨郭崇韜不拜也。

許州節度使溫韜以佞佛，因請以私第爲佛寺，爲后薦福。莊宗數幸郭崇韜、元行欽等私第，常與后俱。其後，幸張全義第，酒酣，命后拜全義爲養父。全義日遣姬妾出入中宮，問遺不絕。

是時，皇太后及皇后交通藩鎭，太后稱「誥令」，皇后稱「敎命」，兩宮使者旁午於道。

莊宗有愛姬，甚有色而生子，后心患之。莊宗燕居宮中，元行欽侍側，莊宗問曰：「爾新喪婦，其復娶乎？吾助爾聘。」后指愛姬請曰：「帝憐行欽，何不賜之？」莊宗不得已陽諾之。后趣行欽拜謝，行欽再拜，起顧愛姬，肩輿已出宮矣。莊宗不樂，稱疾不食者累日。

同光三年秋大水，兩河之民，流徙道路，京師賦調不充，六軍之士，往往殍踣，乃預借明年夏秋租稅，百姓愁苦，號泣于路，莊宗方與后荒于畋遊。十二月己卯臘，畋于白沙，后率皇子、後宮畢從，歷伊闕，宿龕澗，癸未乃還。是時大雪，軍士寒凍，金鎗衞兵萬騎[八]，所至責民供給，壞什器，徹廬舍而焚之，縣吏畏懼，亡竄山谷。

明年三月，客星犯天庫，有星流于天棓。占星者言：「御前當有急兵，宜散積聚以禳之。」宰相請出庫物以給軍，莊宗許之，后不肯，曰：「吾夫婦得天下，雖因武功，蓋亦有天命。命旣在天，人如我何！」宰相論于延英，后於屛間耳屬之，因取粧奩及皇幼子滿喜置

帝前曰：「諸侯所貢，給賜已盡，宮中所有惟此耳，請鬻以給軍！」宰相惶恐而退。及趙在禮作亂，出兵討魏，始出物以資軍，軍士負而詬曰：「吾妻子已餓死，得此何為！」

莊宗東幸汴州，從駕兵二萬五千，及至萬勝，不得進而還，軍士離散，所亡太半。至罌子谷，道路隘狹，莊宗見從官執兵仗者，皆以好言勞之曰：「適報魏王平蜀，得蜀金銀五十萬，當悉給爾等。」對曰：「陛下與之太晚，得者亦不感恩。」莊宗泣下，因顧內庫使張容哥索袍帶以賜之，容哥對曰：「盡矣。」軍士叱容哥曰：「致吾君至此，皆由爾輩！」因抽刀逐之，左右救之而免。容哥曰：「皇后惜物，不以給軍，而歸罪於我。事若不測，吾身萬段矣！」乃投水而死。

郭從謙反[九]，莊宗中流矢，傷甚，臥絳霄殿廊下，渴欲得飲，后令宦官進饘酪，不自省視。莊宗崩，后與李存渥等焚嘉慶殿，擁百騎出師子門。后於馬上以囊盛金器寶帶，欲於太原造寺為尼。在道與存渥姦，及至太原，乃削髮為尼。明宗入立，遣人賜后死。晉天福五年，追諡曰神閔敬皇后。

自唐末喪亂，后妃之制不備，至莊宗時，後宮之數尤多，有昭儀、昭容[一〇]、昭媛、出使、御正、侍真、懿才、咸一、瑤芳、懿德、宣一等，其餘名號，不可勝紀。莊宗遇弑，後宮散走，朱守殷入宮，選得三十餘人。虢國夫人夏氏以嘗幸於莊宗，守殷不敢留。明宗立，悉放莊

宗時宮人還其家，獨夏氏無所歸，乃以河陽節度使夏魯奇同姓也，因以歸之，後嫁契丹突欲李贊華。贊華性酷毒，喜殺人，婢妾微過，常加刲灼。夏氏懼，求離婚，乃削髮爲尼以卒。而韓淑妃、伊德妃皆居太原，晉高祖反時，爲契丹所虜。

唐自朱邪得姓而爲李氏，得國而爲晉，得天下而爲唐。其始出於夷狄，而終以亂亡，故其世次不可詳見。其可見者，曰太祖四弟、八子、五孫，三世而絕。太祖四弟：曰克讓、克脩、克恭、克寧，皆不知其父母名號。

克讓

克讓，少善騎射，爲振武軍校。從討王仙芝，以功拜金吾衛將軍，留京師。李氏自憲宗時以部族歸唐，唐處之河西，嘗遣一子宿衛京師，賜第於親仁坊。其後太祖起兵雲中，殺唐守將段文楚。唐發兵討太祖，遣王處存以兵圍親仁坊，捕宿衛子克讓。克讓與其僕何相溫、石的歷等十餘騎，彎弧躍馬，突圍而出。處存以千餘人追至渭橋，克讓等射殺百

克脩

餘人,追兵乃止,克讓奔于鴈門。明年,太祖復歸唐,克讓還宿衞京師。黃巢犯長安,克讓守潼關,爲賊所敗,奔于南山,匿佛寺,爲寺僧所殺。

克脩

克脩,字崇遠。從討龐勛,以功拜朔州刺史。太祖鎭鴈門,以爲奉誠軍使。從入關,討黃巢,爲先鋒,遷左營軍使。潞州孟方立遷于邢州,晉取潞州,表克脩昭義軍節度使。數出山東擊方立,又與李罕之攻寇懷孟之間。其後,太祖自將擊方立,還軍過潞,克脩性儉嗇,供饋甚薄,太祖大怒,詬而撻之。克脩慚憤,發疾卒。二子:嗣弼、嗣肱。

嗣弼爲涿州刺史,天祐十九年,契丹攻破涿州,嗣弼殁于虜。

嗣肱,少有膽略,從周德威數立戰功,契丹攻破涿州,嗣肱從存審救藹,梁軍解去,嗣肱功爲多,超拜蔚州刺史,鴈門以北都知兵馬使。新州王郁叛晉,亡入契丹,山後諸州皆叛,嗣肱取媯、儒、武三州,拜新州刺史、山北都團練使。同光元年春,卒于官。

梁太祖圍蓨縣,嗣肱從存審救蓨,梁軍解去,嗣肱功爲多,超拜蔚州刺史,鴈門以北都知兵馬使。累遷澤、代二州刺史。新州王郁叛晉,亡入契丹,山後諸州皆叛,嗣

克恭

克恭，初爲決勝軍使。克脩卒，以克恭代爲昭義軍節度使。克脩爲人簡儉，潞人素安其政，且哀其見笞以死。而克恭横暴多不法〔一〕，又不習軍事，由是潞人皆怨。克恭選後院勁兵五百人，獻于太祖，行至銅鞮，其將馮霸以其徒叛。太祖遣李元審討之，戰于沁水〔二〕，元審大敗被傷，奔入潞州。牙將安居受亦叛，殺克恭及元審，使人召霸，霸不受命，居受懼而出奔，行至長子，爲野人所殺，傳首于霸。霸乃入潞州，自稱留後，以附于梁。

克寧

克寧，爲人仁孝，居諸兄弟中最賢，事太祖小心不懈。太祖與赫連鐸、李可舉戰雲蔚間，後奔達靼，入破黄巢，克寧未嘗不從行。太祖鎮太原，以爲内外都制置蕃漢都知兵馬使〔三〕、檢校太保、振武軍節度使，軍中之事，無大小皆決克寧。太祖病，召莊宗侍側，屬張承業與克寧曰：「以亞子屬公等〔四〕。」太祖崩，莊宗告於克

寧曰：「兒年孤稚，未通庶政，雖有先王之命，恐不足以當大事。叔父勳德俱高，先王嘗任以政矣，敢以軍府煩季父，以待兒之有立。」克寧曰：「吾兄之命，以兒屬我，誰敢易之！」因下而北面再拜稱賀，莊宗乃即晉王位。

初，太祖起於雲朔之間，所得驍勇之士，多養以爲子，而與英豪戰爭，卒就霸業，諸養子之功爲多，故尤寵愛之，衣服禮秩如嫡。諸養子麾下皆有精兵，恃功自恣，自先王時常見優假。及新王立，年少，或託疾不朝，或見而不拜。養子存顥、存實干克寧曰：「兄亡弟及，古之道也。以叔拜姪，理豈安乎？人生富貴，當自取之[一五]。」克寧曰：「吾家三世，父慈子孝，先王土宇，苟有所歸，吾復何求也！」

克寧妻孟氏素剛悍，存顥等各遣其妻入說孟氏，孟氏數以迫克寧。克寧仁而無斷，惑於羣言，遂至於禍。都虞候李存質得罪於克寧，克寧殺之，而與張承業、李存璋有隙，又求兼領大同軍節度使。於是幸臣史敬鎔見太后，告克寧與存顥謀執王及太后以降梁。莊宗召承業、存璋告之曰：「季父所爲如此，奈何？然骨肉不可自相魚肉，吾當避賢路以紓禍於吾家。」承業等請誅克寧。乃伏兵於府，置酒大會，克寧既至，執而殺之。

太祖子

存美　存霸　存禮　存渥　存乂　存確　存紀

太祖子八人：莊宗長子也，次曰存美、存霸、存禮、存渥、存乂、存確、存紀。同光三年十二月辛亥[六]，詔封存美等七人爲王。蓋存霸、存渥、存紀與莊宗同母也，存美、存乂、存確、存禮不知其母名氏號位。存美封邕王，存霸永王，存禮薛王，存渥申王，存乂睦王，存確通王，存紀雅王。

存乂歷建雄、保大二軍節度使。娶郭崇韜女。是時，魏州妖人楊千郎用事，自言有墨子術，能役使鬼神，化丹砂、水銀。莊宗頗神之，拜千郎檢校尚書郎，賜紫，其妻出入宫禁，承恩寵，而士或因之以求官爵，存乂及存渥等往往朋淫于其家。及崇韜被族，莊宗遣宦官陰察外議以爲如何，而宦官因欲盡誅崇韜親黨以絶後患，乃誣言：「存乂過千郎家[七]，酒酣，攘臂號泣，爲婦翁稱寃，言甚怨望。」莊宗大怒，以兵圍其第而誅之[八]，并誅千郎。

存霸歷昭義、天平、河中三軍節度使，存渥義成、天平二軍節度使，皆居京師，食其俸

禄而已。趙在禮作亂,乃遣存霸於河中。李嗣源兵反,嚮京師,莊宗再幸汜水,從存霸北京留守、存渥河中節度使,宣麻未訖,郭從謙反,攻興教門,存渥從莊宗拒賊。莊宗中流矢崩,存渥與劉皇后同奔于太原,行至風谷,爲部下所殺。存霸聞京師亂,亦自河中奔太原,比至,麾下皆散走,惟使下康從弁不去。存霸乃剪髮,衣僧衣,謁符彥超曰:「願爲山僧,冀公庇護。」彥超欲留之,爲軍衆所殺。

存紀、存確聞郭從謙反,奔于南山,匿民家。明宗詔河南府及諸道:「諸王出奔,所至送赴闕;如不幸物故者,收瘞以聞。」存紀等所匿民家以告安重誨,重誨謂霍彥威曰:「二王逃難,主上尋求,恐其失所。今上既監國典喪,此禮如何?」彥威曰:「上性仁慈,不可聞奏。宜密爲之所,以安人情。」乃即民家殺之。

存美素病風,居太原,與存禮皆不知其所終。

莊宗五子

繼岌　繼潼　繼嵩　繼蟾　繼嶢

莊宗五子：長曰繼岌，其次繼潼、繼嵩、繼蟾、繼嶢。繼岌母曰劉皇后，其四皆不著其母名號。

莊宗即位，繼岌爲北都留守、判六軍諸衞事。遷檢校太尉、同中書門下平章事。豆盧革爲相，建言：唐故事，皇子皆爲宮使。因以鄴宮爲興聖宮，以繼岌爲使。同光三年，封魏王。是歲伐蜀，以繼岌爲西南面行營都統[一九]，郭崇韜爲都招討使，工部尚書任圜、翰林學士李愚皆參軍事。九月戊申，將兵六萬自鳳翔入大散關，軍無十日之糧，而所至州鎮皆迎降，遂食其粟。至興州，蜀將程奉璉以五百騎降，因以其兵修閣道，以過唐軍。王衍將兵萬人屯利州[二〇]，分其半逆戰于三泉，爲先鋒康延孝所敗，衍懼，斷吉柏江浮橋，奔歸成都。唐軍自文州間道以入。十月己酉[二一]，繼岌至綿州，衍上牋請降。丙辰，入成都。王衍乘竹輿至昇仙橋，素衣牽羊，草索繫首，肉袒銜璧，輿櫬，羣臣衰絰，徒跣以降。繼岌下而取璧，崇韜解縛，焚櫬。自出師至降衍，凡七十五日，兵不血刃，自古用兵之易，未有如此。然繼岌雖爲都統，而軍政號令一出崇韜。

初，莊宗遣宦者供奉官李從襲監中軍，高品李廷安、呂知柔爲典謁。從襲等素惡崇韜，又見崇韜專任軍事，益不平之。及破蜀，蜀之貴臣大將，自王宗弼已下，皆爭以蜀寶貨、妓樂奉崇韜父子，而魏王所得，匹馬、束帛、唾壺、塵柄而已；崇韜日決軍事，將吏賓客

趨走盈庭，而都統府惟大將晨謁，牙門闃然。由是從襲等不勝其憤。已而宗弼率蜀人見繼岌，請留崇韜鎮蜀，從襲等因言崇韜有異志，勸繼岌爲備。繼岌謂崇韜曰：「陛下倚侍中如衡華，尊之廟堂之上，期以一天下而制四方〔三〕，必不棄元老於蠻夷之地。此事非予敢知也。」

莊宗聞崇韜欲留蜀，亦不悅，遣宦者向延嗣趣繼岌班師。延嗣至成都，崇韜不出迎，及見，禮益慢，延嗣怒，從襲等因告延嗣崇韜有異志。延嗣還，具言之。劉皇后涕泣請保全繼岌，莊宗遣宦官馬彥珪往視崇韜去就。是時，兩川新定，孟知祥未至，所在盜賊亡聚山林〔三〕，崇韜方遣任圜等分出招集，恐後生變，故師未即還。而彥珪將行，見劉皇后曰：「臣見延嗣言蜀中事勢已不可，禍機之作，間不容髮，安能三千里往覆稟命乎！」皇后以不得請，因自爲教與繼岌，使殺崇韜。明年正月，崇韜留任圜守蜀，以待祥之至，崇韜期班師有日。彥珪至蜀，出皇后教示繼岌，繼岌曰：「今大軍將發，未有釁端，豈可作此負心事！」從襲等泣曰：「今有密敕，王苟不行，則吾屬無類矣！」從襲等力爭，繼岌不得已而從之。繼岌登樓以避之。崇韜入，昇階，繼岌從者李環摑碎其首。教〔二四〕，安能殺招討使？」

繼岌遂班師。二月，軍至泥溪，先鋒康延孝叛，據漢州，繼岌遣任圜討平之。四月辛卯，至興平，聞明宗反，兵入京師，繼岌欲退保鳳翔。行至渭河，西都留守張籛斷浮橋，繼岌不得渡，乃循河而東，至渭南，左右皆潰從襲謂繼岌曰：「大事已去，福不可再，王宜自圖。」繼岌徘徊泣下，謂李環曰：「吾道盡途窮，子當殺我。」環遲疑久之，謂繼岌乳母曰：「吾不忍見王，王若無路求生，當踣面以俟。」即位，圜率征蜀之師二萬至京師，明宗撫慰久之，問圜繼岌何在，圜具言繼岌死狀。繼岌面榻而臥，環縊殺之。任圜從後至，葬繼岌華州之西南。繼岌少病幼，無子。明宗已同光三年，詔以皇子繼嵩、繼潼、繼蟾、繼嶢皆爲光禄大夫、檢校司徒，蓋其皆幼，故不封。當莊宗遇弒時，太祖子孫在者十有一人，明宗入立，其四人見殺，其餘皆不知所終，太祖之後遂絶。[二]

校勘記

[一]梁、唐家人傳，皆先兄而後諸子，兄弟之子，各從其父，此理之常也。至莊宗七弟所書事迹，不以長幼爲次者，各因其死之先後而書之，便於述事爾，無定法也。

[二]太祖還軍 「軍」字原闕，據宋甲本、宋丙本、宗文本、詳節卷二補。按本書卷四唐本紀敍其事

新五代史卷十四

〔二〕歲嘗馳歸省其母至三四 「歸」字原闕，據宋甲本、宗文本補。按舊五代史卷四九貞簡曹太后傳：「每一歲之内，馳駕歸寧者數四。」

〔三〕而以嫡母劉氏爲皇太妃 「皇」字原闕，據宋甲本、宗文本補。

〔四〕太后崩 「崩」，原作「薨」，據宋甲本、宗文本、本書卷五唐本紀、舊五代史卷四九貞簡曹太后傳改。

〔五〕及出劉叟示建豐 「及」，宋甲本、宗文本作「乃」。

〔六〕同光二年四月己卯 「四月己卯」，原作「癸未」，據宗文本、吳縝纂誤卷上引五代史改。按舊五代史卷三一唐莊宗紀五：「〔同光二年二月癸未〕制以魏國夫人劉氏爲皇后，仍令所司擇日備禮册命。」至四月己卯，「册魏國夫人劉氏爲皇后」。宋甲本作「同光二年二月癸未」，宋丙本作「同光四年己卯」。

〔七〕乘重翟車 「重」字原闕，據宋丙本、宗文本、五代會要卷一、册府卷五九三補。周禮春官巾車：「王后之五輅：重翟，錫面朱總。」鄭玄注：「重翟，重翟雉之羽也⋯⋯后從王祭祀所乘。」

〔八〕金鎗衞兵萬騎 「金鎗」，原作「倉鎗」，據宋甲本、宋丙本、宗文本改。

〔九〕郭從謙 原作「郭從諫」，據宋甲本、宋丙本、宗文本、詳節卷二、本書卷五唐本紀改。按本書莊宗紀六記同光二年十一月癸卯莊宗「畋于伊闕，侍衞金槍馬萬餘騎從」。

〔一〇〕昭儀昭容　原作「昭容昭儀」，據宗文本乙正。按五代會要卷一列莊宗后妃依次爲淑妃韓氏、德妃伊氏、昭儀侯氏、昭容夏氏、昭媛白氏、出使美宣鄧氏、御正楚真張氏、司簿德美周氏、侍真吳氏、懿才王氏、咸一韓氏、瑶芳張氏、懿德王氏、宣一馬氏。

〔一一〕而克恭橫暴多不法　「而」、「多」二字原闕，據宗文本補。

〔一二〕沁水　原作「泌水」，據宋甲本、宋丙本、宗文本、舊五代史卷二五唐武皇紀上、卷五〇恭傳、通鑑卷二五八改。

〔一三〕以爲内外都制置蕃漢都知兵馬使　上「都」字原闕，據宋甲本、宗文本、舊五代史卷五〇李克寧傳補。

〔一四〕以亞子屬公等　「屬」，宋甲本、宗文本乙正。其事作「又謂克寧等曰：『以亞子累汝。』」

〔一五〕當自取之　「當自」，原作「自當」，據宋甲本、宗文本乙正。按舊五代史卷五〇李克寧傳作「累」。通鑑卷二六六敍其事作「當宜自取」。

〔一六〕同光三年十二月辛亥　本書卷五唐本紀、舊五代史卷三三唐莊宗紀七、通鑑卷二七五、五代會要卷二皆繫其事於閏十二月。按十二月庚申朔，無辛亥，閏十二月己丑朔，辛亥爲二十三日。

〔七〕存又過千郎家　「家」字原闕，據宋文本、《詳節》卷二、《北夢瑣言》卷一八補。按《册府》卷六七〇敍其事作「所居」。

〔八〕以兵圍其第而誅之　「誅」，宋甲本、宗文本作「族」。

〔九〕以繼岌爲西南面行營都統　「面」字原闕，據宋甲本、宋丙本、宗文本補。

〔一〇〕王衍將兵萬人屯利州　「萬」，《舊五代史》卷五一《魏王繼岌傳》作「五萬」。按《通鑑》卷二七三敍其事作「數萬」。

〔一一〕十月己酉　本書卷五《唐本紀》、《舊五代史》卷三三《唐莊宗紀》七、《通鑑》卷二七四皆繫其事於十一月。按十月庚申朔，無己酉，十一月庚寅朔，己酉爲二十日。

〔一二〕期以一天下而制四方　「四方」，宋甲本、宗文本、《册府》卷六七〇作「四夷」。

〔一三〕所在盜賊亡聚山林　「亡」字原闕，據宋甲本、宗文本補。

〔一四〕但皇后手教　「但」，宗文本、《舊五代史》卷五七《郭崇韜傳》、《册府》卷六七〇作「徒以」。

新五代史卷十五

唐明宗家人傳第三

皇后曹氏 皇后夏氏

明宗三后一妃：和武憲皇后曹氏生晉國公主[一]；昭懿皇后夏氏生秦王從榮、愍帝；宣憲皇后魏氏，潞王從珂母也；淑妃王氏，許王從益之慈母也。曹氏、夏氏皆不見其世家。夏氏無封爵，明宗未即位前卒。明宗天成元年[二]，封楚國夫人曹氏爲淑妃，追封夏氏晉國夫人。長興元年，立淑妃爲皇后，而夏氏所生二子皆已王，乃追册爲皇后，謚曰昭懿。

皇后魏氏

魏氏,鎮州平山人也。初適平山民王氏,生子十歲矣。明宗爲騎將,掠平山,得其子母以歸。居數年,魏氏卒,葬太原。其子是爲潞王從珂。明宗時,從珂已王,乃追封魏氏爲魯國夫人。廢帝即位,追尊魏氏爲皇太后,議建陵寢,而太原石敬瑭反,乃於京師河南府東立寢宮。清泰三年六月丙寅,遣工部尚書崔儉奉上皇太后寶冊[三],諡曰宣憲。

淑妃王氏

淑妃王氏,邠州餅家子也,有美色,號「花見羞」。少賣梁故將劉鄩爲侍兒,鄩卒,王氏無所歸。是時,明宗夏夫人已卒[四],方求別室,有言王氏於安重誨者,重誨以告明宗而納之。王氏素得鄩金甚多,悉以遺明宗左右及諸子婦,人人皆爲王氏稱譽,明宗益愛之。而夫人曹氏爲人簡質,常避事,由是王氏專寵。

明宗即位,議立皇后,而曹氏當立,曹氏謂王氏曰:「我素多病,而性不耐煩,妹當代

我。」王氏曰：「后，帝匹也，至尊之位，誰敢干之！」乃立曹氏爲皇后，王氏爲淑妃。妃事皇后亦甚謹，每帝晨起，盥櫛服御，皆妃執事左右，及罷朝，帝與皇后食，妃侍，食徹乃退，未嘗少懈，皇后心亦益愛之，然宮中之事，皆主於妃。遂專用事，殺安重誨，秦王從榮，皆與焉。劉鄩諸子皆以妃故封拜官爵。明宗病，妃與宦者孟漢瓊出納左右，皇后爲皇太后，妃爲皇太妃。初，明宗後宮有生子者，命妃母之，是爲許王從益。從益乳母司衣王氏，見明宗已老而秦王握兵，心欲自託爲後計，乃曰：「兒思秦王。」是時，從益已四歲，又數教從益自言求見秦王。明宗遣乳嫗將兒往來秦府，遂與從榮私通，從榮因使王氏伺察宮中動靜。從榮已死，司衣王氏以謂秦王實以兵入宮衛天子，而以反見誅，出怨言。愍帝聞之，大怒，賜司衣王氏死，而事連太妃，由是心不悅，欲遷之至德宮，以太后素善妃，懼傷其意而止，然待之甚薄。

廢帝入立，嘗置酒妃院，妃舉酒曰：「願辭皇帝爲比丘尼。」帝驚問其故，曰：「小兒處偶得命，若大兒不容，則死之日，何面見先帝！」因泣下。廢帝亦爲之悽然，待之頗厚。石敬瑭兵犯京師，廢帝聚族將自焚。妃謂太后曰：「事急矣，宜少回避，以俟姑夫。」太后曰：「我家至此，何忍獨生，妹自勉之！」太后乃與帝俱燔死，而妃與許王從益及其妹匿於毬院以免。

晉高祖立,妃自請爲尼,不可,乃遷于至德宮。晉遷都汴,以妃子母俱東,置於宮中,高祖皇后事妃如母。天福四年九月癸未,詔以郇國三千户封唐許王從益爲郇國公,以奉唐祀,服色、旌旗一依舊制。太常議立莊宗、明宗、愍帝三室,以至德宮爲廟。詔立高祖、太宗,爲五廟,使從益歲時主祠。

出帝即位,妃母子俱還洛陽。契丹犯京師,趙延壽所尚明宗公主已死,耶律德光乃爲延壽娶從益妹,是爲永安公主。公主不知其母爲誰,素亦養於妃,妃至京師主婚禮。德光見明宗畫像,焚香再拜,顧妃曰:「明宗與我約爲弟兄,爾吾嫂也。」已而靳之曰:「今日乃吾婦也。」乃拜從益爲彰信軍節度使,從益辭,不之官,與妃俱還洛陽。

德光北歸,留蕭翰守汴州。漢高祖起太原,翰欲北去,乃使人召從益,委以中國。從益子母逃於徽陵域中,以避使者,使者迫之以東,遂以從益權知南朝軍國事。從益御崇元殿,翰率契丹諸將拜殿上,晉羣臣拜殿下。羣臣入謁太妃,妃曰:「吾家子母孤弱,爲翰所迫,此豈福邪?禍行至矣!」乃以王松、趙上交爲左右丞相,李式、翟光鄴爲樞密使,燕將劉祚爲侍衛親軍都指揮使。翰留契丹兵千人屬祚而去。

漢高祖擁兵而南,從益遣人召高行周,武行德等爲拒,行周等皆不至,乃與王松謀以燕兵閉城自守。妃曰:「吾家亡國之餘,安敢與人爭天下!」乃遣人上書迎漢高祖。高祖

皇后孔氏

愍帝哀皇后孔氏，父循，橫海軍節度使。后有賢行，生四子。愍帝即位，立爲皇后，未及冊命而難作。愍帝出奔，后病子幼，皆不能從。廢帝入立，后及四子皆見殺。晉高祖立，追謚曰哀。

聞其嘗召行周而不至，遣郭從義先入京師殺妃母子。妃臨死呼曰：「吾家母子何罪？何不留吾兒，使每歲寒食持一盂飯洒明宗墳上」。聞者悲之。從益死時年十七。

明宗子

從璟

明宗四子：曰從璟、從榮、從厚、從益。

從璟初名從審，爲人驍勇善戰，而謙退謹敕。從莊宗戰，數有功，爲金槍指揮使。明宗軍變于魏，莊宗謂從璟曰：「爾父於國有大功，忠孝之心，朕自明信。今爲亂軍所逼，爾

宜自往宣朕意,毋使自疑。」從璟馳至衛州,爲元行欽所執,從璟呼曰:「我父爲亂軍所逼,公等不亮其心,我亦不能至魏,願歸衛天子。」行欽釋之。莊宗憐其言,賜名繼璟,以爲己子。

從莊宗如汴州,將士多亡於道,獨從璟不去,左右或勸其逃禍,從璟不聽。莊宗已渡黎陽,復欲遣從璟通問。行欽以爲不可,遂殺之。明宗即位,贈太保。

嗚呼!無父烏生,無君烏以爲生,而世之言曰:「爲忠孝者不兩全。」夫豈然哉?君父,人倫之大本;忠孝,臣子之大節。豈其不相爲用,而又相害者乎?蓋以其私則兩害,以其義則兩得。其父以兵攻其君,爲其子者,從父乎?從君乎?曰:「身從其居,志從其義,可也。」身居君所則從君,居父所則從父。其從於君者,必辭其君曰:「子不可以射父,願無與兵焉!」則又號泣而呼其父曰:「盡捨兵而歸我君乎!」君敗則死之,父敗則終喪而事君。其從於父者,必告之曰:「君不可以射也,盡捨兵而歸吾君則死之,父敗則終喪而事父。」君敗則待罪於君,君赦己則終喪而事之〔五〕。古之知孝者莫如舜,知義者莫如孔孟,其於君臣父子之際詳矣,使其不幸而遭焉,其亦如是而已矣!從璟之於莊宗,知所從而得其死矣。哀哉!

秦王從榮

秦王從榮，天成元年，以檢校司徒兼御史大夫，拜天雄軍節度使，同中書門下平章事。

三年，徙鎮河東。長興元年，拜河南尹、兼判六軍諸衛事。從璟死，從榮於諸皇子次最長，又握兵柄。多招文學之士，賦詩飲酒，故後生浮薄之徒，宗頗知其非而不能裁制。從嘗侍側，明宗問曰：「爾軍政之餘，習何事業？」對曰：「有暇讀書，與諸儒講論經義爾。」明宗曰：「經有君臣父子之道，然須碩儒端士，乃可親之。吾見先帝好作歌詩，甚無謂也。汝將家子，文章非素習，必不能工，傳於人口，徒取笑也。吾老矣，於經義雖不能曉，然尚喜屢聞之，其餘不足學也。」

是歲秋，封從榮秦王。故事，諸王受封不朝廟，而有司希旨，欲重其禮，乃建議曰：「古者因禘、嘗而發爵祿，所以示不敢專。今受大封而不告廟，非敬順之道也。」於是從榮朝服，乘輅車，具鹵簿，至朝堂受册，出，載册以車，朝于太廟，京師之人皆以爲榮。三年，加兼中書令。有司又言：「故事，親王班宰相下，今秦王位高而班下，不稱。」於是與宰相分班而居右。

四年，加尚書令，食邑萬户。太僕少卿何澤上書，請立從榮爲皇太子。是時，明宗已病，得澤書不悦，顧左右曰：「羣臣欲立太子，吾當養老於河東。」乃召大臣議立太子事，大臣皆莫敢可否。從榮入白曰：「臣聞姦人言，欲立臣爲太子，臣實不願也。」明宗曰：「此羣臣之欲爾。」從榮出，見范延光、趙延壽等曰：「諸公議欲立吾爲太子，是欲奪吾兵柄而幽之東宫耳。」延光等患之，乃加從榮天下兵馬大元帥。有司又言：「元帥或統諸道，或專一面，自前世無天下大元帥之名，其禮無所考按。請自節度使以下，凡領兵職者，皆具櫜鞬，以軍禮庭參，其兼同中書門下平章事者，初見亦如之，其後許以客禮。凡元帥府文符行天下，皆用帖。」又升班在宰相上。從榮大宴元帥府，諸將皆有頒給：控鶴、奉聖、嚴衞指揮使，人馬一匹、絹十匹；其諸軍指揮使，人絹十匹；都頭已下，七匹至三匹。又請嚴衞、捧聖千人爲牙兵，每入朝，以數百騎先後，張弓挾矢，馳走道上，見者皆震慴。從榮又命其寮屬及四方游士試作征淮檄，陳己所以平一天下之意。

言事者請爲諸王擇師傅，以加訓導。宰相難其事，因請從榮自擇。從榮乃請翰林學士崔梲、刑部侍郎任贊爲元帥判官。明宗曰：「學士代予言，不可也。」從榮出而恚曰：「任以元帥而不得請屬寮，非吾所諭也。」將相大臣見從榮權位益隆，而輕脱如此，皆知其禍而莫敢言者。惟延光、延壽陰有避禍意，數見明宗，涕泣求解樞密，二人皆引去，而從榮

之難作。

十一月戊子，雪，明宗幸宮西士和亭，得傷寒疾。己丑，從榮與樞密使朱弘昭、馮贇入問起居於廣壽殿，帝不能知人。王淑妃告曰：「從榮在此。」又曰：「弘昭等在此。」皆不應。從榮等去，乃遷於雍和殿，宮中皆慟哭。至夜半後，帝蹶然自興於榻，而侍疾者皆去，顧殿上守漏宮女曰：「夜漏幾何？」對曰：「四更矣！」帝即唾肉如肺者數片，溺涎液斗餘[六]。守漏者曰：「大家省事乎？」曰：「吾不知也。」有頃，六宮皆至，曰：「大家還魂矣！」因進粥一器。至旦，疾少愈，而從榮稱疾不朝。

初，從榮常忌宋王從厚賢於己，而懼不得爲嗣[七]。其平居驕矜自得，及聞人道宋王之善，則愀然有不足之色。其入問疾也，見帝已不知人，既去，而聞宮中哭聲，以謂帝已崩矣，乃謀以兵入宮。使其押衙馬處鈞告弘昭等，欲以牙兵入宿衞，問何所可以居者。弘昭等對曰：「宮中皆王所可居，王自擇之。」因私謂處鈞曰：「聖上萬福，王宜竭力忠孝，不可草草。」處鈞具以告從榮，從榮還遣處鈞語弘昭等曰：「爾輩不念家族乎？」弘昭、贇及宣徽使孟漢瓊等入告王淑妃以謀之，曰：「此事須得侍衞兵爲助。」乃召侍衞指揮使康義誠，謀於竹林之下。義誠有子在秦王府，不敢決其謀，謂弘昭曰：「僕爲將校，惟公所使爾！」弘昭大懼。

明日，從榮遣馬處鈞告馮贇曰：「吾今日入居興聖宮。」又告義誠，義誠許諾。贇即馳入內，見義誠及弘昭，漢瓊等坐中興殿閣議事，贇責義誠曰：「主上所以畜養吾徒者，爲今日爾！今安危之機，間不容髮，奈何以子故懷顧望〔八〕，使秦王得至此門，主上安所歸乎？吾輩復有種乎？」宮中相顧號泣。漢瓊曰：「賤命不足惜，吾自率兵拒之。」即入見曰：「從榮反，兵已攻端門。」明宗問弘昭等曰：「實有之乎？」對曰：「有之。」明宗以手指天泣下，良久曰：「義誠自處置，毋令震動京師。」潞王子重吉在側，明宗曰：「吾與爾父起微賤，至取天下，數救我於危窘〔九〕。從榮得何氣力，而作此惡事！爾亟以兵守諸門。」重吉即以控鶴兵守宮門。

是日，從榮自河南府擁兵千人以出。從榮寮屬甚衆，而正直之士多見惡，其尤所惡者劉贊、王居敏，而所昵者劉陟、高輦。從榮兵出，與陟、輦並轡耳語〔一〇〕，行至天津橋南，指日景謂輦曰：「明日而今，誅王居敏矣！」因陣兵橋北，下據胡牀而坐，使人召康義誠。而端門已閉，叩左掖門，亦閉，而於門隙中見捧聖指揮使朱弘實率騎兵從北來，即馳告從榮。從榮驚懼，索鐵厭心，自調弓矢。皇城使安從益率騎兵三百衝之，從榮兵射之，從榮乃走歸河南府，其判官任贊已從榮騎兵五百自左掖門出，方渡河，而後軍來者甚衆，從榮兵射之，從益稍却下皆走出定鼎門，牙兵劫嘉善坊而潰。從榮夫妻匿牀下，從益殺之。

明宗聞從榮已死,悲咽幾墮于榻,絕而蘇者再。馮道率百寮入見,明宗曰:「吾家事若此,慚見羣臣!」君臣相顧,泣下沾襟。從榮二子尚幼,皆從死。後六日而明宗崩。

明宗姪

從璨

明宗兄弟皆不見于世家,而有姪四人:曰從璨、從璋、從溫、從敏。

從璨初爲右衛大將軍,安重誨用事,自諸王將相皆下之,從璨爲人剛猛,不能少屈,而性倜儻,輕財好士,重誨忌之。明宗幸汴州,以從璨爲大內皇城使。嘗於會節園飲,酒酣,戲登御榻,重誨奏其事,貶房州司戶參軍,賜死。重誨見誅,詔復其官,贈太保。

從璋

從璋,字子良。少善騎射。莊宗時,將兵戍常山,聞明宗兵變于魏,乃亦起兵據邢州。明宗即位,以爲捧聖左廂都指揮使,改皇城使,領饒州刺史,拜彰國軍節度使,徙鎮義成。

從溫

從溫，字德基。初爲北京副留守，歷安國、忠武、義武、成德、武寧五節度使，封兗王。

晉高祖立，復爲忠武軍節度使。

其妻關氏大呼于牙門曰：「從溫欲反，而造天子服器。」從溫大恐，乃悉毀之。

明宗諸子八人，至晉出帝時六已歿，惟從溫、從敏在，太后常曰：「吾惟有一兄，豈可繩之以法！」從溫由此益驕。嘗誣親吏薛仁嗣等爲盜［二］，悉籍沒其家貲數千萬。仁嗣等詣闕自訴，事下有司，從溫具伏。出帝懼傷太后意，釋之而不問。開運二年，徙河陽三城，卒于官。

是時，從璋子重俊爲虢州刺史，坐贓，亦以太后故，罪其判官高獻而已。重俊復爲商州刺史。坐與其妹姦及殺其僕孫漢榮掠其妻，賜死。

一．

明宗幸汴州，從璋欲率民爲貢獻，其從事諫以爲不可，從璋怒，引弓欲射之，坐罷爲右驍衛上將軍。居久之，出鎮保義，徙河中。長興四年夏，封洋王。晉高祖立，徙鎮威勝，降封隴西郡公。從璋爲人貪鄙，自鎮保義，始折節自脩，在南陽頗有遺愛。天福二年卒，年五十。

從敏

從敏，字叔達。爲人沉厚寡言，善騎射。初從莊宗爲馬步軍都指揮使兼行軍司馬，明宗入立，遷皇城使、保義軍節度使、與討王都。歷鎮橫海、義武、成德、歸德、保義、昭義、河陽，封涇王。漢高祖時，爲西京留守，封秦國公。周廣順元年卒，贈中書令，謚曰恭惠。

校勘記

〔一〕和武憲皇后 「憲」，舊五代史卷七九晉高祖紀五同，舊五代史卷四九和武曹皇后傳、五代會要卷一作「顯」。

〔二〕明宗天成元年 「元年」，舊五代史卷三九唐明宗紀五、五代會要卷一作「三年」。

〔三〕崔儉 舊五代史卷四八唐末帝紀下、册府卷三一作「崔居儉」。本書卷五五有崔居儉傳。

〔四〕明宗夏夫人已卒 「夏夫人」，通鑑卷二七七胡注引歐史作「正室夏夫人」。

〔五〕君赦已則終喪而事之 「君」字原闕，據宗文本補。

〔六〕溺涎液斗餘 「涎液」，通鑑卷二七八胡注引歐史作「便液」。「斗餘」，舊五代史卷四四唐明宗紀十作「升餘」。

〔七〕而懼不得爲嗣 「得」字原闕，據宗文本、通鑑卷二七八補。

〔八〕奈何以子故懷顧望 「顧」字原闕,據宋丙本、宗文本、通鑑卷二七八補。

〔九〕數救我於危窘 「於」字原闕,據宗文本、通鑑卷二七八補。

〔一〇〕與陟輦並轡耳語 「與」字原闕,據宗文本、舊五代史卷四四唐明宗紀十補。

〔一一〕輕財好士 「士」,原作「施」,據宗文本改。按舊五代史卷五一李從璨傳云其「好客疏財」。

〔一二〕嘗誣親吏薛仁嗣等爲盜 「等」字原闕,據宗文本及本卷下文補。

新五代史卷十六

唐廢帝家人傳第四

皇后劉氏

廢帝皇后劉氏，父茂威，應州渾元人也。后為人彊悍，廢帝素憚之。初封沛國夫人，廢帝即位，立為皇后。

其弟延皓，少事廢帝為牙將，廢帝即位，拜宮苑使、宣徽南院使。清泰二年，為樞密使，天雄軍節度使。延皓為人素謹厚，及貴而改節，以後故用事，受賕，掠人園宅，在鄴下不恤軍士，軍士皆怨。捧聖都虞候張令昭以其屯駐兵逐延皓，延皓走相州。是時，石敬瑭已反，方用兵，而令昭之亂作。令昭乃閉城，遣其副使邊仁嗣請已為節度使。廢帝以令昭為右千牛衞將軍，權知天雄軍府事。已而遣范延光討之，令昭敗走邢州，追至沙河，斬之，

屯駐諸軍亂者三千餘人皆死。有司請以延皓行軍法，廢帝以后故，削其官爵而已。

廢帝二子：曰重吉、重美，一女爲尼，號幼澄，皆不知其所生。

廢帝鎮鳳翔，重吉爲控鶴指揮使，與尼俱留京師。控鶴，親兵也。愍帝即位，不欲重吉掌親兵，乃出重吉爲亳州團練使，居幼澄於禁中，又徙廢帝北京。廢帝自疑，乃反。愍帝遣人殺重吉于宋州，幼澄亦死。

重美

重美，幼而明敏如成人。廢帝即位，自左衞上將軍領成德軍節度使、兼河南尹、判六軍諸衞事，改領天雄軍節度使、同中書門下平章事，封雍王。石敬瑭反，廢帝欲北征，重美謂宜持重，固請毋行。廢帝心憚敬瑭，初不欲往，聞重美言，以爲然，而劉延皓與劉延朗等迫之不已，廢帝遂如河陽，留重美守京師。京師震恐，居

民皆出城以藏竄，門者禁止之。重美曰：「國家多難，不能與民爲主，而欲禁其避禍，可乎？」因縱民出。及晉兵將至，劉皇后積薪于地，將焚其宮室，重美曰：「新天子至，必不露坐，但佗日重勞民力，取怨身後耳！」后以爲然。廢帝自焚，后及重美與俱死。

嗚呼！家人之道，不可不正也。夫禮者，所以別嫌而明微也。甚矣，五代之際，君君臣臣父父子子之道乖，而宗廟、朝廷、人鬼皆失其序，斯可謂亂世者歟！自古未之有也。唐一號而三姓，周一號而二姓。唐太祖、莊宗爲一家，明宗、愍帝爲一家，廢帝爲一家；周太祖爲一家，世宗爲一家。別其家而同其號者，何哉？唐從其號，見其盜而有也；周從其號，與之也。而別其家者，昭穆親疏之不可亂也。號可同，家不可以不別，所以別嫌而明微也。梁博王友文之不別，何哉？著禍本也，梁太祖之禍，自友文始，存之所以戒也。

新五代史卷十七

晉家人傳第五

高祖皇后李氏

高祖皇后李氏，唐明宗皇帝女也。后初號永寧公主，清泰二年封魏國長公主[一]。自廢帝立，常疑高祖必反。三年，公主自太原入朝千春節，辭歸，留之不得，廢帝醉，語公主曰：「爾歸何速，欲與石郎反邪？」既醒，左右告之，廢帝大悔。公主歸，以語高祖，高祖由是益不自安。

高祖即位，公主當爲皇后。天福二年三月，有司言：「皇太妃尊號已正，請上寶册。」太妃，高祖庶母劉氏也。高祖以宗廟未立，謙抑未皇。七年夏五月，高祖已病，乃詔尊太妃爲皇太后，然卒不奉册而高祖崩，故后訖高祖世亦無册命。出帝天福八年七月，册尊皇

后爲皇太后。

太后爲人彊敏，高祖常嚴憚之。出帝馮皇后用事，太后數訓戒之，出帝不從，乃及于敗。

開運三年十二月，耶律德光已降晉兵，遣張彥澤先犯京師，以書遺太后，具道已降晉軍，且曰：「吾有梳頭妮子竊一藥囊以奔于晉，今皆在否？吾戰陽城時，亡奚車一乘，在否？」又問契丹先爲晉獲者及景延廣、桑維翰等所在。太后與帝聞彥澤至，欲自焚，嬖臣薛超勸止之。及得德光所與書，乃滅火，出止苑中〔二〕。帝召當直學士范質，謂曰：「杜郎一何相負！昔先帝起太原時，欲擇一子留守，謀之北朝皇帝，皇帝以屬我，我素以爲其所知，卿爲我草奏具言之，庶幾活我子母。」質爲帝草降表曰：

孫男臣重貴言：頃者唐運告終，中原失馭，數窮否極，天缺地傾。先人有田一成，有衆一旅，兵連禍結，力屈勢孤。翁皇帝救患摧剛，興利除害，躬擐甲胄，深入寇場。犯露蒙霜，度鴈門之險；馳風擊電，行中冀之誅。黃鉞一麾，天下大定，勢淩宇宙，義感神明。功成不居，遂興晉祚，則翁皇帝有大造於石氏也。

旋屬天降鞠凶，先君即世，臣遵承遺旨，纂紹前基。諒闇之初，荒迷失次，凡有軍國重事，皆委將相大臣。至於擅繼宗祧，既非禀命，輕發文字，輒敢抗尊。自啓釁

端，果貽赫怒，禍至神惑，運盡天亡。十萬師徒，望風束手；億兆黎庶，延頸歸心。臣負義包羞，貪生忍恥，自貽顛覆，上累祖宗，偷度朝昏，苟存視息。翁皇帝若惠顧疇昔，稍霽雷霆，未賜靈誅，不絕先祀，則百口荷更生之德，雖所願焉，非敢望也。臣與太后、妻馮氏於郊野面縛俟罪次[三]。

又爲太后表曰：

晉室皇太后新婦李氏妾言：張彥澤、傅住兒等至，伏蒙皇帝阿翁降書安撫者。妾伏念先皇帝頃在并汾，適逢屯難，危同累卵，急若倒懸，智勇俱窮，朝夕不保。皇帝阿翁發自冀北，親抵河東，跋履山川，踰越險阻。不幸先帝厭代，嗣子承祧，不能繼好息民，而反虧恩辜義。兵戈亡，立晉朝之社稷。不幸先帝厭代，嗣子承祧，不能繼好息民，而反虧恩辜義。兵戈屢動，駟馬難追，戚實自貽，咎將誰執！今穹旻震怒，中外攜離，上將牽羊，六師解甲。妾舉宗負纍，視景偷生，惶惑之中，撫問斯至，明宣恩旨，曲示含容，慰諭丁寧，神爽飛越。豈謂已垂之命，忽蒙更生之恩，省罪責躬，九死未報。今遣孫男延煦、延寶，奉表請罪，陳謝以聞。

德光報曰：「可無憂，管取一喫飯處。」

四年正月丁亥朔，德光入京師，帝與太后肩輿至郊外，德光不見，館于封禪寺，遣其將

崔廷勳以兵守之[四]。是時，雨雪寒凍，皆苦饑。太后使人謂寺僧曰：「吾嘗於此飯僧數萬，今日豈不相憫邪？」寺僧辭以虜意難測，不敢獻食。帝陰祈守者，乃稍得食。

辛卯，德光降帝爲光祿大夫、檢校太尉，封負義侯，遷於黃龍府。德光使人謂太后曰：「吾聞重貴不從母教而至于此，可求自便，勿與俱行。」太后答曰：「重貴事妾甚謹。所失者，違先君之志，絕兩國之歡。然重貴此去，幸蒙大惠，全生保家，母不隨子，欲何所歸！」於是太后與馮皇后、皇弟重睿、皇子延煦、延寶等舉族從帝而北，以宮女五十、宦者三十、東西班五十、醫官一、控鶴官四、御廚七、茶酒司三、儀鸞司三、六軍士二十人從，衛以騎兵三百。所經州縣，皆故晉將吏，有所供饋，不得通。路傍父老，爭持羊酒爲獻，衛兵擁隔[五]，不使見帝，皆涕泣而去。

自幽州行十餘日，過平州，出榆關，行砂磧中，饑不得食，遣宮女、從官採木實、野蔬而食。又行七八日，至錦州，虜人迫帝與太后拜阿保機畫像。帝不勝其辱，泣而呼曰：「薛超悞我，不令我死！」又行五六日，過海北州，至東丹王墓，遣延煦拜之。又行十餘日，渡遼水，至渤海國鐵州。又行七八日，過南海府，遂至黃龍府。

是歲六月，契丹國母徙帝、太后于懷密州，州去黃龍府西北一千五百里。行過遼陽二百里，而國母爲永康王所囚，永康王遣帝、太后還止遼陽，稍供給之。明年四月，永康王至

遼陽，帝白衣紗帽，與太后、皇后詣帳中上謁，永康王止帝，以常服見。帝伏地雨泣，自陳過咎。永康王使人扶起之，與坐，飲酒奏樂。而永康王帳下伶人、從官，望見故主[六]，皆泣下，悲不自勝，爭以衣服藥餌為遺。

五月，永康王上陘，取帝所從行宦者十五人、東西班十五人及皇子延煦而去。永康王妻兄禪奴愛帝小女，求之，帝辭以尚幼。永康王馳一騎取之，以賜禪奴。陘，虜地，尤高涼，虜人常以五月上陘避暑，八月下陘。至八月，永康王下陘，太后自馳至霸州見永康王，求於漢兒城側賜地種牧以為生。永康王以太后自從，行十餘日，遣與延煦俱還遼陽。

明年乃漢乾祐二年，其二月，徙帝、太后于建州。自遼陽東南行千二百里至建州，節度使趙延暉避正寢以館之。去建州數十里外得地五十餘頃，帝遣從行者耕而食之。

明年三月，太后寢疾，無醫藥，常仰天而泣，南望戟手罵杜重威、李守貞等曰：「我死，焚其骨送范陽佛寺，無使我為虜地鬼也！」八月疾亟，謂帝曰：「使死者無知則已，若其有知，不赦爾於地下！」遂卒。帝與皇后、宮人、宦者、東西班，皆被髮徒跣，扶舁其柩至賜地，焚其骨，穿地而葬焉。

周顯德中，有中國人自契丹亡歸者，言見帝與皇后諸子皆無恙。後不知其所終。

安太妃

安太妃,代北人也,不知其世家,爲敬儒妻,生出帝,封秦國夫人。出帝立,尊爲皇太妃。妃老而失明,從出帝北遷,自遼陽徙建州,卒於道中。臨卒謂帝曰:「當焚我爲灰,南向颺之,庶幾遺魂得反中國也。」既卒,砂磧中無草木,乃毀奚車而焚之,載其燼骨至建州。李太后亦卒,遂并葬之。

出帝皇后馮氏

出帝皇后馮氏,定州人也。父濛,爲州進奏吏,居京師,以巧佞爲安重誨所喜,以爲鄴都副留守。高祖留守鄴都,得濛驪甚,乃爲重胤娶濛女,後封吳國夫人。重胤早卒,后寡居,有色,出帝悅之。高祖崩,梓宮在殯,出帝居喪中,納之以爲后。是日,以六軍仗衞、太常鼓吹,命后至西御莊,見于高祖影殿。羣臣皆賀。帝顧謂馮道等曰:「皇太后之命,與卿等不任大慶。」羣臣出,帝與皇后酣飲歌舞,過梓宮前,酹而告曰:「皇太后之命,與先帝

不任大慶。」左右皆失笑，帝亦自絕倒，顧謂左右曰：「我今日作新女壻，何似生？」后與左右皆大笑，聲聞于外。

后既立，專內寵，封拜宮官尚宮、知客等皆為郡夫人，又用男子李彥弼為皇后宮都押衙。其兄玉執政，內外用事，晉遂以亂。契丹犯京師，暴帝之惡于天下曰：「納叔母於中宮，亂人倫之大典。」后隨帝北遷，哀帝之辱，數求毒藥，欲與帝俱飲以死，而藥不可得。後不知其所終。

晉氏始出夷狄而微，終為夷狄所滅，故其宗室次序本末不能究見。其可見者，曰高祖二叔父，一兄六弟，七子二孫，而有略有詳，非惟禍亂多故而失其事實，抑亦無足稱焉者。然粗存其見者，以備其闕云。二叔父曰萬友、萬詮，兄曰敬儒，弟曰敬威、敬德、敬殷、敬贇、敬暉〔七〕、重胤，子曰重貴、重信、重乂、重英、重進、重睿、重杲，孫曰延煦、延寶。孝平皇帝生孝元皇帝，萬友、萬詮、孝元皇帝生高祖，萬友生敬威〔八〕、敬贇，萬詮生敬暉〔九〕，而敬儒、敬德、敬殷、重胤皆不知其於高祖為親疏也。

高祖、孝元皇帝第二子也，而敬儒為兄，疑其長子也，則於高祖屬長而親，然贈官反最後於諸弟，而高祖世獨不得追封，此又可疑也。重胤，高祖弟也，亦不知其為親疏，然高祖

愛之，養以爲子，故於名加「重」而下齒諸子。高祖叔、兄與弟敬殷、子重進，皆前即位卒，而敬威、敬德、重胤、重英、高祖反時死。高祖少子曰馮六，未名而卒，而舊說以重睿爲幼子者，非也。

石氏世事軍中，萬友、萬詮職卑不見。天福二年正月，萬友自故金紫光祿大夫、檢校司徒兼御史大夫、上柱國贈太師。萬詮亦自金紫光祿大夫、檢校司空兼御史大夫、上柱國贈太傅。出帝天福八年五月，追封皇叔祖萬友爲秦王，萬詮加贈太師，追封趙王。

敬威

敬威，字奉信。唐廢帝時爲彰聖右第三都指揮使[一〇]，領常州刺史。聞高祖舉兵太原，謂人曰：「生而有死，人孰能免？吾兄方舉大事，吾不可偷生取辱，見笑一時。」遂自殺。敬德時爲沂州馬步軍指揮使，以高祖反誅。

天福二年正月，贈敬威、敬德皆爲太傅，兼贈敬殷以檢校太子賓客，亦贈太傅，而不及敬儒。七年正月，追封敬威廣王，敬德福王，敬殷通王，皆贈太尉。敬儒始以故金紫光祿大夫、檢校尚書左僕射兼御史大夫、上柱國贈太傅，而獨不得封。出帝天福八年五月，加

敬贇

敬贇，字德和。少無賴，竄身民間。高祖使人求得之，補太原牙將。即位，以爲飛龍皇城使，累遷曹州防禦使。天福五年冬，拜河陽三城節度使。敬贇性貪暴，高祖爲擇賢佐吏輔之，而敬贇亦憚高祖嚴，未嘗敢犯法。歲餘，徙鎮保義。出帝時，加同中書門下平章事，始漸驕恣。帝嘗遣使者至，必問曰：「小姪安否？」陝人苦其暴虐，召還京師，以其皇叔不能責也，斥其元從都押衙簡蘇彥存、鄭溫遇以警之。契丹犯邊，敬贇從出帝幸澶淵，使以兵備汶陽，守麻家渡，未嘗見敵，皆無功。開運元年七月，復出爲威勝軍節度使。歲餘，出帝以曹州爲威信軍，授敬贇節度使。在曹貪暴尤甚，久之，召還。

張彥澤兵犯京師，敬贇夜走，踰城東垣，墮沙濠溺死，時年四十九。

贈三皇叔皆爲太師，而皇伯敬儒始追封宋王，亦加贈太師。

韓王敬暉

韓王敬暉,字德昭。爲人厚重剛直,勇而多智,高祖尤愛之。高祖時,爲曹州防禦使,以廉儉見稱,卒于官,贈太傅。天福八年,加贈太師,追封韓王。子曦嗣。

楚王重信

高祖李皇后生楚王重信,其諸子皆不知其母。當高祖起太原,重英爲右衞大將軍〔一〕,重胤爲皇城副使,居京師。聞高祖舉事,匿民家井中,捕得誅之,并族民家〔二〕。天福二年正月,高祖爲二子發哀,皆贈爲太保;并贈重進,以故左金吾衞將軍贈太保。七年正月,皆加贈太傅,追封重英虢王、重胤鄭王、重進夔王。

出帝天福八年五月,皆加贈太師。

楚王重信，字守孚。爲人敏悟多智而好禮。天福二年二月，以左驍衛上將軍拜河陽三城節度使，有善政，高祖下詔褒之。是歲范延光反，詔前靈武節度使張從賓發河陽兵討延光，從賓亦反，重信見殺，時年二十。高祖欲贈重信太尉，大臣引漢故事，皇子無爲三公者。高祖曰：「此兒爲善被禍，吾哀之甚，自我而已，豈有例邪！」乃贈太尉。七年正月，加贈太師，追封沂王。出帝天福八年五月，易封楚王。

壽王重乂

壽王重乂，字弘理。爲人好學，頗知兵法。高祖即位，拜左驍衛大將軍。高祖幸汴州，以爲東都留守。張從賓反，攻河南，見殺，時年十九，贈太傅。天福七年正月，加贈太尉，追封壽王。出帝天福八年五月，加贈太師。皆無子。

重睿

重睿，爲人貌類高祖。高祖臥疾，宰相馮道入見臥內，重睿尚幼，高祖呼出使拜道於前，因以宦者抱持寘道懷中，高祖雖不言，左右皆知其以重睿託道也。高祖崩，晉大臣以

重睿

陳王重睿,高祖幼子也。小字馮六,未名而卒,贈太傅,追封陳王,賜名重睿。出帝天福八年五月,加贈太師。

國家多事,議立長君,而景延廣已陰許立出帝,重睿遂不得立。出帝以重睿爲檢校太保、開封尹,以左散騎常侍邊蔚權知開封府事。開運二年五月,拜重睿雄武軍節度使,歲餘,徙鎮忠武,皆不之鎮。契丹滅晉,重睿從出帝北遷,後不知其所終。

延煦 延寶

延煦、延寶,高祖諸孫也,出帝以爲子。

開運二年秋,以延煦爲鄭州刺史。延煦少,不能視事,以一宦者從之,又選尚書郎路航參知州事。宦者遂專政事,每詬辱航,出帝召航還。已而徙延煦齊州防禦使。三年,拜鎮寧軍節度使。是時,河北用兵,天下旱蝗,民餓死者百萬計,而諸鎮爭爲聚斂,趙在禮所積鉅萬,爲諸侯王最。出帝利其貲,乃以延煦娶在禮女,在禮獻絹三千匹,前

後所獻不可勝數。三年五月，遣宗正卿石光贊以聘幣一百五十床迎于其第，出帝宴在禮萬歲殿，所以賜予甚厚，君臣窮極奢侈，時人以為榮。在禮謂人曰：「吾此一婚，其費十萬。」十一月，徙延煦鎮保義。

自延煦為齊州防禦使，而延寶代為鄭州刺史。及契丹滅晉，出帝與太后遣延煦、延寶齎降表、玉璽、金印以歸契丹，而延寶時亦為威信軍節度使矣。契丹得璽，以為製作非工，與前史所傳者異，命延煦等還報求真璽。出帝以狀答曰：「頃王從珂自焚於洛陽〔三〕，玉璽不知所在，疑已焚之。先帝受命，命玉工製此璽，在位羣臣皆知之。」乃已。後延煦等從出帝北遷，不知其所終。

嗚呼！古之不幸無子，而以其同宗之子為後者，聖人許之，著之禮經而不諱也。而後世閭閻鄙俚之人則諱之，諱則不勝其欺與偽也。故其苟偷竊取嬰孩襁褓，諱其父母，而自欺以為我生之子，曰：「不如此，則不能得其一志盡愛於我，而其心必二也。」而為其子者，亦自諱其所生，而絕其天性之親，反視以為叔伯父，以此欺其九族，而亂其人鬼親疏之屬〔四〕。〔二〕凡物生而有知，未有不愛其父母者。使是子也，能忍而真絕其天性歟，曾禽獸之不若也；使其不忍而外陽絕之，是大偽也。

【二】一作序。

夫閭閻鄙俚之人之慮於事者，亦已深矣！然而苟竊欺僞不可以爲法者，小人之事也。惟聖人則不然，以謂人道莫大於繼絕，此萬世之通制而天下之公行也，何必諱哉！所謂子者，未有不由父母而生者也，故爲人後者，必有所生之父，有所後之父，此理之自然也，何必諱哉！其簡易明白，不苟不竊，不欺不僞，可以爲通制而公行者，聖人之法也。又以謂爲人之後者所承重，故降其服以斬。而不絕其所生之父母之親者，天性之不可絕也。然而恩有屈於義，故降其服以期。服，外物也，可以降，而父母之名不可改【五】，故著於經曰：「爲人後者，爲其父母，報【六】。」自三代以來，有天下國家者莫不用之，而晉氏不用也。

出帝之於敬儒，絕其父道，臣而爵之，非特以其義不當立，不得已而絕之，蓋亦習見閭閻鄙俚之所爲也。

五代，干戈賊亂之世也，禮樂崩壞，三綱五常之道絕，而先王之制度文章掃地而盡於是矣。如寒食野祭而焚紙錢，天子而爲閭閻鄙俚之事者多矣。而晉氏起於夷狄，以篡逆而得天下，高祖以耶律德光爲父，而出帝於德光則以爲祖而稱孫，於其所生父則臣而名之，是豈可以人理責哉！

校勘記

〔一〕清泰二年封魏國長公主　錢大昕考異卷六二二：「案五代會要，永寧公主，天成三年四月封，至長興四年正月改封魏國公主，清泰二年三月進封晉國長公主。此傳云清泰二年封魏國者，誤也。唐家人傳，曹后生晉國公主，即敬瑭所尚者，而此傳不見晉國之名，亦疏漏。」

〔二〕出止苑中　「止」，原作「上」，據宗文本改。

〔三〕臣與太后妻馮氏於郊野面縛俟罪次　「罪」，原作「命」，據宋丙本、舊五代史卷八五晉少帝紀五改。

〔四〕崔廷勳　原作「崔延勳」，據宋丙本、舊五代史卷八五晉少帝紀五、通鑑卷二八六改。按五代史卷九八有崔廷勳傳。

〔五〕衛兵擁隔　「擁隔」，原作「推隔」，據宋丙本、宗文本改。

〔六〕望見故主　「故主」，原作「故王」，據宋丙本、宗文本、舊五代史卷八五晉少帝紀五敘其事作「皆爲契丹主阻絕」。

〔七〕敬暉　舊五代史卷八七石暉傳記其爲高祖從兄。

〔八〕萬友生敬威　舊五代史卷八七石敬威傳記其父爲「萬詮」。

〔九〕萬詮生敬暉　舊五代史卷八七石暉傳記其父爲「萬友」。

〔一〕唐廢帝時為彰聖右第三都指揮使 「彰聖右第三都指揮使」，舊五代史卷八〇晉高祖紀六作「彰聖右第三軍都指揮使」。

〔二〕右衛大將軍 宋丙本、宗文本、舊五代史卷八〇晉高祖紀六作「右衛將軍」。舊五代史卷四八唐末帝紀下云「誅右衛上將軍石重英」，通鑑卷二八〇略同。

〔三〕并族民家 「民」，原作「其」，據宋丙本、宗文本改。通鑑卷二八〇敍其事作「并族所匿之家」。

〔四〕王從珂 原作「潞王從珂」，據宋丙本、宗文本、舊五代史卷八五晉少帝紀五、通鑑卷二八五改。按本書卷七唐本紀、舊五代史卷四六唐末帝紀上，從珂本姓王。又本書卷八晉本紀：「〔天福元年十二月乙酉〕追降王從珂為庶人。」徐無黨注：「『王從珂』從晉人本語。」

〔五〕而父母之人鬼親疏之屬 「屬」，宋丙本、宗文本、歐陽文忠公文集卷一二一濮議二作「序」。

〔六〕而父母之名不可改 「改」，歐陽文忠公文集卷一二一濮議二作「諱」。

〔七〕報 原作「服」，據宗文本、儀禮喪服、歐陽文忠公文集卷一二一濮議二改。

新五代史卷十八

漢家人傳第六

皇后李氏

高祖皇后李氏，晉陽人也，其父爲農。高祖少爲軍卒，牧馬晉陽，夜入其家劫取之。高祖已貴，封魏國夫人，生隱帝。

開運四年，高祖起兵太原，賞軍士，帑藏不足充，欲斂於民。后諫曰：「方今起事，號爲義兵，民未知惠而先奪其財，殆非新天子所以救民之意也。今後宮所有，請悉出之，雖其不足，士亦不以爲怨也。」高祖爲改容謝之。高祖即位，立爲皇后。高祖崩，隱帝冊尊爲皇太后。

帝年少，數與小人郭允明、後贊、李業等游戲宮中，后數切責之。帝曰：「國家之事，

外有朝廷,非太后所宜言也。」太常卿張昭聞之,上疏諫帝,請親近師傅,延問正人,以開聰明。帝益不省。其後,帝卒與允明等謀議,遂至於亡。

初,帝與允明等謀誅楊邠、史弘肇等,議已定,入白太后。太后曰:「此大事也,當與宰相議之。」李業從旁對曰:「先皇帝平生言,朝廷大事,勿問書生。」太后深以為不可,帝拂衣而去,曰:「何必謀於閨門!」邠等死,周高祖起兵嚮京師,慕容彥超敗於劉子陂,帝欲出自臨兵,太后止之曰:「郭威本吾家人,非其危疑,何肯至此!今若按兵無動,以詔諭威,威必有說,則君臣之際,庶幾尚全。」帝不從以出,遂及於難。

周太祖入京師,舉事皆稱太后誥。已而太祖出征契丹,軍士擁之以還。太祖請事太后為母,太后誥曰:「侍中功烈崇高,德聲昭著,剪除禍亂,安定邦家,謳歌有歸,曆數攸屬,所以軍民推戴,億兆同歡。老身未終殘年,屬此多難,唯以衰朽,託於始終。載省來牋,如母見待,感認深意,涕泗橫流。」已而議立湘陰公贇為天子,贇未至,太祖乃請太后臨朝。已而太祖入京師,舉事皆稱太后誥。

於是遷后於太平宮,上尊號曰昭聖皇太后。顯德元年春,崩。[二]

[一]隱帝,舊史、實錄皆無皇后。帝立三年崩,時年二十,蓋未嘗立后也。

高祖二弟 崇 信　高祖三子 承訓 承祐 承勳

高祖二弟三子：弟曰崇、曰信，子曰承訓、承祐、承勳。崇子曰贇，高祖愛之，以爲己子。乾祐元年，拜贇徐州節度使。承訓早卒，追封魏王。承祐次立，是謂隱帝。承勳爲開封尹。

周太祖已敗漢兵于北郊，隱帝遇弒。太祖入京師，以謂漢大臣必相推戴，及見宰相馮道等，道殊無意，太祖不得已，見道猶下拜，道受太祖拜如平時，徐勞之曰：「公行良苦！」又難於自立，因白漢太后擇立漢嗣。而宗室河東節度使崇等在者四人，乃爲太后詔曰：「河東節度使崇，許州節度使信，皆高祖之弟，徐州節度使贇，開封尹承勳，皆高祖之子，文武百辟，其擇嗣君以承天統。」於是周太祖與王峻入見太后，言開封尹承勳，高祖皇帝承勳出見羣臣，羣臣視之信然，不任爲嗣。太后以承勳久病，不任爲嗣，祖與羣臣請見承勳，高祖愛之，以爲子，宜立爲嗣。」乃遣太師馮道率羣臣迎贇，意不在贇，謂太祖曰：「公此舉由衷乎？」太祖指天爲誓。道既行，謂人曰：「吾平生不爲

謬語人，今謬語矣！」道見贇，傳太后意召之。

贇行至宋州，太祖自澶州爲兵士擁還京師，王峻慮贇左右生變，遣侍衞馬軍指揮使郭崇以兵七百騎衞贇。崇至宋州，贇登樓問崇所以來之意，崇曰：「澶州軍變，懼未察之，遣崇護衞，非惡意也。」贇召崇，崇不敢進，馮道出與崇語，崇乃登樓見贇。

太祖以書召道先歸，留其副趙上交、王度奉贇入朝太后。贇曰：「勿草草，事豈出於公邪！」道已去，郭崇幽贇于外館，殺賈正及判官董裔、牙內都虞候劉福、孔目官夏昭度等。

太祖已監國，太后乃下誥曰：「比者樞密使郭威，志安宗社，議立長君，以徐州節度使贇高祖近親，立爲漢嗣，乃自藩鎮召赴京師。雖誥命已行，而軍情不附，天道在北，人心靡東。適當改卜之初，俾膺分土之命〔三〕，贇可降授開府儀同三司、檢校太師、上柱國，封湘陰公。」贇以幽死。

初，贇自徐州入也，以都押牙鞏庭美〔四〕、教練使楊溫守徐州。庭美等聞贇不得立，乃閉城拒命。太祖拜王彥超徐州節度使，下詔諭庭美等許以刺史，并詔贇赦庭美等。廣順元年三月，彥超克徐州，庭美等皆見殺。

承勳，廣順元年以病卒，追封陳王。

嗚呼！予既悲湘陰公贇之事，又嘉鞏庭美[五]、楊溫之所爲。贇於漢非嫡長，特以周氏移國，畏天下而難之，故假贇以伺間爾。當是之時，天下皆知贇之必不立也，然庭美、溫之區區爲贇守孤城以死[六]，其始終之迹，何愧於死節之士哉！然予考於實錄，二人之死狀不明。夫二人之事，固知其無所成，其所重者死爾，然史氏不著，不知其何以死也。當王彥超之攻徐州也，周嘗遣人招庭美等，予得其詔書四，皆言庭美等已送款於周，後懼罪而復叛，然庭美等款狀亦不見，是皆不可知也。夫史之闕文，可不慎哉。其疑以傳疑，則信者信矣。予固嘉二人之忠而悲其志，然不得列於死節之士者，惜哉！

蔡王信

蔡王信，高祖之從弟也。高祖鎮太原，以信爲興捷軍都指揮使，領義成軍節度使，徙領許州。高祖寢疾，隱帝當立爲嗣，楊邠等受顧命，不欲信在京師，乃遣信就鎮，信涕泣而去。

信所至黷貨，好行殺戮。軍士有犯法者，信召其妻子，對之刲剔支解，使自食其肉，血流盈前，信命樂飲酒自如也。

楊邠等死，信大喜，謂其寮佐曰：「吾嘗為天無眼，而使我鬱鬱於此者三年矣！主上孤立，幾落賊手。諸公可以勸我一杯矣。」已而聞難作，信憂不能食。周太祖軍變於澶州，王峻遣前申州刺史馬鐸以兵巡檢許州，信乃自殺。周太祖即位，追封蔡王。[二]

[二]傳，先贄而後信，亦便於述事爾。

校勘記

（一）以謂漢大臣未有推立己意　「大」字原闕，據宋丙本、宗文本、本書卷五四馮道傳補。

（二）所恃者以公三十年舊相　「所」字原闕，據宋丙本、宗文本、通鑑卷二八九補。

（三）俾膺分土之命　「膺」，原作「應」，據宗文本、舊五代史卷一〇三漢隱帝紀下改。

（四）鞏庭美　本書卷一一周太祖紀、舊五代史卷一一〇周太祖紀一、通鑑卷二九〇、冊府卷一一三作「鞏廷美」。本卷下文同。

（五）又嘉鞏庭美　「鞏」字原闕，據宋丙本、宗文本、詳節卷二補。

（六）然庭美溫之區區為贄守孤城以死　宋丙本、宗文本、詳節卷二無「之」字。

新五代史卷十九

周太祖家人傳第七

皇后柴氏

太祖一后三妃。聖穆皇后柴氏，邢州堯山人也，與太祖同里，遂以歸焉。太祖微時，喜飲博任俠，不拘細行，后常諫止之。太祖狀貌奇偉，后心知其貴人也，事之甚謹。及太祖即位，后已先卒，乃下詔：「故夫人柴氏，追册爲皇后，謚曰聖穆。」

淑妃楊氏

淑妃楊氏，鎮州真定人也。父弘裕，真定少尹。妃幼以色選入趙王宫，事王鎔。鎔爲

張文禮所殺,鎮州亂,妃亦流寓民間,後嫁里人石光輔,居數年,光輔死。太祖柴夫人卒,聞妃有色而賢,遂娶之爲繼室。太祖即位,廣順元年九月,追册爲淑妃。拜妃弟廷璋爲右飛龍使,廷璋辭曰:「臣父老矣,願以授之。」太祖曰:「吾方思之,豈忘爾父邪!」即召弘裕,弘裕老不能行,乃就其家拜金紫光禄大夫、真定少尹。

太祖崩,葬嵩陵,一后三妃皆當陪葬,而太原未克,世宗詔有司營嵩陵之側爲虛墓以俟。顯德元年,世宗已敗劉旻於高平,遂攻太原,太原閉壁被圍,乃遷妃喪而葬之。

貴妃張氏

貴妃張氏,鎮州真定人也。祖記,成德軍節度判官、檢校兵部尚書。父同芝,事趙王王鎔爲諮呈官,官至檢校工部尚書。鎔死,鎮州亂,莊宗遣幽州符存審以兵討張文禮,裨將武從諫館於妃家,見妃尚幼,憐之,而從諫家在太原,遂以妃歸,爲其子婦。久之,太祖事漢高祖於太原,楊夫人卒,而武氏子亦卒,乃納妃爲繼室。太祖貴,累封吳國夫人。太祖以兵入京師,漢遣劉銖戮其家,妃與諸子皆死。太祖即位,追册爲貴妃。

德妃董氏 子侗〔一〕 信 姪守愿 奉超 遜

德妃董氏，鎮州靈壽人也。祖文廣，唐深州錄事參軍。父光嗣，趙州昭慶尉。妃幼穎悟，始能言，聞樂聲知其律呂。年七歲，鎮州亂，其家失之，爲潞州牙將所得，實諸褚中以歸。居五六年，妃家悲思，其兄瑀求之人間，莫知所在。潞將仕于京師，遇瑀，欣然歸之，時年十三〔二〕。瑀以嫁里人劉進超，進超亦仕晉爲内職。契丹犯闕，進超歿于虜中，妃嫠居洛陽。漢高祖由太原入京師，太祖從，過洛陽，聞妃有賢行，聘之。太祖建國，中宮虛位，遂册爲德妃。廣順三年卒〔三〕，年三十九。

妃兄三人：瑀官至太子左贊善大夫〔四〕，玄之、自明皆至刺史。

初，帝舉兵于魏，漢以兵圍帝第，時張貴妃與諸子青哥、意哥、姪守筠、奉超、定哥皆被誅。青哥、意哥，不知其母誰氏。太祖即位，詔故第二子青哥贈太尉〔五〕，賜名侗，第三子

意哥贈司空,賜名信,皇姪守筠贈左領軍衞將軍,以「筠」聲近「榮」,爲世宗避,更名守願;奉超贈左監門衞將軍,定哥贈左千牛衞將軍,賜名遂。

世宗顯德四年夏四月癸未,詔曰:「禮以緣情,恩以悼往,矧在友于之列,尤鍾惻愴之情。故皇弟贈太保侗,贈司空信,景運初啓,大年不登,俾予終鮮,實動予懷[六]。侗可贈太傅,追封郯王;信司徒,杞王。」又詔曰:「故皇從弟贈左領軍衞將軍守願,贈左監門衞大將軍,奉超右衞大將軍,遂右武衞大將軍。」

校勘記

〔一〕子侗 「侗」,原作「偁」,據宋丙本及本卷下文改。

〔二〕時年十三 「時」字原闕,據宋丙本、宗文本、舊五代史卷一一二董德妃傳補。

〔三〕廣順三年卒 舊五代史卷一一二周太祖紀三繫其事於廣順二年。

〔四〕瑀官至太子左贊善大夫 「左」,原作「右」,據宋丙本、宗文本、舊五代史卷一一二董德妃傳改。

〔五〕詔故第二子青哥贈太尉 「太尉」,舊五代史卷一一一周太祖紀二、册府卷二九六敍其事作

「太保」。按吳蘭庭纂誤補卷二：「此下載世宗顯德四年四月詔稱故皇弟贈太保侗可贈太傅，追封鄆王。然則初贈是太保，非太尉。且惟是太保，故得加贈太傅，若已贈太尉，則其上惟有太師，豈容反加太傅乎？薛史太祖紀、世宗紀俱作贈太保，而宗室傳則云贈太尉，此正仍其誤。」

〔六〕實動予懷　「動」原作「勤」，據宋丙本、宗文本、冊府卷二九六改。

新五代史卷二十

周世宗家人傳第八

柴守禮

周太祖聖穆皇后柴氏,無子,養后兄守禮之子以爲子,是爲世宗。守禮,字克讓。以后族拜銀青光祿大夫、檢校吏部尚書、兼御史大夫、金紫光祿大夫、檢校司空、光祿卿。致仕,居于洛陽,終世宗之世,未嘗至京師,而左右亦莫敢言,第以元舅禮之。而守禮亦頗恣橫,嘗殺人于市,有司以聞,世宗不問。是時,王溥、王晏、王彥超、韓令坤等同時將相,皆有父在洛陽,與守禮朝夕往來,惟意所爲,洛陽人多畏避之,號「十阿父」。守禮卒,年七十二,官至太傅。

嗚呼，父子之恩至矣！孟子言：舜爲天子，而瞽叟殺人，則棄天下，竊負之而逃。以謂天下可無舜，不可無至公；舜可棄天下，不可刑其父。此爲世立言之説也。然事固有不得如其意者多矣！蓋天子有宗廟社稷之重、百官之衛、朝廷之嚴，其不幸有不得竊而逃，則如之何而可？予讀周史，見守禮殺人，世宗寢而不問，蓋進任天下重矣，而子於其父亦至矣，故寧受屈法之過，以申父子之道，其所以合於義者，蓋知權也。君子之於事，擇其輕重而處之耳。失刑輕，不孝重也。刑一人，未必能使天下無殺人，而殺其父，滅天性而絕人道，孰爲重？權其所謂輕重者，則天下雖不能棄，而父亦不可刑也。然則爲舜與世宗者，宜如何無使瞽叟守禮至於殺人，則可謂孝矣。然而有不得如其意，則擇其輕重而處之焉。世宗之知權，明矣夫！

皇后劉氏

世宗三皇后。貞惠皇后劉氏，不知其世家，蓋微時所娶也，世宗爲左監門衛將軍，得封彭城縣君。世宗從太祖于魏，后留京師，太祖舉兵，漢誅其族〔一〕。太祖即位，追封彭城

郡夫人。世宗顯德四年夏四月，始詔彭城郡夫人劉氏追册爲皇后，有司謚曰貞惠，陵曰惠陵。

皇后符氏

宣懿皇后符氏，其祖秦王存審，父魏王彥卿。后世王家，出於將相之貴，爲人明果有大志。初適李守貞子崇訓。守貞事漢爲河中節度使，已挾異志。有術者善聽人聲以知吉凶，守貞出其家人使聽之，術者聞后聲，驚曰：「此天下之母也！」守貞益自負，曰：「吾婦猶爲天下母，吾取天下復何疑哉！」於是決反。而漢遣周太祖討之，逾年，攻破其城。崇訓知不免，手自殺其家人，次以及后，后儼然坐堂上，顧軍士曰：「郭公與吾父有舊，汝輩無犯我！」軍士見之不敢迫。太祖聞之，以謂一女子能使亂兵不敢犯，奇之，爲加慰勉，以歸彥卿。后感太祖不殺，拜太祖爲父。其母以后夫家滅亡，而獨脫死兵刃之間，以爲天幸，欲使削髮爲尼，后不肯，曰：「死生有命，天也。何必妄毀形髮爲！」太祖於后有恩，而世宗性特英鋭，聞后如此，益奇之。及劉夫人卒，遂納以爲繼室。世宗即位，册爲皇后。世宗卞急多暴怒，而後嘗追

悔,每怒左右,后必從容伺顏色,漸爲解說,世宗意亦隨解,由是益重之。世宗征淮,后以帝不宜親行,切諫止之,世宗不聽。師久無功,遭大暑雨,后以憂成疾而崩。議者以方用兵,請殺喪禮,於是百官朝臨于西宮,三日而釋服,帝亦七日而釋,葬於新鄭,陵曰懿陵。後立皇后符氏,后妹也。國初,遷西宮,號周太后。

世宗七子

世宗子七人:長曰宜哥,次二皆未名,次曰恭皇帝,次曰熙讓,次曰熙謹,次曰熙誨,皆不知其母爲誰氏。宜哥與其二,皆爲漢誅。太祖即位,詔賜皇孫名:誼,贈左驍衛大將軍;誠,左武衛大將軍;諴,左屯衛大將軍。

顯德三年,羣臣請封宗室,世宗以謂爲國日淺,恩信未及於人,而須功德大成,慶流于世,而後議之可也。明年夏四月癸未,先封太祖諸子。又詔曰:「父子之道,聖賢不忘,再思夭閼之端,愈動悲傷之抱。故皇子左驍衛大將軍誼、左武衛大將軍諴、左屯衛大將軍誠等,載惟往事,有足傷懷,宜增一字之封,仍贈三台之秩。誼可贈太尉,追封越王;諴太傅,吳王;誠太保,韓王。」而皇子在者皆不封。

六年，北復三關，遇疾，還京師。六月癸未，皇子宗訓，特進、左衛上將軍，封梁王；宗讓亦拜左驍衛上將軍，封燕國公。後十日而世宗崩，梁王即位，是爲恭皇帝。其年八月，宗讓更名熙讓，封曹王。熙謹、熙誨皆前未封爵，遂拜熙謹右武衛大將軍，封紀王；熙誨左領軍衛大將軍，封蘄王〔二〕。皇朝乾德二年十月，熙謹卒。熙讓、熙誨，不知其所終。

嗚呼！至公，天下之所共也。其是非曲直之際，雖父愛其子，亦或有所不得私焉。當周太祖舉兵于魏，漢遣劉銖誅其家族於京師，酷毒備至。後太祖入立，遣人責銖，銖辭不屈，太祖雖深恨之，然以銖辭直，終不及其家也。及追封妻子之被殺者，其言深自隱痛之而已，不敢有非漢之辭焉，蓋知其曲在己也。故略存其辭，以見周之有愧於其心者矣。

校勘記

〔一〕漢誅其族 宗文本作「漢誅太祖家屬后見殺」。

〔二〕封蘄王 「封」字原闕，據宗文本、舊五代史卷一二〇周恭帝紀及本卷上文補。

新五代史卷二十一

梁臣傳第九

嗚呼！孟子謂春秋無義戰，予亦以謂五代無全臣。無者，非無一人，蓋僅有之耳，余得死節之士三人焉。其仕不及于二代者，各以其國繫之，作梁、唐、晉、漢、周臣傳。其餘仕非一代，不可以國繫之者，作雜傳。夫入于雜，誠君子之所羞，而一代之臣未必皆可貴也，覽者詳其善惡焉。

敬翔

敬翔，字子振，同州馮翊人也，自言唐平陽王暉之後。少好學，工書檄。乾符中，舉進士不中，乃客大梁。翔同里人王發爲汴州觀察支使，遂往依焉。

久之，發無所薦引，翔客益窘，為人作牋刺，傳之軍中。太祖素不知書，翔所作皆俚俗語，太祖愛之，謂發曰：「聞子讀《春秋》，《春秋》所記何等事？」翔曰：「諸侯爭戰之事耳。」太祖曰：「其用兵之法可以為吾用乎？」翔曰：「兵者，應變出奇以取勝，《春秋》古法，不可用於今。」太祖大喜，補以軍職，非其所好，乃以為館驛巡官。

太祖與蔡人戰汴郊，翔時時為太祖謀畫，多中，太祖欣然，以謂得翔之晚，動靜輒以問之。太祖奉昭宗自岐還長安，昭宗召翔與李振升延喜樓勞之，拜翔太府卿。初，太祖常侍殿上，昭宗意衛兵有能擒之者，乃佯為鞋結解，以顧太祖，太祖跪而結之，而左右無敢動者，太祖流汗浹背，由此稀復進見。昭宗曰：「卿不欲來，可使敬翔來。」太祖召太祖入內殿，將有所託。太祖益懼，辭以疾。昭宗遷洛陽，宴崇勳殿，酒半起，使人召太祖入內殿，將有所託。太祖益懼，辭以疾。

太祖遽麾翔出，翔亦佯醉去[一]。

太祖已破趙匡凝，取荊襄，遂攻淮南。翔切諫，以謂新勝之兵，宜持重以養威。太祖不聽。兵出光州，遭大雨，幾不得進，進攻壽州，不克，而多所亡失，太祖始大悔恨。歸而忿躁，殺唐大臣幾盡，然益以翔為可信任。

太祖即位，以唐樞密院故用宦者，乃改為崇政院，以翔為使。梁之簒弒，翔之謀為多。

遷兵部尚書、金鑾殿大學士。

翔爲人深沉有大略，從太祖用兵三十餘年，細大之務必關之。翔亦盡心勤勞，晝夜不寐，自言惟馬上乃得休息。而太祖剛暴難近，有所不可，翔亦未嘗顯言，微開其端，太祖意悟，多爲之改易。

太祖破徐州，得時溥寵姬劉氏，愛幸之，劉氏故尚讓妻也，乃以妻翔。劉氏猶侍太祖，出入臥內如平時，翔頗患之。劉氏誚翔曰：「爾以我嘗失身於賊乎？尚讓，黃家宰相；時溥，國之忠臣。以卿門地，猶爲辱我，請從此訣矣！」翔以太祖故，謝而止之。劉氏車服驕侈，別置典謁，交結藩鎮，權貴往往附之，寵信言事不下於翔。當時貴家，往往效之。

太祖崩，友珪立，以翔先帝謀臣，懼其圖己，不欲翔居內職，乃以李振代翔爲崇政使，拜翔中書侍郎、同中書門下平章事。翔以友珪畏己，多稱疾，未嘗省事。

末帝即位，趙巖等用事，頗離間舊臣，翔愈鬱鬱不得志。其後，梁盡失河北，與晉相拒楊劉，翔曰：「故時河朔半在，以先帝之武，御貔虎之臣，猶不得志於晉。今晉日益彊，日益削，陛下處深宮之中，所與計事者，非其近習，則皆親戚之私，而望成事乎？臣聞晉攻楊劉，李亞子負薪渡水，爲士卒先。陛下委蛇守文，以儒雅自喜，而遣賀瓌爲將，豈足當

彼之餘鋒乎？臣雖憊矣，受國恩深，若其乏材，願得自效。」巖等以翔為怨言，遂不用。其後，王彥章敗于中都，末帝懼，召段凝於河上。是時，梁精兵悉在凝軍，凝有異志，顧望不來。末帝遽呼翔曰：「朕居常忽卿言，今急矣，勿以為懟，卿其教我當安歸？」翔曰：「臣從先帝三十餘年，今雖為相，實朱氏老奴爾，事陛下如郎君，以臣之心，敢有所隱！陛下初用段凝，臣已爭之，今凝不來，敵勢已迫，欲為陛下謀，則小人間之，必不見聽。請先死，不忍見宗廟之亡！」君臣相向慟哭。

翔與李振俱為太祖所信任，莊宗入汴，詔赦梁羣臣，李振喜謂翔曰：「有詔洗滌，將朝新君。」邀翔欲入見。翔夜止高頭車坊，將旦，左右報曰：「崇政李公入朝矣！」翔歎曰：「李振謬為丈夫矣！復何面目入梁建國門乎？」乃自經而卒。

朱珍　李唐賓附

朱珍，徐州豐人也。少與龐師古等俱從梁太祖為盜。珍為將，善治軍選士，太祖初鎮宣武，珍為太祖創立軍制，選將練兵甚有法。太祖得諸將所募兵及佗降兵，皆以屬珍，珍選將五十餘人，皆可用。梁敗黃巢、破秦宗權，東并兗、鄆，未嘗不在戰中，而常勇出諸

太祖與晉王東逐黃巢,還過汴,館之上源驛,晉王亡去,珍悉殺其麾下兵。

義成軍亂,逐安師儒,師儒奔梁。太祖遣珍以兵趨滑州,道遇大雪,珍趣兵疾馳,一夕至城下,遂乘其城。義成軍以爲方雪,不意梁兵來,不爲備,遂下之。

秦宗權遣盧瑭、張晊等攻梁,是時,梁兵尚少,數爲宗權所困。珍偏將張仁遇白珍曰:「軍中有犯令者,請先斬而後白。」珍曰:「偏將欲專殺邪?立斬仁遇以徇軍,軍中皆感悅。珍得所募兵萬餘以歸,太祖大喜曰:「賊在吾郊,且賊方息兵養勇,度吾兵少,而未知珍來,謂吾不若踐吾麥,奈何! 今珍至,吾事濟矣!宗權由此敗亡,而梁軍威大振,以得珍兵故也。

珍從太祖攻朱宣,取曹州,執其刺史丘弘禮。又取濮州,刺史朱裕奔于鄆州。太祖乃還汴,留珍攻鄆州。珍去鄆二十里,遣精兵挑之,鄆人不出。朱裕詐爲降書,陰使人召珍,珍信之,夜率其兵叩鄆城門,朱裕登陴,開門內珍軍,珍軍已入甕城而垂門發,鄆人從城上礌石以投之,珍軍皆死甕城中,珍僅以身免,太祖不之責也。

魏博軍亂,囚樂彥貞。太祖遣珍救魏,珍破黎陽、臨河、李固,分遣聶金、范居實等略澶州,殺魏豹子軍二千於臨黃。珍威振河朔。魏人殺彥貞,珍乃還。梁攻徐州,遣珍先攻下豐縣,又敗時溥於吳康,與李唐賓等屯蕭縣。

唐賓者,陝州陝人也[三]。初為尚讓偏將,與太祖戰尉氏門,為太祖所敗,唐賓乃降梁。梁兵攻掠四方,唐賓常與珍俱,與珍威名略等,而驍勇過之,珍戰每小却,唐賓佐之乃大勝。珍嘗私迎其家置軍中,太祖疑珍有異志,遣唐賓伺察之。珍與唐賓不協,唐賓不能忍,夜走還宣武,珍單騎追之,交訴太祖前。太祖兩惜其材,為和解之。

珍屯蕭縣,聞太祖將至,戒軍中治館廄以待。唐賓部將嚴郊治廄失期,軍吏督之,郊訴于唐賓,唐賓以讓珍,珍怒,拔劍而起,唐賓拂衣就珍,珍即斬之,遣使者告唐賓反。使者晨至梁,敬翔恐太祖暴怒不可測,乃匿使者,至夜而見之,謂雖有所發,必須明旦,冀得少緩其事而圖之。既夕,乃引珍使者入見,太祖大驚,然已夜矣,不能有所發,翔因從容為太祖畫。明日,佯收唐賓妻子下獄。因如珍軍,去蕭一舍,珍迎謁,太祖命武士執之,諸將霍存等十餘人叩頭救珍,太祖大怒,舉胡牀擲之曰:「方珍殺唐賓時,獨不救之邪!」存等退,珍遂縊死。

龐師古

龐師古，曹州南華人也，初名從。梁太祖鎮宣武，初得馬五百匹為騎兵，乃以師古將之，從破黃巢、秦宗權，皆有功。

太祖攻時溥未下，留兵屬師古守之，師古取其宿遷，進屯呂梁。溥以兵二萬出戰，師古敗之，斬首二千級。孫儒逐楊行密，取揚州，淮南大亂，太祖遣師古渡淮攻儒，為儒所敗。是時，朱珍、李唐賓已死，師古與霍存分將其兵。郴王友裕攻徐州，朱瑾以兵救時溥，友裕敗溥於石佛山，謹收餘兵去。太祖以友裕可追而不追，奪其兵以屬師古。師古攻徐州，斬溥，太祖表師古徐州留後。梁兵攻鄆州，臨濟水，師古徹木為橋，夜以中軍先濟。朱宣走中都，見殺。

太祖已下兗、鄆，乃遣師古與葛從周攻楊行密于淮南，師古出清口，從周出安豐。師古自其微時事太祖，為人謹甚，未嘗離左右，及為將出兵，必受方略以行，軍中非太祖命，不妄動。師古營清口，地勢卑，或請就高為柵，師古以非太祖命，不聽。淮人決水浸之，請者告曰：「淮人決河，上流水至矣！」師古以為搖動士卒，立斬之。已而水至，兵不能戰，

遂見殺。

嗚呼，兵之勝敗，豈易言哉！梁兵彊於天下，而吳人號爲輕弱，然師古再舉擊吳，輒再敗以死。其後，太祖自將出光山，攻壽春，然亦敗也。蓋自高駢死，唐以梁兼統淮南，遂與孫、楊爭，凡三十年間，三舉而三敗。以至彊遭至弱而如此，此其不可以理得也。兵法固有以寡而敗衆，以弱而勝彊者，顧吳豈足以知之哉！豈非適與其機會邪？故曰：「兵者凶器，戰者危事也。」可不慎哉！

葛從周

葛從周，字通美，濮州鄄城人也〔四〕。少從黃巢，巢敗降梁〔五〕。從太祖攻蔡州，太祖墜馬，從周扶太祖復騎，與敵步鬭傷面，身被數瘡，偏將張延壽從旁擊之，從周得與太祖俱去。太祖盡黜諸將，獨用從周、延壽爲大將。

秦宗權盡掠地潁亳，及梁兵戰于焦夷，從周獲其將王涓一人。從朱珍收兵淄青，遇東兵輒戰，珍得兵歸，從周功爲多。張全義襲李罕之於河陽，罕之奔晉，召晉兵以攻全義，全義

乞兵於梁，太祖遣從周、丁會等救之，敗晉兵於沁河。潞州馮霸殺晉守將李克恭以降梁〔六〕。太祖遣從周入潞州，晉兵攻之，從周與丁會先下黎陽、臨河，會太祖於內黃，敗魏兵於永定橋。從丁會攻宿州，以水浸其城，遂破之。太祖攻朱瑾于兗州，未下，留從周圍之，瑾閉壁不出，從周詐言救兵至，陽避之高吳，夜半潛還城下，瑾以謂從周已去，乃出兵收外壕，從周掩擊之，殺千餘人。

晉攻魏，魏人求救，太祖遣侯言救魏，言築壘于洹水。從周至軍，益閉壘不出，而鑿三闇門以待，晉兵攻之，從周雖大敗，而梁兵擒其子落落，送于魏，斬之。遂徙攻鄆州，擒朱宣於中都，又攻兗州，走朱瑾。太祖表從周兗州留後，以兗、鄆兵攻淮南，出安豐，會龐師古于清口。從周行至濠州，聞師古死，遽還，至渒河將渡而淮兵追之，從周亦大敗。是時，晉兵出山東攻相、衛，太祖遣從周略地山東，下洺州，斬其刺史邢善益，又下邢州，走其刺史馬師素，又下磁州，殺其刺史袁奉滔。五日而下三州。太祖乃表從周兼邢州留後。

劉仁恭攻魏，已屠貝州，羅紹威求救于梁，從周會太祖救魏，入于魏州。燕兵攻館陶門，從周以五百騎出戰，曰：「大敵在前，何可返顧！」使閉門而後戰。破其八柵，燕兵走，

追至于臨清,擁之御河,溺死者甚衆。太祖以從周爲宣義行軍司馬。

太祖遣從周攻劉守文于滄州,以蔣暉監其軍。守文求救於其父仁恭,仁恭以燕兵救之。暉語諸將曰:「吾王以我監諸將,今燕兵來,不可迎戰,宜縱其入城,聚食倉廩,使兩困而後取之。」諸將頗以爲然。從周怒曰:「兵在上將,豈監軍所得言! 且暉之言乃常談爾,勝敗之機在吾心,暉豈足以知之!」乃勒兵逆仁恭于乾寧,戰于老鴉堤,仁恭大敗,斬首三萬餘級,獲其將馬慎交等百餘人、馬三千四。是時,守文亦求救於晉,晉爲攻邢洺以牽之[八],從周遽還,敗晉兵于青山。遂從太祖攻鎮州,下臨城,王鎔乞盟,太祖表從周泰寧軍節度使。

從氏叔琮攻晉太原,不克。梁兵西攻鳳翔,青州王師範遣其將劉鄩襲兗州,從周卒招降鄩爲鄩所得,厚遇之而不殺。太祖還自鳳翔,乃遣從周攻鄩,從周卒招降鄩。太祖即位,拜左金吾衞上將軍,以疾致仕,拜右衞上將軍,居于偃師。末帝即位,拜昭義軍節度使,封陳留郡王[九],食其俸于家。卒,贈太尉。

霍存

霍存，洛州曲周人也。少從黃巢，巢敗，存乃降梁。存為將驍勇，善騎射。秦宗權攻汴，存以三千人夜破張晊柵，又以騎兵破秦賢，殺三千人[〇]，敗晊於赤岡。從朱珍掠淄青、龐師古攻時溥，皆有功。朱珍與李唐賓俱死，乃以龐師古代珍、存代唐賓以攻溥，破碭山[一一]，存獲其將石君和等五十人。梁攻宿州，葛從周引水浸之，丁會與存戰城下，遂下之。從攻潞州，與晉人遇，戰馬牢川，存入則當其前，出則為其殿，晉人却，遂東攻魏，取淇門，殺三千人。梁得曹州，太祖以存為刺史，兼諸軍都指揮使。

梁攻鄆州，朱瑾來救，梁諸將或勸太祖縱瑾入鄆，耗其食，堅圍勿戰，以此可俱弊。太祖曰：「瑾來必與時溥俱，不若遣存邀之。」存伏兵蕭縣，已而瑾果與溥俱出迷離，存發伏擊之，遂敗瑾等於石佛山，存中流矢卒。太祖已即位，閱騎兵於繁臺，顧諸將曰：「使霍存在，豈勞吾親閱邪！諸君寧復思之乎？」佗日語又如此。

張存敬

張存敬，譙郡人也。為人剛直，有膽勇，少事梁太祖為將，善因危窘出奇計。李罕之與晉人攻張全義於河陽，太祖遣存敬與丁會等救之，罕之解圍去。太祖以存

敬爲諸軍都虞候。太祖攻徐、兗，以存敬爲行營都指揮使。從葛從周攻滄州，敗劉仁恭於老鴉堤。還攻王鎔於鎮州，入其城中，取其馬牛萬計。遷宋州刺史。復從諸將攻幽州，存敬取其瀛、漠[二]、祁、景四州。梁攻定州，與王處直戰懷德驛，大敗之，枕尸十餘里。梁已下鎮、定，乃遣存敬攻王珂于河中，存敬出含山，下晉、絳二州，珂降于梁。太祖表存敬護國軍留後，復徙宋州刺史，未至，卒于河中。贈太傅。

存敬子仁穎[三]，仁愿。仁愿有孝行，存敬卒，事其兄仁穎，出必告，反必面，如事父之禮。仁愿曉法令，事梁、唐、晉，常爲大理卿，卒，贈秘書監。

符道昭

符道昭，蔡州人也。爲秦宗權騎將，宗權敗，道昭流落無所依，後依鳳翔李茂貞，茂貞愛之，養以爲子，名繼遠。梁攻茂貞，道昭與梁兵戰，屢敗，乃歸梁。太祖表道昭秦州節度使，以亂不果行。太祖爲元帥，初開府，而李周彝以鄜州降，以爲左司馬，擇右司馬難其人，及得道昭，乃授之。

羅紹威將誅其牙兵，惡魏兵彊，未敢發，求梁爲助。太祖乃悉發魏兵使攻燕，而遣馬

劉捍

劉捍，開封人也。為人明敏有威儀，善擯贊。太祖初鎮宣武，以為客將，使從朱珍募兵淄青。

太祖北攻鎮州，與王鎔和，遣捍見鎔，鎔軍未知梁意，方嚴兵，捍馳一騎入城中，諭鎔以太祖意，鎔乃聽命。梁兵攻定州，降王處直，捍復以一騎入慰城中。太祖圍鳳翔，遣捍入見李茂貞計事。唐昭宗召見，問梁軍中事，稱旨，賜以錦袍，拜登州刺史，賜號迎鑾毅勇功臣。梁兵攻淮南，遣捍先之淮口，築馬頭下浮橋以渡梁兵。太祖出光山攻壽州，又使捍作浮橋于淮北，以渡歸師。拜宋州刺史。

太祖即位，遷左天武指揮使、元從親軍都虞候、左龍虎統軍，出為佑國軍留後。同州

劉知俊反，以賂誘捍將吏，執捍而去，知俊械之，送于李茂貞，見殺。太祖哀之，贈捍太傅。

寇彥卿

寇彥卿，字俊臣，開封人也。世事宣武軍為牙將。羅紹威將誅牙軍，太祖遣彥卿之魏計事，彥卿陰為紹威計畫，乃悉誅牙軍。

彥卿身長八尺，隆準方面，語音如鍾。工騎射，好書史，善伺太祖意，動作皆如旨。太祖嘗曰：「敬翔、劉捍、寇彥卿皆天為我生之。」其愛之如此。太祖圍鳳翔，以彥卿為都排陣使，彥卿乘烏馳突陣前，太祖目之曰：「真神將也！」賜以所乘愛馬「一丈烏」。

初，太祖與崔胤謀，欲遷都洛陽，而昭宗不許。其後昭宗奔于鳳翔，太祖以兵圍之，昭宗既出，明年，太祖以兵至河中，遣彥卿奉表迫請遷都。彥卿因悉驅徙長安居人以東，皆拆屋為柴[一四]，浮渭而下，道路號哭，仰天大罵曰：「國賊崔胤、朱溫使我至此！」昭宗亦顧瞻陵廟，傍徨不忍去，謂其左右為俚語云：「紇干山頭凍死雀，何不飛去生處樂。」相與泣

下沾襟。昭宗行至華州，遣人告太祖以何皇后有娠，願留華州待冬而行。太祖大怒，顧彥卿曰：「汝往趣官家來，不可一日留也。」彥卿復馳至華，即日迫昭宗上道。

太祖即位，拜彥卿感化軍節度使。歲餘，召爲左金吾衛大將軍、充金吾街仗使。彥卿晨朝至天津橋，民梁現不避道，前驅摔現投橋上石欄以死。彥卿見太祖自首，太祖惜之，詔彥卿以錢償現家以贖罪。御史司憲崔沂劾奏彥卿，請論如法，太祖不得已，責授彥卿左衛中郎將。復拜相州防禦使，遷河陽節度使。

太祖遇弑，彥卿出太祖畫像，事之如生，嘗對客語先朝，必涕泗交下。末帝即位，徙鎮威勝。彥卿明敏善事人，而怙寵作威，好誅殺，多猜忌。卒于鎮，年五十七。

校勘記

(一) 拜翔太府卿　「翔」字原闕，據宗文本補。按舊五代史卷一八敬翔傳：「翔授檢校右僕射、太府卿。」通鑑卷二六四：「以敬翔守太府卿。」

(二) 翔亦佯醉去　「翔」字原闕，據宗文本補。按舊唐書卷二〇上昭宗紀：「全忠令敬翔私退，奏曰：『敬翔亦醉而出矣。』」

(三) 陝州陝人也　「陝州」二字原闕，據宗文本補。舊五代史卷二一李唐賓傳云其「陝州陝縣人

〔四〕濮州鄄城人 「鄄城」，原作「甄城」，據宋丙本、宗文本、舊五代史卷一六葛從周傳改。按舊唐書卷三八地理志一，濮州有鄄城縣。

〔五〕巢敗降梁 「巢」字原闕，據宗文本補。

〔六〕李克恭 原作「李克脩」，據南監本、本書卷一梁本紀、舊五代史卷一梁太祖紀一、卷二五唐武皇紀上、卷五三李存孝傳改。按舊五代史卷二五唐武皇紀上、通鑑卷二五八皆記李克脩卒於大順元年三月，李克恭代爲潞州節度使。

〔七〕敗晉兵 「晉」字下原空一格，據宋丙本補。宗文本作「敗晉兵」。

〔八〕晉爲攻邢洺以牽之 「邢」，原作「鄴」，據宋丙本、宗文本、舊五代史卷一六葛從周傳改。

〔九〕封陳留郡王 「封」字原闕，據宗文本、舊五代史卷一六葛從周傳、冊府卷一九六、卷三八六補。

〔一〇〕殺三千人 「三千」，舊五代史卷二一霍存傳、冊府卷三四六作「五千」。

〔一一〕破碭山 「破」，宗文本作「敗」。

〔一二〕漠 舊五代史卷二〇張存敬傳作「莫」。按舊五代史卷一五〇郡縣志，河北道有莫州。

〔一三〕存敬子仁穎 「仁穎」，舊五代史卷九三張仁愿傳、冊府卷八五二作「仁穎」。本卷下一處同。

〔一四〕皆拆屋爲栍 宗文本作「人皆拆屋爲栍」。

新五代史卷二十二

梁臣傳第十

康懷英

康懷英，兗州人也。事朱瑾爲牙將，梁兵攻瑾，瑾出略食豐沛間，留懷英守城，懷英即以城降梁，瑾遂奔于吳。太祖得懷英大喜。

後從氏叔琮攻趙匡凝，下鄧州。梁兵攻李茂貞于岐，以懷英爲先鋒，至武功，擊殺岐兵萬餘人，太祖喜曰：「邑名武功，眞武功也。」以名馬賜之。是時，李周彝以鄜坊兵救岐，屯于三原〔一〕，懷英擊走之，因取其翟州而還。岐兵屯奉天，懷英栅其東北。夜半，岐兵攻之，懷英以爲夜中不欲驚它軍，獨以二千人出戰〔二〕，遲明，岐兵解去，身被十餘瘡。李茂貞與梁和，昭宗還京師，賜懷英迎鑾毅勇功臣。

楊行密攻宿州，太祖遣懷英擊走之，表宿州刺史。遷保義軍節度使。

丁會以潞州叛梁降晉，太祖命懷英為招討使，將行，太祖戒之，語甚切，謂潞州期必得，乃築夾城圍之。晉遣周德威屯于亂柳，數攻夾城，懷英不敢出戰，太祖乃以李思安代懷英將，降懷英為都虞候。久之，思安亦無功，太祖大怒，罷思安，以同州劉知俊為招討使。知俊未至軍，太祖自至澤州，為懷英等軍援，且督之。已而晉王李克用卒，莊宗召周德威還[三]。太祖聞晉有喪，德威去，亦歸洛陽，而諸將亦少弛。莊宗謂德威曰：「晉之所以能敵梁，而彼所憚者，先王也。今聞吾王之喪，謂我新立，未能出兵，其意必怠，宜出其不意以擊之，非徒解圍，亦足以定霸也。」乃與德威等疾馳六日至北黃碾，會天大昏霧，伏兵三垂岡，直趨夾城，攻破之。懷英大敗，亡將三百人，懷英以百騎遁歸，詣闕請死。太祖曰：「去歲興兵，太陰虧食，占者以為不利，吾獨違之而致敗，非爾過也。」釋之，以為右衛上將軍。

劉知俊叛，奔于岐，以懷英為保義軍節度使、西路副招討使。知俊以岐兵圍靈武，太祖遣懷英攻邠寧以牽之。懷英取寧、慶、衍三州，還至昇平，知俊掩擊之，懷英大敗。徙鎮感化。其後朱友謙叛附于晉，以懷英討之，與晉人戰白徑嶺，懷英又大敗。徙鎮永平，卒于鎮。

劉鄩

劉鄩，密州安丘人也。少事青州王敬武，敬武卒，子師範立，棣州刺史張蟾叛，師範遣指揮使盧洪討蟾，洪亦叛，師範僞爲好辭召洪，洪至，迎於郊外，命鄩斬之坐上，因使鄩攻張蟾，破之。師範表鄩登州刺史，以爲行軍司馬。

梁太祖西攻鳳翔，師範乘梁虛，陰遣人分襲梁諸州縣，它遣者多漏洩，事不成。獨鄩素好兵書，有機略。是時，梁已破朱瑾等，悉有兗、鄆，以葛從周爲兗州節度使，從周將兵在外，鄩乃使人負油罌城中，悉視城中虛實出入之所。油者得羅城下水竇可入，鄩乃以步兵五百從水竇入[四]，襲破之，徙從周家屬外第，親拜其母，撫之甚有恩禮。

太祖已出昭宗于鳳翔，引兵東還，遣朱友寧攻師範，從周攻鄩。鄩以版輿置從周母城上，母呼從周曰：「劉將軍待我甚厚，無異於汝。人臣各爲其主，汝可察之！」從周爲之緩攻。鄩乃悉簡婦人及民之老疾不足當敵者出之，獨與少壯者同辛苦，分衣食，堅守以待。外援不至[五]，人心頗離，副使王彥溫踰城而奔，守陴者多逸。鄩乃遣人陽語彥溫曰：「副使勿多以人出，非吾素遣者，皆勿以行。」又下令城中曰：「吾遣從副使者得出，否者皆

族。」城中皆惑,奔者乃止。已而梁兵聞之,果疑彥溫非實降者,斬之城下,由是城守益堅。

師範兵已屈,從周以禍福諭鄩,鄩報曰:「俟吾主降,即以城還梁。」師範敗,降梁,鄩乃亦降。從周爲具齎裝,送鄩歸梁,鄩曰:「降將蒙梁恩不誅,幸矣!敢乘馬而衣裘乎?」乃素服乘驢歸梁。太祖賜之冠帶,飲之以酒,鄩辭以量小,太祖曰:「取兗州,量何大乎?」以爲元從都押衙。是時,太祖已領四鎮,四鎮將吏皆功臣舊人[七],鄩一旦以降將居其上,及諸將見鄩,皆用軍禮,鄩居自如,太祖益奇之。

太祖即位,累遷左龍武統軍。劉知俊叛,陷長安,太祖遣鄩與牛存節討之,知俊走鳳翔,太祖乃以長安爲永平軍,拜鄩節度使。末帝即位,領鎮南軍節度使,爲開封尹。楊師厚卒,分相、魏爲兩鎮,末帝恐魏兵亂,遣鄩以兵屯于魏縣。魏兵果亂,劫賀德倫降晉。莊宗入魏,鄩以謂晉兵悉從莊宗赴魏,而太原可襲,乃結草爲人,執以旗幟,以故不追。鄩之往來城上,而潛軍出黃澤關襲太原。晉兵望梁壘旗幟往來,不知其去也,及至樂平,遇雨,不克進而旋,急趨臨清,爭魏積粟,而周德威已先至,鄩乃屯于莘縣,築甬道及河以餽軍。

久之,末帝以書責鄩曰:「閫外之事[八],全付將軍,河朔諸州一旦淪沒。今倉儲已

竭,飛輓不充,將軍與國同心,宜思良畫!」鄩報曰:「晉兵甚銳,未可擊,宜待之。」末帝復遣問鄩必勝之策,鄩曰:「臣無奇術,請人給米十斛,米盡則敵破矣!」末帝大怒,誚鄩曰:「將軍蓄米,將療饑乎?將破敵乎?」乃遣使者監督其軍。鄩召諸將謀曰:「主上深居禁中,與白面兒謀,必敗人事。今敵盛,未可輕動,諸君以爲如何?」諸將皆欲戰,鄩乃悉召諸將坐之軍門,人以河水一杯飲之,諸將莫測,或飲或辭,鄩曰:「一杯之難猶若此,滔滔河流可盡乎?」諸將皆失色。

是時,莊宗在魏,數以勁兵壓鄩營,鄩不肯出,而末帝又數促鄩,使出戰。莊宗與諸將謀曰:「劉鄩學六韜,喜以機變用兵,本欲示弱以襲我,今其見迫,必求速戰。」乃聲言歸太原,命符存審守魏,陽爲西歸,而潛兵貝州〔九〕。鄩果報末帝曰:「晉王西歸,魏無備,可擊。」乃以兵萬人攻魏城東,莊宗自貝州返趨擊之。鄩爲圓陣以禦晉人。兵再合,鄩大敗,南奔,自黎陽濟河,保滑州。末帝以爲義成軍節度使。明年,河朔皆入于晉,降鄩亳州團練使。

兗州張萬進反,拜鄩兗州安撫制置使。萬進敗死,乃拜鄩泰寧軍節度使。朱友謙叛,陷同州,末帝以鄩爲河東道招討使。行次陝州,鄩爲書以招友謙,友謙不報,留月餘待之。

尹皓、段凝等素惡鄩,乃譖之,以為鄩與友謙親家,故其逗留以養賊。已而鄩兵數敗,乃罷鄩歸洛陽,酖殺之,年六十四,贈中書令。

子遂凝、遂雍,事唐皆為刺史。

明宗晚年,淑妃用事,鄩二子皆被恩寵。

潞王從珂反於鳳翔,時遂雍為西京副留守,留守王思同率諸鎮兵討鳳翔,戰敗東歸,遂雍閉門不內,悉封府庫以待潞王。潞王前軍至者,悉以金帛給之。潞王見遂雍,握手流涕,由是事無大小皆與圖議。廢帝入立,拜遂雍淄州刺史,以鄩兄琪之子遂清代遂雍為西京副留守。

遂清歷易、棣等五州刺史,皆有善政,遷鳳州防禦使,宣徽北院使、判三司。晉開運中為安州防禦使以卒。遂清性至孝,居父喪哀毀,鄉里稱之。嘗為淄州刺史,迎其母,母及郊,遂清為母執轡行數十里,州人咸以為榮。

牛存節

牛存節,字贊正,青州博昌人也。初名禮,事諸葛爽於河陽,爽卒,存節顧其徒曰:

「天下洶洶，當得英雄事之。」乃率其徒十餘人歸梁太祖。存節爲人木彊忠謹，太祖愛之，賜之名字，以爲小校。

張晊攻汴，存節破其二寨。梁攻濮州，戰南劉橋、范縣，存節功多。李罕之圍張全義於河陽，全義乞兵於梁，太祖以存節故事河陽，知其間道，使以兵爲前鋒。是時歲饑，兵行乏食，存節以金帛就民易乾葚以食軍，擊走罕之。太祖攻魏，存節下魏黎陽、臨河，殺魏萬二千人，與太祖會內黃。遷滑州牢城、遏後指揮使[一０]。

梁兵攻鄆，存節使都將王言藏船鄆西北隅濠中，期以日午渡兵踰濠急攻之。會營中火起，鄆人登城望火，言伏不敢動，與存節失期，存節獨破鄆西甕城門，奪其濠橋，梁兵得俱進，遂破朱宣。從葛從周攻淮南，從周敗淠河，存節收其散卒八千以歸。拜亳、宿二州刺史。朱瑾走吳，召吳兵攻徐、宿，存節謀曰：「淮兵必不先攻宿，然宿溝壘素固，可以禦敵。」乃夜以兵急趣徐州，比傅徐城下，瑾兵方至，望其塵起，驚曰：「梁兵已來，何其速也！」不能攻而去。已而太祖使者至，授存節軍機，悉與存節意合，由是諸將益服其能。遷潞州都指揮使。太祖攻鳳翔，使召存節。存節爲將，法令嚴整而善得士心，潞人送者皆號泣[一二]。累拜邢州團練使、元帥府左都押衙。

太祖即位，拜右千牛衛上將軍。從康懷英攻潞州，爲行營排陣使。晉兵已破夾城，存

節等以餘兵歸，行至天井關，聞晉兵攻澤州，存節顧諸將曰：「吾行雖不受命，然澤州要害，不可失也。」諸將皆不欲救之。存節戒士卒熟息，已而謂曰：「事急不赴，豈曰勇乎！」舉策而先，士卒隨之。比至澤州，州人已焚外城，將降晉，聞存節至，乃稍定。存節入城，助澤人守，晉人穴地道以攻之，存節選勇士數十，亦穴地以應之，戰于隧中，敵不得入，晉人解去。遷左龍虎統軍、六軍都指揮使、絳州刺史，遷鄜州留後。

同州劉知俊叛，奔鳳翔，乃遷存節匡國軍節度使。同州東西受敵。同州水鹹而無井，知俊叛梁，以渴不能守而走，故友謙與岐兵合圍持久，欲以渴疲之，存節禱而擇地鑿井八十，水皆甘可食，友謙卒不能下。

末帝立，加同中書門下平章事，徙鎮天平。蔣殷反徐州，遣存節攻破之，以功加太尉。梁、晉相距於河上，存節病痟，而梁、晉方苦戰，存節忠憤彌激，治軍督士，未嘗言病。病革，召歸京師，將卒，語其子知業曰：「忠孝，吾子也。」不及其佗。贈太師。

張歸霸　弟歸厚　歸弁

張歸霸，清河人也。末帝娶其女，是爲德妃。歸霸少與其弟歸厚、歸弁俱從黃巢，巢

敗東走,歸霸兄弟乃降梁。

秦宗權攻汴,歸霸戰數有功。張晊軍赤岡,以騎兵挑戰,矢中歸霸,歸霸拔之,反以射賊,一發而斃,奪其馬而歸。太祖從高丘望見,甚壯之,賞以金帛,并以其馬賜之。使以弓手五百人伏湟中,太祖以騎數百爲遊兵,過晊柵,晊出兵追太祖,歸霸發伏,殺晊兵千人,奪馬數十匹。

太祖攻蔡州,蔡將蕭顥急擊太祖營,歸霸以兵數千守之,與徐懷玉分出東南壁門,合擊敗之。太祖得拔營去。太祖攻兗、鄆,取曹州,使歸霸以兵數千守之,與朱瑾逆戰金鄉,大敗之。又破濮州。晉人攻魏,歸霸從葛從周救魏,戰洹水,歸霸擒克用子落落以與魏人。又破劉仁恭於内黄,功出諸將右。光化二年,權知邢州。遷萊州刺史,拜左衛上將軍、曹州刺史。開平元年,拜右龍虎統軍、左驍衛上將軍。二年,拜河陽節度使,以疾卒。子漢傑,事末帝爲顯官,以張德妃故用事。梁亡,唐莊宗入汴,遂族誅。

弟歸厚,字德坤。爲將善用弓槊,能以少擊衆。張晊屯赤岡,歸厚與晊獨戰陣前,晊憊而却,諸將乘之,晊遂大敗。太祖大悦,以爲騎長。梁攻時溥,歸厚以麾下先進九里山,遇徐兵而戰,梁故將陳璠叛在徐,歸厚望見識之,

瞋目大罵，馳騎直往取之，矢中其左目。

郴王友裕攻鄆，屯濮州，太祖從後至，友裕徙柵，與太祖相失。太祖登高望之，鄆兵纔千人，太祖與歸厚以廳子軍直衝之，戰已合，鄆兵大至，歸厚度不能支，以數十騎衛太祖先還。歸厚馬中矢僵，乃持槊步鬬。太祖還軍中，遣張筠馳騎第取之，以為必死矣。歸厚體被十餘箭，得筠馬乃歸，太祖見之，泣曰：「爾在，喪軍何足計乎！」使昇歸宣武。遷右神武統軍，歷洺、晉、絳三州刺史，與晉人屢戰未嘗屈。乾化元年，拜鎮國軍節度使，以疾卒。子漢卿。

歸弁，為將亦善戰，開平初，為滑州長劍指揮使。子漢融。梁亡，皆族誅。

王重師

王重師，許州長社人也。為人沈嘿多智，善劍槊。秦宗權陷許州，重師脫身歸梁，從太祖平蔡，攻兗、鄆，為拔山軍指揮使[三]。重師苦戰齊魯間，威震鄰敵。遷潁州刺史。

太祖攻濮州，已破，濮人積草焚之，梁兵不得入。是時，重師方病金瘡，臥帳中，諸將

強之，重師遽起，悉取軍中氈毯沃以水，蒙之火上，率精卒以短兵突入，梁兵隨之皆入，遂取濮州。重師身被八九瘡，軍士負之而還。太祖聞之，驚曰：「柰何使我得濮州而失重師乎！」使醫理之，逾月乃愈。王師範降，表重師青州留後，累遷佑國軍節度使、同中書門下平章事。居數年，甚有威惠。

重師與劉捍故有隙，捍嘗構之太祖，太祖疑之。重師遣其將張君練西攻邠、鳳而不先請，君練兵小敗，太祖以其擅發兵，挫失國威，將召而罪之，遣劉捍代重師。重師不知太祖怒己，捍至，重師不出迎，見之青門，禮又倨，捍因馳白太祖，言重師有二志。太祖益怒，貶重師溪州刺史，再貶崖州司戶參軍，未行，賜死。

徐懷玉

徐懷玉，亳州焦夷人也。少事梁太祖，與太祖俱起微賤。懷玉爲將，以雄豪自任，而勇於戰陣。從太祖鎮宣武，爲永城鎮將。

秦宗權攻梁，壁金隄、靈昌、酸棗，懷玉以輕騎連擊破之，俘殺五千餘人，遷左長劍都虞候。又破宗權於板橋、赤岡，拔其八柵。從太祖東攻兗、鄆，破徐、宿。懷玉金創被體，

戰必克捷，所得賞賚，往往以分士卒，爲梁名將。本名琮，太祖賜名懷玉。

從太祖攻魏，敗魏兵黎陽，遂東攻兗，破朱瑾於金鄉。又從龐師古攻楊行密，師古敗清口，懷玉獨完一軍，行收散卒萬餘人以歸。遷沂州刺史，屬歲屢豐，乃繕兵治壁，爲戰守具。已而王師範叛梁，攻東境，懷玉屢以州兵擊破之。遷齊州防禦使。

天復四年，以州兵西迎昭宗都洛陽，遷華州觀察留後，以兵屯雍州。遷右羽林統軍[二]，屯于澤州，晉人攻之，爲隧以入，懷玉擊之隧中，晉人乃却。太祖時，歷曹、晉二州刺史，晉數攻之，懷玉堅守，敗晉兵于洪洞。拜保大軍節度使。太祖崩，友珪自立，朱友謙附于晉，以襲鄜州，執懷玉，殺之。

校勘記

〔一〕屯于三原 「三原」原作「三界原」，據宗文本、舊五代史卷二三康懷英傳改。

〔二〕獨以二千人出戰 「二千」宗文本、册府卷三四六作「三千」。

〔三〕莊宗召周德威還 句下宗文本有「太原」二字。

〔四〕鄜乃以步兵五百從水竇入 「入」字原闕，據宗文本補。通鑑卷二六三：「鄜將精兵五百夜自水竇入。」

（五）堅守以待外援不至　宗文本作「堅守以待外援久之外援不至」。

（六）即以城還梁　「梁」字原闕，據宋丙本、宗文本補。

（七）四鎮將吏皆功臣舊人　「四鎮」二字原闕，據宗文本補。通鑑卷二六四敍其事作「是時四鎮將吏皆功臣舊人」。

（八）閫外之事　「之」字原闕，據宗文本、舊五代史卷二三劉鄩傳、册府卷四五〇補。

（九）而潛兵貝州　「而」字原闕，據宗文本補。

（一〇）遷滑州牢城過後指揮使　「牢城」，宗文本、牛存節墓誌（拓片刊河洛墓刻拾零）作「牢牆」，册府卷二一〇注：「梁祖諱誠，故曰牢牆。」

（一一）潞人送者皆號泣　「潞」，原作「路」，據宋丙本、宗文本改。

（一二）爲拔山軍指揮使　「拔山軍」宗文本作「拔山都」。册府卷八四五記其隸於拔山都。

（一三）遷右羽林統軍　「右」，舊五代史卷二一徐懷玉傳、册府卷三四六作「左」。

新五代史卷二十三

梁臣傳第十一

楊師厚

楊師厚，潁州斤溝人也。少事河陽李罕之，罕之降晉，選其麾下勁卒百人獻于晉王，師厚在籍中。師厚在晉，無所知名，後以罪奔于梁，太祖以為宣武軍押衙、曹州刺史。梁攻王師範，師厚戰臨朐，擒其偏將八十餘人，取棣州，以功拜齊州刺史。太祖攻趙匡凝於襄陽，遣師厚為先鋒。師厚取穀城西童山木為浮橋，渡漢水，擊匡凝，敗之，匡凝棄城走。師厚進攻荊南，又走匡凝弟匡明，功為多，拜山南東道節度使、同中書門下平章事。

劉知俊叛，攻陷長安，劉鄩、牛存節等攻之，久不克。師厚以奇兵出，旁南山入其西

門,降其守者,遂克之。晉周德威攻晉州以應知俊,師厚敗之于蒙坑,以功遷保義軍節度使,徙鎮宣義。

是時,梁兵攻趙久無功,太祖病臥洛陽,少間,乃自將北擊趙。師厚從太祖至洹水,夜行迷失道,明旦,次魏縣,聞敵將至,梁兵潰亂不可止,久之無敵,太祖疾作,乃還。明年,少間,而晉軍攻燕,燕王劉守光求援於梁,太祖為之擊趙以牽晉,屯于龍花,遣師厚攻棗彊,三月二不能下〔一〕。太祖怒,自往督兵戰〔二〕。乃破,屠之,進圍蓨縣。晉史建瑭以輕兵夜擊梁軍,梁軍大擾,太祖與師厚皆棄輜重南走。太祖還東都,師厚留屯魏州。明年,太祖遇弒,友珪自立,師厚乘間殺魏牙將潘晏、臧延範等,逐出節度使羅周翰,友珪因以師厚為天雄軍節度使。

〔一〕作日。

自太祖與晉戰河北,師厚常為招討使,悉領梁之勁兵。羅紹威時,牙兵盡死,魏勢孤,始為梁所制。友珪陰欲圖之,召師厚入計事。其吏田溫等勸師厚勿行,師厚曰:「吾二十年不負朱家,今若不行,則見疑而生事,然吾知上為人,雖往,無如我何也。」乃以勁兵二萬朝京師,留其兵城外,以十餘人自從,入見友珪,友珪益恐懼,賜與鉅

時魏恃牙兵〔三〕,其帥得以倨彊。

萬而還。

已而末帝謀討友珪,問於趙巖,巖曰:「此事成敗,在招討楊公爾。得其一言諭禁軍,吾事立辦。」末帝乃遣馬慎交陰見師厚,布腹心。師厚猶豫未決,謂其下曰:「方鄴王弒逆時,吾不能即討。今君臣之分已定,無故改圖,人謂我何?」其下或曰:「友珪弒父與君,乃天下之惡,均王仗大義以誅賊,其事易成。彼若一朝破賊,公將何以自處?」師厚大悟,乃遣其將王舜賢至洛陽,見袁象先計事,使朱漢賓以兵屯滑州爲應。末帝卒與象先殺友珪。

末帝即位,封師厚鄴王,詔書不名,事無巨細皆以諮之,然心益忌而畏之。已而師厚瘍發卒,末帝爲之受賀於宮中。由是始分相、魏爲兩鎮。魏軍亂,以魏博降晉,梁失河北自此始。

王景仁

王景仁,廬州合淝人也。初名茂章,少從楊行密起淮南。景仁爲將驍勇剛悍,質略無威儀,臨敵務以身先士卒,行密壯之。

梁太祖遣子友寧攻王師範于青州〔四〕,師範乞兵於行密,行密遣景仁以步騎七千救師範。師範以兵背城爲兩栅,友寧夜擊其一栅,栅中告急,趣景仁出戰,景仁按兵不動。友寧已破一栅,連戰不已。遲明,景仁度友寧兵已困,乃出戰,大敗之,遂斬友寧,以其首報行密。

是時,梁太祖方攻鄆州,聞子友寧死,以兵二十萬倍道而至,景仁閉壘示怯,伺梁兵急,毀栅而出,驅馳疾戰,戰酣退坐,召諸將飲酒,已而復戰。太祖登高望見之,得青州降人,問:「飲酒者爲誰?」曰:「王茂章也。」太祖歎曰:「使吾得此人爲將,天下不足平也!」梁兵又敗。景仁軍還,梁兵急追之,景仁度不可走,遣裨將李虔裕以衆一旅設覆於山下以待之,留軍不行,解鞍而寢,虔裕疾呼曰:「追兵至矣,宜速走,虔裕以死遏之!」景仁曰:「吾亦戰於此也。」虔裕三請,景仁乃行,而虔裕卒戰死,梁兵以故不能及,而景仁得全軍以歸〔五〕。

景仁事行密,爲潤州團練使。行密死,子渥自宣州入立,以景仁代守宣州。渥已立,反求宣州故時物〔六〕,景仁惜不與,渥怒,以兵攻之。景仁奔于錢鏐,鏐表景仁領宣州節度使。梁太祖素識景仁,乃遣人召之,景仁間道歸梁,仍以爲寧國軍節度使,加同中書門下平章事。久之,未有以用,使參宰相班,奉朝請而已。

開平四年，以景仁為北面招討使，將韓勍、李思安等兵伐趙，行至魏州，司天監言：「太陰虧，不利行師。」太祖亟召景仁等還，已而復遣之。景仁已過邢洺，使者及之，景仁不奉詔，進營於柏鄉。乾化元年正月庚寅[七]，日有食之，崇政使敬翔白太祖曰：「兵可憂矣！」太祖為之旰食。是日，景仁及晉人戰，大敗於柏鄉，景仁歸訴於太祖，太祖曰：「吾亦知之，蓋韓勍、李思安輕汝為客，不從節度爾。」乃罷景仁就第，後數月，悉復其官爵。

末帝立，以景仁為淮南招討使，使攻廬、壽[八]，軍過獨山，山有楊行密祠，景仁再拜號泣而去。戰于霍山，梁兵敗走，景仁殿而力戰，以故梁兵不甚敗。景仁歸京師，病疽卒，贈太尉。

賀瓌

賀瓌，字光遠，濮州人也。事鄆州朱宣為都指揮使。梁太祖攻朱瑾于兗州，宣遣瓌與何懷寶、柳存等以兵萬人救兗州，瓌趨待賓館，欲絕梁餉道。梁太祖略地至中都，得降卒，言瓌等兵趨待賓館矣。以六壬占之，得「斬關」[二]以為吉，乃選精兵夜疾馳百里，期先

至待賓以逆瓌,而夜黑,兵失道,旦至鉅野東,遇瓌兵,擊之,瓌等大敗〔九〕。瓌走,梁兵急追之,瓌顧路窮,登塚上大呼曰:「我賀瓌也,可勿殺我!」太祖馳騎取之,并取懷寶等數十人,降其卒三千餘人。是日,大風揚沙蔽天,太祖曰:「天怒我殺人少邪?」即盡殺降卒三千人,而繫瓌及懷寶等至兗城下以招瑾,瑾不納,因斬懷寶等十餘人,而獨留瓌。瓌感太祖不殺,誓以身自效。從太祖平青州,以為曹州刺史。太祖即位,累遷相州刺史。末帝時,遷左龍虎統軍、宣義軍節度使。

〔一〕卦名。

貞明元年,魏兵亂,賀德倫降晉,晉王入魏州。劉鄩敗于故元城,走黎陽,貝、衛、洺、磁諸州皆入于晉〔一〇〕。晉軍取楊劉〔一一〕,末帝乃以瓌為招討使,與謝彥章等屯于行臺。晉軍迫瓌十里而柵,相持百餘日。瓌與彥章有隙,伏甲殺之,莊宗喜曰:「將帥不和,梁亡無日矣!」乃令軍中歸其老疾於鄴,以輕兵襲濮州。瓌自行臺躡之,戰于胡柳陂,晉人輜重在陣西,瓌軍薄之〔一二〕,晉軍亂,斬其將周德威,盡取其輜重。瓌軍已勝〔一三〕,陣無石山,日暮,晉兵仰攻之,瓌軍下山擊晉軍,瓌大敗,晉遂取濮州,城德勝,夾河為柵。瓌以舟兵攻南柵,不能得,還軍行臺,以疾卒,年六十二,贈侍中。有子光圖。〔一〕

〔一二〕凡言有子某者,皆仕皇朝有聞。

王檀

王檀，字衆美，京兆人也。少事梁太祖爲小校，尚讓攻梁，戰尉氏門，檀勇出諸將，太祖奇之，遷踏白副指揮使。

從朱珍募兵東方，戰數有功。梁與蔡兵戰板橋，李重裔馬踣，爲蔡兵所擒，檀馳取之，并獲其將一人。從太祖破魏內黃，遷衝山都虞候。復從朱珍攻徐州，檀獲其將一人。梁兵攻王師範，檀以一軍破其密州，拜密州刺史。太祖即位，遷保義軍節度使、潞州東北面招討使[四]。

王景仁敗於柏鄉，晉兵圍邢州，太祖大懼，欲自將救之，檀止太祖，請自拒敵，力戰，卒全邢州，以功加同中書門下平章事，進封瑯琊郡王。貞明元年，又徙匡國。是時，莊宗取魏博，檀以謂晉兵悉在河北，友珪立，徙鎮宣化。乃以奇兵西出陰地襲太原，不克而還。徙鎮天平，檀嘗招納亡盜居帳下，帳下兵亂，入殺檀，年五十八[五]，贈太師，諡曰忠毅。

馬嗣勳

馬嗣勳，濠州鍾離人也。少事州爲客將，爲人材武有辯。梁太祖攻濠州，刺史張遂遣嗣勳持牌印降梁。楊行密攻遂，遂又使嗣勳乞兵於太祖。梁兵未至，濠州已没，嗣勳無所歸，乃留事梁，太祖以爲宣武軍元從押衙。

太祖西攻鳳翔，行至華州，遣嗣勳入說韓建，建即時出降。天祐二年[六]，羅紹威將誅牙軍，乞兵於梁，梁女嫁魏，適死，太祖乃遣嗣勳以長直千人爲綵輿入魏，致兵器於輿中，聲言助葬。嗣勳館銅臺，夜與魏新鄉鎮兵攻石柱門，入迎紹威家屬，衛之。乃益取魏甲兵攻牙軍，牙軍不知兵所從來，莫能爲備，殺其八千餘人，遲明皆盡。嗣勳中重瘡卒。太祖即位，贈太保。

王虔裕

王虔裕，琅琊臨沂人也。爲人健勇，善騎射，以弋獵爲生。少從諸葛爽起青棣間，其

後爽爲汝州防禦使，率兵北擊沙陀，還入長安攻黃巢，爽兵敗降巢，巢以爽爲河陽節度使。中和三年，孫儒陷河陽，虔裕隨爽奔于梁。是時，太祖新就鎮，黃巢、秦宗權等兵方盛，太祖數爲所窘，而梁未有佗將，乃以虔裕將騎兵，常爲先鋒。擊巢陳蔡間，拔其數柵，巢走，太祖表虔裕爲汝州刺史。

梁兵躡之，戰于萬勝戍，賊敗而東，虔裕功爲多，乃表虔裕義州刺史。

黃巢已去，秦宗權攻許、鄭，與梁爲敵境，大小百餘戰，虔裕常有功。秦宗賢攻汴南境，太祖遣虔裕拒賢於尉氏，戰敗，失一裨將，太祖怒，拘虔裕於軍中。

邢州孟遷降梁，爲晉人所圍，太祖遣虔裕以精兵百人疾馳，夜破晉圍，入邢州，遲明，立梁旗幟於城上，晉人以爲救兵至，乃退。已而晉兵復來[一七]，遷執虔裕降于晉，見殺。

謝彥章

謝彥章[一八]，許州人也。幼事葛從周，從周憐其敏惠，養以爲子，授之兵法，從周以千錢置大盤中，爲行陣偏伍之狀，示以出入進退之節，彥章盡得之。及壯，事梁太祖爲騎將。是時，賀瓌善用步卒，而彥章與孟審澄、侯溫裕皆善將騎兵，審澄、溫裕所將不過三千，彥章多而益辦。

彥章事末帝，累遷匡國軍節度使。貞明四年，晉攻河北，賀瓌爲北面招討使，彥章爲排陣使，屯于行臺。彥章爲將，好禮儒士，雖居軍中，嘗儒服，或臨敵御衆，肅然有將帥之威，左右馳驟，疾若風雨。晉人望其行陣齊整，相謂曰：「謝彥章必在此也！」其名重敵如此。瓌心忌之。彥章與瓌行視郊外，瓌指一地語彥章曰：「此地岡阜隆起[九]，其中坦然，營柵之地也。」已而晉兵柵之，瓌疑彥章陰以告晉，益惡之。彥章故與馬步都虞候朱珪有隙，瓌欲速戰，彥章請持重以老敵，珪乃誣彥章以爲反。瓌旦享士，使珪伏甲殺之，審澄、溫裕皆見害。

校勘記

〔一〕三月不能下 「月」，宗文本、吳縝纂誤卷上引五代史作「日」。册府卷三六九敘其事作「逾旬不能克」。

〔二〕自往督兵戰 宗文本、吳縝纂誤卷上引五代史作「自往督戰」。

〔三〕時魏恃牙兵 「時」，宗文本作「故時」。

〔四〕梁太祖遣子友寧攻王師範于青州 吳縝纂誤卷上：「今按家人傳，友寧乃梁祖兄存之子，其後中書上議，亦皆謂之『皇姪』，今此乃以『子』名之，誤也」。按册府卷二九九：「友寧，太祖之

〔五〕而景仁得全軍以歸 「得」字原闕,據宗文本補。

〔六〕反求宣州故時物 「時」字原闕,據宗文本補。

〔七〕乾化元年正月庚寅 本書卷五九司天考、舊五代史卷六梁太祖紀六、卷一三九天文志皆繫其事於丙戌。按是月丙戌朔,庚寅爲初五。吳縝纂誤卷上:「其間丙戌、庚寅相距五日而皆書日食,此爲甚誤也。」

〔八〕使攻盧壽 「使」字原闕,據宗文本補。

〔九〕瓌等大敗 以上四字原闕,據宗文本補。

〔一〇〕貝衛洺磁諸州皆入于晉 「磁」原作「慈」,據宗文本改。

〔一一〕晉軍取楊劉 「楊劉」,原作「劉鄩」,據宋丙本、宗文本、舊五代史卷二三賀瓌傳改。

〔一二〕瓌軍薄之 「薄」上原有「將」字,據宗文本刪。

〔一三〕瓌軍已勝 「瓌」字原闕,據宗文本補。

〔一四〕潞州東北面招討使 「東北面」,舊五代史卷二二王檀傳、册府卷四一四同,本書卷二梁本紀、册府卷三八六、通鑑卷二六七作「東面」。

〔一五〕年五十八 舊五代史卷二二王檀傳作「年五十一」。

〔一六〕天祐二年 本書卷一梁本紀、舊唐書卷二〇下哀帝紀、舊五代史卷二梁太祖紀二、通鑑卷二

〔七〕已而晉兵復來 雞肋集卷五〇引新史句下有「虔裕不能支」五字。舊五代史卷二一王虔裕傳敍其事云：「時太祖大軍方討兗、鄆，未及救援，邢人困而攜貳。」

〔八〕謝彥章 謝彥璋墓誌（拓片刊隋唐五代墓誌匯編洛陽卷第十五冊）：「公諱彥璋。」冊府（明本）卷一六六、太平廣記卷三五四引玉堂閑話亦作「謝彥璋」。

〔九〕此地岡阜隆起 「隆」，原作「陸」，據宋丙本、宗文本、舊五代史卷一六謝彥章傳改。

新五代史卷二十四

唐臣傳第十二

郭崇韜

郭崇韜,代州鴈門人也,為河東教練使。為人明敏,能應對,以材幹見稱。莊宗為晉王,孟知祥為中門使,崇韜為副使。中門之職,參管機要,先時,吳珙、張虔厚等皆以中門使相繼獲罪。知祥懼,求外任,莊宗曰:「公欲避事,當舉可代公者。」知祥乃薦崇韜為中門使,甚見親信。

晉兵圍張文禮于鎮州,久不下,而定州王都引契丹入寇[ ]。契丹至新樂,晉人皆恐,欲解圍去,莊宗未決,崇韜曰:「契丹之來,非救文禮,為王都以利誘之耳,且晉新破梁軍,宜乘已振之勢,不可遽自退怯。」莊宗然之,果敗契丹。

莊宗即位,拜崇韜兵部尚書、樞密

使。

梁王彥章擊破德勝，唐軍東保楊劉，彥章圍之。莊宗登壘，望見彥章爲重壘以絕唐軍，意輕之，笑曰：「我知其心矣，其欲持久以弊我也。」即引短兵出戰，爲彥章伏兵所射[一]，大敗而歸。莊宗問崇韜：「計安出？」是時，唐已得鄆州矣，崇韜因曰：「彥章圍我於此，其志在取鄆州也。臣願得兵數千，據河下流，築壘於必爭之地，以應鄆州爲名，彥章必來爭，既分其兵，可以圖也。然板築之功難卒就，陛下日以精兵挑戰，使彥章兵不得東，十日壘成矣。」莊宗以爲然，乃遣崇韜與毛璋將數千人夜行，所過驅掠居人，毀屋伐木，渡河築壘於博州東，晝夜督役，六日壘成。彥章果引兵急攻之，時方大暑，彥章兵熱死，及攻壘不克，所失太半，還趨楊劉，莊宗迎擊，遂敗之。

康延孝自梁奔唐，先見崇韜，崇韜延之臥內，盡得梁虛實。是時，莊宗軍朝城，段凝軍臨河。唐自失德勝，梁兵日掠澶相，取黎陽、衞州，而李繼韜以澤潞叛入于梁，契丹數犯幽、涿，又聞延孝言梁方召諸鎮兵欲大舉，唐諸將皆憂惑，以謂成敗未可知。莊宗患之，以問諸將，諸將皆曰：「唐得鄆州，隔河難守，不若棄鄆與梁，而西取衞州、黎陽，以河爲界，與梁約罷兵，無相攻，庶幾以爲後圖。」莊宗不悅，退臥帳中，召崇韜問計，崇韜曰：「陛下興兵仗義，將士疲戰爭，生民苦轉餉者，十餘年矣。況今大號已建，自河以北，人皆引首以

望成功而思休息。今得一鄆州，不能守而棄之，雖欲指河爲界，誰爲陛下守之？且唐未失德勝時，四方商賈，征輸必集，薪蒭糧餉，其積如山。自失南城，保楊劉，道路轉徙，耗亡太半。而魏博五州，秋稼不稔，竭民而斂，不支數月，此豈按兵持久之時乎？臣自康延孝來，盡得梁之虛實，此真天亡之時也。願陛下分兵守魏，固楊劉，而自鄆長驅擣其巢穴，不出半月，天下定矣！」莊宗大喜曰：「此大丈夫之事也！」因問司天，司天言：「歲不利用兵。」崇韜曰：「古者命將，鑿凶門而出。況成算已決，區區常談，豈足信也！」莊宗即日下令軍中，歸其家屬於魏，夜渡楊劉，從鄆州入襲汴，用八日而滅梁。莊宗推功，賜崇韜鐵券，拜侍中、成德軍節度使，依前樞密使。

莊宗與諸將以兵取天下，而崇韜未嘗居戰陣，徒以謀議居佐命第一之功，位兼將相，遂以天下爲己任，遇事無所回避，而宦官、伶人用事，特不便也。

初，崇韜與宦者馬紹宏俱爲中門使，乃以張居翰爲樞密使，紹宏爲宣徽使。紹宏失職怨望，崇韜因置內勾使，以紹宏領之。凡天下錢穀出入于租庸者，皆經內勾。既而文簿繁多，州縣爲弊，遽罷其事，而紹宏尤側目。

而崇韜不欲紹宏在己上，乃以張居翰爲樞密使，紹宏爲宣徽使。紹宏失職怨望，崇韜因置內勾使，以紹宏領之。

崇韜頗懼，語其故人子弟曰：「吾佐天子取天下，今大功已就，而羣小交興，吾欲避之，歸守鎮陽，庶幾免禍，可乎？」故人子弟對曰：「俚語曰：『騎虎

者，勢不得下。』今公權位已隆，而下多怨嫉，一失其勢，能自安乎？」崇韜曰：「奈何？」對曰：「今中宮未立，而劉氏有寵，宜請立劉氏爲皇后，而多建天下利害以便民者，然後退而乞身。天子以公有大功而無過，必不聽公去。是外有避權之名，而內有中宮之助，又爲天下所悅，雖有讒間，其可動乎？」崇韜以爲然，乃上書請立劉氏爲皇后。

崇韜素廉，自從入洛，始受四方賂遺，故人子弟或以爲言，崇韜曰：「吾位兼將相，祿賜巨萬，豈少此邪？今藩鎮諸侯，多梁舊將，皆主上斬袪射鈎之人也。今一切拒之，豈無反側？且藏于私家〔三〕，何異公帑？」明年，天子有事南郊，乃悉獻其所藏，以佐賞給。

莊宗已郊，遂立劉氏爲皇后。崇韜又曰：「臣從陛下軍朝城，定計破梁，陛下撫臣背而約曰：『事了，與卿一鎮。』今天下一家，俊賢並進，臣憊矣，願乞身如約。」莊宗因建天下利害二十五事，施行之。崇韜因自陳權位已極，言甚懇至。莊宗曰：「豈可朕居天下之尊，使卿無尺寸之地？」崇韜辭不已，遂罷其命，仍爲侍中、樞密使。

李嗣源爲成德軍節度使，徙崇韜忠武〔四〕。崇韜因建天下利害二十五事，施行之。崇韜因自陳權位已極，言甚懇至。莊宗

鎮陽，優詔不允。崇韜累表自陳，請依唐舊制，還樞密使於內臣，而并辭許卿一鎮，不許卿去。

同光三年夏，霖雨不止，大水害民田，民多流死。莊宗患宮中暑濕不可居，思得高樓

避暑。宦官進曰：「臣見長安全盛時，大明、興慶宮樓閣百數。今大内不及故時卿相家。」莊宗曰：「吾富有天下，豈不能作一樓？」乃遣宮苑使王允平營之。宦官曰：「郭崇韜眉頭不伸，常爲租庸惜財用，陛下雖欲有作〔五〕，其可得乎？」莊宗乃使人問崇韜曰：「昔吾與梁對壘於河上，雖祁寒盛暑，被甲跨馬，不以爲勞。今居深宮，蔭廣廈，不勝其熱，何也？」崇韜對曰：「陛下昔以天下爲心，今以一身爲意，艱難逸豫，爲慮不同，其勢自然也。願陛下無忘創業之難，常如河上，則可使繁暑坐變清涼。」莊宗默然。終遣允平起樓，崇韜果切諫。宦官曰：「崇韜之第，無異皇居，安知陛下之熱！」由是讒間愈入。

河南縣令羅貫，爲人彊直，頗爲崇韜所知。貫正身奉法，不受權豪請託，宦官、伶人由此切齒。河南自故唐時張全義爲尹，縣令多出其門，全義廡養畜之。及貫爲之，奉全義不屈，縣民恃全義爲不法者，皆按誅之。全義大怒，嘗使人告劉皇后，從容爲白貫事，而左右日夜共攻其短。所求請，書積几案，一不以報，皆以示崇韜。崇韜數以爲言，宦官、伶人有興問。莊宗未有以發。皇太后崩，葬坤陵，陵在壽安，莊宗幸陵作所，而道路泥塗，橋壞。莊宗止莊宗曰：「誰主者？」宦官曰：「屬河南。」因亟召貫，貫至，對曰：「臣初不奉詔，請詰主者。」莊宗怒曰：「爾之所部，復問何人！」即下貫獄，獄吏榜掠，體無完膚。明日，傳詔殺之。崇韜諫曰：「貫罪無佗，橋道不修，法不當死。」莊宗曰：「太后靈駕將發，天子車輿往來，

橋道不修,卿言無罪,是朋黨也!」崇韜曰:「貫雖有罪,當具獄行法于有司。陛下以萬乘之尊,怒一縣令,使天下之人,言陛下用法不公,臣等之過也。」莊宗曰:「貫,公所愛,任公裁決!」因起入宮,崇韜隨之,論不已,莊宗自闔殿門,崇韜不得入。貫卒見殺。

明年征蜀[六],議擇大將。時明宗為總管,當行。而崇韜以讒見危,思立大功為自安之計,乃曰:「契丹為患北邊,非總管不可禦。魏王繼岌,國之儲副,而大功未立;且親王為元帥,唐故事也。」莊宗曰:「繼岌,小子,豈任大事?必為我擇其副[七]。」崇韜未及言,莊宗曰:「吾得之矣,無以易卿也。」乃以繼岌為西南面行營都統,崇韜為招討使,軍政皆決崇韜。

唐軍入蜀,所過迎降。王衍弟宗弼陰送款于崇韜,求為西川兵馬留後,崇韜以節度使許之。軍至成都,宗弼遷衍于西宮,悉取衍嬪妓、珍寶奉崇韜及其子廷誨。又與蜀人列狀見魏王,請崇韜留鎮蜀。繼岌頗疑崇韜,崇韜無以自明,因以事斬宗弼及其弟宗渥、宗勳,沒其家財。蜀人大恐。

崇韜素嫉宦官,嘗謂繼岌曰:「王有破蜀功,師旋,必為太子,俟主上千秋萬歲後,當盡去宦官,至於扇馬,亦不可騎。」繼岌監軍李從襲等見崇韜專任軍事,心已不平,及聞此言,遂皆切齒,思有以圖之。莊宗聞破蜀,遣宦官向延嗣勞軍,崇韜不郊迎,延嗣大怒,因

與從襲等共構之。延嗣還，上蜀簿，得兵三十萬[八]，馬九千五百匹，兵器七百萬，糧二百五十三萬石，錢一百九十二萬緡[九]，金銀二十二萬兩，珠玉犀象二萬，文錦綾羅五十萬匹。莊宗曰：「人言蜀天下之富國也，所得止於此邪？」延嗣因言蜀之寶貨皆入崇韜，且誣其有異志，將危魏王。莊宗怒，遣宦官馬彥珪至蜀，視崇韜去就。彥珪以告劉皇后，劉皇后教彥珪矯詔魏王殺之。

崇韜有子五人，其二從死于蜀，餘皆見殺。其破蜀所得，皆籍沒。明宗即位，詔許歸葬，以其太原故宅賜其二孫。

當崇韜用事，自宰相豆盧革、韋說等皆傾附之[一〇]。崇韜父諱弘，革等即因佗事，奏改弘文館爲崇文館。以其姓郭，因以爲子儀之後，崇韜遂以爲然。其伐蜀也，過子儀墓，下馬號慟而去，聞者頗以爲笑。然崇韜盡忠國家，有大略。其已破蜀，因遣使者以唐威德風諭南詔諸蠻，欲因以綏來之，可謂有志矣。

安重誨

安重誨，應州人也。其父福遷，事晉爲將，以驍勇知名。梁攻朱宣于鄆州，晉兵救宣，

宣敗，福遷戰死。

重誨少事明宗，爲人明敏謹恪。明宗鎮安國，以爲中門使。及兵變于魏，所與謀議大計，皆重誨與霍彥威決之。明宗即位，以爲左領軍衛大將軍、樞密使，兼領山南東道節度使。固辭不拜，改兵部尚書，使如故。在位六年，累加侍中兼中書令。

重誨自爲中門使，已見親信，而以佐命功臣，處機密之任，事無大小，皆以參決，其勢傾動天下。雖其盡忠勞心，禍釁所生，至於臣主俱傷，幾滅其族，斯其可哀者也。

重誨嘗出，過御史臺門，殿直馬延悮衝其前導，重誨怒，即臺門斬延而後奏。是時，隨駕廳子軍士桑弘遷，毆傷相州錄事參軍；親從兵馬使安虔，走馬衝宰相前導。弘遷罪死，虔決杖而已。重誨以斬延，乃請降敕處分，明宗不得已從之，由是御史、諫官無敢言者。

宰相任圜判三司，以其職事與重誨爭，不能得，圜怒，辭疾，退居于磁州。朱守殷以汴州反，重誨遣人矯詔馳至其家，殺圜而後白，誣圜與守殷通謀，明宗皆不能詰也。而重誨恐天下議己，因取三司積欠二百餘萬，請放之，冀以悅人而塞責，明宗不得已，爲下詔蠲除之。其威福自出，多此類也。

是時，四方奏事，皆先白重誨然後聞。河南縣獻嘉禾，一莖五穗，重誨視之曰：「僞

也。」答其人而遣之。夏州李仁福進白鷹，重誨却之，明日，白曰：「陛下詔天下毋得獻鷹鷂，而仁福違詔獻鷹，臣已却之矣。」重誨出，明宗陰遣人取之以入。佗日，按鷹于西郊，戒左右：「無使重誨知也！」宿州進白兔，重誨曰：「兔陰且狡，雖白何為？」遂却而不白。

明宗為人雖寬厚，然其性夷狄，果於殺人。馬牧軍使田令方所牧馬，瘠而多斃，坐劾當死，重誨諫曰：「使天下聞以馬故，殺一軍使，是謂貴畜而賤人。」令方因得減死。明宗遣回鶻侯三馳傳至其國。侯三至醴泉縣，縣素僻，無驛馬，其令劉知章出獵，不時給馬，侯三遽以聞。明宗大怒，械知章至京師，將殺之，重誨從容為言，知章乃得不死。其盡忠補益，亦此類也。

重誨既以天下為己任，遂欲內為社稷之計，而外制諸侯之彊。然其輕信韓玫之譖，而絕錢鏐之臣；徒陷彥溫於死，而不能去潞王之患。李嚴一出而知祥貳，仁矩未至而董璋叛[三]。四方騷動，師旅並興，如投膏止火，適足速之。此所謂獨見之慮，禍釁所生也。

錢鏐據有兩浙，號兼吳越而王，自梁及莊宗，常異其禮，以羈縻臣屬之而已。明宗即位，鏐遣使朝京師，寓書重誨，其禮慢。重誨怒，未有以發，乃遣其嬖吏韓玫、副供奉官烏昭遇復使於鏐。而玫恃重誨勢，數凌辱昭遇，因醉使酒，以馬篦擊之。鏐欲奏其事，昭遇以為辱國，固止之。及玫還，返譖於重誨曰：「昭遇見鏐，舞蹈稱臣，而以朝廷事私告鏐。」

昭遇坐死御史獄，乃下制削奪鏐官爵，以太師致仕，於是錢氏遂絕於唐矣。

潞王從珂為河中節度使，重誨以謂從珂非李氏子，後必為國家患，乃欲陰圖之。從珂閹馬黃龍莊，其牙內指揮使楊彥溫閉城以叛。從珂遣人謂彥溫曰：「我遇汝厚，何苦而反邪？」報曰：「彥溫非叛也，得樞密院宣，請公趨歸朝廷耳！」從珂走虞鄉，馳騎上變。明宗疑其事不明，欲究其所以，乃遣殿直都知范氳以金帶襲衣、金鞍勒馬賜彥溫，拜彥溫絳州刺史，以誘致之。重誨固請用兵，明宗不得已，乃遣侍衛指揮使藥彥稠、西京留守索自通率兵討之，而誡曰：「為我生致彥溫，吾將自訊其事。」彥稠等攻破河中，希重誨旨，斬彥溫以滅口。重誨率羣臣稱賀，明宗大怒曰：「朕家事不了，卿等不合致賀！」從珂罷鎮，居清化里第。重誨數諷宰相，言從珂失守，宜得罪，馮道因白請行法。明宗怒曰：「吾兒為姦人所中，事未辨明，公等出此言，是不欲容吾兒人間邪？」趙鳳因言：「春秋責帥之義，所以勵為臣者。」明宗曰：「皆非公等意也！」道等惶恐而退。居數日，道等又以為請，明宗顧左右而言他。明日，重誨乃自論列，明宗曰：「公欲如何處置，我即從公！」重誨曰：「此父子之際，非臣所宜言，惟陛下裁之！」明宗曰：「吾為小校時，衣食不能自足，此兒為我擔石灰，拾馬糞，以相養活，今貴為天子，獨不能庇之邪！使其杜門私第，亦何與公事！」重誨由是不復敢言。

孟知祥鎮西川，董璋鎮東川，二人皆有異志，重誨每事裁抑，務欲制其姦心，凡兩川守將更代，多用己所親信，必以精兵從之，漸令分戍諸州，以虞緩急。二人覺之，以爲圖己，益不自安。既而遣李嚴爲西川監軍，知祥大怒，斬嚴[13]。又分閬州爲保寧軍，以李仁矩爲節度使以制璋，且削其地，璋以兵攻殺仁矩[14]。二人遂皆反。唐兵戍蜀者，積三萬人，其後知祥殺璋，兼據兩川，而唐之精兵皆陷蜀。

初，明宗幸汴州，重誨建議，欲因以伐吳，而明宗難之。其後户部尚書李鏻得吳諜者言：「徐知誥欲舉吳國以稱藩，願得安公一言以爲信。」鏻即引諜者見重誨，重誨大喜以爲然，乃以玉帶與諜者，使遺知誥爲信，其直千緡。初不以其事聞，其後逾年，知誥之問不至，始奏貶鏻行軍司馬。已而捧聖都軍使李行德、十將張儉告變，言[15]：「樞密承旨李虔徽語其客邊彦溫云：『重誨私募士卒，繕治甲器，欲自伐吳。』」明宗以問重誨，重誨惶恐，請究其事。明宗初頗疑之，大臣左右皆爲之辨，既而少解，始告重誨以彦溫之言，因廷詰彦溫，具伏其詐，於是君臣相顧泣下。彦溫、行德、儉皆坐族誅。重誨因求解職，明宗慰之曰：「事已辨，慎無措之胸中！」重誨論請不已，明宗怒曰：「放卿去，朕不患無人！」顧武德使孟漢瓊至中書，趣馮道等議代重誨者，馮道曰：「諸公苟惜安公，使得罷去，是紓其禍也。」趙鳳以爲大臣不可輕動。遂以范延光爲樞密使，而重誨居職如

故。

董璋等反,遣石敬瑭討之,而川路險阻,糧運甚艱,每費一石,而致一斗。自關以西,民苦輸送,往往亡聚山林為盜賊。明宗謂重誨曰:「事勢如此,吾當自行。」重誨曰:「此臣之責也。」乃請行。關西之人聞重誨來,皆已恐動。重誨過鳳翔,節度使朱弘昭延之寢室,使其妻子奉事左右甚謹。重誨酒酣,為弘昭言:「昨被讒構,幾不至行營,賴人主明聖,得保家族。」因感歎泣下。重誨去,弘昭馳騎上言:「重誨怨望,不可令至行營,恐其生事。」而宣徽使孟漢瓊自行營使還,亦言西人震駭之狀,因述重誨過惡。重誨行至三泉,被召還。過鳳翔,弘昭拒而不納,重誨懼,馳趨京師。未至,拜河中節度使。

重誨已罷,希旨者爭求其過。宦者安希倫,坐與重誨交私,常與重誨陰伺宮中動息,事發棄市。重誨益懼,因上章告老。以太子太師致仕,而以李從璋為河中節度使,遣藥彥稠率兵如河中虞變。重誨子崇緒、崇贊,宿衛京師,聞制下,即日奔其父,重誨見之,驚曰:「渠安得來!」已而曰:「此非渠意,為人所使耳。吾以一死報國,餘復何言!」乃械送二子于京師,行至陝州,下獄。明宗又遣翟光業至河中[七],視重誨去就,戒曰:「有異志,則與從璋圖之。」又遣宦者使于重誨。使者見重誨,號泣不已,重誨問其故,使者曰:

「人言公有異志,朝廷遣藥彥稠率師至矣!」重誨曰:「吾死未塞責,遽勞朝廷興師,以重誨妻之憂。」光業至,從璋率兵圍重誨第,入拜于庭。重誨降而答拜,從璋以檛擊其首,重誨妻走抱之而呼曰:「令公死未晚,何遽如此!」又擊其首,夫妻皆死,流血盈庭。從璋檢責其家貲,不及數千緡而已。明宗下詔,以其絕錢鏐,致孟知祥、董璋反,及議伐吳,以爲罪。并殺其二子,其餘子孫皆免。

重誨得罪,知其必死,歎曰:「我固當死,但恨不與國家除去潞王!」此其恨也。

嗚呼,官失其職久矣!予讀梁宣底,見敬翔、李振爲崇政院使,凡承上之旨,宣之宰相而奉行之。宰相有非其見時而事當上決者,與其被旨而有所復請者,則具記事而入,因崇政使以聞[八],得旨則復宣而出之。梁之崇政使,乃唐樞密之職,蓋出納之任也,唐常以宦者爲之,至梁戒其禍,始更用士人,其備顧問、參謀議于中則有之,未始專行事於外也。至崇韜、重誨爲之,始復唐樞密之名,然權侔於宰相矣。樞密之任既重,而宰相自此失其職也。

【二】「記事」,若今學士院諮報,今士大夫間以文字相往來謂之「簡帖」,俚俗猶謂之「記事」也。

校勘記

〔一〕而定州王都引契丹入寇 「王都」，本書卷三九王處直傳、卷七二四夷附錄、舊五代史卷二九唐莊宗紀三、通鑑卷二七一、册府卷三四七敍其事作「王郁」。

〔二〕爲彥章伏兵所射 「彥章」，原作「彥軍」，據宋丙本、宗文本、詳節卷三改。

〔三〕且藏于私家 宋丙本、宗文本作「且藏予私室」。

〔四〕徙崇韜忠武韜兼領汴州 舊五代史卷三三唐莊宗紀六、通鑑卷二七三、册府卷四〇九敍其事皆云移郭崇韜兼領宣武軍。按汴州置宣武軍。

〔五〕陛下雖欲有作 「雖欲」，原作「欲雖」，據宋丙本、宗文本乙正。

〔六〕明年征蜀 本書卷五唐本紀、舊五代史卷三三唐莊宗紀七、通鑑卷二七三皆繫其事於同光三年九月。按本卷上文已云同光三年夏，吳光耀纂誤續補卷二：「按本紀同光三年八月，殺羅貫，九月，伐蜀。此『明年』字誤。」

〔七〕必爲我擇其副 「必」，宗文本作「公」。

〔八〕得兵三十萬 「三十萬」，册府卷二一〇作「十三萬」、舊五代史卷三三唐莊宗紀七作「三萬」。

〔九〕錢一百九十二萬緡 「一百九十二萬」，册府卷二一〇作「一百九十三萬」。

〔一〇〕韋說 原作「韋悅」，據北監本改。按舊五代史卷六七有韋說傳。

〔一一〕雖其盡忠勞心 「勞心」，宗文本作「勞力」。

（三）董璋　原作「董章」，據宗文本、詳節卷三及本卷下文改。

（四）璋以兵攻殺仁矩　「攻」字原闕，據宋丙本、宗文本補。

（五）言　此字原闕，據宋丙本、宗文本補。

（六）又與相者交私　「相者」，原作「諜者」，據宋丙本、宗文本改。按舊五代史卷六六安重誨傳：「有吏人李虔徽弟揚言于衆云：『聞相者言其貴不可言，今將統軍征淮南。』」

（七）翟光業　舊五代史卷六六安重誨傳、冊府卷九四二、通鑑卷二七七作「翟光鄴」。按本書卷四九、舊五代史卷一二九有翟光鄴傳。本卷下一處同。

（八）因崇政使以聞　「以」字原闕，據宋丙本、宗文本補。

斬嚴　宗文本句上有「即日」二字。舊五代史卷七〇李嚴傳敍其事云：「既至，執而害之。」

新五代史卷二十五

唐臣傳第十三

周德威

周德威,字鎮遠,朔州馬邑人也。爲人勇而多智,能望塵以知敵數。其狀貌雄偉,笑不改容,人見之,凜如也。事晉王爲騎將,稍遷鐵林軍使,從破王行瑜,以功遷衙內指揮使。其小字陽五[一],當梁、晉之際,周陽五之聞天下。

梁軍圍晉太原,令軍中曰:「能生得周陽五者爲刺史。」有驍將陳章者,號「陳野叉」,常乘白馬被朱甲以自異,出入陣中,求周陽五,欲必生致之。晉王戒德威曰:「陳章好大言耳,安知刺史非臣作得汝以求刺史,見白馬朱甲者,宜善備之!」德威笑曰:「陳野叉欲邪?」因戒其部兵曰:「見白馬朱甲者,當佯走以避之。」兩軍皆陣,德威微服雜卒伍中。

陳章出挑戰，兵始交，德威部下見白馬朱甲者，因退走，章果奮稍急追之，德威伺章已過，揮鐵鎚擊之，中章墮馬，遂生擒之。

梁攻燕，晉遣德威將五萬人為燕攻梁，取潞州，遷代州刺史、內外蕃漢馬步軍都指揮使。

梁軍捨燕攻潞，圍以夾城，潞州守將李嗣昭閉城拒守，而德威與梁軍相持於外踰年。嗣昭與德威素有隙，晉王病且革，語莊宗曰：「梁軍圍潞，而德威與嗣昭有隙，吾甚憂之！」王喪在殯，莊宗新立，殺其叔父克寧，國中未定，而晉之重兵，悉屬德威于外，晉人皆恐。莊宗使人以喪及克寧之難告德威，德威聞命，即日還軍太原，留其兵城外，徒步而入，伏梓宮前慟哭幾絕，晉人乃安。遂從莊宗復擊梁軍，破夾城，與李嗣昭歡如初。以破夾城功，拜振武節度使，同中書門下平章事。

天祐七年秋，梁遣王景仁將魏、滑、汴、宋等兵七萬人擊趙。趙王王鎔乞師于晉，晉遣德威先屯趙州。冬，梁軍至柏鄉，趙人告急，莊宗自將出贊皇，會德威于石橋，進距柏鄉五里，營于野河北。晉兵少，而景仁所將神威、龍驤、拱宸等軍，皆梁精兵，人馬鎧甲飾以組繡金銀，其光耀日，晉軍望之色動。德威勉其衆曰：「此汴宋傭販兒，徒飾其外耳，其中不足懼也！其一甲直數十千，擒之適足為吾資，無徒望而愛之，當勉以往取之。」退而告莊宗曰：「梁兵甚銳，未可與爭，宜少退以待之。」莊宗曰：「吾提孤軍出千里，其利速戰。今

不乘勢急擊之，使敵知吾之衆寡，則吾無所施矣！」德威曰：「不然，趙人能城守而不能野戰。吾之取勝，利在騎兵，平川廣野，騎兵之所長也。今吾軍於河上，迫賊營門，非吾用長之地也。」莊宗不悅，退臥帳中，諸將無敢入見。德威謂監軍張承業曰：「王怒老兵。不速戰者，非怯也。且吾兵少而臨賊營門，所恃者，一水隔耳。使梁得舟楫渡河，吾無類矣！不如退軍鄗邑，誘敵出營，擾而勞之，可以策勝也。」承業入言曰：「德威老將知兵，願無忽其言！」莊宗遽起曰：「吾方思之耳。」已而德威獲梁遊兵，問景仁何爲，曰：「治舟數百，將以爲浮梁。」德威引與俱見，莊宗笑曰：「果如公所料。」乃退軍鄗邑。德威晨遣三百騎叩梁營挑戰，自以勁兵三千繼之。景仁怒，悉其軍以出，與德威轉鬭數十里，至于鄗南，兩軍皆陣，梁軍橫亙六七里，汴、宋之軍居西，魏、滑之軍居東。莊宗策馬登高，望而喜曰：「平原淺草，可前可却，真吾之勝地！」乃使人告德威曰：「吾當爲公先，公可繼進。」德威持馬諫曰〔三〕：「梁軍輕出而遠來，與吾轉戰，其來必不暇齎糧糗，縱其能齎，亦不暇食，不及日午，人馬俱饑，因其將退而擊之勝。」諸將亦皆以爲然。至未申時，梁軍東偏塵起，德威鼓譟而進，麾其西偏曰：「魏、滑軍走矣！」又麾其東偏曰：「梁軍走矣！」梁陣動，不可復整，乃皆走，遂大敗。自鄗追至于柏鄉，橫尸數十里，景仁以十餘騎僅而免。梁與晉爭，凡數十戰，其大敗未嘗如此。

劉守光僭號於燕，晉遣德威將兵三萬出飛狐以擊之〔三〕。德威入祁溝關，取涿州，遂圍守光於幽州，破其外城，守光閉門距守。而晉軍盡下燕諸州縣，獨幽州不下，圍之踰年乃破之，以功拜盧龍軍節度使。德威雖為大將，而常身與士卒馳騁矢石之間。守光驍將單廷珪，望見德威於陣，曰：「此周陽五也！」乃挺槍馳騎追之。德威佯走，度廷珪垂及，側身少却，廷珪馬方馳，不可止，縱其少過，奮撾擊之，廷珪墜馬，遂見擒。

莊宗與劉鄩相持于魏，鄩夜潛軍出黃澤關以襲太原，德威自幽州以千騎入土門以躡之。鄩至樂平遇雨，不得進而還。德威與鄩俱東，爭趨臨清。臨清有積粟，且晉軍餉道也，德威先馳據之，以故莊宗卒能困鄩軍而敗之。

莊宗勇而好戰，尤銳於見敵。德威老將，常務持重以挫人之鋒，故其用兵，常伺敵之隙以取勝。十五年，德威將燕兵三萬人，與鎮、定等軍從莊宗于河上，自麻家渡進軍臨濮以趨汴州。軍宿胡柳陂，黎明，候騎報曰：「梁軍至矣！」莊宗問戰於德威，德威對曰：「此去汴州，信宿而近，梁父母妻子皆在其中，而梁人家國繫此一舉。吾以深入之兵，當其必死之戰，可以計勝，而難與力爭也。且吾軍先至此，糧糗具而營柵完，是謂以逸待勞之師也。王宜按軍無動，而臣請以騎軍擾之，使其營柵不得成，樵爨不暇給，因其勞乏而乘之，可以勝也。」莊宗曰：「吾軍河上，終日俟敵，今見敵不擊，復何為乎？」顧李存審

曰：「公以輜重先，吾爲公殿。」遽督軍而出。德威謂其子曰：「吾不知死所矣！」前遇梁軍而陣：王軍居中[四]，鎮、定之軍居左，德威之軍居右，而輜重次右之西。兵已接，莊宗率銀槍軍馳入梁陣，梁軍小敗，犯晉輜重，輜重見梁朱旗，皆驚走入德威軍，德威軍亂，梁軍乘之，德威父子皆戰死。莊宗與諸將相持而哭曰：「吾不聽老將之言，而使其父子至此！」莊宗即位，贈德威太師。明宗時，加贈太尉，配享莊宗廟。晉高祖追封德威燕王。

子光輔，官至刺史。

符存審 子彥超 彥饒 彥卿

符存審，字德詳，陳州宛丘人也。初名存，少微賤，嘗犯法當死，臨刑，指旁壞垣顧主者曰[五]：「願就死于彼，冀得垣土覆尸。」主者哀而許之，爲徙垣下。而主將方飲酒，顧其愛妓，思得善歌者佐酒，妓言：「有符存常爲妾歌，甚善。」主將馳騎召存審，而存審以徙垣下故，未加刑，因往就召，使歌而悅之，存審因得不死。其後事李罕之，從罕之歸晉，晉王以爲義兒軍使，賜姓李氏，名存審。

從晉王擊李匡儔，爲前鋒，破居庸關。又從擊王行瑜，破龍泉寨，以功遷檢校左僕射。

從李嗣昭攻汾州,執李瑭,遷左右廂步軍都指揮使〔六〕。又從嗣昭攻潞州,降丁會。從周德威破梁夾城,遷忻州刺史〔七〕、蕃漢馬步軍都指揮使〔八〕。晉、趙攻燕,梁救燕,擊趙深州,圍蓨縣,存審與史建瑭軍下博,擊走梁軍,遷領邢州團練使。魏博叛梁降晉,存審爲前鋒,屯臨清。莊宗入魏,存審殿軍魏縣,與劉鄩相距於莘西。從莊宗敗鄩於故元城,閻寶以邢州降,乃以存審爲安國軍節度使。毛璋以滄州降,徙存審橫海,加同中書門下平章事。

契丹圍幽州,是時,晉與梁相持河上,欲發兵,兵少,欲勿救,懼失之。莊宗疑,以問諸將,而存審獨以爲當救,曰:「願假臣騎兵五千足矣!」乃遣存審分兵救之,卒擊走契丹。從戰胡柳陂,晉軍晨敗,亡周德威,存審與其子彥圖力戰,暮復敗梁軍於土山,遂取德勝,築河南北爲兩城,晉人謂之「夾寨」。遷內外蕃漢馬步軍總管。

梁朱友謙以河中、同州降晉,梁遣劉鄩攻同州,友謙求救,乃遣存審與李嗣昭救之。河中兵少而弱,梁人易之,且不虞晉軍之速至也。存審選精騎二百雜河中兵出擊鄩壘,陽敗而走,鄩兵追之,晉騎反擊,獲其騎兵五十,梁人知其晉軍也,皆大驚。然河中糧少而新降,人心頗持兩端,晉軍屯朝邑,諸將皆欲速戰,存審曰:「使梁軍知吾利於速戰,則將夾渭而營,斷我餉道,以持久困我,則我進退不可〔九〕,敗之道也。不若緩師示弱,伺隙出奇,可以取勝。」乃按軍不動。居旬日,望氣者言:「有黑氣,狀如鬭雞。」存審曰:「可以一

戰矣！」乃進軍擊鄩，大敗之，鄩閉壁不復出。存審曰：「鄩兵已敗，不如逸之。」乃休士卒，遣裨將王建及牧馬于沙苑，鄩以謂晉軍且懈，乃夜遯去，存審追擊于渭河，又大敗之。張文禮弒趙王王鎔，晉遣閻寶、李嗣昭等攻之，至輒戰死，最後遣存審破之。存審為將，有機略，大小百餘戰，未嘗敗衄，與周德威齊名。德威死，晉之舊將獨存審在。契丹攻遮虜，乃以存審為盧龍軍節度使。時存審已病，辭不肯行，莊宗使人慰諭，彊遣之。

莊宗滅梁入洛，存審自以身為大將，不得與破梁之功，怏怏，疾益甚，因請朝京師。是時，郭崇韜權位已重，然其名望素出存審下，不樂其來而加己上，因沮其事。存審妻郭氏泣訴于崇韜曰：「吾夫於國有功，而於公鄉里之舊，奈何忍令死棄窮野！」崇韜愈怒。存審章累上，輒不許，存審伏枕嘆曰：「老夫事二主四十年，今日天下一家，四夷遠俗，至于亡國之將，射鉤斬袪之人，皆得親見天子，奉觴為壽，而獨予棄死於此，豈非命哉！」崇韜度存審病已亟，乃請許其來朝。徙存審宣武軍節度使，卒于幽州。臨終，戒其子曰：「吾少提一劍去鄉里，四十年間取將相，然履鋒冒刃，出死入生而得至此也。」因出其平生身所中矢鏃百餘而示之曰：「爾其勉哉！」存審三子：彥超、彥饒、彥卿。

彥超爲汾州刺史。郭從謙弒莊宗，明宗入洛陽，是時，彥超爲北京巡檢，永王存霸奔于太原，彥超見留守張憲謀之。憲，儒者，事莊宗最久，不忍背恩，欲納之，彥超不從，存霸遂見殺。明宗即位，彥超來朝，明宗德之，勞曰：「河東無事，賴爾之力也。」以爲建雄軍留後。遷北京留守，徙鎮昭義，罷爲上將軍，復爲泰寧軍節度使，又徙安遠。

彥超主藏奴王希全盜其貲，彥超稍責之，奴懼，夜叩其門，言有急，彥超出，見殺，贈太尉。

次子彥饒，爲汴州馬步軍都指揮使。天成元年，發汴兵三千戍瓦橋關，控鶴指揮使張諫爲亂，殺權知州高逖，迫彥饒爲帥。彥饒陽許之曰：「欲吾爲帥，當止焚掠，明日以軍禮見吾於南衙。」乃陰與拱衛指揮使龐起伏甲于衙內，明日，諫等皆集，伏兵發，誅諫等，殺四百餘人，即日牒州事與推官韋儼。明宗下詔褒其忠略。其後累遷彰聖都指揮使，歷曹、沂、饒三州刺史。

清泰三年，自饒州刺史拜忠正軍節度使、侍衛馬步軍都指揮使〔一〕。晉高祖起太原，彥饒以侍衛兵從廢帝至河陽。廢帝敗，晉高祖以楊光遠代彥饒將親軍，徙彥饒義成軍節度使。

范延光反,白奉進以侍衛兵三千屯滑州。兵士犯法,奉進捕得五人,其三人義成兵也[三],因并斬之,彥饒怒。明日,奉進從數騎過彥饒謝不先告而殺,彥饒曰:「軍士各有部分,義成兵卒豈公所得斬邪?何無主客之禮也!」奉進怒曰:「軍士犯法,安有彼此!且僕已自謝過,而公怒不息,欲與延光同反邪!」拂衣而起,彥饒不復留之,其麾下大譟,追奉進殺之,彥饒不之止也。已而屯駐軍將馬萬等聞亂,以兵擒彥饒送之京師,遂以彥饒應延光反聞。行至赤岡,高祖使人殺之,下詔削奪在身官爵。

彥饒與晉初無釁隙,以一旦之忿,不能馭其軍,殺奉進已非其本意,以反見誅,非其罪也。

史建瑭 子匡翰

史建瑭,鴈門人也。晉王為鴈門節度使,其父敬思為九府都督,從晉王入關破黃巢,復京師,擊秦宗權于陳州,嘗將騎兵為先鋒。晉王東追黃巢于冤朐,還過梁,梁王置酒上源驛,獨敬思與薛鐵山、賀回鶻等十餘人侍。晉王醉,留宿梁驛,梁兵夜圍而攻之。敬思登驛樓,射殺梁兵十餘人,會天大雨,晉王得與從者俱去,縋尉氏門以出。而

敬思為梁追兵所得，見殺。

建瑭少事軍中為裨校，自晉降丁會，與梁相距於潞州，建瑭已為晉兵先鋒。梁兵數為建瑭所殺，相戒常避史先鋒。梁遣王景仁攻趙，晉軍救趙，建瑭以先鋒兵出井陘，戰于柏鄉。梁軍為方陣，分其兵為二：汴、宋之軍居左，魏、滑之軍居右。周德威擊其左，建瑭擊其右，梁軍皆走，遂大敗之。以功加檢校左僕射。

天祐九年，晉攻燕，燕王劉守光乞師于梁，梁太祖自將擊趙，圍棗彊、蓨縣。是時，晉精兵皆北攻燕，獨符存審與建瑭以三千騎屯趙州。梁軍已破棗彊，存審扼下博橋。建瑭分其麾下五百騎為五隊：一之衡水，一之南宮，一之信都，一之阜城，而自將其一，約各取梁芻牧者十人會下博。至暮，擒梁兵數十，皆殺之，各留其一人，縱使逸去，告之曰：「晉王軍且大至。」明日，建瑭率百騎為梁旗幟，雜其芻牧者，暮叩梁營，殺其守門卒，縱火大呼，斬擊數十百人。而梁芻牧者所出，各遇晉兵，有所亡失，其縱而不殺者，歸而皆言晉王軍且至。蓨縣人追擊之，梁軍棄其輜重鎧甲不可勝計。梁太祖方病，由是增劇。而晉軍以故得并力以收燕者，二人之力也。後從莊宗入魏博，敗劉鄩於故元城，累以功歷貝、相二州刺史。

十八年，晉軍討張文禮於鎮州，建瑭以先鋒兵下趙州，執其刺史王鋌。兵傳鎮州，建

瑭攻其城門，中流矢卒，年四十二[三]。

建瑭子匡翰，尚晉高祖女[四]，是爲魯國長公主。匡翰爲將，沉毅有謀，而接下以禮，與部曲語未嘗不名。歷天雄軍步軍都指揮使、彰聖馬軍都指揮使。事晉爲懷和二州刺史、鄭州防禦使、義成軍節度使，所至兵民稱慕之。

史氏世爲將，而匡翰好讀書，尤喜春秋三傳，與學者講論，終日無倦。義成軍從事關澈尤嗜酒[五]，嘗醉罵匡翰曰：「近聞張彥澤臠張式，未見史匡翰斬關澈，天下談者未有偶爾！」匡翰不怒，引滿自罰而慰勉之，人皆服其量。卒，年四十。

王建及

王建及，許州人也。少事李罕之，從罕之奔晉，爲匡衛指揮使。梁、晉戰柏鄉，相距鄗邑野河上，鎭、定兵扼河橋，梁兵急擊之。莊宗登高臺望見鎭、定兵將敗，顧建及曰：「橋爲梁奪，則吾軍危矣，奈何？」建及選二百人馳擊梁兵，梁兵敗，解去。從戰莘縣、故元城，皆先登陷陣，以功累拜遼州刺史，將銀槍效節軍。

晉攻楊劉，建及躬自負葭葦堙塹，先登拔之。從戰胡柳，晉兵已敗，與梁爭土山，梁兵先至，登山而陣。莊宗至山下望梁陣堅而整，呼其軍曰：「今日之戰，得山者勝。」因馳騎犯之，建及以銀槍軍繼進，梁兵下走，陣山西，晉兵遂得土山。諸將皆言：「潰兵未集，且暮不可戰〔六〕。」閻寶曰：「彼陣山上，吾在其下，尚能擊之，況以高而擊下，不可失也。」建及以爲然，因白莊宗曰：「請登高望臣破敵！」即呼其衆曰〔七〕：「今日所失輜重皆在山西，盍往取之！」即馳犯梁陣，梁兵大敗。晉遂軍德勝，爲南北城于河上。梁將賀瓌攻其南城，以竹筜維戰艦于河，晉兵不得渡，南城危甚。莊宗積金帛於軍門，募能破梁戰艦者，至於吐火禁呪莫不皆有。建及重鎧執稍呼曰：「梁、晉一水間爾，何必巧爲！吾今破之矣。」即以大甕積薪，自上流縱火焚梁艦〔八〕，建及以二舟載甲士隨之，斧其竹筜，梁兵皆走。晉軍乃得渡，救南城，瓌圍解去。

自莊宗得魏博，建及將銀槍效節軍。建及爲將，喜以家貲散士卒。莊宗遣宦官韋令圖監其軍，令圖言：「建及得士心，懼有異志，不可令典牙兵。」即以爲代州刺史。建及怏怏而卒，年五十七。

元行欽

元行欽，幽州人也。為劉守光裨將，守光簒其父仁恭，使行欽以兵攻仁恭於大安山而囚之，又使行欽害諸兄弟。其後晉攻幽州，守光使行欽募兵雲朔間。是時，明宗掠地山北，與行欽相拒廣邊軍，凡八戰，明宗七射中行欽，行欽拔矢而戰，亦射明宗中股。行欽屢敗，乃降。明宗撫其背而飲以酒曰：「壯士也！」因養以為子。常從明宗戰，數立功。莊宗已下魏，益選驍將自衛，聞行欽驍勇，取之為散員都部署，賜姓名曰李紹榮。

莊宗好戰而輕敵，與梁軍戰潘張，軍敗而潰，莊宗得三四騎馳去，梁兵數百追及，攢稍圍之。行欽望其旗而識之，馳一騎，奮劍斷其二矛，斬首一級，梁兵解去。莊宗還營，持行欽泣曰：「富貴與卿共之！」由是寵絕諸將。拜忻州刺史，遷武寧軍節度使。莊宗宴羣臣於內殿，酒酣樂作，道平生戰陣事以為笑樂，而怪行欽不在，因左右顧視曰：「紹榮安在？」所司奏曰：「奉敕宴使相，紹榮散官，不得與也。」莊宗會不樂。明日，即拜行欽同中書門下平章事。自此不召羣臣入內殿，但宴武臣而已。

趙在禮反於魏，莊宗方選大將擊之，劉皇后曰：「此小事，可趣紹榮指揮。」乃以行欽

為鄴都行營招撫使[一九]，將二千人討之。行欽攻鄴南門，以詔書招在禮。在禮送羊酒犒軍，登城謂行欽曰：「將士經年離去父母，不取敕旨奔歸，上貽聖憂，追悔何及！若公善為之辭，尚能改過自新。」行欽曰：「天子以汝等有社稷之功，小過必當赦宥。」在禮再拜，以詔書示諸軍。皇甫暉從旁奪詔書壞之，軍士大譟：「破城之日，無遺種！」乃益召諸鎮兵，皆屬行欽。行欽屯澶州，分諸鎮兵為五道，毀民車輪、門扉、屋椽為筏，渡長慶河攻冠氏門，不克。

是時，邢、洺諸州，相繼皆叛，而行欽攻鄴無功，莊宗欲自將以往，羣臣皆諫止，乃遣明宗討之。明宗至魏，軍城西，行欽軍城南。而明宗軍變，入于魏，與在禮合。行欽聞之，退屯衞州，以明宗反聞。

莊宗遣金槍指揮使李從璟馳詔明宗計事。從璟，明宗子也。行至衞州，而明宗已反，行欽乃縶從璟，將殺之，從璟請還京師，乃許之。明宗自魏縣引兵南，行欽率兵趨還京師，從莊宗幸汴州，行至滎澤，聞明宗已渡黎陽，莊宗復遣從璟通問于明宗，行欽以為不可，因擊殺從璟。

明宗入汴州，莊宗至萬勝鎮不得進，與行欽登道旁冢，置酒，相顧泣下。有野人獻雉，問其家名，野人曰：「愁臺也。」莊宗益不悅，因罷酒去。西至石橋，置酒野次，莊宗謂行欽

曰："卿等從我久，富貴急難無不同也。今茲危蹙，而默默無言，坐視成敗。我至滎澤，欲單騎渡河，自求總管，卿等各陳利害。今日俾我至此，卿等何如？"行欽泣而對曰："臣本小人，蒙陛下撫養，位至將相。危難之時，不能報國，雖死無以塞責。"因與諸將百餘人，皆解髻斷髮，置之于地，誓以死報，君臣相持慟哭。

莊宗還洛陽，數日，復幸汜水。郭從謙反，莊宗崩，行欽出奔。行至平陸，為野人所執，送虢州，刺史石潭折其兩足，載以檻車，送京師。明宗見之，罵曰："我兒何負於爾！"行欽瞋目直視曰："先皇帝何負於爾！"乃斬于洛陽市，市人皆為之流涕。

嗚呼！死之所以可貴者，以其義不苟生爾。故曰：主在與在，主亡與亡者，社稷之臣也。方明宗之兵變于魏，諸將未知去就，而行欽獨以反聞，又殺其子從璟，至於斷髮自誓，其誠節有足嘉矣。及莊宗之崩，不能自決，而反逃死以求生，終於被執而見殺。其言雖不屈，而死非其志也，烏足貴哉！

安金全 袁建豐

安金全，代北人也。爲人驍果，工騎射，號能擒生踏伏。事晉爲騎將，數從莊宗用兵有功，官至刺史，以疾居于太原。

莊宗已下魏博，與梁相距河上。梁將王檀襲太原，晉兵皆從莊宗于河上，太原無備，監軍張承業大恐，率諸司工匠登城扞禦，而外攻甚急。金全彊起謂承業曰：「太原，晉之根本也。一旦不守，則大事去矣！老夫誠憊矣，然尚能爲公破賊。」承業喜，授以甲兵。金全被甲跨馬，召率子弟及故將吏得百餘人，夜出北門，擊檀於羊馬城中，檀軍驚潰，而晉救兵稍至。然莊宗不以金全爲能，終其世不錄其功。

金全與明宗有舊，明宗即位，拜金全振武軍節度使、同中書門下平章事。在鎮二年，召還京師，以疾卒。

袁建豐

袁建豐，不知其世家也。晉王討黃巢至華陰，闕得之，時方九歲，愛其俊爽，收養之。從莊宗破夾城，戰柏鄉，遷左廂馬軍指揮使。明宗爲內衙指揮使，建豐爲副使，從莊宗入魏，取衛、磁、洺，長習騎射，爲鐵林都虞候，從擊王行瑜、李匡威，以功遷突陣指揮使[一〇]。

三州，拜洺州刺史。擊梁將王千〔二二〕，斬首千餘級，獲其將校七十餘人。遷相州刺史。從戰胡柳，指揮使孟謙據相州叛，建豐還討平之。徙隰州刺史，病風廢。明宗即位，以舊恩召還京師，親幸其第，撫慰甚厚，加檢校太尉〔二三〕、遙領鎮南軍節度使，俾食其俸以卒，贈太尉。

西方鄴

西方鄴，定州滿城人也。父再遇〔二三〕，爲州軍校〔二四〕，鄴居軍中，以勇力聞。年二十，南渡河遊梁，不見用，復歸莊宗于河上，莊宗以爲孝義指揮使〔二五〕，數從征伐有功，同光中爲曹州刺史，以州兵屯汴州。

明宗自魏反兵，南渡河，而莊宗東幸汴州，汴州節度使孔循懷二志，使北門迎明宗、西門迎莊宗，所以供帳委積如一，曰：「先至者入之。」鄴因責循曰：「主上破梁而得公，有不殺之恩，奈何欲納總管而負國！」循不答。鄴度循不可爭，而石敬瑭妻，明宗女也，時方在汴，鄴欲殺之，以堅人心。循知其謀，取之藏其家〔二六〕，鄴無如之何。而明宗已及汴，乃將麾下兵五百騎西迎莊宗〔二七〕，見於氾水〔二八〕，嗚咽泣下，莊宗亦爲之噓唏，乃使以兵爲先鋒。

莊宗至汴西，不得入，還洛陽，遇弒。明宗入洛，鄩請死於馬前，明宗嘉歎久之。明年，荊南高季興叛，明宗遣襄州節度使劉訓等招討，而以東川董璋爲西南面招討使[一九]，乃拜鄩夔州刺史，副璋以兵出三峽。已而訓等無功見黜，諸將皆罷，璋亦未嘗出兵[二〇]，惟鄩獨取三州，乃以夔州爲寧江軍，拜鄩節度使。已而又取歸州，敗季興之兵，鄩，武人，所爲多不中法度，判官譚善達數以諫鄩[二一]，鄩怒，遣人告善達受人金，下獄。善達素剛，辭益不遜，遂死于獄中。鄩病，見善達爲祟，卒于鎮。

校勘記

〔一〕 其小字陽五 「陽五」，冊府卷三四七、卷三九六、通鑑卷二六八作「楊五」。舊五代史考異卷二：「葛從周碑作『楊五』。」按葛從周墓碑（拓片刊北京圖書館藏中國歷代石刻拓本匯編第三十六冊）作「揚五」。本卷下文同。

〔二〕 德威持馬諫曰 「持馬」二字原闕，據宗文本補。

〔三〕 晉遣德威將兵三萬出飛狐以擊之 「兵」字原闕，據宗文本補。

〔四〕 王軍居中 「軍」字原闕，據宗文本補。

〔五〕 指旁壞垣顧主者曰 「指」，原作「拍」，據宋丙本、宗文本改。

〔六〕遷左右廂都指揮使 「都」字原闕，據宗文本、舊五代史卷五六符存審傳補。

〔七〕遷忻州刺史 「忻州」，原作「沂州」，據宋丙本、宗文本、舊五代史卷五六符存審傳改。

〔八〕蕃漢馬步軍都指揮使 「都」字原闕，據宗文本、舊五代史卷五六符存審傳補。

〔九〕則我進退不可 「我」字原闕，據宗文本補。

〔一〇〕乃陰與拱衛指揮使龐起伏甲于衙內 「拱衛」，原作「拱衛」，據册府卷四二三改。「龐起」，册府卷四二三作「龐超」。

〔一一〕侍衛馬步軍都指揮使 「馬步軍」，舊五代史卷四八唐末帝紀下、通鑑卷二八〇作「步軍」。

〔一二〕其三人義成兵也 「三人」，舊五代史卷九五白奉進傳、通鑑卷二八一敍其事作「二人」。

〔一三〕年四十二 「四十二」，舊五代史卷五五建瑭傳作「四十六」。

〔一四〕尚晉高祖女 「女」，舊五代史卷八八史匡翰傳作「妹」。金石萃編卷一二〇義成軍節度使贈太保史匡翰碑：「（匡翰）尚魯國大長公主，車服有容，實殷帝之歸妹。」舊五代史卷八一晉少帝紀一：「樂平公主史氏，進封魯國大長公主。」按皇姑爲大長公主，晉少帝爲晉高祖從子，則史氏應是晉高祖妹。

〔一五〕關澈 册府卷九一八同，宗文本、舊五代史卷八八史匡翰傳、册府卷四三一、卷九一四（宋本）、卷九一八（明本）作「關徹」。本卷下一處同。

〔一六〕且暮不可戰 「且」，原作「日」，據宋丙本、宗文本改。舊五代史卷二八唐莊宗紀二敍其事

唐臣傳第十三

三一三

〔七〕即呼其衆曰「其」字原闕，據宗文本補。

〔八〕自上流縱火焚梁艦　「焚」字下原空一格，據宗文本、詳節卷三補「梁」字。

〔九〕乃以行欽爲鄴都行營招撫使　「行欽」二字原闕，據宗文本、舊五代史卷七〇元行欽傳補。

〔一〇〕以功遷突陣指揮使　「突陣」，舊五代史卷六一袁建豐傳、册府卷三四七、卷三八七作「突騎」。

〔一一〕王千　舊五代史卷六一袁建豐傳、册府卷三四七作「王遷」。

〔一二〕加檢校太尉　「太尉」，舊五代史卷六一袁建豐傳作「太傅」。

〔一三〕父再遇　「再遇」，西方鄴墓誌（拓片刊千唐誌齋藏誌）作「再通」。

〔一四〕爲州軍校　「州」，原作「汴州」，據宗文本改。按西方鄴墓誌云其父終於定州都指揮使，本卷下文復云鄴「年二十，南渡河遊梁」，知其父非汴州軍校。

〔一五〕莊宗以爲孝義指揮使　「孝義指揮使」册府卷一二一〇、卷三六〇、卷三八七、卷三九六、西方鄴墓誌作「奉義指揮使」。

〔一六〕取之藏其家　「之」字原闕，據宗文本補。

〔一七〕乃將麾下兵五百騎西迎莊宗　「麾下兵」三字原闕，據宗文本補。

〔一八〕見於汜水　「見」字原闕，據宗文本補。

〔一九〕而以東川董璋爲西南面招討使 「西南」，通鑑卷二七五作「東南」。按西方鄴墓誌記鄴時爲東南面招討副使，據本卷下文，鄴爲董璋之副。

〔二〇〕璋亦未嘗出兵 「未」字原闕，據宗文本補。

〔二一〕判官譚善達數以諫鄴 「鄴」字原闕，據宗文本補。

新五代史卷二十六

唐臣傳第十四

符習

符習,趙州昭慶人也。少事趙王王鎔為軍校,自晉救趙,破梁軍柏鄉,趙常遣習將兵從晉。晉軍德勝,張文禮殺趙王王鎔,上書莊宗,求習歸趙。莊宗遣之,習號泣曰:「臣世家趙,受趙王恩,王嘗以一劍與臣使自效,今聞王死,欲以劍自裁,念卒無益,請擊趙破賊,報王冤。」莊宗壯之,乃遣閻寶、史建瑭等助習討文禮,以習為鎮州兵馬留後。習攻文禮不克,莊宗用佗將破之。拜習成德軍節度使,習辭不敢受,乃以相、衞二州為義寧軍,以習為節度使,習辭曰:「魏博六州,霸王之府也,不宜分割以示弱,願授臣河南一鎮,得自攻取之。」乃拜習天平軍節度使、東南面招討使,習亦未嘗攻取。後徙鎮安國,又徙平盧

趙在禮作亂，遣習以鎮兵討賊。習未至魏，而明宗兵變，習不敢進。明宗遣人招之，習見明宗於胙縣，而以明宗舉兵不順，去就之意未決，霍彥威紿習曰：「主上所殺者十人[一]，公居其四，復何猶豫乎？」習意乃決。平盧監軍楊希望聞習為明宗所召，乃以兵圍習家屬，將殺之。指揮使王公儼素為希望所信，紿希望曰：「内侍盡忠朝廷，誅反者家族，孰敢不效命！宜分兵守城，以虞外變，習家不足慮也。」希望信之，乃悉分其兵守城，公儼因擒希望斬之，習家屬由是獲免。而公儼宣言青人不便習之嚴急，不欲習復來，因自求為節度使。明宗乃以房知溫代習鎮平盧[二]，拜公儼登州刺史。公儼不時承命，知溫擒而殺之。習復鎮天平，徙鎮宣武。

習素為安重誨所不悅，希其旨者上言習厚斂汴人，乃以太子太師致仕，歸昭慶故里，明宗以其子令謙為趙州刺史以奉養之。習以無罪，怏怏失職，縱獵劇飲以自娛。居歲餘，中風卒，贈太師。

習二子：令謙、蒙。令謙，有勇力，善騎射，以父任為將，官至趙州刺史，有善政，卒於州，州人號泣送葬者數千人，當時號為良刺史。蒙，少好學，性剛鯁，為成德軍節度副使，後事晉，官至禮部侍郎。

烏震

烏震，冀州信都人也。少事趙王王鎔爲軍卒，稍以功遷裨校，隸符習軍。習從莊宗于河上，而鎔爲張文禮所弒，震從習討文禮，而家在趙，文禮執震母妻及子十餘人以招震，震不顧。文禮乃皆斷其手鼻〔三〕，割而不誅，縱至習軍，軍中皆不忍正視。震一慟而止，憤激自勵，身先士卒。晉軍攻破鎮州，震以功拜刺史，歷深、趙二州。

震爲人純質，少好學，通左氏春秋，喜作詩，善書。及爲刺史，以廉平爲政有聲，遷冀州刺史、兼北面水陸轉運使。明宗聞其名，擢拜河北道副招討使，領寧國軍節度使，代房知溫戍于盧臺軍。始至而戍兵龍晊等作亂，見殺，贈太師〔四〕。

嗚呼！忠孝以義則兩得，吾既已言之矣，若烏震者，可謂忠乎？甚矣，震之不思也。夫食人之祿而任人之事，事有任，專其責，而其國之利害，由己之爲不爲，爲之雖利於國而有害於其親者，猶將辭其祿而去之。矧其事衆人所皆可爲，而任不專己，又其爲與不爲，國之利害不繫焉者，如是而不顧其親，雖不以爲利，猶曰不孝，況因而利之乎！夫能

孔謙

孔謙,魏州人也,為魏州孔目官。魏博入于晉,莊宗以為支度使[五]。謙為人勤敏,而傾巧善事人,莊宗及其左右皆悦之。自少為吏,工書算,頗知金穀聚斂之事。晉與梁相拒河上十餘年,大小百餘戰,謙調發供饋,未嘗闕乏,所以成莊宗之業者,謙之力為多,然民亦不勝其苦也。

莊宗初建大號,謙自謂當為租庸使,而郭崇韜用魏博觀察使判官張憲為使,以謙為副。謙已怏怏。既而莊宗滅梁,謙從入汴,謂崇韜曰:「鄴,北都也[六],宜得重人鎮之,非張憲不可。」崇韜以為然,因以憲留守北都,而以宰相豆盧革判租庸。謙益失望,乃陰求革過失,而革嘗以手書假租庸錢十萬[七],謙因以書示崇韜,而微泄其事,使革聞之。革懼,遂求解職以讓崇韜,崇韜亦不肯當。莊宗問:「誰可者?」崇韜曰:「孔謙雖長於金穀,而物議未可居大任,不若復用張憲。」乃趣召憲。憲為人明辯,人頗忌之,謙因乘間謂革曰:「租庸錢穀,悉在目前,委一小吏可辦。鄴都天下之重,不可輕以任人。」革以語崇韜,崇韜

罷憲不召，以興唐尹王正言爲租庸使。謙益憤憤，因求解職。莊宗怒其避事，欲寘之法，賴伶官景進救解之，乃止。已而正言病風，不任事，景進數以爲言，乃罷正言，以謙爲租庸使，賜豐財贍國功臣。

謙無佗能，直以聚斂爲事。莊宗初即位，推恩天下，除百姓田租，放諸場務課利欠負者，謙悉違詔督理。故事：觀察使所治屬州事，皆不得專達，上所賦調，亦下觀察使行之。而謙直以租庸帖調發諸州，不關觀察，觀察使交章論理，以謂：「制敕不下支郡，刺史不專奏事，唐制也。租庸直帖，沿僞梁之弊，不可爲法。今唐運中興，願還舊制。」詔從其請，而謙不奉詔，卒行直帖。又請減百官俸錢，省罷節度觀察判官、推官等員數。以至鄣塞天下山谷徑路，禁止行人，以收商旅征算，遣大程官放豬羊柴炭，占庇人户，更制括田竿尺；盡率州使公廨錢。由是天下皆怨苦之。

明宗立，下詔暴謙罪，斬于洛市，籍没其家。遂罷租庸使額，分鹽鐵、度支、户部爲三司。

張延朗

張延朗，汴州開封人也。事梁，以租庸吏為鄆州糧料使。明宗克鄆州，得延朗，復以為糧料使，後徙鎮宣武、成德，以為元從孔目官。明宗即位，為莊宅使、宣徽北院使、忠武軍節度使。

長興元年，拜三司使。唐制：戶部度支以本司郎中、侍郎判其事，乾符已後，天下喪亂，國用愈空，始置租庸使，領天下錢穀，廢鹽鐵、戶部、度支之官。莊宗滅梁，誅租庸使孔謙而廢其使職，以大臣一人判戶部、度支、鹽鐵，號曰判三司。延朗因請置三司使，事下中書。中書用唐故事，拜延朗特進、工部尚書，充諸道鹽鐵轉運等使、兼判戶部度支事。詔以延朗充三司使，班在宣徽使下。三司置使自此始。

延朗號為有心計，以三司為己任，而天下錢穀亦無所建明。明宗常出遊幸，召延朗共食，延朗不至，附使者報曰：「三司事忙，無暇。」聞者笑之。歷泰寧、雄武軍節度使。廢帝以為吏部尚書兼中書門下平章事、判三司。

晉高祖有異志，三司財貨在太原者，延朗悉調取之，高祖深以為恨。晉兵起，廢帝欲親征，而心畏高祖，遲疑不決，延朗與劉延朗等勸帝必行。延朗籍諸道民為丁及括其馬，

李嚴

李嚴，幽州人也，初名讓坤。事劉守光爲刺史，後事莊宗爲客省使。嚴爲人明敏多藝能，習騎射，頗知書而辯。

同光三年，使于蜀，爲王衍陳唐興復功德之盛，音辭清亮，蜀人聽之皆竦動。衍樞密使宋光嗣召嚴置酒，從容問中國事。嚴對曰：「前年天子建大號于鄴宮，自鄲趨汴，定天下不旬日，而梁之降兵猶三十萬，東漸于海，西極甘涼，北懾幽陵，南踰閩嶺，四方萬里，莫不臣妾。而淮南楊氏承累世之疆，鳳翔李公恃先朝之舊，皆遣子入侍，稽首稱藩。至荆、湖、吳越，修貢賦，效珍奇，願自比於列郡者，至無虛月。天子方懷之以德，而震之以威，天下之勢，不得不一也。」光嗣曰：「荆、湖、吳越非吾所知，若鳳翔則蜀之姻親也，其人反覆，其可信乎？」又聞契丹日益彊盛，大國其可無慮乎？」嚴曰：「契丹之疆，孰與僞梁？」光嗣曰：「比梁差劣爾！」嚴曰：「唐滅梁如拉朽，況其不及乎！唐兵布天下，發一鎮之衆，可以滅虜使無類。然而天生四夷，不在九州之內，自前古王者，皆存而不論，蓋不欲窮兵

黷武也。」蜀人聞嚴應對,愈益奇之。

是時,蜀之君臣皆庸暗,而恃險自安,窮極奢僭。嚴自蜀還,具言可取之狀。初,莊宗遣嚴以名馬入蜀,市珍奇以充後宮,而蜀法嚴禁以奇貨出劍門,其非奇物而出者,名曰「入草物」,由是嚴無所得而還,惟得金二百兩、地衣、毛布之類。莊宗聞之,大怒曰:「物歸中國,謂之『入草』,王衍其能免爲『入草人』乎?」於是決議伐蜀。

冬,魏王繼岌西伐,以嚴爲三川招撫使,與康延孝以兵五千先行,所過州縣皆迎降。延孝至漢州,王衍告曰:「得李嚴來即降。」眾皆以伐蜀之謀自嚴始,而衍怨嚴深,不宜往。嚴聞之喜,即馳騎入益州。衍見嚴,以妻母爲託,即日以蜀降。嚴還,明宗以爲泗州防禦使,客省使如故。

其後孟知祥屈彊於蜀,安重誨稍裁抑之,思有以制知祥者,嚴乃求爲西川兵馬都監。將行,其母曰:「汝前啓破蜀之謀,今行,其以死報蜀人矣!」嚴不聽。初,嚴與知祥同事莊宗,時知祥爲中門使,嚴嘗有過,莊宗怒甚,命斬之,知祥戒行刑者少緩,入白莊宗曰:「嚴小過,不宜以喜怒殺人,恐失士大夫心。」莊宗怒稍解,命知祥監管嚴二十而釋之。知祥雖與嚴有舊恩,而惡其來。蜀人聞嚴來,亦皆惡之。嚴至,知祥置酒從容問嚴曰:「朝廷以公來邪?公意自欲來邪?」嚴曰:「君命也。」知祥發怒曰:「天下藩鎮皆無監軍,安

李仁矩

李仁矩，不知其世家。少事明宗爲客將，明宗即位，以爲客省使、左衞大將軍。明宗祀天南郊，東、西川當進助禮錢，使仁矩趣之。仁矩恃恩驕恣，見藩臣不以禮。東川節度使董璋置酒召仁矩，仁矩辭醉不往，於傳舍與倡妓飲。璋怒，率衙兵露刃之傳舍，仁矩惶恐，不襪而鞾走庭中，璋責之曰：「爾以西川能斬李嚴，謂我獨不能斬爾邪！」顧左右牽出斬之。仁矩涕泣拜伏謝罪，乃止。明日，璋置酒召仁矩，見其妻子，以厚謝之。仁矩還，言璋必反。

仁矩素爲安重誨所親信，自璋有異志，重誨思有以制之，乃分東川之閬州爲保寧軍，以仁矩爲節度使，遣姚洪將兵戍之。璋以書至京師告其子光業曰：「朝廷割我支郡，分建節旄，又以兵戍之，是將殺我也。若唐復遣一騎入斜谷，吾反必矣！與汝自此而決。」光業私以書示樞密承旨李虔徽，使白重誨，重誨不省。

仁矩至鎮，伺璋動靜必以聞，璋益疑懼，遂決反。重誨又遣荀咸乂將兵益戍閬州，光

業嘔言以爲不可,重誨不聽。咸又未至,璋已反,攻閬州,仁矩召將校問策,皆曰:「璋有二心久矣,常以利啗吾兵,兵未可用,而賊鋒方銳,宜堅壁以挫之。守旬日,大軍必至,賊當自退。」仁矩曰:「蜀兵懦[八],安能當我精鋭之師!」即驅之出戰,兵未交而潰,仁矩被擒,并其家屬皆見殺。

毛璋

毛璋,滄州人也。梁末,戴思遠爲横海軍節度使,璋事思遠爲軍校。晉已下魏博,思遠棄滄州出奔,璋以滄州降晉,以功爲貝州刺史。

璋爲人有膽勇,自晉與梁相拒河上,璋累戰有功。莊宗滅梁,拜璋華州節度使。在鎮多不法,議者疑其有異志,乃徙璋鎮昭義。璋初欲拒命,其判官邊蔚切諫諭之[九],乃聽命。

璋累歷藩鎮,又在華州得魏王繼岌伐蜀餘貲,既富而驕,益爲淫侈。嘗服赭袍飲酒,使其所得蜀妓爲王衍宫中之戲于前。明宗聞而惡之,召爲金吾上將軍。東川董璋上書言璋遣子廷贇持書往西川,疑其有姦。明宗乃遣人追還廷贇,并璋下御史獄。廷贇款稱實

璋假子，有叔父在蜀，欲往省之，而無私書。璋無罪名，有司議：「璋前任藩鎮，陰畜異圖，及處班行，不慎行止。」乃停璋見任官，勒還私第。

初，廷祚之蜀，與其客趙延祚俱，及召下獄，延祚多掯璋陰事欲言之，璋許延祚重賂以滅口。既出而責賂於璋，璋不與〔一〕，延祚乃詣臺自言，并璋復下獄，鞫之無狀。中丞呂夢奇議曰：「璋前經推劾，已蒙昭雪，而延祚以責賂之故，復加織羅。」乃移軍巡獄，告者言夢奇受賂而劾獄不盡，乃移軍巡獄〔二〕。獄吏希旨，鍛鍊其事，璋具伏：「許賂延祚而未與，嘗以馬借夢奇而無受賂。」璋坐長流儒州，已而令所在賜自盡。

校勘記

〔一〕主上所殺者十人 「殺」，舊五代史卷五九符習傳作「知」。

〔二〕明宗乃以房知溫代習鎮平盧 本書卷六唐本紀、舊五代史卷三七唐明宗紀二、通鑑卷二七五均記天成元年八月，霍彥威代符習鎮平盧，殺王公儼。又據舊五代史卷四三唐明宗紀九，房知溫鎮平盧乃在長興三年。此處「房知溫」當是「霍彥威」之誤。

〔三〕文禮乃皆斷其手鼻 「皆」，原作「自」，據宋內本、宗文本改。舊五代史卷五九烏震傳敍其事作「咸割鼻斷腕」。

〔四〕贈太師　「太師」，舊五代史卷三八唐明宗紀四、卷五九烏震傳作「太傅」。

〔五〕莊宗以爲支度使　「支度使」，原作「度支使」，據宋內本、册府卷四八三、孔謙墓誌（拓片刊北京圖書館藏中國歷代石刻拓本匯編第三十六册）改。

〔六〕鄴北都也　本書卷五唐本紀云同光元年四月，以魏州爲東京，太原爲西京，鎮州爲北都。十一月，復北都爲鎮州，太原爲北都。三年，改東京爲鄴都，洛陽爲東都。此稱鄴爲北都，疑誤。本卷下一處同。

〔七〕而革嘗以手書假租庸錢十萬　「十萬」，舊五代史卷七三孔謙傳、通鑑卷二七三、册府卷九二四作「數十萬」。

〔八〕蜀兵懦　「兵」字原闕，據宗文本、舊五代史卷七〇李仁矩傳、通鑑卷二七七補。

〔九〕邊蔚　原作「邊慰」，據宗文本、舊五代史卷七三毛璋傳、通鑑卷二七五改。按舊五代史卷一二八有邊蔚傳。

〔一〇〕璋不與　「璋」字原闕，據宗文本補。舊五代史卷七三毛璋傳敍其事作「璋拒而不與」。

〔一一〕乃移軍巡獄　「巡」原作「延」，據宋內本、宗文本改。舊五代史卷七三毛璋傳敍其事作「移於軍巡」。

新五代史卷二十七

唐臣傳第十五

朱弘昭 馮贇附

朱弘昭,太原人也。少事明宗爲客將,明宗即位,爲文思使。與安重誨有隙,故常使于外。董璋爲東川節度使,乃以弘昭爲副使。西川孟知祥殺其監軍李嚴,弘昭大懼,求還京師,璋不許,遂相猜忌,弘昭益開懷待之不疑,璋頗重其爲人。後璋有軍事,遣弘昭入朝,弘昭乃免。遷左衛大將軍、內客省使、宣徽南院使、鳳翔節度使。

孟知祥反,石敬瑭伐蜀,久無功,明宗遣安重誨督軍。是時,重誨已有間。重誨至鳳翔,弘昭迎謁,禮甚恭,延重誨于家,使其妻妾侍飲食。重誨以弘昭厚己,酒酣,具言蒙天子厚恩,而所以讒間之端,因泣下。弘昭即奏言重誨怨望,又陰遣人馳告敬瑭,使拒重誨。

會敬瑭以糧餉不繼,邊燒營返軍。重誨亦以被讒召還,過鳳翔,弘昭閉門不納,重誨由此得罪死。樞密使范延光尤惡弘昭為人,罷為左武衛上將軍、宣徽南院使。久之,為山南東道節度使。

是時,明宗已病,而秦王從榮禍有端,唐諸大臣皆欲引去以避禍。延壽使其妻與平公主入言於中,延光亦因孟漢瓊、王淑妃進說,涕泣求去,明宗怒而不許。延壽日夕更見,王淑妃進說,故皆得罷。以弘昭及馮贇代延壽、延光,弘昭入見,辭曰:「臣廝養之才,不足當大任。」明宗叱之曰:「公等皆不欲在吾目前邪?吾養公等安用!」弘昭惶恐,乃視事。

馮贇者,亦太原人也。其父璋,事明宗為閹者。贇為兒時,以通黠為明宗所愛。明宗即位,即為客省使、宣徽北院使。歷河東忠武節度使、三司使。

明宗病甚,大臣稀復進見,而孟漢瓊、王淑妃用事,弘昭及贇並掌機務於中,大事皆決此四人。及殺秦王而立愍帝,益自以為功。又其所用多非其人,給事中陳乂為人險譎,好陰謀,嘗事梁張漢傑,又事郭崇韜,兩人皆輒敗死,弘昭乃引以為樞密直學士,而用其謀。

是時，弘昭，贇遣漢瓊至魏，召愍帝入立，而留漢瓊權知後事。明年正月，漢瓊請入朝，弘昭、贇乃議徙成德范延光代漢瓊，北京留守石敬瑭代延光，鳳翔潞王從珂代敬瑭。三人者皆唐大臣，以漢瓊故，輕易其地，又不降制書，第遣使者監其上道，從珂由此遂反。

從珂兵已東，愍帝大懼，遣人召弘昭計事。弘昭謂其客穆延暉曰：「上召我急，將罪我也。吾兒婦，君之女也，其以歸，無使及禍。」乃拔劍大哭，欲自裁，而家人止之。使者促弘昭入見甚急，弘昭呼曰：「窮至此邪！」乃自投于井以死。安從進聞之，亦殺贇于家，贇母新死，子母棄尸于道，妻子皆見殺。贇有子三歲，其故吏張守素匿之以免。漢高祖即位，贈弘昭尚書令、贇中書令。

劉延朗

劉延朗，宋州虞城人也。初，廢帝起於鳳翔，與其事者五人〔一〕：節度判官韓昭胤，掌書記李專美，牙將宋審虔，客將房暠，而延朗為孔目官。初，愍帝即位，徙廢帝為北京留守，不降制書，遣供奉官趙處願促帝上道。帝疑惑，召昭胤等計議，昭胤等皆勸帝反，由是事無大小，皆此五人謀之。而暠又喜鬼神巫祝之說，有瞽者張濛，自言事太白山神。神，

魏崔浩也，其言吉凶無不中，昈素信之。嘗引濛見帝，聞其語聲，驚曰：「此非人臣也！」昈使濛問於神，神傳語曰：「三珠併一珠，驢馬没人驅。」歲月甲庚午，中興戊己土。」昈不曉其義，使問濛，濛曰：「神言如此，我能傳之，不能解也。」帝即以濛爲館驛巡官。帝將反，而兵少，又乏食，由此甚懼，使昈問濛，濛曰：「朱弘昭、馮贇幸明宗病，殺秦王而立愍帝。帝年少，小人用事，離間骨肉，將問罪於朝！」遣使者馳告諸鎮，皆不應，獨隴州防禦使相里金遣其判官薛文遇計事。帝得文遇，大喜。而延朗調率城中民財以給軍。王思同率諸鎮兵圍鳳翔，廢帝懼，又遣昈問神，神曰：「王兵少，東兵來，所以迎王也。」已而東兵果叛降于帝。帝入京師，即位之日，受册明宗樞前。册曰：「維應順元年歲次甲午四月庚午朔。」帝回顧昈曰：「張濛神言，豈不驗哉！」由是昈益見親信，而專以巫祝用事。帝既立，以昭胤爲左諫議大夫、端明殿學士，專美爲比部郎中、樞密院直學士，審虔爲皇城使，昈爲宣徽北院使，延朗爲莊宅使。久之，以昭胤、昈爲樞密使，延朗爲副使，專美、審虔爲侍衞步軍都指揮使，而薛文遇亦爲職方郎中、樞密院直學士。由是審虔將兵，專美、文遇主謀議，而昭胤、昈及延朗掌機密。

初，帝與晉高祖俱事明宗，而心不相悅。帝既入立，高祖不得已來朝，而心頗自疑，欲

求歸鎮，且難言之，乃陽爲贏疾，灸灼滿身，冀帝憐而遣之。延朗等多言敬瑭可留京師，昭胤、專美曰：「敬瑭與趙延壽皆尚唐公主，不可獨留。」乃復授高祖河東而遣之。是時，契丹數寇北邊，以高祖爲大同、振武、威塞、彰國等軍蕃漢馬步軍都總管，屯于忻州。而屯兵忽變，擁高祖呼「萬歲」，高祖懼，斬三十餘人而後止。於是帝益疑之。

是時，高祖悉握精兵在北，饋運芻糧，遠近勞弊。帝與延朗等日夕謀議，而專美、文遇迭宿中興殿廬，召見訪問，常至夜分而罷。是時，高祖弟重胤爲皇城副使，而石氏公主母曹太后居中，因得伺帝動靜言語以報高祖，高祖益自危懼。每帝遣使者勞軍，即陽爲贏疾不自堪，因數求解總管以探帝心。是時，帝母魏氏追封宣憲皇太后，而墓在太原，有司議立寢宮。高祖建言陵與民家墓相雜〔三〕，不可立宮。帝疑高祖欲毀民墓，爲國取怨，帝由此發怒，罷高祖總管，徙鎮鄆州〔四〕。延朗等多言不可，而司天趙延義亦言天象失度〔五〕，宜安靜以弭災，其事遂止。

後月餘，文遇獨直，帝夜召之，語罷敬瑭事，文遇曰：「臣聞『作舍道邊，三年不成』。國家之事，斷在陛下。且敬瑭徙亦反，不徙亦反，遲速爾，不如先事圖之。」帝大喜曰：「術者言朕今年當得一賢佐以定天下，卿其是邪！」乃令文遇手書除目，夜半下學士院草制，明日宣制，文武兩班皆失色。居五六日，敬瑭以反聞。敬瑭上書，言帝非明宗子，而許王

從益次當立。帝得書大怒，手壞而投之，召學士馬胤孫爲答詔，曰：「宜以惡語訛之。」延朗等請帝親征，帝心憂懼，常惡言敬瑭事，每戒人曰：「爾無説石郎，令我心膽墮地！」由此不欲行。而延朗等屢迫之，乃行。至懷州，帝夜召李崧問以計策。文遇不知而繼至，帝見之色變，崧躡其足，文遇乃出。帝曰：「我見文遇肉顫，欲抽刀刺之。」崧曰：「文遇小人，致悮大事，刺之益醜。」文遇乃知，遣審虔將千騎至白司馬坡踏戰地〔六〕，審虔曰：「何地不堪戰？雖有其地，帝惶惑不知所之。人肯立于此？不如還也。」帝遂還，自焚。高祖入京師，延朗等六人皆除名爲民。

初，延朗與喬並掌機密，延朗專任事，諸將當得州者，不以功次爲先後，納賂多者得善州，少及無賂者得惡州，或久而不得，由是人人皆怨。喬心患之，而不能爭也，但日飽食高枕而已，每延朗議事，則垂頭陽睡不省。及晉兵入，延朗以一騎走南山，過其家，指而嘆曰：「吾積錢三十萬于此，不知何人取之！」遂爲追兵所殺。晉高祖聞喬常不與延朗事，哀之，後復以爲將。歲餘卒。專美事晉爲大理卿，開運中卒。當晉之將起，廢帝以昭胤爲中書侍郎、同中書門下平章事，出爲河陽節度使〔七〕，與審虔、文遇皆不知其所終。

嗚呼，禍福成敗之理，可不戒哉！張濛神言驗矣，然焉知其不爲禍也！予之所記，

大抵如此，覽者可以深思焉。廢帝之起，所與圖議者，此五六人者哉！故并述以附延朗，見其始終之際云。

有智者爲之謀，未必能不敗，況如此五六人者哉！考其逆順之理，雖

康思立

康思立，本陰山諸部人也[八]。少爲騎將，從莊宗破梁夾城，戰柏鄉，累以功遷突騎指揮使。明宗即位，歷應嵐二州刺史、宿州團練使、昭武軍節度使，徙鎮保義，皆有善政。

潞王從珂反於鳳翔，愍帝遣王思同等討之，思立有捧聖、羽林屯兵千五百人，乃以羽林千人屬思同。思同至鳳翔，軍叛，降于從珂。從珂兵傅其城，思立聞之，欲盡誅羽林千人家屬，未及，而從珂兵已至，思立乃以捧聖兵城守。從珂兵傅其城，呼曰：「西兵十萬策新天子，爾五百人其能拒邪？徒陷陝人於死耳！」捧聖兵聞之，皆解甲，思立遂開門迎從珂。廢帝即位，以思立初無降意，頗不悅之，徙安遠，又徙安國[九]，以年老罷爲右神武統軍。

石敬瑭反太原，廢帝以思立爲北面行營馬軍都指揮使。廢帝幸懷州，遣思立將從駕騎兵出團柏谷救張敬達，未至而敬達死，楊光遠降晉，思立以疾卒于道[一〇]。晉高祖入立，贈太子少師。

康義誠

康義誠，字信臣，代北三部落人也。以騎射事晉王，莊宗時為突騎指揮使。從明宗討趙在禮，至魏而軍變，義誠前陳莊宗過失，勸明宗南嚮。明宗即位，遷捧聖指揮使，領汾州刺史。從破朱守殷，遷侍衛親軍馬步軍都指揮使，領河陽三城節度使，復為親軍都指揮使，領河陽，加同中書門下平章事。

秦王從榮素驕，自為河南尹，典六軍，拜大元帥，唐諸大臣皆懼禍及，思自脫，獨義誠心結之，遣其子事秦王府。明宗病，從榮謀以兵入宮，唐大臣朱弘昭、馮贇等皆以為不可，而義誠獨持兩端。從榮已舉兵，至天津橋，弘昭等入，以反白，明宗涕泣召義誠，使自處置，而義誠卒不出兵。馬軍指揮使朱弘實以兵擊從榮，從榮敗走□，見殺。

三司使孫岳嘗為馮贇言從榮必敗之狀，義誠聞而不悅。及從榮死，義誠始引兵入河南府，召岳檢閱從榮家貲。岳至，義誠乘亂，使人射之，岳走至通利坊見殺，明宗不能詰。義誠已殺岳，又以從榮故，與弘實有隙。愍帝即位，弘實常以誅從榮功自負，義誠心益不平。潞王從珂反鳳翔，王思同率諸鎮兵圍之，興元張虔釗兵叛降從珂，思同走，諸鎮兵皆

潰。愍帝大怒，謂朱弘昭等曰：「朕新即位，天下事皆出諸公，然於事兄，未有失節，諸公以大計見迫，不能獨違。事一至此，何方轉禍？吾當率左右往迎吾兄，遂以位，苟不吾信，死其所也！」弘昭等惶恐不能對，義誠前曰：「西師驚潰，主將怯耳。今京師兵尚多，臣請盡將以西，扼關而守，招集亡散，以為後圖。」愍帝以為然，幸左藏庫，親給將士人絹二十匹、錢五千。是時，明宗山陵未畢，帑藏空虛。軍士負物揚言曰：「到鳳翔更請一分。」朱弘實見軍士無鬭志，而義誠盡將以西，疑其二心，謂義誠曰：「今西師小衄，而無一騎東者，人心可知。不如以見兵守京師以自固，彼雖幸勝，特得虔釗一軍耳。諸鎮之兵在後，其敢徑來邪！」義誠怒曰：「如此言，弘實反矣！」弘實曰：「公謂誰欲反邪？」其聲屬而聞。愍帝召兩人訊之〔三〕，兩人爭於前〔四〕，帝不能決，遂斬弘實，以義誠為招討使，悉將禁軍以西。

愍帝奔衞州，義誠行至新安，降于從珂。清泰元年四月，斬于興教門外，夷其族。

嗚呼！五代為國，興亡以兵，而其軍制，後世無足稱焉。惟侍衞親軍之號，今猶因之而甚重，此五代之遺制也。然原其始起微矣，及其至也，可謂盛哉！當唐之末，方鎮之兵多矣，凡一軍有指揮使一人，而合一州之諸軍，又有馬步軍都指揮使一人，蓋其卒伍之長

也。自梁以宣武軍建國，因其舊制，有在京馬步軍都指揮使，後唐因之，至明宗時，始更爲侍衛親軍馬步軍都指揮使。當是時，天子自有六軍諸衛之職，六軍有統軍，諸衛有將軍，而又以大臣宗室一人判六軍諸衛事，此朝廷大將天子國兵之舊制也。而侍衛親軍者，天子自將之私兵也，推其名號可知矣。天子自爲之將[五]，則都指揮使乃其卒伍之都長耳。然自漢周以來，其職益重，漢有侍衛司獄，凡朝廷大事皆決侍衛獄。是時，史弘肇爲都指揮使，與宰相、樞密使並執國政，而弘肇尤專任，以至於亡。語曰：「涓涓不絕，流爲江河；熒熒不滅，炎炎奈何？」可不戒哉！然是時，方鎮各自有兵，天子親軍不過京師之兵而已。今方鎮名存而實亡，六軍諸衛又益以廢，朝廷無大將之職[六]，而舉天下內外之兵皆屬侍衛司矣[七]。則爲都指揮使者，其權豈不益重哉！親軍之號，始於明宗，其後又有殿前都指揮使，亦親軍也，皆不見其更置之始。今天下之兵，皆分屬此兩司矣[八]。

藥彥稠

藥彥稠，沙陀三部落人也。初爲騎將，明宗即位，拜澄州刺史。從王晏球破王都定州，遷侍衛步軍都虞候，領壽州節度使。安重誨矯詔遣河中指揮使楊彥溫逐其節度使潞

王從珂。以彥稠爲招討使[一九]，明宗疑彥溫有所說，戒彥稠得彥溫毋殺，將訊之。彥稠希重誨旨，殺彥溫以滅口，明宗大怒，然不之罪也。

長興中爲靜難軍節度使，党項阿埋、屈悉保等族抄掠方渠，邀殺回鶻使者，明宗遣彥稠與靈武康福會兵擊之，阿埋等亡竄山谷。明宗以謂党項知懼，可加約束而綏撫之。使者未至，彥稠等自牛兒族入白魚谷，盡誅其族，獲其大首領連香等，遣人上捷。明宗謂其使者曰：「吾誅党項，非有所利也。」已而彥稠以党項所掠回鶻進奉玉兩團及遺秦王金裝胡綠等來獻，明宗曰：「吾已語彥稠矣，不可失信。」因悉以賜彥稠。彥稠又逐鹽州諸戎[二〇]，取其所掠男女千餘人。潞王從珂反，彥稠爲招討副使。王思同兵潰，彥稠與思同俱東走，爲潞王兵所得，囚之華州獄，已而殺之。晉高祖立，贈侍中[二二]。[二一]

[一]彥稠與思同俱以敗走，時愍帝猶在，唐未亡，二人走歸國，於節未虧，異於元行欽之走也。然思同辭義不屈，其死可嘉。彥稠直被執見殺爾，餘無可稱，故不列於死事。

校勘記

[一]與其事者五人 「其」，原作「共」，據宋丙本、宗文本改。

唐臣傳第十五

三三九

（二）以昭胤暠爲樞密使　「以」字原闕，據宗文本補。

（三）高祖建言陵與民家墓相雜　「冢」原作「家」，據宗文本改。

（四）徙鎮鄆州　「鎮」字原闕，據宗文本補。

（五）趙延義　宋丙本、通鑑卷二七九、册府卷一〇四作「趙延乂」。按舊五代史卷一三一有趙延乂傳。吳縝纂誤卷中：「司天趙延義，今按雜傳乃是趙延乂也。」

（六）遣審虔將千騎至白司馬坡踏戰地　「司」字原闕，據宗文本補。按通鑑卷二八〇胡注：「白司馬阪，在洛陽北。史逸『司』字。」王鳴盛商榷卷九八：「坡當作坂，唐酷吏侯思止傳：思止鞫誣告人反者，輒云急承白司馬。此因洛有白司馬坂，故用歇後語誘令承反也。」

（七）出爲河陽節度使　「河陽」，舊五代史卷四七唐末帝紀中敍其事作「河中」。通鑑卷二七九：「(清泰二年十二月)以中書侍郎、同平章事充樞密使韓昭胤同平章事，充護國節度使。」按護國即河中。另據舊五代史卷四七唐末帝紀中，清泰二年出爲河陽節度使者乃宋審虔。

（八）本陰山諸部人也　「陰山」，原作「山陰」，據舊五代史卷七〇康思立傳、册府卷一四八、卷七八二乙正。

（九）徙安遠又徙安國　舊五代史卷四六唐末帝紀上：「(清泰元年五月)以陝府節度使康思立爲邢州節度使。」邢州即安國軍。舊五代史卷七〇康思立傳云其清泰初自陝州改授邢臺，則似未嘗歷安遠。

〔〇〕思立以疾卒于道　「以」字原闕，據宗文本補。

〔一〕從榮敗走　「從榮」二字原闕，據宗文本補。

〔二〕西師驚潰　「師」，原作「帥」，據宋丙本、宗文本、詳節卷四改。

〔三〕愍帝召兩人訊之　「兩人」二字原闕，據宗文本。通鑑卷二七九敍其事作「召而訊之」。

〔四〕兩人爭於前　「之」字原闕，據宗文本、玉海卷一三九引五代史補。通鑑卷二七九敍其事作「二人訟於帝前」。

〔五〕天子自爲之將　「無」字原闕，據宗文本、玉海卷一三九引五代史補。

〔六〕朝廷無大將之　「無」字原闕，據宗文本、玉海卷一三九引五代史補。

〔七〕而舉天下內外之兵皆屬侍衛司矣　「屬」字原闕，據宗文本、玉海卷一三九引五代史補。

〔八〕皆分屬此兩司矣　「皆」字原闕，據宗文本、玉海卷一三九引五代史補。

〔九〕以彥稠爲招討使　「招討使」，舊五代史卷六六藥彥稠傳作「副招討使」。按本書卷六唐本紀：「西京留守索自通、侍衛步軍指揮使藥彥稠討之。辛亥，自通執彥溫殺之。」藥彥稠係索自通之副。

〔一〇〕彥稠又逐鹽州諸戎　「彥稠」二字原闕，據宗文本補。

〔一一〕晉高祖立贈侍中　「晉高祖」，舊五代史卷六六藥彥稠傳作「漢高祖」。按舊五代史卷一〇〇漢高祖紀下：「（天福十二年閏七月）故邠州節度使藥彥稠……並贈侍中。」

新五代史卷二十八

唐臣傳第十六

豆盧革

豆盧革,父瓚,唐舒州刺史。豆盧爲世名族,唐末天下亂,革避地之中山,唐亡,爲王處直掌書記。

莊宗在魏,議建唐國,而故唐公卿之族遭亂喪亡且盡,以革名家子,召爲行臺左丞相。莊宗即位,拜同中書門下平章事。革雖唐名族,而素不學問,除拜官吏,多失其序,常爲尚書郎蕭希甫駁正,革頗患之。莊宗已滅梁,革乃薦韋說爲相。說,唐末爲殿中侍御史,坐事貶南海,後事梁爲禮部侍郎。革以説能知前朝故事〔一〕,故引以佐己,而説亦無學術,徒以流品自高。

是時,莊宗內畏劉皇后,外惑宦官、伶人,郭崇韜雖盡忠於國,而亦無學術,革、說俯仰默默無所為,唯諾崇韜而已。唐、梁之際,仕宦遭亂奔亡,而吏部銓文書不完,因緣以為姦利,至有私鬻告敕,亂易昭穆,而季父、母舅反拜姪、甥者,崇韜請論以法。是時,唐新滅梁,朝廷紀綱未立,議者以為宜革以漸,而崇韜疾惡太甚,果於必行,說、革心知其未可,而不能有所建言。是歲冬,選人吳延皓改亡叔告身行事,事發,延皓及選吏尹玫皆坐死,尚書左丞判吏部銓崔沂等皆貶,說、革詣閤門待罪。由是一以新法從事,往往以偽濫駁放而斃踣羈旅、號哭道路者,不可勝數。及崇韜死,說乃教門人上書言其事,而議者亦以罪之〔三〕。

是歲,大水,四方地連震,流民殍死者數萬人,軍士妻子皆採稆以食。莊宗乃命學士草詔,手自書之,以問革、說。革、說不能對,第曰:「陛下威德著于四海,今西兵破蜀,所得珍寶億萬,可以給軍。水旱,天之常道,不足憂也。」革自為相,遭天下多故,而方服丹砂鍊氣以求長生,嘗嘔血數日,幾死。二人各以其子為拾遺,父子同省,人以為非,遂改佗官,而革以說子為弘文館學士,說以革子為集賢院學士。

樞密小吏段徊曰:「臣嘗見前朝故事,國有大故,則天子以朱書御札問宰相。水旱,宰相職也。」莊宗乃命學士草詔,手自書之,以問革、說。

莊宗崩，革爲山陵使，莊宗已祔廟，革以故事當出鎮，數日未得命，而故人賓客趣使入朝。樞密使安重誨詰之于朝曰："山陵使名尚在，不俟改命，遽履新朝，以我武人可欺邪！"諫官希旨，上疏誣革縱田客殺人，說坐與鄰人爭井，遂俱罷。革貶辰州刺史，說澉州刺史[三]，所在馳驛發遣。宰相鄭珏[四]、任圜三上章，請毋行後命，不報。革復坐請俸私自入，說賣官與選人，責授革費州司戶參軍，說夷州司戶參軍，皆員外置同正員。已而竄革陵州，說合州，皆長流百姓。

初，説嘗以罪竄之南海，遇赦還，寓江陵，與高季興相知，及爲相，常以書幣相問遺。唐兵伐蜀，季興請以兵入三峽，莊宗許之，使季興自取夔、忠、萬、歸、峽等州爲屬郡。及破蜀，季興無功，而唐用佗將取五州[五]。明宗初即位，季興數請五州，以謂先帝所許，朝廷不得已而與之。及革、説再貶，因以其事歸罪二人。天成二年夏，詔陵、合州刺史監賜自盡。

盧程

革子昇，説子濤，皆官至尚書郎，坐其父廢。至晉天福初，濤爲尚書膳部員外郎，卒。

盧程，不知其世家何人也。唐昭宗時，程舉進士，爲鹽鐵出使巡官。唐亡，避亂燕趙，變服爲道士，遊諸侯間。豆盧革爲王處直判官，盧汝弼爲河東節度副使，二人皆故唐時名族，與程門地相等，因共薦之，以爲河東節度推官。

莊宗嘗召程草文書，程辭不能。其後戰胡柳，掌書記王緘歿于陣[六]，莊宗還軍太原，置酒，謂監軍張承業曰：「吾以卮酒辟一書記於坐。」因舉卮屬巡官馮道。程位在道上，以嘗辭不能，故不用，而遷程支使。程大恨，曰：「用人不以門閥而先田舍兒邪！」

莊宗已即帝位[七]，議擇宰相，而盧汝弼、蘇循已死，次節度判官盧質當拜，而質不樂任事，乃言豆盧革與程皆故唐時名族，可以爲相，莊宗以程爲中書侍郎、同平章事。是時，朝廷新造，百度未備，程、革拜命之日，肩輿導從，喧呼道中。莊宗聞其聲以問左右，對曰：「宰相檐子入門。」莊宗登樓視之，笑曰：「所謂似是而非者也。」

程奉皇太后冊，自魏至太原，上下山險，所至州縣，驅役丁夫，官吏迎拜，程坐肩輿自若，少忤其意，必加答辱。人有假驢夫於程者，程帖興唐府給之，府吏啓無例，程怒答吏背。少尹任圜[八]，莊宗姊婿也，詣程訴其不可。程戴華陽巾，衣鶴氅，據几決事，視圜罵曰：「爾何蟲豸，恃婦家力也！」圜不對而去，夜馳至博州見莊宗。莊宗大怒，謂郭崇韜曰：「朕悞相此癡物，何爲不可！」宰相取給州縣，何爲不可！」趣令自盡，崇韜亦欲殺

之,賴盧質力解之,乃罷爲右庶子。莊宗入洛,程於路墜馬中風,卒,贈禮部尚書。

任圜

任圜,京兆三原人也。爲人明敏,善談辯,見者愛其容止,及聞其論議縱橫,益皆悚動。李嗣昭節度昭義,辟圜觀察支使。梁兵築夾城圍潞州,踰年而晉王薨,晉兵救潞者皆解去。嗣昭危甚,問圜去就之計,圜勸嗣昭堅守以待,不可有二心。已而莊宗攻破梁夾城,聞圜爲嗣昭畫守計,甚嘉之,由是益知名。其後嗣昭與莊宗有隙,圜數奉使往來,辨釋讒構,嗣昭卒免於禍,圜之力也。嗣昭從莊宗戰胡柳,擊敗梁兵,圜頗有功,莊宗勞之曰:「儒士亦破體邪?仁者之勇,何其壯也!」

張文禮弒王鎔,莊宗遣嗣昭討之。嗣昭戰歿,圜代將其軍,號令嚴肅。既而文禮子處球等閉城堅守,不可下。圜數以禍福諭鎮人,鎮人信之。圜嘗擁兵至城下,處球登城呼圜曰[九]:「城中兵食俱盡,而久抗王師,若泥首自歸,懼無以塞責,幸公見哀,指其生路。」圜告之曰:「以子先人,固難容貸,然罰不及嗣,子可從輕。其如拒守經年,傷吾大將,一朝困竭,方布款誠,以此計之,子亦難免。然坐而待斃,曷若伏而俟命?」處球流涕曰:「公

言是也!」乃遣人送狀乞降[一〇],人皆稱圜其言不欺。既而佗將攻破鎮州,處球雖見殺,而鎮之吏民以嘗乞降,故得保其家族者甚衆。

其後以鎮州為北京,拜圜工部尚書,兼真定尹、北京副留守、知留守事,為政有惠愛。明年,郭崇韜兼領成德軍節度使,改圜行軍司馬,仍知真定府事。圜與崇韜素相善,又為其司馬,崇韜因以鎮州事託之,而圜多所違異。初,圜推官張彭為人傾險貪黷,圜不能察,信任之,多為其所賣。及崇韜領鎮,彭為圜謀隱公廨錢百餘,有許氏者尤有色,彭賂守者匿之。後事覺,召彭詣京師,將罪之,彭懼,悉以前所隱公錢簿書獻崇韜,崇韜深德彭,不殺,由是與圜有隙。同光三年,圜罷司馬,守工部尚書。

魏王繼岌暨崇韜伐蜀,懼圜攻己於後,乃辟圜參魏王軍事。蜀滅,表圜黔南節度使,圜懇辭不就。繼岌殺崇韜,以圜代將其軍而旋。康延孝反,繼岌遣圜將三千人會董璋、孟知祥等兵,擊敗延孝於漢州,而魏王先至渭南,自殺,圜悉將其軍以東。明宗嘉其功,拜圜同中書門下平章事,兼判三司。是時,明宗新誅孔謙,圜選辟才俊,抑絕饒倖,公私給足,天下便之。

是秋,韋説、豆盧革罷相,圜與安重誨、鄭珏、孔循議擇當為相者,圜意屬李琪,而珏、循雅不欲琪為相,謂重誨曰:「李琪非無文藝,但不廉耳。宰相,端方有器度者足以為之,

太常諳卿崔協可也。」重誨以爲然。佗日，明宗問誰可相者，重誨即以協對。圜前爭曰：「重誨未諳朝廷人物，爲人所賣。天下皆知崔協不識文字，而虛有其表⑴，號爲『没字碑』。臣以陛下誤加採擢，無功幸進，比不知書⑵，以臣一人取笑足矣，相位有幾，豈容更益笑端！」明宗曰：「宰相重位，卿等更自詳審。然吾在藩時，識易州刺史韋肅，世言肅名家子，且待我甚厚，置之此位可乎？」肅或未可，則馮書記先朝判官，稱爲長者，可以相矣。」馮書記者，道也。議未決，重誨等退休於中興殿廊下，孔循不揖，拂衣而去，行且罵曰：「天下事一則任圜，二則任圜，圜乃何人！」圜謂重誨曰：「李琪才藝，可兼時輩百人，而讒夫巧沮，忌害其能，若舍琪而相協，如棄蘇合之丸而取蜣蜋之轉也！」重誨笑而止。然重誨以循言爲信，居月餘，協與馮道皆拜相。協在相位數年，人多嗤其所爲，然圜與重誨交惡自協始。

故時使臣出四方，皆自户部給券，重誨奏請自内出⑶，圜以故事爭之，不能得，遂與重誨辨於帝前，圜聲色俱厲。明宗罷朝，後宮嬪御迎前問曰：「與重誨論者誰？」明宗曰：「宰相也。」宮人奏曰：「妾在長安，見宰相奏事，未嘗如此，蓋輕大家耳。」明宗由是不悦，而使臣給券卒自内出，圜益憤沮。重誨嘗過圜，圜出妓⑷，善歌而有色，重誨欲之，圜不與，由是二人益相惡。而圜遽求罷職，乃罷爲太子少保⑸。圜不自安，因請致仕，退居

于磁州。朱守殷反于汴州,重誨誣圜與守殷連謀,遣人矯制殺之。圜受命怡然,聚族酣飲而死。明宗知而不問,爲下詔,坐圜與守殷通書而言涉怨望。愍帝即位,贈圜太傅[一六]。

趙鳳

趙鳳,幽州人也,少以儒學知名。燕王劉守光時,悉虜燕人以爲兵,鳳懼,因髠爲僧,依燕王弟守奇自匿。守奇奔梁,梁以守奇爲博州刺史,鳳爲其判官。晉取鄆州,莊宗聞鳳名,得之喜,以爲扈鑾學士。莊宗即位,拜鳳中書舍人、翰林學士。

莊宗及劉皇后幸河南尹張全義第,酒酣,命皇后拜全義爲父。明日,遣宦者命學士作牋上全義,以父事之,鳳上書極言其不可。全義養子郝繼孫犯法死,宦官、伶人冀其貲財,固請籍沒,鳳又上書言:「繼孫爲全義養子,不宜有別籍之財,而於法不至籍沒,刑人利財,不可以示天下。」是時,皇后及羣小用事,鳳言皆不見納。

明宗武君,不通文字,四方章奏,常使安重誨讀之。重誨亦不知書,奏讀多不稱旨。

孔循教重誨求儒者置之左右,而兩人皆不知唐故事,於是置端明殿學士,以馮道及鳳爲之。

鳳好直言而性剛強,素與任圜善,自圜爲相,頗薦進之。初,端明殿學士班在翰林學士下,而結銜又在官下。明年,鳳遷禮部侍郎,因諷圜升學士於官上,又詔班在翰林學士圜爲重誨所殺,而誣以謀反。是時,重誨用事,雖明宗不能詰也,鳳獨號哭呼重誨曰:「任圜天下義士,豈肯謀反!而公殺之,何以示天下?」重誨慚不能對。

術士周玄豹以相法言人事多中,莊宗尤信重之,以爲北京巡官。明宗爲內衙指揮使,重誨欲試玄豹,乃使佗人與明宗易服,而坐明宗於下坐,召玄豹曰:「內衙,貴將也,此不足當之。」乃指明宗於下坐曰:「此是也!」因爲明宗言其後貴不可言。明宗即位,思玄豹以爲神,將召至京師,鳳諫曰:「好惡,上所慎也。今陛下神其術而召之,則傾國之人,皆將奔走吉凶之説,轉相惑亂,爲患不細。」明宗遂不復召。

朱守殷反,明宗幸汴州,守殷已誅,又詔幸鄴。是時,從駕諸軍方自河南徙家至汴,不欲北行,軍中爲之洶洶。而定州王都以爲天子幸汴州誅守殷,又幸鄴以圖己,因疑不自安。宰相率百官詣閤,請罷幸鄴,明宗不聽,人情大恐,羣臣不復敢言。鳳手疏責安重誨,言甚切直,重誨以白,遂罷幸。

有僧遊西域，得佛牙以獻，明宗以示大臣。鳳言：「世傳佛牙水火不能傷，請驗其真僞。」因以斧斫之，應手而碎。是時，宮中施物已及數千，因鳳碎之乃止。

天成四年夏，拜門下侍郎、同中書門下平章事。祕書少監于嶠者，自莊宗時與鳳俱爲翰林學士，而嶠亦許直敢言，與鳳素善。及鳳已貴，而嶠久不遷，自以材名在鳳上而不用[七]，因與蕭希甫數非斥時政，尤訛訾鳳，鳳心銜之，未有以發。而嶠與隣家爭水竇，爲安重誨所怒，鳳即左遷嶠祕書少監。嶠因被酒往見鳳，鳳知其必不遜，乃辭以沐髮，嶠詬直吏，又溺於從者直廬而去。省吏白鳳，嶠溺於客次，且詬鳳。鳳以其事聞，明宗下詔奪嶠官，長流武州百姓，又流振武，天下冤之。

其後安重誨爲邊彥溫等告變，明宗詔彥溫等廷詰，具伏其詐，即斬之。後數日，鳳奏事中興殿，啓曰：「臣聞姦人有誣重誨者。」明宗曰：「此閑事，朕已處置之，卿可無問也。」鳳曰：「臣所聞者，繫國家利害，陛下不可以爲閑。」因指殿屋曰：「此殿所以尊嚴宏壯者，棟梁柱石之所扶持也，若折其一棟，去其一柱，則傾危矣。大臣，國之棟梁柱石也，且重誨起微賤，歷艱危，致陛下爲中興主，安可使姦人動搖！」明宗改容謝之曰：「卿言是也。」遂族彥溫等三家。

其後重誨得罪，羣臣無敢言者，獨鳳數言重誨盡忠。明宗以鳳爲朋黨，罷爲安國軍節

度使。鳳在鎮所得俸禄,悉以分將校賓客。廢帝入立,召爲太子太保。病足居于家,疾篤,自筮,投蓍而歎曰:「吾家世無五十者,又皆窮賤,吾今壽過其數而富貴,復何求哉!」清泰二年,卒于家。

李襲吉

李襲吉,父圖,洛陽人,或曰唐相林甫之後也。乾符中,襲吉舉進士,爲河中節度使李都摧鹽判官。後去之晉,晉王以爲榆次令,遂爲掌書記。襲吉博學,多知唐故事。遷節度副使,官至諫議大夫。晉王與梁有隙,交兵累年,後晉王數困,欲與梁通和,使襲吉爲書諭梁,辭甚辨麗。梁太祖使人讀之,至於「毒手尊拳,交相於暮夜;金戈鐵馬,蹂踐於明時」,歎曰:「李公僻處一隅,有士如此,使吾得之,傅虎以翼也!」顧其從事敬翔曰:「善爲我答之。」及翔所答,書辭不工,而襲吉之書,多傳於世。

襲吉爲人恬淡,以文辭自娱,天祐三年卒。以盧汝弼代爲副使。汝弼工書畫,而文辭不及襲吉。其父簡求爲河東節度使,爲唐名家,故汝弼亦多知唐

故事。晉王薨，莊宗嗣爲晉王，承制封拜官爵皆出汝弼。十八年，卒。莊宗即位，贈襲吉禮部尚書，汝弼兵部尚書。

張憲

張憲，字允中，晉陽人也。爲人沈靜寡欲，少好學，能鼓琴飲酒。爲天雄軍節度使掌書記。莊宗即位，拜工部侍郎、租庸使，遷刑部侍郎、判吏部銓、東都副留守。憲精於吏事，甚有能政。

莊宗幸東都，定州王都來朝，莊宗命憲治鞠場，與都擊鞠。初，莊宗建號於東都，以鞠場爲即位壇，於是憲言：「即位壇，王者所以興也。漢鄗南、魏繁陽壇，至今皆在，不可毀。」乃別治宮西爲鞠場，場未成，莊宗怒，命兩虞候亟毀壇以爲場。憲退而歎曰：「此不祥之兆也！」

初，明宗北伐契丹，取魏鎧仗以給軍，有細鎧五百，憲遂給之而不以聞。又問憲庫錢幾何，憲上庫簿有錢三萬緡，莊宗益怒，謂其嬖伶史彥瓊曰：「我與羣臣飲博〔八〕，須錢十餘萬，而憲以故紙給我。我未渡河時，庫錢怒，責憲馳自取之，左右諫之乃止。

常百萬緡，今復何在？」彥瓊爲憲解之，乃已。

郭崇韜伐蜀，薦憲可任爲相，而宦官、伶人不欲憲在朝廷，樞密承旨段徊曰：「宰相在天子面前，事有非是，尚可改作，一方之任，苟非其人，則爲患不細。憲材誠可用，不如任以一方。」乃以爲太原尹、北京留守。

趙在禮作亂，憲家在魏州，在禮善待其家，遣人以書招憲，憲斬其使，不發其書而上之。莊宗遇弒，明宗入京師，太原猶未知，而永王存霸奔于太原。左右告憲曰：「今魏兵南嚮，主上存亡未可知，存霸之來無詔書，而所乘馬斷其鞦，豈非戰敗者乎！宜拘之以俟命。」憲曰：「吾本書生，無尺寸之功，而人主遇我甚厚，豈有懷二心以幸變，可與之俱死爾！」憲從事張昭遠教憲奉表明宗以勸進，憲涕泣拒之。已而存霸削髮，見北京巡檢符彥超，願爲僧以求生，彥超麾下兵大譟，殺存霸。憲出奔忻州[一九]，亦見殺。

嗚呼！予於死節之士，得三人而失三人焉。鞏廷美、楊溫之死，予既已哀之，至於張憲之事，尤爲之痛惜也。予於舊史考憲事實，而永王存霸、符彥超與憲傳所書始末不同，莫得而考正。蓋方其變故倉卒之時，傳者失之爾，然要其大節，亦可以見也。憲之志誠可謂忠矣。當其不顧其家，絕在禮而斬其使，涕泣以拒昭遠之說，其志甚明。至其欲與存

霸俱死,及存霸被殺,反棄太原而出奔,然猶不知其心果欲何爲也。而舊史書憲坐棄城而賜死,予亦以爲不然。予之於憲,固欲成其美志,而要在憲失其官守而其死不明,故不得列于死節也。

蕭希甫

蕭希甫,宋州人也。爲人有機辯,多矯激。少舉進士,爲梁開封尹袁象先掌書記。象先爲青州節度使,以希甫爲巡官。希甫不樂,乃棄其母妻,變姓名,亡之鎭州,自稱青州掌書記,謁趙王王鎔。鎔以希甫爲參軍,尤不樂,居歲餘,又亡之易州,削髮爲僧,居百丈山。莊宗將建國于魏,置百官,求天下隱逸之士,幽州李紹宏薦希甫爲魏州推官。莊宗即帝位,欲以知制誥,有詔定内宴儀,問希甫:「樞密使得坐否?」希甫以爲不可。樞密使張居翰聞之怒,謂希甫曰:「老夫歷事三朝天子,見内宴數百,子本田舍兒,安知宮禁事?」希甫不能對,由是宦官用事者皆切齒。宰相豆盧革等希宦官旨,共排斥之,以爲駕部郎中。希甫失志,尤怏怏。

莊宗滅梁,遣希甫宣慰青齊,希甫始知其母已死,而妻袁氏亦改嫁矣。希甫乃發哀服

喪，居于魏州，人有引漢李陵書以譏之曰：「老母終堂，生妻去室。」時皆傳以爲笑。

明宗即位，召爲諫議大夫。是時，復置匭函，以希甫爲使，希甫建言：「自兵亂相乘，王綱大壞，侵欺淩奪，有力者勝。凡略人之妻女，占人之田宅，姦賊之吏，刑獄之冤者，何可勝紀？而匭函一出，投訴必多，至於功臣貴戚，有不得繩之以法者。」乃自天成元年四月二十八日昧爽已前，大辟已下[二〇]，皆赦除之，然後出匭函以示衆。其後革、説爲安重誨所惡，希甫希旨，誣奏革縱田客殺諫議大夫，豆盧革、韋説頗沮難之。人，而説與隣人爭井，井有寶貨。有司推劾，井中惟破釜而已。革、説終皆貶死，明宗賜希甫帛百匹、粟麥三百石，拜左散騎常侍[二一]。

希甫性褊而躁進，嘗遣人夜叩宫門上變，言河堰牙官李筠告本軍謀反。詰旦，追問無狀，斬筠，軍士詣安重誨求希甫啖之。是時，明宗將有事於南郊，前齋一日，羣臣習儀于殿廷，宰相馮道、趙鳳，河南尹秦王從榮，樞密使安重誨候班于月華門外。希甫與兩省班先入，道等坐廊下不起。既出，希甫召堂頭直省朝堂驅使官，責問宰相、樞密見兩省官何得不起，因大詬罵。是夜，託疾還第。月餘，坐告李筠事動摇軍衆，貶嵐州司户參軍，卒於貶所。

劉贊

劉贊,魏州人也。父玭為縣令,贊始就學,衣以青布衫襦,每食則玭自肉食,而別以蔬食食贊於牀下,謂之曰:「肉食,君之祿也,爾欲之,則勤學問以干祿,吾肉非爾之食也。」由是贊益力學。舉進士,為羅紹威判官,去為租庸使趙巖巡官,又為孔謙鹽鐵判官。明宗時,累遷中書舍人、御史中丞、刑部侍郎。守官以法,權豪不可干以私。

是時,秦王從榮握兵而驕,多過失,言事者請置師傅以輔道之。大臣畏王,不敢決其事,因請王得自擇,秦王即請贊,乃拜贊祕書監,為秦王傅。贊泣曰:「禍將至矣!」秦王所請王府元帥官屬十餘人,類多浮薄傾險之徒,日獻諛諂以驕王,獨贊從容諷諫,率以正道。秦王嘗命賓客作文於坐中,贊自以師傅,恥與羣小比伍,雖操筆勉彊,有不悅之色。秦王惡之,後戒左右,贊來不得通。贊亦不往,月一至府而已,退則杜門不交人事。

已而秦王果敗死,唐大臣議王屬官當坐者,馮道曰:「元帥判官任贊與秦王非素好,而在職不逾月,詹事王居敏及劉贊皆以正直為王所惡,河南府判官司徒詡病告家居久,皆

宜不與其謀。而諮議參軍高輦與王最厚，輦法當死，其餘可次第原減。」朱弘昭曰：「諸公不知其意爾，使秦王得入光政門，當待贊等如何？吾徒復有家族邪！且法有首從，今秦王夫婦男女皆死，而贊等止其一身幸矣！」道等難之。而馮贇亦爭，以爲不可〔二〕，贊等乃免死。於是論高輦死，而任贊等十七人皆長流。

初，贊聞秦王敗，即白衣駕驢以俟，人有告贊奪官者，贊曰：「豈有天子家嗣見殺〔三〕，而賓僚奪官者乎，不死幸矣！」已而贊長流嵐州百姓。清泰二年，詔歸田里，行至石會關，病卒。

何瓚

何瓚，閩人也，唐末舉進士及第。莊宗爲太原節度使，辟爲判官。莊宗每出征伐，留張承業守太原，承業卒，瓚代知留守事。

瓚爲人明敏，通於吏事，外若疏簡而内頗周密〔四〕。莊宗建大號于鄴都，拜瓚諫議大夫，瓚慮莊宗事不成，求留守北京。

瓚與明宗有舊，明宗即位，召還，見於内殿，勞問久之，已而以瓚爲西川節度副使。是

時，孟知祥已有二志，方以副使趙季良爲心腹，聞瓚代之，亟奏留季良，遂改瓚行軍司馬。瓚恥於自辭，不得已而往，明宗賜予甚厚。初，知祥在北京爲馬步軍都虞候，而瓚留守太原，知祥以軍禮事瓚，瓚常繩以法，知祥初不樂，及瓚爲司馬，猶勉待之甚厚。知祥反，罷瓚司馬，置之私第，瓚飲恨而卒。

校勘記

〔一〕革以説能知前朝故事　「故」字原闕，據宗文本補。按通鑑卷二七二：「豆盧革薦禮部侍郎韋説諳練朝章。」

〔二〕而議者亦以罪之　「亦」，宗文本作「益」。

〔三〕説漵州刺史　「漵州」，本書卷六唐本紀、舊五代史卷四三豆盧革傳作「敍州」。朱孝誠墓碑（拓片刊北京圖書館藏中國歷代石刻拓本匯編第三十册）記：「元和初，張伯靖負固敍州。」錢大昕潛研堂金石文跋尾卷八：「史稱伯靖『漵州蠻』，碑作『敍』，當以碑爲正。」

〔四〕鄭珏　原作「鄭班」，據宗文本、舊五代史卷四三豆盧革傳改。按本書卷五四、舊五代史卷五八有鄭珏傳。

〔五〕而唐用佗將取五州　舊五代史卷三四唐莊宗紀八、卷六七韋説傳、通鑑卷二七三敍其事皆云

（六）唐所取及高季興所求者爲夔、忠、萬三州。

（六）王緘　原作「王誠」。據通鑑卷二七〇、册府卷七五六改。按舊五代史卷六〇有王緘傳，山右石刻叢編卷九封白雞山記題「節度判官、金紫光□大夫、檢校尚書右僕射、賜紫金魚袋王緘」撰，即其人。

（七）莊宗已即帝位　「帝」字原闕，據宗文本補。

（八）任圜　通鑑卷二七二作「任團」。按舊五代史卷六七任圜傳、册府卷三〇〇：「武皇愛之，以宗女妻圜。」本傳下文同。

（九）處球登城呼圜曰　「處球」，舊五代史卷六二張文禮傳、册府卷九四二作「處瑾」。

（一〇）乃遣人送狀乞降　「人」，原作「子」，據宋丙本、宗文本改。按舊五代史卷六二張文禮傳、册府卷九四二記送狀者乃「牙將張彭」。

（一一）而虛有其表　「其」字原闕，據諸史提要卷一五引五代史、錦繡萬花谷前集卷一〇引新五代史任圜傳補。宗文本「有」下空一格。

（一二）比不知書　「比」原作「此」，據宋丙本、諸史提要卷一五引五代史、舊五代史卷五八崔協傳、册府卷三一七、卷三三七改。

（一三）重誨奏請自内出　「内」字原闕，據宗文本補。

（一四）圜出妓　「圜」字原闕，據宗文本及本卷下文補。

唐臣傳第十六

三六一

〔五〕而圜邃求罷職乃罷爲太子少保 「職乃罷」三字原闕,據宗文本補。

〔六〕愍帝即位贈圜太傅 舊五代史卷六七任圜傳記贈太傅在末帝清泰中,非愍帝時事。

〔七〕自以材名在鳳上而不用 「材」,原作「林」,據宋丙本、宗文本改。

〔八〕我與羣臣飲博 「飲」字原闕,據宗文本補。

〔九〕憲出奔忻州 「忻州」,原作「沂州」,據宗文本、通鑑卷二七五、歐陽文忠公文集卷六九與王深甫論五代張憲帖改。太平寰宇記卷四二:「(忻州)南至太原府一百八十里。」

〔一〇〕大辟已下 「下」,原作「上」,據册府卷四七五改。

〔一一〕拜左散騎常侍 「左」,册府卷四八一作「右」。

〔一二〕以爲不可 「以爲」三字原闕,據宗文本補。

〔一三〕豈有天子冢嗣見殺 「冢」,原作「家」,據宗文本改。

〔一四〕外若疎簡而内頗周密 「若」,原作「君」,據宋丙本、宗文本改。

新五代史卷二十九

晉臣傳第十七

桑維翰

桑維翰，字國僑，河南人也。爲人醜怪，身短而面長，常臨鑑以自奇曰：「七尺之身，不如一尺之面。」慨然有志於公輔。初舉進士，主司惡其姓，以「桑」「喪」同音。人有勸其不必舉進士，可以從佗求仕者，維翰慨然，乃著日出扶桑賦以見志。又鑄鐵硯以示人曰：「硯弊則改而佗仕。」卒以進士及第。晉高祖辟爲河陽節度掌書記，其後常以自從。

高祖自太原徙天平，不受命，而有異謀，以問將佐，將佐皆恐懼不敢言，獨維翰與劉知遠贊成之，因使維翰爲書求援於契丹。耶律德光已許諾，而趙德鈞亦以重賂啗德光，求助己以篡唐。高祖懼事不果，乃遣維翰往見德光，爲陳利害甚辯，德光意乃決，卒以滅

唐而興晉,維翰之力也。高祖即位,以維翰為翰林學士、禮部侍郎、知樞密院事,遷中書侍郎、同中書門下平章事、兼樞密使。天福四年,出為相州節度使,歲餘,徙鎮泰寧。

吐渾白承福為契丹所迫,附鎮州安重榮以歸晉,重榮因請與契丹絕好,用吐渾以攻之。高祖重違重榮,意未決。維翰上疏言契丹未可與爭者七,高祖召維翰使者至臥內,謂曰:「北面之事,方撓吾胸中,得卿此疏,計已決矣,可無憂也。」維翰又勸高祖幸鄴都。七年,高祖在鄴,維翰來朝,徙鎮晉昌。

出帝即位,召拜侍中。而景延廣用事,與契丹絕盟,維翰言不能入,乃陰使人說帝曰:「制契丹而安天下,非用維翰不可。」乃出延廣於河南,拜維翰中書令,復為樞密使,封魏國公,事無巨細,一以委之,數月之間,百度寖理。初,李瀚為翰林學士,好飲而多酒過,高祖以為浮薄。天福五年九月,詔廢翰林學士,按唐六典歸其職於中書舍人,而端明殿學士、樞密院學士皆廢。及維翰為樞密使,復奏置學士,而悉用親舊為之。

維翰權勢既盛,四方賂遺,歲積鉅萬。內客省使李彥韜、端明殿學士馮玉用事,共讒之。帝欲驟黜維翰,大臣劉昫、李崧皆以為不可,卒以玉為樞密使,既而以為相,維翰日益見疎。帝飲酒過度得疾,維翰遣人陰白太后,請為皇弟重睿置師傅。帝疾愈,知之,怒,乃罷維翰,以為開封尹。維翰遂稱足疾,稀復朝見。

契丹屯中渡，破欒城，杜重威等大軍隔絕，維翰曰：「事急矣！」乃見馮玉等計事，而謀不合。又求見帝，帝方調鷹於苑中，不暇見，維翰退而歎曰：「晉不血食矣！」

自契丹與晉盟，始成於維翰，而終敗於景延廣，故自兵興，契丹凡所書檄，未嘗不以此兩人為言。耶律德光犯京師，遣張彥澤遺太后書，問此兩人在否，可使先來。而帝以維翰嘗議毋絕盟而已違之也，不欲使維翰見德光，因諷彥澤圖之，而彥澤亦利其貲產。維翰貌既異，素以威嚴自持，晉之老將大臣，見者無不屈服，彥澤以驍捍自矜，每往候之，雖冬月未嘗不流汗。初，彥澤入京師，左右勸維翰避禍，維翰曰：「吾為大臣，國家至此，安所逃死邪！」安坐府中不動。彥澤以兵入，問：「維翰何在？」維翰厲聲曰：「吾，晉大臣，自當死國，安得無禮邪！」彥澤股栗不敢仰視，退而謂人曰：「吾不知桑維翰何如人，今日見之，猶使人恐懼如此，其可再見乎？」乃以帝命召維翰。維翰行，遇李崧，立馬而語，軍吏前白維翰，請赴侍衛司獄。維翰知不免，顧崧曰：「相公當國，使維翰獨死？」崧慚不能對。是夜，彥澤使人縊殺之，以帛加頸，告德光曰：「維翰自縊。」德光曰：「我本無心殺維翰，維翰何必自致。」德光至京師，使人檢其尸，信為縊死，乃以尸賜其家，而貨財悉為彥澤所掠。

景延廣

景延廣,字航川,陝州人也。父建善射,嘗教延廣曰:「射不入鐵,不如不發。」由是延廣以挽彊見稱。事梁邵王友誨,友誨謀反被幽,延廣亡去。後從王彥章戰中都,彥章敗,延廣身被數創,僅以身免。

明宗時,朱守殷以汴州反,晉高祖爲六軍副使,主誅從守殷反者。延廣爲汴州軍校當誅,高祖惜其才,陰縱之使亡,後錄以爲客將。高祖即位,以爲侍衛步軍都指揮使,領果州團練使,徙領寧江軍節度使。天福四年,出鎮義成。又徙保義,復召爲侍衛馬步軍都虞候,徙領河陽三城〔三〕,遷馬步軍都指揮使、領天平。

高祖崩,出帝立,延廣有力,頗伐其功。初,出帝立,晉大臣議告契丹,致表稱臣,延廣獨不肯,但致書稱孫而已。大臣皆知其不可而不能奪。契丹果怒,數以責晉,延廣謂契丹使者喬瑩曰:「先皇帝北朝所立,今天子中國自册,可以爲孫,而不可爲臣。且晉有橫磨大劍十萬口,翁要戰則來,佗日不禁孫子,取笑天下。」瑩知其言必起兩國之爭,懼後無以取信也,因請載于紙,以備遺忘。延廣敕吏具載以授瑩,瑩藏其書衣領中以歸,具以延廣

語告契丹，契丹益怒。

天福八年秋，出帝幸大年莊還，置酒延廣第。延廣所進器服、鞍馬、茶牀、椅榻皆裹金銀，飾以龍鳳。又進帛五千匹，綿一千四百兩，馬二十二匹，玉鞍、衣襲、犀玉、金帶等，請賜從官，自皇弟重睿，下至伴食刺史、重睿從者各有差。帝亦賜延廣及其母妻、從事、押衙、孔目官等稱是。

明年春，契丹入寇，延廣從出帝北征，爲御營使，相拒澶、魏之間。時天下旱蝗，民餓死者歲十數萬，而君臣窮極奢侈以相誇尚如此。先鋒石公霸遇虜於戚城，高行周、符彥卿兵少不能救，馳騎促延廣益兵，延廣按兵不動。三將被圍數重，帝自御軍救之，三將得出，皆泣訴。然延廣方握親兵，恃功恣橫，諸將皆由其節度，帝亦不能制也。契丹嘗呼晉人曰：「景延廣喚我來，何不速戰？」是時，諸將皆力戰，而延廣未嘗見敵。契丹已去，延廣獨閉壁不敢出。自延廣一言而契丹與晉交惡，凡號令征伐一出延廣，晉大臣皆不得與，故契丹凡所書檄，未嘗不以延廣爲言。契丹去，出帝還京師，乃出延廣爲河南尹，留守西京。明年，出帝幸澶淵，以延廣從，皆無功。

延廣居洛陽，鬱鬱不得志。見晉日削，度必不能支契丹，乃爲長夜之飲，大治第宅，園置妓樂[四]，惟意所爲。後帝亦追悔，遣供奉官張暉奉表稱臣以求和，德光報曰：「使桑維翰、景延廣來，而割鎭、定與我，乃可和。」晉知其不可，乃止。契丹至中渡，延廣屯河陽，聞

杜重威降,乃還。

德光犯京師,行至相州,遣騎兵數千雜晉軍渡河趨洛,以取延廣,戒曰:「延廣南奔吳,西走蜀,必追而取之。」而延廣顧慮其家,未能引決,虜騎奄至,乃與從事閤丕馳騎見德光於封丘,并不見鎖。延廣曰:「丕,臣從事也,以職相隨,何罪而見鎖?」丕乃得釋。德光責延廣曰:「南北失懽,皆因爾也。」召喬瑩質其前言,延廣初不服,瑩從衣領中出所藏書,延廣乃服〔五〕。因以十事責延廣,每服一事,授一牙籌,授至八籌,延廣以面伏地,不能仰視,遂叱而鎖之。將送之北行,至陳橋,止民家。夜分,延廣伺守者殆,引手扼吭而死,時年五十六。漢高祖時,贈侍中〔六〕。

嗚呼,自古禍福成敗之理,未有如晉氏之明驗也!其始以契丹而興,終爲契丹所滅。然方其以逆抗順,大事未集,孤城被圍,外無救援,而徒將一介之命,持片舌之彊,能使契丹空國興師,應若符契,出危解難,遂成晉氏,當是之時,維翰之力爲多。及少主新立,釁結兵連,敗約起爭,發自延廣。然則晉氏之事,維翰成之,延廣壞之,二人之用心者異,而其受禍也同,其故何哉? 蓋夫本末不順而與夷狄共事者,常見其禍,未見其福也。可不戒哉!可不戒哉!

吳巒

吳巒，字寶川，鄆州盧縣人也。少舉明經不中，清泰中爲大同沙彥珣節度判官。晉高祖起太原，召契丹爲援，契丹過雲州，彥珣出城迎謁，爲契丹所虜。城中推巒主州事，巒卽閉門拒守，契丹以兵圍之。高祖入立，以雲州入于契丹，而巒猶守城不下，契丹圍之凡七月。高祖義巒所爲，乃以書告契丹，使解兵去。高祖召巒，以爲武寧軍節度副使、諫議大夫、復州防禦使。

出帝卽位，與契丹絕盟，河北諸州皆警，以謂貝州水陸之衝，緩急可以轉餉，乃積芻粟數十萬，以王令溫爲永清軍節度使。令溫牙將邵珂素驕很難制，令溫奪其職。珂閑居無憀，乃陰使人亡入契丹，言貝州積粟多而無兵守，可取。令溫以事朝京師，心頗疑珂，乃質其子崇範以自隨。晉大臣以巒前守雲州七月，契丹不能下，乃遣巒馳驛代令溫守貝州。巒善撫士卒，會天大寒，裂其帷幄以衣士卒，士卒皆愛之。

開運元年正月，契丹南寇，圍貝州，巒命珂守南門。契丹圍三日，四面急攻之，巒從城上投薪草焚其梯衝殆盡。已而珂自南門引契丹入，巒守東門方戰，而左右報珂反，巒顧城

中已亂,即投井死。而令溫家屬爲契丹所虜,出帝憫之,以令溫爲武勝軍節度使,後累歷方鎮,周顯德中卒。令溫,瀛州河間人也。〔二〕

〔一〕王令溫疑邵珂而質其子矣,豈不能察其奸,反委以兵。及契丹入貝州,又不拒戰,遂投井死,其死不足貴,故不列於死事。

校勘記

〔一〕趙德鈞　原作「趙德均」,據宋丙本、宗文本、通鑑卷二八〇改。

〔二〕李瀚　通鑑卷二八二作「李澣」。

〔三〕徙領河陽三城　「領」,原作「鎮」,據宋丙本、宗文本及本卷上下文改。按舊五代史卷九八有趙德鈞傳。高祖紀六:「以陝州節度使景延廣爲河陽三城節度使,兼侍衞親軍馬步軍都虞候。」則其河陽節度使之職蓋係遙領。

〔四〕園置妓樂　「置」,宗文本作「池」。

〔五〕延廣乃服　「乃服」,原作「服乃」,據宗文本乙正。

〔六〕贈侍中　舊五代史卷八八景延廣傳敍其事作「詔贈中書令」,舊五代史考異卷三:「案歐陽史作贈侍中。據薛史,延廣出爲洛都留守,已兼侍中矣,贈官當是中書令。」

新五代史卷三十

漢臣傳第十八

蘇逢吉

蘇逢吉，京兆長安人也。漢高祖鎮河東，父悦爲高祖從事，逢吉長代悦作奏記，悦乃言之高祖。高祖召見逢吉，精神爽秀，憐之，乃以爲節度判官。高祖性素剛嚴，賓佐稀得請見，逢吉獨入，終日侍立高祖書閤中。兩使文簿盈積，莫敢通，逢吉輒取內之懷中，伺高祖色可犯時以進之，高祖多以爲可，以故甚愛之。然逢吉爲人貪詐無行，喜爲殺戮。高祖嘗以生日遣逢吉疏理獄囚以祈福，謂之「靜獄」。逢吉入獄中閲囚，無輕重曲直悉殺之，以報曰：「獄靜矣。」

高祖建號，拜逢吉中書侍郎、同中書門下平章事。是時，制度草創，朝廷大事皆出逢

吉，逢吉以爲己任，然素不學問，隨事裁決，出其意見，是故漢世尤無法度，而不施德政，民莫有所稱焉。

高祖既定京師，逢吉與蘇禹珪同在中書，除吏多違舊制。逢吉尤納貨賂，市權鬻官，謗者讙讙。然高祖方倚信二人，故莫敢有告者。鳳翔李永吉初朝京師，逢吉以永吉故秦王從曬子，家世王侯，當有奇貨，使人告永吉，許以一州，而求其先王玉帶，永吉以無爲解，逢吉乃使人市一玉帶，直數千緡，責永吉償之，前客省使王筠自晉末使楚，至是還，逢吉意筠得楚王重賂，遣人求之，許以一州，筠怏怏，以其橐裝之半獻之：而皆不得州。

晉相李崧從契丹以北，高祖入京師，以崧第賜逢吉，逢吉不悅，而崧子弟數出怨言。其後，逢吉乃誘人告崧與弟嶼、嶬等，下獄，崧款自誣伏：「與家僮二十人，謀因高祖山陵爲亂。」獄上中書，逢吉改「二十人」爲「五十人」，遂族崧家。

是時，天下多盜，逢吉自草詔書下州縣，凡盜所居本家及鄰保皆族誅。或謂逢吉曰：「爲盜族誅，已非王法，況鄰保乎！」逢吉悁以爲是，不得已，但去族誅而已。於是鄆州捕賊使者張令柔盡殺平陰縣十七村民數百人。衛州刺史葉仁魯聞部有盜，自帥兵捕之。時村民十數共逐盜，入于山中，盜皆散走。仁魯從後至，見民捕盜者，以爲賊，悉擒之，斷其

脚筋，暴之山麓，宛轉號呼，累日而死。聞者不勝其冤，而逢吉以仁魯爲能，由是天下因盜殺人滋濫。

逢吉已貴，益爲豪侈，謂中書堂食爲不可食，乃命家廚進羞，日極珍善。繼母死，不服喪。妻武氏卒，諷百官及州鎮皆輸綾絹爲喪服。武氏未期，除其諸子爲官。有庶兄自外來，未白逢吉而見其諸子，逢吉怒，託以它事告於高祖，杖殺之。

逢吉嘗從高祖征鄴，數使酒辱周太祖於軍中，太祖恨之。其後隱帝立，逢吉素善李濤，諷濤請罷太祖與楊邠樞密。李太后怒濤離間大臣，罷濤相，以楊邠兼平章事，事悉關決[一]。

逢吉、禹珪由是備位而已。乾祐二年，加拜司空。

周太祖鎮鄴，不落樞密使，逢吉以謂樞密之任，方鎮帶之非便，與史弘肇爭，於是卒如弘肇議。弘肇怨逢吉異己[二]，已而會王章第，使酒坐中，弘肇怒甚。逢吉謀求出鎮以避之，既而中輟，人問其故，逢吉曰：「苟捨此而去，史公一處分，吾虀粉矣！」

是時，隱帝少年，小人在側。弘肇等威制人主，帝與左右李業、郭允明等皆患之。逢吉每見業等，以言激之，業等卒殺弘肇，即以逢吉權知樞密院。方命草麻，聞周太祖起兵，乃止。逢吉夜宿金祥殿東閣，謂司天夏官正王處訥曰：「昨夕未瞑，已見李崧在側，生人接死者，無吉事也。」周太祖至北郊，官軍敗于劉子陂。逢吉宿七里，夜與同舍酣飲，索刀

將自殺,爲左右所止。明日,與隱帝走趙村,自殺於民舍。周太祖定京師,梟其首,適當李崧被刑之所。廣順初,賜其子西京莊并宅一區。

史弘肇

史弘肇,字化元,鄭州滎澤人也。爲人驍勇,走及奔馬。梁末,調民七戶出一兵,弘肇爲兵,隸開道指揮,選爲禁兵。漢高祖典禁兵,弘肇爲軍校。其後,漢高祖鎮太原,使將武節左右指揮,領雷州刺史。高祖建號於太原,代州王暉拒命,弘肇攻破之,以功拜忠武軍節度使、侍衛步軍都指揮使。

是時,契丹北歸,留耿崇美攻王守恩於潞州。高祖遣弘肇前行擊之,崇美敗走,守恩以城歸漢。而河陽武行德、澤州翟令奇等,皆迎弘肇自歸。弘肇入河陽,高祖從後至,遂入京師。

弘肇爲將,嚴毅寡言,麾下嘗少忤意,立檛殺之,軍中爲股慄,以故高祖起義之初,弘肇行兵所至,秋毫無犯,兩京帖然。遷侍衛親軍馬步軍都指揮使,領歸德軍節度使、同中書門下平章事。高祖疾大漸,與楊邠、蘇逢吉等同授顧命。

[一]一作受。

隱帝時，河中李守貞、鳳翔王景崇、永興趙思綰等皆反，關西用兵，人情恐懼，京師之民，流言以相驚恐。弘肇出兵警察，務行殺戮，罪無大小皆死。是時，太白晝見，民有仰觀者，輒腰斬于市。市有醉者忤一軍卒，軍卒誣其訕言[三]，坐棄市。凡民抵罪，吏以白弘肇，弘肇但以三指示之[四]，吏即腰斬之。又為斷舌、決口、斮筋、折足之刑。李崧坐奴告變族誅，弘肇取其幼女以為婢。於是前資故將失職之家，姑息僮奴，而廝養之輩，往往脅制其主。侍衛孔目官解暉狡酷，因緣為姦，民抵罪者，莫敢告訴。燕人何福進有玉枕[五]，直錢十四萬，遣僮賣之淮南以鬻茶。僮隱其錢，福進笞責之，僮乃誣告福進得趙延壽玉枕，以遺吳人。弘肇捕治，福進棄市，帳下分取其妻子，而籍其家財。

弘肇不喜賓客，嘗言：「文人難耐，呼我為卒。」

弘肇領歸德，其副使等月率私錢千緡為獻。潁州麴場官麴溫與軍將何拯爭官務[六]，訟之三司，三司直溫。拯訴之弘肇，弘肇以謂潁已屬州，而溫不先白己，乃追溫殺之，連坐者數十人。

周太祖平李守貞，推功羣臣，弘肇拜中書令。隱帝自關西罷兵，漸近小人，與後贊、李業等嬉遊無度，而太后親族頗行干託，弘肇與楊邠稍裁抑之。太后有故人子求補軍職，弘

肇輒斬之。帝始聽樂，賜教坊使等玉帶、錦袍，往謝弘肇，弘肇怒曰：「健兒爲國征行者未有偏賜，爾曹何功，敢當此乎！」悉取所賜還官。

周太祖出鎮魏州，弘肇議帶樞密以行〔七〕，蘇逢吉、楊邠以爲不可，弘肇恨之。明日，會飲竇貞固第，弘肇厲聲舉爵屬太祖曰：「昨日廷論，何爲異同？今日與公飲此。」逢吉與邠亦舉大爵曰：「此國家事也，何必介意乎！」遂俱飲醻。弘肇曰：「安朝廷，定禍亂，直須長槍大劍，若『毛錐子』安足用哉？」三司使王章曰：「無『毛錐子』，軍賦何從集乎？」「毛錐子」，蓋言筆也。弘肇默然。他日，會飲章第，酒酣，爲手勢令，弘肇不能爲，客省使閻晉卿坐次弘肇，屢教之。蘇逢吉戲曰：「坐有姓閻人，何憂罰爵！」弘肇欲毆之，逢吉先出。弘肇起索劍欲追之，楊邠泣曰：「蘇公，漢宰相，公若殺之，致天子何地乎？」弘肇馳馬去，邠送至第而還。由是將相如水火。

是時，李業、郭允明、後贊、聶文進等用事，不喜執政。而隱帝春秋漸長，爲大臣所制，數有忿言，業等乘間譖之，以謂弘肇威震人主，不除必爲亂。隱帝頗欲除之。夜聞作坊鍛甲聲，以爲兵至，達旦不寐。由是與業等密謀禁中。乾祐三年冬十月十三日〔八〕，弘肇與楊邠、王章等入朝，坐廣政殿東廡，甲士數十人自內出，擒弘肇、邠、章斬之，并族其三家。

弘肇已死，帝坐崇元殿召羣臣，告以弘肇等謀反，羣臣莫能對。又召諸軍校見於萬歲殿，帝曰：「弘肇等專權，使汝曹常憂橫死，今日吾得爲汝主矣！」軍校皆拜。周太祖即位，追封弘肇鄭王，以禮歸葬。

楊邠

楊邠，魏州冠氏人也。少爲州掌籍吏，租庸使孔謙領度支，補邠勾押官，歷孟、華、鄆三州糧料院使。事漢高祖爲右都押衙，高祖即位，拜樞密使。

邠出於小吏，不喜文士，與蘇逢吉等内相排忌。逢吉諷李濤上疏罷邠與周太祖樞密使[九]，邠泣訴李太后前，太后怒，罷濤相，加邠中書侍郎兼吏部尚書、同平章事。是時，逢吉、禹珪頗以私賄除吏，多繆。邠爲相，事無大小，必先示邠，邠以爲可，乃入白，而深革逢吉所爲，凡門蔭出身，諸司補吏者，一切罷之。

邠雖長於吏事，而不知大體，以謂爲國家者，帑廩實，甲兵完而已，禮樂文物皆虛器也。以故秉大政而務苛細，凡前資官不得居外，而天下行旅，皆給過所，然後得行。旬日之間，人情大擾，邠度不可行而止。

邠常與王章論事帝前,帝曰[10]:「事行之後,勿使有言也!」邠遽曰:「陛下但禁聲,有臣在。」聞者爲之戰慄。李太后弟業求爲宣徽使,帝與太后私以問邠,邠止以爲不可。帝欲立所愛耿夫人爲后,邠又以爲不可;夫人死,將以后禮葬之,邠又以爲不可。由是隱帝大怒,而左右乘間構之,與史弘肇等同日見殺。

邠爲人頗儉靜,四方之賂雖不却,然往往以獻於帝。居家謝絕賓客,晚節稍通縉紳,延客門下,知史傳有用,乃課吏傳寫。未幾,及於禍。周太祖即位,追封弘農王。

王章

王章,魏州南樂人也。爲州孔目官,張令昭逐節度使劉延皓,章事令昭。令昭敗,章婦翁白文珂與副招討李周善,乃以章託周。周匿章褚中,以橐駝負之洛陽,藏周第。唐滅,章乃出,爲河陽糧料使。漢高祖典禁兵,補章孔目官,從之太原。

高祖即位,拜三司使、檢校太尉[]。高祖崩,隱帝即位,加太尉,同中書門下平章事。是時,漢方新造,承契丹之後,京師空乏,而關西三叛作,周太祖用兵西方,章供饋軍旅,未嘗乏絕,然征利剝下,民甚苦之。往時民租一石輸二升爲「雀鼠耗」,章乃增一石輸二斗爲

「省耗」；繰錢出入，皆以八十爲陌，章減其出者陌三，州縣民訴田者，必全州縣覆之〔二〕，以括其隱田。天下由此重困。然尤不喜文士，嘗語人曰：「此輩與一把算子，未知顛倒，何益於國邪！」百官俸廩皆取供軍之餘不堪者，命有司高估其價，估定又增，謂之「擡估」，章猶意不能滿，往往復增之〔三〕。民有犯鹽、礬、酒麴者，無多少皆抵死，吏緣爲姦，民莫堪命。已而與史弘肇等同日見殺。

劉銖

劉銖，陝州人也。少爲梁邵王牙將，與漢高祖有舊，高祖鎮太原，以爲左都押衙。銖爲人慘酷好殺戮，高祖以爲勇斷類己，特信用之。高祖即位，拜永興軍節度使〔四〕，徙鎮平盧，加檢校太師，同平章事，又加侍中。

是時，江淮不通，吳越錢鏐使者常泛海以至中國。而濱海諸州皆置博易務〔五〕，與民貿易。民負失期者，務吏擅自攝治，置刑獄，不關州縣。而前爲吏者，納其厚賂〔六〕，縱之不問。民頗爲苦，銖乃一切禁之。然銖用法，亦自爲刻深。民有過者，問其年幾何，對曰若干，即隨其數杖之，謂之「隨年杖」；每杖一人，必兩杖俱下，謂之「合歡杖」。又請增民

租,歛出錢三十以爲公用,民不堪之。隱帝患銖剛暴,召之,懼不至。是時,沂州郭淮攻南唐還[七],以兵駐青州,隱帝乃遣符彥卿往代銖。

銖嘗切齒於史弘肇、楊邠等,已而弘肇等死,銖顧禁兵在,莫敢有異意,乃受代還京師。權知開封府,周太祖兵犯京師,銖悉誅太祖與王峻等家屬,蔽,與銖俱見執。銖謂其妻曰:「我則死矣,汝應與人爲婢。」太祖入京師,銖妻裸露以席自事先帝,獨無故人之情乎?」吾家屠滅,雖有君命,加之酷毒,一何忍也!」太祖使人責銖曰:「與公共獨不念之乎[八]?」銖曰:「爲漢誅叛臣爾,豈知其佗。」是時,太祖方欲歸人心,乃與羣臣議曰:「劉侍中墜馬傷甚,而軍士逼辱,殆有微生[九],吾欲奏太后,貸其家屬,何如?」羣臣皆以爲善。乃止殺銖,與李業等梟首於市,赦其妻子。太祖即位,賜陝州莊宅各一區。

李業

李業,高祖皇后之弟也。后昆弟七人,業最幼,故尤憐之。高祖時,以爲武德使。隱帝即位,業以皇太后故,益用事,無顧憚。時天下旱蝗,黃河決溢,京師大風拔木,壞城門,宮中數見怪物投瓦石,撼門扉。隱帝召司天趙延乂問禳除之法,延乂對曰:「臣職天象日

時，察其變動，以考順逆吉凶而已，禳除之事，非臣所知也。然臣所聞，殆山魈也。」皇太后乃召尼誦佛書以禳之，一尼如廁，既還，悲泣不知人者數日，及醒訊之，莫知其然。而帝方與業及聶文進、後贊、郭允明等狎昵，多爲廋語相詼戲，放紙鳶于宮中。太后數以災異戒帝，帝不聽〔一〇〕。

時宣徽使闕，業欲得之，太后亦遣人微諷大臣〔一一〕。大臣楊邠、史弘肇等皆以爲不可。業由此怨望，謀殺邠等。邠等已死，又遣供奉官孟業以詔書殺郭威于魏州。威舉兵反，隱帝遣左神武統軍袁鸃、侍衞馬軍都指揮使閻晉卿等率兵拒威于澶淵。兵未出，威已至滑州，帝大懼，謂大臣曰：「昨太草草耳。」業請出府庫以賚軍，宰相蘇禹珪以爲未可，業拜禹珪於帝前曰：「相公且爲官家勿惜府庫。」乃詔賜京師兵及魏兵從威南者錢人十千，督其子弟作書，以告北兵之來者。及漢兵敗于北郊，業取內庫金寶，懷之以奔其兄保義軍節度使洪信，洪信拒而不納。業走至絳州，爲人所殺。

聶文進

聶文進，并州人也。少爲軍卒，善書算，給事漢高祖帳中。高祖鎮太原，以爲押司官。

高祖即位，歷拜領軍、屯衛將軍、樞密院承旨。周太祖爲樞密使，頗親信之，文進稍橫恣。遷右領軍大將軍，入謝，召諸將軍設食朝堂，儀鸞、翰林、御廚供帳飲食，文進自如，有司不敢劾。

周太祖鎮鄴，文進等用事居中，及謀殺楊邠等，文進夜作詔書，制置中外。邠等已死，文進點閱兵籍，指麾殺戮，以爲己任。周太祖在鄴聞邠等遇害，初以爲文進不與，及發詔書，皆文進手跡，乃大詬之。

周兵至京師，隱帝敗于北郊，太后懼，使謂文進善衛帝，對曰：「臣在此，百郭威何害！」慕容彥超敗走，帝宿于七里，文進夜與其徒飲酒，歌呼自若。明日，隱帝遇弒，文進亦見殺〔三〕。

後贊

後贊，兗州瑕丘人。其母倡也。贊幼善謳，事張延朗。延朗死，贊更事漢高祖，高祖愛之，以爲牙將。高祖即位，拜飛龍使，隱帝尤愛幸之。楊邠等執政，贊久不得遷，乃共謀殺邠等。邠等死，隱帝悔之，贊與允明等番休侍帝，不欲左右言己短。隱帝兵敗北郊，贊

郭允明

郭允明，少爲漢高祖廝養，高祖愛之，以爲翰林茶酒使。隱帝尤狎愛之，允明益驕橫無顧避，大臣不能禁。

允明使荆南高保融，車服導從如節度使，保融待之甚厚。允明乃陰使人步測其城池高下，若爲攻取之計者以動之。荆人皆恐，保融厚賂以遣之。遷飛龍使[三]。

已而李業與允明謀殺楊邠等，是日，無雲而昏[四]，霧雨如泣，日中，載邠等十餘尸暴之市中。允明手殺邠等諸子於朝堂西廡，王章壻張貽肅血流逆注。隱帝敗于北郊，還至封丘門，不得入，帝走趙村，允明從後追之，弑帝于民舍，乃自殺。

校勘記

[一] 事悉關決 「事」字原闕，據宗文本補。

[二] 弘肇怨逢吉異己 「己」字原闕，據宗文本、舊五代史卷一〇八蘇逢吉傳、册府卷三一七補。

（三）軍卒訛其訛言　「軍卒」二字原闕，據宗文本補。

（四）弘肇但以三指示之　「弘肇」二字原闕，據宗文本、詳節卷四補。

（五）何福進　舊五代史卷一〇七弘肇傳、册府卷四四八作「何福殷」。按舊五代史卷一二四有何福進傳，漢周時累歷方鎮，非燕之賈人。

（六）何拯　宗文本作「陳拯」。

（七）弘肇議帶樞密以行　「以」字原闕，據宗文本、册府卷九一八補。

（八）乾祐三年冬十月十三日　「十月十三日」，舊五代史卷一〇七史弘肇傳作「十一月十三日」。按本書卷一一二周本紀：「拜威勝都留守、天雄軍節度使，仍以樞密使之鎮。」本書卷一〇漢本紀、舊五代史卷一〇三漢隱帝紀下、通鑑卷二八九繫其事於十一月丙子，十一月甲子朔，丙子爲十三日。

（九）逢吉諷李濤上疏罷邠與周太祖樞密使　「罷」，原作「罪」，據宋丙本、宗文本改。

（一〇）帝曰　「帝」字原闕，據宗文本、通鑑卷二八九補。

（一一）檢校太尉　「太尉」，舊五代史卷一〇〇漢高祖紀下、卷一〇七王章傳作「太傅」。按本卷下文：「隱帝即位，加太尉。」此作「太尉」，疑誤。

（一二）必全州縣覆之　「全」，原作「至」，據宗文本改。舊五代史卷一〇七王章傳敍其事作「章必命全州覆視」。

〔三〕往往復增之 「往往」，原作「往」，據宗文本改。

〔四〕拜永興軍節度使 「度」字原闕，據宗文本、舊五代史卷一〇七劉銖傳補。

〔五〕而濱海諸州皆置博易務 「博易務」，舊五代史卷一〇七劉銖傳、册府卷六九〇作「迴易務」。

〔六〕納其厚賂 「納」，宗文本、舊五代史卷一〇七劉銖傳作「利」。

〔七〕郭淮 舊五代史卷一〇七劉銖傳、通鑑卷二八九作「郭瓊」。按宋史卷二六一有郭瓊傳。

〔八〕獨不念之乎 「不」字原闕，據宗文本、册府卷四一改。

〔九〕殆有微生 「殆」，原作「迨」，據宗文本補。

〔一〇〕帝不聽 「帝」字原闕，據宗文本補。

〔一一〕太后亦遣人微諷大臣人微露風旨於執政。」 「微」字原闕，據宗文本補。按舊五代史卷一〇七李業傳：「太后亦令

〔一二〕文進亦見殺 「見殺」，原作「自殺」，據宋丙本、宗文本改。按舊五代史卷一〇七聶文進傳：「聶文進挺身走，軍士追斬之。」

〔一三〕遷飛龍使 「遷」，舊五代史卷一〇七郭允明傳作「兼」。

〔一四〕無雲而昏 「無」，原作「天」，據宋丙本、宗文本、舊五代史卷一〇三漢隱帝紀下改。

郭允明弑隱帝時仍爲翰林茶酒使。按舊五代史卷一〇三漢隱帝紀下記

新五代史卷三十一

周臣傳第十九

王朴

王朴，字文伯，東平人也。少舉進士，爲校書郎，依漢樞密使楊邠。邠與王章、史弘肇等有隙，朴見漢興日淺，隱帝年少孱弱，任用小人，而邠爲大臣，與將相交惡，知其必亂，乃去邠東歸。後李業等教隱帝誅權臣，邠與章、弘肇皆見殺，三家之客多及，而朴以故獨免。

周世宗鎮澶州，朴爲節度掌書記。世宗爲開封尹，拜朴右拾遺，爲推官。世宗即位，遷比部郎中，獻平邊策，曰：

唐失道而失吳、蜀，晉失道而失幽、并。觀所以失之之由，知所以平之之術。當

失之時，君暗政亂，兵驕民困，近者姦於內，遠者叛於外，小不制而至于大不制而至于濫[二]，天下離心，人不用命，吳、蜀乘其亂而竊其號，幽、并乘其間而據其地。平之之術，在乎反唐、晉之失而已。必先進賢退不肖以清其時，用能去不能以審其材，恩信號令以結其心，賞功罰罪以盡其力[三]，恭儉節用以豐其財，繇役以時，上下同心，力彊民。俟其倉廩實、器用備、人可用而舉之。彼方之民，知我政化大行，上下同心，力彊財足，人安將和，有必取之勢，則知彼情狀者願爲之間諜，知彼山川者願爲之先導，彼民與此民之心同，是與天意同，與天意同，則無不成之功。

攻取之道，從易者始。當今惟吳易圖，東至海，南至江，可撓之地二千里。從少備處先撓之，備東則撓西，備西則撓東，彼必奔走以救其弊，奔走之間，可以知彼之虛實、衆之彊弱，攻虛擊弱，則所向無前矣。勿大舉，但以輕兵撓之。彼人怯弱，知我師入其地，必大發以來應，數大發則民困而國竭，不大發則我獲其利。彼竭我利，則江北諸州乃國家之所有也。既得江北，則用彼之民，揚我之兵，江之南亦不難而平之也。如此，則用力少而收功多。得吳，則桂廣皆爲內臣，岷蜀可飛書而召之。唯并必死之寇，不可以恩信誘，必須以彊兵攻，力已竭，氣已喪，不足以爲邊患，可爲後圖。方今兵力精練，器

用具備，羣下知法，諸將用命，一稔之後，可以平邊。

臣書生也，不足以講大事，至于不達大體，不合機變，惟陛下寬之！

遷左諫議大夫、知開封府事。歲中，遷左散騎常侍、充端明殿學士。是時，世宗新即位，銳意征伐，已撓羣議，親敗劉旻於高平，歸而益治兵，慨然有平一天下之志。數顧大臣問治道，選文學之士徐台符等二十人，使作爲君難爲臣不易論及平邊策，朴在選中。而當時文士皆不欲上急於用武，以謂平定僭亂，在修文德以爲先。世宗雅以知朴，及見其議論偉然，益以爲奇，引與計議天下事，無不合，遂決意用之。顯德三年，征淮，以朴爲東京副留守。還，拜戶部侍郎、樞密副使，遷樞密使。

世宗之時，外事征伐，而内修法度。四年，再征淮，以朴留守京師。

顯德二年，詔朴校定大曆，乃削去近世符天流俗不經之學，設通、經、統三法，以歲軌離交朔望周變率策之數，步日月五星，爲欽天曆。六年，又詔朴考正雅樂，朴以謂十二律管互吹，難得其真，乃依京房爲律準，以九尺之絃十三，依管長短寸分設柱，用七聲爲均，樂成而和。

朴性剛果，又見信於世宗，凡其所爲，當時無敢難者，然人亦莫能加也。世宗征淮，朴

留京師,廣新城,通道路,壯偉宏闊,今京師之制,多其所規爲。其所作樂,至今用之不可變。其陳用兵之略,通道路,壯偉宏闊,今京師之制,多其所規爲。其所作樂,至今用之不可變。其陳用兵之略,非特一時之策。至言諸國興滅次第云:「淮南可最先取,并必死之寇,最後亡。」其後宋興,平定四方,惟并獨後服,皆如朴言。

六年春,世宗遣朴行視汴口,作斗門,還,過故相李穀第,疾作,仆于坐上,舁歸而卒,年五十四〔四〕。世宗臨其喪,以玉鉞叩地,大慟者數四。贈侍中。

鄭仁誨

鄭仁誨,字日新,太原晉陽人也。初事唐將陳紹光。紹光爲人驍勇而好使酒,嘗因醉怒仁誨,拔劍欲殺之,左右皆奔走,仁誨植立不動,無懼色,紹光擲劍于地,撫仁誨曰:「汝有器量,必富貴,非吾所及也。」仁誨後棄紹光去,還鄉里,事母以孝聞。漢高祖爲河東節度使,周太祖居帳下,時時往過仁誨,與語甚懽。每事有疑,即從仁誨質問,仁誨所對不阿,周太祖益奇之。漢興,周太祖爲樞密使,乃召仁誨用之,累官至內客省使。太祖破李守貞於河中,軍中機畫,仁誨多所參決。太祖入立,以仁誨爲大內都點檢、恩州團練使、樞密副使,累遷宣徽北院使,出爲鎮寧軍節度使。顯德元年,拜樞密使。

世宗攻河東，仁誨留守東都。明年冬，以疾卒。世宗將臨其喪，有司言歲不利臨喪，世宗不聽，乃先以桃茢而臨之。

仁誨自其微時，常爲太祖謀畫，及居大位，未嘗有所聞，而太祖、世宗皆親重之，然亦能謙謹好禮，不自矜伐，爲士大夫所稱。贈中書令，追封韓國公，謚曰忠正。

扈載

扈載，字仲熙，北燕人也。少好學，善屬文。廣順初，舉進士高第，拜校書郎、直史館，再遷監察御史。其爲文章，以辭多自喜，常次歷代有國廢興治亂之迹爲運源賦，甚詳。又因遊相國寺，見庭竹可愛，作碧鮮賦，題其壁，世宗聞之，遣小黃門就壁錄之，覽而稱善，因拜水部員外郎、知制誥。遷翰林學士，賜緋，而載已病，不能朝謝。居百餘日，乃力疾入直學士院。世宗憐之，賜告還第，遣太醫視疾。

初，載以文知名一時，樞密使王朴尤重其才，薦於宰相李穀，久而不用，朴以問穀曰：「扈載不爲舍人，何也？」穀曰：「非不知其才，然載命薄，恐不能勝。」朴曰：「公爲宰相，以進賢退不肖爲職，何言命邪？」已而召拜知制誥。及爲學士，居歲中病卒，年三十六。

議者以穀能知人而朴能薦士。

是時,天子英武,樂延天下奇才,而尤禮文士,載與張昭、竇儼、陶穀、徐台符等俱被進用。穀居數人中,文辭最劣,尤無行。昭、儼數與論議,其文粲然,而穀徒能先意所在,以進諛取合人主,事無大小,必稱美頌贊,至於廣京城,為木偶耕人、紫芝白兔之類,皆為頌以獻,其辭大抵類俳優。而載以不幸早卒,論議雖不及昭、儼,而不為穀之諛也。

嗚呼!作器者,無良材而有良匠;治國者,無能臣而有能君。故曰:治國譬之於奕,知其用而置得其處者勝,不知其用而置非其處者敗。敗者臨棊注目,終日而勞心,使善奕者視焉,為之易置其處則勝矣。勝者所用,敗者之棊也;興國所用,亡國之臣也。王朴之材,誠可謂能矣,不遇世宗,何所施哉?世宗之時,外事征伐,攻取戰勝;內修制度,議刑法、定律曆,講求禮樂之遺文,所用者五代之士也,豈皆愚怯於晉、漢,而材智於周哉?惟知所用爾。

夫亂國之君,常置不肖於上,而彊其不能,以暴其短惡,置賢於下,而泯沒其材能,使君子、小人皆失其所,而身蹈危亡。治國之君〔五〕,能置賢知於近,而置愚不肖於遠,使君子、小人各適其分,而身享安榮。治亂相去雖遠甚,而其所以致之者不多也,反其所

置而已。嗚呼，自古治君少而亂君多，況於五代，士之遇不遇者，可勝歎哉！

校勘記

〔一〕小不制而至于僭 「僭」，舊五代史卷一二八王朴傳作「大」。

〔二〕大不制而至于濫 「濫」，舊五代史卷一二八王朴傳作「僭」。

〔三〕賞功罰罪以盡其力 「罰」，原作「非」，據宋丙本、宗文本、詳節卷五、舊五代史卷一二八王朴傳、通鑑卷二九二改。

〔四〕年五十四 「五十四」，舊五代史卷一二八王朴傳作「四十五」。

〔五〕治國之君 宋丙本、宗文本、吳縝纂誤卷中引五代史作「治君之用」。

點校本二十四史修訂本

新五代史

第二冊

卷三二至卷五七

〔宋〕歐陽脩 撰
〔宋〕徐無黨 注

中華書局

2016年8月第1版　2024年9月第4次印刷

ISBN 978-7-101-12006-6

新五代史卷三十二

死節傳第二十

語曰:「世亂識忠臣。」誠哉!五代之際,不可以為無人,吾得全節之士三人焉,作死節傳。

王彥章 裴約 劉仁贍附

王彥章,字子明〔一〕,鄆州壽昌人也〔二〕。少為軍卒,事梁太祖,為開封府押衙、左親從指揮使、行營先鋒馬軍使。末帝即位,遷濮州刺史,又徙澶州刺史。彥章為人驍勇有力,能跣足履棘行百步。持一鐵鎗,騎而馳突,奮疾如飛,而佗人莫能舉也,軍中號「王鐵鎗」。

梁、晉爭天下爲勁敵，獨彥章心常輕晉王，謂人曰：「亞次鬭雞小兒耳，何足懼哉！」梁分魏，相六州爲兩鎮，懼魏軍不從，遣彥章將五百騎入魏，屯金波亭以虞變。魏軍果亂，夜攻彥章，彥章南走，魏人降晉。晉軍攻破澶州，虜彥章妻子歸之太原，賜以第宅，供給甚備，間遣使者招彥章，彥章斬其使者以自絕。然晉人畏彥章之在梁也，必欲招致之，待其妻子愈厚。

自梁失魏博，與晉夾河而軍，彥章常爲先鋒。遷汝鄭二州防禦使、匡國軍節度使、北面行營副招討使，又徙宣義軍節度使〔三〕。是時，晉已盡有河北，以鐵鎖斷德勝口，築河南、北爲兩城，號「夾寨」。而梁末帝昏亂，小人趙巖、張漢傑等用事，大臣宿將多被讒間，彥章雖爲招討副使，而謀不見用。龍德三年夏，晉取鄆州，梁人大恐，宰相敬翔顧事急，以繩内靴中，入見末帝，泣曰：「先帝取天下，不以臣爲不肖，所謀無不用。今彊敵未滅，陛下棄忽臣言，臣身不用，不如死！」末帝乃召彥章爲招討使，以段凝爲副。末帝問破敵之期，彥章對曰：「三日。」左右皆失笑。

彥章受命而出〔四〕，馳兩日至滑州，置酒大會，陰遣人具舟於楊村，命甲士六百人皆持巨斧，載冶者，具韛炭，乘流而下。彥章會飲，酒半，佯起更衣，引精兵數千，沿河以趨德

勝，舟兵舉鎖燒斷之，因以巨斧斬浮橋，而彥章引兵擊南城，浮橋斷，南城遂破，蓋三日矣。是時，莊宗在魏，以朱守殷守夾寨，聞彥章爲招討使，驚曰：「彥章驍勇，吾嘗避其鋒，非守殷敵也。然彥章兵少，利於速戰，必急攻我南城。」即馳騎救之，行二十里，而得夾寨報者曰：「彥章兵已至。」比至，而南城破矣。莊宗徹北城爲栅，下楊劉，與彥章俱浮于河，各行一岸，每舟栅相及輒戰，一日數十接。彥章至楊劉，攻之幾下。晉人築壘博州東岸[五]，彥章引兵攻之，不克，還擊楊劉，戰敗。

是時，段凝已有異志，與趙巖、張漢傑交通，彥章素剛，憤梁日削，而嫉巖等所爲，嘗謂人曰：「俟吾破賊還，誅姦臣以謝天下。」巖等聞之懼，與凝叶力傾之。其破南城也，彥章與凝各爲捷書以聞，凝遣人告巖彥章書而上己書，末帝初疑其事，已而使者至軍，獨賜凝勞而不及彥章，軍士皆失色。及楊劉之敗也，凝乃上書，言彥章使酒輕敵而至於敗。趙巖等從中日夜毀之，乃罷彥章，以凝爲招討使。彥章馳至京師入見，以笏畫地，自陳勝敗之迹，巖等諷有司劾彥章不恭，勒還第。

唐兵攻兗州，末帝召彥章使守捉東路。是時，梁之勝兵皆屬段凝，京師祇有保鑾五百騎，皆新捉募之兵，不可用，乃以張漢傑監之。彥章至遞坊，以兵少戰敗，退保中都，又敗，與其牙兵百餘騎死戰。唐將夏魯奇素與彥章善，識其語音，曰：「王鐵鎗

也!」舉矟刺之,彥章傷重,馬踣被擒。莊宗見之,曰:「爾常以孺子待我,今日服乎?」又曰:「爾善戰者,何不守兗州而守中都?中都無壁壘,何以自固?」彥章對曰:「大事已去,非人力可爲!」莊宗惻然,賜藥以封其創。彥章武人不知書,常爲俚語謂人曰:「豹死留皮,人死留名。」其於忠義,蓋天性也。莊宗愛其驍勇,欲全活之,使人慰諭彥章。彥章謝曰:「臣與陛下血戰十餘年,今兵敗力窮,不死何待?且臣受梁恩,非死不能報,豈有朝事梁而暮事晉,生何面目見天下之人乎!」莊宗又遣明宗往諭之,彥章病創,臥不能起,仰顧明宗,呼其小字曰:「汝非邈佶烈乎?我豈苟活者!」遂見殺,年六十一。晉高祖時,追贈彥章太師。

與彥章同時有裴約者[六],潞州之牙將也。莊宗以李嗣昭爲昭義軍節度使,約以裨將守澤州。嗣昭卒,其子繼韜以澤潞叛降于梁,約召其州人,泣而諭曰:「吾事故使二十餘年,見其分財饗士,欲報梁仇,不幸早世。今郎君父喪未葬,違背君親,吾能死于此,不能從以歸梁也!」衆皆感泣。

梁遣董璋率兵圍之,約與州人拒守,求救於莊宗。是時,莊宗方與梁人戰河上,而已建大號,聞繼韜叛降梁,頗有憂色,及聞約獨不叛,喜曰:「吾於繼韜何薄,於約何厚,而約

能分逆順邪！」顧符存審曰〔七〕：「吾不惜澤州與梁，一州易得，約難得也。爾識機便，爲我取約來。」存審以五千騎馳至遼州〔八〕，而梁兵已破澤州，約見殺。

至周世宗時，又有劉仁贍者焉〔九〕。

仁贍，字守惠，彭城人也。父金事楊行密，爲濠、滁二州刺史，以驍勇知名。仁贍爲將，輕財重士，法令嚴肅，少略通兵書。事南唐，爲左監門衛將軍〔一〇〕，所至稱治。李景使掌親軍，以爲武昌軍節度使。周師征淮，先遣李穀攻自壽春，景遣將劉彥貞拒周兵，以仁贍爲清淮軍節度使，鎮壽州。李穀退守正陽浮橋，彥貞見周兵之卻，意其怯，急追之。仁贍以爲不可，彥貞不聽，仁贍獨按兵城守。彥貞果敗於正陽。

世宗攻壽州，圍之數重，以方舟載礮，自淝河中流擊其城；又束巨竹數十萬竿，上施版屋，號爲「竹龍」，載甲士以攻之；又決其水砦入于淝河。攻之百端，自正月至于四月不能下，而歲大暑，霖雨彌旬，周兵營寨水深數尺，淮、淝暴漲，礮舟、竹龍皆飄南岸，爲景兵所焚，周兵多死。世宗東趨濠梁，以李重進爲廬、壽都招討使。景亦遣其元帥齊王景達等列砦紫金山下，爲夾道以屬城中。而重進與張永德兩軍相疑不協，仁贍屢請出戰，景達不許，由是憤悒成疾。

明年正月，世宗復至淮上，盡破紫金山砦，壞其夾道，景兵大敗，諸將往往見擒，而景之守將廣陵馮延魯、光州張紹、舒州周祚、泰州方訥、泗州范再遇等，或走或降，皆不能守，雖景君臣亦皆震懾，奉表稱臣，願割土地、輸貢賦，以效誠款，而仁贍獨堅守，不可下。世宗使景所遣使者孫晟等至城下示之，仁贍子崇諫幸其父病，謀與諸將出降，仁贍立命斬之，監軍使周廷構哭于中門救之，不得，於是士卒皆感泣，願以死守。

三月，仁贍病甚，已不知人，其副使孫羽詐爲仁贍書，以城降。世宗命舁仁贍至帳前，嗟嘆久之，賜以玉帶、御馬，復使入城養疾，是日制曰：「劉仁贍盡忠所事，抗節無虧，前代名臣，幾人可比！予之南伐，得爾爲多。」乃拜仁贍檢校太尉兼中書令、天平軍節度使。仁贍不能受命而卒，年五十八。

世宗遣使弔祭，喪事官給，追封彭城郡王，以其子崇讚爲懷州刺史，賜莊宅各一區。李景聞仁贍卒，亦贈太師。壽州故治壽春，世宗以其難剋，遂徙城下蔡，而復其軍曰忠正軍，曰：「吾以旌仁贍之節也。」

嗚呼，天下惡梁久矣！然士之不幸而生其時者，不爲之臣可也，其食人之祿者，必死人之事，如彥章者，可謂得其死哉！仁贍既殺其子以自明矣，豈有垂死而變節者乎？今

周世宗實錄載仁贍降書，蓋其副使孫羽等所爲也。當世宗時，王環爲蜀守秦州，攻之久不下，其後力屈而降[三]，世宗頗嗟其忠，然止以爲大將軍[四]。視世宗待二人之薄厚而考其制書，乃知仁贍非降者也。自古忠臣義士之難得也，五代之亂，三人者，或出於軍卒，或出於僞國之臣，可勝嘆哉！可勝嘆哉！

校勘記

〔一〕字子明　「子明」，舊五代史卷二一王彥章傳作「賢明」。

〔二〕鄆州壽昌人也　「壽昌」，舊五代史卷二一王彥章傳、册府卷三四六、歐陽文忠公文集卷三九王彥章畫像記作「壽張」。通鑑卷二六七亦稱「壽張王彥章」。按舊唐書卷三八地理志一，鄆州有壽張縣。：卷三九地理志二，壽昌縣屬沙州。

〔三〕北面行營副招討使又徙宣義軍節度使　以上十六字原闕，據宗文本補。舊五代史卷二一王彥章傳：「授北面行營副招討使，七年正月，移領滑州。」按滑州置宣義軍。

〔四〕彥章受命而出　「命」字原闕，據宗文本補。

〔五〕晉人築壘博州東岸　「岸」字原闕，據宗文本、舊五代史卷二一王彥章傳、通鑑卷二七二補。

〔六〕與彥章同時有裴約者　「有」字原闕，據宗文本補。

〔七〕符存審 舊五代史卷五二裴約傳、卷二九唐莊宗紀三、通鑑卷二七二敍其事作「李紹斌」。按李紹斌即趙德鈞。本卷下一處同。

〔八〕存審以五千騎馳至遼州 「五千」，原作「五十」，據宗文本、舊五代史卷二九唐莊宗紀三、卷五二裴約傳、通鑑卷二七二改。「馳至遼州」，舊五代史卷二九唐莊宗紀三敍其事作「援澤州」，同書卷五二裴約傳敍其事作「自遼州進軍」。

〔九〕劉仁贍 原作「劉仁瞻」，據宗文本、詳節卷五、通鑑卷二九三考異引歐陽史「劉仁贍傳改。按本卷下文其字「守惠」，當以「仁贍」爲正。本書各處同。

〔一〇〕爲左監門衛將軍 「左」，舊五代史卷一二九劉仁贍傳作「右」。

〔一一〕是日 此下原有「卒」字，據通鑑卷二九三考異引歐陽史刪。按通鑑卷二九三，劉仁贍入城養疾之日在戊申，制下在辛亥，是日卒。本卷下文云：「仁贍不能受命而卒。」故此處「卒」字衍。

〔一二〕仁贍不能受命而卒 「命」字原闕，據宗文本、詳節卷五、通鑑卷二九三考異引歐陽史補。

〔一三〕其後力屈而降 「後」字原闕，據宗文本、詳節卷五、通鑑卷二九三考異引歐陽史補。

〔一四〕然止以爲大將軍 「以」，原作「於」，據宋丙本、宗文本、詳節卷五、通鑑卷二九三考異引歐陽史改。

新五代史卷三十三

死事傳第二十一

嗚呼甚哉！自開平訖于顯德，終始五十三年，而天下五代，士之不幸而生其時，欲全其節而不二者，固鮮矣。於此之時，責士以死與必去，則天下爲無士矣。然其習俗，遂以苟生不去爲當然。至於儒者，以仁義忠信爲學，享人之祿，任人之國者，不顧其存亡，皆恬然以苟生爲得，非徒不知愧，而反以其得爲榮者，可勝數哉！故吾於死事之臣，有所取焉。君子之於人也，樂成其美而不求其備，況死者人之所難乎？吾於五代，得全節之士三人而已。其初無卓然之節，而終以死人之事者，得十有五人焉，而戰没者不得與也。然吾取王清、史彥超者，其有旨哉！作死事傳。〔一〕

〔一〕不能立傳者五人：馬彦超附朱守殷傳，宋令詢、李遇、張彦卿、鄭昭業見於本紀而已。

張源德

張源德者，不知其世家，或曰本晉人也。少事晉，無所稱。從李罕之以潞州叛晉降梁，罕之遣源德見梁太祖。太祖時，源德自金吾衞將軍爲蔡州刺史。

梁貞明三年〔一〕，魏博節度使楊師厚卒，末帝分魏，相等六州爲兩鎮，懼魏軍不從，乃遣劉鄩將兵萬人，屯于魏以虞變。魏軍果叛，迫其節度使賀德倫以魏、博二州降晉。當是時，源德爲鄩守貝州。晉王入魏，諸將欲先擊貝州，晉王曰：「貝城小而堅，攻之難卒下。且源德雖恃劉鄩之兵，然與滄州相首尾，今德州居其中而無備，不如先取之，則滄、貝之勢分而易圖也。」乃先襲破德州，然後以兵五千攻源德，源德堅守不下，晉軍壍而圍之。

已而劉鄩大敗于故元城，南走黎陽，晉軍攻破洺州，而衞州刺史來昭〔二〕、邢州節度使閻寶皆以城降晉，磁州刺史靳昭、相州張筠、滄州戴思遠皆棄城走。當此時，晉已先下全燕，而鎮、定皆附于晉，自河以北、山以東，四面千里，六鎮數十州之地皆歸晉，獨貝一州，圍之踰年不可下。源德守既堅，而貝人聞晉已盡有河北，城中食且盡，乃勸源德出降，源德不從，遂見殺。

源德已死，貝人謀曰：「晉圍吾久，吾窮而後降，懼皆不免也。」乃告于晉曰：「吾欲被甲執兵而降，得赦而後釋之，如何？」晉軍許諾，貝人三千出降，已釋甲，晉兵四面圍而盡殺之。

夏魯奇

夏魯奇，字邦傑，青州人也。唐莊宗時，賜姓名曰李紹奇，其後莊宗賜姓名者，皆復其故。

魯奇初事梁爲宣武軍校，後奔于晉，爲護衛指揮使[三]。從周德威攻劉守光於幽州[四]，守光將單廷珪[五]、元行欽以驍勇自負，魯奇每與二將鬭，輒不能解，兩軍皆釋兵而觀之。

晉已下魏博，梁將劉鄩軍于洹水，莊宗以百騎覘敵，遇鄩伏兵，圍之數重，幾不得脫，魯奇力戰，手殺百餘人，身被二十餘瘡，與莊宗決圍而出。莊宗益奇之，以爲磁州刺史。從戰中都，擒王彥章，莊宗壯之，賜絹千疋，拜鄭州防禦使。遷河陽節度使，爲政有惠愛。徙鎮忠武，河陽之人遮留不得行，父老詣京師乞留，明宗遣中使往諭之，魯奇乃得去。

唐師伐荊南，以魯奇爲招討副使，無功而還。徙鎭武信，東川董璋反，攻遂州，魯奇閉城拒之，旬月救兵不至，城中食盡，魯奇自刎死，年四十九。[二]

[一] 吳戀兵猶可戰而不戰，魯奇食盡力窮而死，故取異。

姚洪

姚洪，本梁之小校也。自董璋爲梁將，洪嘗事璋，後事唐爲指揮使。長興中，遣洪將千人戍閬州。董璋反，遣人以書招洪，洪得璋書，輒投廁中。後璋兵攻破閬州，執洪，璋曰：「爾爲健兒，我遇汝厚，奈何負我邪？」洪罵曰：「老賊！爾昔爲李七郎奴，掃馬糞，得一嚼殘炙，感恩不已。今天子用爾爲節度使，何苦反邪？吾能爲國家死，不能從人奴以生！」璋怒，然鑊于前，令壯士十人刲其肉而食，洪至死大罵。明宗聞之泣下，錄其二子，而厚卹其家。

王思同

王思同，幽州人也。其父敬柔，娶劉仁恭女，生思同。思同事仁恭爲銀胡䩮指揮使，

仁恭爲其子守光所囚，思同奔晉，以爲飛勝指揮使。梁、晉相距于莘，遣思同築壘楊劉，以功遷神武十軍都指揮使，累遷鄭州防禦使。思同爲人敢勇，善騎射，好學，頗喜爲詩，輕財重義，多禮文士，然未嘗有戰功。

明宗時，以久次爲匡國軍節度使，徙鎮雄武。是時，吐蕃數爲寇，而秦州無亭障，思同列四十餘柵以禦之。居五年，來朝，明宗問以邊事，思同指畫山川，陳其利害。思同去，明宗顧左右曰：「人言思同不管事，能若是邪？」於是始知其材，以爲右武衛上將軍，京兆尹、西京留守。石敬瑭討董璋，思同爲先鋒指揮使，兵入劍門，而後軍不繼，思同與璋戰，不勝而却。敬瑭兵罷，思同徙鎮山南西道，已而復爲京兆尹、西京留守。

應順元年二月[六]，潞王從珂反鳳翔，馳檄四鄰，言姦臣幸先帝疾病，賊殺秦王而立幼嗣，侵弱宗室，動搖藩方，陳己所以興兵討亂之狀。因遣伶奴安十十以五絃謁思同[七]，欲因其懼以通意。是時，諸鎮皆懷嚮背，所得潞王書檄，雖以上聞，而不絕其使。獨思同執十十及從珂所使推官郝詡等送京師[八]。愍帝嘉其忠，即以思同爲西面行營馬步軍都部署。三月，會諸鎮兵圍鳳翔，破東西關城。從珂兵弱而守甚堅，外兵傷死者衆，從珂登城呼外兵而泣曰：「吾從先帝二十年，大小數百戰，甲不解體，金瘡滿身，士卒固嘗從我矣。今先帝新棄天下，而朝廷信用姦人，離間骨肉，我實何罪而見伐乎？」因慟哭。士卒聞者，

皆悲憐之。興元張虔釗攻城西，督戰甚急，士卒苦之，反兵攻虔釗，虔釗走。羽林指揮使楊思權呼曰：「潞王，吾主也！」乃引軍自西門入降從珂。而思同未知，猶督戰。嚴衛指揮使尹暉麾其衆曰：「城西軍入城受賞矣，何用戰邪？」士卒解甲棄仗，聲聞數里，遂皆入城降。諸鎮之兵皆潰。思同挺身走，至長安，西京副留守劉遂雍閉門不納，乃走潼關。從珂引兵東，至昭應，前鋒追執思同。從珂責曰：「罪可逃乎？」思同曰：「非不知從王而得生，恐終死不能見先帝於地下。」從珂媿其言，乃殺之。漢高祖即位，贈侍中。[二]

[一]思同東走，將自歸于天子，與元行欽走異，故予其死。

張敬達

張敬達，字志通，代州人也，小字生鐵。少以騎射事唐莊宗爲廳直軍使。明宗時，爲河東馬步軍都指揮使、領欽州刺史，累遷彰國、大同軍節度使，徙鎮武信、晉昌[九]。清泰二年，契丹數犯邊，廢帝以河東節度使石敬瑭兼大同彰國振武威塞等軍蕃漢馬步軍都總管，屯于忻州。屯兵聚譟遮敬瑭呼「萬歲」，敬瑭斬三十餘人以止之。廢帝疑敬瑭有異志，乃以敬達爲北面副總管，以分其兵。明年夏，徙敬瑭鎮天平，遂以敬達爲大同

彰國振武威塞等軍蕃漢馬步軍都部署,敬瑭因此遂反。即以敬達爲太原四面招討使。六月,兵圍太原,敬達爲長城連柵、雲梯飛礮以攻之,所爲城柵將成,輒有大風雨,水暴至以壞之。

敬瑭求救于契丹。九月,契丹耶律德光自鴈門入,旌旗相屬五十餘里。德光先遣人告敬瑭曰:「吾欲今日破敵,可乎?」敬瑭報曰:「大兵遠來,而賊勢方盛,要在成功,不必速也。」使者未復命,而兵已交。敬達陣於西山,契丹以羸騎三千,革鞭木鐙,人馬皆不甲胄,以趨唐軍。唐軍爭馳之,契丹兵走,追至汾曲,伏發,斷唐軍爲二,其在北者皆死,死者萬餘人。敬達收軍柵晉安,契丹圍之。廢帝遣趙延壽、范延光等救之。延壽屯團柏谷,延光屯遼州,相去皆百餘里。契丹兵圍敬達者,自晉安寨南,長百餘里,闊五十里,敬達軍中望之,但見穹廬連屬如岡阜,四面亘以毛索,掛鈴爲警,縱犬往來。敬達軍中有夜出者,輒爲契丹所得,由是閉壁不敢復出。延壽等皆有二心,無救敬達意。敬達猶有兵五萬人,馬萬匹,久之食盡,削木篩糞以飼其馬,馬死者食之[一〇],已而馬盡。副招討使楊光遠勸敬達降晉,敬達自以不忍背唐,而救兵且至,光遠促之不已,敬達曰:「諸公何相迫邪!何不殺我而降?」光遠即斬敬達。契丹耶律德光聞敬達死[一一],哀其忠,遣人收葬之。[一二]

[一〇]本紀責其不誅光遠而諷其殺已以降賊,故不書死而書如其志。而傳錄其死者,終嘉其不降

也。然己雖不屈而諷人降賊，故不得爲死節。

翟進宗 張萬迪附

翟進宗、張萬迪者，皆不知其何人也。初皆事唐，後事晉，進宗爲淄州刺史，萬迪爲登州刺史。楊光遠反，以騎兵數百脅取二刺史至青州[三]，萬迪聽命，而進宗獨不屈，光遠遂殺進宗。出帝贈進宗左武衛上將軍。及光遠平，曲赦青州，雖光遠子孫皆見慰釋，而獨不赦萬迪，暴其罪而斬之。詔求進宗戶，加禮歸葬，葬事官給，以其子仁欽爲東頭供奉官。

沈斌

沈斌，字安時，徐州下邳人也。少爲軍卒，事梁爲拱辰都指揮使。後事唐，從魏王繼岌破蜀，平康延孝，以功爲虢州刺史，歷隨、趙等八州刺史。晉開運元年，爲祁州刺史。契丹犯塞至于榆林，過祁州，斌以謂契丹深入晉地而歸兵贏乏可擊，即以州兵邀之。契丹以精騎剗門，斌兵多死，城中無備，虜將趙延壽留兵急攻之，延壽招斌降，斌從城上罵延壽曰[三]：「公父子誤計，陷于腥膻，忍以犬羊之衆，殘賊父

母之邦,斌能爲國死爾,不能效公所爲也!」已而城陷,斌自盡,其家屬皆没于虜。

王清

王清,字去瑕,洺州曲周人也。初事唐爲寧衛指揮使,後事晉爲奉國都虞候。安從進叛襄州,從高行周攻之,逾年不能下,清謂行周曰:「從進閉孤城以自守,其勢豈得久邪?」因請先登,遂攻破之。

開運二年冬[四],從杜重威戰陽城,清以力戰功爲步軍之最,加檢校司徒。是冬,重威軍中渡橋南,虜軍其北以相拒,而虜以精騎並西山出晉軍後,南擊欒城,斷晉餉道。清謂重威曰:「晉軍危矣!今去鎮州五里,而守死于此,營孤食盡,將若之何?請以步兵二千爲先鋒,奪橋開路,公率諸軍繼進以入鎮州,可以守也。」重威許之,遣與宋彥筠俱前,清與虜戰,敗之,奪其橋。是時,重威已有二志,猶豫不肯進,彥筠亦退走,清曰:「吾獨死於此矣!」因力戰而死,年五十三。漢高祖立,贈清太傅。

史彥超

史彥超,雲州人也。爲人勇悍驍捷。周太祖起魏時,彥超爲漢龍捷都指揮使,以兵從。太祖入立,遷虎捷都指揮使,戍于晉州。劉旻攻晉州,州無主帥,知州王萬敢不能拒,彥超以戍兵堅守月餘,太祖遣王峻救之,旻兵解去。以功遷龍捷右廂都指揮使、領鄭州防禦使。周、漢戰高平,彥超爲前鋒,先登陷陣,以功拜感德軍節度使[一五]。

周兵圍漢太原,契丹救漢,出忻、代。世宗遣符彥卿拒之,以彥超爲先鋒,戰忻口,彥超勇憤俱發,左右馳擊,解而復合者數四,遂歿于陣。

是時,世宗敗漢高平,乘勝而進,圍城之役,諸將議不一,故久無成功。世宗欲解去而未決,聞彥超戰死,遽班師,倉卒之際,亡失甚衆。世宗既惜彥超而憤無成功,憂忿不食者數日。贈彥超太師,優卹其家焉。

孫晟

孫晟初名鳳,又名忌,密州人也。好學,有文辭,尤長於詩。少爲道士,居廬山簡寂宮。常畫唐詩人賈島像置于屋壁,晨夕事之。簡寂宮道士惡晟,以爲妖,以杖驅出之。乃儒服北之趙、魏,謁唐莊宗于鎮州,莊宗以晟爲著作佐郎。

天成中,朱守殷鎮汴州,辟爲判官。守殷反,伏誅,晟乃棄其妻子,亡命陳宋之間。安重誨惡晟,以謂教守殷反者晟也,畫其像購之,不可得,遂族其家。

晟奔于吳。是時,李昇方簒楊氏,多招四方之士,得晟,喜其文辭,使爲教令,由是知名。晟爲人口吃,遇人不能道寒暄,已而坐定,談辯鋒生,聽者忘倦。昇尤愛之,引與計議,多合意,以爲右僕射,與馮延巳並爲昇相。晟輕延巳爲人,常曰:「金椀玉盃而盛狗屎,可乎?」晟事昇父子二十餘年,官至司空,家益富驕,每食不設几案,使衆妓各執一器,環立而侍,號「肉臺盤」,時人多效之。

周世宗征淮,李景懼,始遣泗州牙將王知朗至徐州〔六〕,奉書以求和,世宗不答。又遣翰林學士鍾謨、文理院學士李德明奉表稱臣,不答。乃遣禮部尚書王崇質副晟奉表,晟等皆言景割壽、濠、泗、楚、光、海六州之地,歲貢百萬以佐軍。而世宗已取滁、揚、濠、泗諸州,欲盡取淮南乃止,因留使者不遣,而攻壽州益急。謨等見世宗英武非景敵,而師甚盛,壽春且危,乃曰:「願陛下寬臣五日之誅,容臣還取景表,盡獻江北諸州〔七〕。」世宗許之,遣供奉官安弘道押德明、崇質南還,而謨與晟皆見留。德明等既還,景悔,不肯割地。世宗亦以暑雨班師,留李重進、張永德等分攻廬、壽。世宗所得揚、泰諸州,皆不能守,景兵復振。重進與永德兩軍相疑,有隙,永德上書言重進反,世宗不聽。景知二將之

相疑也,乃以蠟丸書遺重進,勸其反。

初,晟之奉使也,語崇質曰:「吾行必不免,然吾終不負永陵一抔土也。」永陵者,昪墓也。及崇質還,而晟與鍾謨俱至京師,館于都亭驛,待之甚厚,每朝會入閤,使班東省官後,召見必飲以醇酒。已而周兵數敗,盡失所得諸州,世宗憂之,召晟問江南事,晟不對,世宗怒,未有以發。會重進以景蠟丸書來上,多斥周過惡以為言,由是發怒曰:「晟來使我,言景畏吾神武,願得北面稱臣,保無二心,安得此指斥之言乎?」亟召侍衛軍虞候韓通收晟下獄,及其從者二百餘人皆殺之〔八〕。晟臨死,世宗猶遣近臣問之,晟終不對,神色怡然,正其衣冠南望而拜曰:「臣惟以死報國爾!」乃就刑。晟既死,鍾謨亦貶耀州司馬。其後,世宗怒解,憐晟忠,悔殺之,召拜鍾謨衛尉少卿。景已割江北,遂遣謨還,而景聞晟死,亦贈魯國公。

校勘記

〔一〕 梁貞明三年　本書卷三梁本紀、舊五代史卷八梁末帝紀上、卷二三劉鄩傳、通鑑卷二六九皆繫其事於貞明元年。

〔三〕 來昭　本書卷五唐本紀、舊五代史卷二八唐莊宗紀二、通鑑卷二六九作「米昭」。

〔三〕爲護衞指揮使 「護衞指揮使」，原作「衞護指揮使」，據舊五代史卷七〇夏魯奇傳、册府卷三六〇、卷三九三、卷三九六改。

〔四〕周德威 原作「周從威」，據宗文本、舊五代史卷七〇夏魯奇傳、册府卷三四七、卷三六〇、卷三九六改。

〔五〕單廷珪 原作「單延珪」，據宗文本、舊五代史卷七〇夏魯奇傳、册府卷三四七、卷三九六（明本）改。

〔六〕應順元年二月 「元年」，原作「二年」，據南監本改。「二月」二字原闕，據宗文本補。按本書卷七唐本紀、舊五代史卷四六唐末帝紀上，從珂反在應順元年二月。

〔七〕因遣伶奴安十十以五絃謁思同 舊五代史卷六五王思同傳敍其事作「乃令小伶安十十以五弦妓見思同」。通鑑卷二七九：「餌以美妓。」

〔八〕郝詡 册府卷一七二（宋本）、卷三七四（明本）、通鑑卷二七九同，舊五代史卷六五王思同傳、册府卷三七四（宋本）、卷六八六作「郝昭」。

〔九〕徙鎮武信晉昌 舊五代史卷七〇張敬達傳敍其事作「自彭門移鎮平陽」。按武信軍治遂州，晉昌軍後晉置於長安。彭門即徐州武寧軍，平陽即晉州。錢大昕考異卷六二云歐史殆誤晉州爲晉昌，又誤武寧爲武信。

〔一〇〕馬死者食之 「馬」字原闕，據宗文本補。

死事傳第二十一

四一五

[二] 契丹耶律德光聞敬達死 「敬達」，原作「敬遠」，據宋内本、宗文本及本卷上文改。

[三] 以騎兵數百脅取二刺史至青州 「數」字原闕，據宗文本補。

[四] 虜將趙延壽留兵急攻之延壽招斌降斌從城上罵延壽曰……斌登城呼而報曰 按御覽卷二五五引五代史：「趙延壽知其無兵，遂與蕃賊急攻之，仍呼謂斌……斌登城呼而報曰。」闕，據宗文本補。「留兵急攻之延壽」「降斌」九字原

[五] 三月 按本卷下文復云「是冬」。

[六] 開運二年冬 本書卷九晉本紀、舊五代史卷九五王清傳、通鑑卷二八四皆繫其事於開運二年三月。

[七] 以功拜感德軍節度使 「感德軍節度使」，舊五代史卷一一四周世宗紀一、卷一二四史彥超傳敍其事作「華州節度使」。通鑑卷二九一：「賞高平之功……史彥超爲鎮國節度使。」按五代無感德軍，華州號感化軍，後唐同光元年改名鎮國軍。

[八] 始遣泗州牙將王知朗至徐州 「徐州」，舊五代史卷一一六周世宗紀三、馬令南唐書卷四、卷一六作「滁州」。按本書卷一二周本紀、舊五代史卷一一六周世宗紀三、時世宗親征，方克滁州，故王知朗赴滁州奉書。

[九] 盡獻江北諸州 「江北」，原作「淮北」，據宋内本、宗文本、本書卷六二南唐世家、舊五代史卷一一六周世宗紀三、冊府卷一六七、通鑑卷二九三、馬令南唐書卷四、卷一六改。

[一〇] 及其從者二百餘人皆殺之 「二百」，舊五代史卷一三一孫晟傳、通鑑卷二九三作「百」。

新五代史卷三十四

一行傳第二十二

嗚呼，五代之亂極矣，傳所謂「天地閉，賢人隱」之時歟！當此之時，臣弒其君，子弒其父，而搢紳之士安其祿而立其朝，充然無復廉恥之色者皆是也。吾以謂自古忠臣義士多出於亂世，而怪當時可道者何少也，豈果無其人哉？雖曰干戈興，學校廢，而禮義衰，風俗隳壞，至於如此，然自古天下未嘗無人也，吾意必有絜身自負之士，嫉世遠去而不可見者。自古材賢有韞于中而不見于外，或窮居陋巷，委身草莽，雖顏子之行，不遇仲尼而名不彰，況世變多故，而君子道消之時乎！吾又以謂必有負材能，脩節義，而沉淪于下，泯沒而無聞者。求之傳記，而亂世崩離，文字殘缺，不可復得，然僅得者四五人而已。處乎山林而羣麋鹿，雖不足以為中道，然與其食人之祿，俛首而包羞，孰若無媿於心，放身而自得？吾得二人焉，曰鄭遨、張薦明。勢利不屈其心，去就不違其義，吾得一人

焉,曰石昂。苟利於君,以忠獲罪,而何必自明,有至死而不言者,此古之義士也,吾得一人焉,曰程福贇。五代之亂,君不君,臣不臣,父不父,子不子,至於兄弟、夫婦人倫之際,無不大壞,而天理幾乎其滅矣。於此之時,能以孝悌自脩於一鄉,而風行於天下者,猶或有之,然其事迹不著,而無可紀次,獨其名氏或因見於書者,吾亦不敢没,而其略可録者,吾得一人焉,曰李自倫。作一行傳。

鄭遨 張薦明附

鄭遨,字雲叟,滑州白馬人也。唐明宗祖廟諱遨,故世行其字。遨少好學,敏於文辭。唐昭宗時,舉進士不中,見天下已亂,有拂衣遠去之意,欲攜其妻子與俱隱,其妻不從,遨乃入少室山爲道士。其妻數以書勸遨還家,輒投之於火,後聞其妻子卒,一慟而止。遨與李振故善,振後事梁貴顯,欲以禄遨,遨不顧,後振得罪南竄,遨徒步千里往省之,由是聞者益高其行。

其後,遨聞華山有五粒松,脂淪入地,千歲化爲藥,能去三尸,因徙居華陰,欲求之。遨種田,隱之賣藥以自給,道殷有釣魚術,與道士李道殷、羅隱之友善,世目以爲三高士。

鈎而不餌，又能化石爲金，遨嘗驗其信然，而不之求也。節度使劉遂凝數以寶貨遺之，遨一不受。唐明宗時以左拾遺，晉高祖時以諫議大夫召之，皆不起，即賜號爲「逍遙先生」。天福四年卒，年七十四。

遨之節高矣，遭亂世不污於榮利，至棄妻子不顧而去，豈非與世自絕而篤愛其身者歟〔一〕？然遨好飲酒弈棋，時時爲詩章落人間，人間多寫以縑素，相贈遺以爲寶，至或圖寫其形，玩于屋壁，其迹雖遠而其名愈彰，與乎石門、荷蓧之徒異矣。

與遨同時有張薦明者〔二〕，燕人也。少以儒學遊河朔，後去爲道士，通老子、莊周之説。高祖召見，問：「道家可以治國乎？」對曰：「道也者，妙萬物而爲言，得其極者，尸居衽席之間可以治天地也。」高祖大其言，延入内殿講道德經，拜以爲師。薦明聞宫中奏時鼓，曰：「陛下聞鼓乎？其聲一而已。五音十二律，鼓無一焉，然和之者鼓也。夫一，萬事之本也，能守一者可以治天下。」高祖善之，賜號「通玄先生」，後不知其所終。

石昂

石昂，青州臨淄人也。家有書數千卷，喜延四方之士，士無遠近，多就昂學問，食其門下者或累歲，昂未嘗有怠色。而昂不求仕進。節度使符習高其行，召以為臨淄令。習入朝京師，監軍楊彥朗知留後事，昂以公事至府上謁，贊者以彥朗諱「石」，更其姓曰「右」〔三〕。昂趨于庭，仰責彥朗曰〔四〕：「內侍奈何以私害公！」昂姓『石』，非『右』也。」彥朗大怒，拂衣起，去，昂即趨出。解官還于家，語其子曰：「吾本不欲仕亂世，果為刑人所辱，子孫其以我為戒！」

昂父亦好學，平生不喜佛說，父死，昂於柩前誦尚書，曰：「此吾先人之所欲聞也。」禁其家：「不可以佛事污吾先人。」

晉高祖時，詔天下求孝悌之士，戶部尚書王權、宗正卿石光贊、國子祭酒田敏、兵部侍郎王延等相與詣東上閤門，上昂行義可以應詔。詔昂至京師，召見便殿，以為宗正丞。遷少卿。出帝即位，晉政日壞，昂數上疏極諫，不聽，乃稱疾東歸，以壽終于家。昂既去，而晉室大亂。

程福贇

程福贇者,不知其世家。爲人沉厚寡言而有勇。少爲軍卒,以戰功累遷洺州團練使。晉出帝時,爲奉國右廂都指揮使[五]。開運中,契丹入寇,出帝北征,奉國軍士乘間夜縱火焚營,欲因以爲亂,福贇身自救火被傷,火滅而亂者不得發。福贇以爲契丹且大至,而天子在軍,京師虛空,不宜以小故動搖人聽,因匿其事不以聞。軍將李殷位次福贇下,利其去而代之,因誣福贇與亂者同謀,不然何以不奏。出帝下福贇獄,人皆以爲冤,福贇終不自辨以見殺。

李自倫

李自倫者,深州人也。天福四年正月,尚書户部奏:「深州司功參軍李自倫六世同居,奉敕准格。按格,孝義旌表,必先加按驗,孝者復其終身,義門仍加旌表。得本州審到鄉老程言等稱,自倫高祖訓,訓生粲,粲生則,則生忠,忠生自倫,自倫生光厚,六從同居不妄[六]。」敕以所居飛鳧鄉爲孝義鄉,匡聖里爲仁和里,准式旌表門閭。

九月丙子,户部復奏:「前登州義門王仲昭六世同居,其旌表有聽事、步欄,前列屏,樹烏頭,正門閥閱一丈二尺,烏頭二柱端冒以瓦桶[七],築雙闕一丈,在烏頭之南三丈七

尺，夾樹槐柳，十有五步，請如之。」敕曰：「此故事也，令式無之。其量地之宜，高其外門，門安綽楔，左右建臺，高一丈二尺，廣狹方正稱焉，圬以白而赤其四角，使不孝不義者見之，可以悛心而易行焉。」

校勘記

〔一〕豈非與世自絕而篤愛其身者歟 「自絕」，宋丙本、宗文本作「相絕」。

〔二〕與邀同時有張薦明者 「有」字原闕，據宋丙本、宗文本補。

〔三〕更其姓曰右 原作「名」，據宋丙本、宗文本、詳節卷五改。

〔四〕仰責彥朗曰 「仰」，原作「昂」，據宋丙本、宗文本。

〔五〕爲奉國右廂都指揮使 「右」，舊五代史卷九五程福贇傳作「左」。冊府卷一二二三記其職作「奉國左第三軍都指揮使」。

〔六〕六從同居不妄 「六從」，宋丙本、宗文本、詳節卷五作「六世」。冊府卷一四〇敘其事作「六從弟兄同居不妄」。

〔七〕烏頭二柱端冒以瓦桶 「瓦桶」，舊五代史卷七八晉高祖紀四、冊府卷一四〇作「瓦桷」。

新五代史卷三十五

唐六臣傳第二十三

甚哉，白馬之禍，悲夫，可爲流涕者矣！然士之生死，豈其一身之事哉？初，唐天祐三年〔一〕，梁王欲以嬖吏張廷範爲太常卿〔二〕，唐宰相裴樞以謂太常卿唐常以清流爲之，廷範乃梁客將，不可。梁王由此大怒，曰：「吾常語裴樞純厚不陷浮薄，今亦爲此邪！」是歲四月，彗出西北，掃文昌、軒轅、天市，宰相柳璨希梁王旨，歸其譴於大臣，於是左僕射裴樞獨孤損、右僕射崔遠、守太保致仕趙崇、兵部侍郎王贊、工部尚書王溥、吏部尚書陸扆皆以無罪貶，同日賜死于白馬驛。凡搢紳之士與唐而不與梁者，皆誣以朋黨，坐貶死者數百人，而朝廷爲之一空〔三〕。

明年三月，唐哀帝遜位于梁，遣中書侍郎、同中書門下平章事張文蔚爲册禮使，禮部尚書蘇循爲副；中書侍郎、同中書門下平章事楊涉爲押傳國寶使，翰林學士、中書舍人張

策爲副,御史大夫薛貽矩爲押金寶使,尚書左丞趙光逢爲副。四月甲子,文蔚等自上源驛奉册寶,乘輅車,導以金吾仗衛、太常鹵簿,朝梁于金祥殿。王衮冕南面,臣文蔚、臣循奉册升殿,進讀已,臣涉、臣策奉傳國璽,臣貽矩、臣光逢奉金寶,以次升,進讀已,率文武百官北面舞蹈再拜賀。

夫一太常卿與社稷孰爲重?使樞等不死,尚惜一卿,其肯以國與人乎?雖樞等之力未必能存唐,然必不亡唐而獨存也。嗚呼!唐之亡也,賢人君子既與之共盡,其餘在者皆庸懦不肖、傾險獪猾、趨利賣國之徒也。不然,安能蒙恥忍辱於梁庭如此哉!作唐六臣傳。

張文蔚

張文蔚,字右華[四],河間人也。初以文行知名,舉進士及第。唐昭宗時,爲翰林學士承旨。是時,天子微弱,制度已隳,文蔚居翰林,制詔四方,獨守大體。昭宗遷洛,拜中書侍郎,同中書門下平章事。柳璨殺裴樞等七人,蔓引朝士,輒加誅殺,縉紳相視以目,皆不自保,文蔚力講解之,朝士多賴以全活。

楊涉

楊涉，祖收，唐懿宗時宰相；父嚴[七]，官至兵部侍郎。涉舉進士，昭宗時爲吏部尚書。哀帝即位，拜中書侍郎、同中書門下平章事。拜相之日，與家人相對泣下，顧謂其子凝式曰：「吾不能脫此網羅，禍將至矣，必累爾等。」唐亡，事梁爲門下侍郎、同中書門下平章事，在位三年，俛首無所施爲，罷爲左僕射，知貢舉。後數年卒。

子凝式，有文詞，善筆札，歷事梁、唐、晉、漢、周，常以心疾致仕，居于洛陽，官至太子太保。

張策

張策，字少逸，河西燉煌人也。父同，爲唐容管經略使。策少聰悟好學，通章句。父

同居洛陽敦化里,浚井得古鼎,銘曰:「魏黄初元年春二月,匠吉千。」同以爲奇,策時年十三,居同側,啓曰:「漢建安二十五年,曹公薨,改元延康。是歲十月,文帝受禪,又改黄初,是黄初元年無二月也,銘何謬邪?」同大驚異之。

策少好浮圖之說,乃落髮爲僧,居長安慈恩寺。黄巢犯長安,策乃返初服,奉父母以避亂,居田里十餘年。召拜廣文館博士。邠州王行瑜辟觀察支使。晉王李克用攻行瑜,策與婢肩輿其母東歸,行積雪中,行者憐之。梁太祖兼四鎮,辟鄭滑支使,以母喪解職。服除,入唐爲膳部員外郎,華州韓建辟判官。建徙許州,以爲掌書記。建遣策聘于太祖,太祖見而喜曰:「張夫子至矣。」遂留以爲掌書記,薦之于朝,累拜中書舍人、翰林學士。太祖即位,遷工部侍郎,奉旨。開平二年,拜刑部侍郎,同中書門下平章事,遷中書侍郎。以風恙罷爲刑部尚書致仕。卒于洛陽。

趙光逢

趙光逢,字延吉。父隱,唐左僕射[八]。光逢在唐以文行知名,時人稱其方直溫潤,謂之「玉界尺」。昭宗時爲翰林學士承旨、御史中丞,以世亂棄官,居洛陽,杜門絶人事者五

六年。柳璨爲相，與光逢有舊恩，起光逢爲吏部侍郎、太常卿。唐亡，事梁爲中書侍郎、同中書門下平章事，累遷左僕射，以太子太保致仕[九]。末帝即位，起爲司空、同中書門下平章事，復以司徒致仕。唐天成中，即其家拜太保，封齊國公。卒，贈太傅。

薛貽矩

薛貽矩，字熙用，河東聞喜人也。仕唐爲兵部侍郎、翰林學士承旨。昭宗自岐還長安，大誅宦者，貽矩時爲中尉韓全誨等作畫像贊，坐左遷。貽矩乃自結於梁太祖，太祖言之於朝，拜吏部尚書，遷御史大夫。天祐三年[一〇]，太祖自長蘆還軍，哀帝遣貽矩來勞，貽矩以臣禮見，太祖揖之升階，貽矩曰：「殿下功德及人，三靈改卜，皇帝方行舜禹之事，臣安敢違？」乃稱臣拜舞，太祖側身以避之。貽矩還，遂趣哀帝遜位。太祖即位，拜貽矩中書侍郎、同中書門下平章事，累拜司空。貽矩爲梁相五年。卒，贈侍中。

蘇循 杜曉附

蘇循，不知何許人也。爲人巧佞，阿諛無廉恥，惟利是趨。事唐爲禮部尚書。是時，梁太祖已弒昭宗，立哀帝，唐之舊臣皆憤惋切齒，或俛首畏禍，或去不仕，而循特傅會梁，以希進用。梁兵攻楊行密，大敗于淠河，太祖躁忿，急於禪代，欲邀唐九錫，羣臣莫敢當其議，獨循倡言：「梁王功德，天命所歸，宜即受禪。」明年，梁太祖即位，循爲册禮副使。

循有子楷，乾寧中，舉進士及第，昭宗遣學士陸扆覆落之，楷常慚恨。及昭宗遇弒，唐政出於梁，楷爲起居郎，與柳璨、張廷範等相結，因謂廷範曰：「夫諡者，所以易名而貴信也。前有司諡先帝曰『昭』，名實不稱，公爲太常卿，予史官也，不可以不言。」乃上疏駁議。而廷範本梁客將，嘗求太常卿不得者，廷範亦以此怨唐，因下楷疏廷範。廷範議曰：「臣聞執事堅固之謂恭，亂而不損之謂靈，武而不遂之謂莊，在國逢難之謂閔，因事有功之謂襄，請改諡昭宗皇帝恭靈莊閔皇帝，廟號襄宗。」

梁太祖已即位，置酒玄德殿，顧羣臣自陳德薄不足以當天命，皆諸公推戴之力。唐之舊臣楊涉、張文蔚等皆慚懼俯伏不能對，獨循與張禕、薛貽矩盛稱梁王功德，所以順天應人者。循父子皆自以附會梁得所託，旦夕引首，希見進用，敬翔尤惡之，謂太祖曰：「梁室新造，宜得端士以厚風俗，循父子皆無行，不可立於新朝。」於是父子皆勒歸田里，乃依朱

友謙於河中。其後，友謙叛梁降晉，晉王將即位，求唐故臣在者，以備百官之闕，友謙遣循至魏州。是時，梁未滅，晉諸將相多不欲晉王即帝位。循始至魏州，望州廨聽事即拜，謂之「拜殿」。及入謁，蹈舞呼萬歲而稱臣，晉王大悅。明日又獻「畫日筆」三十管，晉王益喜，因以循爲節度副使。已而病卒。莊宗即位，贈左僕射。

楷，同光中爲尚書員外郎。明宗即位，大臣欲理其駮諡之罪，以憂死。

當唐之亡也，又有杜曉者，字明遠。祖審權，父讓能，皆爲唐相。昭宗時，王行瑜、李茂貞兵犯京師，昭宗殺讓能於臨皋以自解。曉以父死無罪，居喪哀毁，服除，布衣幅巾，自廢十餘年。崔胤判鹽鐵，辟巡官，除畿縣尉，直昭文館，皆不起。崔遠判戶部，又辟巡官，或謂曉曰：「稽康死，子紹自廢不出仕，山濤以物理責之，乃仕。吾子忍令杜氏歲時鋪席祭其先人同匹庶乎？」曉乃爲之起。累遷膳部郎中、翰林學士。梁太祖即位，遷工部侍郎、奉旨。開平二年[三]，拜中書侍郎、同中書門下平章事。友珪立，遷禮部尚書、集賢殿大學士。袁象先等討賊，兵大掠，曉爲亂兵所殺，贈右僕射。

嗚呼！始爲朋黨之論者誰歟？甚乎作俑者也，真可謂不仁之人哉！予嘗至繁城，讀魏受禪碑，見漢之羣臣稱魏功德，而大書深刻，自列其姓名，以夸耀于世。又讀梁實錄，見文蔚等所爲如此，未嘗不爲之流涕也。夫以國予人而自夸耀，及遂相之，此非小人，孰能爲也？漢、唐之末，舉其朝皆小人也，而其君子者何在哉！當漢之亡也，先以朋黨禁錮天下賢人君子，而立其朝者，皆小人也，然後漢從而亡。及唐之亡也，又先以朋黨盡殺朝廷之士，而其餘存者，皆庸懦不肖傾險之人也，然後唐從而亡。

夫欲空人之國而去其君子者，必進朋黨之説；欲奪國而與人者，必進朋黨之説。夫爲君子者，故嘗寡過，小人欲加之罪，則有可誣者，有不可誣者，不能遍及也。至欲舉天下之善，求其類而盡去之，惟指以爲朋黨耳。故其親戚故舊，謂之朋黨可也；交游執友，謂之朋黨可也；宦學相同，謂之朋黨可也；門生故吏，謂之朋黨可也。是數者，皆其類也，皆善人也。故曰：欲空人之國而去其君子者，惟以朋黨罪之，則無免者矣。夫善善之相樂，以其類同，此自然之理也。使人聞善不敢稱，則人主之耳不聞有善于下矣；見善不敢薦，則人主之目不得見善人矣。善人日遠，而小人日進，則爲人主者，伥伥然誰與之圖治安之計哉？故曰：欲孤人主之勢而蔽其耳目者，必

用朋黨之説也。一君子存,羣小人雖衆,必有所忌,而有所不敢爲,惟空國而無君子,小人得肆志於無所不爲,則漢魏、唐梁之際是也。故曰:可奪國而予人者,由其國無君子,空國而無君子,由以朋黨而去之也。

嗚呼,朋黨之説,人主可不察哉! 傳曰「一言可以喪邦」者,其是之謂與! 可不鑒哉! 可不戒哉!

校勘記

〔一〕唐天祐三年　舊唐書卷二〇下哀帝紀、新唐書卷一〇哀帝紀、通鑑卷二六五皆繫其事於天祐二年。

〔二〕張廷範　原作「張延範」,據宗文本、詳節卷五改。舊唐書卷二〇下哀帝紀、舊五代史卷六〇蘇循傳敍其事皆作「張廷範」。按新唐書卷二二三下有張廷範傳。本卷下文同。

〔三〕而朝廷爲之一空　「一」字原闕,據宋丙本、宗文本、吳縝纂誤卷上引五代史、詳節卷五補。

〔四〕字右華　新唐書卷七二下宰相世系表二下作「字在華」。

〔五〕梁太祖立　「立」字原闕,據宋丙本、名賢氏族言行類稿卷二五補。

〔六〕以暴疾卒　「疾」字原闕,據宋丙本、宗文本補。

〔七〕楊涉祖收唐懿宗時宰相父嚴　據舊唐書卷一七七楊收傳、新唐書卷一八四楊收傳、卷七一下宰相世系表一下，北夢瑣言卷一二，楊遺直生發、假、收、嚴四子，嚴子涉、注，收於涉爲從父，此云「祖收」，疑誤。

〔八〕唐左僕射　「左」，舊五代史卷五八趙光逢傳、舊唐書卷一九下僖宗紀作「右」。

〔九〕以太子太保致仕　「太子」二字原闕，據宋丙本、吳縝纂誤卷中引五代史、舊五代史卷五八趙光逢傳補。

〔一〇〕天祐三年　舊五代史卷三梁太祖紀、卷一八薛貽矩傳、舊唐書卷二〇下哀帝紀皆繫其事於天祐四年。通鑑卷二六六繫其事於開平元年，按開平元年即天祐四年。

〔一一〕梁太祖已弒昭宗　「梁」字原闕，據宋丙本、宗文本補。

〔一二〕開平二年　本書卷二梁本紀、舊五代史卷五梁太祖紀五、通鑑卷二六七皆繫其事於開平三年。

〔一三〕使人聞善不敢稱則人主之耳不聞有善于下矣　「則」，原作「譽」，據宗文本、詳節卷五、文忠集卷一六〇引歐陽脩五代史唐六臣傳贊改。

新五代史卷三十六

義兒傳第二十四

嗚呼！世道衰，人倫壞，而親疏之理反其常，干戈起於骨肉，異類合爲父子。開平、顯德五十年間，天下五代而實八姓，其三出於丐養。蓋其大者取天下，其次立功名，位將相，豈非因時之隙，以利合而相資者邪！唐自號沙陀，起代北，其所與俱皆一時雄傑驍武之士[一]，往往養以爲兒，號「義兒軍」，至其有天下，多用以成功業，及其亡也亦由焉。太祖養子多矣，其可紀者九人，其一是爲明宗，其次曰嗣昭、嗣本、嗣恩、存信、存孝、存進、存璋、存賢。作義兒傳。[二]

[一]李存審，後復以符氏大顯，故別自爲傳。

李嗣昭

李嗣昭,本姓韓氏,汾州太谷縣民家子也。太祖出獵,至其家,見其林中鬱鬱有氣,甚異之,召其父問焉。父言家適生兒,太祖因遺以金帛而取之,命其弟克柔養以爲子。初名進通[二],後更名嗣昭。嗣昭爲人短小,而膽勇過人。初喜嗜酒,太祖嘗微戒之,遂終身不飲。太祖愛其謹厚,常從用兵,爲衙內指揮使。

陝州王珙與其兄珂爭立於河中,遣嗣昭助珂,敗珙於猗氏,獲其將三人。梁軍救珙,嗣昭又敗之于胡壁堡,執其將一人。光化元年,澤州李罕之襲潞州以降梁,梁遣丁會應之,嗣昭與會戰舍山,執其將一人,斬首三千級,遂取澤州。二年,晉遣李君慶攻梁潞州,君慶爲梁所敗,太祖酖殺君慶,嗣昭攻克之。三年,出山東,取梁洺州。梁太祖自將攻之,遣葛從周設伏於青山口。嗣昭聞梁太祖自來,棄城走,前遇伏兵,因大敗。

天復元年,梁破河中,執王珂,取晉、絳、慈、隰,因大舉擊晉,出擊梁兵,會大雨,梁軍解去。晉汾州刺史李瑭叛降梁軍,梁軍已去,嗣昭復取汾州,斬瑭。遂出陰地,取慈州,降其刺史唐禮。又取隰州,降其刺史張瓌。是歲,梁軍西犯京師,

圍鳳翔，嗣昭乘間攻梁晉、絳，戰平陽，執梁將一人。進攻蒲縣，梁朱友寧、氏叔琮以兵十萬迎擊之，嗣昭等敗走，友寧追之，晉遣李存信率兵迎嗣昭，存信又敗，梁軍遂圍太原，而慈、隰、汾州復入于梁。太祖大恐，謀走雲州，李存信等勸太祖奔于契丹，嗣昭力爭，以爲不可，賴劉太妃亦言之，乃止。嗣昭晝夜出奇兵擊梁軍，梁軍解去，嗣昭復取汾、慈、隰。是時，鎮、定皆已絕晉而附梁。晉外失大國之援，内亡諸州，仍歲之間，孤城被圍者再。於此時，嗣昭力戰之功爲多。

天祐三年，與周德威攻梁潞州，降丁會，以嗣昭爲昭義軍節度使。梁遣李思安將兵十萬攻潞，築夾城以圍之。梁太祖嘗遣人招降嗣昭，嗣昭斬其使者，閉城拒守。踰年，莊宗始攻破夾城。嗣昭完緝兵民，撫養甚有恩意。梁、晉戰胡柳，晉軍敗，周德威戰死。莊宗懼，欲收兵還臨濮，嗣昭曰：「梁軍已勝，日暮思歸〔三〕。吾若收軍，使彼休息，整而復出，何以當之？宜以精騎撓之，因其勞乏，可以勝也。」莊宗然之。是時，梁軍已登無石山，莊宗遣嗣昭轉擊山北，而自以銀槍軍趨而呼曰：「今日之戰，得山者勝！」晉軍皆爭登山〔四〕，梁軍遂下，陣於山西，晉軍從上急擊，大敗之。於是晉城德勝矣。周德威死，嗣昭權知幽州，居數月，以李紹宏代之。嗣昭將去，幽州人皆號哭閉關遮留之，嗣昭夜遯，乃得去。

十九年,從莊宗擊契丹於望都,莊宗爲契丹圍之數十重[五],嗣昭以三百騎決圍,取莊宗以出。是時,晉遣閻寶攻張文禮於鎮州,寶爲鎮人所敗,乃以嗣昭代之。鎮兵出掠九門,嗣昭以奇兵擊之,鎮軍且盡,餘三人匿破垣中,嗣昭馳馬射之,反爲賊射中腦,嗣昭顧箙中矢盡,拔矢于腦,射殺一人,還營而卒。

嗣昭諸子,繼儔長而懦,其次繼韜囚之以自立,莊宗方與梁兵相持河上,不暇究其事,因即以爲安義軍留後[六]。繼韜委其政於魏琢、申蒙,琢等常教繼韜反,繼韜未決。莊宗在魏,以事召監軍張居翰、節度判官任圜。琢等以謂莊宗召居翰等問繼韜事,繼韜且見誅,因以語趣之。繼韜乃遣其弟繼遠入梁,梁末帝即拜繼韜同中書門下平章事。居數月,莊宗滅梁,繼韜將走契丹,會赦至,乃已,因隨其母朝于京師。繼遠諫曰:「兄爲臣子,以反爲名,復何面以見天子?」繼韜不聽。繼韜母楊氏,善畜財,平生居積行販,至貲百萬。當嗣昭爲梁圍以夾城彌年,軍用乏絕,楊氏之積,蓋有助焉。至是乃齎銀數十萬兩至京師,厚賂宦官、伶人,軍用乏絕,楊氏之積,蓋有助焉。至是乃齎銀數十萬兩至京師,厚賂宦官、伶人,楊夫人亦以賂謁劉皇后,劉皇后爲言:「嗣昭功臣,宜蒙恩貸。」由是莊宗釋繼韜。嘗從獵,寵倖無間。李存渥尤切齒,數詆責之,繼韜懷不自安,復賂宦官、伶人求歸鎮,莊宗不許。繼韜陰使人告繼遠,令起變於軍中,

冀天子遺己往安緝之，事泄，斬于天津橋。其二子嘗爲質于梁，莊宗破梁得之，撫其背曰：「爾幼，猶能佐其父反，長復何爲乎？」至是因并誅之。即遣人斬繼遠，以繼儔知潞州事。已而召繼儔還京師，繼儔悉取繼韜妓妾珍翫，而不時即路。其弟繼達怒曰：「吾兄父子誅死，而大兄不仁，利其貨財，淫其妻妾，吾所不忍也！」乃服縗麻，引數百騎坐戟門，使人入殺繼儔。節度副使李繼珂募市人千餘攻繼達，繼達走城外，自到死。

繼昭七子。至明宗時，子繼能坐笞殺其母主藏婢，婢家告變，言繼能反[七]，與其弟繼襲皆見殺，惟一子繼忠僅免。繼忠家于晉陽，楊氏所積餘貲猶鉅萬，晉高祖自太原起兵，召契丹爲援，契丹求賂，高祖貸于繼忠以取足。高祖入立，甚德之，以爲沂、棣、單三州刺史，開運中卒。楊氏平生積產，嗣昭父子三人賴之。

嗣本

嗣本，本姓張氏，鴈門人也。世爲銅冶鎮將。嗣本少事太祖，太祖愛之，賜以姓名，養爲子。從擊居庸關，以功遷義兒軍使。從破王行瑜，遷威遠軍使。從攻羅弘信，以先鋒兵破湯陰。從莊宗破潞州夾城。累以戰功遷代州刺史、雲州防禦使、振武節度使，號「威信

可汗」。天祐十三年，從莊宗擊劉鄩於故元城，下洺、磁諸州，六月，還軍振武。契丹入代北，攻破蔚州〔八〕，嗣本戰歿。

嗣恩

嗣恩，本姓駱，吐谷渾部人也。少事太祖，能騎射，為鐵林軍將，稍以戰功遷突陣指揮使，賜姓名，以為子。從敗康懷英於河西〔九〕，遷左廂馬軍都指揮使。從李嗣昭援朱友謙於河中，與梁兵力戰，稍中其口，戰不已。遷遼州刺史。從莊宗入魏，遷天雄軍馬步都指揮使。劉鄩攻太原，兵趣樂平，嗣恩從後追之，自佗道先入太原以守。鄩兵去，嗣恩亦以兵會莊宗于魏，從戰于莘。遷代州刺史，石嶺關已北都知兵馬使，振武節度使。天祐十五年，卒于太原。追贈太尉。

存信

存信，本姓張氏。其父君政，回鶻李思忠之部人也。存信少善騎射，能四夷語，通六蕃書。從太祖起代北，入關破黃巢，累以功為馬步軍都指揮使，遂賜姓名，以為子。存信

與存孝俱爲養子,材勇不及存孝,而存孝所爲,而存信不爲之下,由是交惡,存信每沮激之,存孝卒得罪死。而存信數從征伐,以功領郴州刺史。太祖遣將兵救朱宣,存信屯于莘縣,爲羅弘信所擊,存信敗,亡太祖子落落。後從太祖討劉仁恭,大敗于安塞。太祖大怒,顧存信曰:「昨日吾醉,公獨不能爲我戰邪[一〇]?古人三敗,公已二矣。」將殺之,存信叩頭謝罪而免。由是大懼,常稱疾。天復二年卒,年四十一。

存孝

存孝,代州飛狐人也。本姓安,名敬思。太祖掠地代北得之,給事帳中,賜姓名,以爲子,常從爲騎將。

文德元年,河南張言襲破河陽,李罕之來歸晉,晉處罕之于澤州,遣存孝與薛阿檀、安休休等以兵七千助罕之還擊河陽。梁亦遣丁會、牛存節等助言。是時,晉已得澤、潞,歲出山東,與孟方立爭邢、洺、磁,存孝未嘗不在兵間。方立死,晉取三州,存孝功爲多。

明年,潞州軍亂,殺李克恭以歸唐,梁遣李讜攻李罕之于澤州,存孝以騎兵五千救之。

梁軍呼穽之曰：「公常恃太原以爲命，今上黨已歸唐，唐兵大集，圍太原，沙陀將無穴以自處，公復誰恃而不降乎？」存孝以精騎五百，繞梁柵而呼曰：「我，沙陀之求穴者，待爾肉以食軍，可令肥者出鬭！」梁驍將鄧季筠引軍出戰，存孝舞矟擒之，李讜敗走，追擊至馬牢關，還攻潞州。唐以孫揆爲潞州節度使，揆儒者，以梁卒三千爲衞，褒衣大蓋，擁節先驅。存孝以三百騎伏長子西崖谷間，伺揆軍過，橫擊斷之，擒揆以歸。是時，張濬、韓建伐晉，擊陰地關，朱崇節守潞州以待揆，聞揆見執，皆棄去，晉遂復取潞州。唐軍戰敗于陰地關，濬退保晉州，韓建晉以李存信、薛阿檀等當濬，別遣存孝軍于趙城。走絳州。存孝攻晉州，濬兵出戰，輒復敗，因閉壁不敢出。存孝去，攻絳州。濬、建皆走。
存孝猨臂善射，身被重鎧，櫜弓坐槊，手舞鐵檛，出入陣中，以兩騎自從，戰酣易騎，上下如飛。初，存孝取潞州功爲多，而太祖別以大將康君立爲潞州留後，存孝爲汾州刺史，存孝負其功，不食者數日。及走張濬，遷邠州刺史。大順二年，徙邢州留後。是時，晉軍連歲攻趙常山，存孝常爲先鋒，下趙臨城、元氏。趙王求救於幽州李匡威，匡威兵至，晉輒引去。存孝素與存信有隙，存信譖之曰：「存孝有二心，常避趙不擊。」唐命趙王王鎔援之。明年，趙與幽州有隙，懼而附梁通趙，自歸于唐，因請會兵以伐晉。存孝嬰城自守，太祖自將兵傅其城，掘塹以圍之，存孝與晉和，反以兵三萬助晉擊存孝。

出兵衝擊，壘不得成。禆將袁奉韜使人說存孝曰：「公所畏者晉王爾！王侯壘成，且留兵去，諸將非公敵也，雖壘何爲？」存孝以爲然，縱兵成壘。壘成，深溝高壘，不可近，存孝遂窘。城中食盡，登城呼曰：「兒蒙王恩，位至將相〔三〕，豈欲捨父子而附仇讎，乃存信構陷之耳。願生見王一言而死。」太祖哀之，遣劉夫人入城慰諭之。劉夫人引與俱來，存孝泥首請罪曰：「兒於晉有功而無過，所以至此，由存信爲之耳！」太祖叱曰：「爾爲書檄，罪我百端，亦存信爲之邪？」縛載後車，至太原，車裂之以徇。然太祖惜其材，悵然恨諸將之不能容也，爲之不視事者十餘日。

康君立素與存信相善，方二人之交惡也，君立每左右存信以傾之。存孝已死，太祖與諸將博，語及存孝，流涕不已，君立以爲不然，太祖怒，酖殺君立。君立初爲雲州牙將，唐僖宗時，逐段文楚，與太祖俱起雲中，蓋君立首事。其後累立戰功，表昭義節度使。以存孝故殺之。

存進

存進，振武人也，本姓孫，名重進。太祖攻破朔州得之，賜以姓名，養爲子。從太祖入

關破黃巢,以爲義兒軍使。從莊宗戰柏鄉,遷行營馬步軍都虞候,歷慈、沁二州刺史。莊宗初得魏博,以爲天雄軍都部署,治梁亂軍,一切以法,人有犯者,輒梟首磔尸於市,魏人屏息畏之。從戰河上,以功遷振武軍節度使。是時,晉軍德勝,爲南北寨,每以舟兵來往,頗以爲勞,而河北無竹石,存進乃以葦筏維大艦爲浮梁。莊宗大喜,解衣以賜之。

晉討張文禮於鎮州,久不克,而史建瑭、閻寶、李嗣昭相次戰歿,乃以存進代嗣昭爲招討使,軍于東垣渡。東垣土惡,築壘不能就,存進伐木爲柵。晉軍晨出芻牧,文禮子處球以兵千餘逼存進柵〔三〕,存進出戰橋上,殺處球兵殆盡,而存進亦歿于陣。追贈太尉。

潞王從珂以鳳翔反,漢韶與虔釗會唐軍討之,唐軍皆降于從珂,獨漢韶與虔釗軍不降,俱奔于蜀。事蜀,歷永平、興元、武信節度使。年七十餘,卒于蜀。

存璋

存璋,字德璜。初與康君立、薛志勤等從太祖入關破黃巢,累遷義兒軍使。太祖病

革,存璋與張承業等受顧命,立莊宗爲晉王,晉王以存璋爲河東馬步軍使。晉自先王時,嘗優假軍士,軍士多犯法踰禁,莊宗新立,尤患之,存璋一切繩之以法,境内爲之清肅。從攻夾城,戰柏鄉,以功遷汾州刺史。莊宗與劉鄩戰於魏博,梁遣王檀乘虛襲太原[一四],存璋以汾州兵入太原距守,以功遷大同軍防禦使,遂爲節度使。天祐十九年以疾卒。追贈太尉。

存賢

存賢,許州人也,本姓王名賢。少爲軍卒,善角觝,太祖擊黄巢于陳州,得之,賜以姓名,養爲子。後爲義兒軍副兵馬使,遷沁州刺史。先時,沁州當敵衝,徙其南百餘里,據險立栅而寓居。至存賢爲刺史,曰:「徙城避敵,豈勇者所爲?」乃復城故州。梁兵屢攻之,存賢力自距守,卒不能近。遷武州刺史、山北團練使,又遷慈州。

天祐十八年[一五],梁兵攻朱友謙于河中,莊宗遣存賢援友謙。是時,友謙新叛梁歸晉,而河中食少,人心多貳,謀者因謂存賢曰:「河中人欲殺子以歸梁,宜亟去。」存賢曰:「死王事,吾志也。復何恨哉!」卒擊走梁兵。

莊宗即位,拜右武衛上將軍。莊宗亦好角觝,嘗與王較而屢勝〔六〕,頗以自矜,因顧存賢曰:「爾能勝我,與爾一鎮〔七〕。」存賢搏而勝之。同光二年春,幽州符存審病甚〔八〕,莊宗置酒宮中,歎曰:「吾創業故人,零落殆盡,其所存者惟存審耳!今又病篤,北方之事誰可代之?」因顧存賢曰:「無以易卿。角觝之勝,吾不食言。」即日以爲盧龍軍節度使。是歲,卒于幽州,年六十五。贈太傅。

校勘記

〔一〕 其所與俱皆一時雄傑巰武之士 「巰武」,通鑑卷二五五胡注引歐史作「虓武」。

〔二〕 初名進通 「進通」,小字錄引舊五代史唐傳作「通達」。

〔三〕 日暮思歸 「日」原作「日」,據宗文本改。按通鑑卷二七〇敘其事作「日晚思歸」,舊五代史卷五二李嗣昭傳、册府卷三四七、卷三六七敘其事云:「日已晡晚,皆有歸心。」

〔四〕 晉軍皆爭登山 「軍」字原闕,據宋丙本、宗文本補。

〔五〕 莊宗爲契丹圍之數十重 「重」原作「里」,據宗文本、舊五代史卷五二李嗣昭傳改。

〔六〕 因即以爲安義軍留後 「安義軍」原作「昭義軍」,據宗文本。按通鑑卷二七一:「晉王以用兵方殷,不得已,改昭義軍曰安義,以繼韜爲留後。」舊五代史卷五二李繼韜傳略同。通鑑

〔七〕言繼能反 「繼」字原闕，據宋丙本、宗文本及本卷上文補。卷二七二考異：「按潞州本號『昭義軍』，今以繼韜爲『安義』留後，蓋晉王避其父諱改之耳。」

〔八〕攻破蔚州 「破」字原闕，據宋丙本、宗文本補。按遼史卷一太祖紀上：「（神册元年）八月，拔朔州。」舊五代史卷五二李嗣本傳：「（天祐十三年）八月契丹……攻振武，城陷。」振武節度使治朔州。通鑑卷二六九敍其事云陷蔚州，胡注：「按麟、勝至蔚州，中間懸隔雲、朔，『蔚州』恐當作『朔州』。」

〔九〕從敗康懷英於河西 册府卷三四七敍其事云：「逐康懷英於西河，解汾州之圍。」按新唐書卷三九地理志三，西河屬汾州。

〔一〇〕公獨不能爲我戰邪 「獨」字原闕，據宋丙本、宗文本補。

〔一一〕沙陀之求穴者 「求」，原作「未」，據舊五代史卷五三李存孝傳、新唐書卷一八七李罕之傳、通鑑卷二五八改。

〔一二〕位至將相 舊五代史卷五三李存孝傳作「位至將帥」。吳縝纂誤卷中：「今按本傳，存孝止是爲邢州留後，又未嘗爲平章事，何故云位至將相耶？」

〔一三〕文禮子處球以兵千餘逼存進栅 「處球」，原作「處求」，據宋丙本、宗文本、舊五代史卷五三李存進傳及本卷下文改。

〔一四〕梁遣王檀乘虛襲太原 「王檀」下原有「來」字，據宗文本删。

義兒傳第二十四

四四五

〔五〕天祐十八年　本書卷五唐本紀、舊五代史卷二九唐莊宗紀三皆繫其事於天祐十七年，舊五代史卷十唐末帝紀下，通鑑卷二七一繫其事於貞明六年，按貞明六年即天祐十七年。

〔六〕嘗與王較而屢勝　「王」，宋內本、宗文本作「王都」，舊五代史卷五三李存賢傳作「王郁」。

〔七〕與爾一鎮　舊五代史卷五三李存賢傳敍其事云：「賞爾一郡……存賢勝，得蔚州刺史。」

〔八〕幽州符存審病甚　「甚」字原闕，據宋內本、宗文本補。舊五代史卷五三李存賢傳敍其事作「疾篤」，通鑑卷二七三敍其事作「疾亟」。

新五代史卷三十七

伶官傳第二十五

嗚呼，盛衰之理，雖曰天命，豈非人事哉！原莊宗之所以得天下，與其所以失之者，可以知之矣。世言晉王之將終也，以三矢賜莊宗而告之曰：「梁，吾仇也，燕王吾所立，契丹與吾約為兄弟，而皆背晉以歸梁。此三者，吾遺恨也。與爾三矢，爾其無忘乃父之志！」莊宗受而藏之于廟。其後用兵，則遣從事以一少牢告廟，請其矢，盛以錦囊，負而前驅，及凱旋而納之。方其係燕父子以組，函梁君臣之首，入于太廟，還矢先王而告以成功，其意氣之盛，可謂壯哉！及仇讎已滅，天下已定，一夫夜呼，亂者四應，蒼皇東出，未及見賊而士卒離散，君臣相顧，不知所歸，至於誓天斷髮，泣下沾襟，何其衰也！豈得之難而失之易歟？抑本其成敗之迹而皆自於人歟？書曰：「滿招損，謙得益。」憂勞可以興國，逸豫可以亡身[一]，自然之理也。故方其盛也，舉天下之豪傑莫能與之爭；及其衰也，數

十伶人困之,而身死國滅,爲天下笑。夫禍患常積於忽微,而智勇多困於所溺,豈獨伶人也哉!作伶官傳。

莊宗既好俳優,又知音,能度曲,至今汾晉之俗,往往能歌其聲,謂之「御製」者皆是也。其小字亞子,當時人或謂之亞次,又別爲優名以自目,曰「李天下」。自其爲王,至於爲天子,常身與俳優雜戲于庭,伶人由此用事,遂至於亡。

皇后劉氏素微,其父劉叟,賣藥善卜,號劉山人。劉氏性悍,方與諸姬爭寵,常自恥其世家,而特諱其事。莊宗乃爲劉叟衣服,自負蓍囊藥笈,使其子繼岌提破帽而隨之,造其臥內,曰:「劉山人來省女。」劉氏大怒,笞繼岌而逐之。宮中以爲笑樂。

其戰於胡柳也,嬖伶周匝爲梁人所得。其後滅梁入汴,周匝謁於馬前,莊宗得之喜甚,賜以金帛,勞其良苦。周匝對曰:「身陷仇人,而得不死以生者,教坊使陳俊、內園栽接使儲德源之力也[二],願乞二州以報此兩人。」莊宗皆許以爲刺史。郭崇韜諫曰:「陛下所與共取天下者,皆英豪忠勇之士。今大功始就,封賞未及於一人,而先以伶人爲刺史,恐失天下心。不可!」因格其命。踰年,而伶人屢以爲言,莊宗謂崇韜曰:「吾已許周匝矣,使吾慚見此三人。公言雖正,然當爲我屈意行之。」卒以俊爲景州刺史、德源爲憲州

刺史。

〔一〕音閣。

莊宗好畋獵，獵于中牟，踐民田。中牟縣令當馬切諫，爲民請，莊宗怒，叱縣令去，將殺之。伶人敬新磨知其不可，乃率諸伶走追縣令，擒至馬前責之曰：「汝爲縣令，獨不知吾天子好獵邪？奈何縱民稼穡以供稅賦！何不饑汝縣民而空此地，以備吾天子之馳騁？汝罪當死！」因前請亟行刑，諸伶共唱和之，莊宗大笑，縣令乃得免去。

莊宗嘗與羣優戲于庭，四顧而呼曰：「李天下，李天下何在？」新磨遽前以手批其頰。莊宗失色，左右皆恐，羣伶亦大驚駭，共持新磨詰曰：「汝奈何批天子頰？」新磨對曰：「李天下者，一人而已，復誰呼邪！」於是左右皆笑，莊宗大喜，賜與新磨甚厚。

新磨嘗奏事殿中，殿中多惡犬，新磨去，一犬起逐之，新磨倚柱而呼曰：「陛下毋縱兒女嚙人！」莊宗家世夷狄，夷狄之人諱狗，故新磨以此譏之。莊宗大怒，彎弓注矢將射之，新磨急呼曰：「陛下無殺臣！臣與陛下爲一體，殺之不祥！」莊宗大驚，問其故，對曰：「陛下開國，改元同光，天下皆謂陛下同光帝。且同，銅也，若殺敬新磨，則同無光矣。」莊宗大笑，乃釋之。

然時諸伶，獨新磨尤善俳，其語最著，而不聞其佗過惡。其敗政亂國者，有景進、史彥瓊、郭門高三人爲最。

是時，諸伶人出入宮掖，侮弄縉紳，羣臣憤嫉，莫敢出氣，或反相附託，以希恩倖，四方藩鎮，貨賂交行，而景進最居中用事。莊宗遣進等出訪民間，事無大小皆以聞。每進奏事殿中，左右皆屏退，軍機國政皆與參決，三司使孔謙兄事之，呼爲「八哥」。

莊宗初入洛，居唐故宮室，而嬪御未備。閹官希旨，多言宮中夜見鬼物，相驚恐，莊宗問所以禳之者，因曰：「故唐時，後宮萬人，今空宮多怪，當實以人乃息。」莊宗欣然。其後幸鄴，乃遣進等採鄴美女千人，以充後宮。而進等緣以爲姦，軍士妻女因而逃逸者數千人。莊宗還洛，進載鄴女千人以從，道路相屬，男女無別。

魏王繼岌已破蜀，劉皇后聽宦者讒言，遣繼岌賊殺郭崇韜。崇韜素嫉伶人，常裁抑之，伶人由此皆樂其死。皇弟存乂，崇韜之壻也，進讒於莊宗曰：「存乂且反，爲婦翁報仇。」乃囚而殺之。朱友謙，以梁河中降晉者，及莊宗入洛，伶人皆求賂於友謙，友謙不能給而辭焉。進乃讒友謙曰：「崇韜且誅，友謙不自安，必反，宜并誅之。」於是及其將五六人皆族滅之，天下不勝其冤。

進，官至銀青光祿大夫、檢校左散騎常侍兼御史大夫〔三〕、上

柱國。

史彥瓊者，爲武德使，居鄴都，而魏博六州之政皆決彥瓊，自留守王正言而下，皆俛首承事之。是時，郭崇韜以無罪見殺于蜀，天下未知其死也，第見京師殺其諸子，因相傳曰：「崇韜殺魏王繼岌而自王於蜀矣，以故族其家。」鄴人聞之，方疑惑。已而朱友謙又見殺，友謙子建徽爲澶州刺史[四]，有詔彥瓊使殺之，彥瓊祕其事，夜半馳出城。鄴人見彥瓊無故夜馳出，因驚傳曰：「劉皇后怒崇韜之殺繼岌也，已弒帝而自立，急召彥瓊計事。」鄴都大恐。貝州人有來鄴者，傳此語以歸。戍卒皇甫暉聞之，由此劫趙在禮作亂。在禮已至館陶，鄴都巡檢使孫鐸見彥瓊，求兵禦賊，彥瓊不肯與，曰：「賊未至，至而給兵豈晚邪？」已而賊至，彥瓊以兵登北門，聞賊呼聲，大恐，棄其兵而走，單騎歸于京師。在禮由是得入于鄴以成其叛亂者，由彥瓊啓而縱之也。

郭門高者，名從謙，門高其優名也。雖以優進，而嘗有軍功，故以爲馬直指揮使。從馬直，蓋親軍也。從謙以姓郭，拜崇韜爲叔父，而皇弟存乂又以從謙爲養子。崇韜死，存乂見囚，從謙置酒軍中，憤然流涕，稱此二人之冤。是時，從馬直軍士王溫宿衞禁中，夜

謀亂,事覺被誅。莊宗戲從謙曰:「汝黨存乂、崇韜負我,又教王溫反。復欲何爲乎?」從謙恐,退而激其軍士曰:「罄爾之貲,食肉而飲酒,無爲後日計也。」軍士問其故,從謙因曰:「上以王溫故,俟破鄴,盡阬爾曹。」軍士信之,皆欲爲亂。

李嗣源兵反,嚮京師,莊宗東幸汴州,而嗣源先入。莊宗至萬勝,不得進而還,軍士離散,尚有二萬餘人。居數日,莊宗復東幸氾水,謀扼關以爲拒。四月丁亥朔,朝羣臣於中興殿,宰相對三刻罷。從駕黃甲馬軍陣於宣仁門、步軍陣於五鳳門以俟。莊宗入食內殿,從謙自營中露刃注矢,馳攻興教門,與黃甲軍相射。莊宗聞亂,率諸王衛士擊亂兵出門。亂兵縱火焚門,緣城而入,莊宗擊殺數十百人。至午時,帝崩,五坊人善友聚樂器而焚之。嗣源入洛[五],下,自皇后,諸王左右皆奔走。以從謙爲景州刺史,已而殺之。得其骨[六],葬新安之雍陵。

傳曰:「君以此始,必以此終。」莊宗好伶,而弑於門高,焚以樂器。可不戒哉!可不信哉!

校勘記

（一）逸豫可以亡身　「亡」，原作「忘」，據宋丙本、詳節卷五改。

（二）儲德源　原作「雛德源」，據宋丙本、宗文本、本書卷五唐本紀、舊五代史卷三二唐莊宗紀六、通鑑卷二七三改。

（三）檢校左散騎常侍兼御史大夫　「左」，原作「廷」，據宋丙本、宗文本、通鑑卷二七四作「右」。

（四）友謙子建徽爲澶州刺史　「建徽」，原作「廷徽」，據宋丙本、宗文本、吳縝纂誤卷中引伶官史彥瓊傳、舊五代史卷三四唐莊宗紀八、通鑑卷二七四改。

（五）嗣源入洛　「入」，原作「得」，據宋丙本、宗文本、通鑑卷二七五改。

（六）得其骨　「得」字原闕，據宋丙本、宗文本補。本書卷五唐本紀徐無黨注敍其事作「得其骨燼」。

新五代史卷三十八

宦者傳第二十六

嗚呼，自古宦、女之禍深矣！明者未形而知懼，暗者患及而猶安焉，至於亂亡而不可悔也。雖然，不可以不戒。作宦者傳。

張承業

張承業，字繼元，唐僖宗時宦者也。本姓康，幼閹，為內常侍張泰養子。晉王兵擊王行瑜，承業數往來兵間，晉王喜其為人。及昭宗為李茂貞所迫，將出奔太原，乃先遣承業使晉以道意，因以為河東監軍。其後崔胤誅宦官，宦官在外者，悉詔所在殺之。晉王憐承業，不忍殺，匿之斛律寺。昭宗崩，乃出承業，復為監軍。

晉王病且革,以莊宗屬承業等:「以亞子累公等!」莊宗常兄事承業,歲時昇堂拜母,甚親重之。莊宗在魏,與梁戰河上十餘年,軍國之事,皆委承業,承業亦盡心不懈。凡所以畜積金粟〔一〕,收市兵馬,勸課農桑,而成莊宗之業者,承業之功爲多。自貞簡太后、韓德妃、伊淑妃及諸公子在晉陽者,承業一切以法繩之,權貴皆斂手畏承業。

莊宗歲時自魏歸省親,須錢蒲博、賞賜伶人,而承業主藏,錢不可得。莊宗乃置酒庫中,酒酣,使子繼岌爲承業起舞,舞罷,承業出寶帶、幣馬爲贈,莊宗指錢積呼繼岌小字以語承業曰:「和哥乏錢,可與錢一積,何用幣馬爲也〔二〕?」承業謝曰:「國家錢,非臣所得私也。」莊宗以語侵之,承業怒曰:「臣,老敕使,非爲子孫計,惜此庫錢,佐王成霸業爾!若欲用之,何必問臣?財盡兵散,豈獨臣受禍也?」莊宗顧元行欽曰:「取劍來!」承業起,持莊宗衣而泣曰:「臣受先王顧託之命,誓雪家國之讎。今日爲王惜庫物而死,死不愧於先王矣!」閻寶從旁解承業手令去,承業奮拳歐寶踣,罵曰:「閻寶,朱温之賊,蒙晉厚恩,不能有一言之忠,而反諂諛自容邪!」太后聞之,使召莊宗。莊宗性至孝,聞太后召,甚懼,乃酌兩卮謝承業曰:「吾杯酒之失,且得罪太后。願公飲此,爲吾分過!」承業不肯飲。莊宗入内,太后使人謝承業曰:「小兒忤公,已笞之矣。」明日,太后與莊宗俱過承業第,慰勞之。

盧質嗜酒傲忽,自莊宗及諸公子多見侮慢,莊宗深嫉之。承業乘間請曰:「盧質嗜酒無禮,臣請爲王殺之。」莊宗曰:「吾方招納賢才以就功業,公何言之過也!」承業起賀曰:「王能如此,天下不足平也!」質因此獲免。

天祐十八年,莊宗已諾諸將即皇帝位。承業方臥病,聞之,自太原肩輿至魏,諫曰:「大王父子與梁血戰三十年,本欲雪家國之讎,而復唐之社稷。今元兇未滅,而遽以尊名自居,非王父子之初心,且失天下望也。」莊宗謝曰:「此諸將之所欲也。」承業曰:「不然,梁,唐,晉之仇賊,而天下所共惡也。今王誠能爲天下去大惡,復列聖之深讎,然後求唐後而立之。使唐之子孫在,孰敢當之?使唐無子孫,天下之士,誰可與王爭者?臣,唐家一老奴耳,誠願見大王之成功,然後退身田里,使百官送出洛東門,而令路人指而歎曰『此本朝敕使,先王時監軍也』,豈不臣主俱榮哉?」莊宗不聽。承業知不可諫,乃仰天大哭曰:「吾王自取之!誤老奴矣。」肩輿歸太原,不食而卒,年七十七。同光元年,贈左武衛上將軍,謚曰正憲。

張居翰

張居翰,字德卿,故唐掖廷令張從玫之養子。昭宗時,爲范陽軍監軍,與節度使劉仁恭相善。天復中,大誅宦者,仁恭匿居翰大安山之北谿以免。其後,梁兵攻仁恭,仁恭遣居翰從晉王攻梁潞州以牽其兵,晉遂取潞州,以居翰爲昭義監軍。

莊宗即位,與郭崇韜並爲樞密使。莊宗滅梁而驕,宦官因以用事,郭崇韜又專任政,居翰默默,苟免而已。

魏王破蜀,王衍朝京師,行至秦川,而明宗軍變于魏。魏王殺之。詔書已印畫,而居翰發視之,詔書言「誅衍一行」,居翰以謂殺降不祥,乃以詔傅柱,揩去「行」字,改爲「一家」。時蜀降人與衍俱東者千餘人,皆獲免。

莊宗遇弒,居翰見明宗于至德宮,求歸田里。天成三年,卒于長安,年七十一。

五代文章陋矣,而史官之職廢於喪亂,傳記小説多失其傳,故其事迹,終始不完,而雜以訛繆。至於英豪奮起,戰爭勝敗,國家興廢之際,豈無謀臣之略,辯士之談?而文字不足以發之,遂使泯然無傳於後世。然獨張承業事卓卓在人耳目,至今故老猶能道之。其論議可謂傑然歟!殆非宦者之言也。

自古宦者亂人之國,其源深於女禍。女,色而已,宦者之害,非一端也。蓋其用事

近而習，其爲心也專而忍。能以小善中人之意，小信固人之心，使人主必信而親之。待其已信，然後懼以禍福而把持之。雖有忠臣碩士列于朝廷，而人主以爲去己疎遠，不若起居飲食、前後左右之親爲可恃也。故前後左右者日益親，則忠臣碩士日益疎，而人主之勢日益孤。勢孤，則懼禍之心日益切，而把持者日益牢，安危出其喜怒，禍患伏於帷闥，則嚮之所謂可恃者，乃所以爲患也。患已深而覺之，欲與疎遠之臣圖左右之親近，緩之則養禍而益深，急之則挾人主以爲質，雖有聖智不能與謀，謀之而不可爲，爲之而不可成，至其甚，則俱傷而兩敗。故其大者亡國，其次亡身，而使姦豪得借以爲資而起，至抉其種類，盡殺以快天下之心而後已。此前史所載宦者之禍常如此者，非一世也。夫爲人主者，非欲養禍於内而疎忠臣碩士於外，蓋其漸積而勢使之然也。夫女色之惑，不幸而不悟，則禍斯及矣；使其一悟，捽而去之可也。宦者之爲禍，雖欲悔悟，而勢有不得而去也，唐昭宗之事是已。故曰「深於女禍」者，謂此也。可不戒哉！

初，昭宗之出也，梁王悉誅唐宦者第五可範等七百餘人，其在外者，悉詔天下捕殺之，而宦者多爲諸鎭所藏匿而不殺。是時，方鎭僭擬，悉以宦官給事，而吳越最多。及莊宗

兵圍之三年，昭宗既出，而唐亡矣。
與崔胤圖之，胤爲宰相，顧力不足爲，乃召兵於梁，梁兵且至，而宦者挾天子走之岐，梁昭宗信狎宦者，由是有東宮之幽，

立，詔天下訪求故唐時宦者悉送京師，得數百人，宦者遂復用事，以至於亡。此何異求已覆之車，躬駕而履其轍也？可爲悲夫！

莊宗未滅梁時，承業已死。其後居翰雖爲樞密使，而不用事。賜姓李，頗見信用。然誣殺大臣，黷貨賂，專威福，以取怨於天下者，有宣徽使馬紹宏者，嘗之徒也。是時，明宗自鎮州入覲，奉朝請於京師。莊宗頗疑其有異志，陰遣紹宏伺其動靜，紹宏反以情告明宗。明宗自魏而反，天下皆知禍起於魏，孰知其啓明宗之二心者，自紹宏始也。郭崇韜已破蜀，莊宗信宦者言而疑之。然崇韜之死，莊宗不知，皆宦者爲之也。當此之時，舉唐之精兵皆在蜀，使崇韜不死，明宗入洛，豈無西顧之患？其能晏然取唐而代之邪？及明宗入立，又詔天下悉捕宦者而殺之。宦者亡竄山谷，多削髮爲浮圖。其亡至太原者七十餘人，悉捕而殺之都亭驛，流血盈庭。

明宗晚而多病，王淑妃專內以干政，宦者孟漢瓊因以用事。秦王入視明宗疾已革，既出而聞哭聲，以謂帝崩矣，乃謀以兵入宮者，懼不得立也。大臣朱弘昭等方圖其事，議未決，漢瓊邃入見明宗，言秦王反，即以兵誅之，陷秦王大惡，而明宗以此飲恨而終。後愍帝奔于衞州，漢瓊西迎廢帝于路，廢帝惡而殺之。

嗚呼！人情處安樂，自非聖哲，不能久而無驕怠。宦、女之禍非一日，必伺人之驕怠而浸入之。明宗非佚君，而猶若此者，蓋其在位差久也。其餘多武人崛起，及其嗣續，世數短而年不永，故宦者莫暇施爲。其爲大害者，略可見矣。獨承業之論，偉然可愛，而居翰更一字以活千人。君子之於人也，苟有善焉，無所不取，吾於斯二人者有所取焉。取其善而戒其惡，所謂「愛而知其惡，憎而知其善」也。故幷述其禍敗之所以然者著于篇。

校勘記

〔一〕凡所以蓄積金粟　「金粟」，宗文本作「金帛」。
〔二〕何用幣馬爲也　「幣馬」，宋丙本、宗文本、通鑑卷二七〇作「帶馬」，舊五代史卷七二張承業傳敍其事作「寶馬」。「爲」字原闕，據宋丙本、宗文本補。

新五代史卷三十九

雜傳第二十七

王鎔

王鎔，其先回鶻阿布思之遺種，曰沒諾干，為鎮州王武俊騎將，武俊錄以為子，遂冒姓王氏。沒諾干子曰末坦活〔一〕，末坦活子曰昇〔二〕，昇子曰廷湊，廷湊子曰元逵，元逵子曰紹鼎、紹懿，紹鼎子曰景崇。自昇以上三世，常為鎮州騎將，自景崇以上四世五人，皆為成德軍節度使。景崇官至守太尉，封常山郡王，唐中和二年卒。子鎔立，年十歲。

是時，晉新有太原，李匡威據幽州，王處存據中山，赫連鐸據大同，孟方立據邢臺，四面豪傑並起而交爭。鎔介於其間，而承祖父百年之業，士馬彊而畜積富，為唐累世藩臣，故鎔年雖少，藉其世家以取重，四方諸鎮廢立承繼，有請於唐者，皆因鎔以聞。

自晉兵出山東,已破孟遷,取邢、洺、磁三州,景福元年,乃大舉擊趙,下臨城。鎔求救於匡威,匡威來救,晉軍解去。明年,晉會王處存攻鎔堅固、新市。晉王與處存皆自將,而鎔未嘗臨軍,遣追風都團練使叚亮、翦寇都團練使馬珂等,以兵屬匡威而已。匡威戰磁河,晉軍大敗。明年春,晉攻天長軍,鎔出兵救之,敗于叱日嶺,晉軍遂出井陘。鎔又求救於匡威,晉軍解去。

初,匡威悅其弟匡儔之婦美而淫之,匡儔怒,及其救鎔也,誘其軍亂而自立。匡威內慚不敢還,乃以符印歸其弟,而將奔于京師。行至深州,鎔德匡威救己,使人邀之,館于海子園[三],以父事之。

匡威客李正抱者[四],少游燕趙間,每徘徊常山,愛之不能去。正抱、匡威皆失國無聊,相與登城西高閣,泫然而泣,乃與匡威謀劫鎔而代之[五]。因詐爲忌日,鎔去衛從,晨詣館慰,坐定,甲士自幕後出,持鎔兩袖,鎔曰:「吾國賴公而存,誠無以報厚德,今日之事,是所甘心。」因叩頭以位與匡威。匡威素少鎔,以謂無能爲也,因與鎔方轡詣府,將代其位。行過親事營,軍士閉門大譟,天雨震電,暴風拔木,屋瓦皆飛。亂軍擊殺匡威、正抱,燕人皆和望見鎔,識之,從缺垣中躍出,挾鎔于馬,負之而走。匡儔雖憾其兄,而陽以大義責鎔甚急,走[六]。鎔既失燕援,而晉軍急攻平山,劫鎔以盟,

鎔遂與晉和。

其後梁太祖下晉邢、洺、磁三州,乃爲書詔[二]鎔,使絕晉而歸梁,鎔依違不決。[三]晉將李嗣昭復取洺州,梁太祖擊敗嗣昭,嗣昭棄洺州走。梁獲其輜重,得鎔與嗣昭書,多道梁事,太祖怒,因移兵常山,顧謂葛從周曰:「得鎮州以與爾,爾爲我先鋒。」從周至臨城,中流矢,臥輿中,梁軍大沮。梁太祖自將傅城下,焚其南關,鎔懼,顧其屬曰:「事急矣!奈何?」判官周式,辨士也,對曰:「此難與力爭,今吾至此,而可以理奪也。」式與梁太祖有舊,因請入梁軍。太祖望見式,罵曰:「吾常以書招鎔不來,而爾爲說客,晚矣!且吾仇也,而鎔附之,吾知李嗣昭在城中,可使先出。」乃以所得鎔與嗣昭書示式,式進曰:「梁欲取一鎮州而止乎,而欲成霸業於天下也?且霸者責人以義而不私,今天子在上,諸侯守封睦鄰,所以息爭,且休民也。昔曹公破袁紹,得魏將吏與紹書,悉焚之,此英雄之事耳[七]!今梁知兵舉無名,而假嗣昭以爲辭。且王氏五世六公撫有此土,豈無死士,而待嗣昭乎?」太祖大喜,起牽式衣而撫之曰:「吾言戲耳。」因延式於上坐,議與鎔和。鎔以子昭祚爲質,梁太祖以女妻之。太祖即位,封鎔趙王。

[二]古本作招。
[三]一作訣。

鎔祖母喪[八]，諸鎮皆弔，梁使者見晉使在館，還言趙王有二志。是時，魏博羅紹威卒，梁因欲盡取河北，開平四年冬，遣供奉官杜廷隱監魏博將夏譚[九]，以兵三千襲深、冀二州，以王景仁爲北面行營招討使。鎔懼，乞兵于晉。晉人擊敗景仁於柏鄉，梁遂失鎮、定，而莊宗由此益彊，北破幽燕，南并魏博，鎔常以兵從。鎔德晉甚。明年，會莊宗於承天軍，奉觴爲壽。莊宗以鎔父友，尊禮之，酒酣爲鎔歌，拔佩刀斷衣而盟，許以女妻鎔子昭誨。

鎔爲人仁而不武，未嘗敢爲兵先，佗兵攻趙，常藉鄰兵爲救。當是時，諸鎮相弊於戰爭，而趙獨安，樂王氏之無事，都人士女褒衣博帶，務夸侈爲嬉遊。鎔尤驕於富貴，又好左道，鍊丹藥，求長生，與道士王若訥留游西山，登王母祠，使婦人維錦繡牽持而上。每出，逾月忘歸，任其政於宦者。宦者石希蒙與鎔同臥起。天祐十八年冬，鎔自西山宿鶻營莊，將還府，希蒙止之。宦者李弘規諫曰：「今晉王身自暴露以親矢石，而大王竭軍國之用爲游畋之資，開城空宮，逾月不返，使一夫閉門不納從者，大王欲何歸乎？」鎔懼，促駕，希蒙固止之。弘規怒，遣親事軍將蘇漢衡率兵擐甲露刃於帳前曰：「軍士勞矣！願從王歸[一〇]。」弘規繼而進曰：「惑王者希蒙也，請殺之以謝軍士！」鎔不答，弘規呼甲士斬希蒙首[一一]，擲於鎔前，鎔懼，遽歸。使其子昭祚與大將張文禮族弘規、漢衡，收其偏將下獄，

窮究反狀,親軍皆懼。文禮誘以爲亂,夜半,親軍十餘人踰垣而入[二],鎔方與道士焚香受籙,軍士斬鎔首,袖之而出,因縱火焚其宮室,遂滅王氏之族。

鎔小子昭誨,年十歲,其軍士有德鎔者,藏之穴中,亂定,髡其髮,被以僧衣,遇湖南人李震,與之。震匿昭誨於茶籠中[三],載之湖南,依南嶽爲浮圖,易名崇隱。明宗時,昭誨已長,思歸,而鎔故將符習爲宣武軍節度使,震以歸習,習表於朝。昭誨自稱前成德軍軍使以見,拜考功郎中、司農少卿。周顯德中,猶爲少府監云。

羅紹威

張文禮者,狡獪人也,鎔惑愛之,以爲子,號王德明。鎔已死,文禮自爲留後。莊宗初納之,後知其通於梁也,遣趙故將符習與閻寶擊之。文禮家鬼夜哭,野河水變爲血,游魚皆死,文禮懼,病疽卒。子處瑾祕喪拒守,擊敗習等。以李嗣昭代之,嗣昭中流矢卒,以李存進代之,存進輒復戰歿,乃以符存審爲招討使,遂破之。執文禮妻及子處瑾、處球、處琪等,折足歸于晉。趙人請而醢之,磔文禮尸于市。

羅紹威,字端己,其先長沙人。祖讓,北遷爲魏州貴鄉人。父弘信,爲牧監卒。文德元年,魏博牙軍亂,遂[二]殺其帥樂彥貞[四],立其將趙文建爲留後[五],已而又殺之。牙軍未知所立[六],乃聚呼曰:「孰能爲我帥者?」弘信從衆中出應曰:「我可爲君等帥也。」弘信狀貌奇怪,面色青黑,軍中異之,共立爲留後。唐昭宗即位,拜弘信節度使。

[二]古本作逐。

梁太祖將攻晉,乞羅于弘信,弘信不與,由是有隙。梁兵攻魏,取黎陽、臨河[七]、淇門、衛縣。戰于內黃,魏兵五戰五敗,弘信懼,請盟,乃止。是時,梁方東攻兗、鄆,北敵晉,晉遣李存信救朱宣,假道于魏。太祖聞,遣使語弘信曰:「晉人志在河朔,兵還滅魏矣。」弘信以爲然,乃發兵擊存信於莘縣,太祖遣葛從周助之。梁兵擒晉王子落落,送于魏,弘信殺之,乃與晉絶。太祖猶疑弘信有二心,乃以兄事弘信,常爲卑辭厚幣以聘魏。魏使者至梁,太祖北面拜而受幣,謂使者曰:「六兄於我有倍年之長,吾何敢慢之。」弘信大喜,以爲厚己。以故太祖往來燕趙之間,卒有河北者,魏不爲之患也。弘信死,紹威立。

紹威好學工書,頗知屬文,聚書數萬卷,開館以延四方之士。紹威新立,幽州劉仁恭以兵十萬攻魏,屠貝州[八],人,故封長沙郡王,紹威襲父爵長沙。

紹威求救於梁，大敗燕軍於內黃。明年，梁太祖遣葛從周會魏兵攻滄州，取其德州，遂敗燕軍於老鴉隄，紹威以故德梁助已。

魏博自田承嗣始有牙軍，牙軍歲久益驕，至紹威時已二百年，父子世相婚姻以自固結[九]。前帥史憲誠、何全皞、韓君雄、樂彥貞等，皆由牙軍所立，怒輒遂二殺之。紹威為人精悍明敏，通習吏事，為政有威嚴，然其家世由牙軍所立。天祐二年，魏州城中地陷，紹威懼有變。已而牙校李公佺作亂[一〇]，紹威誅之，乃間遣使告梁乞兵，欲盡誅牙軍。梁太祖許之，為遣李思安等攻滄州，召兵於魏，紹威因悉發魏兵以從，獨牙軍在。

[一一]古本作逐字。

紹威子廷規娶梁女，會梁女卒，太祖陰遣客將馬嗣勳選良兵實輿中，以長直軍千人雜輿夫入魏，詐為助葬，太祖以兵繼其後。紹威夜以奴兵數百，會嗣勳兵擊牙軍，并其家屬盡殺之。太祖自內黃馳至魏，魏兵從攻滄州者行至歷亭，聞之皆反，分入澶、博諸州[一一]，牙軍死，魏兵悉叛，紹威勢益孤，太祖乃欲奪其地，紹威始大悔。

是歲，太祖復攻滄州，宿兵長蘆，紹威饋給梁兵，自滄至魏五百里，起亭堠，供帳什物自具，梁兵數十萬皆取足，紹威以此重困。

昭宗東遷洛陽，詔諸鎮繕理京師，紹威營太廟成，加拜守侍中，進封鄴王。

太祖圍滄州未下，劉守光會晉軍破梁潞州。太祖自長蘆歸，過魏，疾作，臥府中，諸將莫得見，紹威懼太祖終襲己，乃乘間入見曰：「今四方稱兵爲梁患者，以唐在故也；唐家天命已去，不如早自取之。」太祖大喜，乃急歸曰：「今紹威折簡，乃勝用兵十萬。」太祖即位，將都洛陽，紹威取魏良材爲五鳳樓、朝元前殿，浮河而上，立之京師。太祖嘆曰：「吾聞蕭何守關中，爲漢起未央宮，豈若紹威越千里而爲此，若神化然，功過蕭何遠矣！」賜以寶帶、名馬。

燕王劉守光因其父仁恭，與其兄守文有隙，紹威馳書勸守光等降梁。太祖聞之，笑曰：「吾常攻燕不能下，願伐木安陽淇門爲船，自河入洛，歲漕穀百萬石，以供京師。」太祖益以紹威盡忠，遣將程厚、盧凝督其役。舟未成而紹威病，乃表言：「魏故大鎮，多外兵，願得梁一有功重臣臨之，請以骸骨就第。」太祖啞命其子周翰監府事，語使者曰：「啞行，語而主，爲我彊飯，如有不諱，當世世貴爾子孫。今使周翰監府事，尚冀卿復愈耳。」紹威仕梁，累拜太師兼中書令。卒，年三十四，贈尚書令，謚曰貞壯〔三〕。

子三人，廷規，官至司農卿卒。周翰襲父位，乾化二年八月爲楊師厚所逐，徙爲宣義

軍節度使，卒于官，年十四。周敬代爲宣義軍節度使，年十歲，徙鎮忠武。明年，爲祕書監、駙馬都尉、光祿卿。唐莊宗時爲金吾大將軍[二四]，明宗以爲匡國軍節度使，罷爲上將軍。晉天福二年卒，年三十二[二五]。廷規娶梁太祖二女，一曰安陽公主，一曰金華公主。周翰娶末帝女，曰壽春公主，周敬亦娶末帝女，曰普安公主[二六]。

王處直

　　王處直，字允明，京兆萬年人也。父宗[二七]，善殖財貨，富擬王侯，爲唐神策軍吏，官至金吾大將軍，領興元節度使，子處存、處直。
　　處存以父任爲驍衞將軍、定州已來制置内閑厩宫苑等使。乾符六年，即拜義武軍節度使。黄巢陷長安，處存感憤流涕，率鎮兵入關討賊。巢敗第功，而收城擊賊，李克用爲第一；勤王倡義，處存爲第一。乾寧二年，處存卒于鎮，三軍以河朔故事，推處存子郜爲留後，即拜節度使，加檢校司空、同中書門下平章事。處直爲後院中軍都知兵馬使。
　　光化三年，梁攻定州，郜遣處直率兵拒之，戰于沙河，爲梁兵所敗。敗兵返入城逐郜[二八]，郜出奔晉，亂兵推處直爲留後。梁兵圍之，處直遣人告梁，請絶晉而事梁，出絹十

萬匹犒軍,乃與梁盟。梁太祖表處直義武軍節度使,累封太原王。

其後梁兵攻王鎔,鎔求救于晉,處直亦遣人至晉,願絕梁以自效。太祖即位,封處直北平王。

其後晉北破燕,南取魏博,與梁戰河上十餘年,處直未嘗不以兵五千從,破梁軍於柏鄉。其後晉兵救鎔,處直以兵從。

處直好巫,而客有李應之者,妖妄人也。處直有疾,應之以左道治之而愈,處直益以爲神,使衣道士服,以爲行軍司馬[二九],軍政無大小,咸取決焉。初,應之於陘邑闤得小兒劉雲郎,養以爲子,而處直未有子,乃以雲郎與處直,而給曰:「此子生而有異。」處直養以爲子,更名曰都,甚愛之。應之由此益橫,乃籍管内丁壯,別立新軍,自將之,治第博陵坊,四面開門,皆用左道。處直將吏知其必爲患,而莫能諫也。是時,幽州李匡儔假道中山以如京師,處直伏甲城外,以備不虞。匡儔已去,甲士入城圍應之第,執而殺之,因詣處直請殺都,處直不與。明日,第功行賞,因陰疏甲士姓名,自隊長已上藏于別籍,其後因事誅之,凡二十年,無一人免者,而處直終爲都所殺。

張文禮弒王鎔,莊宗發兵討文禮,處直與左右都爲人狡佞多謀,處直以爲節度副使。謀曰:「鎮,定之蔽也,文禮雖有罪,然鎮亡定不獨存。」乃遣人請莊宗毋發兵,莊宗取所獲

文禮與梁蠟書示處直曰：「文禮負我，師不可止。」處直有孽子郁，當郜之亡于晉也，郁亦奔焉，晉王以女妻之，爲新州防禦使。處直見莊宗必討文禮，益自疑，乃陰與郁交通，使郁北招契丹入塞以牽晉兵，且許召郁爲嗣，都聞之不說。而定人皆言契丹不可召，恐自貽患，處直不聽。郁自奔晉，常恐處直不容，因此大喜，以爲乘其隙可取之，乃以厚賂誘契丹阿保機。阿保機舉國入寇，定人皆不欲契丹之舉，小吏和昭訓勸都舉事，都因執處直，囚之西宅，自爲留後，凡王氏子孫及處直將校殺戮殆盡。明年正月朔旦，都拜處直於西宅，處直奮起揕其胸而呼曰：「逆賊！吾何負爾？」然左右無兵，遂欲嚙其鼻，都掣袖而走，處直遂見殺。

初，有黃蛇見于碑樓，處直以爲龍，藏而祠之，又有野鵲數百，巢麥田中，處直以爲己德所致，而定人皆知其不祥，曰：「蛇穴山澤，而處人室，鵲巢鳥，降而田居，小人竊位，而在上者失其所居之象也。」已而處直果被廢死。

莊宗已敗契丹于沙河，追奔過定州，與都相得懽甚，以其子繼岌娶都女，以都爲義武軍節度使。同光二年[三〇]，莊宗幸鄴，都來朝，賜與鉅萬。莊宗以繼岌故，待都甚厚，所請無不從。及明宗立，頗惡都爲人，而安重誨每以法繩之，都始有異志。是時，唐兵擊契丹，數往來定州，都供饋多闕，益不自安。和昭訓爲都謀曰：「天子新立，四方未附，其勢易

離,可爲自安之計。」已而朱守殷反於汴州,都遂亦反,遣人以蠟書招青、徐、岐、潞、梓五鎮,約皆舉兵,而五鎮不應。明宗遣王晏球討之。都復與王郁招契丹爲援,契丹遣禿餒將萬騎救都。都遣指揮使鄭季璘、龍泉鎮將杜弘壽以二千人迎契丹,爲晏球所敗。季璘、弘壽被執,晏球責曰:「吾嘗使人招汝,何故不降?」弘壽對曰:「受恩中山兩世矣,不敢有二心。」遂見殺,弘壽臨刑,神色自若。晏球屯軍望都,與都及契丹戰,大敗之曲陽,都及禿餒得數騎遯去,閉門不復出。

初,莊宗軍中闌得一男子,愛之,使冒姓李,名繼陶,養於宮中以爲子。明宗即位,安重誨出以乞段徊,徊亦惡而逐之。都使人求得之。至是,紿其眾曰:「此繼陶也。」被以天子之服,使巡城上,以示晏球軍,軍士識者曰:「此莊宗太子也。」都居城中,兵少,惟以契丹二千人守城,呼禿餒爲餒王,屈身事之。諸將有欲出降者,都伺察嚴密,殺戮無虛日,以故堅守經年。天成四年二月,城破,都與家屬皆自焚死,王氏遂絕于中山。

而處存有子鄴,鄴子廷胤,與莊宗連外姻,爲人驍勇,自爲軍校,能與士卒同辛苦。明宗時,歷貝、忻、密、澶、隰州刺史。范延光反于鄴,晉高祖以廷胤爲楊光遠行營中軍使。破延光有功,拜彰德軍節度使。

初,處直爲都所囚,幼子威北走契丹。契丹謂晉高祖曰:「吾欲使威襲其先人爵土,

如何?」高祖對曰:「中國之法,自將校爲刺史,升團練防禦而至節度使,請送威歸中國,漸進之。」契丹怒曰:「爾自諸侯爲天子,豈有漸乎?」高祖聞之,遂徙廷胤鎭義武,曰:「此亦王氏之後也。」後徙鎭海而卒〔三三〕。

劉守光

劉守光,深州樂壽人也。其父仁恭,事幽州李可舉,能穴地爲道以攻城,軍中號「劉窟頭」。稍以功遷軍校。仁恭爲人有勇,好大言。可舉死,子匡威惡其爲人,不欲使居軍中,徙爲瀛州景城縣令。瀛州軍亂,殺刺史,仁恭募縣中得千人,討平之,匡威喜,復以爲將,使戍蔚州。戍兵過期不得代,皆思歸,出怨言。匡威爲弟匡儔所逐,仁恭聞亂,乃擁戍兵攻幽州,行至居庸關,戰敗,奔晉,晉以爲壽陽鎭將。

仁恭多智詐,善事人,事晉王愛將蓋寓尤謹,每對寓涕泣,自言:「居燕無罪,以讒見逐。」因道燕虛實,陳可取之謀,晉王益信而愛之。乾寧元年,晉擊破匡儔,乃以仁恭爲幽州留後,留其親信燕留得等十餘人監其軍〔三四〕,爲之請命于唐,拜檢校司空、盧龍軍節度使。

其後晉攻羅弘信，求兵於仁恭，仁恭不與，晉王以書微責誚之，仁恭大怒，執晉使者，殺燕留得等以叛。晉王自將討之，戰于安塞，晉王大敗。光化元年，遣其子守文襲滄州，逐節度使盧彥威，遂取滄、景、德三州。爲其子請命于唐，昭宗遲之，未即從，仁恭怒，語唐使者曰：「爲我語天子，旌節吾自有，但要長安本色爾，何屢求而不得邪！」昭宗卒以守文爲橫海軍節度使。

仁恭父子率兩鎮兵十萬，號稱三十萬以擊魏，屠貝州。羅紹威求救於梁，梁遣李思安救魏，大敗守文於內黃，斬首五萬。仁恭走，梁軍追擊之，自魏至長河，橫尸數百里。梁軍自是連歲攻之，破其瀛、漠二州〔三五〕，仁恭懼，復附晉。

天祐三年，梁攻滄州，仁恭調其境內凡男子年十五已上、七十已下，皆黥其面，文曰「定霸都」，得二十萬人，兵糧自具，屯于瓦橋。梁軍壁長蘆，深溝高壘，仁恭不能近。滄州被圍百餘日，城中食盡，人自相食，析骸而爨，或丸墐土而食，死者十六七。仁恭求救於晉，晉王爲之攻潞州以牽梁圍，晉破潞州，梁軍乃解去。

然仁恭幸世多故，而驕於富貴，築宮大安山，窮極奢侈，選燕美女充其中。又與道士鍊丹藥，冀可不死。令燕人用墐土爲錢〔三六〕，悉斂銅錢，鑿山而藏之，已而殺其工以滅口，後人皆莫知其處。

仁恭有愛姬羅氏，其子守光烝之，仁恭怒，笞守光，逐之。梁開平元年，遣李思安攻仁恭，仁恭在大安山[三七]，守光自外將兵以入，擊走思安，乃自稱盧龍節度使，遣李小喜、元行欽以兵攻大安山，執仁恭而幽之。其兄守文聞父且囚，即率兵討守光，至于盧臺，為守光所敗，進戰玉田，又敗，乃乞兵于契丹。明年，守文將契丹、吐渾兵四萬人戰于雞蘇，守光兵敗，守文陽為不忍，出於陣而呼其衆曰：「毋殺吾弟！」守光將元行欽識守文，躍馬而擒之，又囚之於別室，既而殺之。

守文將吏孫鶴、呂兗等，立守文子延祚以距守光，守光圍之百餘日，城中食盡，米斗直錢三萬，人相殺而食，或食墐土，馬相食其鬉尾，兗等率城中饑民食以麴，號「宰殺務」[三八]，日殺以餉軍。久之，延祚力窮，遂降。

守光素庸愚，由此益驕，為鐵籠、鐵刷，人有過者，坐之籠中，外燎以火，或刷剔其皮膚以死，燕之士多逃禍于佗境[三九]。守光身衣赭黃，謂其將吏曰：「我衣此而南面，可以帝天下乎？」孫鶴切諫以為不可。梁攻趙，趙王王鎔求救於守光，孫鶴曰：「今趙無罪，而梁伐之，諸侯救趙之兵，先至者霸，臣恐燕軍未出，而晉已先破梁矣，此不可失之時也。」守光曰：「趙王嘗與我盟而背之，今急乃來歸我。且兩虎方鬬，可待之，吾當為卞莊子也。」遂不出兵。晉王果救趙，大敗梁兵於柏鄉，進掠邢洺，至于黎陽。守光聞晉空國深入梁，乃

治兵戒嚴，遣人以語動鎮、定曰：「燕有精兵三十萬，願率二鎮以從晉〔四〇〕，然誰當主此盟者？」晉人患之，謀曰：「昔夫差爭黃池之會，而越入吳；項羽貪伐齊之利，而漢敗楚。今吾越千里以伐人，而彊燕在其後，此腹心之患也。」乃爲之班師。

守光益以爲諸鎮畏其彊〔四一〕，乃諷諸鎮共推尊己。於是晉王率天德宋瑤、振武周德威、昭義李嗣昭、義武王處直、成德王鎔等，以墨制册尊守光爲尚書令、尚父，告于梁〔四二〕，請授己河北兵馬都統，以討鎮、定、河東。

有司白守光，尚父受册，用唐册太尉禮儀。守光問曰：「此儀注何不郊天，改元？」有司曰：「此天子之禮也，尚父雖尊，乃人臣耳。」守光怒曰：「我爲尚父，誰當帝者乎？」乃械梁、晉使者下獄，置斧鑕于其庭，令曰：「敢諫者死！」孫鶴進曰：「滄州之敗，臣蒙王不殺之恩，今日之事，不敢不諫。」守光怒，推之伏鑕，令軍士割而啖之。鶴呼曰：「不出百日，大兵當至！」命室其口而醢之。守光遂以梁乾化元年八月，自號大燕皇帝，改元曰應天，以王瞳、齊涉爲左右相。晉遣太原少尹李承勳賀册尚父，至燕，而守光已僭號。有司迫承勳稱臣，承勳不屈，以列國交聘禮入見，守光怒，殺之。

明年，晉遣周德威將三萬人，會鎮、定之兵以攻燕，自祁溝關入〔四三〕，其檀、涿、武、順諸

州皆迎降〔四四〕。守光被圍經年，累戰常敗，乃遣客將王遵化致書于德威曰：「予得罪于晉，迷而不復，今其病矣，公善爲我辭焉。」德威謂遵化曰：「大燕皇帝尚未郊天，何至此邪？予受命以討僭亂，不知其佗也。」守光益窘，乃獻絹千匹、銀千兩、錦百段，遣其將周德威曰：「吾王以情告公，富貴成敗，人之常理，録功宥過，霸者之事也。」德威不許。守光去歲妄自尊崇，本不能爲朱溫下耳，豈意大國暴師經年，幸少寬之。」德威不許。守光登城呼德威曰：「公三晉賢士，獨不急人之危乎？」遣人以所乘馬易德威馬而去，因告曰：「俟晉王至則降。」晉王乃自臨軍，守光登城見晉王，勸其毋降，守光問將如何。守光曰：「今日俎上肉耳，惟王所爲也！」晉軍攻破其城，執仁恭及其家族三百口。是夕，小喜叛降於晉軍。明旦，

守光與其妻李氏、祝氏、子繼珣〔四五〕、繼方、繼祚等，南走滄州，迷失道，至燕樂界中，數日不得食，遣其妻祝氏乞食於田家，田家怪而詰之，祝氏以實告，乃被擒送幽州。晉王方大饗軍，客將引守光見，晉王戲之曰：「主人何避客之遽也？」守光叩頭請死，命械守光并其父仁恭以從軍。軍還過趙，趙王王鎔會晉王，置酒，酒酣請曰：「願見仁恭父子。」晉王命破械出之，引置下坐。飲食自若，皆無慚色。

晉王至太原，仁恭父子曳以組練，獻于太廟。守光將死，泣曰：「臣死無恨，然教臣不

降者，李小喜也，罪人不死，臣將訴于地下。」晉王使召小喜，小喜瞋目曰：「囚父弑兄，烝其骨肉，亦小喜教爾邪？」晉王怒，命先斬小喜。守光知不免，呼曰：「王將復唐室以成霸業，何不赦臣使自效？」其二婦從旁罵曰：「事已至此，生復何爲？願先死！」乃俱死。晉王命李存霸執仁恭至鴈門，刺其心血以祭先王墓，然後斬之。

校勘記

〔一〕沒諾干子曰末怛活 「沒諾干」，舊唐書卷一四二王廷湊傳、白氏長慶集卷三四王庭湊曾祖五哥之可贈越州都督祖末怛活可贈左散騎常侍父昇朝可贈禮部尚書制記王廷湊曾祖名「五哥之」，錢大昕考異卷六三：「案舊唐書王武俊傳：『武俊初號沒諾干。』唐書張孝忠傳：『燕趙間共推張阿勞、王沒諾干，二人齊名。沒諾干，王武俊也。』王廷湊傳：『曾祖五哥之，王武俊養爲子，故冒姓王。』宰相世系表安東王氏，五哥之生末怛活，末怛活子昇朝，昇朝子廷湊。書廷湊傳敍其世系與表正合。然則沒諾干與王武俊乃是一人，而廷湊之曾祖自名『五哥之』，非『沒諾干』也。」「末怛活」，舊唐書卷一四二王廷湊傳、新唐書卷七五下宰相世系表五下、册府卷一七七、王元逵墓誌（拓片刊新中國出土墓誌河北壹）作「末怛活」。本卷下一處同。

〔三〕末怛活子曰昇 「昇」，舊唐書卷一四二王廷湊傳、新唐書卷七五下宰相世系表五下、册府卷

〔一〕七、白氏長慶集卷三四王庭湊曾祖五哥之可贈越州都督祖末怛活可贈左散騎常侍父昇朝可贈禮部尚書制、王元逵墓誌作「昇朝」。本卷下一處同。

〔二〕館于海子園 「海」，原作「梅」，據宗文本、冊府卷七三〇改。夢溪筆談卷二四：「鎮陽池苑之盛，冠于諸鎮，乃王鎔時海子園也，鎔嘗館李匡威於此……鎮人矜大其池，謂之『潭園』，蓋不知昔嘗謂之『海子』矣。」

〔四〕李正抱 舊唐書卷二〇上昭宗紀、冊府（宋本）卷七三〇、北夢瑣言卷一三作「李貞抱」，舊唐書卷一八〇李匡威傳、新唐書卷二一一王鎔傳、卷二一二李匡威傳作「李抱貞」。按「正」係避宋諱改。本卷下文同。

〔五〕乃與匡威謀劫鎔而代之 「鎔」字原闕，據宋丙本、宗文本、詳節卷六補。

〔六〕燕人皆走 「走」，宋丙本、宗文本作「死」。

〔七〕此英雄之事耳 「耳」，原作「乎」，據宋丙本、宗文本改。

〔八〕鎔祖母喪 舊唐書卷一四二王鎔傳：「天祐七年，母魏國太夫人何氏卒。」通鑑卷二六七：「會趙王鎔母何氏卒。」此處「祖母」疑爲「母」之誤。

〔九〕杜廷隱 原作「杜延隱」，據宋丙本、宗文本、舊五代史卷二七唐莊宗紀一、通鑑卷二六六改。

〔一〇〕願從王歸 宋丙本、宗文本作「願從王歸國」。

〔一一〕弘規呼甲士斬希蒙首 「呼」下原有「鎔」字，據宋丙本、宗文本刪。舊五代史卷五四王鎔傳

新五代史卷三十九

〔三〕敍其事云：「弘規因命軍士聚譟，斬希蒙首抵於前。」親軍十餘人踰垣而入 「十」，原作「千」，據宗文本、舊五代史卷五四王鎔傳改。

〔三〕與之震匿昭誨於茶籠中 「與之震」三字原闕，據宗文本、舊五代史卷五四王鎔傳敍其事云：「屬湖南綱官李震南還，軍士以昭誨託於震，震置之茶褚中。」冊府卷八〇四略同。

〔四〕遂殺其帥樂彥貞 「樂彥貞」，原作「木彥貞」，據宋丙本、宗文本改。按舊唐書卷一八一、新唐書卷二一〇有樂彥禎傳。

〔五〕趙文建 舊唐書卷一八一羅弘信傳、新唐書卷二一〇樂彥禎傳、通鑑卷二五七、羅讓神道碑（拓片藏中國國家圖書館）作「趙文玠」。

〔六〕牙軍未知所立 「牙軍」，原作「牙將」，據宗文本、舊五代史卷一四羅紹威傳改。

〔七〕臨河 以上二字原闕，據宋丙本、宗文本補。按本書卷二一葛從周傳：「太祖攻魏，從周與丁會先下黎陽、臨河。」舊五代史卷一梁太祖紀一、冊府卷一八七：「帝遣丁會、葛從周率衆渡河，取黎陽、臨河，又令龐師古、霍存下淇門、衛縣。」

〔八〕貝州 原作「具州」，據宗文本、舊五代史卷一四羅紹威傳改。宋丙本作「其城」。本卷下文劉守光傳「屠貝州」同。

〔九〕父子世相婚姻以自固結 「固」字原闕，據宋丙本、宗文本、吳縝纂誤卷中引五代史補。

〔一〇〕李公佺 原作「李公儉」，據宋丙本、宗文本、舊五代史卷一四羅紹威傳、舊唐書卷一八一羅弘

〔二〕分入澶博諸州 「分」字原闕，據宋丙本、宗文本補。

〔三〕願伐木安陽淇門爲船 「安陽」，原作「安楊」，據宋丙本、宗文本改。舊五代史卷一四羅紹威傳敍其事云：「願於太行伐木，下安陽、淇門。」

〔三〕諡曰貞壯 「貞壯」，通鑑卷二六七、羅周敬墓誌（拓片刊北京圖書館藏中國歷代石刻拓本匯編第三十六冊）作「貞莊」。

〔四〕唐莊宗時爲金吾大將軍 「金吾大將軍」，宗文本作「左右金吾大將軍」。按舊五代史卷九一羅周敬傳：「莊宗即位，歷左右金吾大將軍。」羅周敬墓誌：「至明宗纂紹之初，除右金吾衛大將軍，充街使。秋九月，轉左金吾衛大將軍，充街使。」

〔五〕年三十二 「三十二」，羅周敬墓誌作「三十三」。

〔六〕日普安公主 「普安」，原作「晉安」，據宗文本、舊五代史卷九一羅周敬墓誌記其尚普安公主。

〔七〕父宗 「宗」，舊唐書卷一八二王處直傳、新唐書卷一八六王處存傳同，王處直墓誌（拓片刊五代王處直墓）云「烈考諱寮」。

〔八〕敗兵返入城逐部 「敗」字原闕，據宋丙本、宗文本補。

〔九〕以爲行軍司馬 「行軍」，原作「行營」，據宋丙本、宗文本改。舊五代史卷五四王處直傳敍其

新五代史卷三十九

事作「漸署爲行軍司馬」。

〔三0〕同光二年　舊五代史卷三二唐莊宗紀六、卷五四王都傳、卷六九張憲傳、通鑑卷二七三、册府卷五四七皆繫其事於同光三年。

〔三一〕鄭季璘　宗文本作「鄭季麟」。本卷下一處同。

〔三二〕此繼陶也　「此」字原闕，據宗文本補。

〔三三〕後徙鎮海而卒　舊五代史卷八八王廷胤傳：「少帝嗣位，改滄州節度使，累官至檢校太尉。開運元年秋，卒于位。」王廷胤墓誌（拓片刊北京圖書館藏中國歷代石刻拓本匯編第三十六册）：「授橫海軍節度使。」按本書卷六〇職方考，太平寰宇記卷六五、卷九三，杭州置鎮海軍，滄州置橫海軍。吳蘭庭纂誤補卷三：「此鎮海當是橫海之誤。」

〔三四〕燕留得　舊五代史卷二六唐武皇紀下、卷一三五劉守光傳作「燕留德」。本卷下一處同。

〔三五〕破其瀛漠二州　「漠」，舊五代史卷一三五劉守光傳作「鄭」，舊五代史卷二梁太祖紀二、卷二一〇張存敬傳作「莫」。按舊五代史卷一五〇郡縣志，河北道有莫州，莫州即鄭州。

〔三六〕令燕人用墐土爲錢　「墐」原作「瑾」，據宋丙本、宗文本、御覽卷八三六引後唐書、册府卷九二二改。

〔三七〕仁恭在大安山　「山」字原闕，據宋丙本、宗文本、舊五代史卷一三五劉守光傳及本卷上下文補。

〔三八〕號宰殺務 「殺」字原闕，據宗文本、通鑑卷二六七、冊府卷九四三補。

〔三九〕燕之士多逃禍于佗境 「多」字原闕，據宗文本補。

〔四〇〕願率二鎮以從晉 「願」字原闕，據宗文本補。

〔四一〕守光益以爲諸鎮畏其彊 「益」字原闕，據宗文本補。

〔四二〕守光又遣人告于梁 「人」字原闕，據宋丙本、宗文本補。

〔四三〕自祁溝關入 「祁」，原作「祈」，據宗文本、本書卷二五周德威傳、通鑑卷二六八改。通鑑胡注：「祁溝關在涿州南，易州拒馬河之北。」

〔四四〕其檀涿武順諸州皆迎降 「檀」，原作「澶」，據宗文本、舊五代史卷二八唐莊宗紀二、通鑑卷二六八、冊府卷八改。按舊唐書卷三九地理志二，檀州，後漢屬漁陽郡，隋置安樂郡，武德元年，改爲檀州。

〔四五〕子繼珣 「子」字原闕，據宋丙本、宗文本補。

新五代史卷四十

雜傳第二十八

李茂貞

李茂貞，深州博野人也。本姓宋，名文通，爲博野軍卒，戍鳳翔。黃巢犯京師，鄭畋以博野軍擊賊，茂貞以功自隊長遷軍校。

光啓元年，朱玫反，僖宗出居興元。玫遣王行瑜攻大散關，茂貞與保鑾都將李鋋等敗行瑜於大唐峯。明年，玫遂敗死。茂貞以功自扈蹕都頭拜武定軍節度使，賜以姓名。扈蹕東歸，至鳳翔，鳳翔節度使李昌符與天威都頭楊守立爭道，以兵相攻，昌符不勝，走隴州。僖宗遣茂貞追擊，殺昌符，以功拜鳳翔隴右節度使。大順元年，封隴西郡王。

二年，樞密使楊復恭得罪，奔於興元，興元節度使楊守亮，復恭之養子也，納之。茂貞

乃上書言復恭父子罪皆當誅,因自請爲山南招討使。昭宗以宦者故,難之,未許。茂貞擅發兵攻破興元,復恭父子見殺。

茂貞表其子繼密權知興元軍府事,昭宗乃徙茂貞山南西道節度使,以宰相徐彥若鎭鳳翔。茂貞不奉詔,上表自論曰:「但慮軍情忽變,戎馬難羈,徒令甸服生靈,因茲受弊,未審乘輿播越,自此何之?」昭宗以茂貞表辭不遜,不能忍,以問宰相杜讓能,讓能以謂:「茂貞地大兵彊,而唐力未可以致討,鳳翔又近京師,易以自危而難於後悔,佗日雖欲誅晁錯以謝諸侯,恐不能也。」昭宗怒曰:「吾不能屛屛坐[一]受凌弱!」乃責讓能治兵,而以覃王嗣周爲京西招討使。令下,京師市人皆知不可,相與聚承天門,遮宰相請無舉兵,爭投瓦石擊宰相,宰相下輿而走,亡其堂印,人情大恐,昭宗意益堅。覃王率扈軍五十四都戰于盩厔,唐軍敗潰,茂貞遂犯京師,屯于三橋。昭宗御安福門,殺兩樞密以謝茂貞,使罷兵。茂貞素與讓能有隙,因曰:「謀舉兵者非兩樞密,乃讓能也。」昭宗泣下沾襟,貶讓能雷州司戶參軍,賜死,茂貞乃罷兵。

讓能曰:「臣故先言之矣,惟殺臣可以紓國難。」陳兵臨皋驛,請殺讓能。

[一]古本作生。

明年[二],河中節度使王重盈卒,其諸子珂、珙爭立。晉王李克用請立珂,茂貞與韓

建、王行瑜請立珙，昭宗不許。茂貞等怒，率三鎮兵犯京師，謀廢昭宗，立吉王保。未果，而晉王亦舉兵，茂貞懼，乃殺宰相韋昭度、李磎，留其養子繼鵬以兵二千宿衞而去。晉兵至河中，繼鵬與行瑜弟行實等爭劫昭宗出奔，京師大亂，昭宗出居于石門。茂貞以兵至鄠縣，斬繼鵬自贖。

晉兵已破王行瑜，還軍渭北，請擊茂貞。昭宗以謂晉遠而茂貞近，因欲庇之以爲德，而冀緩急之可恃也；且茂貞已殺其子自贖矣，乃詔罷歸晉軍。克用歎曰：「唐不誅茂貞，憂未已也！」

昭宗自石門還，益募安聖、捧宸等軍萬餘人，以諸王將之。茂貞謂唐將討己，亦治兵請觀，京師大恐，居人亡入山谷。茂貞遂犯京師，昭宗遣覃王拒之，覃王至三橋，軍潰，昭宗出居于華州。遣宰相孫偓以兵討茂貞，韓建爲茂貞請，乃已。久之，加拜茂貞尚書令，封岐王。

其後，昭宗爲宦者所廢，既反正，宰相崔胤欲借梁兵誅諸宦者，陰與梁太祖謀之。中尉韓全誨等亦倚茂貞之彊，以爲外援，茂貞遣其子繼筠以兵數千宿衞京師，宦者恃岐兵，益驕不可制。

天復元年，胤召梁太祖以西，梁軍至同州，全誨等懼，與繼筠劫昭宗幸鳳翔。梁軍圍

之逾年，茂貞每戰輒敗，閉壁不敢出。城中薪食俱盡，自冬涉春，雨雪不止，民凍餓死者日以千數。米斗直錢七千，至燒人屎煮尸而食，父自食其子，人有爭其肉者，曰：「此吾子也，汝安得而食之！」人肉斤直錢百，狗肉斤直錢五百，父甘食其子，而人肉賤於狗。天子於宮中設小磨，遣宮人自屑豆麥以供御，自後宮、諸王十六宅，凍餒而死者日三四。城中人相與邀遮茂貞，求路以爲生，茂貞窮急，謀以天子與梁以爲解。昭宗謂茂貞曰：「朕與六宮皆一日食粥，一日食不托，安能不與梁和乎？」三年正月，茂貞與梁約和，斬韓全誨等二十餘人，傳首梁軍，梁圍解。天子雖得出，然梁遂劫東遷而唐亡，茂貞非惟亡唐，亦自困矣。

及梁太祖即位，諸侯之彊者皆相次稱帝，獨茂貞不能，但稱岐王，開府置官屬，以妻爲皇后，鳴梢羽扇視朝，出入擬天子而已。茂貞居岐，以寬仁愛物，民頗安之，嘗以地狹賦薄，下令摧油，因禁城門無內松薪，以其可爲炬也，有優者誚之曰：「臣請并禁月明。」茂貞笑而不怒。

初，茂貞破楊守亮取興元，而邠、寧、鄜、坊皆附之，有地二十州，其被梁圍也，興元入于蜀；開平已後，邠、寧、鄜、坊入于梁，秦、鳳、階、成又入于蜀；當梁末年，所有七州而已。[一]

〔二〕二十州者：岐、隴、涇、原、渭、武、秦、成、階、鳳、邠、寧、慶、衍、鄜、坊、丹、延、梁、洋也。

莊宗已破梁，茂貞稱岐王，上牋以季父行自處。及聞入洛，乃上表稱臣，遣其子從曘來朝。莊宗以其耆老，甚尊禮之，改封秦王，詔書不名。同光二年，以疾卒，年六十九，諡曰忠敬。

從曘爲人柔而善書畫，茂貞承制拜從曘彰義軍節度使。茂貞卒，拜鳳翔節度使。魏王繼岌征蜀，爲供軍轉運應接使。蜀平，繼岌遣從曘部送王衍，行至鳳翔，監軍使柴重厚拒而不納，從曘遂東至華州，聞莊宗之難，乃西歸。明宗入立，聞重厚嘗拒從曘，遣人誅之。從曘上書，言重厚守鳳翔，軍民無所擾，願貸其過，雖不許，士人以此多之。歷鎮宣武、天平。從曘有田千頃、竹千畝在鳳翔，懼侵民利，未嘗省理，鳳翔人愛之。廢帝起鳳翔，將行，鳳翔人叩馬乞從曘。廢帝入立，復以從曘爲鳳翔節度使。卒，年四十九。

韓建

韓建，字佐時，許州長社人也。少爲蔡州軍校，隸忠武軍將鹿晏弘。從楊復光攻黃巢

於長安，巢已破，復光亦死，晏弘與建等無所屬，乃以麾下兵西迎僖宗於蜀，所過攻劫。行至興元，逐牛叢〔三〕，據山南。已而不能守，晏弘東走許州，建乃奔于蜀，拜金吾衞將軍。

僖宗還長安，建爲潼關防禦使、華州刺史。華州數經大兵，戶口流散，建少賤，習農事，乃披荊棘，督民耕植，出入閭里，問其疾苦。建初不知書，乃使人題其所服器皿牀榻爲其名目以視之，久乃漸通文字。見玉篇，喜曰：「吾以類求之，何所不得也。」因以通音韻聲偶，暇則課學書史。是時，天下已亂，諸鎮皆武夫，獨建撫緝兵民，又好學。荊南成汭時冒姓郭，亦善緝荊楚。當時號爲「北韓南郭」。

大順元年，以兵屬張濬伐晉，濬敗，李茂貞助玞。昭宗不許，建與王行瑜、李茂貞助晉人助珂，建與王行瑜、李茂貞助玞。昭宗不許，建等大怒，以三鎮兵犯京師。昭宗見建等責之，行瑜、茂貞惶恐戰汗不能語，獨建前自陳述。乃殺宰相韋昭度、李磎等，謀廢昭宗。會晉舉兵且至，建等懼，乃還。晉兵問罪三鎮，兵傅華州，建登城呼曰：「弊邑未常失禮於大國，何爲見攻？」晉人曰：「君以兵犯天子，殺大臣，是以討也。」已而與晉和。

乾寧三年，李茂貞復犯京師，昭宗將奔太原，次渭北，建遣子允請幸華州。昭宗又欲如鄜州，建追及昭宗於富平，泣曰：「藩臣倔彊，非止茂貞，若捨近畿而巡極塞，乘輿渡河，不可復矣！」昭宗亦泣，遂幸華州。

是時，天子孤弱，獨有殿後軍及定州三都將李筠等兵千餘人爲衞，以諸王將之。建已得昭宗幸其鎮，遂欲制之，因請罷諸王將兵，散去殿後諸軍，累表不報。昭宗登齊雲樓，西北顧望京師，作菩薩蠻辭三章以思歸，其卒章曰：「野煙生碧樹，陌上行人去。安得有英雄，迎歸大內中。」酒酣，與從臣悲歌泣下，建與諸王皆屬和之。建心尤不悅，因遣人告諸王謀殺建、劫天子幸佗鎮。昭宗召建，將辨之，建稱疾不出，乃遣諸王自詣建辨之[四]，建不見，請送諸王十六宅，昭宗難之。建乃率精兵數千圍行宮，請誅李筠。昭宗益悔幸華，遣延王戒丕使于晉，以謀興復。戒丕還，建與中尉劉季述誣諸王謀反，以兵圍十六宅，諸王皆登屋叫呼，遂見殺。昭宗無如之何，爲建立德政碑以慰安之。

建曰：「汝陳許間一田夫爾，遭時之亂，蒙天子厚恩至此，欲以兩州百里之地行大事，覆族之禍，吾不忍見，不如先死！」因泣下歔欷。李茂貞、梁太祖皆欲發兵迎天子，建稍恐懼，乃止。光化元年，昭宗還長安，自爲建畫像，封建潁川郡王，賜以鐵券。建辭王爵，乃封建許國公。

梁太祖以兵嚮長安，遣張存敬攻同州，建判官司馬鄴以城降，太祖使鄴召建，建乃出

降。太祖責建背己,建曰:「判官李巨川之謀也。」太祖怒,即殺巨川,以建從行。昭宗東遷,建從至洛,昭宗舉酒屬太祖與建曰:「遷都之後,國步小康,繫卿兩人。」次何皇后舉觴,建躡太祖足,太祖乃陽醉去。建出,謂太祖曰:「天子與宮人眼語,幕下有兵仗聲,恐公不免也!」太祖以故尤德之,表建平盧軍節度使。太祖即位,拜司徒,同中書門下平章事。太祖性剛暴,臣下莫敢諫諍,惟建時有言,太祖亦優容之。太祖郊于洛,建為大禮使。罷相,出鎮許州。太祖崩,許州軍亂,見殺,年五十八。

李仁福

李仁福,不知其世家。當唐僖宗時,有拓拔思恭者〔五〕,為夏州偏將,後以與破黃巢功,賜姓李氏,拜夏州節度使。思恭卒,乾寧二年,以其弟思諫為節度使。

自唐末天下大亂,史官實錄多闕,諸鎮因時倔起,自非有大善惡暴著于世者,不能紀其始終。是時,興元、鳳翔、邠寧、鄜坊、河中、同華諸鎮之兵,四面並起而交爭,獨靈夏未

嘗爲唐患，而亦無大功。朱玫之亂，思恭與鄜州李思孝皆以兵屯渭橋。其後，黃巢陷京師，王重榮、李克用等會諸鎮兵討賊，思恭與破巢復京師，然皆未嘗有所可稱，故思恭之世次、功過不顯而無傳。

梁開平二年，思諫卒，軍中立其子彝昌爲留後，梁即拜彝昌節度使〔六〕。明年，其將高宗益作亂，殺彝昌。是時，仁福爲蕃部指揮使，戍兵于外，軍中乃迎仁福立之，不知其於思諫爲親疏也。是歲四月，拜仁福檢校司空，定難軍節度使。終梁之世，奉正朔而已。是時，岐王李茂貞，晉王李克用，數會兵攻仁福，梁輒出兵救之。仁福累官至檢校太師兼中書令，封朔方王。長興四年三月卒，其子彝超自立爲留後。

自仁福時，邊將多言仁福通於契丹，恐爲邊患。明宗因其卒，乃以彝超爲延州刺史、彰武軍節度使，而徙彰武安從進代之。恐彝超不受代，遣邠州藥彥稠以兵五萬送從進之鎮。彝超果不受代，從進與彥稠以兵圍之，百餘日不克。夏州城壁素堅，故老傳言赫連勃勃蒸土築之，從進等穴地道至城下，堅如鐵石，鑿不能入。彝超外招党項，抄掠從進等糧道，自陝以西，民運斗粟束芻，其費數千，人不堪命，道路愁苦。明宗遂釋不攻，以彝超爲定難軍節度使。清泰二年，卒〔七〕。

其弟彝興，累官檢校太師兼侍中，周顯德中，封西平王，其後事具國史。

韓遜

韓遜，不知其世家。初爲靈武軍校，當唐末之亂，據有靈鹽，唐即以爲節度使，而史失不錄，不見其事。梁開平三年，封朔方節度使韓遜爲潁川王，始見於史。是時，邠寧楊崇本、鄜延李周彝、鳳翔李茂貞，皆與梁爭戰，獨遜與夏州李思諫臣屬于梁，未嘗以兵爭。李茂貞嘗遣劉知俊攻遜，不能克。遜亦善撫其部，部人皆愛之[八]，爲遜立生祠。

貞明中，遜卒，軍中立其子洙爲留後，梁即以爲節度使。至莊宗時，又以洙兼河西節度。天成四年，洙卒，即以洙子澄爲朔方軍留後[九]。其將李賓作亂，澄乃上章請帥於朝，明宗以康福爲朔方河西節度使以代澄，由是命吏而相代矣。韓氏自遜有靈武，傳世皆無所稱述，澄後不知其所終。

楊崇本

楊崇本，幼事李茂貞，養以爲子，冒姓李，名曰繼徽，茂貞表崇本靜難軍節度使。梁太祖攻岐未下，乃移兵攻邠州，崇本迎降，太祖使復其姓，賜名崇本，遷其家於河中以爲質。崇本妻有美色，太祖用兵，往來河中，嘗幸之。崇本妻頗媿恥，間遣人誚崇本曰：「大丈夫不能庇其伉儷，我已爲朱公婦矣，無面視君，有刀繩而已！」崇本涕泣憤怒。其後梁兵解岐圍，崇本妻得歸，崇本乃復背梁歸茂貞。

茂貞西連蜀兵會崇本攻雍、華，關西大震。太祖以兵西至河中，遣郴王友裕擊之，友裕至永壽而卒，梁兵乃旋。崇本屯美原，太祖復遣劉知俊、康懷英等擊之，崇本大敗，自此不復東。

乾化四年，爲其子彥魯所弒，崇本養子李保衡殺彥魯以降梁。

高萬興

高萬興，河西人也。唐末，河西屬李茂貞，茂貞將胡敬璋爲延州刺史，萬興與其弟萬金俱事敬璋爲騎將。敬璋死，其將劉萬子代爲刺史。梁開平二年[一○]，葬敬璋於州南[一一]，萬子在會，其將許從實殺萬子[一二]，自爲延州刺史。是時，萬興兄弟皆將兵戍境上，聞萬子

死,以其部下數千人降梁。

梁太祖兵屯河中,遣同州劉知俊以兵應萬興,攻丹州,執其刺史崔公實。進攻延州,執許從實。鄜州李彥容、坊州李彥昱皆棄城走。梁太祖乃以萬興爲延州刺史、忠義軍節度使,以牛存節爲保大軍節度使,以萬興爲鄜州節度使〔三〕。萬興累遷檢校太師兼中書令,封渤海郡王〔一四〕。貞明四年,萬金卒,乃以萬興爲鄜延節度使。進封延安郡王〔一五〕,徙封北平王。梁亡,莊宗入洛,萬興嘗一來朝。同光三年,卒于鎮。

萬興兄弟皆驍勇,而未嘗立戰功,然以成兵降梁,梁取鄜、坊、丹、延自萬興始,故其兄弟世守其土。

萬興死〔一六〕,子允韜代立,長興元年徙鎮安國,又徙義成,清泰中卒。

萬金子允權,開運中爲膚施令,罷居于家。是時,周密爲彰信軍節度使〔一七〕,契丹滅晉,延州軍亂,逐密,密守東城,而西城之兵以允權爲留後。聞漢高祖起太原,遂歸漢,即拜節度使。廣順三年,卒。

溫韜

溫韜，京兆華原人也。少為盜，後事李茂貞，為華原鎮將，冒姓李，名彥韜。茂貞以華原縣為耀州，以韜為刺史。梁太祖圍茂貞於鳳翔，韜以耀州降梁，已而復叛歸茂貞。茂貞又以美原縣為鼎州，建義勝軍，以韜為節度使。末帝時，韜復叛茂貞降梁，梁改耀州為崇州，鼎州為裕州，義勝軍為靜勝軍〔八〕，即以韜為節度使，復其姓溫，更其名曰昭圖。

韜在鎮七年，唐諸陵在其境內者，悉發掘之，取其所藏金寶，而昭陵最固，韜從埏道下，見宮室制度閎麗，不異人間，中為正寢，東西廂列石牀，牀上石函中為鐵匣，悉藏前世圖書，鍾王筆迹，紙墨如新，韜悉取之，遂傳人間，惟乾陵風雨不可發。

其後朱友謙叛梁，取同州，晉王以兵援友謙而趨華原，韜懼，求徙佗鎮，遂徙忠武。莊宗滅梁，韜自許來朝，因伶人景進納賂劉皇后，皇后為言之，莊宗待韜甚厚，賜姓名曰李紹沖。郭崇韜曰：「此劫陵賊爾，罪不可赦！」莊宗曰：「已宥之矣，不可失信。」遽遣還鎮。明宗入洛，與段凝俱收下獄，已而赦之，勒歸田里。明年，流于德州，賜死。

嗚呼，厚葬之弊，自秦漢已來，率多聰明英偉之主，雖有高談善說之士，極陳其禍福，有不能開其惑者矣！豈非富貴之欲，溺其所自私者篤，而未然之禍，難述於無形，不足以動其心歟？然而聞溫韜之事者，可以少戒也！

五代之君，往往不得其死，何暇顧其後哉。獨周太祖能鑒韜之禍，其將終也，爲書以遺世宗，使以瓦棺、紙衣而斂，將葬，開棺示人，既葬，刻石以告後世，毋作下宮，毋置守陵妾，其意丁寧切至，然實錄不書其葬之薄厚也。又使葬其平生所服袞冕、通天冠、絳紗袍各二，其一于京師，其一于澶州；又葬其劍、甲各二，其一于河中，其一于大名者，莫能原其旨也。

校勘記

〔一〕 僖宗遺茂貞追擊　「追」字原闕，據宋內本、宗文本補。

〔二〕 明年　本書卷四唐本紀、舊唐書卷二〇上昭宗紀、新唐書卷一〇昭宗紀、通鑑卷二六〇皆云王重盈卒於乾寧二年。按本卷上文云「大順二年」吳縝纂誤卷中：「所謂『明年』者誤也，當爲乾寧二年。」

〔三〕 牛叢　舊五代史卷一三六王建傳、册府卷二二三同，新唐書卷九僖宗紀、册府卷一七八、通鑑

（四）乃遣諸王自詣建辨之　「建辨之」三字原闕，據宋丙本、宗文本補。通鑑卷二六一敍其事作「令諸王詣建自陳」。

（五）有拓拔思恭者　「拓拔思恭」，原作「拓拔思敬」，據吳縝纂誤卷中引五代史、舊五代史卷一三二李仁福傳改。通鑑卷二五四考異：「按舊唐書、實錄皆作『思恭』。實錄：『天復二年九月，武定軍節度使李思敬以城降王建。思敬本姓拓跋，鄜夏節度使思恭、保大節度使思孝之弟也。思孝致仕，以思敬爲保大留後，遂升節度，又徙武定軍。』新唐書党項傳曰：『思恭爲定難節度使，卒，弟思諫代爲節度。思孝爲保大節度，以老，薦弟思敬爲保大留後，俄爲節度。』然則思恭、思敬乃是兩人。」本卷下文同。

（六）梁即拜彝昌節度使　「梁」字原闕，據宋丙本、宗文本補。

（七）清泰二年卒　何德璘墓誌（拓片刊中國藏西夏文獻第十八冊）：「清泰元年，今府主紹位。」按今府主爲李彝興，疑李彝超卒於清泰元年。

（八）部人皆愛之　「部」字原闕，據宋丙本、宗文本補。

（九）即以洙子澄爲朔方軍節度使　本書卷四六康福傳：「韓洙死，其弟澄立。」通鑑卷二七六略同。舊五代史卷一三二韓遜傳、册府卷四三六亦稱「以其弟澄爲朔方軍節度觀察留後」。此云「洙子澄」，疑誤。

新五代史卷四十　　　　　　　　　　　　　　　　　　　　　五〇二

〔〇〕梁開平二年　本書卷一梁本紀、通鑑卷二六七皆繫其事於開平三年。舊五代史卷一三二高萬興傳繫其事於天祐六年，按天祐六年即開平三年。

〔一〕葬敬璋於州南　「敬璋」二字原闕，據宗文本補。舊五代史卷一三二高萬興傳敘其事云：「萬子葬敬璋，將佐皆集於葬所。」通鑑卷二六七亦云：「延實因萬子葬胡敬璋，攻而殺之。」

〔二〕許從實　通鑑卷二六七敘其事作「李延實」。本卷下一處同。

〔三〕以萬金爲保大軍節度使　舊五代史卷二一牛存節傳：「三年四月，除鄜州留後。六月，劉知俊以同州叛，尋授同州留後。」卷二二徐懷玉傳：「三年，制授鄜坊節度使、特進、檢校太保。」按鄜州置保大軍。另據舊五代史卷六梁太祖紀六，高萬金直至乾化元年仍爲延州當軍都指揮使，則代牛存節者乃徐懷玉，非高萬金。

〔四〕封渤海郡王　「封」字原闕，據宋丙本、宗文本補。

〔五〕進封延安郡王　「延安郡王」，舊五代史卷一〇梁末帝紀下作「延安王」。按册府卷一九六：「貞明元年二月，進封延州節度使、渤海郡王高萬興爲渤海王。六年四月，進封延安王。」

〔六〕萬興死　「死」字原闕，據宋丙本、宗文本補。按舊五代史卷一三二高萬傳：「卒於位，以其子允韜權典留後。」

〔七〕周密爲彰信軍節度使　「彰信」，通鑑卷二八六、同卷考異引晉少帝實錄作「彰武」。按舊五代史卷八四晉少帝紀三（開運三年八月）以右龍武統軍周密爲延州節度使，又卷九九漢高

祖紀一(天福十二年)權延州留後高允權遣判官李彬奏：本道節度使周密爲三軍所逐」，周密實爲延帥。又據本書卷六〇職方考，延州置彰武軍，彰信軍後周始置於曹州。

[八]義勝軍爲靜勝軍 「義勝軍」，原作「義勝」，據宗文本改。

新五代史卷四十一

雜傳第二十九

盧光稠 譚全播

盧光稠、譚全播，皆南康人也。光稠狀貌雄偉，無佗材能，而全播勇敢有識略，然全播常奇光稠為人。

唐末，羣盜起南方，全播與聚兵為盜。衆推全播為主，全播曰：「天下洶洶，此真吾等之時，無徒守此貧賤為也！」乃相與聚兵起南康。衆推全播謂光稠曰：「諸君徒為賊乎？而欲成功乎？若欲成功，當得良帥，盧公堂堂，真君等主也。」全播怒，拔劍擊木三，斬之，曰：「不從令者如此木！」衆懼，乃立光稠為帥。

是時，王潮攻陷嶺南，全播攻潮，取其虔、韶二州，又遣光稠弟光睦攻潮州。光睦好勇

而輕進,全播戒其持重,不聽,度其必敗,乃爲奇兵伏其歸路。光睦果敗走,潮人追之,全播以伏兵邀擊,大敗之,遂取潮州。

是時,劉巖起南海,擊走光睦,以兵數萬攻虔州。光稠大懼,謂全播曰:「虔、韶皆公取之〔一〕,今日非公不能守也。」全播曰:「吾知劉巖易與爾!」乃選精兵萬人,伏山谷中,陽治戰地於城南,告巖戰期。以老弱五千出戰,戰酣,僞北,巖急追之,伏兵發,巖遂大敗。

光稠第戰功,全播悉推諸將,光稠心益賢之。

梁初,江南、嶺表悉爲吳與南漢分據,而光稠獨以虔、韶二州請命于京師,願通道路,輸貢賦。太祖爲置百勝軍,以光稠爲防禦使,兼五嶺開通使,又建鎮南軍,以爲留後。

開平五年〔二〕,光稠病,以符印屬全播,全播不受。光稠卒,全播立其子延昌而事之。延昌好遊獵,其將黎求閉門拒延昌〔三〕,延昌見殺。求因謀殺全播,全播懼,稱疾不出。求乃自立,請命于梁。

乾化元年,拜求防禦使。求暴病死,其將李彥圖自立,全播益懼,遂稱疾篤,杜門自絕。彥圖疑之,使人覘其動靜,全播應覘爲狀以自免。彥圖死,州人相率詣全播第,扣門請之,全播乃起,遣使請命于梁,拜防禦使。

全播治虔州七年,有善政,楊隆演遣劉信攻破虔州,以全播歸廣陵。卒,年八十五。

雷滿

雷滿，武陵人也。爲人兇悍獷勇，文身斷髮。唐廣明中，湖南饑，盜賊起，滿與同里人區景思、周岳等聚諸蠻數千，獵于大澤中，乃擊鮮釃酒，擇坐中豪者，補置伍長，號「土團軍」，諸蠻從之，推滿爲帥。

是時，高駢鎮荊南，召滿隸麾下，使以蠻軍擊賊。駢徙淮南，滿從至廣陵，逃歸，殺刺史崔翥，遂據朗州，請命于唐。昭宗以澧、朗爲武貞軍，拜滿節度使。

是時，澧陽人向瓌殺刺史呂自牧據澧州，而溪洞諸蠻宋鄴昌、師益等，皆起兵剽掠湖外，滿亦以輕舟上下荊江，攻劫州縣。楊行密攻杜洪于鄂州，荊南成汭出兵救洪，汭戰敗，溺死於君山。滿襲破荊南[四]，不能守，焚掠殆盡而去。

滿嘗鑿深池於府中，客有過者，召宴池上，指其水曰：「蛟龍水怪皆窟於此，蓋水府也。」酒酣，取坐上器擲池中，因裸而入，取器嬉水上，久之乃出，治衣復坐，意氣自若。

滿居朗州，引沅水塹其城，上爲長橋，爲不可攻之計。天祐中，滿卒[五]，子彥恭自立。

彥恭附于楊行密，亦嘗攻劫，爲荊湖患。開平元年，馬殷發兵攻彥恭，彥恭恃壍爲阻〔六〕，逾年不能破。三年，彥恭奔于楊行密，馬殷擒其弟彥雄等七人送于梁，斬于汴市，彥恭卒於淮南，澧、朗遂入于楚。

鍾傳

鍾傳，洪州高安人也。事州爲小校，黃巢攻掠江淮，所在盜起，往往據州縣。傳以州兵擊賊，頻勝，遂逐觀察使，自稱留後。唐以洪州爲鎮南軍，拜傳節度使。江夏伶人杜洪者，亦據鄂州，楊行密屢攻之，洪頗倚傳爲首尾。久之，洪敗死。是時，危全諷、韓師德等分據撫、吉諸州，傳皆不能節度，以兵攻之，稍聽命，獨全諷不能下，乃自率兵圍之〔七〕。城中夜火起，諸將請急攻之，傳曰：「吾聞君子不迫人之危。」乃掃地祭天，嚮城再拜，祝曰：「全諷不降，非民之罪，願天止火。」全諷聞之，明日乃亦聽命，請以女妻傳子匡時。

傳居江西三十餘年，累拜太保、中書令，封南平王。天祐三年，傳卒，子匡時自稱留後，請命于唐。全諷曰：「聽鍾郎爲節度使三年，吾將自爲之。」已而傳養子延規與匡時爭

趙匡凝

趙匡凝，字光儀，蔡州人也。其父德諲事秦宗權，爲申州刺史。宗權反，德諲攻下襄陽。梁太祖攻蔡州，宗權屢敗，德諲乃以山南東道七州降。梁太祖初鎮宣武，嘗爲宗權所困，聞德諲降，大喜，表爲行營副都統，河陽、保義、義昌三節度行軍司馬。會其兵以攻蔡州，破之，德諲功多。德諲卒，子匡凝自立。

是時，成汭死，雷彥恭襲取荊南，匡凝遣其弟匡明逐彥恭，太祖表匡凝荊襄節度使，以匡明爲荊南留後。是時，唐衰，藩鎮不復奉朝廷，獨匡凝兄弟貢賦不絕。

匡凝爲人氣貌甚偉，性方嚴，喜自脩飾，頗好學問，聚書數千卷，爲政有威惠。

太祖攻兗州，朱瑾求救於晉，晉遣史儼等將兵數千救瑾，瑾敗，與儼等奔于淮南。晉王李克用遣人以書幣假道于匡凝，以聘于楊行密，求歸儼等。晉王使者爲梁得，太祖大怒。是時，梁已破兗、鄆，遣氏叔琮、康懷英等攻匡凝，叔琮取泌、隨二州，懷英取鄧州，匡

凝懼,請盟,乃止。

太祖已弒昭宗[八],將謀代唐,畏匡凝兄弟不從,遣使告之。匡凝對使者流涕答曰:「受唐恩深,不敢妄有佗志。」太祖遣楊師厚攻之,匡凝戰敗,以輕舟奔于楊行密。師厚進攻荊南,匡明奔于蜀。

匡凝至廣陵,行密見之,戲曰:「君在鎮時,輕車重馬,歲輸于梁,今敗乃歸我乎?」匡凝曰:「僕世為唐臣,歲時職貢,非輸賊也。今以不從賊之故,力屈歸公,惟公生死之耳!」行密厚遇之。其後行密死,楊渥稍不禮之。渥方宴,食青梅,匡凝顧渥曰:「勿多食,發小兒熱。」諸將以為慢。渥遷匡凝海陵,後為徐溫所殺。匡明卒于蜀。

校勘記

〔二〕虔韶皆公取之 「韶」原作「潮」,據宗文本改。按通鑑卷二六三:「是歲,虔州刺史盧光稠攻嶺南,陷韶州,使其子延昌守之,進圍潮州。清海劉隱發兵擊走之,乘勝進攻韶州……光稠自虔州引兵救之,其將譚全播伏精兵萬人於山谷,以羸弱挑戰,大破隱于城南,隱奔還。」本傳上文亦云:「全播攻潮,取其虔、韶二州。」則譚全播所守者蓋韶州。

〔三〕開平五年 通鑑卷二六七繫其事於開平四年。

〔三〕黎求　通鑑卷二六八、九國志卷二作「黎球」。

〔四〕滿襲破荆南　本卷下文趙匡凝傳、舊五代史卷一三三馬殷傳、册府卷四二〇皆記襲破荆南者爲雷彥恭。按新唐書卷一〇昭宗紀、卷一八六雷滿傳、通鑑卷二六二一，雷滿卒於天復元年，舊唐書卷二〇上昭宗紀、新唐書卷一〇昭宗紀、通鑑卷二六四皆繫擊成汭事於天復三年，則破荆南時，雷滿已卒。

〔五〕天祐中滿卒　新唐書卷一〇昭宗紀、卷一八六雷滿傳、通鑑卷二六二皆云雷滿卒於天復元年。

〔六〕彥恭恃壍爲阻　「彥恭」二字原闕，據宋丙本、宗文本補。

〔七〕乃自率兵圍之　「之」，宋丙本、宗文本作「其城」。

〔八〕太祖已弑昭宗　「已」字原闕，據宋丙本、宗文本補。

新五代史卷四十二

雜傳第三十

朱宣 弟瑾

朱宣，宋州下邑人也。少從其父販鹽為盜，父抵法死，宣乃去事青州節度使王敬武為軍校，敬武以隸其將曹全晟[一]。中和二年，敬武遣全晟入關與破黃巢。還過鄆州，鄆州節度使薛崇卒，其將崔君預自稱留後[二]。全晟攻殺君預，遂據鄆州。宣以戰功，為鄆州馬步軍都指揮使。已而全晟死，軍中推宣為留後，唐僖宗即拜宣天平軍節度使。

梁太祖鎮宣武，以兄事宣。太祖新就鎮，兵力尚少，數為秦宗權所困，太祖乞兵於宣。宣與其弟瑾以兗、鄆之兵救汴，大破蔡兵，走宗權。是時，太祖已襲取滑州，稍欲并吞諸鎮，宣、瑾既還，乃馳檄兗、鄆，言宣、瑾多誘宣武軍卒亡以東，乃發兵收亡卒，因攻之，遂為

敵國,苦戰曹濮間。是時,梁又東攻徐州,西有蔡賊,北敵强晉,宣、瑾兄弟自相首尾,然卒為梁所滅。

乾寧四年,宣敗走中都,為葛從周所執,斬于汴橋下。〔二〕

〔一〕今流俗以宣瑾兄,於名加「玉」者〔三〕,非也。

瑾,宣從父弟也。從宣居鄆州,補軍校。瑾行親迎,乃選壯士為輿夫,伏兵器輿中。夜至兗州,兵發,遂虜克讓,自稱留後。僖宗即拜瑾泰寧軍節度使。

瑾與宣已破秦宗權於汴州,梁太祖責瑾誘宣武軍卒以歸,遣朱珍攻瑾,取曹州,又攻濮州,而太祖自攻鄆。瑾兄弟往來相救,凡十餘年,大小數十戰,與太祖屢相勝敗。

太祖得宣將賀瓌、何懷寶及瑾兄瓊,乃將瓊等至兗城下,告瑾曰:「汝兄敗矣!今瓊等已降,不如早自歸。」瑾偽曰:「諾。」乃遣牙將胡規持書幣詣軍門請降。太祖大喜,至延壽門與瑾交語,瑾曰:「願得瓊來送符印〔四〕。」太祖信之,遣客將劉捍送瓊往。瑾伏壯士橋下,單騎迎瓊,揮手語捍曰:「請瓊獨來!」瓊前,壯士擒之,遂閉門,責瓊先降,斬之,擲其首城外。太祖度不可下,乃留兵圍之而去。

瑾嬰城自守，而與葛從周等戰城下，瑾兵屢敗，宣亦敗於鄆州，乃乞兵於晉，晉遣李承嗣、史儼等以騎兵五千救之。太祖已破宣，乃急趨兗。瑾城中食盡，與承嗣等掠食豐沛間，梁兵奄至，瑾將康懷英等以城降梁。瑾等將麾下兵走沂州，沂州刺史尹處賓不納。又走海州，梁兵急追之，乃奔于淮南。楊行密聞瑾來，大喜，解其玉帶贈之，表瑾領武寧軍節度使，以爲行軍副使。其後，梁遣龐師古、葛從周等攻淮南，行密用瑾，大破梁兵於清口，斬師古。行密累表瑾東南諸道行營副都統，領平盧軍節度使，同中書門下平章事。

行密死，渥及隆演相繼立，皆年少，徐溫與其子知訓專政，畏瑾，欲除之，瑾乃謀殺知訓。嘗以月旦遣愛妾候知訓家，知訓強通之，妾歸自訴，瑾益不平。屢勸隆演誅徐氏，以去國患，隆演不能爲。

既而知訓以泗州建靜淮軍，出瑾爲節度使。將行，召之夜飲。明日，知訓過瑾謝，延之升堂，出其妻陶氏，知訓方拜，瑾以笏擊踣之，伏兵自户突出，殺之。初，瑾以二惡馬繫庭中，知訓入而釋馬，使相踶鳴，故外人莫聞其變。瑾攜其首馳示隆演，曰：「今日爲吳除患矣！」隆演曰：「此事非吾敢知！」遽起入内。瑾忿然以首擊柱，提劍而出，府門已闔，因踰垣，折其足。瑾顧路窮，大呼曰：「吾爲萬人去害，而以一身死之！」遂自刎。

瑾妻陶氏臨刑而泣，其妾曰：「何爲泣乎？潤州徐知誥聞亂，以兵趨廣陵，族瑾家。

今行見公矣!」陶氏收淚,欣然就戮,聞者哀之。

瑾名重江淮,人畏之,其死也,尸之廣陵北門,路人私共瘞之。是時,民多病瘧,皆取其墓上土,以水服之,云病輒愈,更益新土,漸成高墳。徐溫等惡之,發其尸,投於雷公塘。後溫病,夢瑾挽弓射之。溫懼,網其骨,葬塘側,立祠其上。初,瑾嘗病疽,醫者視之,色懼,瑾曰:「但理之,吾非以病死者。」於是果然。卒,年五十二。

王師範

王師範,青州人也。其父敬武,爲平盧軍牙將。唐廣明元年,無棣人洪霸郎爲盜齊棣間,平盧節度使安師儒遣敬武率兵擊破之。敬武反兵逐師儒,自稱留後,都統王鐸承制拜敬武節度使。

敬武卒,師範立[五]。師範尚幼,其棣州刺史張蟾叛。昭宗以爲師範年少,其下不服從,乃拜太子少師崔安潛爲平盧節度使。師範不受代,蟾迎安潛入棣州。師範遣其將盧洪攻蟾,洪以兵返襲青州,師範陽爲好辭,遣人迎語洪曰:「吾幼未能任事,賴諸將共持之爾。不然,聽公所爲也。」洪以師範無能爲,遽還,不爲備。師範伏兵於道,語其僕劉鄩

曰：「洪來，爲我斬之，用爾爲牙將。」明日，洪來，師範出迎，鄩於坐上斬之，伏兵發，盡殺其餘兵，乃急攻棣州，破張蟾，安潛奔歸于京師。昭宗乃拜師範節度使。

師範頗好儒學，聚書至萬卷，爲政有威愛。梁太祖圍昭宗於鳳翔，宦官韓全誨等矯詔召諸鎮兵以擊梁。詔至青州，師範泣曰：「諸鎮有兵，所以藩扞天子，今天子危辱，而諸鎮反以兵自衛；吾雖力不足，當成敗以之。」乃遣使乞兵於楊行密。是時，梁已東下兗、鄆，西馳師範乃遣劉鄩與其弟師魯分攻兗，密諸州。遣張居厚以壯士二百爲輿夫，伏兵中，剖輿梁軍，稱師範使者聘梁，因欲劫殺太祖。居厚至華州東城，華州將婁敬思疑其有異，剖輿視之，見其兵。居厚遂擊殺敬思，以兵攻西城，不克而反。劉鄩逐葛從周取兗州，而平盧諸州皆起兵攻梁。

其後，梁太祖自鳳翔東還，遣朱友寧攻師範，友寧戰死。復遣楊師厚攻之，屯于臨朐。師範以兵迫之，師厚陽爲怯不敢出，間遣人陽言曰：「梁兵少，方乞兵於鳳翔，今糧且絕，當還軍。」師範以爲然，乃遣師魯悉兵攻之，師厚拒而不戰。師魯兵却，師厚追擊至聖王山，師魯大敗，遂傳其城，而梁別將劉重霸下其棣州，師範乃請降，太祖許之。師範素服乘驢詣太祖請罪，太祖待以客禮。久之，表師範河陽節度使。

太祖即位，召爲右金吾衛上將軍，居于洛陽。太祖心欲誅之，未有以發。太祖諸子已

封王,宴於宮中,友寧妻泣謂太祖曰:「陛下化家爲國,諸子人人皆得封,而妾夫獨以戰死,奈何讎人猶在朝廷!」太祖奮然戟手曰:「吾亦幾忘此賊!」乃遣人就洛陽族滅之。使者至,先掘坑於外,乃入告之。師範設席爲具,與諸宗族飲酒,謂使者曰:「死,人之所不免,況有罪乎?然懼少長失序,下愧於先人。」酒半,令少長以次起,就戮於坑所,聞者皆哀憐之。同光三年,贈師範太尉。

李罕之

李罕之,陳州項城人也。爲人驍勇,力兼數人。少學,讀書不成,去爲僧,以其無賴,所往皆不容。乃乞食酸棗市中,市中人皆不與,罕之擲器于地,裂其衣,又去爲盜。

是時,黃巢起曹濮,乃往依之。巢北渡江,罕之與其麾下走淮南,自歸於高駢,駢表光州刺史。歲餘,秦宗權急攻光州,罕之不能守,還走項城,收其餘衆,依諸葛爽於河陽,爽表以罕之爲懷州刺史。巢已敗走,爽降唐,僖宗拜爽東南面招討使,以攻宗權,爽表罕之副使,以兵屯宋州,又表河南尹、東都留守。秦宗權遣孫儒攻河南,罕之兵少,西走澠池,儒燒宮闕,剽掠而去。罕之壁澠池。

歲餘,諸葛爽死,其將劉經立爽子仲方。仲方年少,事皆任經,經慮罕之兇勇難制,以兵攻之,罕之返擊走經。罕之追至鞏縣,陳舟于氾水,將渡河,經遣張言拒之河上,言反背經,與罕之合攻河陽,爲經所敗,退保懷州。已而孫儒陷河陽,仲方奔于梁。梁兵擊走儒,罕之襲取河陽,言取河南,皆附于梁。

罕之與言皆爽叛將,事已成,乃相與交臂爲盟,誓同休戚不相忘。罕之御衆無法,性苛暴,頗失士心。而言善治軍旅,教民播殖,務爲積聚。罕之用兵,言嘗供給其乏。罕之求取無已,言頗苦之,不能輸,罕之召言軍吏答責之,言益不平。罕之悉兵攻晉,絳,言夜襲河陽,罕之奔晉。晉表罕之澤州刺史,使李存孝以兵三萬助罕之攻言。言求救於梁。罕之敗于沇河,乃歸太原,李克用延之帳中。罕之留其子顥事晉〔六〕,乃之澤州,日以兵鈔懷孟間,啖人爲食。居民屯聚摩雲山,罕之悉攻殺之,立柵其上,時人號曰「李摩雲」。是時,晉方徇地山東,頗倚罕之爲扞蔽。李茂貞等犯京師,克用以兵至渭北,僖宗以克用爲邠州四面行營都統,表罕之爲副。破王行瑜,加檢校太尉,食邑千户。

罕之自以功多於晉,私謂蓋寓曰:「自吾脱身河陽,賴晉容我,未能有以報之,今行老矣,無能爲也。若吾王見憐,與一小鎮,使休兵養疾而後歸老,幸也!」寓爲言之,克用不對。佗日,諸鎮擇守將,未嘗及罕之,罕之心益怏怏。寓告克用,懼罕之有佗心,克用曰:

「吾於罕之，豈惜一鎮，然鷹鳥之性，飽則颺矣！」

光化元年，潞州薛志勤卒，罕之遽入潞州，使人啟晉王曰：「志勤且死，新帥未至，所以然者，備佗盜耳。」克用大怒，遣李嗣昭攻之。罕之執晉守將馬溉、伊鐸等[七]，遣子顥送于梁以乞兵。梁太祖遣丁會守潞州，以罕之爲河陽節度使。行至懷州，以疾卒，年五十八。

罕之初背梁而歸晉，晉王以罕之守澤州，罕之留其子顥與莊宗遊，甚狎。後罕之背晉以歸梁，晉王怒，欲殺顥，莊宗與之駿馬，使奔于梁。梁太祖得顥父子大喜[八]，使與友倫將兵以衛昭宗，故顥當太祖時，常掌禁兵。末帝誅友珪，顥與其謀，拜右羽林統軍、澶州刺史。事唐歷衛、衍二州刺史，累遷右領軍衛上將軍。天福中卒，年七十，贈太師[九]。

孟方立

孟方立，邢州平鄉人也。少爲軍卒，以勇力選爲隊將。唐廣明中，潞州節度使高潯攻諸葛爽于河陽，遣方立將兵出天井關爲先鋒。潯爲其將劉廣所逐[一〇]，廣爲亂軍所殺。方立聞亂，引兵自天井入據潞州，唐因以爲昭義軍節度使。

昭義所節制澤、潞、邢、洺、磁五州，而治潞州。方立以謂潞州山川高險，而人俗勁悍，自劉積以來嘗逐其帥，且已邢人也，因徙其軍于邢州。而潞人怨方立之徙也，因以澤、潞二州歸于晉。晉遣李克修爲澤潞節度使，方立以邢、洺、磁三州自爲昭義軍。

晉數遣李存孝等出兵以窺山東，三州之人俘掠殆盡，赤地數千里，無復耕桑者累年。方立以孤城自守，求救于梁，梁方東事克、鄆，不能救也。文德元年，方立乞兵于王鎔以攻晉，鎔許之。方立乃遣其將奚忠信攻晉遼州，而鎔以佗故不能出兵。兵既失約，忠信大敗，而晉兵乘勝攻之。

方立將石元佐者，善兵而多智，方立嘗信用之。忠信之敗也，元佐爲晉將安金俊所得，金俊厚遇之，問以攻邢之策，元佐曰：「方立善守而邢城堅，若攻之，必不得志。宜急攻其磁州，方立來救，可以敗也。」金俊以爲然。軍滏水之西，方立果帥兵來救，爲金俊所敗，馳入邢州，閉壁不復出。外無救兵，城中食且盡，方立夜出巡城，號令守者，守者皆不應，方立知不可，乃歸，飲酖而卒。

軍中以其弟洺州刺史遷爲留後，求救於梁。梁太祖遣王虔裕將騎兵三百助遷守，遷執虔裕降晉。晉徙遷族于太原，以爲汾州刺史，後以爲澤潞節度使。

天復元年，梁遣氏叔琮攻晉，出天井關，遷開門降，爲梁兵鄉道以攻太原，不克。叔琮

王珂

王珂，河中人也。其仲父重榮以河中兵破黃巢，有功於唐[三]，拜河中節度使。重榮無子，以其兄重簡子珂爲後。重榮卒，弟重盈立，重盈卒，軍中乃以重榮子立之。重盈子陝州節度使珙、絳州刺史瑤，與珂爭立，珙、瑤以書與梁太祖，言珂故王氏蒼頭，小字忠兒，不應得立。珂亦求援於晉，晉人言之朝，昭宗以晉故，許之。而珙、瑤亦西結王行瑜、韓建、李茂貞爲援，行瑜等交章論列，昭宗報以重榮與晉嘗有大功，業許之，不可易。行瑜等怒，以兵犯京師，殺宰相李磎等而去。珙、瑤連兵攻珂河中，珂求援於晉，晉兵西討三鎮，行下絳州，斬瑤而過，至于渭北，擊破行瑜。珙爲人慘刻，嘗斬人擲其首於前，言笑自若，其下苦之。偏將李璠因珙戰敗，殺珙，自稱留後。晉以女妻之，遣李嗣昭將兵助珂攻珙陝州。

是時，梁已下鎮、定，將移兵西，而昭宗爲劉季述所廢，京師大亂。崔胤陰召梁以兵西，梁太祖以珂在河中，懼爲患，乃顧張存敬、侯言，以一大繩與之，曰：「爲我持此縛珂

來〔三〕！」存敬等兵出舍山，破晉、絳二州，遣何綱以兵守之，絕晉援。存敬圍河中，珂告急於晉，晉以綱故不得前。珂乃遣其妻以書告晉王曰：「賊勢如此，朝夕乞食於梁矣！大人何忍而不救邪？」晉王報之曰：「梁兵爲阻，衆寡不敵，救之則并晉俱亡，不若與王郎自歸朝廷。」珂乃爲書與李茂貞曰：「天子初返正，詔藩鎮無相侵以安王室。今朱公棄約以見攻，其勢不止於弊邑，若弊邑朝亡，則西北諸鎮非諸君所能守也。願與華州出兵潼關以爲應。」茂貞不報。珂計窮，乃治舟于河，將歸于京師。

珂夜登城諭守陴者，守陴者皆不應。牙將劉訓夜入珂寢白事，珂叱之曰：「兵欲反邪！」訓乃解衣自索而入曰：「公苟懷疑，請先斷臂！」珂曰：「事急矣！計安出乎？」訓曰：「公私攜家夜濟，人必爭舟，一夫鴟張，大事即去。不若遲明以情諭軍中，願從者猶得其半。不然，且爲款狀以緩梁兵，徐圖向背。」珂以爲然。

梁太祖自同州降唐，即依重榮，以母王氏，故事重榮爲舅。珂乃登城呼存敬曰：「吾於梁王有家世之舊，兵當退舍，俟梁王來，吾將聽命。」存敬乃退舍，使人馳詣太祖於洛陽〔四〕。太祖至河中，先之城東，哭於重榮之墓而後入。珂欲面縛牽羊以見太祖，太祖謂曰：「太師阿舅之恩何時可忘，郎君若以亡國之禮見，太師其謂我何？」珂迎於路，太祖握手噓唏〔五〕，乃徙珂於汴。太祖以珂晉壻也，疑其貳已，使珂西入覲，行至華州，使人殺

之傳舍。

瓚,重盈之諸子也,梁太祖已執珂,自領河中節度使,以瓚為諸衛大將軍,泰寧、鎮國軍節度使。末帝時,為開封尹。貞明五年,代賀瓌為北面行營招討使。是時,晉已城德勝,瓚自黎陽渡河攻澶州,不克,退屯楊村,扼河上流,與晉人相持經年,大小百餘戰,瓚卒無功,末帝遣戴思遠代,瓚復為開封尹。

莊宗自鄆入京師,末帝聞唐兵且至,日夜涕泣,不知所為,自持國寶,指其宮室謂瓚曰:「使吾能保有此者[一六],繫卿之畫如何耳!」唐兵已過宛朐,瓚驅率市人登城拒守。唐兵攻封丘門,瓚開門迎降,伏地請死,莊宗勞而起之曰:「朕與卿家世婚姻,然人臣各為其主耳[一七],復何罪邪!」因以為開封尹,遷宣武軍節度使。已而故梁臣趙巖、張漢傑等相次誅死,瓚以憂卒,贈太子太師。

趙犨

趙犨,其先青州人也,世為陳州牙將。犨幼與羣兒戲道中,部分行伍,指顧如將帥,雖諸大兒皆聽其節度,其父叔文見之,驚曰:「大吾門者,此兒也!」及壯,善用弓劍,為人勇

果，重氣義，刺史聞其材，召置麾下。累遷忠武軍馬步軍都虞候。

王仙芝寇河南，陷汝州，犨引兵擊敗之，仙芝乃南去。已而黃巢起，所在州縣，往往陷賊。陳州豪傑數百人，相與詣忠武軍，求得犨爲刺史以自保，忠武軍表犨陳州刺史。已而巢陷長安，犨語諸將吏曰：「以吾計，巢若不爲長安市人所誅，必驅其衆東走，吾州適當其衝矣！」乃治城池爲守備，遷民六十里内者皆入城中，選其子弟，配以兵甲，以其弟昶、瑰爲將。巢敗，果東走，先遣孟楷據項城，昶擊破之，執楷以歸。巢從後至，聞楷被執，大怒。

既而秦宗權以蔡州附巢，巢勢甚盛，乃悉其衆圍犨[八]，置舂磨寨[九]，糜人之肉以爲食，陳人大恐[一〇]。犨語其下曰：「吾家三世陳將，必能保此。爾曹男子，當於死中求生，建功立業，未必不因此時。」陳人皆踴躍。巢栅城北三里爲八仙營，起宫闕，置百官，聚糧餉，欲以久弊之，其兵號二十萬。陳州舊有巨弩數百[一一]，皆廢壞，後生弩工皆不識其器。瑰創意理之，弩矢激五百步，人馬皆洞，以故巢不敢近。圍凡三百日，犨食將盡，乃乞兵於梁。梁太祖與李克用皆自將會陳，擊敗巢將黄鄴于西華。西華有積粟，巢恃以爲餉，及鄴敗，巢乃解圍去。

梁太祖入陳州，犨兄弟迎謁馬首甚恭。然犨陰識太祖必成大事，乃降心屈迹，爲自託

之計。以梁援已恩，爲太祖立生祠，朝夕拜謁。以其子巖尚太祖女，是謂長樂公主。黃巢已去，秦宗權復亂淮西，陷旁二十餘州，而陳去蔡最近，犨兄弟力拒之，卒不能下。後巢、宗權皆敗死，唐昭宗即以陳州爲忠武軍，拜犨節度使。犨已病，乃以位與其弟昶，後數月卒。

昶乘大寇新滅，乃休兵課農，事梁尤謹。梁兵攻戰四方，昶饋輓供億，未嘗少懈。昶卒，珝代立。

珝頗知書，乃求鄧艾故迹，決翟王陂溉民田。兄弟居陳二十餘年，陳人大賴之。梁太祖已降韓建，取同、華，徙珝爲同州留後。入唐，爲右金吾衞上將軍。歲餘，以疾免官歸陳[三]，卒于家，陳人爲之罷市。

犨次子巖，梁末帝時爲戶部尚書，租庸使，與張漢傑、漢倫等居中用事。梁末帝爲人特和柔恭謹，然性庸愚，以漢傑婦家，而巖壻也，故親信之。梁之大臣老將皆切齒[三]，末帝獨不悟，以至於亡。

初，友珪弑太祖自立[四]，以末帝爲東都留守。巖如東都，末帝與之飲酒，從容以誠款告之。巖爲末帝謀，遣人召楊師厚兵起事。巖還西都，卒與袁象先以禁兵誅友珪，取傳國寶以授末帝。

末帝立,巖自以有功於梁,又尚公主,聞唐駙馬杜崇位至將相,自奉甚豐,恥其不及。乃占天下良田大宅,哀刻商旅,其門如市,租庸之物,半入其私,巖一飲食必費萬錢[二五]。故時,魏州牙兵驕,數爲亂,羅紹威盡誅之。太祖崩,楊師厚逐羅氏,據魏州,復置牙兵二千,末帝患之。師厚死,巖與租庸判官邵贊議曰:「魏爲唐患,百有餘年,自先帝時,嘗切齒紹威,以其前恭而後倨。今先帝新棄天下,師厚復爲陛下憂,所以然者,以魏地大而兵多也。陛下不以此時制之,寧知後人不爲師厚也?不若分相、魏爲兩鎮,則無北顧之憂矣。」末帝以爲然,乃分相、澶、衞爲昭德軍。牙兵亂,以魏博降晉,梁由是盡失河北。

是時,梁將劉鄩等與莊宗相距澶、魏之間,兵數敗。巖曰:「古之王者必郊祀天地,陛下即位猶未郊天,議者以爲朝廷無異藩鎮,如此何以威重天下?今河北雖失,天下幸安,願陛下力行之。」敬翔以爲不可,曰:「今府庫虛竭,箕斂供軍,若行郊禮,則必賞賚,是取虛名而受實弊也。」末帝不聽,乃備法駕幸西京,而莊宗取楊劉,或傳:「晉兵入東都矣!」或曰:「扼汜水矣!」或曰:「下鄆、濮矣!」京師大風拔木,末帝大懼,從官相顧而泣,末帝乃還東都,遂不果郊。

鎮州張文禮殺王鎔,使人告梁曰:「臣已北召契丹,願梁以兵萬人出德、棣州,則晉兵憊矣。」敬翔以爲然,巖與漢傑皆以爲不可,乃止。其後黜王彥章用段凝,皆巖力也。

莊宗兵將至汴,末帝惶惑不知所爲,登建國樓以問羣臣,或曰:「晉以孤軍遠來,勢難持久,雖使入汴,不能守也。宜幸洛陽,保嶮以召天下兵,徐圖之,勝負未可知也。」末帝猶豫,巖曰:「勢已如此,一下此樓,何人可保!」末帝卒死於樓上。

當巖用事時,許州溫韜尤曲事巖,巖因顧其左右曰:「吾常待韜厚,今以急投之,必不幸吾爲利。」乃走投韜,韜斬其首以獻。莊宗已滅梁,巖素所善段凝奏請誅巖家屬,乃族滅之。

嗚呼,禍福之理,豈可一哉!君子小人之禍福異也。老子曰:「禍兮福所倚,福兮禍所伏。」後世之談禍福者,皆以其言爲至論也。夫爲善而受福,焉得禍?爲惡而受禍,焉得福?惟君子之罹非禍者,未必不爲福;小人之求非福者[二六],未嘗不及禍,此自然之理也。始巖自以先見之明,深結梁太祖,及其子孫皆享其祿利,自謂知所託矣,安知其族卒與梁俱滅也?巖之求福於梁,蓋老氏之所謂福也,非君子之所求也,可不戒哉!

馮行襲

馮行襲,字正臣,均州人也。唐末,山南盜孫喜以衆千人襲均州刺史呂燁,燁不能禦。

行襲爲州校，乃陰選勇士伏江南，獨乘小舟逆喜，告曰：「州人聞公至，皆欲歸矣，然知公兵多，民懼虜掠，恐其驚擾，請留兵江北，獨與腹心數人從行，以慰安州民，事可立定。」喜以爲然，乃留其兵江北，獨與行襲渡江。軍吏前謁，行襲擊喜仆地，斬之，伏兵發，盡殺從行者。餘兵在江北，聞喜死，皆潰。山南節度使劉巨容表行襲均州刺史。

是時，僖宗在蜀，諸鎮貢獻行在者皆道山南，盜賊多據州西長山以邀劫之，行襲盡破諸賊。洋州葛佐辟行襲行軍司馬，使以兵鎮谷口，通秦、蜀道，行襲由此知名。

李茂貞兼領山南，遣子繼臻守金州，行襲逐之，遂據金州。昭宗乃以金州爲戎昭軍，拜行襲節度使。昭宗在岐，梁太祖引兵而西，中尉韓全誨遣中官郗文晏等二十餘人召兵江淮，以拒太祖，行襲已附梁，乃盡殺文晏等。太祖攻趙匡凝于襄陽，行襲遣子勗以舟兵會均、房，以功遷匡國軍節度使。

行襲爲人嚴酷少恩，而所至輒天幸：境旱有蝗，則飛鳥食之，歲凶，田中鹵穀自生。唐衰，知梁必興，尤盡心傾附事梁，官至司空，封長樂郡王。卒，贈太傅，謚曰忠敬。

校勘記

〔二〕曹全晟　舊五代史卷一三朱瑄傳作「曹全晸」。按舊唐書、新唐書、通鑑數見鄆帥曹全晸。

新五代史卷四十二

〔三〕崔君預　舊五代史卷一三朱瑄傳同，舊唐書卷一八二朱瑄傳、新唐書卷一八八朱宣傳、通鑑卷二五三作「崔君裕」。

〔四〕於名加玉者　「玉」，據北監本、通鑑卷二五五考異引五代史記注改。

〔五〕願得瓊來送符印　「來」字原闕，據宋內本、宗文本補。舊五代史卷一三朱瑾傳敍其事云：「欲令大將送符印，願得兄瓊來押領。」通鑑卷二六〇作「欲送符印，願使兄瓊來領之」。

〔六〕師範立　以上三字原闕，據宋內本、宗文本補。

〔七〕罕之留其子顥事晉　「顥」，通鑑卷二五七同，舊五代史卷九一李罕之傳、冊府卷九二作「頵」。本卷下一處同。

〔八〕伊鐸　冊府卷一四〇同，舊五代史卷一五李罕之傳、冊府卷九二作「伊鐸」。

〔九〕梁太祖得顧父子大喜　「梁」字原闕，據宗文本補。

〔一〇〕贈太師　「太師」，原作「太尉」，據宗文本、舊五代史卷九一李頵傳改。按舊五代史卷九一李頵傳：「高祖即位之二年，加特進、檢校太尉、右領軍衛上將軍。」

〔一一〕潯爲其將劉廣所逐　通鑑卷二五四、新唐書卷一八七孟方立傳皆云殺高潯者乃成麟，另據通鑑卷二五二，劉廣所逐者乃高渾。

〔一二〕軍洺水之西　「洺水之」三字原闕，據宋內本補。宗文本作「于洺水之」，「洺」係「洺」之訛。

〔一三〕有功於唐　「功」，宗文本作「大功」。

〔三〕爲我持此縛珂來 「此」字原闕，據宗文本補。

〔四〕使人馳詣太祖於洛陽 「人」字原闕，據宗文本補。

〔五〕太祖握手噓唏 「太祖」二字原闕，據宗文本補。

〔六〕使吾能保有此者 「能」、「有」二字原闕，據宗文本補。

〔七〕然人臣各爲其主耳 「其」字原闕，據宗文本補。

〔八〕乃悉其衆圍鞏 「其」字原闕，據宗文本補。

〔九〕置春磨寨 「寨」字原闕，據宋丙本、宗文本補。舊唐書卷一九下僖宗紀、卷二〇〇下黃巢傳、通鑑卷二五五敍其事皆作「春磨寨」。

〔一〇〕陳人大恐 「大」字原闕，據宋丙本、宗文本補。

〔一一〕陳州舊有巨弩數百 「陳州」，原作「陳人」，據宋丙本、宗文本改。其事云：「府庫舊有巨弩數百枝。」

〔一二〕以疾免官歸陳 「陳」字原闕，據宗文本補。

〔一三〕梁之大臣老將皆切齒 「梁之」二字原闕，據宗文本補。

〔一四〕友珪弒太祖自立 「弒」，原作「殺」，據宗文本改。

〔一五〕嚴一飲食必費萬錢 「一」字原闕，據宗文本補。

〔一六〕小人之求非福者 「之」字原闕，據宗文本補。

新五代史卷四十三

雜傳第三十一

氏叔琮

氏叔琮,開封尉氏人也。為梁騎兵伍長,梁兵擊黃巢陳許間,叔琮戰數有功,太祖壯之,使將後院馬軍,從攻徐、兗,表宿州刺史。使攻襄陽,戰數敗,降為陽翟鎮遏使。久之,遷曹州刺史。

太祖下河中,取晉、絳,晉王遣使致書太祖求成,太祖以晉書詞嫚,乃遣叔琮與賀德倫等攻之。叔琮自太行入,取澤、潞,出石會,營于洞渦,久之糧盡,乃旋。表晉州刺史。晉人復取絳州,攻臨汾,叔琮選壯士二人深目而胡鬚者,牧馬襄陵道旁,晉人以為晉兵,雜行道中,伺其急,擒晉二人而歸。晉人大驚,以為有伏兵,乃退屯于蒲縣。太祖遣友

寧兵萬人會叔琮禦晉[二],友寧欲休兵以待,叔琮曰:「敵聞救至必走,走則何功邪?」乃夜擊之,晉人大敗,逐之至于太原。太祖大喜曰:「破太原非氏老不可。」已而兵大疫,叔琮班師,令曰:「病不能行者焚之。」病者懼,皆言無恙,乃以精卒為殿而還。至石會[三],留數騎,以大將旗幟立于高岡,晉兵疑其有伏,乃不敢追。久之,徙保大軍節度使。昭宗遷洛,拜右龍武統軍。太祖遣叔琮與李彥威等弒昭宗,已而殺之。

李彥威

李彥威,壽州人也。少事梁太祖,為人穎悟,善揣人意,太祖憐之,養以為子,冒姓朱氏,名友恭。歷汝、穎二州刺史。昭宗遷洛[三],拜右龍武統軍[四]。

初[五],劉季述廢昭宗,立皇太子裕為天子。昭宗反正,以為太子年幼[六],為賊所立,赦之,復其始封為德王。昭宗自岐還,太祖見裕眉目疏秀,惡之,謂宰相崔胤曰:「德王嘗為季述所立,安得猶在乎?」胤奏之,昭宗不許,佗日以問太祖,太祖曰:「臣安敢及之,胤欲賣臣爾。」昭宗遷洛,謂蔣玄暉曰:「德王,朕愛子也,全忠何為欲殺之?」因泣下,齧指流血。玄暉具以白太祖,太祖益惡之。

是時，昭宗改元天祐，遷于東都，爲梁所迫，而晉人、蜀人以爲天祐之號非唐所建，不復稱之，但稱天復。王建亦傳檄天下，舉兵誅梁。太祖大懼，恐昭宗奔佗鎮，以兵七萬如河中，陰遣敬翔至洛[七]，告彥威與氏叔琮等，使行弑逆。八月壬辰，彥威、叔琮以龍武兵宿禁中，夜二鼓，以兵百人叩宮門奏事，夫人裴正一開門問曰：「奏事安得以兵入？」龍武牙官史太殺之，趨椒蘭殿，問昭宗所在，昭宗方醉，起走，太持劍逐之，昭宗單衣旋柱而走，太劍及之，昭宗崩。訃至河中，太祖陽爲驚駭，投地號哭，罵曰：「奴輩負我，俾我被惡名於後世邪！」太祖至洛，流彥威、叔琮嶺南，使張廷範殺之。彥威臨刑大呼曰：「賣我以滅口，其如神理何！」顧廷範曰：「勉之，公行自及。」遂見殺。已而還其姓名。莊宗時，得故唐内人景妱，言當彥威等弑昭宗時[八]，諸王宗屬數百人皆遇害，而同爲一坑[九]，瘞于龍興寺北，請合爲一冢而改葬之。詔以故濮王爲首，葬以一品禮云。

李振

李振，字興緒。其祖抱真[一〇]，唐潞州節度使。振爲唐金吾衛將軍，拜台州刺史。盜起浙東，不果行，乃西歸，過梁[一一]，以策干太祖，太祖留之。太祖兼領鄆州，表振節度副

使。

振奏事長安,舍梁邸。宦官劉季述謀廢昭宗,遣其姪希正因梁邸吏程巖見振曰:「今主上嚴急,誅殺不幸,中尉懼及禍,將行廢立,請與諸邸吏協力以定中外,如何?」振駭然曰:「百歲奴事三歲主,而敢爾邪!今梁王百萬之師,方仗大義尊天子,君等無爲此不祥也!」振還,季述卒與巖等廢昭宗,幽之東宮,號太上皇,立皇太子裕爲天子。是時,太祖用兵在邢洺間[三],季述詐爲太上皇誥告太祖,太祖猶豫,未知所爲,振曰:「夫豎刁、伊戾之亂,所以爲霸者資也。今闇宦作亂,天子危辱,此王仗義立功之時。」太祖大悟,乃囚季述使者,遣振詣京師見崔胤,謀出昭宗。昭宗返正,太祖大喜,執振手曰:「卿謀得之矣!」

王師範以青州降梁,遣振往代師範,師範疑懼,不知所爲,振曰:「獨不聞漢張繡乎?繡與曹公爲敵,然不歸袁紹而歸曹公者,知其志大,不以私讎殺人也。今梁王方欲成大事,豈以故怨害忠臣乎!」師範洗然自釋,乃西歸梁。

昭宗遷洛,振往來京師,朝臣皆仄目。振視之若無人,有所小怒,必加譴謫。故振一至京師,朝廷必有貶降,時人目振爲鴟梟。

太祖之弑昭宗也,遣振至京師與朱友恭、氏叔琮謀之。昭宗崩,太祖問振所以待友恭

等宜如何。」振曰：「昔晉司馬氏殺魏君而誅成濟，不然，何以塞天下口？」太祖乃歸罪友恭等而殺之。

振嘗舉進士咸通、乾符中，連不中，尤憤唐公卿，及裴樞等七人賜死白馬驛，振謂太祖曰：「此輩嘗自言清流，可投之河，使爲濁流也。」太祖笑而從之。

太祖即位，累遷戶部尚書。友珪時，以振代敬翔爲崇政院使。莊宗滅梁入汴，振謁見郭崇韜，崇韜曰：「人言李振一代奇才，吾今見之，乃常人爾！」已而伏誅。

裴迪

裴迪，字昇之，河東聞喜人也。爲人明敏，善治財賦，精於簿書。唐司空裴璩判度支，辟爲出使巡官。都統王鐸鎮滑州，奏迪汴宋鄆等州供軍院使。鐸爲租庸使，辟租庸招納使。

梁太祖鎮宣武，辟節度判官。太祖用兵四方，常留迪以調兵賦。太祖乃牓院門〔三〕，以兵事自處，而以貨財獄訟一切任迪。

太祖西攻岐，王師範謀襲汴，遣健卒苗公立持書至汴，陰伺虛實。迪召公立問東事，

公立色動,乃屏人密詰之,具得其事。迪不暇啓,遣朱友寧以兵巡兗、鄆,以故師範雖竊發而事卒不成。太祖自岐還,將吏皆賜迎鑾叶贊功臣,將吏入見,太祖目迪曰:「叶贊之功,惟裴公有之,佗人不足當也。」

迪入唐,累遷太常卿。太祖即位,召拜右僕射,居一歲告老,以司空致仕,卒于家。

韋震

韋震,字東卿,雍州萬年人也,初名肇。爲人彊敏,有口辯。事梁太祖爲都統判官申叢執秦宗權,欲送于太祖,又欲自獻於京師,又欲挾宗權奪其兵。太祖遣震入蔡州視之,叢遣騎兵三百迎震,欲殺之,震以計得免。還白太祖曰:「叢不足慮,爲其謀者牙將裴涉,妄庸人也。」叢後果爲郭璠所殺。璠以宗權歸于太祖,太祖欲大其事,請獻俘于唐,唐以時溥破黃巢,獻馘而已,宗權不足俘,左拾遺徐彥樞亦疏請所在斬決。太祖遣震奏事京師,往復論列,卒俘宗權。太祖德之,表爲節度副使。

昭宗幸石門,太祖遣震由虢略間道奉表行在,昭宗賜其名震。太祖已破兗、鄆,遂攻吳,大敗于清口。太祖懼諸鎮乘間圖己,乃諷杜洪、鍾傳、王師範、錢鏐等薦己爲元帥,且

孔循

孔循,不知其家世何人也。少孤,流落於汴州,富人李讓闌得之,養以為子。梁太祖鎮宣武,以李讓為養子,循乃冒姓朱氏。稍長,給事太祖帳中,太祖諸兒乳母有愛之者,養循為子,乳母之夫姓趙,循又冒姓為趙氏,名殷衡。昭宗東遷洛陽,太祖盡去天子左右,悉以梁人代之,以王殷為宣徽使、循為副使。

循與蔣玄暉、張廷範等共與弒昭宗之謀,其後循與玄暉有隙,哀帝即位,將有事于南郊,循因與王殷讒于太祖曰:「玄暉私侍何太后,與廷範等奉天子郊天、冀延唐祚。」太祖大怒。是時,梁兵攻壽春,大敗而歸,哀帝遣裴迪勞軍,太祖見迪,怒甚。迪還,哀帝不敢郊,封太祖魏王,備九錫,太祖拒而不受。玄暉與宰相柳璨相次馳至梁自解,璨曰:「自古

求兼領鄆州。昭宗初不許,震彊辯,敢大言,語數不遜,昭宗卒許梁以鄆州,太祖遂兼四鎮,表震鄆州留後。

昭宗遷洛,震入為河南尹、六軍諸衞副使,以病痊,守太子太保致仕。太祖受禪,改太子太傅。末帝即位,加太師,卒。

王者之興,必有封國,而唐所以不即遜位者,當先建國備九錫,然後禪也。」太祖曰:「我不由九錫作天子,可乎?」璨懼,馳去。太祖遣循與王殷弒何皇后,因殺璨及玄暉、廷範等,以循爲樞密副使。

唐亡,事梁爲汝州防禦使,左衛大將軍、租庸使,始改姓孔,名循。莊宗時,權知汴州。明宗自魏兵反而南,莊宗東出汜水,循持兩端,遣迎明宗於北門,迎莊宗於西門,供帳牲餼,其禮如一,而戒其人曰:「先至者入之。」明宗先至,遂納之。

明宗即位,以爲樞密使。明宗幸汴州,循留守東都,民有犯麴者,循族殺其家,明宗知其冤,因詔天下除麴禁,許民得造麴。

循爲人柔佞而險猾,安重誨尤親信之,凡循所言,無不聽用。明宗嘗欲以皇子娶重誨女,重誨以問循,循曰:「公爲機密之臣,不宜與皇子婚。」重誨信之,乃止。而循陰使人白明宗,求以女妻皇子[四],明宗即以宋王從厚娶循女。重誨始惡其爲人,出循爲忠武軍節度使。徙鎮橫海,卒于鎮,年四十八,贈太尉。

孫德昭

孫德昭,鹽州五原人也。其父惟晸[五],有材略。黃巢陷長安,惟晸率其鄉里子弟,得義兵千人,南攻巢于咸陽,興平州將壯其所為,益以州兵二千。與破賊功,拜右金吾衞大將軍。

朱玫亂京師,僖宗幸興元,惟晸率兵擊賊。累遷鄜州節度使,留京師宿衞。鄜州將吏詣闕請惟晸之鎮,京師民數萬與神策軍復遮留不得行,改荊南節度使,在京制置,分判神策軍,號「扈駕都」。是時,京師數亂[六],民皆賴以為保。

德昭以父任為神策軍指揮使。光化三年,劉季述廢昭宗,幽之東宮,宰相崔胤謀反正,陰使人求義士可共成事者,德昭乃與孫承誨[七]、董從實應胤,胤裂衣襟為書以盟。天復元年正月朔,未旦,季述將朝,德昭伏甲士道旁,邀其興斬之,承誨等分索餘黨皆盡。昭宗聞外諠譁,大恐。德昭馳至,扣門曰:「季述誅矣,皇帝當反正!」何皇后呼曰:「汝可進逆首!」德昭擲其首入。已而承誨等悉取餘黨首以獻,昭宗信之。德昭破鎖出昭宗,御丹鳳樓反正,以功拜靜海軍節度使,賜姓李,號扶傾濟難忠烈功臣,與承誨等皆拜節度使、同中書門下平章事,圖形凌煙閣,俱留京師,號「三使相」,恩寵無比。

是時,崔胤方欲誅宦官,外交梁以為恃,而宦官亦倚李茂貞為扞蔽,梁、岐交爭。冬十月[八],宦者韓全誨劫唐昭宗幸鳳翔,承誨、從實皆從,而德昭獨與梁,乃率兵衞胤及百官

保東街[九],趣梁兵以西,梁太祖頗德其附己,以龍鳳劍、鬬雞紗遺之。太祖至華州,德昭以軍禮迎謁道旁。太祖至京師,表同州留後,將行,京師民復請留,遂留爲兩街制置使[一〇]。梁兵圍鳳翔,德昭以其兵八千屬太祖,太祖益德之,使先之洛陽,賜甲第一區。

昭宗東遷,拜左威衛上將軍,以疾免。太祖即位,以烏銀帶、袍笏、名馬賜之。疾少間,以爲左衛大將軍。末帝立,拜左金吾大將軍以卒。承誨、從實至鳳翔,與宦者俱見殺。

王敬蕘

王敬蕘,潁州汝陰人也。事州爲牙將。唐末,王仙芝等攻劫汝潁間,刺史不能拒,敬蕘遂代之,即拜刺史。敬蕘爲人狀貌魁傑,而沈勇有力,善用鐵槍,重三十斤[一一]。潁州與淮西爲鄰境,數爲秦宗權所攻,力戰拒之,宗權悉陷河南諸州,獨敬蕘不可下,由是潁旁諸州民,皆保敬蕘避賊。是時,所在殘破,獨潁州戶二萬。

梁太祖攻淮南,道過潁州,敬蕘供饋梁兵甚厚,太祖大喜,表敬蕘沿淮指揮使。其後

蔣殷

蔣殷，幼爲王重盈養子，冒姓王氏。梁太祖取河中，以王氏舊恩録其子孫，表殷牙將，太祖尤愛之。

唐遷洛陽，殷爲宣徽北院使。太祖已下襄陽，轉攻淮南，還屯正陽，哀帝遣殷勞軍。是時，哀帝方卜郊，殷與樞密使蔣玄暉等有隙，因譖之太祖，言玄暉等教天子卜郊祈天，且待諸侯助祭者以謀興復，太祖大怒，哀帝爲改卜郊。是時，太祖將有篡弒之謀，何太后嘗泣涕叩頭爲玄暉等言：「梁王禪位後，願全唐家子母。」殷乃誣玄暉嘗私侍太后，太祖斬玄暉及張廷範、柳璨等，遣殷弒太后於積善宮。哀帝下詔慙愧，自言以母后故無以奉天，乃卒不郊。

庶人友珪與殷善，友珪弒太祖自立，拜殷武寧軍節度使。末帝即位，以福王友璋代

殷，殷懼〔二〕，不受代。王瓚亦王氏子，懼爲殷所累，乃言殷非王氏子，本姓蔣。末帝詔削殷官爵〔四〕，還其姓，遣牛存節討之，殷舉族自燔死。

校勘記

〔一〕太祖遣友寧兵萬人會叔琮禦晉 「兵」，宋乙本作「將」。舊五代史卷一九氏叔琮傳、卷二一六武皇紀下、卷五二李嗣昭傳、通鑑卷二六三敍其事皆作「將兵」。

〔二〕至石會 「至」字原闕，據宋乙本、宗文本補。册府卷三六七敍其事云：「因選精卒殿後，徐而退之，至石會關，留數馬及旌旗，虛設于高岡之上。」

〔三〕昭宗遷洛 「遷」原作「下」，據宋乙本、宋丙本、宗文本改。

〔四〕拜右龍武統軍 「右」原作「左」。按本卷氏叔琮傳、通鑑卷二六四，時爲右龍武統軍者乃氏叔琮。

〔五〕初 此字原闕，據宋乙本、宋丙本、宗文本補。

〔六〕以爲太子年幼 「年」字原闕，據宗文本補。

〔七〕陰遣敬翔至洛 按本卷李振傳：「太祖之弑昭宗也，遣振至京師與朱友恭、氏叔琮謀之。」舊唐書卷二○上昭宗紀、新唐書卷二二三下蔣玄暉傳、通鑑卷二六五略同。是至洛者乃李振。

〔八〕言當彥威等弑昭宗時 「弑」原作「殺」，據宗文本改。

〔九〕而同爲一坑　舊五代史卷三四唐莊宗紀八敍其事云：「爲三穴瘞於宮城西古龍興寺北。」五代會要卷二略同。

〔一〇〕其祖抱真　舊五代史卷一八李振傳、通鑑卷二六一記其爲「唐潞州節度使抱真之曾孫也」。

〔二〕過梁　通鑑卷二六一胡注引歐史、舊五代史卷一八李振傳作「過汴」。

〔三〕太祖用兵在邢洺間　「洺」，原作「洛」，據宋乙本、宋丙本、宗文本改。

〔四〕太祖乃牓院門　「院」字原闕，據宋乙本、宋丙本、宗文本補。

〔四〕求以女妻皇子　「以」字原闕，據宗文本補。

〔五〕其父惟戬　「惟戬」，原作「惟最」，據宋乙本、宋丙本、宗文本、舊五代史卷一五孫德昭傳改。本卷下文同。

〔六〕京師數亂　「數」字原闕，據宗文本補。

〔七〕孫承誨　舊唐書卷二〇上昭宗紀、新唐書卷一〇昭宗紀、通鑑卷二六二作「周承誨」。

〔八〕冬十月　「十月」，舊五代史卷一五孫德昭傳作「十一月」。按舊唐書卷二〇上昭宗紀、通鑑卷二六二皆繫其事於十一月。

〔九〕乃率兵衞胤及百官保東街　「東街」，舊五代史卷一五孫德昭傳作「街東」。

〔一〇〕遂留爲兩街制置使　「留」字原闕，據宗文本補。舊五代史卷一五孫德昭傳敍其事作「留充兩街制置使」，通鑑卷二六二作「復留爲兩街制置使」。

〔二〕重三十斤 「三十」，原作「二十」，據宋乙本、宋丙本、宗文本、舊五代史卷二〇王敬蕘傳改。

〔三〕敬蕘乃沿淮積薪爲燎 「燎」字原闕，據宋乙本、宗文本補。

〔三〕殷懼 「懼」字原闕，據宋乙本、宗文本補。舊五代史卷一三蔣殷傳敍其事云：「殷自以爲友珪之黨，懼不受代。」通鑑卷二六九略同。

〔二〕末帝詔削殷官爵 「殷」字原闕，據宗文本補。

新五代史卷四十四

雜傳第三十二

劉知俊

劉知俊，字希賢，徐州沛人也。少事時溥，溥與梁相攻，知俊與其麾下二千人降梁，太祖以為左開道指揮使。

知俊姿貌雄傑，能被甲上馬，輪劍入敵，勇出諸將。當是時，「劉開道」名重軍中。歷海、懷、鄭三州刺史，從破青州，以功表匡國軍節度使。

邠州楊崇本以兵六萬攻雍州，屯于美原。是時，太祖方與諸將攻滄州，知俊不俟命，與康懷英等擊敗崇本，斬馘二萬，獲馬三千匹，執其偏裨百人。

李思安為夾城攻潞州，久不下，太祖罷思安，拜知俊行營招討使，未至潞，夾城已破，

徙西路行營招討使，敗邠、岐兵於幕谷。是時，延州高萬興叛楊崇本降梁，太祖遣知俊會萬興，攻下丹、延、鄜、坊四州，加檢校太尉兼侍中，封大彭郡王。知俊功益高，太祖性多猜忌，屢殺諸將，王重師無罪見殺，知俊益懼，不自安。太祖已下鄜坊，遣知俊復攻邠州，知俊以軍食不給未行。

太祖幸河中，使宣徽使王殷召知俊。其弟知浣為親軍指揮使，間遣人告知俊以不宜來。知俊遂叛，臣於李茂貞，以兵攻雍、華，執劉捍送于鳳翔。太祖使人謂知俊曰：「朕待卿至矣，何相負邪？」知俊報曰：「王重師不負陛下而族滅，臣非背德，但畏死爾！」太祖復使語曰：「朕固知卿以此，吾誅重師，乃劉捍誤我，致卿至此，吾豈不恨之邪？今捍已死，未能塞責。」知俊不報，以兵斷潼關。

太祖遣劉鄩、牛存節攻知俊，知俊遂奔于茂貞。茂貞大喜，以知俊為涇州節度使，使攻興元，取興、鳳，圍西縣。韓遜告急，太祖遣康懷英、寇彥卿等攻邠寧以牽之。知俊大敗懷英於昇平，殺梁將許從實。茂貞地狹，無以處之，使之西攻靈武。度使，使返攻茂貞，取秦、鳳、階、成四州。建雖待知俊甚厚，然亦陰忌其材，嘗謂左右曰：「吾老矣，吾且死，知俊非爾輩所能制，不如早圖之！」而蜀人亦共嫉之。知俊為人色黑，

而其生歲在丑。建之諸子，皆以「宗」、「承」爲名[一]，乃於里巷構爲謠言曰：「黑牛出圈，棱繩斷。」建益惡之，遂見殺。

丁會

丁會，字道隱，壽州壽春人也。少工挽喪之歌，尤能悽愴其聲以自喜。後去爲盜，與梁太祖俱從黃巢。梁太祖鎭宣武，以爲宣武都押衙。

光啓四年，東都張全義襲破河陽，逐李罕之，罕之召晉兵圍河陽，全義告急。是時，梁軍在魏，乃遣會及葛從周等將萬人救之。會等行至河陰，謀曰：「罕之料吾不敢渡九鼎，以吾兵少而來遠，且不虞吾之速至也。出其不意，掩其不備者，兵家之勝策也。」乃渡九鼎，直趨河陽，戰于沇水，罕之大敗，河陽圍解。

大順元年，梁軍擊魏，會及葛從周破黎陽、臨河，遂敗羅弘信于內黃。梁軍攻時溥於徐州，遣會別攻宿州，刺史張筠閉城距守，會堰汴水浸其東城[二]，城壞，筠降。兗州朱瑾以兵萬餘擊單父，會及瑾戰于金鄉，大敗之。

光化二年，李罕之叛晉，以潞州降梁。乃以會爲昭義軍留後。會自河陽攻晉澤州，下之。

後，會畏梁太祖雄猜，常稱疾者累年。

天復元年，太祖復起會爲昭義軍節度使。昭宗遇弒，會與三軍縞素發哀。梁軍攻燕滄州，燕王劉守光乞師于晉〔三〕，晉人爲攻潞州，會乃降晉。晉王以會歸于太原，賜以甲第，位在諸將上。

莊宗立，以會爲都招討使。天祐七年，以疾卒于太原。唐興，追贈太師。

賀德倫

賀德倫，河西人也。少爲滑州牙將。梁太祖兼領宣義，德倫從太祖征伐，以功累遷平盧軍節度使。

貞明元年，魏州楊師厚卒，末帝以魏兵素驕難制，乃分相、澶、衛三州建昭德軍，以張筠爲節度使；魏、博、貝三州仍爲天雄軍，以德倫爲節度使。遣劉鄩以兵六萬渡河，聲言攻鎮、定，王彥章以騎兵五百入魏州，屯金波亭以虞變，分魏牙兵之半入昭德。租庸使遣孔目吏閱魏兵籍，檢校府庫。德倫促牙兵上道，牙兵親戚相訣別，哭聲盈塗。效節軍將張彥謀於其衆曰：「朝廷以我軍府彊盛，設法殘破之。況我六州，舊爲藩府，未嘗遠出河門，

末帝遣供奉官扈異馳至魏諭彥，許以刺史。彥謂異曰：「為我報皇帝，三軍不負朝廷，朝廷負三軍，割隸無名，所以亂耳。但以六州還魏，而詔劉鄩反兵，皇帝可以高枕。」異還，言彥狂蹶不足畏，宜促鄩兵擊之。末帝使人諭彥，以制置已定，不可復易。使者三反，彥怒曰：「傭保兒敢如是邪！」乃召羅紹威故吏司空頲曰：「為我作奏，若復依違，則渡河虜之耳！」末帝優詔答之，言：「王鎔死，鎮人請降，遣鄩以兵定鎮州，非有佗也，若魏不便之，即召鄩還。」戒彥勿為朝廷生事。

彥乃以楊師厚鎮魏州嘗帶招討使，逼德倫論列之，末帝不許，諭以詔書，彥裂詔書抵于地，曰：「愚主聽人穿鼻，難與共事矣！」乃迫德倫降晉，德倫惶恐曰：「惟將軍命。」乃遣牙將曹廷隱奉書莊宗。

莊宗入魏，德倫以彥逼己，遣人陰訴於莊宗，莊宗斬彥於臨清而後入。徙德倫為大同軍節度使。行至太原，監軍張承業留之。王檀攻太原，德倫麾下多奔檀，承業懼德倫為變，殺之。

一旦離親戚，去鄉里，生不如死。」乃相與夜攻金波亭，彥章走出。遲明，魏兵攻牙城，殺五百餘人，執德倫致之樓上，縱兵大掠。

閻寶

閻寶,字瓊美,鄆州人也。少為朱瑾牙將,瑾走淮南,寶降於梁。梁太祖時,為諸軍都虞候,常從諸將征伐,未嘗獨立戰功。至末帝時,以寶為保義軍節度使。

貞明三年〔四〕,賀德倫以魏博降晉,晉軍攻下洺、磁、相、衛,移兵圍邢州。末帝遣捉生都指揮使張溫將五百騎救寶,溫至內黃,遇晉軍,乃降晉。晉王拜寶檢校太尉、同中書門下平章事,領天平軍節度使、東南面招討使,寶遂降晉。晉遣溫將所降梁軍至城下招寶,寶遂降晉。位在諸將上。

梁、晉戰胡柳,晉軍敗。莊宗欲引兵退保臨濮,寶曰:「夫決勝料勢,決戰料情,情勢既得,斷在不疑。今梁兵窘蹙,其勢可破;勝而驕怠,其情可知。此不可失之時也。」莊宗謝曰:「微公,幾敗吾事。」乃整軍復戰,遂敗梁兵。

十八年,晉軍討張文禮於鎮州,以寶為招討使。明年三月,寶戰敗,退保趙州。慚憤發疽卒,追贈太師。晉天福中,追封太原王。

康延孝

康延孝，代北人也。爲太原軍卒，有罪亡命于梁。末帝遣段凝軍于河上，以延孝爲左右先鋒指揮使〔五〕。延孝見梁末帝任用羣小，知其必亡，乃以百騎奔于唐。見莊宗于朝城，莊宗解御衣金帶以賜之。拜延孝博州刺史，捧日軍使兼南面招收指揮使〔六〕。

莊宗屛人問延孝梁事，延孝具言：「末帝懦弱，趙巖壻也，張漢傑婦家，皆用事。段凝姦邪，以入金多爲大將，自其父時故將皆出其下。」王彥章，驍將也，遣漢傑監其軍而制之。小人進任，而忠臣勇士皆見疎斥，此其必亡之勢也。」莊宗又問梁計如何，曰：「臣在梁時，竊聞其議：期以仲冬大舉，遣董璋以陝虢、澤潞之衆出石會以攻太原；霍彥威以關西、汝洛之兵掠邢洛以趨鎮、定；王彥章以京師禁衞擊鄆州；段凝以河上之軍當陛下。」莊宗初聞延孝言梁必亡，喜，及聞其大舉也，懼，曰：「其將何以禦之？」延孝曰：「梁兵雖衆，分則無餘。臣請待其既分，以鐵騎五千自鄆趨汴，出其不意，擣其空虛，不旬日，天下定矣。」莊宗甚壯其言。後董璋等雖不出兵，而梁兵悉屬段凝于河上〔七〕，京師無備，莊宗卒用延孝策，自鄆入汴，凡八日而滅梁。以功拜鄭州防禦使，賜姓名曰李紹琛。二年，遷保義軍

節度使。

三年，征蜀，以延孝爲先鋒，排陣斬斫使，破鳳州，取固鎮，降興州，敗走，斷吉柏江浮橋，延孝造舟以渡，進取綿州。與王衍戰三泉，衍曰：「吾遠軍千里，人人之國，利在速戰。乘衍破膽之時，但得百騎過鹿頭關，彼將迎降不暇。若修繕橋梁，必留數日，使衍得閉關爲備，則勝負未可知也。」因與嚴乘馬浮江，軍士隨之濟者千餘人，遂入鹿頭關，下漢州，居三日，後軍始至。衍弟宗弼果以蜀降。延孝屯漢州，以俟魏王繼岌。

蜀平，延孝功爲多。左廂馬步軍都指揮使董璋位在延孝下〔八〕，然特見重於郭崇韜。崇韜有軍事，獨召璋與計議，而不問延孝，延孝大怒，責璋曰：「吾有平蜀之功，公等僕遬相從，反俛首郭公之門，吾爲都將，獨不能以軍法斬公邪？」璋訴于崇韜，崇韜解璋軍職，表爲東川節度使。延孝愈怒曰：「吾冒白刃，犯險阻，以定兩川，璋有何功而得旄節！」因見崇韜，言其不可。崇韜曰：「紹琛反邪？敢違吾節度！」延孝懼而退。明年，崇韜死，延孝謂璋曰：「公復俛首何門邪？」璋求哀以免。

繼岌班師，命延孝以萬二千人爲殿，行至武連，聞朱友謙無罪見殺。友謙有子令德在遂州，莊宗遣使者詔繼岌即誅之。繼岌不遣延孝，而遣董璋，延孝已自疑，及璋過延孝軍，

又不謁，延孝大怒，謂其下曰：「南平梁，西取蜀，其謀盡出於郭公[九]，而汗馬之勞，攻城破敵者我也。今郭公已死，我豈得存？而友謙與我俱背梁以歸唐者，友謙之禍，次及我矣！」延孝部下皆友謙舊將，知友謙被族，皆號哭訴于軍門曰：「朱公無罪，二百口被誅，舊將往往從死，我等死必矣！」延孝遂擁其衆自劍州返入蜀，自稱西川節度、三川制置等使。馳檄蜀人，數日之間，衆至五萬。繼岌遣任圜以七千騎追之，及于漢州，會孟知祥夾攻之，延孝戰敗，被擒，載以檻車。

圜置酒軍中，引檻車至坐上，知祥酌大卮從車中飲之而謂曰：「公自梁朝脫身歸命，遂擁節旄。今平蜀之功，何患富貴，而入此檻車邪？」延孝曰：「郭崇韜佐命之臣，功在第一，兵不血刃而取兩川，一旦無罪，闔門受戮。顧如延孝，何保首領？以此不敢歸朝耳！」任圜東還，延孝檻車至鳳翔，莊宗遣宦者殺之。

校勘記

（二）建之諸子皆以宗承爲名 「諸子」，舊五代史卷一三劉知俊傳作「子孫」。按太平廣記卷一六三引王氏見聞云劉知俊流入蜀，蜀人謠曰：「黑牛無繫絆，棱繩一時斷。」王建聞之懼，曰：「黑牛者，劉之小字，棱繩者，吾子孫之名也。」蓋前輩連宗字，後輩連承字爲名，棱繩與宗承音

〔二〕會堰汴水浸其東城 「城」字原闕，據宋乙本、宋丙本、宗文本補。

〔三〕燕王劉守光乞師于晉 「劉」字原闕，據宗文本補。

〔四〕貞明三年 本卷賀德倫傳、本書卷三梁本紀、舊五代史卷八梁末帝紀上、卷二一賀德倫傳、通鑑卷二六九皆繫其事於貞明元年。

〔五〕以延孝爲左右先鋒指揮使 「左右」，舊五代史卷二九唐莊宗紀三、册府卷一二六同，舊五代史卷七四康延孝傳、册府卷一六六、通鑑卷二七二作「右」。

〔六〕捧日軍使兼南面招收指揮使 「招收」，舊五代史卷七四康延孝傳、册府卷一六六、卷三八七、通鑑卷二七二作「招討」。

〔七〕而梁兵悉屬段凝于河上 「兵」字原闕，據宋乙本、宗文本補。

〔八〕左廂馬步軍都指揮使董璋位在延孝下 「左」，本書卷五一董璋傳、舊五代史卷三三三唐莊宗紀七、卷七四康延孝傳作「右」。

〔九〕其謀盡出於郭公 「盡」，宋乙本、宋丙本、宗文本作「畫」。舊五代史卷七四康延孝傳敍其事云：「畫策之謀，始于郭公。」

新五代史卷四十五

雜傳第三十三

張全義

張全義，字國維，濮州臨濮人也。少以田家子役于縣，縣令數困辱之，全義因亡入黃巢賊中。巢陷長安，以全義爲吏部尚書、水運使。巢賊敗，去事諸葛爽于河陽。爽死，事其子仲方。

仲方爲孫儒所逐，全義與李罕之分據河陽、洛陽以附于梁，二人相得甚歡。然罕之性貪暴，日以寇鈔爲事；全義勤儉，御軍有法，督民耕殖。以故罕之常乏食，而全義常有餘。罕之仰給全義，全義不能給，二人因有隙。

罕之出兵攻晉、絳，全義襲取河陽，罕之奔晉，晉遣兵助罕之，圍全義甚急。全義乞兵

于梁,梁遣牛存節、丁會等以兵萬人自九鼎渡河,擊敗罕之於沇水,晉軍解去。梁以丁會守河陽,全義還爲河南尹。全義德梁出己,由是盡心焉。

是時,河南遭巢、儒兵火之後,城邑殘破,戶不滿百,全義披荊棘,勸耕殖,躬載酒食,勞民畎畝之間,築南、北二城以居之。數年,人物完盛,民甚賴之。及梁太祖劫唐昭宗東遷,繕理宮闕、府廨、倉庫,皆全義之力也。

全義初名言,唐昭宗賜名全義。唐亡,全義事梁,又請改名,太祖賜名宗奭。太祖猜忌,晚年尤甚,全義奉事益謹,卒以自免。

自梁與晉戰河北,兵數敗亡,全義輒蒐卒伍鎧馬,月獻之以補其缺。太祖兵敗蓨縣,道病,還洛,幸全義會節園避暑,留旬日,全義妻女皆迫淫之。其子繼祚憤恥不自勝,欲制刃太祖,全義止之曰:「吾爲李罕之兵圍河陽,啖木屑以爲食,惟有一馬,欲殺以餉軍,死在朝夕,而梁兵出之,得至今日,此恩不可忘也。」繼祚乃止。

嘗有言全義於太祖者,太祖召全義,其意不測。全義妻儲氏明敏有口辯,遽入見,屬聲曰:「宗奭,種田叟爾,守河南三十年,開荒斥土,捃拾財賦,助陛下創業。今年齒衰朽,已無能爲,而陛下疑之,何也?」太祖笑曰:「我無惡心,嫗勿多言。」

全義事梁,累拜中書令,食邑至萬三千戶,兼領忠武陝虢鄭滑河陽節度使,判六軍諸

衞事、天下兵馬副元帥，封魏王。

初，全義爲李罕之所敗，其弟全武及其家屬爲晉兵所得，晉王給以田宅，待之甚厚，全義常陰遣人通問於太原。及梁亡，莊宗入汴，全義自洛來朝，泥首待罪，莊宗勞之曰：「卿家弟姪，幸復相見。」全義俯伏感涕。年老不能趨，遣人掖扶而登，宴犒盡歡，命皇子繼岌、皇弟存紀等皆兄事之。全義因去梁所賜名，請復其故名。而全義猶不自安，乃厚賂劉皇后以自託。

初，梁末帝幸洛陽，將祀天於南郊而不果，其儀仗法物猶在，全義因請幸洛陽，白南郊儀物已具。莊宗大悅，加拜全義太師、尚書令。明年十一月□，莊宗幸洛陽，南郊而禮物不具，因改用來年二月，然不以前語責全義。以皇后故，待之愈厚，數幸其第，命皇后拜全義爲父，改封齊王。

初，莊宗滅梁，欲掘梁太祖墓，斲棺戮尸。全義以謂梁雖仇敵，今已屠滅其家，足以報怨，剖棺之戮，非王者以大度示天下也。莊宗以爲然，鏟去墓闕而已。

全義監軍嘗得李德裕平泉醒酒石，德裕孫延古，因託全義復求之。監軍忿然曰：「自黃巢亂後，洛陽園宅無復能守，豈獨平泉一石哉！」全義嘗在巢賊中，以爲譏己，因大怒，奏笞殺監軍者，天下冤之。其聽訟，以先訴者爲直，民頗以爲苦。

同光四年,趙在禮反於魏,元行欽討賊無功,莊宗欲自將討之,大臣皆諫以爲不可,因言明宗可將。是時,郭崇韜、朱友謙皆已見殺,明宗自鎭州來朝,處之私第,莊宗疑之,不欲遣也。羣臣固請,不從,最後全義力以爲言,莊宗乃從。已而明宗至魏果反,全義以憂卒,年七十五,諡曰忠肅。

子繼祚,官至上將軍。晉高祖時,與張從賓反於河陽,當族誅,而宰相桑維翰以其父珙嘗事全義有恩,乞全活之,不許,止誅繼祚及其妻子而已。

朱友謙

朱友謙,字德光,許州人也。初名簡,以卒隸澠池鎭,有罪亡去,爲盜石濠[二]、三鄉之間,商旅行路皆苦之。久之,去爲陝州軍校。陝州節度使王珙,爲人嚴酷,與其弟珂爭河中,戰敗,其牙將李璠與友謙謀,共殺珙,附于梁,梁太祖表璠代珙[三]。璠立,友謙復以兵攻之,璠得逃去,梁太祖又表友謙代璠。梁兵西攻李茂貞,太祖往來過陝,友謙奉事尤謹,因請曰:「僕本無功,而富貴至此,元帥之力也,且幸同姓,願更名以齒諸子。」太祖益憐之,乃更其名友謙,錄以爲子。太祖

即位，徙鎮河中，累遷中書令，封冀王。

太祖遇弒，友珪立，加友謙侍中，友謙雖受命，而心常不平。已而友珪使召友謙入覲，友謙不行，乃附于晉。友珪遣招討使韓勍將康懷英等兵五萬擊友謙。晉王出澤潞以救之，遇懷英于解縣，大敗之，追至白逕嶺，夜秉炬擊之，懷英又敗，梁兵乃解去。友謙會晉王於猗氏[四]，友謙醉寢晉王帳中，晉王視之，顧左右曰：「冀王雖甚貴，然恨其臂短耳！」

末帝即位，友謙復臣于梁而不絕晉也。貞明六年，友謙遣其子令德襲同州，逐節度使程全暉，因求兼鎮。末帝初不許，已而許之，制命未至，友謙復叛，始絕梁而附晉矣。末帝遣劉鄩等討之，鄩為李存審所敗。晉封友謙西平王，加守太尉，以其子令德為同州節度使。

莊宗滅梁入洛，友謙來朝，賜姓名曰李繼麟，賜予鉅萬。明年，加守太師、尚書令，賜鐵券恕死罪。以其子令德為遂州節度使，令錫忠武軍節度使，諸子及其將校為刺史者十餘人，恩寵之盛，時無與比。

是時，宦官、伶人用事，多求賂于友謙，友謙不能給而辭焉，宦官、伶人皆怒。唐兵伐蜀，友謙閱其精兵，命其子令德將以從軍。及郭崇韜見殺，伶人景進言：「唐兵初出時，友謙以為討己，閱兵自備。」又言：「與崇韜謀反。」且曰：「崇韜所以反于蜀者，以友謙為內

應。友謙見崇韜死,謀與存乂爲郭氏報冤。」莊宗初疑其事,羣伶、宦官日夜以爲言。友謙聞之大恐,將入朝以自明,將吏皆勸其毋行。友謙曰:「郭公有大功於國,而以讒死,我不自明,誰爲我言者!」乃單車入朝。景進使人詐爲變書,告友謙反。莊宗惑之,乃徙友謙義成軍節度使,遣朱守殷夜以兵圍其館,驅友謙出徽安門外,殺之。復其姓名。詔魏王繼岌殺令德於遂州,王思同殺令錫於許州,夏魯奇族其家屬于河中。友謙妻張氏率其宗族二百餘口見魯奇曰:「朱氏宗族當死,顧無濫及平人。」乃別其婢僕百人,以其族百口就刑。張氏入室取其鐵券示魯奇曰:「此皇帝所賜也,不知爲何語!」魯奇亦爲之慚。

友謙死,其將史武等七人皆坐友謙族誅,天下冤之。

袁象先

袁象先,宋州下邑人,唐南陽王恕己之後也。父敬初,梁太府卿、駙馬都尉,尚太祖妹,是爲萬安大長公主。象先以梁甥爲宣武軍內外馬步軍都指揮使,歷宿、洺、陳三州刺史。太祖即位,累遷左龍武統軍、在京馬步軍都指揮使。

太祖遇弑，友珪立。末帝留守東都，以大事謀於趙巖，巖曰：「此事如反掌耳，但得招討楊令公一言諭禁軍，則事可成。」末帝即遣人之魏州，以謀告楊師厚，師厚遣裨將王舜賢至洛陽與象先謀，象先許諾。是時，龍驤軍將劉重遇戍于懷州，以其軍作亂，友珪遣霍彥威擊敗于鄢陵，其餘兵奔散，捕之甚急。末帝即召龍驤軍在東京者告之曰：「上以重遇故，欲盡召龍驤軍至洛而誅之。」乃僞爲友珪詔書示之，龍驤軍恐懼，不知所爲，因告之曰：「友珪弑父與君，天下之賊也！爾能趨洛陽擒之，以其首祭先帝，則所謂轉禍而爲福也。」軍士踴躍曰：「王言是也。」末帝即位，拜象先鎮南軍節度使，同中書門下平章事，開封尹，判在京馬步軍諸軍事。貞明四年，爲平盧軍節度使，徙鎮宣武[五]。

象先爲梁將，未嘗有戰功，徒以甥故掌親軍。及誅友珪，有功於末帝。在宋州十餘年，誅斂其民，積貨千萬。莊宗滅梁，象先來朝洛陽，輦其資數十萬，賂唐將相、伶官、宦者及劉皇后等，由是内外翕然稱其爲人。莊宗待之甚厚，賜姓名爲李紹安，改宣武軍爲歸德軍，曰：「歸德之名，爲卿設也。」遣之還鎮。是歲卒，年六十一[六]，贈太師。

象先二子，正辭官至刺史，巘周世宗時爲橫海軍節度使。象先平生所積財產數千萬，邸舍四千間，其卒也，不以分諸子，而悉與正辭。正辭初以父任爲飛龍副使。唐廢帝時，

獻錢五萬緡,領衢州刺史。晉高祖入立,復獻五萬緡,求爲真刺史。拜雄州刺史,州在靈武之西,吐蕃界中。正辭憚,不欲行,復獻錢數萬,乃得免。正辭不勝其忿,以衣帶自經,其家人救之而止。出帝時,又獻錢三萬緡、銀萬兩,出帝憐之,欲與一内郡,未及而卒。正辭積錢盈室,室中嘗有聲如牛,人以爲妖,勸其散積以禳之。正辭曰:「吾聞物之有聲,求其同類爾,宜益以錢,聲必止。」聞者傳以爲笑。

朱漢賓

朱漢賓,字績臣,亳州譙人也。其父元禮爲軍校,從梁軍戰,歿于清口。漢賓爲人有膽力,梁太祖以其父死戰,憐之,以爲養子。

是時,梁方東攻兗、鄆,鄆州朱瑾募其軍中驍勇者,黥雙鴈于其頰,號「鴈子都」。太祖聞之,乃更選勇士數百人,號「落鴈都」,以漢賓爲指揮使。及漢賓貴,人猶以爲「朱落鴈」。

漢賓事梁爲天威軍使,歷磁滑宋亳曹五州刺史、安遠軍節度使。

莊宗滅梁,罷漢賓爲右龍武統軍〔七〕,待之頗薄。後莊宗因出遊幸其第,漢賓妻有色而惠,因侍左右,進酒食,奏歌舞,莊宗懽甚,留至夜漏二更而去,漢賓自此有寵。

初，漢賓在梁也，與朱友謙俱為太祖養子，而友謙年長，漢賓以兄事之。其後梁亡，漢賓數寓書友謙，友謙不答，漢賓銜之。其後友謙見族，人皆以為漢賓有力。明宗入立，以漢賓為莊宗所厚，惡之，以為右衞上將軍。安重誨用事，漢賓依附之，相為婚姻，由是復得為昭義軍節度使。重誨死，漢賓罷為上將軍，遂以太子少保致仕。漢賓為將，未嘗有戰功，而臨政能守法，好施惠，人頗愛之。清泰二年卒，年六十四。晉高祖時，贈太子少傅，諡曰貞惠。

段凝

段凝，開封人也。初名明遠，後更名凝。為澠池主簿。其父事梁太祖，以事坐徙。後凝棄官，亦事太祖，為軍巡使。又以其妹內太祖，妹有色，後為美人。凝為人憸巧，善窺迎人意，又以妹故，太祖漸親信之，常使監諸軍。為懷州刺史，梁太祖北征，過懷州，凝獻饋甚豐，太祖大悅。過相州，相州刺史李思安獻饋如常禮，比凝為薄，太祖怒，思安因以得罪死。遷凝鄭州刺史，使監兵於河上。李振亟請罷之，太祖曰：「凝未有罪。」振曰：「待其有罪，則社稷亡矣！」然終不罷也。

莊宗已下魏博,與梁相距河上。梁以王彥章爲招討使,凝爲副。是時,末帝昏亂,小人趙巖、張漢傑等用事,凝依附巖等爲姦。彥章爲招討使,三日,用奇計破唐德勝南城。而凝與彥章各自上其功,巖等從中匿彥章功狀,悉歸其功於凝。凝因納金巖等,求代彥章,末帝惑巖等言,卒以凝爲招討使,軍于王村。

是時,唐已下鄆州,凝乃自酸棗決河東注鄆,以隔絕唐軍,號「護駕水軍」[八]。莊宗自鄆趨汴,汴兵悉已屬凝,京師無備,乃遣張漢倫馳馹召凝于河上,漢倫中道墜馬,傷不能進。已而梁亡,凝率精兵五萬降唐,莊宗賜以錦袍、御馬。明日,凝奏:「故梁姦人趙巖、張漢傑等十餘人[九],侮弄權柄,殘害生靈,請皆族之。」凝出入唐朝無媿色,見唐將相若倡優,因伶人景進納賂劉皇后,以求恩寵。莊宗甚親愛之,賜姓名曰李紹欽,以爲泰寧軍節度使。居月餘,用庫錢數十萬,有司請責其償,莊宗釋之。郭崇韜固請,以爲不可,莊宗怒曰:「朕爲卿所制,都不自由!」終釋之。

莊宗遣李紹宏監諸將備契丹,凝軍瓦橋關,以諂事紹宏,紹宏請以凝招討,莊宗使凝條奏方略,凝所請每以爲不可。遷武勝軍節度使。趙在禮反,紹宏請以凝招討,紹宏數薦凝可大用,郭崇韜偏裨,皆其故黨,莊宗疑之,乃止。明宗即位,勒歸田里。明年,長流遼州,賜死。

劉玘

劉玘，汴州雍丘人也。世爲宣武軍牙將。梁太祖鎮宣武，玘以軍卒補隊長，稍以戰功遷牙將，爲襄州都指揮使。

山南節度使王班爲亂軍所殺，亂軍推玘爲留後，玘僞許之，明日饗士于庭，伏甲幕中，酒半，擒爲亂者殺之。會梁遣陳暉兵亦至，襄州平，以功拜復州刺史，徙亳、安二州。

末帝時，爲晉州觀察留後，凡八年，日與晉人交戰。莊宗滅梁，玘來朝，莊宗勞之曰：「劉侯亡恙，爾居晉陽之南鄙久矣，不早相聞，今日見訪，不其晚邪？」玘頓首謝罪，遣還鎮，遂以爲節度使，徙鎮安遠。天成元年，以史敬鎔代之，玘還京師，未至，拜武勝軍節度使，以疾卒于道中，贈侍中。

周知裕

周知裕，字好問，幽州人也。爲劉仁恭騎將，仁恭爲其子守光所囚，知裕去事守光兄

守文。守光又攻殺守文，乃與張萬進立守文子延祚而事之。守光又殺延祚，以其子繼威代之。萬進殺繼威，與知裕俱奔于梁。

梁太祖得知裕喜甚，爲置歸化軍，以知裕爲指揮使，凡與晉戰所得，及兵背晉而歸梁者，皆以隸知裕。梁、晉相拒河上十餘年，其摧堅陷陣，歸化一軍爲最，然知裕位不過刺史。

莊宗入汴，知裕與段凝軍河上，聞梁已亡，欲自殺，爲賓客故人止之，乃降唐。莊宗尤寵待之，諸將嫉其寵，因獵射之，知裕走以免。莊宗爲殺射者，以知裕爲房州刺史。明宗時，歷絳、淄二州刺史，遷宿州團練使，安州留後，所居皆有政。安州近淮，俗惡病者，父母有疾，置之佗室，以竹竿繫飲食委之，至死不近。知裕深患之，加以教道，由是稍革。罷爲右神武統軍。應順中卒，贈太傅。

陸思鐸

陸思鐸，澶州臨黃人也。少事梁爲宣武軍卒，以善射知名。累遷拱辰左廂都指揮使、領恩州刺史。

梁、晉相拒河上,思鐸鏤其姓名於箭筈以射晉軍,而矢中莊宗馬鞍,莊宗拔矢,見思鐸姓名,奇之。其後滅梁,思鐸謁見,莊宗出其矢以示之,思鐸伏地請死,莊宗慰而起之,拜龍武右廂都指揮使。

晉高祖時,爲陳、蔡二州刺史。卒,年五十四。思鐸在陳州,有善政,臨終戒其子曰:「陳人愛我,我死則葬焉。」遂葬于陳州。

校勘記

〔一〕明年十一月 按本卷上文云「加拜全義太師、尚書令」,下文又敍「莊宗幸洛陽,南郊而禮物不具」,據舊五代史卷三〇唐莊宗紀四、通鑑卷二七二,二事皆在同光元年。

〔二〕石濠 舊五代史卷六三朱友謙傳作「石壕」。

〔三〕梁太祖表璠代珙 「梁」字原闕,據宋乙本、宗文本補。

〔四〕友謙會晉王於猗氏 以上八字原闕,據宋乙本、宗文本補。舊五代史卷六三朱友謙傳敍其事作「因與友謙會於猗氏」。

〔五〕貞明四年爲平盧軍節度使徙鎮宣武 舊五代史卷五九袁象先傳記其乾化四年「授青州節度使」,「青州即平盧軍」。按通鑑卷二六九:「(貞明三年春正月)詔宣武節度使袁象先救潁州」,

則袁象先徙鎮宣武在貞明三年前。朱玉龍方鎮表繫袁象先初徙宣武于貞明二年。吳蘭庭纂誤補卷三：「『貞明』二字當衍。」

（六）年六十一 「一」字原闕，據宋乙本、宗文本、舊五代史卷五九袁象先傳補。

（七）罷漢賓爲右龍武統軍 「右」，舊五代史卷三二唐莊宗紀六、卷六四朱漢賓傳，册府卷一一四、卷四四〇、卷九二二作「左」。

（八）號護駕水軍 「軍」，原作「鄆」，據宋乙本改。宋丙本、宗文本作「號護駕水」。

（九）故梁姦人趙巖張漢傑等十餘人 「姦人」，宗文本作「要人」。舊五代史卷三〇唐莊宗紀四敍其事作「梁朝權臣趙巖等」，卷五九王瓚傳作「梁朝掌事權者趙巖等」。

新五代史卷四十六

雜傳第三十四

趙在禮

趙在禮,字幹臣,涿州人也。少事劉仁恭爲軍校,仁恭遣佐其子守文襲取滄州。其後守文爲其弟守光所殺,在禮乃奔于晉。莊宗時,爲效節指揮使,將魏兵戍瓦橋關。還至貝州,軍士皇甫暉作亂,推其將楊仁晟爲首[一],仁晟不從,殺之,又推一小校,小校不從,又殺之,乃攜二首詣在禮。在禮聞亂,衣不及帶,方踰垣而走,暉曳其足而下之,環以白刃,示之二首,曰:「不從我者如此首!」在禮從之,遂反。

在禮自貝州還攻魏,縱軍大掠。是時,興唐尹王正言年老病昏,聞在禮至,呼吏草奏,吏已奔散,正言猶不知,方據案大怒,左右告曰:「賊已市中殺人,吏民皆走,欲誰呼邪?」

正言大驚曰：「吾初不知此。」即索馬將去，厭吏曰：「公妻子爲虜矣，安得馬乎？」正言惶恐，步出府門，見在禮，望而下拜，在禮呼正言曰：「公何自屈之甚邪！此軍士之情，非予志也。」在禮即自稱兵馬留後。

莊宗遣元行欽討之，行欽攻魏不克，乃遣明宗代行欽。明宗兵反嚮京師，在禮留于魏。明宗即位，拜在禮義成軍節度使，在禮不受命，遂拜鄴都留守、興唐尹。久之，皇甫暉等皆去，在禮獨在魏，患魏軍之驕，懼及禍，乃求徙鎮橫海。歷鎮泰寧、匡國、天平、忠武、武寧、歸德、晉昌，所至邸店羅列，積貲巨萬。

晉出帝時，以在禮爲北面行營馬步都虞候，以擊契丹，未嘗有戰功。在禮在宋州，人尤苦之，已而罷去，宋人喜而相謂曰：「眼中拔釘，豈不樂哉！」既而復受詔居職，乃籍管内，口率錢一千，自號「拔釘錢」。

晉亡，契丹入汴，在禮自宋馳至洛陽，遇契丹拽剌等，拜於馬首，拽剌等兵共侵辱之，誅責貨財，在禮不勝其憤。行至鄭州，聞晉大臣多爲契丹所鎖，中夜惶惑，解衣帶就馬櫪自經而卒，年六十二□。漢高祖立，贈中書令。

霍彥威

霍彥威，字子重，洺州曲周人也。少遭兵亂，梁將霍存掠得之，愛其儇爽，養以爲子。嘗從存戰，中矢，眇其一目。後事梁太祖，太祖亦愛之，稍遷右龍驤軍使，右監門衛上將軍。預誅友珪，以功拜洺州刺史，遷邠寧節度使。

李茂貞遣梁叛將劉知俊攻邠州，彥威固守踰年，每獲知俊兵，必縱還之，知俊德之，後不復攻。徙鎮義成，又徙天平、兼北面行營招討使，與晉軍相持河上，彥威屢敗，降爲陝州留後。

莊宗滅梁，彥威自陝來朝，莊宗置酒故梁崇元殿，彥威與梁將段凝、袁象先等皆在。莊宗酒酣，指彥威等舉酒屬明宗曰：「此皆前日之勍敵，今侍吾飲，乃卿功也。」彥威等惶恐伏地請死，莊宗勞之曰：「吾與總管戲爾，卿無畏也。」賜姓名曰李紹真。明年，徙鎮武寧，從明宗擊契丹，明宗愛其爲人，甚親厚之。

其後，趙在禮反，彥威別討趙太於邢州，破之，還以兵屬明宗討在禮。明宗軍變，從馬直軍吏張破敗率衆殺將校，縱火焚營譟呼，明宗叱之曰：「自吾爲帥十有餘年，何負爾

輩！今賊城破在旦夕,乃爾輩立功名、取富貴之時。況爾天子親軍,返效賊邪!」軍士對曰:「城中之人何罪,戍卒思歸而不得耳。天子不垂原宥,志在勦除。且聞破魏之後,欲盡坑魏博諸軍,某等初無叛心,直畏死耳。今宜與城中合勢,擊退諸鎮之兵,請天子帝河南,令公帝河北〔四〕,亂兵環列而呼曰:「令公不欲帝河北,則佗人有之,我輩狼虎,豈識尊卑!」彥威與安重誨勸明宗許之,乃擁兵入城,與在禮合,彥威獨不入。明宗入城,與在禮置酒大會,而部兵在外者聞明宗反,皆潰去,獨彥威所將五千人營城西北隅不動。居二日,明宗復出,得彥威兵,乃之魏縣,謀欲還鎮州,彥威、重誨勸明宗以兵南向。

莊宗崩,彥威從明宗入洛陽,首率羣臣勸進,內外機事,皆決彥威。彥威素與段凝、溫韜有隙,因擅捕凝、韜下獄,將殺之,安重誨曰:「凝、韜之惡,天下所知,然主上方平內難,以恩信示人,豈公報仇之時?」彥威乃止。明宗即位,乃赦凝、韜,放歸田里,已而卒賜死。

彥威徙鎮平盧。朱守殷反,伏誅,彥威遣使者馳騎獻兩箭爲賀,明宗賜兩箭以報之。夷狄之法,起兵令衆,以傳箭爲號令,然非下得施於上也。明宗本出夷狄,而彥威武人,君臣皆不知禮,動多此類。然彥威客有淳于晏者,登州人也,少舉明經及第,遭世亂,依彥

威，自彥威爲偏裨時已從之。彥威嘗戰敗脫身走，麾下兵無從之者，獨晏徒步以一劍從之榛棘間以免。彥威高其義，所歷方鎮，常辟以自從，至其家事無大小，皆決於晏，彥威以故得少過失。當時諸鎮辟召寮屬，皆以晏爲法。

天成三年冬，彥威卒于鎮。是時，明宗方獵于近郊，青州馳騎奏彥威卒，明宗涕泣還宮，輟朝，仍終其月不舉樂。贈彥威太師，謚曰忠武。

房知溫

房知溫，字伯玉，兗州瑕丘人也。少以勇力爲赤甲都官健，後隸魏州馬嗣軍，稍遷親隨軍指揮使。莊宗取魏博，得知溫，賜姓李氏，名曰紹英，以爲澶州刺史，歷曹、貝二州刺史，戍瓦橋關。

明宗自魏反兵南向，知溫首馳赴之。天成元年，拜泰寧軍節度使。明年，爲北面招討使，屯于盧臺。明宗遣烏震往代知溫還鎮，其戍卒效節軍將龍晊等攻震殺之。效節，魏州軍也。魏州自羅紹威誅衙軍，楊師厚爲節度使，復置銀槍效節軍。當梁末帝時，師厚幾爲梁患。師厚卒，以賀德倫代之。末帝患魏軍彊難制，與趙巖等謀分相，魏爲兩鎮，魏軍由

此作亂,劫德倫叛梁而降晉,梁遂失河北。莊宗自得魏兵,與梁戰河上,數有功,許其軍以滅梁而厚賞。及梁亡,魏軍雖數賜與,而驕縱無厭,常懷怨望,皇甫暉之亂,劫趙在禮入魏,皆此軍也。明宗乃以皇子從榮代在禮鎮天雄軍,以魏軍素驕,常懼禍,不皇居,陰遣人訴于明宗,求解去。明宗入立,在禮鎮天雄軍,以魏軍效節九指揮北戍盧臺。軍發之日,不給兵甲,惟以長竿繫旗幟以表隊伍,軍士頗自疑惑。明年,明宗遣烏震代知溫戍,而知溫尤不樂。盧臺戍軍夾水東西為兩寨,震初至,與知溫會東寨,方博,效節軍亂,噪于門外,知溫即乘馬而出。亂軍擊殺震,執轡留知溫,知溫紿曰:「騎兵皆在西寨,今獨步軍,恐無能為也。」知溫即躍馬登舟渡河入西寨,以騎軍盡殺亂者。明宗下詔,悉誅其家屬于魏州,凡九指揮三千餘家數萬口,驅至漳水上殺之,漳水為之變色。魏之驕兵,於是而盡。明宗知變自知溫起,釋而不問,徙鎮武寧,加兼侍中,歷鎮天平、平盧。

初,明宗為北面招討使,而知溫為副使,廢帝時以裨將事知溫甚謹,後因杯酒失意。及廢帝起兵鳳翔,愍帝出奔,知溫乘間有窺覦之意,謂其司馬李沖曰:「吾有錢數屋,養兵數千,因時建義,功必有成。」及沖至京師,廢帝已入立,沖即奉表稱賀,還勸知溫入朝,廢帝慰勞請懷表而西以觇之。」及沖至京師,廢帝已入立,沖即奉表稱賀,還勸知溫入朝,廢帝慰勞之甚厚。知溫還鎮,封東平王。太常上言:「策拜王公,皇帝臨軒遣策。其在外者,正衙

命使,而鹵簿、鼓吹、輅車、法物不出都城,考之故事無明文。今北平王德鈞、東平王知溫受封遣策,請下兵部、太常、太僕,給鹵簿、鼓吹、輅車、法物赴本道,禮畢還有司。」

知溫在鎮,常厚斂其民,積貲鉅萬,治第青州南城,出入以聲妓,游嬉不恤政事。天福元年,卒于官,贈太尉。

知溫卒後,其子彥儒獻其父錢三萬緡、絹布三萬匹、金百兩、銀千兩、茶千五百斤、絲十萬兩,拜沂州刺史。其將吏分其餘貲者,皆爲富家云。

王晏球

王晏球,字瑩之,洛陽人也。少遇亂,爲盜所掠,汴州富人杜氏得之,養以爲子,冒姓杜氏。梁太祖鎮宣武,選富家子之材武者置之帳下,號「廳子都」。晏球爲人倜儻有大節,爲廳子都指揮使。太祖即位,爲右千牛衛將軍。友珪立,龍驤戍卒反,自懷州趣京師,遣晏球擊敗之于河陽,以功遷龍驤第一指揮使。

末帝即位,遷龍驤四軍都指揮使[五]。梁遣捉生軍將李霸將千人戍楊劉,霸夜作亂,自水門入,縱火大譟,以長竿縛布沃油,仰燒建國門。晏球聞亂,不俟命,率龍驤五百騎擊

之，賊勢稍却。末帝登樓見之，呼曰：「此非吾龍驤軍邪！」晏球奏曰：「亂者，李霸一都爾，陛下嚴守宮城，而責臣破賊。」遲明盡殺之，以功拜澶、]州刺史[六]。

[二]古本作單。

梁、晉軍河上，以晏球爲行營馬步軍都指揮使[七]。莊宗入汴，晏球以兵追之，行至封丘，聞末帝已崩，即解甲降唐，莊宗賜姓名曰李紹虔，拜齊州防禦使，成瓦橋關。明宗兵變，自鄴而南，遣人招晏球，晏球從至洛陽，拜歸德軍節度使。定州王都反，以晏球爲招討使，與宣徽南院使張延朗等討之。都遣人北招契丹，契丹遣禿餒將萬騎救都。晏球聞禿餒等兵且來，留張延朗屯新樂，自逆於望都。而契丹從他道入定州，與都出不意擊延朗軍，延朗大敗，收餘兵會晏球趨曲陽，都乘勝追之。晏球先至水次，方坐胡牀指麾，而都衆掩至，晏球與左右十餘人連矢射之，都衆稍却，而後軍亦至。晏球立高岡，號令諸將皆櫜弓矢、用短兵，回顧者斬。符彥卿以左軍攻其左，高行珪以右軍攻其右[八]，中軍騎士抱馬項馳入都軍，都遂大敗，自曲陽至定州，橫尸棄甲六十餘里。都與禿餒入城，不敢復出。契丹又遣惕隱以七千騎益都，晏球遇之唐河，追擊至滿城，斬首二千級，獲馬千匹。契丹自中國多故，彊於北方，北方諸夷無大小皆畏伏，而中國之兵遭契丹者，未嘗少得志。自晏球擊敗禿餒，又走惕隱，其餘衆奔潰投村落，村落之人以鋤櫌白梃所在擊殺之，無復

遺類。惕隱與數十騎走至幽州西,爲趙德鈞擒送京師。明宗下詔責誚契丹。契丹後數遣使至中國,求歸惕隱等,辭甚卑遜,輒斬其使以絕之。於是時,中國之威幾於大震,而契丹少衰伏矣,自晏球始也。

晏球攻定州,久不克,明宗數遣人促其破賊,晏球以謂未可急攻。其偏將朱弘昭、張虔釗等宣言曰:「晏球怯耳!」乃驅兵以進,兵果敗,殺傷三千餘人,由是諸將不敢復言攻。晏球乃休養士卒,食其三州之賦,悉以俸禄所入具牛酒,日與諸將高會。久之,都城中食盡,先出其民萬餘人,數與禿餒謀決圍以走,不果,都將馬讓能以城降,都自焚死。晏球爲將有機略,善撫士卒。其擊禿餒,既因敗以爲功,而諸將皆欲乘勝取都,晏球返,獨不動,卒以持久弊之。自天成三年四月都反,明年二月始克之,軍中未嘗戮一人。以破都功,拜天平軍節度使。又徙平盧,累官至兼中書令。是歲卒[九],年六十二[一〇],贈太尉。

安重霸

安重霸,雲州人也,初與明宗俱事晉王。重霸得罪奔于梁,又奔于蜀。

重霸為人狡譎多智，善事人。蜀王建以爲親將。王衍立，少年，宦者王承休用事，重霸深結承休以自託。梁末，蜀取李茂貞秦、成、階三州，重霸勸承休求鎮秦州，衍以承休爲節度使，重霸爲其副使。重霸與承休多取秦州花木獻衍，請以衍東遊。唐魏王兵伐蜀，承休大恐，以問重霸，重霸曰：「劍門天下之險，雖有精兵，不可過也。然公受國恩，聞難不可不赴，願與公俱西。」承休素親信之，以爲然。承休整軍將發，秦人送之，帳飲城外。酒罷，承休上道，重霸立承休馬前，辭曰：「秦隴不可失，願留爲公守。」承休業已上道，無如之何。

唐軍已破蜀，重霸亦以秦、成、階三州降唐，明宗以爲閬州團練使。罷爲左衞大將軍。久之，以爲匡國軍節度使。廢帝時，爲京兆尹、西京留守，徙鎮大同，以病罷還，卒于潞州。

王建立

王建立，遼州榆社人也。唐明宗爲代州刺史，以建立爲虞候將。莊宗嘗遣女奴之代州祭墓，女奴侵擾代人，建立捕而笞之。莊宗怒，欲殺之，明宗爲庇護之以免。明宗自魏

反,犯京師,曹皇后、王淑妃皆在常山,建立殺常山監軍并其守兵,明宗家屬因得無患,由是明宗益愛之。明宗即位,以爲成德軍節度副使,已而拜節度使、檢校太尉[二]、同中書門下平章事。

建立與安重誨素不協,定州王都有二志,數以書通建立,約爲兄弟,重誨知之以爲言。明宗不欲傷建立,亟召還京師。建立入見,亦多言重誨過失。明宗大怒,欲亟罷重誨,羣臣左右諷解之,乃止。然卒以建立爲右僕射,同中書門下平章事、判三司事。居歲餘,自言不識文字,願解三司,明宗不許。久之,建立稱疾,明宗笑曰:「人固有詐疾而得疾者。」乃出爲平盧節度使,又徙上黨。建立數請朝見,不許,乃自詣京師,闌至後樓見明宗,涕泣言已無罪,爲重誨所擯。明宗曰:「汝爲節度使,不作好事,豈獨重誨讒汝邪!」賜以茶藥而遣之。廢帝立,復起爲天平軍節度使。

晉高祖時,徙鎮平盧。天福五年來朝,高祖勞之曰:「三十年前老兄,可毋拜!」賜以肩輿入朝,給二宦者掖而升殿,宴見甚渥。又徙昭義,賜以玉斧、蜀馬。累封韓王。建立好殺人,其晚節始惑浮圖法,戒殺生,所至人稍安之。卒,年七十,贈尚書令。子守恩,以蔭補,稍遷諸衛將軍。建立已卒,家于潞,守恩自京師得告歸,而契丹滅

晉。昭義節度使張從恩與守恩姻家，乃以守恩權巡檢使，以守潞州，而從恩入見契丹。從恩既去，守恩因剽劫從恩家貲，以潞州降漢。漢高祖即位，以守恩為昭義軍節度使，徙鎮靜難、西京留守，加同中書門下平章事。

守恩性貪鄙，人甚苦之。時周太祖以樞密使將白文珂等軍西平三叛，還過洛陽，守恩以使相自處，肩輿出迎。太祖怒，即日以頭子命文珂代守恩為留守，而守恩方詣館謁，坐於客次以俟見，而吏馳報新留守視事於府矣。守恩大驚，不知所為，遂罷去，奉朝請于京師。

後隱帝殺史弘肇等，召羣臣上殿慰諭之，羣臣恐懼，無敢言者，獨守恩前對曰：「陛下始睡覺矣。」聞者皆縮頸。顯德中，為左金吾衛上將軍以卒〔二〕。

嗚呼！道德仁義，所以為治，而法制綱紀，亦所以維持之也。自古亂亡之國，必先壞其法制而後亂從之。亂與壞相乘，至蕩然無復綱紀，則必極於大亂而後返，此勢之然也，五代之際是已。若文珂、守恩皆位兼將相，漢大臣也，而周太祖以一樞密使頭子易置之，如大卒。是時，太祖與漢未有間隙之端，宜未萌于心，而其所為如此者，何哉？蓋其習為常事，故特發於喜怒頤指之間，而文珂不敢違，守恩不得拒。太祖既

處之不疑，而漢廷君臣亦置而不問，其上下安然而不怪者，豈非朝廷法制綱紀壞亂相乘，其來也遠，既極而至於此歟？是以善爲天下慮者，不敢忽於微，而常杜其漸也，可不戒哉！

康福

康福，蔚州人也。世爲軍校。福以騎射事晉王爲偏將。莊宗嘗曰：「吾家以羊馬爲生，福狀貌類胡人而豐厚，胡宜羊馬。」乃令福牧馬于相州，爲小馬坊使，逾年馬大蕃滋。明宗自魏反兵，過相州，福以小坊馬二千匹歸命，明宗軍勢由是益盛。明宗入立，拜飛龍使，領磁州刺史，襄州兵馬都監。從劉訓討荊南，無功而還。福爲將無佗能，善諸戎語〔三〕，明宗嘗召入便殿，訪以外事，福輒爲蕃語以對。樞密使安重誨惡之，常戒福曰：「無妄奏事，當斬汝！」福懼，求外任。靈武韓洙死，其弟澄立，而偏將李從賓作亂〔四〕。澄表請朝廷命帥，而重誨以謂靈武深入夷境，爲帥者多遇害，乃拜福涼州刺史、朔方河西軍節度使。福入見明宗，涕泣言爲重誨所擠。明宗召重誨爲福更佗鎮，重誨曰：「福爲刺史無功效而建節旄，其敢有所擇

邪!」明宗怒,謂福曰:「重誨遣汝,非吾意也。吾當遣兵護汝,可無憂。」乃令將軍牛知柔以兵衞福。行至方渠,而羌夷果出邀福,福以兵擊走之。至青岡峽,遇雪,福登山望見川谷中煙火,有吐蕃數千帳,不覺福至,福分其兵爲三道,出其不意襲之。吐蕃大駭,棄車帳而走,殺之殆盡,獲其玉璞,綾錦,羊馬甚衆,由是威聲大振。

福居靈武三歲,歲常豐稔,有馬千駟,蕃夷畏服。言事者疑福有異志,重誨亦言福必負朝廷。明宗遣人謂福曰:「我何少汝而欲負我!」福言:「受國恩深,有死無二。」因乞還朝,不許。福章再上,即隨而至,明宗不之罪,徙鎮彰義。

晉高祖時,徙鎮河中,代還。卒于京師,贈太師,謚曰武安。

福世本夷狄,夷狄貴沙陀,故常自言沙陀種也。福嘗有疾臥閣中,寮佐入問疾,見其錦衾,相顧竊戲曰:「錦衾爛兮!」福聞之,怒曰:「我沙陀種也,安得謂我爲奚?」聞者笑之。

郭延魯

郭延魯,沁州綿上人也。父饒,以驍勇事晉,數立軍功,爲沁州刺史者九年,爲政有惠

愛，州人思之。

延魯以善槊爲將，累遷神武都知兵馬使。朱守殷反，從攻汴州，以先登功爲汴州馬步軍都指揮使[五]，累遷復州刺史。延魯歎曰：「吾先君爲沁州者九年，民到于今思之。吾今幸得爲刺史，其敢忘吾先君之志！」由是益以廉平自勵，民甚賴之。秩滿，州人乞留，不許，皆遮道攀號。天福中，拜單州刺史，卒于官。

當是時，刺史皆以軍功拜，言事者多以爲言，以謂方天下多事，民力困敝之時，不宜以刺史任武夫，恃功縱下，爲害不細。而延魯父子，特以善政著聞焉。

嗚呼，五代之民其何以堪之哉！上輸兵賦之急，下困剝斂之苛。自莊宗以來，方鎮進獻之事稍作，至於晉而不可勝紀矣。其「添都」、「助國」之物，動以千數計。至於來朝、奉使、買宴、贖罪，莫不出於進獻。而功臣大將，不幸而死，則其子孫率以家貲求刺史，其物多者得大州善地。蓋自天子皆以賄賂爲事矣，則爲其民者其何以堪之哉！於此之時，循廉之吏如延魯之徒者，誠難得而可貴也哉！

校勘記

〔一〕楊仁晟　舊五代史卷三四唐莊宗紀八、通鑑卷二七四作「楊仁晸」，舊五代史卷九〇趙在禮傳作「楊晟」。本卷下一處同。

〔二〕年六十二　「六十二」，舊五代史卷九〇趙在禮傳作「六十六」。

〔三〕稍遷右龍驤軍使　「右」，原作「左」，據宋丙本、宗文本、舊五代史卷六四霍彥威傳改。

〔四〕令公帝河北　「帝」，原作「鎮」，據宋丙本、宗文本改。舊五代史卷三五唐明宗紀一敍其事作「請令公帝河北」。

〔五〕遷龍驤四軍都指揮使　「都」字原闕，據宗文本、舊五代史卷六四王晏球傳、册府卷三六〇、通鑑卷二六九補。

〔六〕以功拜澶州刺史　「澶」，宋丙本、舊五代史卷六四王晏球傳、册府卷三六〇作「單」。

〔七〕以晏球為行營馬步軍都指揮使　「馬步軍」，舊五代史卷六四王晏球傳作「馬軍」。

〔八〕高行珪以右軍攻其右　「高行珪」，舊五代史卷六四王晏球傳、册府卷三六〇作「高行周」。按舊五代史卷三八唐明宗紀四：「（天成二年）以前復州刺史高行周為右龍武統軍」。吴蘭庭纂誤補卷三：「此疑作『行周』為是。」又同年「以前雲州節度使高行珪為鄧州節度使」。

〔九〕是歲卒　按本卷上文敍天成四年事，然據舊五代史卷四三唐明宗紀九、卷六四王晏球傳，王

〔一〇〕年六十二 「六十二」，舊五代史卷六四王晏球傳作「六十」。

〔一一〕檢校太尉 舊五代史卷三八唐明宗紀四、光緒榆社縣志卷九載王建立墓誌作「檢校太傅」。按舊五代史卷三九唐明宗紀五記其天成三年方加檢校太尉。

〔一二〕爲左金吾衞上將軍以卒 「左」，舊五代史卷一一五周世宗紀二、卷一二五王守恩墓誌（拓片刊千唐誌齋藏誌）作「右」。

〔一三〕善諸戎語 「諸」，原作「謂」，據宋丙本、宗文本改。舊五代史卷九一康福傳敍其事作「福善諸蕃語」。

〔一四〕李從賓 本書卷四〇韓遜傳、舊五代史卷一三二韓遜傳作「李賓」，通鑑卷二七六作「李匡賓」。

〔一五〕以先登功爲汴州馬步軍都指揮使 「馬步軍」，舊五代史卷九四郭延魯傳、册府卷三九六作「步軍」。

新五代史卷四十七

雜傳第三十五

華溫琪

華溫琪，字德潤，宋州下邑人也。世本農家。溫琪身長七尺，少從黃巢爲盜。巢陷長安，以溫琪爲供奉官都知。巢敗，溫琪走滑州，顧其狀貌魁偉，懼不自容，乃投白馬河，流數十里，不死，河上人援而出之。又自經于桑林，桑輒枝折。乃之胙縣，有田父見之曰：「子狀貌堂堂，非常人也！」乃匿于家。後歲餘，聞濮州刺史朱裕募士爲兵，乃往依之。後事梁，爲開道指揮使，累以戰功爲絳、棣二州刺史。棣州苦河水爲患，溫琪徙于新州以避之，民賴其利。又歷齊、晉二州［一］。莊宗攻晉州，踰月不能破，梁末帝嘉溫琪善守，升晉州爲定昌軍，以溫琪爲節度使。坐掠部民妻，爲其夫所訟，罷爲金吾衛大將軍、左

龍武統軍[二]。朱友謙以河中叛附于晉，末帝拜溫琪汝州防禦使、河中行營排陣使。遷耀州觀察留後。

莊宗滅梁，見溫琪，曰：「此爲梁守平陽者也！」嘉之，因以耀州爲順義軍，拜溫琪節度使，徙鎮雄武。明宗時來朝，願留闕下，以爲左驍衛上將軍。踰年，明宗謂樞密使安重誨曰：「溫琪舊人，宜與一重鎮。」重誨意不欲與，對以無員闕。佗日，明宗語又及之，重誨曰：「可代者惟樞密使耳。」明宗曰：「可。」重誨不能答。溫琪聞之懼，稱疾不出者累月，已而以爲鎮國軍節度使。廢帝時，以太子太保致仕[三]。天福元年卒，贈太子太傅[四]。

萇從簡

萇從簡，陳州人也。世本屠羊。從簡去事晉爲軍校，力敵數人，善用槊。莊宗用兵攻城，從簡多爲梯頭，莊宗愛其勇，以功累遷步軍都指揮使。莊宗與梁軍對陣，梁軍有執大旗出入陣間者，莊宗登高丘望見之，歎曰：「彼猛士，誰能爲我取之者？」從簡因前請往，莊宗惜之，不許。從簡潛率數騎，馳入梁軍，奪其旗而還，軍中皆鼓噪，莊宗壯之，賜與甚厚。從簡嘗中流矢，鏃入髀骨，命工取之。工無良藥，欲鑿其骨，人皆以爲不可。從簡遽

使鑿之，工遲疑不忍下，從簡叱其驅鑿，左右視者，皆若不勝其毒，而從簡言笑自若。然其爲人剛暴難制，莊宗每屈法優容之。累遷蔡州防禦使。明宗時，歷麟、汝、汾、金四州防禦使。明宗嘗戒之曰：「富貴可惜，然汝不能守也。先帝能貸爾，吾恐不能。」從簡性不可悛，明宗亦不之責。

廢帝舉兵於鳳翔，從簡與諸鎮兵圍之，已而兵潰，從簡東走，被執。廢帝責其不降，從簡曰：「事主不敢二心。」廢帝釋之，拜潁州團練使。廢帝還洛陽，從簡即降晉。晉高祖起兵太原，廢帝將親征，召爲招討副使，從至河陽，拜河陽三城節度使。歷鎮忠武、武寧，入爲左金吾衞上將軍。卒，年六十五，贈太師。

從簡好食人肉，所至多潛捕民間小兒以食。許州富人有玉帶，欲之而不可得，遣二卒夜入其家殺而取之。卒夜踰垣，隱木間，見其夫婦相待如賓，二卒歎曰：「吾公欲奪其寶，而害斯人，吾必不免。」因躍出而告之，使其速以帶獻，遂踰垣而去，不知其所之。

張筠 弟篯

張筠，海州人也。世以貨爲商賈。筠事節度使時溥爲宿州刺史。梁兵攻溥取宿州，

得筠，愛其辯惠，以爲四鎮客將、長直軍使，累拜宣徽使。末帝分相、澶、衞三州爲昭德軍，以筠爲節度使，由是魏博軍叛附于晉〔五〕。晉王攻相州，筠棄城走。後以爲永平軍節度使。

梁亡事唐，仍爲京兆尹。從郭崇韜伐蜀，爲劍南兩川安撫使。蜀平，拜河南尹，徙鎮興元。筠嘗有疾，不見將吏，副使符彥琳入問疾，筠又辭不見。彥琳疑筠已死，即請出牌印，筠怒，命左右收彥琳下獄，以其反聞。明宗知彥琳無反狀，召彥琳釋之，陽徙筠爲西京留守，戒守者不内，筠至長安不得入，乃朝京師，以爲左驍衞上將軍。

筠弟籛，當筠爲京兆尹時，以爲牙内指揮使，三白渠營田制置使。筠西伐蜀，留籛守京兆。蜀平，魏王繼岌班師，至興平，而明宗自魏起，京師大亂，籛乃斷咸陽浮橋以拒繼岌，繼岌乃自殺。

初，筠代康懷英爲永平軍節度使，而懷英死，筠即掠其家貲。又於唐故宮掘地，多得金玉。有偏將侯莫陳威者，嘗與溫韜發唐諸陵，分得寶貨，筠因以事殺威而取之。魏王繼岌死渭南，籛悉取其行橐。而王衍自蜀行至秦川，莊宗遣宦者向延嗣殺之，延嗣因盡得衍蜀中珍寶。明宗即位，即遣人捕誅宦者，延嗣亡命，而蜀之珍寶籛又取之。由是兄弟貲皆鉅萬。然筠爲人好施予，以其富，故所至不爲聚斂，民賴以安。而籛嗜酒貪鄙，歷沂、密二

州刺史。晉出帝時，以將軍巿馬於回鶻，坐馬不中式，有司理其價直，籛性鄙，因鬱鬱而卒。

筠居洛陽，擁其貲，以酒色聲妓自娛足者十餘年，人謂之「地仙」。天福二年，徙居長安。是歲，張從賓作亂，入洛陽，筠遂以免。卒，贈太子少師[六]。

嗚呼，五代反者多矣，吾於明宗獨難其辭！至於魏王繼岌薨，然後終其事也。莊宗遇弑，繼岌以元子握重兵，死于外而不得立，此大事也，而前史不書其所以然。夫繼岌之存亡，於張籛無所利害，籛何爲而拒之不使之東乎？豈其有所使而爲之乎？然明宗於符彥超深以爲德，而待籛無所厚，此其又可疑也。不然，好亂之臣，望風而響應乎？使籛不斷浮橋，而繼岌得以兵東，明宗未必能自立。則繼岌之死，由籛之拒，其所繫者豈小哉！

楊彥詢

楊彥詢，字成章，河中寶鼎人也。少事青州王師範，師範好學，聚書萬卷，使彥詢掌

之。彥詢爲人聰悟,遂見親信。師範降梁,後見殺,彥詢無所歸,乃之魏,事楊師厚爲客將。

魏博叛梁入于晉,彥詢因留事晉。莊宗滅梁,以彥詢爲引進副使,奉使吳、蜀,常稱旨。歷德州刺史、羽林將軍。

晉高祖鎮太原,廢帝疑其有貳志,擇諸將之謹厚者佐之,乃以彥詢爲太原節度副使。其後晉高祖以疑見徙,欲拒命不行,以問彥詢,彥詢不敢正言,因曰:「太原之力,能與唐敵否?公其審計之!」高祖反意已決,彥詢亦不復敢言。高祖左右以彥詢異議,欲殺之,高祖遽止之,曰:「惟副使一人,我自保之。」乃免。

是時,高祖乞兵於契丹,契丹耶律德光立高祖于太原,以兵送至河上。彥詢爲宣徽使,數往來虜帳中,德光亦愛其爲人。明年,拜感德軍節度使〔七〕,復入爲宣徽使,又拜安國軍節度使。天福七年,徙鎮鎮國,遭歲大饑,爲政有惠愛。以病風罷爲右金吾衞上將軍。卒,年七十四,贈太子太師。

李周

李周,字通理,邢州内丘人,唐昭義軍節度使抱真之後也。父矩,遭世亂不仕,嘗謂周

曰：「邯鄲用武之地，今世道未平，汝當從軍旅以興吾門。」

周年十六爲內丘捕賊將，以勇聞。是時，梁、晉兵爭山東，羣盜充斥道路，行者必以兵衛。內丘人盧嶽將徙家太原，舍逆旅，傍偟不敢進，周意憐之，爲送至西山。有盜從林中射獄，中其馬，周大呼曰：「吾在此，孰敢爾邪？」盜聞其聲，頤隆準，眉目疏徹，身長七尺，真將相也。吾占天象，晉必有天下，子宜留事晉，以圖富貴。」周以母老辭歸。

是時，梁遣葛從周攻下邢洺，晉王柵兵青山口，周未知所歸，乃思獄言，至青山歸晉，晉王以周爲萬勝黃頭軍使。後從征伐常有功。從戰柏鄉，先登，遷匡霸指揮使，守楊劉，周爲將甚勇，其於用兵，善守，能與士卒同甘苦。梁兵攻周，周堅守。久之，周聞母喪奔歸，莊宗遣佗將代周守，幾爲梁兵所破，莊宗遽追周還守之，乃得不破。其後梁人已破德勝，因東擊楊劉，以巨艦絕河，斷晉餉援。周遣人馳趨莊宗求救，請日行百里以赴急，莊宗笑曰：「周爲我守，何憂！」日行六十里，且行且獵，曰：「周非梁將可敵也。」比至，周已絕糧三日。莊宗以巨栰積薪沃油，順流縱火焚梁艦，梁兵解去。明宗時，拜武信軍節度使，徙鎭靜難，歷武寧、安遠、永興、宣武四鎭，所至多善政。

將爲梁擒矣！」歷相、蔡二州刺史。

晉高祖時，復鎮靜難，罷還。出帝幸澶淵，以周留守東京，還，拜開封尹。卒，年七十四，贈太師。

劉處讓

劉處讓，字德謙，滄州人也。少爲張萬進親吏，萬進入梁爲泰寧軍節度使，以處讓爲牙將。萬進叛梁附晉，梁遣劉鄩討之。萬進遣處讓求救于晉，晉王方與梁相拒，未能出兵，處讓乃於軍門截耳而訴曰：「萬進所以見圍者，以附晉故也，奈何不顧其急？苟不出兵，願請死！」晉王壯之，曰：「義士也！」爲之發兵。未渡河，而萬進爲梁兵所敗，處讓因留事晉。

莊宗即位，爲客省使[八]，常使四方，多稱旨。天成中，遷引進使，累遷左驍衛大將軍。廢帝時，魏州軍亂，逐其帥劉延皓，遣范延光招討，以處讓爲河北都轉運使。晉高祖立，歷宣徽南院使。范延光反，高祖命楊光遠爲招討使，以處讓參其軍事。已而副招討使張從賓叛于河陽，處讓分兵擊破從賓。還，與光遠攻鄴，逾年不能下。其後延光有降意而遲疑，處讓入城，譬以禍福，延光乃出降。

唐制，樞密使常以宦者爲之，自梁用敬翔、李振，至莊宗始用武臣，而權重將相。高祖時，以宰相桑維翰、李崧兼樞密使，處讓與諸宦者心不平之。光遠之討延光也，以重兵在己掌握，舉動多驕恣，其所求請，高祖頗裁抑之。處讓爲光遠言：「此非上意，皆維翰、崧等嫉公耳！」光遠大怒。及兵罷，光遠見高祖，訴以維翰等沮己，高祖不得已，罷維翰等，以處讓爲樞密使。

處讓在職，凡所陳述，多不稱旨。處讓丁母憂，高祖遂不復拜樞密使，以其印付中書而廢其職。處讓居喪期年，起復爲彰德軍節度使，右金吾衛上將軍。以疾卒，年六十三。累贈太師。

李承約

李承約，字德儉，薊門人也〔九〕。少事劉仁恭，爲山後八軍巡檢使，將騎兵二千人。仁恭爲其子守光所囚，承約以其騎兵奔晉，晉王以爲匡霸指揮使。從破夾寨，戰臨清，以功累遷洺汾二州刺史、潁州團練使。

天成中，邠州節度使毛璋有異志，明宗拜承約涇州節度副使，使往伺璋動靜。承約見

璋，諭以禍福。後明宗遣人代璋，璋即時受代。明宗大喜，即拜承約黔南節度使。承約以恩信撫諸夷落，勸民農桑，興起學校。居數年，當代，黔南人詣京師乞留，爲許留一年。召爲左衛上將軍，改左龍武統軍，拜昭義軍節度使，復爲左龍武統軍。天福二年，遷左驍衛上將軍。數請老，不許。卒，年七十五，贈太子太師。

張希崇

張希崇，字德峯，幽州薊人也。少好學，通左氏春秋。劉守光不喜儒士，希崇因事軍中爲偏將，將兵戍平州〔一〇〕。其後契丹攻陷平州，得希崇，知其儒者也，以爲盧龍軍行軍司馬。明宗時，盧文進自平州亡歸，契丹因以希崇代文進爲平州節度使，遣其親將以三百騎監之。居歲餘，虜將喜其爲人，監兵稍怠，希崇因與其麾下謀走南歸。其麾下皆言兵多，不可俱亡，懼不得脫，因勸希崇獨去。希崇曰：「虜兵守我者三百騎爾，烹其將，其兵必散走。且平州去虜帳千餘里，使其聞亂而呼兵，則吾與汝等在漢界矣！」衆皆曰善。乃先爲穽，實以石灰。明日，虜將謁希崇，希崇飲之以酒，殺之穽中，兵皆潰去，希崇率其麾下，得生口二萬南歸。明宗嘉之，拜汝州防禦使。遷靈武節度使。靈州地接戎狄，戍兵餉道，常

相里金

相里金，字奉金[一]，并州人也。爲人勇悍，而能折節下士。事晉王爲五院軍隊長。梁、晉戰柏鄉、胡柳，皆有功，遷黃甲指揮使。

同光中，拜忻州刺史。是時，諸州皆用武人，多以部曲主場務，漁蠹公私，以利自入，金獨禁部曲不與事，厚其給養，使掌家事而已。遷隴州防禦使。

廢帝起兵鳳翔，馳檄四隣，四隣未有應者，獨金首遣判官薛文遇見廢帝，往來計事。廢帝即位，德之，拜保義軍節度使。晉高祖起太原，廢帝以金爲太原四面步軍都指揮使，晉、晉戰柏鄉、胡柳，皆有功，遷黃甲指揮使。

晉高祖入立，復拜靈武節度使。居四歲，上書求還內地，徙鎮邠寧。招輯夷落，自回鶻、瓜沙皆遣使入貢。希崇撫養士卒，苦抄掠，希崇乃開屯田，教士耕種，軍以足食，而省轉饋，明宗下詔褒美。希崇事母至孝，朝夕母食，必侍立左右，徹饌乃敢退。爲將不喜聲色。好讀書，頗知星曆。天福三年，月掩畢口大星，希崇歎曰：「畢口大星，邊將也，我其當之乎！」明年正月卒，贈太師。有子仁謙。

高祖入立,徙鎮建雄,罷爲上將軍。天福五年卒,贈太師〔二〕。

張廷藴

張廷藴,開封襄邑人也。少爲宣武軍卒,去事晉,稍遷軍校。常從莊宗征伐,先登力戰,金瘡滿體,莊宗壯之,以爲帳前黃甲二十指揮步軍都虞候,魏博三城巡檢使。是時,莊宗在魏,以劉皇后從行,劉氏多縱其下擾人爲不法,人無敢言者,廷藴輒收而斬之。李繼韜叛于潞州〔三〕,莊宗遣明宗爲招討使,元行欽爲都部署,廷藴爲馬步軍都指揮使,將兵爲前鋒。廷藴至潞,日已暮,即率兵百餘踰濠登城,城守者不能禦,遂破潞州。明旦,明宗與行欽後至,明宗心頗慊之。廷藴以功遷羽林都指揮使、申懷沂三州刺史、金穎隴絳四州防禦團練使、左監門衞上將軍。開運中,以疾卒。

廷藴武人,所識不過數字,而平生重文士。嘗從明宗破梁鄆州,獲判官趙鳳,廷藴謂曰:「吾視汝貌必儒人,可無隱也。」鳳以實對,廷藴亟薦於明宗。後鳳貴爲相,數薦廷藴於安重誨,重誨屢言之,明宗以廷藴破潞之隙,終恨之,故終不秉旄節。廷藴素廉,歷七州,卒之日,家無餘貲。

馬全節

馬全節，字大雅，大名元城人也。唐同光中，全節爲捉生指揮使。趙在禮反鄴都，以全節爲馬步軍指揮使。明宗即位，歷博單鄆沂四州刺史、金州防禦使。廢帝時，蜀人攻金州，州兵纔數百，全節散家財，與士卒堅守。蜀人去，廢帝召全節，以爲滄州留後。晉高祖入立，即拜全節橫海軍節度使[四]，徙鎮安遠，代李金全。金全叛附于李昇，高祖發兵三萬，使全節與安審暉討之，金全南奔。昇將李承裕守安州，全節與承裕戰州南，大敗承裕，斬首三千級，生擒千餘人。承裕棄城去，審暉追至雲夢，執承裕及其兵二千人，全節斬千五百人，以其餘兵并承裕獻于京師。承裕謂全節曰：「吾掠城中，所得百萬計，將軍皆取之矣。吾見天子，必訴此而後就刑。」全節懼，因殺承裕，高祖置而不問，徙全節鎮昭義。又徙安國。從杜重威討安重榮，以功徙鎮義武。自出帝與契丹交惡，全節未嘗不在兵間。開運元年，爲行營都虞候，契丹與晉大軍相距澶、魏之間，全節別攻白團城，破之，虜七百人。克泰州[五]，虜二千人，降其守將晉廷謙。四月，契丹敗于戚城，引兵分道而北，全節敗之于定豐，執其將安暉。七月，徙廣晉

尹，留守鄴都。十月，杜重威爲招討使，以全節爲副，大敗契丹于衛村。全節爲人謙謹，事母至孝，其臨政決事，必問法如何。初，徙廣晉，過元城，衣白襴謁其縣令，州里以爲榮。

開運二年，徙鎮順國，未至而卒，年五十五，贈中書令。

皇甫遇

皇甫遇，常山真定人也。爲人有勇力，虬髯善射。少從唐明宗征伐，事唐爲武勝軍節度使，所至苛暴，以誅斂爲務，賓佐多解官逃去，以避其禍。

晉高祖時，歷義武、昭義、建雄、河陽四鎮，罷爲神武統軍。契丹入寇，陷貝州，出帝以高行周爲北面行營都部署，遇爲馬軍右廂排陣使。是時，青州楊光遠據城反，出帝乃遣李守貞及遇分兵守鄆州。遇等至馬家渡，契丹方將渡河助光遠，遇等擊敗之，以功拜義成軍節度使、馬軍都指揮使。

開運二年，契丹寇西山，遣先鋒趙延壽圍鎮州，杜重威不敢出戰。延壽分兵大掠，攻破欒城、柏鄉等九縣，南至邢州。是時歲除，出帝與近臣飲酒過量，得疾，不能出征，乃遣

北面行營都監張從恩會馬全節、安審琦及遇等禦之。從恩等至相州，陣安陽河南，遭遇與慕容彥超率數千騎前視虜。遇渡漳河，逢虜數萬，轉戰十餘里，至榆林，為虜所圍，遇馬中箭而踣，得其僕杜知敏馬，乘之以戰。知敏為虜所擒，遇謂彥超曰：「知敏，義士也，豈可失之！」即與彥超躍馬入虜，取之以還。虜兵與遇戰，自午至未，解而復合，益出生兵，勢甚盛。遇戒彥超曰：「今日之勢，戰與走爾，戰尚或生，走則死也。」張從恩與諸將怪遇視虜無報，皆謂遇已陷虜矣。已而有馳騎報遇被圍，安審琦率兵將赴之，從恩疑報者詐，不欲往，審琦曰：「成敗天也，當與公共之，雖虜不南來，吾屬失皇甫遇，復何面目見天子！」即引騎渡河，諸軍皆從而北，拒虜十餘里，虜望見救兵來，即解去。遇與審琦等收軍而南，契丹亦皆北去。是時，契丹兵已深入，人馬俱乏，其還也，諸將不能追，而從恩率遇等退保黎陽，虜因得解去。

三年冬，以杜重威為都招討使，遇為馬軍右廂都指揮使，屯于中渡。重威已陰送款契丹，伏兵幕中，悉召諸將列坐，告以降虜，遇與諸將愕然不能對。重威出降表，遇等俛首以次自畫其名，即麾兵解甲出降。契丹遣遇與張彥澤先入京師，遇行至平棘，絕吭而死。

嗚呼，梁亡而敬翔死，不得為死節；晉亡而皇甫遇死，不得為死事，吾豈無意哉！梁

之篡唐，用翔之謀爲多，由子佐其父而弒其祖，可乎？其不戮於斧鉞，爲幸免矣。方晉兵之降虜也，士卒初不知，及使解甲，哭聲震天，則降豈其欲哉！使遇奮然攘臂而起，相與亡威於坐中，雖不幸不免而見害，猶爲得其死矣，其義烈豈不凜然哉！既俛首聽命，相與亡人之國矣，雖死不能贖也，豈足貴哉！君子之於人，或推以恕，或責以備。恕，故遷善自新之路廣，備則難得，難得，故可貴焉。然知其所可恕，與其所可貴，豈不又難哉！

安彥威

安彥威，字國俊，代州崞縣人也。少以軍卒隷唐明宗麾下。彥威善射，頗知兵法。明宗鎮天平、宣武、成德，以彥威常爲牙將，以謹厚見信。明宗入立，皇子從榮鎮鄴，彥威爲護聖指揮使。以從榮判六軍，彥威遷捧聖指揮使，領寧國軍節度使。

晉高祖入立，拜彥威北京留守，徙鎮歸德。是時，河決滑州，命彥威塞之，彥威出私錢募民治隄。遷西京留守，遭歲大饑，彥威賑撫饑民，民有犯法，皆寬貸之，饑民愛之，不忍流去。丁母憂，哀毀過制。出帝與契丹隳盟，拜彥威北面行營副都統，彥威悉以家財佐軍用。以疾卒于京師。

彥威與安太妃同宗,出帝事以爲舅,彥威未嘗以爲言。及卒,太妃臨哭,人始知其同宗也[一六],當時益稱其愼重。

李瓊

李瓊,滄州饒安人也。少爲騎將,與晉高祖俱隸唐明宗麾下[一七]。同光二年,契丹犯塞,明宗出涿州,遇契丹,與戰不勝,諸將各稍引去,而晉高祖獨戰不已,契丹漸合而圍之。瓊引高祖衣與俱遯,至劉李河而追兵且及,瓊浮水先至南岸,高祖至河中流,馬踣,瓊以長矛援出之,又以所乘馬與高祖,而步護之,走十餘里,乃得免。

明宗兵變于魏而南,瓊從高祖以三百騎先趨汴州。高祖爲保義軍節度使,以爲牙隊指揮使。高祖建國,以爲護聖都虞候,賜與金帛甚厚,而不與之官爵,瓊亦鬱鬱。久之,拜相,申二州刺史[一八]。出帝時,爲棣州刺史。楊光遠反,以書招瓊,瓊拒而不納。遷洺州團練使,又爲護聖右廂都指揮使。

晉亡,契丹入京師,以瓊爲威州刺史,行至鄭州,遇盜見殺。

劉景巖

劉景巖，延州人也。其家素富，能以貲交游豪俊。事高萬金為部曲，其後為丹州刺史。晉高祖起兵太原，唐廢帝調民七戶出一卒為義兵。延州節度使楊漢章發鄉民赴京師，將行，景巖遣人激怒之，義兵亂，殺漢章，迎景巖為留後。晉高祖即位，即拜景巖節度使。

景巖從事熊皦，為人多智，陰察景巖跋扈難制，懼其有異心，欲以利愚之，因語景巖，以謂邊地不可以久安，為陳保名享利之策，言邠、涇多善田，其利百倍，宜多市田射利以自厚。景巖信之，歲餘，其獲甚多。景巖使皦朝京師，皦乃言：「景巖不宜在邊，可徙之內地。」乃移景巖邠州，皦入拜補闕，而景巖又徙鎮保義，居未幾，又徙武勝。景巖乃悟皦為賣己，遂誣奏皦隱己玉帶，皦坐貶商州上津令。皦懼景巖邀害之，道亡，匿山中。

開運三年，景巖罷武勝，以太子太師致仕，居華州。契丹犯京師，以周密鎮延州，景巖乃還故里。而州人逐密，立高允權，允權妻劉氏，景巖孫女也[九]。景巖良田、甲第、僮僕甚盛，党項司家族畜牧近郊，尤富彊，景巖與之往來，允權頗患之。允權妻歲時歸省，景巖

謂曰：「高郎一縣令，而有此州，其可保乎？」允權益惡之，而心又利其田宅，乃誣其反而殺之，年八十餘。

長子行琮，德州刺史，罷，留京師，亦被誅。

次子行謙，允權婦翁也，爲奏言非劉氏子，遂免不誅。

校勘記

〔一〕又歷齊晉二州 「又」字原闕，據宗文本補。

〔二〕左龍武統軍 「左」，舊五代史卷九〇華溫琪傳作「右」。按舊五代史卷九梁末帝紀中：「以左金吾衛大將軍、充街使華溫琪爲右龍虎軍統軍。」

〔三〕以太子太保致仕 「太子太保」，舊五代史卷九〇華溫琪傳、册府卷三八七、卷八八三作「太子少保」。

〔四〕贈太子太傅 「太子太傅」，舊五代史卷七六晉高祖紀二、卷九〇華溫琪傳、册府卷三八七作「太子太保」。

〔五〕由是魏博軍叛附于晉 「附」字原闕，據宗文本補。

〔六〕贈太子少師 「太子少師」，舊五代史卷九〇張筠傳作「太子太師」。

（七）拜感德軍節度使　「感德軍」，舊五代史卷七六晉高祖紀二作「威勝軍」。按吳蘭庭纂誤補卷三：「考薛史本傳，『天福二年，出爲鄧州節度』。鄧州于時爲威勝軍，此當是『威勝』之誤。」

（八）莊宗即位爲客省使　舊五代史卷九四劉處讓傳云其平梁前爲客省副使，未記遷客省使事。金石苑卷二後唐千佛崖劉處讓造象記：「東川官告使、客省副使、金紫光祿大夫、檢校尚書右僕射，守左衞將軍、兼御史大夫、上柱國劉處讓，大唐天成二年十二月一日，自東川加平章事迴，再經兹寺。」則其至天成二年仍爲副使。

（九）薊門人也　「薊門」，宗文本、舊五代史卷九〇李承約傳作「薊州」。

（一〇）將兵戍平州　「將」上原有「附于」二字，據宋丙本、宗文本删。

（一一）字奉金　相里金神道碑（拓片刊北京圖書館藏中國歷代石刻拓本匯編第三十六册）云其字「國寶」。

（一二）贈太師　相里金神道碑云其贈太子太師。

（一三）李繼韜叛于潞州　舊五代史卷九四張廷藴傳敍其事云：「會潞州李繼韜爲登州長史，尋斬於天津橋下。」錢大昕考異卷六三：「立乃繼韜之牙將，繼韜按舊五代史卷三〇莊宗紀四：「詔貶安義軍節度使李繼韜爲登州長史，尋斬於天津橋下。」錢大昕考異卷六三：「立乃繼韜之牙將，繼韜先已誅死，而此傳以爲繼韜，誤矣。」

（一四）即拜全節橫海軍節度使　「即」下原有「位」字，據宗文本删。

（五）克泰州　「泰州」，原作「秦州」，據宋文本、舊五代史卷八二晉少帝紀二改。
（六）人始知其同宗也　「其」字原闕，據宋丙本、宗文本補。
（七）與晉高祖俱隸唐明宗麾下　「俱」字原闕，據宋丙本、宗文本補。
（八）拜相申二州刺史　「相」，舊五代史卷九四李瓊傳、冊府卷一七二敍其事作「橫」。
（九）景嚴孫女也　「女」下原有「子」字，據宗文本刪。按舊五代史卷一二五高允權傳：「太子太師致仕劉景嚴，允權妻之祖也。」

新五代史卷四十八

雜傳第三十六

盧文進

盧文進，字大用，范陽人也。為劉守光騎將。唐莊宗攻范陽，文進以先降拜壽州刺史，莊宗以屬其弟存矩。存矩為新州團練使，統山後八軍。莊宗與劉鄩相拒於莘，召存矩會兵擊鄩。存矩募山後勁兵數千人，課民出馬，民以十牛易一馬，山後之人皆怨，而兵又不樂南行，行至祁溝關，聚而謀為亂。文進有女幼而美，存矩求之為側室，文進以其大將不敢拒，雖與，心常歉之也，因與亂軍殺存矩。反攻新州，不克，攻武州，又不克，遂奔于契丹，契丹使守平州。

明宗即位，文進自平州率眾數萬歸唐，明宗得之，喜甚，以為義成軍節度使。居歲餘，

徙鎮威勝，加同平章事。入爲上將軍，出鎮昭義，徙安遠。

晉高祖立，與契丹約爲父子，文進懼不自安。天福元年冬，殺其行軍司馬馮知兆、副使杜重貴，送款於李昪，昪遣兵迎之。文進居數鎮，頗有善政，兵民愛之。其行也，從數騎，自至營中別其將士，告以避契丹之意，將士皆再拜爲訣，乃南奔。昪以文進爲天威統軍[二]、宣潤節度使。

文進身長七尺，狀貌偉然。自其奔契丹也，數引契丹攻掠幽薊之間，虞其人民，教契丹以中國織紝工作無不備，契丹由此益彊。同光中，契丹數以奚騎出入塞上，攻掠燕趙人無寧歲。唐兵屯涿州，歲時饋運[三]，自瓦橋關至幽州，嚴兵斥候，常苦鈔奪，爲唐患者十餘年，皆文進爲之也。及其南奔，始屈身晦迹，務爲恭謹，禮接文士，謙謙若不足，其所談論，近代朝廷儀制，臺閣故事而已，未嘗言兵。後以左衛上將軍卒于金陵。

李金全

李金全，其先出於吐谷渾。金全少爲唐明宗廝養，以驍勇善騎射，常從明宗戰伐，以功爲刺史。天成中，爲彰武軍節度使[四]，在鎮務爲貪暴。罷歸，獻馬數十匹，居數日，又

以獻，明宗謂曰：「卿患馬多邪，何進獻之數也？且卿在涇州治狀如何，無乃以馬爲事乎？」金全慚不能對。徙鎭橫海。久之，罷爲右衛上將軍。

晉高祖時，安州屯防指揮使王暉殺節度使周瓌，高祖遣金全將騎兵千人以往，下詔書招暉曰：「暉降，以爲唐州刺史。」又以信箭諭安州，不戮一人，且戒金全曰：「無失吾信。」金全未至，襄州安從進意暉必走江南，以精兵遮其要路。暉聞金全來，果南走，爲從進兵所殺。金全後至，得暉餘黨數百人，皆送京師。

暉之亂也，大掠城中三日，金全利其所掠貨，因擒其將武克和等十餘人殺之[五]，克和呼曰：「王暉首亂，猶賜之信誓，以爲刺史，我等何罪，反見殺邪？若朝廷之命，何以示信？苟將軍違詔而殺降，亦將不免也！」高祖不能詰。即以金全爲安遠軍節度使。

金全左都押衙胡漢榮用事[六]，所爲不法，高祖患之，不欲因漢榮以累功臣，爲選廉吏賈仁沼代之[七]，且召漢榮。漢榮教金全留已而不遣，金全客龐令圖諫曰：「仁沼昔事王晏球，晏球攻王都於中山，都遣善射者登城射晏球，中兜牟，仁沼從後引弓，射善射者，一發而斃，晏球求其人，欲厚賞之，仁沼退而不言，此天下之忠臣也。都敗，晏球遣仁沼獻捷于京師，凡所賜與甚厚，悉以分故人、親戚之貧者，此天下之廉士也。爲人如此，豈有爲人謀而不善者乎？宜納仁沼而遣漢榮。」漢榮聞之，夜使人殺令圖而酖仁沼，仁沼舌壞而

死。

天福五年夏，高祖以馬全節代金全，而仁沼二子欲詣京師訴其父冤。漢榮大懼，紿金全曰：「前日天子召漢榮，公違詔而不遣。今以全節代公，是召公對獄也。」金全信之，遂叛，送款于李昇。高祖發兵三萬授全節討之。昇遣其將李承裕入安州，金全遂南奔，行至汊川〔八〕引頸北望，涕泣而去。昇以金全為天威統軍。漢隱帝時，李守貞反河中，乞兵於昇，金全為昇潤州節度使，與查文徽等出沭陽。昇之諸將皆銳於攻取，金全獨以謂遠不相及，不可行，乃止。其後亦不復用，不知其所終。

楊思權

楊思權，邠州新平人也。事梁為控鶴右第一軍使。唐莊宗滅梁，以為夾馬都指揮使。

明宗時，秦王從榮為河東節度使，以馮贇為副、思權為北京步軍都指揮使以佐佑之。是時，宋王從厚為河南尹，從厚年少，謙恭好禮，明宗陰遣人從容語從厚之善，以諷勉之。從榮不悅，告思權曰：「天下共賢河南而非我，我將廢矣，奈

何?」思權曰:「公有甲士,而思權在,何患也!」乃勸從榮招募死士、增利器械以爲備。馮贇患之,以其事聞。明宗召思權還京師,然以從榮故[九],亦不之責也。後爲右羽林都指揮使,將兵戍興元。

潞王從珂反鳳翔,興元張虔釗會諸鎮兵討賊。諸鎮兵圍鳳翔,思權攻城西,嚴衛指揮使尹暉攻城東,破其兩關城。從珂登城呼外兵,告以己非反者,其語甚哀,外兵聞者皆悲之,而虔釗督戰甚急,軍士反兵逐虔釗,思權因呼其衆曰:「潞王真吾主也!」即擁軍士入城降。暉聞思權已降,亦麾其軍使解甲,由是諸鎮之兵皆潰。思權與暉入見從珂,思權前曰:「臣以赤心奉殿下以爲驗。」從珂即書曰:「可邠寧節度使。」願不以防禦、團練使處臣。」乃出一紙於懷中曰:「願志臣姓名以爲驗。」從珂即書曰:「可邠寧節度使。」

廢帝入立,拜思權靜難軍節度使。後爲右龍武統軍、左衛上將軍。天福八年,卒于京師,贈太傅。

尹暉

尹暉者,魏州大名人也。從廢帝入洛陽,而晉高祖來朝,與暉相遇于道[一一]。暉時猶

為嚴衛指揮使，恃先降功，不爲高祖屈，馬上橫鞭揖之，高祖怒，白廢帝暉不可與名藩。乃以爲應州節度使。晉高祖入立，罷爲右衛大將軍。范延光反，以書招暉，暉懼，出奔淮南，爲人所殺〔三〕。有子勳。

王弘贄

王弘贄，不知其世家何人也。唐明宗時，爲合階二州刺史，右千牛衛將軍、衛州刺史。

潞王從珂反於鳳翔，擁兵東至陝。愍帝懼，夜以百餘騎出奔，至衛州東七八里，遇晉高祖將朝于京師，驂呵前導者不避，愍帝遣左右叱之，對曰：「成德軍節度使石敬瑭也。」愍帝即下馬慟哭，謂敬瑭曰：「潞王反，康義誠等皆叛我，我無所依，長公主教我逆爾于路。」高祖曰：「衛州刺史王弘贄，宿將也，且多知時事〔三〕，請就圖之。」即馳騎前見弘贄曰：「主上危迫，吾戚屬也，何以圖全？」弘贄曰：「天子避狄，自古有之，然將相大臣、國寶、乘輿、法物從乎？」曰：「無也。」弘贄歎曰：「所謂大木將顛，非一繩所維。今萬乘之主，以百騎出奔，而將相大臣無一人從者，則人心去就可知也。雖

欲興復，其可得乎[四]！」即從高祖上謁於驛舍。高祖具以弘贄語白愍帝[五]。弓箭庫使沙守榮，奔弘進前謂高祖曰：「主上，明宗愛子，公，愛壻也，公於此時不能報國，而反問大臣、國寶所在，公亦助賊反邪？」乃抽佩刀刺高祖，高祖親將陳暉扞之，守榮與暉戰死，弘進亦自刎。高祖因盡殺帝從兵，獨留帝于驛而去。

弘贄奉帝居于州廨。弘贄有子巒，為殿直，廢帝入立，遣巒持鴆與弘贄。初，愍帝在衞州，弘贄令市中酒家獻酒，愍帝見之大驚，遽殞于地，久而蘇。弘贄曰：「此酒家也，願獻酒以慰無憮。」愍帝受之，由是日獻一觴。及巒持酖至，因使酒家獻之，愍帝飲而不疑，遂崩。

弘贄後事晉為鳳翔行軍司馬，以光祿卿致仕。卒，贈太傅。

劉審交

劉審交，字求益，幽州文安人也。少略知書，通於吏事，為唐興令[六]，補范陽牙校。劉守光僭號，以審交為兵部尚書。守光敗，歸于太原，唐莊宗以為從事。其後趙德鈞鎮范陽，北面轉運使馬紹宏辟審交判官。

王晏球討王都,以爲轉運供軍使。定州平,拜遼州刺史。復爲北面轉運使,改慈州刺史〔七〕,以母老去官。母喪,哀毀過禮,不調累年。

晉高祖即位,楊光遠討范延光於魏州,審交復爲供軍使。是時,晉高祖分戶部、度支、鹽鐵爲三使,歲餘,三司益煩弊,乃復合爲一,拜審交三司使。議者請檢天下民田,宜得益租,審交曰:「租有定額,而天下比年無閒田,民之苦樂,不可等也。」遂止不檢,而民賴以不擾。遷右衛上將軍,徙審交襄州,又徙青州,皆有善政。罷還。

安從進平,徙審交襄州防禦使。出視民田,見民耕器薄陋,乃取河北耕器爲範,爲民更鑄。

契丹犯京師,留蕭翰而去,翰復以審交爲三司使。已而翰召許王從益守京師。漢高祖起義太原,從益召高行周以拒高祖,行周不至。從益母王淑妃與羣臣謀迎高祖,或以謂燕兵在京師者猶數千,可以城守而待行周,淑妃不從,議未決。審交進曰:「余燕人也,今爲燕守城,當爲燕謀,然事勢不可爲也。太妃語是。」從益乃罷不設備,遣人西迎高祖。高祖至,罷審交不用。

隱帝時,爲汝州防禦使,有能名。乾祐三年卒,年七十四。州人聚哭柩前,上疏乞留葬近郊,使民得歲時祠祭。詔特贈太尉,起祠立碑。

王周

王周,魏州人也。少以勇力從軍,事唐莊宗、明宗,以力戰有功拜刺史。晉天福中,從楊光遠討范延光於魏州,又從杜重威討安重榮於鎮州,皆有功。歷貝州、涇州節度使。涇州張彥澤爲政苛虐,民多流亡,周乃更爲寬恕,問民疾苦,去其苛弊二十餘事,民皆復歸。歷遷武勝、保義、義武、成德四鎮,皆有善政。定州橋壞,覆民租車,周曰:「橋梁不修,刺史過也。」乃償民粟,爲治其橋。

杜重威降契丹,契丹兵過鎮州,臨城呼周使出降,周泣曰:「受晉厚恩,不能死戰而以城降,何面目南行見人主與士大夫乎!」乃劇飲,求刀欲自引決,家人止之,迫以出降。契丹以周爲武勝軍節度使。

高行周 行珪附

漢高祖入立,徙鎮武寧。卒于鎮,贈中書令。

高行周,字尚質,媯州人也。世爲懷戎戍將。父思繼。思繼兄弟皆以武勇雄於北邊,爲幽州節度使李匡威戍將。匡威爲其弟匡儔所篡,晉王將討其亂,謀曰:「高思繼在孔領關,有兵三千,此後患也,不如遣人招之。」思繼爲吾用,則事無不成。」克用遣人招思繼兄弟。燕俗重氣義,思繼等聞晉兵爲匡威報仇,乃欣然從之,爲晉兵前鋒。匡儔聞思繼兄弟皆叛,乃棄城走。克用以劉仁恭守幽州,以其兄某爲先鋒都指揮使,弟某爲後軍都指揮使,高氏兄弟分掌燕兵。克用臨訣謂仁恭曰:「思繼兄弟,勢傾一方,爲燕患者,必高氏也,宜善爲防。」克用留晉兵千人爲仁恭衛。而晉兵多犯法,思繼等數誅殺之。克用以責仁恭,仁恭以高氏訴,由是盡誅思繼兄弟。

仁恭被囚,守光立,以行珪爲武州刺史。其後守光背晉,晉兵攻之。守光將元行欽牧馬山後,聞守光且見圍,即率所牧馬赴援,而麾下兵叛于道,推行欽爲幽州留後,行欽曰:「吾所憚者行珪也。」乃遣人之懷戎,得行珪子縶之。兵過武州,招行珪曰:「守光可取而代也。當從我行,不然,且殺公子。」行珪謝曰:「與君俱爲劉公將,而忍叛之?吾當爲劉氏也,尚何顧吾子耶!」行欽即以兵圍行珪。月餘,行珪城中食盡,召其州人告曰:「吾非不爲父老守也,今劉公救兵不至,奈何?可殺吾以降晉。」父老皆泣,願以死守。是時,行周

適從行珪在武州,即夜縋行周馳入晉見莊宗,莊宗因遣明宗救武州。比至,行欽已解去,行珪乃降晉。莊宗時,歷朔忻嵐三州刺史、大同軍節度使。明宗入立,徙鎮威勝、安遠。行珪性貪鄙,所爲多不法,副使范延策爲人剛直,數規諫之,行珪不聽,銜之。已而戍兵有謀叛者,行珪先覺之,因潛徙庫兵于佗所。戍兵叛,趨庫劫兵無所得,乃潰去,行珪追而殺之。因誣奏延策同反,并其子皆見殺,天下冤之。行珪卒于鎮,贈太尉。

當行珪之降晉也,行周隸明宗帳下,初爲裨將,趙德鈞識之,謂明宗曰:「此子貌厚而小心,佗日必大貴,宜善待之。」梁、晉軍河上,莊宗遣明宗東襲鄆州,行周將前軍,夜遇雨,軍中皆欲止不進,行周曰:「此天贊我也!鄆人恃雨,不備吾來,宜出其不意。」即夜馳涉濟,入其城,鄆人方覺,遂取之。莊宗滅梁,以功領端州刺史,遷絳州。

明宗時,從平朱守殷,克王都,遷潁州團練使、振武軍節度使。歷鎮彰武、昭義。晉高祖時,爲西京留守,徙鎮天雄。安從進叛,以行周爲襄州行營都部署,討平之,徙鎮歸德。出帝時,代景延廣爲侍衛親軍都指揮使。是時,李彥韜、馮玉等用事,乃求歸鎮。

契丹滅晉,留蕭翰守汴,翰又棄去,召唐故許王從益入汴。而漢高祖起太原,從益遣人召行周,將以拒漢,行周歎曰:「衰世難輔,況兒戲乎!」乃不從。

漢高祖入京師，加行周守中書令，徙鎮天平軍，封臨清王。周太祖入立，封齊王。卒，贈尚書令，追封秦王。有子懷德。

白再榮

白再榮，不知其世家何人也。少爲軍卒。唐、晉之間，爲護聖指揮使。契丹犯京師，再榮從契丹北歸，至鎮州，契丹留麻荅守鎮州而去，晉人從者多留焉。居未幾，李筠、何福進等謀逐麻荅，使人召再榮，再榮遲疑不欲往，軍士迫之，乃往，共攻之。麻荅走，諸將以再榮名次最高，乃推爲留後。

再榮出於行伍，貪而無謀。是時，李崧、和凝等皆隨契丹留鎮州，再榮以兵環其居，迫而求物，又欲害崧取其貲。李穀謂曰：「公等親被契丹之苦，憂死不暇，然逐麻荅者，乃衆人所爲，非獨公力也。今纔得生路，而遽殺宰相，此契丹尚或不爲，然它日至京師，天子問宰相何在，何以對之？」再榮默然，乃止。而悉拘嘗事麻荅者取其財，鎮人謂之「白麻荅」。

漢高祖即位，拜再榮爲留後，遷義成軍節度使。罷還京師。周太祖以兵入京師，軍士

攻再榮於第，悉取其財，已而前啓曰：「士卒嘗事公隸麾下，一旦無禮如此，亦復何面見公乎！」乃斬之，攜其首而去，家人以帛贖而葬之。

安叔千

安叔千，字胤宗，沙陀三部落人也。少善騎射，事唐莊宗，以爲奉安指揮使與討王都，拜秦州刺史[八]。從擊契丹，爲先鋒都指揮使，以功拜昭武軍節度使[九]。歷靜難、橫海、安國、建雄四鎮。叔千狀貌堂堂，而不通文字，所爲鄙陋，時人謂之「没字碑」[一〇]。

晉出帝時，爲左金吾衞上將軍。契丹犯京師，晉百官迎見耶律德光于赤岡，叔千出班夷言，德光勞曰：「是安没字否？汝在邢州，已通誠款，吾今至此，當與汝一喫飯處。」叔千再拜。乃以爲鎮國軍節度使。

漢高祖入立，罷歸京師，自以常私附契丹，頗懷媿懼。以太子太師致仕。周太祖兵入京師，軍士大掠，叔千家貲已盡，而軍士意其有所藏者[一一]，箠掠不已。傷重，歸于洛陽。卒，年七十二。

校勘記

〔一〕字大用 契丹國志卷一八同，舊五代史卷九七盧文進傳作「字國用」。按遼史卷一太祖紀上：「(神冊元年)夏四月乙酉朔，晉幽州節度使盧國用來降。」

〔二〕昇以文進爲天威統軍 「天威統軍」，原作「天雄統軍」，據宋乙本、宗文本改。按馬令南唐書卷一：「以天威統軍盧文進爲鎮海軍節度使。」

〔三〕歲時餽運 「時」下原有「鈔」字，據宋乙本、宗文本、馬令南唐書卷一二刪。

〔四〕盧文進傳敍其事作「每歲運糧」。

爲彰武軍節度使 「彰武」，通鑑卷二七八作「彰義」。舊五代史卷九七李金全傳敍其事作「涇州節度使」。按涇州即彰義軍，本卷下文云「卿在涇州」，當以「彰義」爲是。

〔五〕武克和 舊五代史卷九七李金全傳、册府卷一七九、卷四四九、通鑑卷二八一作「武彥和」。

〔六〕胡漢榮 原作「明漢榮」，據宋乙本、宋丙本、宗文本、馬令南唐書卷一二二改。舊五代史卷九七李金全傳、册府卷四三八、通鑑卷二八一敍其事皆作「胡漢筠」。按「筠」係避周世宗諱改。

〔七〕賈仁沼 通鑑卷二八一考異引薛史作「賈仁紹」。本卷下文同。

〔八〕行至漢川 「漢川」，原作「泌州」，據宋乙本、宋丙本、宗文本、舊五代史卷九七李金全傳改。按本書卷六〇職方考，晉有漢川縣，屬沔州。

〔九〕然以從榮故 「然」字原闕，據宗文本補。

〔○〕殿下事成 「殿下」，宋丙本作「俟後」。

〔一〕與暉相遇于道 「相」字原闕，據宋乙本、宋丙本、宗文本補。

〔二〕爲人所殺 「所殺」，宗文本作「殺于道」。舊五代史卷八八尹暉傳敍其事作「未出王畿，爲人所殺」。

〔三〕且多知時事 「時」，宋丙本、詳節卷七無。

〔四〕其可得乎 「可」字原闕，據宋乙本、宋丙本、宗文本補。

〔五〕高祖興以弘贄語白愍帝 「具」原作「且」，據宋乙本、宋丙本、宗文本改。

〔六〕爲唐興令 「唐興」，舊五代史卷一○六劉審交傳作「興唐」。按舊五代史卷二九唐莊宗紀三、五代會要卷一九，同光元年四月，改魏州元城縣爲興唐縣，而唐興縣在蜀州。

〔七〕改慈州刺史 「慈州」，舊五代史卷一○六劉審交傳作「磁州」，按同卷下文詔稱劉審交「刺遼、磁」，又同書卷七六晉高祖紀二：「以前磁州刺史劉審交爲魏府計度使。」疑「磁州」是。

〔八〕拜秦州刺史 「秦州」，舊五代史卷一二三安叔千傳、册府卷一一二八作「泰州」。按朱玉龍方鎮表，時秦州節度使爲王思同。

〔九〕以功拜昭武軍節度使 「昭武」，舊五代史卷四六唐末帝紀上、卷一二三安叔千傳、册府卷三八七敍其事作「振武」。按本書卷六○職方考，昭武治利州，前蜀所置；振武治朔州，屬唐境，

〔二〕時人謂之沒字碑　「時」字原闕，據宗文本補。舊五代史卷一二三安叔千傳敍其事作「當時謂之『安沒字』」。

〔三〕而軍士意其有所藏者　「有」字原闕，據宋乙本、宗文本補。

新五代史卷四十九

雜傳第三十七

翟光鄴

翟光鄴，字化基，濮州鄄城人也。其父景珂，倜儻有膽氣。梁、晉相距于河上，景珂率聚邑人守永定驛，晉人攻之，踰年不能下，景珂卒戰死。光鄴時年十歲，爲晉兵所掠，明宗愛其穎悟，常以自隨。

光鄴事唐，官至耀州團練使。晉高祖時，歷棣沂二州刺史、西京副留守。出帝已破楊光遠，以光鄴爲青州防禦使。光鄴招輯兵民，甚有恩意。契丹滅晉，遣光鄴知曹州。許王從益入汴，以爲樞密使。漢高祖入京師，改右領軍衛大將軍〔一〕、左金吾大將軍〔二〕、充街使。周太祖入立，拜宣徽使、樞密副使，出知永興軍，卒于官。

光鄴爲人沈默多謀，事繼母以孝聞。雖貴，不營財產，常假官舍以居，蕭然僅蔽風雨。雍睦親族，粗衣糲食，與均有無，光鄴處之晏然，日與賓客飲酒聚書爲樂。其所臨政，務以寬靜休息爲意。病亟，戒其左右：「氣絕以尸歸洛，無久留以煩軍府。」既卒，州人上書乞留葬立祠，不許。

馮暉

馮暉，魏州人也。爲效節軍卒，以功遷隊長。唐莊宗入魏，與梁相距于河上，暉以隊長亡入梁軍，王彥章以暉驍勇，隸之麾下。梁亡，莊宗赦暉不問。從明宗討楊立、魏王繼岌平蜀，累遷夔、興二州刺史。董璋反東川，暉從晉高祖討璋，軍至劍門，劍門兵守，不得入，暉從佗道出其左，擊蜀守兵殆盡。會晉高祖班師，拜暉澶州刺史。天福中，范延光反魏州，遣暉襲滑州，不克，遂入于魏，爲延光守。已而出降，拜義成軍節度使，徙鎮靈武。靈武自唐明宗已後，市馬糴粟，招來部族，給賜軍士，歲用度支錢六千萬，自關以西，轉輸供給，民不堪役，而流亡甚衆。青岡、土橋之間，氐羌剽掠道路，商旅行必以兵。暉始至，則推以恩信，部族懷惠，止息侵奪，然後廣屯田以省轉餉，治倉庫、亭

館千餘區,多出俸錢,民不加賦,管內大治,晉高祖下詔書褒美。

党項拓拔彥超最爲大族,諸族嚮背常以彥超爲去就。暉之至也,彥超來謁,遂留之,爲起第於城中,賜予豐厚,務足其意。彥超既留,而諸部族爭以羊馬爲市易,期年有馬五千匹。晉見暉馬多而得夷心,反以爲患,徙鎮靜難,又徙保義。歲中,召爲侍衛步軍都指揮使、領河陽節度使,暉於是始覺晉有患己意。

是時,出帝昏亂[三]。馮玉、李彥韜等用事,暉曲意事之,因得復鎮靈武。時王令溫鎮靈武,失夷落心,大爲邊患。暉即請曰:「今朝廷多事,必不能以兵援臣,願得自募兵以爲衛。」乃募得兵千餘人,行至梅戍,蕃夷稍稍來謁,暉顧首領一人,指其佩劍曰:「此板橋王氏劍邪?」俯而取諸腰間,若將玩之,因擊殺首領者,其從騎十餘人皆殺之。吾聞王氏劍天下利器也。」裨將藥元福曰:「今去靈武尚五六百里,奈何?」暉笑曰:「此夷落之豪,部族之所恃也,吾能殺之,其餘豈敢動哉!」已而諸族皆以兵扼道路,暉以言譬諭之,獨所殺首領一族求戰,即與之戰而敗走,諸族遂不敢動。暉至靈武,撫綏邊部,凡十餘年,恩信大著。官至中書令,封陳留王。廣順三年卒[四],追封衛王。子繼業。

皇甫暉

皇甫暉，魏州人也。爲魏軍卒，戍瓦橋關，歲滿當代歸，而留屯貝州。是時，唐莊宗已失政，天下離心。暉爲人驍勇無賴，夜博軍中，不勝，乃與其徒謀爲亂，劫其都將楊仁晟曰[五]：「唐能破梁而得天下者，以先得魏而盡有河北之兵也[六]。魏軍甲不去體，馬不解鞍者十餘年，今天下已定，而天子不念魏軍久戍之勞，去家咫尺，不得相見。今將士思歸不可遏，公當與我俱行。不幸天子怒吾軍，則坐據一州，足以起事。」仁晟曰：「公等計之過也！今英主在上，天下一家，精甲銳兵，不下數十萬，公等各有家屬，何故出此不祥之言？」軍士知不可彊，遂斬之，推一小校爲主，不從，又斬之，乃攜二首以詣裨將趙在禮，在禮從之，乃夜焚貝州以入于魏。在禮以暉爲馬步軍都指揮使。暉擁甲士數百騎，大掠城中，至一民家，問其姓，曰：「姓國。」暉曰：「吾當破國！」遂盡殺之。又至一家，問其姓，曰：「姓萬。」暉曰：「吾殺萬家足矣。」又盡殺之。及明宗入魏，遂與在禮合謀，莊宗之禍自暉始。明宗即位，暉自軍卒擢拜陳州刺史，終唐世常爲刺史。

晉天福中，以衛將軍居京師。在禮已秉旄節，罷鎮來朝，暉往候之曰：「與公俱起甘

陵,卒成大事,然由我發也,公今富貴,能卹我乎?不然,禍起坐中!」在禮懼,遽出器幣數千與之,而飲以酒,暉飲自若,不謝而去。久之,爲密州刺史。

契丹犯闕,暉率其州人奔于江南,李景以爲歙州刺史,奉化軍節度使,鎮江州。周師征淮,景以暉爲北面行營應援使,屯清流關,爲周師所敗,并其都監姚鳳皆被擒。世宗召見,暉金瘡被體,哀之,賜以金帶、鞍馬,後數日卒。拜鳳左屯衛上將軍[七]。

唐景思

唐景思,秦州人也。幼善角觝,以屠狗爲生。後去爲軍卒,累遷指揮使。唐魏王繼岌伐蜀,景思爲蜀守固鎮。繼岌兵至,景思以城降,拜興州刺史。晉高祖時,爲貝州行軍司馬。出帝時,契丹攻陷貝州,景思爲趙延壽所得,以爲壕砦使。契丹滅晉,拜景思亳州防禦使。漢高祖時,爲鄧州行軍司馬,後爲沿淮巡檢。

漢法酷,而史弘肇用事,喜以告訐殺人。景思有奴,嘗有所求不如意,即馳見弘肇,言景思與李景交通,而私畜兵甲。弘肇遣吏將三十騎往收景思,奴謂吏曰:「景思勇者也,得則殺之,不然將失之也。」吏至,景思迎前,以兩手抱吏呼冤,請詣獄自理。吏引奴與景

思驗，景思曰：「我家在此，請索之。有錢十千，爲受外賂。有甲一屬，爲私畜兵。」吏索之，惟一衣笥，軍籍、糧簿而已。

在京師，聞景思被告，乃見弘肇，願先下獄明景思不反，弘肇憐之，送知權獄中，日勞以酒食。景思既械就道，潁亳之人隨至京師共明之。弘肇乃鞫其奴，具伏，即奏斬奴而釋景思。

後從世宗戰高平，世宗以所得漢降兵數千爲效順指揮，以景思爲指揮使，復戍淮上。周師伐淮南，以功領饒州刺史，遷濠州行刺史[八]。兵攻濠州，以戰傷重卒，贈武清軍節度使。

王進

王進，幽州良鄉人也。爲人勇悍，走及奔馬。少聚徒爲盜，鄉里患之，符彥超遣人以賂招置麾下。彥超鎮安遠軍，軍中有變，遣進馳奏京師，明宗怪其來速，嘉其足力，以隸寧衛指揮。漢高祖爲侍衛親軍指揮使，以進爲軍校。高祖鎮河東，因以之從，每有急，遣進馳至京師，往返不過五六日，由是愈親愛之，累遷奉國軍都指揮使。從周太祖起魏，遷虎捷右廂

都指揮使。歷汝鄭二州防禦使、彰德軍節度使。顯德元年秋[九]，以疾卒，贈太師。

[一二]本作初。

常思

嗚呼！予述舊史，至於王進之事，未嘗不廢書而歎曰：甚哉，五代之君，皆武人崛起，其所與俱勇夫悍卒，各裂土地封侯王，何異豺狼之牧斯人也！雖其附託遭遇，出於一時之幸，然猶必皆橫身陣敵，非有百夫之勇，則必一日之勞。至如進者，徒以疾足善走而秉旄節，何其甚歟！豈非名器之用，隨世而輕重者歟？世治則君子居之而重，世亂則小人易得而輕歟？抑因緣僥倖，未始不有，而尤多於亂世，既其極也，遂至於是歟？豈其又有甚於是者歟？當此之時，爲國長者不過十餘年，短者三四年至一二年。天下之人，視其上易君代國，如更成長無異，蓋其輕如此，況其下者乎！如進等者，豈足道哉！易否泰消長，君子小人常相上下，視在上者如進等，則其在下者可知矣。予書進事，所以哀斯人之亂，而見當時賢人君子之在下者，可勝道哉！可勝道哉！

常思,字克恭,太原人也。初從唐莊宗爲卒,後爲長劍指揮使。歷唐、晉爲六軍都虞候。漢高祖爲河東節度使,以思爲牢城指揮使。高祖入立,領武勝軍節度使,徙鎮昭義。思起軍卒,未嘗有戰功,徒以幸會漢興,遂秉旄節。在潞州五年,以聚斂爲事,而性鄙儉。

初,思微時,周太祖方少孤無依,食于思家,以思爲叔,後思與周太祖俱遭漢以取富貴。周太祖已即位,每呼思爲「常叔」,拜其妻,如家人禮。廣順三年,徙鎮歸德。居三年來朝,又徙平盧,思因啓曰:「臣居宋,宋民負臣絲息十萬兩,願以券上進。」太祖領之,即焚其券,詔宋州悉蠲除之。思居青州,踰年得疾,歸于洛陽。卒,贈中書令。

孫方諫

孫方諫,鄭州清苑人也〔二〕。初,定州西北有狼山堡,定人常保以避契丹,有尼深意者居其中〔三〕,以佛法誘民,民多歸之。後尼死,堡人言其尸不朽,因奉而事之。尼姓孫氏,方諫自以爲尼族人,即繼行其法,堡人推以爲主。

晉出帝時,義武軍節度使惡方諫聚徒山中,恐爲邊患,因表以爲遊奕使。方諫因有所求不得,乃北通契丹。契丹後滅晉,以方諫爲義武軍節度使。已而徙方諫於雲中,方諫不

受命,率其徒復入狼山。

漢高祖起,契丹縱火燒定州,虜其人民北去。方諫聞之,自狼山入,據之以歸漢。高祖嘉之,即拜方諫義武軍節度使。

周太祖時,徙鎮鎮國,以其弟行友爲定州留後。世宗攻太原,方諫朝于行在,從還京,至洛得疾,徙鎮匡國,卒于洛陽,年六十二,贈太師。

校勘記

〔一〕改右領軍衛大將軍 「右」,册府卷七六六同,宋乙本、宗文本、舊五代史卷一二九翟光鄴傳作「左」。

〔二〕左金吾大將軍 以上六字原闕,據宋丙本、宗文本補。宋乙本作「左金吾衛大將軍」。「左」,舊五代史卷一一一周太祖紀二、卷一二九翟光鄴傳作「右」。

〔三〕出帝昏亂 「出帝」,原作「隱帝」,據宋丙本改。按舊五代史卷一二五馮暉傳,事在晉出帝開運間。

〔四〕廣順三年卒 「三年」,舊五代史卷一一二周太祖紀三、册府卷三四六、通鑑卷二九〇作「二年」。按馮暉墓誌(拓片刊五代馮暉墓)記其卒於壬子年,即廣順二年。

〔五〕楊仁晟　舊五代史卷三四唐莊宗紀八、通鑑卷二七四作「楊仁晸」，舊五代史卷九〇趙在禮傳作「楊戩」。

〔六〕以先得魏而盡有河北之兵也　「之」字原闕，據宋乙本、宋丙本、宗文本補。

〔七〕拜鳳左屯衛上將軍　「左屯衛上將軍」，宗文本、册府卷一六七作「左屯衛將軍」。

〔八〕遷濠州行刺史　「行」字原闕，據宋乙本、宋丙本、宗文本、舊五代史卷一二四唐景思傳補。

〔九〕顯德元年秋　「元年秋」，宋乙本、宋丙本、宗文本作「初」。舊五代史卷一一四周世宗紀一記其卒於顯德元年七月。

〔一〇〕廣順三年　舊五代史卷一一二周太祖紀三、卷一二九常思傳繫其事於廣順二年。

〔一一〕居三年來朝　廣順三年後三年爲顯德三年，舊五代史卷一二九常思傳繫其事於廣順三年夏。另據舊五代史卷一一三周太祖紀四、卷一二九常思傳，周太祖與常思俱卒於顯德元年，此處紀年疑誤。

〔一二〕鄭州清苑人也　「鄭州」，原作「鄚州」，據舊唐書卷三九地理志二，清苑縣屬莫州「莫州」。按「鄚州」即「莫州」，據舊五代史卷一二五孫方諫傳改。宋乙本作「鄚州」。

〔一三〕有尼深意者居其中　「者」字原闕，據宋乙本、舊五代史卷一二五孫方諫傳補。

新五代史卷五十

雜傳第三十八

王峻

王峻，字秀峯，相州安陽人也。父豐，爲樂營將。峻少以善歌事梁節度使張筠。唐莊宗已下魏博，筠棄相州，走歸京師。租庸使趙巖過筠家，筠命峻歌佐酒，巖見而悅之。是時，巖方用事，筠因以峻遺巖。梁亡，巖族誅，峻流落民間。久之，事三司使張延朗，延朗不甚愛之。晉高祖滅唐，殺延朗，是時漢高祖從晉起兵，因悉以延朗貲產賜之，峻因得事漢高祖。

高祖鎮河東，峻爲客將。高祖即位，拜峻客省使。漢遣郭從義討趙思綰，以峻監其軍。累遷宣徽北院使。

周太祖鎮天雄軍，峻爲監軍。漢隱帝已殺大臣史弘肇等，又遣人殺周太祖及峻等，峻等遂與太祖舉兵犯京師。太祖監國，以漢太后命拜峻樞密使。太祖將兵北出，至澶州，返軍嚮京師。是時，太祖已遣馮道迎湘陰公贇于徐州，而漢宗室蔡王信在許州。峻與王殷謀，遣侍衛馬軍指揮使郭崇率兵之宋州、前申州刺史馬鐸之許州以伺變，崇、鐸遂幽贇而殺信〔一〕。

太祖入立，拜峻右僕射〔二〕、門下侍郎、同中書門下平章事、監修國史。劉旻攻晉州，峻爲行營都部署，得以便宜從事。別遣陳思讓、康延沼自烏嶺出絳州與峻會。峻至陝州留不進。太祖遣使者翟守素馳至陝州，諭峻欲親征。峻屏左右謂守素曰：「晉州城堅不可近，而劉旻兵銳亦未可當，臣所以留此者，非怯也，蓋有待爾。且陛下新即位，四方藩鎮，未有威德以加之，豈宜輕舉！」守素馳還，具道峻言。是時，太祖已下詔西幸，聞峻語，遽自提其耳曰：「幾敗吾事！」乃止不行。峻軍出自絳州，前鋒報過蒙阬，峻喜，謂其屬曰：「蒙阬，晉絳之險也，旻不分兵扼之，使吾過此，可知其必敗也。」明日，遣騎兵追旻，不及而還。

峻軍去晉州一舍，旻聞周兵大至，即解去。諸將皆欲追之，峻猶豫不決。從討慕容彥超，爲隨駕都部署，率衆先登。

峻與太祖俱起于魏，自謂佐命之功，以天下爲己任。凡所論請，事無大小，期於必得，或小不如志，言色輒不遜，太祖每優容之。峻年長於太祖二歲，往往呼峻爲兄，或稱其字，峻由是益橫。鄭仁誨、李重進、向訓等皆太祖故時偏裨，太祖初即位，謙抑未欲進用[三]，而峻心忌之。自破慕容彥超還，即求解樞密以探上意，太祖慰勞之。峻多發書諸鎮，求爲保薦，居數日，諸鎮皆馳騎上峻書，太祖大駭。峻連章求解，因不視事。太祖遣近臣召之曰：「卿若不出，吾當自往候卿。」峻曰：「車駕若來，是致臣於不測也[四]。」然殊無出意。樞密直學士陳同與峻相善[五]，同還奏曰：「峻意少解，然請陛下聲言嚴駕，若將幸之，則峻必出矣。」太祖俛俛從之。峻聞太祖且來，遂馳入謁。

峻於樞密院起廳事，極其華侈，邀太祖臨幸，賜予甚厚。後太祖於内園起一小殿[六]，峻輒奏曰：「宮室已多，何用此爲？」太祖曰：「樞密院屋不少，卿亦何必有作？」峻慚不能對。

峻爲樞密使兼宰相，又求兼領平盧。已受命，暫之鎮，又請借左藏庫綾萬匹，太祖皆勉從之。又請用顏衎、陳同代李穀、范質爲相，太祖曰：「進退宰相，豈可倉卒？當徐思之。」峻論請不已，語漸不遜。日亭午，太祖未食，峻爭不已，是時寒食假，太祖曰：「俟假開，當爲卿行。」峻乃退。太祖遂不能忍，明日御便殿，召百官皆入，即幽峻於别所。太祖

見馮道，泣曰：「峻凌朕，不能忍！」即貶商州司馬，卒于貶所。峻已被黜，太祖以峻監修國史，意其所書不實，因召史官取日曆讀之，史官以禁中事非外所知，懼以漏落得罪。峻貶後，李穀監修，因請命近臣錄禁中事付史館，乃命樞密直學士就樞密院錄送史館，自此始。

王殷

王殷，大名人也。少為軍卒，以軍功累遷靈武馬步軍都指揮使。唐廢帝時，從范延光討張令昭于魏，以功拜祁州刺史。晉天福中，徙原州刺史。

殷事母以孝聞，欲與人游，必先白母，母所不可者，未嘗敢往。及為刺史，政事有小失，母責之，殷即取杖授婢僕，自笞於母前。母亡服喪，晉高祖詔殷起復，以為憲州刺史，殷乞終喪。服除，出帝以為奉國右廂都指揮使。

後從漢高祖討杜重威，先登力戰，矢中其腦，鏃自口出而不死，高祖嘉之，以為侍衛步軍都指揮使，領寧江軍節度使。

契丹犯邊，漢遣殷以兵屯澶州。隱帝已殺楊邠等，詔鎮寧軍節度使李弘義殺殷于澶

州,又詔郭崇殺周太祖于魏。詔書至澶州,弘義恐事不果,反以告殷,殷遣人馳至魏告周太祖,遂起兵反。太祖入立,拜侍衛親軍都指揮使,出爲天雄軍節度使、同中書門下平章事,仍領親軍,自河以北皆受殷節度。殷頗務聚斂,太祖聞而惡之,遣人謂之曰:「吾起魏時,帑廩儲畜豈少邪?汝爲國家用,足矣。」殷不聽。

殷與王峻俱從太祖起自魏,後峻得罪,殷不自安。廣順三年秋九月永壽節,殷求入爲壽[七],太祖許之,而懼其疑也,復遣使止之。明年,太祖有事于南郊。是冬,殷來朝,殷握兵柄,職當警衛,出入多以兵從,又求兵甲,以備非常。是時,太祖臥疾,疑殷有異志,乃力疾御滋德殿,殷入起居,即命執之,削奪在身官爵,長流登州。已而殺之,徙其家屬于登州。

劉詞

劉詞,字好謙,大名元城人也。少事楊師厚,以勇悍知名。唐莊宗下魏博,與梁戰夾河,詞以軍功爲效節軍使,遷長劍指揮使[八],坐事左遷汝州十餘年。

廢帝時,詔諸州鎮選驍勇者充禁軍,詞得選爲禁軍校。從破張從賓、楊光遠[九],以功

遷奉國第一軍都虞候[一〇]。從馬全節破安州，以功遷指揮使。從杜重威破鎮州，以先登功拜沁州刺史[一一]。晉軍討安從進，爲襄州行營都虞候，以功遷沁州團練使[一二]。徙房州，歲餘，爲政不苛撓，人頗便之。詞居暇日，常被甲枕戈而臥，謂人曰：「我以此取富貴，豈可一日輒忘之？且人情易習，若一墮其筋力，有事何以報國！」

漢高祖時，復爲奉國右廂都指揮使。漢軍討李守貞于河中，詞以侍衞步軍都指揮領寧江軍節度使，爲行營都虞候，以功拜鎮國軍節度使。

周太祖入立，加同中書門下平章事。歷鎮安國、河陽三城。世宗戰高平，樊愛能等軍敗南走，遇詞而止之曰：「軍敗矣，可無前也。」詞不聽，輒趣兵以進，世宗嘉之，以爲隨駕都部署。及班師，以爲河東行營副都部署，徙鎮永興。明年卒于鎮，年六十五，贈侍中[一三]，謚忠惠。

王環

王環，鎮州真定人也。以勇力事孟知祥爲御者，及知祥僭號于蜀，使典衞兵。晉開運之亂，秦、鳳、階、成入于蜀，孟昶以環爲鳳州節度使。

周世宗即位,明年,遣王景、向訓攻秦、鳳,數爲環所敗,大臣皆請罷兵。世宗曰:「吾欲一天下以爲家,而聲教不及秦、鳳,今兵已出,無功而返,吾有慚焉。」乃決意攻之。周兵糧道頗艱,昶遣兵五千出堂倉抵黃花谷以爭糧道。景、訓先知其來,命排陣使張建雄以兵二千當谷口,別遣裨將以勁兵千人出其後,伏堂倉以待其歸。蜀兵前遇建雄,戰不勝,退走堂倉,伏發,盡殪之,由是蜀兵守諸城堡者皆潰。

初,昶遣其秦州節度使高處儔以兵援環〔四〕,未至,聞堂倉兵敗,亦潰歸,處儔判官趙玭閉城不內,處儔遂奔成都,玭乃以城降,成、階二州相繼亦降,獨環堅守百餘日,然後克之。世宗召見環,歎曰:「三州已降,環獨堅守,吾數以書招之,而環不答,至於力屈就擒,雖不能死,亦忠其所事也,用之可勸事君者。」乃拜環右驍衛將軍。

是時,周師已征淮,即以環佐侯章爲攻取賊城水砦副部署。初,周師南征,李景陳兵於淮,舟楫甚盛,周師無水戰之具,乃置造船務於京城之西,爲戰艦數百艘,得景降卒,教之水戰。明年,世宗再征淮,使環將水戰卒數千,自蔡河以入淮。環居軍中,未嘗有戰功。蜀卒與環俱擒者,世宗不殺,悉以從軍,後多南奔於景,世宗待環益不疑。已而景將許文縝、邊鎬等皆被擒,世宗悉以爲將軍,與環等列第京師,歲時賜與甚厚。明年,又幸淮南,又以環從,遇疾,卒于泗州。

折從阮

折從阮，字可久，初名從遠，避漢高祖名，改為阮，雲中人也。其父嗣倫，為麟州刺史。從阮為人，溫恭長者，居父喪，以孝聞。唐莊宗鎮太原，以為牙將，後以為府州刺史。晉出帝與契丹敗盟，從阮以兵攻契丹，取其城堡十餘，遷本州團練使，兼領朔州刺史、安北都護、振武軍節度使，契丹西南面行營馬步軍都虞候。漢高祖入立，於府州建永安軍，以從阮為節度使。明年，以其族朝京師，徙鎮武勝，即拜從阮子德扆為府州團練使。

周太祖入立，從阮歷徙宣義、保義、靜難三鎮。顯德二年，罷還京師，行至洛陽卒，贈中書令。

校勘記

〔二〕崇鐸遂幽贇而殺信 「幽贇而殺信」原作「殺贇信」，據宋內本、宗文本改。按本書卷一八漢家人傳：「郭崇幽贇于外館⋯⋯贇以幽死」，信因馬鐸巡檢而自殺。

〔三〕拜峻右僕射 「右」，舊五代史卷一三〇王峻傳、冊府卷三三三同，舊五代史卷一一一周太祖紀二、通鑑卷二九〇作「左」。按冊府卷三三八「周王峻爲左僕射、平章事。」

〔三〕太祖初即位謙抑未欲進用 「即位謙抑」四字原闕，據宋乙本、宋丙本、宗文本補。按舊五代史卷一三〇王峻傳：「太祖登極之初，務存謙抑，潛龍將佐，未甚進用。」

〔四〕是致臣於不測也 「於」，原作「有」，據宋乙本、宋丙本、冊府卷一七九改。

〔五〕陳同 冊府卷一七九、通鑑卷二九〇作「陳觀」。

〔六〕後太祖於内園起一小殿 「後」字原闕，據宋乙本、宋丙本、宗文本、舊五代史卷一三〇王峻傳補。

〔七〕廣順三年秋九月永壽節殷求入爲壽 舊五代史卷一一一周太祖紀二：「百僚上表，請以七月二十八日皇帝降聖日爲永壽節。」按舊五代史卷一一三周太祖紀四、通鑑卷二九一皆記廣順三年秋七月王殷三次上表乞朝覲。吳光耀纂誤續補卷四：「『九』字疑『七』字傳寫之誤。」

〔八〕長劍指揮使 舊五代史卷一二四劉詞傳作「劍直指揮使」。

〔九〕從破張從賓楊光遠 舊五代史卷一二四劉詞傳敍其事作「佐楊光遠平鄴都」。按舊五代史卷九七張從賓傳，范延光反，晉高祖命楊光遠、張從賓討之，張從賓遂與范延光同反。楊光遠乃討叛者而非叛將。

〔一〇〕以功遷奉國第一軍都虞候 「遷」，原作「選」，據宋乙本、宋丙本、宗文本、吳縝纂誤卷下引五

新五代史卷五十

(一)以先登功拜沁州刺史 「沁州」,原作「泌州」,據吳縝纂誤卷下引五代史、舊五代史卷一二四劉詞傳、冊府卷一二〇、卷三八七、卷三九六(宋本)改。

(二)以功遷沁州團練使 「沁州」,原作「泌州」,據吳縝纂誤卷下引五代史、舊五代史卷一二四改。

(三)贈侍中 舊五代史卷一二四劉詞傳作「贈中書令」,舊五代史考異卷四:「案歐陽史作『贈侍中』,據薛史,則詞以兼侍中贈中書令,非贈侍中也,疑歐陽史誤。」

(四)高處儔 通鑑卷二九二考異引五代通錄、冊府卷一二六同,本書卷六四後蜀世家、九國志卷七、通鑑卷二九二、宋史卷四七九西蜀孟氏世家作「高彥儔」。本卷下文同。

新五代史卷五十一

雜傳第三十九

朱守殷

朱守殷，少事唐莊宗為奴，名曰會兒。莊宗讀書，會兒常侍左右。莊宗即位，以其廝養為長直軍，以守殷為軍使，故未嘗經戰陣之用。然好言人陰私長短以自結，莊宗以為忠，遷蕃漢馬步軍都虞候，使守德勝。王彥章攻德勝，守殷無備，遂破南城。莊宗罵曰：「駑才，果悞予事！」明宗請以守殷行軍法，莊宗不聽。

同光二年，領振武軍節度使〔一〕。是時，莊宗初入洛，守殷巡檢京師〔二〕，恃恩驕恣，凌侮勳舊，與伶人景進相為表裏。魏王繼岌已殺郭崇韜，進誣朱友謙與崇韜謀反，莊宗遣守殷以兵圍其第而殺之〔三〕。

是時，明宗自鎮州來朝，居于私第。莊宗方惑羣小，疑忌大臣，遣守殷伺察明宗動靜。守殷陰使人告明宗曰：「位高人臣者身危，功蓋天下者不賞，公可謂位高而功著矣。宜自圖歸藩，無與禍會也！」明宗曰：「吾洛陽一匹夫爾，何能爲也！」既而明宗卒反于魏。

莊宗東討，守殷將騎軍陣仁門外以俟駕。莊宗獨與諸王宦官百餘人射賊，守殷等終不至，方移兵憩北邙山下，聞莊宗已崩，即馳入宮中，選載嬪御、寶貨以歸，縱軍士劫掠，遣人趣明宗入洛。

明宗即位，拜守殷同中書門下平章事、河南尹、判六軍諸衛事。明年，遷宣武軍節度使。九月，明宗詔幸汴州，議者喧然，或以爲征吳，或以爲東諸侯有屈彊者，將制置之。守殷尤不自安，乃殺都指揮使馬彥超[四]，閉城反。明宗行至京水，聞守殷反，遣范延光馳兵傅其城。汴人開門納延光，守殷自殺其族，乃引頸命左右斬之。梟首于市七日，傳徇洛陽。

守殷之將反也，召都指揮使馬彥超與計事，彥超不從，守殷殺之。明宗憐彥超之死，以其子承祚爲洺州長史。

董璋

董璋，不知其世家何人也。少與高季興、孔循俱爲汴州富人李讓家僮。梁太祖鎮宣武，養讓爲子，是爲朱友讓。其僮奴以友讓故，皆得事梁太祖，璋以軍功爲指揮使。晉李繼韜以潞州叛降梁，梁末帝遣璋攻下澤州[五]，即以璋爲刺史。

梁亡，璋事唐爲邠寧節度使，與郭崇韜相善。崇韜伐蜀，以璋爲行營右廂馬步軍都虞候，軍事大小，皆與璋參決[六]。蜀平，以爲劍南東川節度使，孟知祥鎮西川。其後，二人有異志。安重誨居中用事，議者多言知祥必不爲唐用，而能制知祥者璋也，往往稱璋忠義，重誨以爲然，頗優寵之，以故璋益橫。

天成四年，明宗祀天南郊，詔兩川貢助南郊物五十萬，使李仁矩賫安重誨書往諭璋。璋訴不肯出，秖出十萬而已。又因事欲殺仁矩，仁矩涕泣而免，歸言璋必反。其後使者至東川，璋益倨慢，使者還，多言璋欲反狀。重誨患之，乃稍擇將吏爲兩川刺史，以精兵爲其牙衛，分布其諸州。又分閬州置保寧軍，以仁矩爲節度使，遣姚洪將兵千人從仁矩戍閬州。璋及知祥覺唐疑己，且削其地，遂連謀以反。璋因爲其子娶知祥女以相結。又遣其

將李彥珣扼門關為七砦,於關北增置關,號「永定」。凡唐戍兵東歸者,皆遮留之,獲其逃者,覆以鐵籠,火炙之,或刲肉釘面,割心而啖。長興元年九月,知祥攻陷閬州,執李仁矩、姚洪,皆殺之。

初,璋等反,唐獨誅璋家屬,知祥妻子皆在成都,其疏屬留京師者皆不誅。安重誨自往督軍,敬瑭討璋,兵久無功,而自關以西[七],餽運不給,遠近勞敝,明宗患之。重誨遂得罪死,敬瑭亦還。明宗乃遣西川進奏官蘇願、東川軍將劉澄西歸,諭璋等使改過。知祥遣人告璋,欲與俱謝過自歸,璋曰:「唐不殺孟公家族,於西川恩厚矣。我子孫何在?何謝之有!」璋由此疑知祥賣己。三年四月,以兵萬人攻知祥,戰于彌牟,璋大敗,還走梓州。初,唐陵州刺史王暉代還過璋,璋邀留之。至是,暉執璋殺之,傳其首於知祥。

范延光

范延光,字子瓌,相州臨漳人也。唐明宗為節度使,置延光麾下,而未之奇也。明宗破鄆州,梁兵方扼楊劉,其先鋒將康延孝陰送款於明宗。明宗求可以通延孝款於莊宗者,

延光輒自請行，乃懷延孝蠟丸書，西見莊宗致之，且曰：「今延孝雖有降意，而梁兵扼楊劉者甚盛，未可圖也，不如築壘馬家口以通汶陽。」莊宗以為然。壘成，梁遣王彥章急攻新壘。明宗使延光間行求兵，夜至河上，為梁兵所得，送京師，下延光獄，搒掠數百，脅以白刃，延光終不肯言晉事。繫之數月，稍為獄吏所護。莊宗入汴，獄吏去其桎梏，拜而出之。

莊宗見延光，喜，拜檢校工部尚書。

明宗時，為宣徽南院使。明宗行幸汴州，至滎陽，朱守殷反。延光曰：「守殷反迹始見，若緩之使得爲計，則城堅而難近。故乘人之未備者，莫若急攻，臣請騎兵五百，馳至城下，以神速駭之。」乃以騎兵五百，自暮疾馳至半夜，行二百里，戰于城下。遲明，明宗亦馳至，汴兵望見天子乘輿，乃開門，而延光先入，猶巷戰，殺傷甚衆。守殷死，汴州平。

明年，遷樞密使，出爲成德軍節度使。安重誨死，復召延光與趙延壽並爲樞密使。明宗問延光馬數幾何，對曰：「騎軍三萬五千。」明宗撫髀歎曰：「吾居兵間四十年[八]，自太祖在太原時，馬數不過七千，莊宗取河北，與梁家戰河上，馬纔萬匹。今有馬三萬五千而不能一天下，吾老矣，馬多奈何！」延光因曰：「臣嘗計，一馬之費，可養步卒五人，三萬五千匹馬，十五萬兵之食也。」明宗曰：「肥戰馬而瘠吾人，此吾所媿也！」

夏州李仁福卒，其子彝超自立而邀旄節。明宗遣安從進代之，彝超不受代。以兵攻

之，久不克。隰州刺史劉遂凝馳驛入見獻策，言綏、銀二州之人，皆有内嚮之意，請除二刺史以招降之。延光曰：「王師問罪，本在彝超，夏州已破，綏、銀豈足顧哉！若不破夏州，雖得綏、銀，不能守也。」遂凝又請自馳入說彝超使出降，延光曰：「一遂凝，萬一失之不足惜，所惜者朝廷大體也。」是時，王淑妃用事，遂凝兄弟與淑妃有舊，方倚以蒙恩寵，所言無不聽，而大臣以妃故，多不敢爭，獨延光從容沮止之。

明宗有疾，不能視朝，京師之人，詢詢異議，藏竄山谷，或寄匿於軍營，有司不能禁。或勸延光以嚴法制之，延光曰：「制動當以靜，宜少待之。」已而明宗疾少間，京師乃定。

是時，秦王握兵驕甚，宋王弱而且在外，議者多屬意於潞王。延光懼禍之及也，乃求罷去。延壽陰察延光有避禍意，亦遽求罷。明宗再三留之，二人辭益懇至，繼之以泣。明宗不得已，乃皆罷之，延光復鎮成德，而用朱弘昭、馮贇爲樞密使。已而秦王舉兵見誅，明宗崩，潞王反，殺愍帝，唐室大亂，弘昭、贇皆及禍以死。末帝復詔延光爲樞密使，拜宣武軍節度使。天雄軍亂，逐節度使劉延皓，遣延光討平之，即以爲天雄軍節度使。

延光常夢大蛇自臍入其腹，半入而掣去之，以問門下術士張生，張生贊曰：「蛇，龍類也，人腹內，王者之兆也。」延光素神之，常置門下，言多輒中，遂以其言爲然，由是頗畜異志。

當晉高祖起太原,末帝遣延光以兵二萬屯遼州,與趙延壽掎角。既而延壽先降,延光獨不降。高祖即位,延光賀表又頗後諸侯至,又其女爲末帝子重美妃,以此遂懷反側。高祖封延光臨清王以慰其心。

有平山人祕瓊者,爲成德軍節度使董溫其衙內指揮使[九],後溫其爲契丹所虜,瓊乃悉殺溫其家族,瘞之一穴,而取其家貲鉅萬計。晉高祖入立,以瓊爲齊州防禦使,橐其貲裝,道出于魏。延光陰遣人以書招之,瓊不納,延光怒,選精兵伏境上[一〇],伺瓊過,殺之于夏津,悉取其貲,以成邏者悞殺聞。由是高祖疑其必爲亂,乃幸汴州。

天福二年六月,延光遂反,遣其牙將孫銳、澶州刺史馮暉,兵以二萬距黎陽,掠滑、衞。

高祖以楊光遠爲招討使,引兵自滑州渡胡梁攻之。銳輕脱無謀,兵行以娼女十餘自隨,張蓋操扇,酣歌飲食自若,軍士苦大熱,皆不爲用。光遠得其諜者[一一],詢得其謀,誘銳等渡河,半濟而擊之,兵多溺死,銳、暉退走入魏,閉壁不復出。

初,延光反意未決,而得暴疾不能興,銳乃陰召暉入城,迫延光反,延光惶惑,遂從之。如延光已非我敵,況銳等兒戲邪? 行取孺子爾!」乃決意討之。

延光初無必反意,及銳等敗[一二],延光遣牙將王知新齎表自歸,高祖不見,以知新屬武

德司。延光又附楊光遠表請降,不報,延光遂堅守。晉以箭書二百射城中,悉赦魏人,募能斬延光者。然魏城堅難下,攻之逾年不克,師老糧匱,宗正丞石昂上書極諫,請赦延光,願以單車入説而降之。高祖亦悔悟。三年九月,使謁者入魏赦延光,延光乃降,册封東平郡王[一三]、天平軍節度使,賜鐵券。居數月來朝,因慙請老,以太子太師致仕。

初,高祖赦降延光,語使者謂之曰:「許卿不死矣,若降而殺之,何以享國?」延光謀於副使李式,式曰:「主上敦信明義,許之不死,則不死矣。」乃降。及至仕居京師,歲時宴見,高祖待之與羣臣無間,然心終不欲使在京師[一四]。歲餘,使宣徽使劉處讓載酒夜過延光,謂曰:「上遣處讓來時,適有契丹使至,北朝皇帝問晉魏博反臣何在?恐晉不能制,當鎖以來,免為中國後患。」延光聞之泣下,莫知所為。處讓曰:「當且之洛陽,以避契丹使者。」延光曰:「楊光遠留守河南,吾之仇也。吾有田宅在河陽,可以往乎?」處讓曰:「可也。」延光曰:「天子賜我鐵券,許之不死,何得及此?」乃以壯士驅之上馬,行至浮橋,延光自投水死聞,因盡取其貲。高祖承勳知州事,乃遣承勳以兵脅之使自裁。延光曰:「天子賜我鐵券,許之不死,何得及此?」乃以壯士驅之上馬,行至浮橋,推墮水溺死,以延光自投水死聞,因盡取其貲。高祖以適會其意,不問,為之輟朝,贈太師[一五]。

水運軍使曹千獲其流尸于繆家灘,詔許歸葬相

州,已葬,墓輒崩,破其棺槨,頭顱皆碎。初,祕瓊殺董溫其取其貲,延光又殺瓊而取之,終以貲爲光遠所殺,而光遠亦不能免也。

當延光反時,有李彥珣者,爲河陽行軍司馬。張從賓反河陽,彥珣奔于魏,延光以爲步軍都監,使之守城。招討使楊光遠知彥珣邢州人也,其母尚在,乃遣人之邢州,取其母至城下,示彥珣以招之,彥珣望見,自射殺之。及延光出降,晉高祖拜彥珣房州刺史[一六],大臣言彥珣殺母當誅,高祖以謂赦令已行,不可失信。後以坐贓誅。

嗚呼,甚哉,人性之慎於習也!故聖人於仁義深矣,其爲教也,勤而不息,緩而不迫,欲民漸習而自趨之,至於久而安以成俗也。然民之無知,習見善則安於爲善,習見惡則安於爲惡。五代之亂,其來遠矣。自唐之衰,干戈飢饉,父不得育其子,子不得養其親。其始也,骨肉不能相保,蓋出于不幸,因之禮義日以廢,恩愛日以薄,其習久而遂以大壞,至於父子之間,自相賊害。五代之際,其禍害不可勝道也。夫人情莫不共愛其親,莫不共知惡於不孝,然彥珣不自知爲大惡,而高祖亦安焉不以爲怪也,豈非積習之久而至於是歟?語曰:「性相近,習相遠。」至其極也,使人心不若禽獸,可不哀哉! 若彥珣之惡,而恬然不以爲怪,則晉出帝之絕其父,宜其舉世不知爲

非也。

婁繼英

婁繼英，不知何許人也。歷梁、唐，爲絳冀二州刺史、北面水陸轉運使、耀州團練使。晉高祖時，爲左監門衛上將軍[一七]。

繼英子婦，溫延沼女也，自明宗時誅其父韜，延沼兄弟廢居于許，心常怨望。及范延光反，繼英有弟爲魏州子城都虞候，延沼遺人以蠟丸書招繼英[一八]，繼英乃遣延沼入魏見延光，延光大喜，與之信箭，使陰圖許。延沼與其弟延瀋、延袞募不逞之徒千人，期以攻許。而許州節度使萇從簡以延光之反，疑有應者，爲備甚嚴。延沼未及發，延光蠟書事泄於京師，繼英惶恐不自安，乃出奔許。高祖下詔招慰之，使復位，繼英懼不敢出。溫氏兄弟謀殺繼英以自歸，延沼以其女故不忍。張從賓反於洛陽，延沼兄弟乃與繼英俱投從賓於汜水。繼英知溫氏之初欲殺己也，反譖延沼兄弟於從賓，從賓皆殺之[一九]。從賓敗，繼英爲杜重威所殺。

安重榮

安重榮，小字鐵胡，朔州人也。祖從義，利州刺史。父全，勝州刺史、振武馬步軍都指揮使。

重榮有力，善騎射，為振武巡邊指揮使。晉高祖起太原，使張穎陰招重榮，其母與兄皆以為不可，而重榮業已許穎以止之。母、兄謀共殺穎以止之。重榮曰：「未可，吾當為母卜之。」乃立一箭，百步而射之，曰：「石公為天子則中。」一發輒中；又立一箭而射之，曰：「吾為節度使則中。」一發又中，其母、兄乃許，重榮以巡邊千騎叛入太原。高祖即位，拜重榮成德軍節度使。

重榮雖武夫，而曉吏事，其下不能欺。有夫婦訟其子不孝者，重榮拔劍授其父，使自殺之，其父泣曰：「不忍也！」其母從傍詬罵，奪其劍而逐之。問之，乃繼母也，重榮叱其母出，後射殺之。

重榮起於軍卒，暴至富貴，而見唐廢帝、晉高祖皆自藩侯得國，嘗謂人曰：「天子寧有種邪？兵強馬壯者為之爾！」雖懷異志，而未有以發也。是時，高祖與契丹約為父子，契

丹驕甚，高祖奉之愈謹，重榮憤然，以謂「訕中國以尊夷狄，困已敝之民，而充無厭之欲，此晉萬世恥也！」數以此非誚高祖。契丹使者往來過鎮州，重榮箕踞慢罵，不爲之禮，或執殺之。是時，吐渾白氏役屬契丹，苦其暴虐，重榮誘之入塞。契丹數遣使責高祖，并求使者，高祖對使者鞠躬俯首，受責愈謹，多爲好辭以自解，而姑息重榮不能詰。乃遣供奉官張澄以兵二千搜索并、鎮、忻、代山谷中吐渾，悉驅出塞。吐渾去而復來，重榮卒納之，因招集亡命，課民種稗，食馬萬疋，所爲益驕。重榮既僭侈，以爲金魚袋不足貴，刻玉爲魚佩之。鎮人於是高賈女之烈，而知重榮之必敗也。

捨之，女曰：「吾家三十口皆死於兵，存者特吾與父爾，今父死，吾何忍獨生，願就死！」遂殺之。娶二妻，高祖因之並加封爵。

天福六年夏，契丹使者拽剌過鎮，重榮侵辱之。拽剌言不遜，重榮怒，執拽剌，以輕騎掠幽州南境之民，處之博野。上表曰：「臣昨據熟吐渾白承福、赫連功德等領本族三萬餘帳自應州來奔，又據生吐渾、渾、契苾、兩突厥三部，南北將沙陀、安慶、九府等各領其族、牛羊、車帳、甲馬七八路來奔，具言契丹殘害，掠取生口羊馬，自今年二月已後，號令諸蕃、點閱彊壯，辦具軍裝，期以上秋南向。諸蕃部誠恐上天不祐，敗滅家族，願先自歸，其諸部勝兵衆可十萬。又據沿河党項、山前後逸、越利諸族首領皆遣人送契丹所授告身、敕

牒〔三〕，旗幟來歸款，皆號泣告勞，願治兵甲以報怨。又據朔州節度副使趙崇殺節度使劉山，以城來歸。竊以諸蕃不招呼而自至，朔州不攻伐而自歸，雖繫人情，盡由天意。又念陷蕃諸將等，本自勳勞，久居富貴，沒身虜塞，酷虐不勝，企足朝廷，思歸可諒，苟聞傳檄，必盡倒戈。」其表數千言。又爲書以遺朝廷大臣、四方藩鎮，皆以契丹可取爲言。高祖患之，爲之幸鄴，報重榮曰：「前世與虜和親，皆所以爲天下計，今吾以天下臣之，爾以一鎮抗之，大小不等，無自辱焉！」重榮謂晉無如我何，反意乃決。重榮雖以契丹爲言，陰遣人與幽州節度使劉晞相結。契丹亦利晉多事，幸重榮之亂，期兩敝之，欲因以窺中國，故不加怒於重榮。

重榮將反也，其母又以爲不可，重榮曰：「請爲母卜之〔三三〕。」指其堂下幡竿龍口仰射之，曰：「吾有天下則中之。」一發而中，其母乃許。饒陽令劉巖獻水鳥五色，重榮曰：「此鳳也。」畜之後潭。又使人爲大鐵鞭以獻，誑其民曰：「鞭有神，指人，人輒死。」號「鐵鞭郎君」，出則以爲前驅。鎮之城門抱關鐵胡人，無故頭自落，鐵胡，重榮小字，雖甚惡之，然不悟也。

其冬，安從進反襄陽，重榮聞之，乃亦舉兵。是歲，鎮州大旱、蝗，重榮聚飢民數萬，驅以嚮鄴，聲言入覲。行至宗城破家堤，高祖遣杜重威逆之。兵已交，其將趙彥之與重榮有

隙，臨陣卷旗以奔晉軍，其鎧甲鞍轡皆裝以銀，晉軍不知其來降，爭殺而分之。重榮聞彥之降晉，大懼，退入于輜重中，其兵二萬皆潰去。是冬大寒，潰兵飢凍及見殺無孑遺，重榮獨與十餘騎奔還，以牛馬革爲甲，驅州人守城以待。重威兵至城下，重榮裨將自城西水碾門引官軍以入，殺守城二萬餘人。重威兵至城，重威使人擒之，斬首以獻，高祖御樓受馘，命漆其首送于契丹。改成德軍爲順德[三四]，鎮州曰恒州，常山曰恒山云。

安從進

安從進，振武索葛部人也。祖、父皆事唐爲騎將。明宗時，爲保義、彰武軍節度使，未嘗將兵征伐。愍帝即位，徙領順化，爲侍衞馬軍都指揮使，領貴州刺史。從進嘗一以兵往，卒亦無功。愍帝出奔，從珂將至京師，從進率百官鳳翔，從進巡檢京城，殺樞密使馮贇，送款於從珂。清泰中，徙鎮山南東道。晉高祖即位，加同中書門下平章事，班迎于郊。

李彝超自立於夏州，從進嘗一以兵往，卒亦無功。愍帝即位，徙領順化，爲侍衞馬軍都指揮使。潞王反鳳翔，從進巡檢京城，殺樞密使馮贇，送款於從珂。愍帝出奔，從珂將至京師，從進率百官班迎于郊。清泰中，徙鎮山南東道。晉高祖即位，加同中書門下平章事。

高祖取天下不順，常以此慚，藩鎮多務，過爲姑息，而藩鎮之臣，或不自安，或心慕高祖所爲，謂舉可成事，故在位七年，而反者六起，從進最後反，然皆不免也。自范延光反

鄆,從進已畜異志,恃江爲險,招集亡命,益置軍兵。南方貢輸道出襄陽,多擅留之,邀遮商旅,皆縣以充軍。與安重榮陰相結託,期爲表裏。高祖患之,謀徙從進,使人謂曰:「東平王建立來朝,願還鄉里,已徙上黨。朕虛青州以待卿,卿誠樂行,朕即降制。」從進報曰:「移青州在漢江南,臣即赴任。」高祖亦優容之。其子弘超爲宮苑副使,居京師,從進請賜告歸,遂不遣。王令謙、潘知麟者,皆從進牙將也,常從從進最久,知其必敗,切諫之。從進遣子弘超與令謙遊南山,酒酣,令人推墮崖死。

天福六年,安重榮執殺契丹使者,反迹見,高祖爲之幸鄴,鄭王重貴留守京師。宰相和凝曰:「陛下且北,從進必反,何以制之?」高祖曰:「卿意奈何?」凝曰:「臣聞兵法,先人者奪人,願爲空名宣敕十數通授鄭王,有急則命將以往。」從進聞高祖北,遂殺知麟以反。鄭王以空名敕授李建崇、郭金海等討之,從進引兵攻鄧州,不克,進至湖陽,遇建崇等,大駭,以爲神速,復爲野火所燒,遂大敗。從進以數十騎奔還襄陽。高祖遣高行周圍之,踰年糧盡,從進自焚死。執其子弘受及其將佐四十三人送京師,高祖御樓受俘,徇于市而斬之。降襄陽爲防禦,贈令謙忠州刺史、知麟順州刺史。

楊光遠

楊光遠，字德明。其父曰阿噔啜，蓋沙陀部人也。光遠初名阿檀，爲唐莊宗騎將，從周德威戰契丹於新州，折其一臂，遂廢不用。久之，以爲幽州馬步軍都指揮使，戍瓦橋關。光遠爲人病秃折臂，不通文字，然有辨智，長於吏事。明宗時，爲嬀、瀛、冀、易四州刺史，以治稱。

初，唐兵破王都於中山，得契丹大將荝剌等十餘人。已而契丹與中國通和，遣使者求荝剌等，明宗與大臣議，皆欲歸之，獨光遠不可，曰：「荝剌等皆北狄之善戰者，彼失之如去手足；且居此久，熟知中國事，歸之豈吾利也！」明宗曰：「蕃人重盟誓，已與吾好，豈相負也？」光遠曰：「臣恐後悔不及爾！」明宗嘉其說，卒不遣荝剌等。光遠自易州刺史拜振武軍節度使。

清泰二年，徙鎮中山，兼北面行營都虞候，禦契丹於雲應之間。

晉高祖起太原，末帝以光遠佐張敬達爲太原四面招討副使，爲契丹所敗，退守晉安寨。契丹圍之數月，人馬食盡，殺馬而食，馬盡，乃殺敬達出降。耶律德光見之，靳曰：「爾輩大是惡漢兒。」光遠與諸將初不知其誚己，猶爲謙言以對，德光曰：「不用鹽酪，食一

萬匹戰馬，豈非惡漢兒邪！」光遠等大慚伏，德光問曰：「懼否？」皆曰：「甚懼。」曰：「何懼？」曰：「懼皇帝將入蕃。」德光曰：「吾國無土地官爵以居汝，汝等勉事晉。」晉高祖以光遠爲宣武軍節度使、侍衛馬步軍都指揮使。光遠進見，佯爲悒悒之色，常如有所恨者，高祖疑其有所不足，使人問之，對曰：「臣於富貴無不足也，惟不及張生鐵死得其所，此常爲愧爾！」由是高祖以爲忠，頗親信之。

范延光反，以爲魏府都招討使，久之不能下，高祖畏己，始爲恣橫。高祖每優容之，爲選其子承祚尚長安公主，其次子承信等皆超拜官爵，恩寵無比。樞密使桑維翰惡之，數以爲言。光遠自魏來朝，屢指維翰擅權難制。高祖不得已，罷出維翰於相州，亦徙光遠西京留守，兼鎮河陽，奪其兵職。光遠始大怨望，陰以寶貨奉契丹，訴己爲晉疏斥。所養部曲千人，撓法犯禁河洛之間，甚於寇盜。

天福五年，徙鎮平盧，封東平王。光遠請其子以行，乃拜承祚單州刺史，承勳萊州防禦使，父子俱東，車騎連屬數十里。出帝即位，拜太師，封壽王。

是時，晉馬少，括天下馬以佐軍，景延廣請取光遠前所借官馬三百匹，光遠怒曰：「此馬先帝賜我，安得復取，是疑我反也！」遂謀爲亂。而承祚自單州逃歸，出帝即以承祚爲淄州刺史[三六]，遣使者賜以玉帶、御馬以慰安之，光遠益驕，乃反。召契丹入寇，陷貝州。

博州刺史周儒亦叛降契丹。

是時，出帝與耶律德光相距澶、魏之間，鄆州觀察判官竇儀計事軍中，謀曰：「今不以重兵大將守博州渡，使儒得引契丹東過河與光遠合，則河南危矣！」出帝乃遣李守貞、皇甫遇以兵萬人沿河而下。儒果引契丹自馬家渡濟河，方築壘，守貞等急擊之，契丹大敗，遂與光遠隔絕。德光聞河上兵大敗，與晉決戰戚城，亦敗。

契丹已北，出帝復遣守貞、符彥卿東討，光遠嬰城固守，自夏至冬，城中人相食幾盡。光遠北望契丹，稽首以呼德光曰：「皇帝皇帝〔一七〕，悮光遠邪！」其子承勳等勸光遠出降，光遠曰：「我在代北時，嘗以紙錢祭天池，投之輒没，人言我當作天子，宜且待時，毋輕議也。」承勳知不可，乃殺節度判官丘濤，親將杜延壽、楊瞻〔一八〕、白延祚等，劫光遠幽之，遣人奉表待罪。承信、承祚皆詣闕自歸，而光遠亦上章請死。出帝以其二子為侍衛將軍，賜光遠詔書，許以不死，羣臣皆以為不可，乃敕李守貞便宜處置。守貞遣客省副使何延祚殺之于其家。延祚至其第，光遠方閲馬于厩，乃謂之曰：「天使在門，欲歸報天子，未有以藉手。」光遠曰：「何謂也？」曰：「願得大王頭爾〔一九〕！」光遠罵曰：「我有何罪？昔我以晉安寨降契丹，使爾家世世為天子，我亦望以富貴終身，而反負心若此！」遂見殺，以病卒聞。

承動事晉爲鄭州防禦使,德光滅晉,使人召承勳至京師,責其劫父,爨而食之,乃以承信爲平盧節度使。漢高祖贈光遠尚書令,封齊王,命中書舍人張正撰光遠碑銘文賜承信,使刻石于青州。碑石既立,天大雷電,擊折之。

阿噔嗷初非姓氏,其後改名瑊而姓楊氏。光遠初名檀,清泰二年,有司言明宗廟諱犯偏傍者皆易之,乃賜名光遠云。光遠既病禿,而妻又跛其足也,人爲之語曰:「自古豈有禿瘡天子、跛腳皇后邪?」相傳以爲笑。然而召夷狄爲天下首禍,卒滅晉氏,瘡痍中國者三十餘年,皆光遠爲之也。

校勘記

(一) 領振武軍節度使 「振武」,原作「鎮武」,據宗文本、舊五代史卷三一唐莊宗紀五、卷七四朱守殷傳改。按通鑑卷二八二,後晉天福六年,閩王曦以建州爲鎮安軍,延政改爲鎮武。後唐無鎮武軍。

(二) 守殷巡檢京師 「巡檢」下原有「校」字,據宋丙本、宗文本刪。

(三) 莊宗遣守殷以兵圍其第而殺之 「以兵」二字原闕,據宋丙本、宗文本、舊五代史卷三四唐莊宗紀八、通鑑卷二七四補。

（四）乃殺都指揮使馬彥超 「都」字原闕，據宋丙本、宗文本、本書卷六唐本紀、舊五代史卷三八唐明宗紀四、冊府卷一一八、卷一三一及本卷下文補。

（五）梁末帝遣璋攻下澤州 「梁」字原闕，據宋丙本、宗文本、舊五代史卷六二董璋傳補。

（六）皆與璋參決 「璋」字原闕，據宋丙本、宗文本、舊五代史卷六二董璋傳補。

（七）而自關以西 「自」字原闕，據宋丙本補。本書卷二四安重誨傳敍其事作「自關以西，民苦輸送」。

（八）吾居兵間四十年 「居」字原闕，據宋丙本、宗文本補。

（九）董溫其 舊五代史卷九七范延光傳、通鑑卷二八〇作「董溫琪」。

（一〇）選精兵伏境上 「精」字原闕，據宗文本補。舊五代史卷七六晉高祖紀二、卷九四祕瓊傳敍其事作「精騎」。

（一一）光遠得其諜者 「其」字原闕，據宋丙本、宗文本補。

（一二）及銳等敗 「及」字原闕，據宗文本補。

（一三）東平郡王 舊五代史卷九七范延光傳、五代會要卷一一、冊府卷一六六作「高平郡王」。

（一四）然心終不欲使在京師 「終」字原闕，據宗文本補。

（一五）贈太師 「太師」原作「太傅」，據舊五代史卷七九晉高祖紀五、卷九七范延光傳改。

（一六）晉高祖拜彥珣房州刺史 「房州」舊五代史卷七七晉高祖紀三、卷九四李彥珣傳、冊府卷七

〔一〕通鑑卷二八一作「坊州」。

〔七〕爲左監門衞上將軍 「左」，本書卷八晉本紀、通鑑卷二八一作「右」。

〔八〕延光遣人以蠟丸書招繼英 「丸」字原闕，據宗文本補。

〔九〕從賓皆殺之 「皆」字原闕，據宗文本、通鑑卷二八一補。

〔一〇〕而重榮業已許穎 「而」字原闕，據宗文本、通鑑卷二八一敍其事作「皆斬之」。

〔一一〕吾家三十口皆死於兵 舊五代史卷九八安重榮傳、册府卷四四八敍其事作「我家三十口繼經兵亂死者二十八口」。

〔一二〕敕牒 宗文本、舊五代史卷九八安重榮傳、通鑑卷二八二作「職牒」。

〔一三〕請爲母卜之 「請」字原闕，據宗文本補。

〔一四〕改成德軍爲順德 「順德」，太平寰宇記卷六一同，舊五代史卷八〇晉高祖紀六、通鑑卷二八三：「〔天福七年正月癸亥〕改鎮州爲恆州，成德軍爲順國軍。」五代會要卷二四亦云：「鎮州，天福七年正月改爲順國軍節度。」

〔一五〕葫刺等皆北狄之善戰者 「等」、「之」二字原闕，據宗文本、舊五代史卷九七楊光遠傳補。

〔一六〕出帝即以承祚爲淄州刺史 「淄州」，舊五代史卷八二晉少帝紀二、通鑑卷二八三、册府卷一七九作「登州」。

〔一七〕皇帝皇帝 原作「皇帝」，據宗文本、通鑑卷二八四改。

雜傳第三十九

六六七

新五代史卷五十一

〔三八〕楊瞻 舊五代史卷八三晉少帝紀三、卷九七楊光遠傳、册府卷一二六作「楊瞻」。

〔三九〕願得大王頭爾 「願」，宋丙本、宗文本作「須」。

新五代史卷五十二

雜傳第四十

杜重威

杜重威，朔州人也。其妻石氏，晉高祖之女弟，高祖即帝位，封石氏爲公主，拜重威舒州刺史，以典禁兵。從侯益攻破張從賓於汜水，以功拜潞州節度使。范延光反於鄴，重威從高祖攻降延光，徙領忠武，加同平章事。又徙領天平，遷侍衞親軍都指揮使。

安重榮反，重威爲偏月陣，重威擊之不動。重威欲少却以伺之，偏將王重胤曰：「兩兵方交，退者先敗。」乃分兵爲三，重威先以左右隊擊其兩翼，戰酣，重胤以精兵擊其中軍，重榮將趙彥之來奔，重榮遂大敗，走還鎮州，閉壁不敢出。重威攻破之，以功拜重威成德軍節度使。

重威出於武卒，無行而不知將略。破鎮州，悉取府庫之積及重榮之貲，皆没之家，高祖知而不問。及出帝與契丹絕好，契丹連歲入寇，重威閉城自守，屬州城邑多所屠戮。胡騎驅其人民千萬過其城下，重威登城望之，未嘗出救。

開運元年，加重威北面行營招討使。明年，引兵攻泰州[一]，破滿城、遂城。契丹已至古北，還兵擊之，重威等南走，至陽城，爲虜所困，賴符彥卿、張彥澤等因大風奮擊，契丹大潰。諸將欲追之，重威爲俚語曰：「逢賊得命，更望複子乎？」乃收馬馳歸[二]。

重威居鎮州，重斂其民，戶口彫敝，又懼契丹之至，乃連表乞還京師，未報，亟上道，朝廷莫能止，即拜重威爲鄴都留守。而鎮州所留私粟十餘萬斛，殿中監王欽祚和市軍儲，乃録以聞，給絹數萬匹以償之，重威大怒曰：「吾非反者，安得籍没邪！」

三年秋，契丹高牟翰詐以瀛州降，復以重威爲北面行營招討使。是秋，天下大水，霖雨六十餘日，飢殍盈路，居民拆屋木以供爨[三]，剉藁席以秣馬牛，重威兵行泥潦中，調發供饋，遠近愁苦。重威至瀛州，牟翰已棄城去，重威退屯武彊。契丹寇鎮、定，重威西趨中渡橋，與虜夾滹沱河而軍。偏將宋彥筠、王清渡水力戰，而重威按軍不動，彥筠遂敗，清戰死。

轉運使李穀教重威以三脚木爲橋，募敢死士過河擊賊，諸將皆以爲然，獨重威不許。乃陰使契丹遣騎兵夜並西山擊欒城，斷重威軍後。是時，重威已有異志，而糧道隔絕，乃陰

遣人詣契丹請降。契丹大悅，許以中國與重威爲帝，重威信以爲然，乃伏甲士，召諸將告以降虜。諸將愕然，以上將先降，乃皆聽命。重威出降表使諸將書名，乃令軍士陣于柵外，軍士猶喜躍以爲決戰，重威告以糧盡出降，軍士解甲大哭，聲震原野。契丹賜重威赭袍，使衣以示諸軍，拜重威太傅。

契丹犯京師，重威以晉兵屯陳橋，士卒凍餓，不勝其苦。重威出入道中，市人隨而詬之，重威俛首不敢仰顧。契丹據京師，率城中錢帛以賞軍，將相皆不免，重威當率萬緡，乃訴於契丹曰：「臣以晉軍十萬先降，乃獨不免率乎？」契丹笑而免之，遣還鄴都。明年，契丹北歸，重威與其妻石氏詣虜帳中爲別。

漢高祖定京師，拜重威太尉，歸德軍節度使，重威懼不受命。遣高行周攻之，不克，高祖乃自將攻之。遣給事中陳同以詔書召之，重威不聽命，而漢兵數敗，圍之百餘日。初，契丹留燕兵千五百人在京師，高祖自太原入，告者言其將反，高祖悉誅於繁臺，其亡者奔于鄴。燕將張璉先以兵二千在鄴，聞燕兵見殺，乃勸重威固守。高祖已殺燕兵，悔之，數遣人招璉等，璉登城呼曰：「繁臺之誅，燕兵何罪？既無生理，請以死守！」

重威食盡，屑麴而食，民多逾城出降，皆無人色。重威乃遣判官王敏及其妻子相次請降〔四〕，高祖許之。重威素服出見高祖，高祖赦重威，拜檢校太師、守太傅、兼中書令。悉

誅璉及重威將吏，而錄其私帑，以重威歸京師。

高祖病甚，顧大臣曰：「善防重威！」高祖崩，祕不發喪，大臣乃共誅之，及其子弘璋、弘璨、弘璲尸於市〔五〕，市人蹴而詬之，吏不能禁，支裂蹈踐，斯須而盡。

李守貞

李守貞，河陽人也。晉高祖鎮河陽，以爲客將，其後嘗從高祖，高祖即位，拜客省使。監馬全節軍破李金全於安州，以功拜宣徽使。

出帝即位，楊光遠反，召契丹入寇。守貞領義成軍節度使，爲侍衛親軍都虞候，從出帝幸澶州。麻荅以奇兵入鄆州，渡馬家口，柵於河東。守貞馳往破之，契丹兵多溺死，獲馬數百匹，裨將七十餘人。徙領泰寧軍節度使，以兵二萬討之。光遠降，其故吏宋顏悉取光遠寶貨、名姬、善馬獻之守貞，守貞德之，陰置顏麾下。是時，凡出師破賊，必有德音赦其餘黨類，而光遠黨與十餘人皆亡命，捕之甚急，樞密使桑維翰緩其制書，久而不下。言事者告顏匿守貞所，詔取顏殺之，守貞大怒，乃與維翰有隙。

賊平行賞，守貞悉以甐茶、染木給之，軍中大怒，以帛裹之爲人首，梟於木間，曰：「守

貞首也。」守貞以功拜同平章事，賜以光遠舊第，爲京師之甲。出帝臨幸，燕錫恩禮，出於諸將。

契丹入寇，出帝再幸澶州，杜重威爲北面招討使，守貞爲都監。威爲將皆無節制，行營所至，居民豢圈一空，至於草木皆盡。其始發軍也，有賜資，曰「掛甲錢」，及班師，又加賞勞，曰「卸甲錢」，出入之費，常不下三十萬，由此晉之公私重困。守貞與重威等攻下泰州[六]，破滿城，殺二千餘人。還，爲侍衛親軍都指揮使，領天平軍節度使，又領歸德。

是時，出帝遣人以書招趙延壽使歸國，延壽詐言思歸，願得晉兵爲應，而契丹高牟翰亦詐以瀛州降，出帝以爲然，命杜重威等將兵應之。初，晉大臣皆言重威不忠，有怨望之心，不可用，乃用守貞。是時，重威鎮魏州，守貞嘗將兵往來過魏，重威待之甚厚，多以戈甲金帛奉之。出帝嘗謂守貞曰：「卿常以家財散士卒，可謂忠於國者乎！」守貞謝曰：「皆重威與臣者。」因請與重威俱北。於是卒以重威爲招討使，守貞爲都監，屯于武彊。契丹寇鎮、定，守貞等軍於中渡，遂與重威降于契丹。契丹以守貞爲司徒。契丹犯京師，拜守貞天平軍節度使。

漢高祖入京師，守貞來朝，拜太保、河中節度使。高祖崩，杜重威死，守貞懼不自安，

以謂漢室新造,隱帝初立,天下易以圖,而門下僧總倫以方術陰干守貞,守貞乃決計反。而趙思綰先以京兆反,遣人以赭黃衣遺守貞,守貞大喜,乃發兵西據潼關,招誘草寇,所在竊發。漢遣白文珂、常思等出軍擊之。已而王景崇又以鳳翔反,景崇與思綰遣人推守貞爲秦王,守貞拜景崇等官爵。又遣人間以蠟丸書遺吳、蜀、契丹,使出兵以牽漢。

文珂等攻景崇、思綰等久無功,隱帝乃遣樞密使郭威率禁兵將文珂等督攻之。諸將皆請先擊思綰、景崇,威計未知所向。行至華州,節度使扈彥珂謂威曰:「三叛連衡,以守貞爲主,守貞先敗,則思綰、景崇可傳聲而破矣。若捨近圖遠,使守貞出兵于後,思綰、景崇拒戰于前,則漢兵屈矣。」威以爲然,遂先擊守貞。

是時,馮道罷相居河陽,威初出兵,過道家問策,道曰:「君知博乎?」威少無賴,好蒲博,以爲道譏之,艴然而怒。道曰:「凡博者錢多則多勝,錢少則多敗,非其不善博,所以敗者,勢也。今合諸將之兵以攻一城,較其多少,勝敗可知。」威大悟,謀以遲久困之,乃與諸將分爲三柵,而闕其南,發五縣丁夫築長城以連三柵。守貞出其兵壞長城,威輒補其所壞,柵其城三面,守貞兵常失十三四,如此逾年,守貞城中兵無幾,而食又盡,殺人而食。威曰:「可矣。」乃爲期日,督兵四面攻而破之。

初，守貞召總倫問以濟否，總倫曰：「王當自有天下，然分野方災，俟殺人垂盡，則王事濟矣。」守貞以爲然。嘗會將吏大飲，守貞指畫虎圖曰：「吾有天命者中其掌。」引弓一發中之，將吏皆拜賀，守貞益以自負。

及城破[七]，守貞與妻子自焚。漢軍入城，於煙燼中斬其首，傳送京師，梟於南市，其餘黨皆磔之。

張彥澤

張彥澤，其先突厥部人也。後徙居陰山，又徙太原。彥澤爲人驍悍殘忍，目睛黃而夜有光，顧視如猛獸。以善射爲騎將，數從莊宗、明宗戰伐。與晉高祖連姻，高祖時，已爲護聖右廂都指揮使[八]，曹州刺史，拜鎮國軍節度使，歲中，徙鎮彰義。爲政暴虐，常怒其子，數笞辱之。子逃至齊州，州將捕送京師，高祖以歸彥澤。彥澤所厚，多任以事，左右小人皆素嫉之，因共讒式，且迫之曰：「不速去，當及禍。」式乃出奔。彥澤遣指揮使李興以二十騎追之，戒曰：「式不肯來，當取其頭以來！」式至衍州，彥澤爲政暴虐，其掌書記張式不肯爲作章，屢諫止之。彥澤怒，引弓射式，式走而免。式素爲彥澤所厚，多任以事，左右小人皆素嫉之，因共讒式，且迫之曰：「不速去，當及禍。」式乃出奔。

刺史以兵援之邠州[九]，節度使李周留式，馳騎以聞，詔流式商州。彥澤遣司馬鄭元昭詣闕論請，期必得式，且曰：「彥澤若不得張式，患在不測。」高祖不得已，與之。彥澤得式，剖心、決口、斷手足而斬之。

高祖遣王周代彥澤，以爲右武衛大將軍。周奏彥澤所爲不法者二十六條，并述涇人殘敝之狀，式父鐸詣闕訴冤，諫議大夫鄭受益、曹國珍、尚書刑部郎中李濤、張麟、員外郎麻麟[一〇]、王禧伏閣上疏，論彥澤殺式之冤，皆不省。濤見高祖切諫，高祖曰：「彥澤功臣，吾嘗許其不死。」濤厲聲曰：「彥澤罪若可容，延光鐵券何在！」高祖怒，起去，濤隨之諫不已，高祖不得已，召式父鐸、弟守貞、子希範等，皆拜以官，爲蠲涇州民稅，免其雜役一年，下詔罪己，然彥澤止削階、降爵而已。於是國珍等復與御史中丞王易簡率三院御史詣閣門連疏論之，不報。

出帝時，彥澤爲左龍武軍大將軍，遷右武衛上將軍，又遷右神武統軍。自契丹與晉戰河北，彥澤常在兵間[一一]，數立戰功，拜彰國軍節度使[一二]。與契丹戰陽城，爲契丹所圍，而軍中無水，鑿井輒壞，契丹順風揚塵，奮擊甚銳，軍中大懼。彥澤以問諸將，諸將皆曰：「今虜乘上風，而吾居其下，宜待風回乃可戰。」彥澤以爲然。諸將去，偏將藥元福獨留，謂彥澤曰：「今軍中飢渴已甚，若待風回，吾屬爲虜矣！且逆風而戰，敵人謂

我必不能,所謂出其不意。」彥澤即拔拒馬力戰,契丹奔北二十餘里,追至衞村,又大敗之,契丹遯去。

開運三年秋,杜重威爲都招討使,李守貞兵馬都監,彥澤馬軍都排陣使。彥澤往來鎭、定之間,敗契丹于泰州,斬首二千級。重威、守貞攻瀛州不克,退及武彊,聞契丹空國入寇,惶惑不知所之,而彥澤適至,言虜可破之狀,乃與重威等西趨鎭州。彥澤爲先鋒,至中渡橋,已爲虜所據,彥澤猶力戰爭橋,燒其半,虜小敗却,乃夾河而寨。

十二月丙寅,重威、守貞叛降契丹,彥澤亦降。耶律德光犯闕,遣彥澤與傅住兒以二千騎先入京師,彥澤倍道疾驅,至河,銜枚夜渡。壬申夜五鼓,自封丘門斬關而入。有頃,宮中火發,出帝以劍擁後宮十餘人將赴火,爲小吏薛超所持。彥澤自寬仁門傳德光與皇太后書入,乃滅火。大内都點檢康福全宿衞寬仁門,登樓睨賊,彥澤呼而下之,諸門皆啓。彥澤頓兵明德樓前,遣傅住兒入傳戎王宣語,帝脱黄袍,素服再拜受命。使人召彥澤,彥澤謝曰:「臣無面目見陛下。」復使召之,彥澤笑而不答。

明日,遷帝於開封府,帝與太后、皇后肩輿,宮嬪、宦者十餘人皆步從。彥澤遣控鶴指揮使李筠以兵監守,内外不通。帝與太后所上德光表章,皆先示彥澤乃敢遣。帝取内庫帛數段,主者曰:「此非帝有也。」不與。又使求酒於李崧,崧曰:「臣家有酒非敢惜,慮陛

下憂躁，飲之有不測之虞，所以不敢進。」帝姑烏氏公主私賂守門者，得入與帝訣，歸第自經死。德光渡河，帝欲郊迎，彥澤不聽，遣白德光，德光報曰：「天無二日，豈有兩天子相見於道路邪！」乃止。

初，彥澤至京師，李濤謂人曰：「吾禍至矣！與其逃於溝竇而不免，不若往見之。」濤見彥澤，爲俚語以自投死，彥澤笑而厚待之。

彥澤自以有功於契丹，晝夜酣飲自娛，出入騎從常數百人，猶題其旗幟曰「赤心爲主」。迫遷出帝，遂輦內庫，輸之私第，因縱軍士大掠京師。軍士獲罪人，彥澤醉不能問，瞋目視之，出三手指，軍士即驅出斷其腰領。皇子延煦母楚國夫人丁氏有色，彥澤使人求於皇太后，太后遲疑未與，即劫取之。彥澤與閤門使高勳有隙，乘醉入其家，殺數人而去。

耶律德光至京師，聞彥澤劫掠，怒，鎖之。高勳亦自訴於德光，德光以其狀示百官及都人，問：「彥澤當誅否？」百官皆請不赦，而都人爭投狀疏其惡，乃命高勳監殺之。彥澤前所殺士大夫子孫，皆縗絰杖哭，隨而詬罵，以杖朴之，彥澤俛首無一言。行至北市，斷腕出鎖，然後用刑，勳剖其心祭死者，市人爭破其腦，取其髓，臠其肉而食之。

嗚呼，晉之事醜矣，而惡亦極也！其禍亂覆亡之不暇，蓋必然之理爾。使重威等雖不叛以降虜，亦未必不亡，然開虜之隙，自一景延廣，而卒成晉禍者，非一日也。至於爭已戮之尸，爾其肉，剔其髓而食之，擣裂蹈踐，斯須而盡，何其甚哉！此自古未有也。然當是時，舉晉之兵皆在北面，國之存亡，繫此三人之勝敗，則其任可謂重矣。蓋天下惡之如彼，晉方任之如此，而終以不悟，豈非所謂「臨亂之君，各賢其臣」者歟？

校勘記

（一）引兵攻泰州 「泰州」，原作「秦州」，據宋丙本、宗文本、舊五代史卷一〇九杜重威傳、通鑑卷二八四改。按舊五代史卷一五〇郡縣志，滿城隸泰州。

（二）乃收馬馳歸 「馬」，宗文本作「兵」。

（三）居民拆屋木以供爨 「屋」字原闕，據宗文本補。

（四）重威乃遣判官王敏及其妻子相次請降 「子」字原闕，據宗文本補。舊五代史卷一〇九杜重威傳敍其事作「重威即遣其子弘璲、妻石氏出候高祖」。

（五）弘璲 舊五代史卷一〇九杜重威傳、通鑑卷二八七作「弘璡」。

〔六〕守貞與重威等攻下泰州　「泰州」，原作「秦州」，據宋丙本改。遼史卷四太宗紀下敍其事作「杜重威、李守貞攻泰州」。

〔七〕及城破　「及」字原闕，據宗文本、詳節卷七補。

〔八〕已爲護聖右廂都指揮使　「右」，舊五代史卷七七晉高祖紀三作「左」。

〔九〕刺史以兵援之邠州　「之」宗文本作「至」。舊五代史卷九八張彥澤傳敍其事云：「式懇告刺史，遂差人援送到邠州。」

〔一〇〕麻麟　原作「麻濤」，據宗文本、舊五代史卷八〇晉高祖紀六、册府卷四六〇改。

〔一一〕彥澤常在兵間　「常」字原闕，據宗文本補。

〔一二〕拜彰國軍節度使　「彰國」通鑑卷二八五作「彰德」。按吳蘭庭纂誤補卷四：「彰國，唐應州軍號，此時已入契丹。」又舊五代史卷八四晉少帝紀四云張彥澤爲相州節度使，卷九八張彥澤傳謂其「出鎮安陽」。安陽即彰德軍，治相州，彰國軍治應州，「彰國」疑是「彰德」之訛。

新五代史卷五十三

雜傳第四十一

王景崇

王景崇，邢州人也。爲人明敏巧辯，善事人。唐明宗鎮邢州，以爲牙將，其後嘗從明宗，隸麾下。明宗即位，拜通事舍人，歷引進閤門使，馳詔方鎮、監軍征伐，必用景崇。後事晉，累拜左金吾衞大將軍，常怏怏人主不能用其材。晉亡，蕭翰據京師，景崇厚賂其將高牟翰以求用。已而翰北歸，許王從益居京師，用景崇爲宣徽使、監左藏庫。漢高祖起太原，景崇取庫金奔迎高祖，高祖至京師，拜景崇右衞大將軍，未之奇也。高祖攻鄴，景崇不得從，乃求留守起居表，詣行在〔一〕見高祖，願留軍中效用，爲高祖畫攻戰之策，甚有辯，高祖乃奇其材。

是時，漢方新造，鳳翔侯益、永興趙贊皆嘗受命契丹，高祖患之。及已破鄴，益等懼，皆請入朝。會回鶻入貢，言爲党項所隔不得通，願得漢兵爲援，高祖遣景崇以兵迎回鶻。景崇將行，高祖已疾，召入臥內，戒之曰：「益等已來，善矣，若猶遲疑，則以便宜圖之。」景崇行至陝，趙贊已東入朝，而蜀兵方寇南山，景崇擊破蜀兵，追至大散關而還。高祖乃詔景崇兼鳳翔巡檢使。

景崇至鳳翔，侯益未有行意，而高祖崩，或勸景崇可速誅益，景崇念獨受命先帝而少主莫知，猶豫未決。益從事程渥，與景崇同鄉里，有舊，往說景崇曰：「吾與子爲故人，吾位不過賓佐，而子已貴矣，奈何欲以陰狡害人而取之乎？侯公父子爪牙數百，子毋妄發，禍行及矣！非吾，誰爲子言之。」於是景崇頗不欲殺益，益乃亡去，景崇大悔，失不殺之。

益至京師，隱帝新立，史弘肇、楊邠等用事，益乃厚賂邠等，陰以事中景崇。已而益拜開封尹，景崇心不自安，諷鳳翔將吏求已領府事。朝廷患之，拜景崇邠州留後，以趙暉爲鳳翔節度使。景崇乃叛，盡殺侯益家屬，與趙思綰共推李守貞爲秦王，隱帝即以趙暉討之。

景崇西招蜀人爲助，蜀兵至寶雞〔二〕，爲暉將藥元福、李彥從所敗。暉攻鳳翔，塹而圍之，數以精兵挑戰，景崇不出。暉乃令千人潛之城南一舍，僞爲蜀兵旗幟，循南山而下，聲

〔二〕本作宮。

言蜀救兵至矣,須臾塵起,景崇以爲然,乃令數千人潰圍而出以爲應。暉設伏以待之,景崇兵大敗,由是不敢復出。

明年,守貞、思綰相次皆敗,景崇客周璨謂景崇曰:「公能守此者,以有河中、京兆也,今皆敗矣,何所恃乎?不如降也。」景崇曰:「誠累君等,然事急矣,吾欲爲萬有一得之計,可乎?吾聞趙暉精兵皆在城北,今使公孫輦等燒城東門僞降,吾以牙兵擊其城北兵,脱使不成而死,猶勝於束手也。」璨等皆然之。遲明,輦燒東門將降,而府中火起,景崇自焚矣,輦乃降暉。

趙思綰

趙思綰,魏州人也。爲河中節度使趙贊牙將。漢高祖即位,徙贊鎮永興,贊入朝京師,留思綰兵數百人於永興。高祖遣王景崇至永興,與齊藏珍以兵迎回鶻,陰以西事屬之。

景崇至永興,贊雖入朝,而其所召蜀兵已據子午谷,景崇用思綰兵擊走之。遂與思綰俱西,然以非己兵,懼思綰等有二心,意欲黥其面以自隨,而難言之,乃稍微風其旨。思綰

厲聲請先黥以率衆，齊藏珍惡之，竊勸景崇殺思綰，景崇不聽，與俱西。

高祖遣使者召思綰等，是時侯益來朝，思綰以兵從益東歸〔三〕。思綰謂其下常彥卿曰：「趙公已入人手，吾屬至，并死矣，奈何？」彥卿曰：「事至而變，勿預言也。」益行至永興，永興副使安友規出迎益，飲于郊亭。思綰前曰：「兵館城東，然將士家屬皆居城中，願縱兵入城挈其家屬。」益信之以爲然。思綰與部下入城，有州校坐於城門，思綰歐之，奪其佩刀斬之〔四〕，并斬門者十餘人，遂閉門劫庫兵以叛。

高祖遣郭從義、王峻討之，經年莫能下，而王景崇亦叛，與思綰俱送款於李守貞，守貞以思綰爲晉昌軍節度使。隱帝遣郭威西督諸將兵，先圍守貞於河中。居數月，思綰城中食盡，殺人而食，每犒宴，殺人數百，庖宰一如羊豕。思綰取其膽以酒吞之，語其下曰：「食膽至千，則勇無敵矣！」

思綰計窮，募人爲地道，將走蜀，其判官程讓能謂思綰曰〔五〕：「公比於國無嫌，但懼死而爲此爾。今國家用兵三方，勞敝不已，誠能翻然效順，率先自歸，以功補過，庶幾有生，若坐守窮城，待死而已！」思綰然之，乃遣教練使劉珪詣從義乞降，而遣其將劉筠奉表朝廷〔六〕。拜思綰鎮國軍留後，趣使就鎮，思綰遲留不行。蜀陰遣人招思綰，思綰將奔蜀，而從義亦疑之，乃遣人白郭威，威命從義圖之。從義因入城召思綰，趣之上道，至則擒之。

思縮問曰:「何以用刑?」告者曰:「立釘也。」思縮屬聲曰:「爲吾告郭公,吾死未足塞責,然釘磔之醜,壯夫所恥,幸少假之。」從義許之,父子俱斬於市。

慕容彥超

慕容彥超,吐谷渾部人,漢高祖同產弟也。嘗冒姓閻氏,彥超黑色胡髯,號「閻崑崙」。少事唐明宗為軍校,累遷刺史。唐、晉之間,歷磁、單、濮、棣四州,坐濮州造麴受賕,法當死,漢高祖自太原上章論救,得減死,流于房州。

契丹滅晉,漢高祖起太原,彥超自流所逃歸漢,拜鎮寧軍節度使。杜重威反於魏,高祖以天平軍節度使高行周為都部署以討之[七],以彥超為副。彥超與行周謀議多不協,行周用兵持重,兵至城下,久之不進。彥超欲速進戰,而行周不許。行周有女嫁重威子,彥超揚言行周以女故,惜賊城而不攻,行周大怒。高祖聞二人不相得,懼有佗變,由是邊親征。彥超數以事凌辱行周,行周不能忍,見宰相涕泣,以屏塞口以自訴。高祖知曲在彥超,遣人慰勞行周,召彥超責之,又遣詣行周謝過,行周意稍解。

是時,漢兵頓魏城下已久,重威守益堅,諸將皆知未可圖,方伺其隙,而彥超獨言可速

攻，高祖以爲然，因自督士卒急攻，死傷者萬餘人，由是不敢復言攻。後重威出降，高祖以行周爲天雄軍節度使，行周辭不敢受[八]，高祖遣蘇逢吉諭之曰：「吾當爲爾徙彥超。」行周乃受，而彥超徙鎮泰寧[九]。

隱帝已殺史弘肇等，又遣人之魏殺周太祖及王峻等，懼事不果，召諸將入衛京師。使者至兗，彥超方食，釋匕箸而就道。周兵犯京師，開封尹侯益請入謂隱帝曰：「北兵之來，其家屬皆在京師，宜閉門以挫其銳，遣其妻子登陴以招北兵，可使解甲。」彥超誚益曰：「益老矣！此懦夫之計也。」隱帝乃遣彥超副益，將兵于北郊。周兵至，益夜叛降于周。彥超力戰于七里，隱帝出勞軍，太后使人告彥超善衛帝，彥超大言報曰：「官家宮中無事，明日可出觀臣戰。」明日，隱帝復出勞軍，上喝坐使歸營。」又謂隱帝曰：「北兵何能爲？當於陣彥超戰敗奔兗州，隱帝遇弒于北郊。

周太祖入立，彥超不自安，數有所獻，太祖報以玉帶，又賜詔書安慰之，呼彥超爲弟而不名，又遣翰林學士魚崇諒往慰諭之[一〇]，彥超心益疑懼。已而劉旻自立于太原，出兵攻晉絳，太祖遣王峻用兵西方，彥超乘間亦謀反，遣押衙鄭麟至京師求入朝，太祖知其詐，手詔許之。彥超復稱管內多盜而止，又爲高行周所與書以進，其辭皆指斥周過失，若欲共反者。太祖驗其印文僞，以書示行周。彥超又遣人南結李昇，昇爲出兵攻沭陽，爲周兵所

敗，而劉旻攻晉絳不克，解去。太祖乃遣侍衛步軍指揮使曹英、客省使向訓討之，彥超閉城自守。

初，彥超之反也，判官崔周度諫曰：「魯，詩書之國也，自伯禽以來未有能霸者，然以禮義守之而長世者多矣。今公英武，一代之豪傑也，若量力相時而動，可以保富貴終身。李河中、安襄陽、鎮陽杜令公，近歲之龜鑑也。」彥超大怒，未有以害之。已而見圍，因大括城中民貲以犒軍，前陝州司馬閻弘魯懼其鞭扑，乃悉家貲以獻。彥超以為未盡，又欲并罪周度，乃令周度監括弘魯家。周度謂弘魯曰：「公命之死生，繫財之多少，願無隱也。」弘魯遣家僮與周度勵掘搜索無所得。彥超又遣鄭麟持刃迫之，弘魯惶恐拜其妻妾，妻妾皆言無所隱。周度入白彥超，彥超不信，下弘魯及周度于獄。弘魯乳母於泥中得金纏臂獻彥超，欲贖出弘魯，彥超大怒，遣軍校笞弘魯夫婦肉爛而死，遂斬周度于市。

是歲，鎮星犯角亢，占曰：「角亢，鄭分，兗州當焉。」彥超即率軍府將吏，步出西門三十里致祭，迎於開元寺，塑像以事之，日常一至，又使民家立黃幡以禳之。

彥超為人多智詐而好聚斂，在鎮嘗置庫質錢，有奸民為偽銀以質者，主吏久之乃覺。彥超陰教主吏夜穴庫垣，盡徙其金帛于佗所而以盜告。已而得質偽銀者，實之深室，使教十餘人日夜為之，皆鐵為質，民皆爭以所質物自言。

質而包以銀,號「鐵胎銀」。其被圍也,勉其城守者曰:「吾有銀數千鋌,當悉以賜汝。」軍士私相謂曰:「此鐵胎爾,復何用哉!」皆不爲之用。明年五月,太祖親征,城破,彥超夫妻皆投井死,其子繼勳率其徒五百人出奔被擒,遂滅其族。兗州平,太祖詔贈閻弘魯左驍衞大將軍、崔周度祕書監〔一一〕。

校勘記

〔一〕 詣行在見高祖　「在」,宋丙本、宗文本作「宮」。

〔二〕 蜀兵至寶鷄　「寶鷄」,原作「保鷄」,據宋丙本、宗文本、宋史卷二五四藥元福傳改。

〔三〕 是時侯益來朝思綰以兵從益東歸　按舊五代史卷一〇九趙思綰傳敍其事云:「遣供奉官王益部署思綰等赴闕。」舊五代史卷一〇一隱帝紀上、通鑑卷二八八略同。

〔四〕 奪其佩刀斬之　「佩刀」,宗文本、舊五代史卷一〇九趙思綰傳作「佩劍」。

〔五〕 程讓能　原作「陳讓能」,據宗文本、舊五代史卷一〇九趙思綰傳、通鑑卷二八八改。

〔六〕 劉筠　舊五代史卷一〇九趙思綰傳作「劉成琦」,舊五代史卷一〇二漢隱帝紀中、册府卷一六六作「劉成」。

〔七〕 高祖以天平軍節度使高行周爲都部署以討之　「都」字原闕,據宗文本、舊五代史卷一〇〇漢

〔八〕行周辭不敢受 「不敢」，宗文本作「不肯」。通鑑卷二八七敍其事云：「高行周以慕容彥超在澶州，固辭鄴都。」

〔九〕而彥超徙鎮泰寧 錢大昕考異卷六四：「案通鑑，高行周以彥超在澶州，固辭鄴都，乃徙彥超爲天平節度使，加同平章事，至乾祐三年三月，乃徙彥超泰寧。」按舊五代史卷一〇〇漢高祖紀下、卷一〇三隱帝紀下，高祖爲行周徙彥超鄆州，至隱帝時方徙泰寧。

〔一〇〕魚崇諒 原作「魯崇諒」，據宋內本、宗文本、宋史卷二六九魚崇諒傳、通鑑卷二九〇改。

〔一一〕崔周度祕書監 「祕書監」，舊五代史卷一三〇崔周度傳、冊府卷一四〇作「祕書少監」。

高祖紀下補。

新五代史卷五十四

雜傳第四十二

傳曰：「禮義廉恥，國之四維；四維不張，國乃滅亡。」善乎，管生之能言也！禮義，治人之大法；廉恥，立人之大節。蓋不廉，則無所不取；不恥，則無所不爲。人而如此，則禍亂敗亡，亦無所不至，況爲大臣而無所不取，無所不爲，則天下其有不亂，國家其有不亡者乎！予讀馮道長樂老敍，見其自述以爲榮，其可謂無廉恥者矣，則天下國家可從而知也。

予於五代得全節之士三，死事之臣十有五，而怪士之被服儒者以學古自名，而享人之祿、任人之國者多矣，然使忠義之節，獨出於武夫戰卒，豈於儒者果無其人哉？豈非高節之士惡時之亂，薄其世而不肯出歟？抑君天下者不足顧，而莫能致之歟？孔子以謂：「十室之邑，必有忠信。」豈虛言也哉！

予嘗得五代時小說一篇，載王凝妻李氏事，以一婦人猶能如此，則知世固嘗有其人而不得見也。凝家青齊之間，爲虢州司戶參軍，以疾卒于官。凝家素貧，李氏攜其子，負其遺骸以歸。東過開封，止旅舍，旅舍主人見其婦人獨攜一子而疑之，不許其宿。李氏顧天已暮，不肯去，主人牽其臂而出之。李氏仰天長慟曰：「我爲婦人，不能守節，而此手爲人執邪？不可以一手并污吾身！」即引斧自斷其臂。路人見者環聚而嗟之，或爲之彈指，或爲之泣下。開封尹聞之，白其事于朝，官爲賜藥封瘡，厚卹李氏，而笞其主人者。嗚呼，士不自愛其身而忍恥以偷生者，聞李氏之風，宜少知愧哉！

馮道

馮道，字可道，瀛州景城人也。事劉守光爲參軍，守光敗，去事宦者張承業。承業監河東軍，以爲巡官，以其文學薦之晉王，爲河東節度掌書記。莊宗即位，拜戶部侍郎，充翰林學士。

道爲人能自刻苦爲儉約。當晉與梁夾河而軍，道居軍中，爲一茅庵，不設牀席，臥一束芻而已。所得俸祿，與僕廝同器飲食，意恬如也。諸將有掠得人之美女者以遺道，道不

能却,實之別室,訪其主而還之。其解學士居父喪于景城,遇歲飢,悉出所有以賙鄉里,而退耕于野,躬自負薪。有荒其田不耕者,與力不能耕者,道夜往,潛爲之耕。其人後來媿謝,道殊不以爲德。服除,復召爲翰林學士。行至汴州,遇趙在禮亂,明宗自魏擁兵還,犯京師。孔循勸道少留以待,道曰:「吾奉詔赴闕,豈可自留!」乃疾趨至京師。

莊宗遇弒,明宗即位,雅知道所爲,問安重誨曰:「先帝時馮道何在?」重誨曰:「爲學士也。」明宗曰:「吾素知之,此真吾宰相也。」拜道端明殿學士,遷兵部侍郎,同中書侍郎,同中書門下平章事。

天成、長興之間,歲屢豐熟,中國無事。道嘗戒明宗曰:「臣爲河東掌書記時,奉使中山,過井陘之險,懼馬蹶失,不敢急於銜轡,及至平地,謂無足慮,遽跌而傷。凡蹈危者慮深而獲全,居安者患生於所忽,此人情之常也。」明宗問曰:「天下雖豐,百姓濟否?」道曰:「穀貴餓農,穀賤傷農。」因誦文士聶夷中田家詩,其言近而易曉。明宗顧左右錄其詩,常以自誦。水運軍將於臨河縣得一玉杯,有文曰「傳國寶萬歲杯」,明宗甚愛之,以示道,道曰:「此前世有形之寶爾,王者固有無形之寶也。」明宗問之,道曰:「仁義者,帝王之寶也。故曰:『大寶曰位,何以守位曰仁。』」明宗武君,不曉其言,道已去,召侍臣講說其義,嘉納之。

道相明宗十餘年〔三〕，明宗崩，相愍帝。潞王反於鳳翔，愍帝出奔衞州，道率百官迎潞王入，是爲廢帝，遂相之。廢帝即位，時愍帝猶在衞州〔四〕，後三日，愍帝始遇弒崩。已而廢帝出道爲同州節度使，踰年，拜司空。晉滅唐，道又事晉，晉高祖拜道守司空、同中書門下平章事，加司徒，兼侍中，封魯國公。高祖崩，道相出帝，加太尉，封燕國公，罷爲匡國軍節度使，徙鎮威勝。契丹滅晉，道又事契丹，朝耶律德光於京師。德光責道事晉無狀，道不能對。又問曰：「何以來朝？」對曰：「無城無兵，安敢不來。」德光消之曰：「爾是何等老子？」對曰：「無才無德癡頑老子。」德光喜，以道爲太傅。德光北歸，從至常山。漢高祖立，乃歸漢，以太師奉朝請。周滅漢，道又事周，周太祖拜道太師、兼中書令。

道少能矯行以取稱於世，及爲大臣，尤務持重以鎮物，事四姓十君，益以舊德自處。然當世之士無賢愚皆仰道爲元老，而喜爲之稱譽。

耶律德光嘗問道曰：「天下百姓如何救得？」道爲俳語以對曰：「此時佛出救不得，惟皇帝救得。」人皆以謂契丹不夷滅中國之人者，賴道一言之善也。周兵反，犯京師，隱帝已崩，太祖謂漢大臣必行推戴，及見道，道殊無意。太祖素拜道，因不得已拜之，道受之如平時，太祖意少沮，知漢未可代，遂陽立湘陰公贇爲漢嗣，遣道迎贇于徐州。贇未至，太祖將兵北至澶州，擁兵而反，遂代漢。議者謂道能沮太祖之謀而緩之，終不以晉、漢之亡責

道也。然道視喪君亡國亦未嘗以屑意。

當是時，天下大亂，戎夷交侵，生民之命，急於倒懸，道方自號「長樂老」，著書數百言，陳己更事四姓及契丹所得階勳官爵以爲榮。自謂：「孝於家，忠於國，爲子、爲弟、爲人臣、爲司長[五]、爲夫、爲父、有子、有孫。時開一卷，時飲一杯，食味、別聲、被色，老安於當代，老而自樂，何樂如之！」蓋其自述如此。

道前事九君，未嘗諫諍。世宗初即位，劉旻攻上黨，世宗曰：「劉旻少我，謂我新立而國有大喪，必不能出兵以戰。且善用兵者出其不意，吾當自將擊之。」道乃切諫，以爲不可。世宗曰：「吾見唐太宗平定天下，敵無大小皆親征。」道曰：「陛下未可比唐太宗。」世宗曰：「劉旻烏合之衆，若遇我師，如山壓卵。」道曰：「陛下作得山定否？」世宗怒，起去，卒自將擊旻，果敗旻于高平。世宗取淮南，定三關，威武之振自高平始。其擊旻也，鄙道不以從行，以爲太祖山陵使。葬畢而道卒，年七十三，謚曰文懿，追封瀛王。

道既卒，時人皆共稱歎，以謂與孔子同壽，其喜爲之稱譽蓋如此。道有子吉。

李琪 兄珽

李琪，字台秀，河西燉煌人也。

其兄琖，唐末舉進士及第，爲監察御史。丁內艱[六]，貧無以葬，乞食而後葬。琖飢臥廬中，聞者哀憐之。服除，還拜御史，荆南成汭辟掌書記。吳兵圍杜洪，梁太祖遣汭與馬殷等救洪。汭以大舟載兵數萬，琖爲汭謀曰：「今一舟容甲士千人，糗糧倍之，緩急不可動，若爲敵人縻之，則武陵、武安必爲公之後患。不若以勁兵屯巴陵，壁不與戰，吳兵糧盡，則圍解矣。」汭不聽，果敗，溺死。趙匡凝鎮襄陽，又辟掌書記。太祖破匡凝，得琖，喜曰：「此真書記也。」太祖即位，除考功員外郎，知制誥。

曹州素劇難理，行襲病，前刺史十餘輩，皆坐事廢[七]，琖至，以治聞。遷兵部郎中、崇政院直學士。許州馮行襲病，行襲有牙兵二千，皆故蔡卒，太祖懼爲變。行襲爲人嚴酷，從事魏峻切諫，行襲怒，誣以賊下獄，欲誅之。乃遣琖代行襲爲留後。琖至許州，止傳舍，慰其將吏，行襲病甚，欲使人代受詔，琖曰：「東首加朝服，禮也。」乃即臥內見行襲，道太祖語，行襲感泣，解印以授琖。琖乃理峻冤，立出之，還報太祖，太祖喜曰：「琖果辦吾事。」會歲飢，盜劫汴宋間，曹州尤甚，太祖復遣琖治之。召拜左諫議大夫。

太祖幸河北，至內黃，顧琖曰：「何謂內黃？」琖曰：「河南有外黃、下黃[八]，故此名內黃。」太祖曰：「外黃、下黃何在？」琖曰：

「秦有外黃都尉,今在雍丘;下黃爲北齊所廢,今在陳留。」太祖平生不愛儒者,聞琬語大喜。友珪立,除右散騎常侍、侍講。袁象先討賊,琬爲亂兵所殺。

琪少舉進士,博學宏辭,累遷殿中侍御史,與其兄琬皆以文章知名。唐亡,事梁太祖爲翰林學士。梁兵征伐四方,所下詔書,皆琪所爲,下筆輒得太祖意。末帝時,爲御史中丞、尚書左丞,拜同中書門下平章事。與蕭頃同爲宰相,頃性畏慎周密,琪倜儻負氣,不拘小節,二人多所異同。琪內結趙巖、張漢傑等爲助,以故頃言多沮。頃嘗掎摭其過。琪所私吏當得試官,琪改試爲守,爲頃所發,末帝大怒,欲竄逐之,而巖等救解,乃得罷爲太子少保。

唐莊宗滅梁,得琪,欲以爲相,而梁之舊臣多嫉忌之,乃以爲太常卿。遷吏部尚書。同光三年秋,天下大水,京師乏食尤甚,莊宗以朱書御札詔百僚上封事。琪上書數千言,其說漫然無足取,而莊宗獨稱重之,遂以爲國計使。方欲以爲相,而莊宗崩。

明宗入洛陽,羣臣勸進,有司具儀,用樞前即位故事。霍彥威、孔循等請改國號,絕土德。明宗武君,不曉其說,問何謂改號,對曰:「莊宗受唐錫姓爲宗屬,繼昭宗以立,而號國曰唐。今唐天命已絕,宜改號以自新。」明宗疑之,下其事羣臣,羣臣依違不決。琪議曰:「殿下宗室之賢,立功三世,今興兵向闕,以赴難爲名,而欲更易統號,使先帝便爲路

人,則煢然梓宮,何所依往!」明宗以爲然,乃發喪成服,而後即位。以琪爲御史中丞[九]。

自唐末喪亂,朝廷之禮壞,天子未嘗視朝,而入閣之制亦廢。常參之官日至正衙者,傳聞不坐即退,獨大臣奏事,日一見便殿,而侍從內諸司,日再朝而已。明宗初即位,乃詔羣臣五日一隨宰相入見內殿,謂之起居。琪以謂非唐故事,請罷五日起居,而復朔望入閣。明宗曰:「五日起居,吾思所以數見羣臣也,不可罷,而朔望入閣可復。」然唐故事,天子日御殿見羣臣,曰常參;朔望薦食諸陵寢,有思慕之心,不能臨前殿,則御便殿見羣臣,曰入閣。宣政,前殿也,謂之衙,衙有仗;紫宸,便殿也,謂之閣。其不御前殿而御紫宸也,乃自正衙喚仗,由閣門而入,百官俟朝于衙者,因隨以入見,故謂之入閣。然衙,朝也,其禮尊;閣,宴見也,其事殺。自乾符已後,因亂禮闕,天子不能日見羣臣而見朔望,故正衙常日廢仗,而朔望入閣有仗,其後習見,遂以入閣爲重。至出御前殿,猶謂之入閣,其後亦廢,至是而復。然有司不能講正其事。凡羣臣五日一入見中興殿,便殿也,此入閣之遺制,而謂之起居;朔望一出御文明殿,前殿也,反謂之入閣,琪皆不能正也。琪又建言:「入閣有待制、次對官論事,而內殿起居,一見而退,欲有言者,無由自陳,非所以數見羣臣之意也。」明宗乃詔起居日有言事者,許出行自陳,又詔百官以次轉對。

是時，樞密使安重誨專權用事，重誨前驅過御史臺門，殿直馬延誤衝之，重誨即臺門斬延而後奏。琪爲中丞，畏重誨不敢彈糾，又懼諫官論列，乃託宰相任圜先白重誨而後糾，然猶依違不敢正言其事。遷尚書右僕射。琪以狀申中書，言開元禮「僕射上事日，中書、門下率百官送上」。中書下太常，禮院言無送上之文，而琪已落新授，復舉上儀，皆不可。

明宗討王都，已破定州，琪當率百官至上東門，而請至偃師奉迎。其奏章言「敗契丹之兇黨，破真定之逆城」，坐誤以定州爲真定，罰俸一月。霍彥威卒，詔琪撰神道碑文。彥威故梁將，敍彥威在梁事不曰僞，爲馮道所駁。

琪爲人重然諾，喜稱人善。少以文章知名，亦以此自負，既貴，乃刻牙版爲金字曰「前鄉貢進士李琪」，常置之坐側。爲人少持重，不知進退，故數爲當時所沮。以太子少傅致仕，卒，年六十。

鄭珏

鄭珏，唐宰相綮之諸孫也。其父徽，爲河南尹張全義判官。珏少依全義，居河南，舉

進士數不中,全義以珪屬有司,乃得及第。昭宗時,爲監察御史。梁太祖即位,拜左補闕。梁諸大臣以全義故數薦之,累拜中書舍人、翰林學士奉旨。末帝時,拜中書侍郎、同中書門下平章事。

唐莊宗自鄆州入汴,末帝聞唐兵且至,惶恐不知所爲,與李振、敬翔等相持慟哭,因召珪問計安出,珪曰:「臣有一策,不知陛下能行否?」末帝問其策如何,珪曰:「願得陛下傳國寶馳入唐軍[一],以緩其行,而待救兵之至。」帝曰:「事急矣,寶固不足惜,顧卿之行,能了事否?」珪俛首徐思,曰:「但恐不易了。」於是左右皆大笑。

莊宗入汴,珪率百官迎謁道左。貶萊州司戶參軍,量移曹州司馬。張全義爲言於郭崇韜,復召爲太子賓客。明宗即位,欲用任圜爲相,而安重誨以圜新進,不欲獨相之,以問樞密使孔循。循嘗事梁,與珪善,因言珪故梁相,性謹慎而長者,乃拜珪平章事。

明宗幸汴州,六軍家屬自洛遷汴,而明宗又欲幸鄴都,軍士愁怨,大臣頗以爲言。明宗不省,上下洶洶,轉相動搖,獨珪稱贊,以爲當行。趙鳳極言於安重誨,重誨驚懼,入見明宗切諫,乃詔罷其行。而珪又稱贊之,以爲宜罷。

珪在相位既碌碌無所爲,又病聾,孔循罷樞密使,珪不自安,亟以疾求去職。明宗數留之,珪章四上,乃拜左僕射致仕,賜鄭州莊一區。卒,贈司空。

李愚

李愚，字子晦，渤海無棣人也。愚爲人謹重寡言，好學，爲古文。滄州節度使盧彥威以愚爲安陵主簿，丁母憂解去。後遊關中，劉季述幽昭宗於東内，愚以書説韓建，使圖興復，其言甚壯。建不能用，乃去之洛陽。舉進士、宏詞，爲河南府參軍。白馬之禍，愚復去之山東，與李延光相善。延光以經術事梁末帝爲侍講，數稱薦愚，愚由此得召。久之，拜左拾遺、崇政院直學士。

衡王友諒，末帝兄也，梁大臣李振等皆拜之，獨愚長揖，末帝以責愚曰：「衡王朕拜之，卿獨揖，可乎？」愚曰：「陛下以家人禮見之，則拜宜也。臣於王無所私，豈宜妄有所屈？」坐言事忤旨，罷爲鄧州觀察判官。

唐莊宗滅梁，愚朝京師，唐諸公卿素聞愚學古，重之，拜主客郎中、翰林學士。魏王繼岌伐蜀，辟愚都統判官。蜀道阻險，議者以謂宜緩師待變而進，招討使郭崇韜以決於愚，愚曰：「王衍荒怠，亂國之政，其人厭之。乘其倉卒，擊其無備，其利在速，不可緩也。」崇韜以爲然，而所至迎降，遂以滅蜀。初，軍行至寶雞，招討判官陳乂稱疾請留，愚厲聲曰：

「陳又見利則進,知難則止。今大軍涉險,人心易搖,正可斬之以徇。」由是軍中無敢言留者。

明宗即位,累遷兵部侍郎、承旨。明宗祀天南郊,愚爲宰相馮道、趙鳳草加恩制,道鄙其辭,罷爲太常卿。任圜罷相,乃拜愚中書侍郎、同平章事〔二〕。愚爲相,不治第宅,借延賓館以居。愚有疾,明宗遣宦官視之,見其敗氈敝席,四壁蕭然,命以供帳物賜之。

潞王反,兵犯京師〔三〕,愍帝夜出奔。明日,愚與馮道至端門,聞帝已出,而朱弘昭、馮贇皆已死,愚欲至中書候太后進止,道曰:「潞王已處處張牓招安,今即至矣,何可俟太后旨也〔三〕?」乃相與出迎。廢帝入立,罷道出鎮同州,以劉昫爲相〔四〕。昫性褊急,而愚素剛介,動輒違戾。昫與馮道姻家,愚數以此誚昫,兩人遂相諠訴,乃俱罷。愚守左僕射。

是時,兵革方興,天下多事,而愚爲相,欲依古以創理,乃請頒唐六典示百司,使各舉其職,罷州縣貢士,作鄉飲酒禮,時以其迂闊不用。愍帝即位,有意於治,數召學士,問以時事,而以愚爲迂,未嘗有所問。廢帝亦謂愚等無所事,常目宰相曰:「此粥飯僧爾!」以謂飽食終日,而無所用心也。清泰二年,以疾卒。

盧導

盧導，字熙化，范陽人也。唐末舉進士，爲監察御史。唐亡事梁，累遷左司郎中[一五]、侍御史知雜事，以病免。

唐明宗時，召拜右諫議大夫，遷中書舍人。宰相馮道、李愚集百官于天宮寺，將出迎潞王于郊，京師大恐，都人藏竄，百官久而不集，惟導與舍人張昭先至。馮道請導草牋勸進，導曰：「潞王入朝，郊迎可也，若勸進之事，豈可輕議哉！」道曰：「勸進其可已乎？」導曰：「今天子蒙塵于外，遽以大位勸人，若潞王守節不回，以忠義見責，其將何辭以對？且上與潞王，皆太后子也，不如率百官詣宮門，取太后進止。」語未及終[一六]，有報曰：「潞王至矣。」道又促導草牋，導對如初。潞王止于正陽門外[一七]，京城巡檢使安從進催百官班迎，百官紛然而去。盧舍人言是也。」導終不草牋。

導後事晉爲吏部侍郎。天福六年卒，年七十六。

司空頲

司空頲,貝州清陽人也。唐僖宗時,舉進士不中,後去爲羅紹威掌書記。紹威卒,入梁爲太府少卿。楊師厚鎮天雄,頲解官往依之。師厚卒,賀德倫代之。張彥之亂,命判官王正言草奏訴斥梁君臣,正言素不能文辭,又爲兵刃所迫,流汗浹背,不能下筆。彥怒,推正言下榻,詬曰:「鈍漢辱我!」顧書吏問誰可草奏者,吏即言頲羅王時書記,乃馳騎召之。頲爲亂兵劫其衣,以敝服蔽形而至,見彥長揖,神氣自若,揮筆成文,而言甚淺鄙,彥以其易曉,甚喜,即給以衣服僕馬,遂以爲德倫判官。

德倫以魏博降晉,晉王兼領天雄,仍以頲爲判官。梁、晉相距河上,常以頲權軍府事。頲爲郭崇韜所惡,崇韜數言其受賂。都虞候張裕多過失,頲屢以法繩之。頲有姪在梁,遣家奴召之,裕擒其家奴,以謂通書于梁。莊宗族殺之。

校勘記

〔二〕無所不爲 「無所」二字原闕,據宗文本補。

〔二〕或爲之彈指　「之」字原闕，據宗文本、記纂淵海卷一九一引五代史雜傳補。

〔三〕道相明宗十餘年　錢大昕考異卷六四：「案明宗在位纔八年，道以天成二年拜相，相明宗止七年耳，而傳云十餘年，非其實矣。」

〔四〕時愍帝猶在衞州　「時」字原闕，據宗文本補。

〔五〕爲司長　「司長」，册府（宋本）卷七七〇同，舊五代史卷一二六馮道傳、册府（明本）卷七七〇作「師長」。

〔六〕丁内艱　「内艱」，原作「内難」，據北監本、舊五代史卷二四李琪傳改。

〔七〕皆坐事廢　「事」字原闕，據宗文本補。

〔八〕下黃　册府卷七八〇、舊五代史卷二四李琪傳作「小黃」。按舊唐書卷三八地理志一，汴州有「小黃」。

〔九〕以琪爲御史中丞　「御史中丞」，舊五代史卷三六唐明宗紀二、卷五八李琪傳作「御史大夫」。按吳蘭庭纂誤補卷四：「考薛史職官志，唐天成元年六月，以李琪爲御史大夫，自後不復除。五代會要同。此恐誤。」

〔一〇〕願得陛下傳國寶馳入唐軍　「願得陛下傳國寶」，原作「願陛下以傳國寶」，據宗文本改。册府卷三三九敍其事作「願得陛下傳國寶，臣懷之以入晉軍」。

〔一一〕任圜罷相乃拜愚中書侍郎同平章事　據本書卷六唐本紀、舊五代史卷六七李愚傳，長興二年

〔三〕三月,趙鳳罷相,李愚爲中書侍郎、平章事,而任圜罷相在天成二年六月,距李愚入相尚有五年。 吳縝纂誤卷下疑「史之所書,本謂趙鳳而誤爲任圜也」。

〔三〕兵犯京師 「兵」字原闕,據宗文本補。

〔三〕何可俟太后旨也 「可」宋丙本、宗文本作「暇」。

〔四〕罷道出鎮同州以劉昫爲相 據本書卷六唐本紀、舊五代史卷四四唐明宗紀十,劉昫於長興四年正月已入相。又據本書卷七唐本紀、舊五代史卷四六唐末帝紀上,馮道於清泰元年五月罷爲同州節度使。 吳縝纂誤卷下謂馮道與「劉昫同列久矣……今愚傳謂廢帝罷道出鎮,而以昫爲相,則誤也」。

〔五〕累遷左司郎中 「左」,舊五代史卷九二盧導傳、册府卷五〇二、卷九〇六作「右」。

〔六〕語未及終 「及」字原闕,據宋丙本、宗文本補。

〔七〕正陽門 舊五代史卷九二盧導傳、册府卷五五一、通鑑卷二七九作「上陽門」。通鑑胡注:「上陽門,上陽宮門也。」

新五代史卷五十五

雜傳第四十三

劉昫

劉昫,涿州歸義人也。昫為人美風儀,與其兄暄〔一〕、弟曄〔二〕,皆以好學知名燕薊之間。後為定州王處直觀察推官。處直為其子都所囚〔三〕,昫兄暄亦為怨家所殺,昫乃避之滄州。

唐莊宗即位,拜昫太常博士,以為翰林學士。明宗時,累遷兵部侍郎居職。明宗素重昫而愛其風韻,遷端明殿學士。長興三年〔四〕,拜中書侍郎兼刑部尚書、同中書門下平章事。昫詣中興殿門謝,是日大祠不坐,昫入謝端明殿。昫自端明殿學士拜相,當時以此為榮。廢帝入立,遷吏部尚書、門下侍郎,監修國史。

初,廢帝入,問三司使王玫:「帑廩之數幾何?」玫言:「其數百萬。」及責以賞軍而無實,殘租積負,悉蠲除之。往時吏幸積年之負蓋而不發,因以把持州縣求賄賂,及昫一切蠲除,民間歡然以爲德,而三司吏皆沮怨。

先是,馮道與昫爲姻家而同爲相,道罷,李愚代之〔五〕。愚素惡道爲人,凡事有稽失者,必指以誚昫曰:「此公親家翁所爲也!」昫性少容恕,而愚特剛介,遂相詆訐。相府史吏惡此兩人剛直,因共揚言,其事聞,廢帝並罷之,以爲右僕射。是時,三司諸吏提印聚立月華門外〔六〕,聞宣麻罷昫相,皆歡呼相賀曰:「自此我曹快活矣!」

昫在相位,不習典故。初,明宗崩,太常卿崔居儉以故事當爲禮儀使,居儉辭以祖諱昫。昫改居儉祕書監,居儉快快失職。中書舍人李詳爲居儉誥詞,有「聞名心懼」之語,昫輒易曰「有恥且格」。居儉訴曰:「名諱有令式,予何罪也?」當時聞者皆傳以爲笑。及爲僕射,入朝遇雨,移班廊下,御史臺吏引僕射立中丞御史下,昫詰吏以故事,自宰相至臺省皆不能知。是時,馮道罷相爲司空。自隋唐以來,三公無職事,不特置,及道爲司空,問有司班次,亦皆不能知,由是不入朝堂,俟臺官、兩省入而後入,宰相出則隨而出。至昫爲僕射,自以由宰相罷與道同,乃隨道出入,有司不能彈正,而議者多竊笑之。

晉高祖時，張從賓反，殺皇子重乂於洛陽，乃以昫爲東都留守、判鹽鐵。開運中，拜司空、同中書門下平章事，復判三司。契丹犯京師，昫以目疾罷爲太保。是歲卒，年六十。

盧文紀

盧文紀，字子持。其祖簡求，爲唐太原節度使。父嗣業，官至右補闕。文紀舉進士，事梁爲刑部侍郎，集賢殿學士。唐明宗時，爲御史中丞。初上事，百官臺參，吏白諸道進奏官賀，文紀問：「當如何？」吏對曰：「朝廷在長安時，進奏官見大夫、中丞如胥史。自唐衰，天子微弱，諸侯彊盛，貢奉不至，朝廷姑息方鎮，假借邸吏，大夫、中丞上事，進奏官至客次通名，勞以茶酒而不相見，相傳以爲故事。」文紀曰：「吾雖德薄，敢隳舊制？」因遣吏諭之。進奏官奮臂誼然欲去，不得已入見，文紀據牀端笏，臺吏通名贊拜，既出，恚怒不自勝，訴於樞密使安重誨。重誨曰：「吾不知故事，可上訴于朝。」即相率詣閤門求見以狀訴。明宗問宰相趙鳳：「進奏吏比外何官？」鳳曰：「州縣發遞知後之流也。」明宗怒曰：「乃吏卒爾，安得慢吾法官！」皆杖而遣之。文紀又請悉復中外官校考法，將相天子自書之，詔雖施行，而官卒不考。歲餘，遷工部尚書。

文紀素與宰相崔協有隙，協除工部郎中于鄴，文紀以鄴與其父名同音，大怒，鄴赴省參上，文紀不見之，因請連假。已而鄴奉使未行，文紀即出視事，鄴因醉忿自經死，文紀坐貶石州司馬。

久之，爲祕書監、太常卿。奉使于蜀，過鳳翔，時廢帝爲鳳翔節度使，文紀爲人形貌魁偉，語音琅然，廢帝奇之。後廢帝入立，欲擇宰相，問於左右，左右皆言文紀及姚顗有人望。廢帝因悉書清望官姓名內琉璃瓶中，夜焚香呪天，以筯挾之，首得文紀，欣然相之，乃拜中書侍郎、同中書門下平章事。

是時，天下多事，廢帝數以責文紀。文紀因請罷五日起居，復唐故事，開延英，冀得從容奏議天下事。廢帝以謂五日起居，明宗所以見羣臣也，不可罷，而便殿論事，可以從容，何必延英。因詔宰相有事，不以時詣閤門請對。

晉高祖起太原，廢帝北征，過拜徽陵，休仗舍，顧文紀曰：「吾自鳳翔識卿，不以常人爲待，自卿爲相，詢于輿議，皆云可致太平，今日使吾至此，卿宜如何？」文紀皇恐謝罪。廢帝至河陽，文紀勸帝扼橋自守，不聽。晉高祖入立，罷爲吏部尚書。累遷太子太師，致仕。

周太祖入立，即拜司空于家。卒，年七十六，贈司徒。

馬胤孫

馬胤孫，字慶先，棣州商河人也。爲人懦暗，少好學，學韓愈爲文章。舉進士，爲唐潞王從珂河中觀察支使。從珂爲楊彥溫所逐，罷居于京師里第，胤孫從而不去。從珂爲京兆尹，徙鎮鳳翔，胤孫常從之，以爲觀察判官。潞王將舉兵反，與將吏韓昭胤等謀議已定，召胤孫告之曰：「受命移鎮，路出京師，何向爲便？」胤孫曰：「君命召，不俟駕。今大王爲國宗屬，而先帝新棄天下，臨喪赴鎮，臣子之忠也。」左右皆笑其愚，然從珂心獨重之。廢帝入立，以爲戶部郎中、翰林學士。久之，拜中書侍郎、同中書門下平章事。

胤孫不通世務，故事多壅塞。是時，馮道罷匡國軍節度使，拜司空。司空自唐已來無特拜者，有司不知故事，朝廷議者紛然，或曰司空三公，宰相職也，當參與大政，而宰相盧文紀以謂司空之職，祭祀掃除而已。胤孫皆不能決。時劉昫亦罷相爲僕射，右散騎常侍孔昭序建言：「常侍班當在僕射前。」胤孫責御史臺檢例，臺言：「故事無所見，據今南北班位，常侍在前。」胤孫即判臺狀施行，劉昫大怒。崔居儉揚言于朝曰：「孔昭序解語，是朝廷無解語人也！且僕射師長百寮，中丞、大夫就班脩敬，而常侍在南宮六卿之下，況

僕射乎？昭序癡兒，豈識事體？」朝士聞居儉言，流議稍息。胤孫臨事多不能決，當時號為「三不開」，謂其不開口以論議，不開印以行事，不開門以延士大夫也。

晉兵起太原，廢帝幸河陽，是時勢已危迫，胤孫自洛來朝行在，人皆冀其有所建言，胤孫獻綾三百匹而已。晉高祖入立，罷歸田里。

胤孫既學韓愈為文，故多斥浮屠氏之說，及罷歸，乃反學佛，撰法喜集、佛國記行于世。時人誚之曰：「佞清泰不徹，乃來佞佛。」清泰，廢帝年號也。人有戲胤孫曰：「公素慕韓愈為人，而常誦傅奕之論，今反佞佛，是佛佞公邪，公佞佛邪？」胤孫答曰：「豈知非佛佞我也？」時人傳以為笑。

後以太子賓客分司居于洛陽，周廣順中卒。胤孫卒後，其家婢有為胤孫語者。初，崔協為明宗相，在位無所發明，既死，而有降語其家，胤孫又然。時人嘲之曰：「生不能言，死而後語」云。

姚顗

姚顗，字百真[七]，京兆長安人也。少戇，不修容止，時人莫之知，中條山處士司空圖

一見以爲奇，以其女妻之。舉進士，事梁爲翰林學士、中書舍人。唐莊宗滅梁，貶復州司馬，已而以爲左散騎常侍、兵吏部侍郎[八]、尚書左丞。廢帝欲擇宰相，選當時清望官知名於世者，得盧文紀及顗，乃拜顗中書侍郎、同中書門下平章事。

顗爲人仁恕，不知錢陌銖兩之數，御家無法，在相位齪齪無所爲。唐制，吏部分爲三銓，尚書一人曰尚書銓，侍郎二人曰中銓、東銓，每歲集以孟冬三旬，而選盡季春之月。天成中，馮道爲相，建言：「天下未一，選人歲纔數百，而吏部三銓分注，雖曰故事，其實徒繁而無益。」始詔三銓合爲一，而尚書、侍郎共行選事。至顗與盧文紀爲相，復奏分銓爲三。而循資、長定舊格，歲久多舛，因增損之。選人多不便之，往往邀遮宰相，喧訴不遜，顗等無如之何，廢帝爲下詔書禁止。

晉高祖立，罷顗爲户部尚書。卒，年七十五。卒之日家無餘貲，尸不能斂，官爲賵贈乃能斂，聞者哀憐之。

劉岳

劉岳，字昭輔，洛陽人也。唐民部尚書政會之八代孫，崇龜、崇望其諸父也。岳名家

子,好學,敏於文辭,善談論。舉進士,事梁爲左拾遺、侍御史。末帝時,爲翰林學士,累官至兵部侍郎。

梁亡,貶均州司馬〔九〕,復用爲太子詹事。唐明宗時,爲吏部侍郎。故事,吏部文武官告身,皆輸朱膠紙軸錢然後給,其品高者則賜之,貧者不能輸錢,往往但得敕牒而無告身,五代之亂,因以爲常,官卑者無復給告身,中書但錄其制辭,編爲敕甲。岳建言,以謂「制辭或任其材能,或褒其功行,或申以訓誡,而受官者既不給告身,皆不知受命之所以然,非王言所以告詔也〔一〇〕。請一切賜之」。由是百官皆賜告身,自岳始也。

宰相馮道世本田家,狀貌質野,朝士多笑其陋。道行數反顧,贊問岳:「道反顧何爲?」岳曰:「遺下兔園册爾。」兔園册者,鄉校俚儒教田夫牧子之所誦也,故岳舉以誚道。道聞之大怒,徙岳祕書監。其後李愚爲相,遷岳太常卿。

初,鄭餘慶嘗採唐士庶吉凶書疏之式,雜以當時家人之禮,爲書儀兩卷。明宗見其有起復、冥昏之制,歎曰:「儒者所以隆孝悌而敦風俗,且無金革之事,起復可乎?婚,吉禮也,用於死者可乎?」乃詔岳選文學通知古今之士,共刪定之。岳與太常博士段顒、田敏等增損其書,而其事出鄙俚,皆當時家人女子傳習所見,往往轉失其本,然猶時有禮之遺

制。其後亡失,愈不可究其本末,其婚禮親迎,有女坐婿鞍合髻之說,尤爲不經,公卿之家,頗遵用之。至其久也,又益訛謬可笑,其類甚多。

嗚呼,甚矣,人之好爲禮也!在上者不以禮示之,使人不見其本,而傳其習俗之失者,尚拳拳而行之。五代干戈之亂,不暇於禮久矣。明宗武君,出於夷狄,而不通文字,乃能有意使民知禮。而岳等皆當時儒者,卒無所發明,但因其書增損而已。然其後世士庶吉凶,皆取岳書以爲法,而十又轉失其三四也,可勝歎哉!

岳卒于官,年五十六,贈吏部尚書。子溫叟。

馬縞

馬縞,不知其世家,少舉明經,又舉宏詞。事梁爲太常少卿,以知禮見稱于世。唐莊宗時,累遷中書舍人、刑部侍郎、權判太常卿。明宗入立,繼唐太祖、莊宗而不立親廟。縞言:「漢諸侯王入繼統者,必別立親廟,光武皇帝立四親廟于南陽〔二〕,請如漢故事,立廟以申孝享。」明宗下其議,禮部尚書蕭頃等請如縞議〔三〕。宰相鄭珏等議引漢桓靈爲比,以

謂桓帝尊其祖解瀆亭侯淑爲孝元皇，父萇爲孝仁皇[四]，請下有司定諡四代祖考爲皇，置園陵如漢故事。事下太常，博士王丕議漢桓帝尊祖爲孝穆皇帝、父爲孝崇皇帝。縞以謂孝穆、孝崇有「皇」而無「帝」，惟吳孫皓尊其父和爲文皇帝，不可以爲法。右僕射李琪等議與縞同。明宗詔曰：「五帝不相襲禮，三王不相沿樂。朕居九五之位，爲億兆之尊，奈何總二名於眇躬，惜一字於先世。」乃命宰臣百官於中書，各陳所見。李琪等請尊祖禰爲皇帝，曾高爲皇。宰相鄭珏合羣議奏曰：「禮非天降而本人情，可止可行，有損有益。今議者引古，以漢爲據，漢之所制，此唐家故事也。夫復何依？臣請四代祖考皆加『帝』如詔旨，而立廟京師。」詔可其加「帝」而立廟應州。

開元時，尊皋陶爲德明皇帝，涼武昭王爲興聖皇帝，皆立廟京師，此唐家故事也。

劉岳脩書儀，其所增損，皆決於縞。縞又言：「縗麻喪紀，所以別親疏，辨嫌疑。禮，叔嫂無服，推而遠之也。唐太宗時，有司議爲兄之妻服小功五月，今有司給假爲大功九月，非是。」廢帝下其議，太常博士段顒議「嫂服給假以大功，令文也。妻父母、壻、外甥皆服總，今皆小功。禮、姨、舅皆服小功，今皆大功[五]；妻父母、壻、外甥皆服總，今皆小功。禮，令之不可同如此」。禮，令之不同者五。右贊善大夫趙咸乂議曰[六]：「喪，與其易也，寧戚。儀禮五服，或以名加，或因尊制，推恩引義，各有所當。據禮爲兄之子妻服大功，今爲兄之子母服

小功,是輕重失其倫也。以名則兄子之妻疏,因尊則嫂非卑,嫂服大功,其來已久。令,國之典,不可減也〔七〕。」司封郎中曹琛請下其議,并以禮、令之違者定議。詔尚書省集百官議。左僕射劉昫等議曰:「令於喪服無正文,而嫂服給大功假,乃假寧附令,而敕無年月,請凡喪服皆以開元禮爲定,下太常具五服制度,附于令。」令有五服,自縞始也。

縞,明宗時嘗坐覆獄不當,貶綏州司馬。復爲太子賓客,遷戶部、兵部侍郎。盧文紀作相,以其迂儒鄙之,改國子祭酒。卒,年八十,贈兵部尚書。

崔居儉

崔居儉,清河人也。祖蠡、父蕘皆爲唐名臣〔八〕。居儉美文辭,風骨清秀,少舉進士。梁貞明中,爲中書舍人、翰林學士、御史中丞。唐莊宗時,爲刑部侍郎、太常卿。

崔氏自後魏、隋、唐與盧、鄭皆爲甲族,吉凶之事,各著家禮。至其後世子孫,專以門望自高,爲世所嫉。明宗崩,居儉以故事爲禮儀使,居儉以祖諱蠡,辭不受,宰相馮道即徙居儉爲祕書監。居儉歷兵吏部侍郎、尚書左丞、戶部尚書。晉天福四年卒,年七十,贈右僕射。

崔梲

崔梲，字子文，深州安平人也。父涿，唐末爲刑部郎中。梲少好學，頗涉經史，工於文辭。遭世亂，寓居于滑臺，不遊里巷者十餘年，人罕識其面。梁貞明三年，舉進士甲科，開封尹王瓚辟掌奏記。

梲性至孝，其父涿病，不肯服藥。賓客問疾者，梲輒迎拜門外，泣涕而告之，涿終不服藥而卒。梲居喪哀毀，服除，唐明宗以爲監察御史，不拜，踰年再命，乃拜。累遷都官郎中、翰林學士。

晉高祖時，以戶部侍郎爲學士承旨，權知天福二年貢舉。初，梲爲學士，嘗草制，爲宰相桑維翰所改。梲以唐故事學士草制有所改者當罷職，乃引經據爭之，維翰頗不樂。而梲少專於文學，不能涖事，維翰乃命梲知貢舉，梲果不能舉職。時有進士孔英者，素有醜行，爲當時所惡。梲既受命，往見維翰，維翰素貴，嚴尊而語簡，謂梲曰：「孔英來矣。」梲不諭其意，以謂維翰以孔英爲言，乃考英及第，物議大以爲非，即罷學士，拜尚書左丞，遷

居儉拙於爲生，居顯官，衣常乏，死之日貧不能葬，聞者哀之。

太常卿。

八年[九]，高祖詔太常復文武二舞，詳定正、冬朝會禮及樂章。自唐末之亂，禮樂制度亡失已久，梲與御史中丞竇貞固、刑部侍郎呂琦、禮部侍郎張允等草定之。其年冬至，高祖會朝崇元殿，廷設宮縣，二舞在北，登歌在上。文舞郎八佾，六十有四人，冠進賢，黃紗袍、白中單、白練襷襠、白布大口袴、革帶履，左執籥，右秉翟，執纛引者二人。武舞郎八佾，六十有四人，服平巾幘，緋絲布大袖、繡襠[二〇]、甲金飾、白練襷[二一]、錦騰蛇起梁帶[二二]、豹文大口袴、烏靴[二三]，左執干，右執戚，執旌引者二人。加鼓吹十二按，負以熊豹，以象百獸率舞。按設羽葆鼓一，大鼓一，金錞一。歌、簫、笳各二人。王公上壽，天子舉爵，奏玄同；三舉，登歌奏文同。舉食，文舞舞昭德，武舞舞成功之曲。禮畢，高祖大悅，賜梲金帛，羣臣左右覩者皆嗟歎之。然禮樂廢久，而制作簡繆，又繼以龜茲部霓裳法曲，參亂雅音，其樂工舞郎，多教坊伶人、百工商賈、州縣避役之人，又無老師良工教習。明年正旦，復奏于廷，而登歌發聲悲離煩悪，如薤露、虞殯之音，舞者行列進退，皆不應節，聞者皆悲憤。其年高祖崩。梲以風痺改太子賓客分司西京以卒。

開運二年，太常少卿陶穀奏廢二舞。明年，契丹滅晉，耶律德光入京師，太常請備法駕奉迎，樂工教習鹵簿鼓吹，都人聞者爲之流涕焉。

李懌

李懌,京兆人也。少好學,頗工文辭。唐末舉進士,爲祕書省校書郎、集賢校理。唐亡,事梁爲監察御史,累遷中書舍人、翰林學士。梁亡,責授懷州司馬,遇赦量移,稍遷衞尉少卿。天成中,復爲中書舍人、翰林學士,累遷尚書右丞、承旨。

時右散騎常侍張文寶知貢舉,所放進士,中書有覆落者,乃請下學士院作詩賦爲貢舉格,學士竇夢徵、張礪等所作不工,乃命懌爲之,懌笑曰:「年少舉進士登科〔二四〕,蓋偶然爾。後生可畏,來者未可量,假令予復就禮部試,未必不落第,安能與英俊爲準格?」聞者多其知體。後遷刑部尚書分司洛陽。卒,年七十餘。

校勘記

〔一〕 與其兄昈 「昈」,原作「暄」,據宋丙本、宗文本、舊五代史卷八九劉昫傳改。本卷下一處同。

〔二〕 弟曎 「曎」,原作「皡」,據宋丙本、宗文本改。按劉昫兄弟名皆當從「日」。

〔三〕 處直爲其子都所囚 「其」字原闕,據宋丙本、宗文本補。

〔四〕長興三年　本書卷六唐本紀、舊五代史卷四四唐明宗紀十、通鑑卷二七八皆繫其事於長興四年。

〔五〕道罷李愚代之　吴縝纂誤卷下：「今按廢帝以清泰元年四月即位，是時宰相則馮道、劉昫也。至五月而道罷，七月太常卿盧文紀爲相。今此傳謂『道罷，李愚代之』則誤也。」

〔六〕三司諸吏提印聚立月華門外　「外」字原闕，據宋丙本、宗文本、諸史提要卷一五引五代史、册府卷三三三補。

〔七〕字百真　「百真」，舊五代史卷九二姚顗傳、册府卷八五三作「伯真」。

〔八〕兵部侍郎　「兵」，原作「兼」，據宗文本改。按舊五代史卷九二姚顗傳敍其事作「歷兵吏部侍郎」。

〔九〕貶均州司馬　「均州」，原作「筠州」，據宋丙本、宗文本、舊五代史卷三〇唐莊宗紀四、卷六八劉岳傳、册府卷一四七、通鑑卷二七二改。

〔一〇〕非王言所以告詔也　「也」，通鑑卷二七五胡注引歐史作「之意」。

〔一一〕兵部侍郎任贊與岳在其後　「兵部侍郎」，舊五代史卷一二六馮道傳、册府卷九四四作「工部侍郎」。

〔一二〕光武皇帝立四親廟于南陽　「親」字原闕，據宋丙本、宗文本補。

〔一三〕蕭頃　原作「蕭武」，據宋丙本、舊五代史卷一四二禮志上、五代會要卷二、册府卷五九三改。

〔四〕以謂桓帝尊其祖解瀆亭侯淑爲孝元皇父萇爲孝仁皇　據後漢書卷八靈帝紀，靈帝祖淑封解瀆亭侯，追尊孝元皇；父萇追尊孝仁皇。「桓帝」疑爲「靈帝」之誤。

〔五〕今皆大功　「今」，宋丙本、宗文本作「令」。下文「今皆小功」同。按册府卷五九四：「舊爲親姨服小功，今令式服大功，爲親舅服小功，今服大功；爲妻父母總麻，今服小功；爲女婿、爲外甥總麻，今並服小功。」五代會要卷八略同。

〔六〕右贊善大夫趙咸又議曰　「又」，册府卷五九四同，宋丙本、宗文本、五代會要卷八作「义」。

〔七〕不可減也　「減」，原作「滅」，據宋丙本、宗文本改。

〔八〕父堯皆爲唐名臣　「堯」，原作「彝」，據宋丙本、宗文本。

〔九〕八年　據本書卷八晉本紀、舊五代史卷七九晉高祖紀五、卷一四四樂志上、五代會要卷六，復文武二舞事在天福五年。按天福無八年，晉高祖崩于天福七年。

〔一〇〕繡襠　舊五代史卷一四四樂志上、五代會要卷六、册府卷五七〇作「裲襠」。

〔一一〕白練襠　舊五代史卷一四四樂志上、五代會要卷六、册府卷五七〇作「白練襠襠」。

〔一二〕錦騰蛇起梁帶　「騰」，原作「勝」，據宋丙本、宗文本、舊五代史卷一四四樂志上、五代會要卷六、册府卷五七〇改。

〔一三〕烏靴　舊五代史卷一四四樂志上、五代會要卷六、册府卷五七〇作「烏皮靴」。

〔一四〕年少舉進士登科　「年」，宋丙本、宗文本、詳節卷八作「予」。

新五代史卷五十六

雜傳第四十四

和凝

和凝,字成績,鄆州須昌人也。其九世祖逢堯為唐監察御史,其後世遂不復宦學。凝父矩,性嗜酒,不拘小節,然獨好禮文士,每傾貲以交之,以故凝得與之游。而凝幼聰敏,形神秀發。舉進士,梁義成軍節度使賀瓌辟為從事。瓌與唐莊宗戰于胡柳,瓌戰敗,脫身走,獨凝隨之,反顧見凝,麾之使去。凝曰:「大丈夫當為知己死〔一〕,吾恨未得死所爾,豈可去也!」已而一騎追瓌幾及,凝叱之,不止,即引弓射殺之,瓌由此得免。瓌歸,戒其諸子曰:「和生,志義之士也,後必富貴,爾其謹事之!」因妻之以女。

天成中,拜殿中侍御史,累遷主客員外郎、知制誥,翰林學士、知貢舉。是時,進士多

浮薄,喜爲諠譁,以動主司。主司每放牓,則圍之以棘,閉省門,絕人出入以爲常。凝徹棘開門,而士皆肅然無譁,所取皆一時之秀,稱爲得人。

晉初,拜端明殿學士、兼判度支,爲翰林學士承旨。高祖數召之,問以時事,凝所對皆稱旨。天福五年,拜中書侍郎、同中書門下平章事。

高祖將幸鄴,而襄州安從進反迹已見。凝曰:「先人者,所以奪人也。請爲宣敕十餘通,授之鄭王,有急則命將擊之。」高祖以爲然。是時,鄭王爲開封尹,留不從幸,乃授以宣敕。高祖至鄴,從進果反,鄭王即以宣敕命騎將李建崇、焦繼勳等討之。從進謂高祖方幸鄴,不意晉兵之速也,行至花山,遇建崇等兵,以爲神,遂敗走。出帝即位,加右僕射,歲餘,罷平章事,遷左僕射。

漢高祖時,拜太子太傅[二],封魯國公。顯德二年卒,年五十八,贈侍中。

凝好飾車服,爲文章以多爲富,有集百餘卷,嘗自鏤板以行于世,識者多非之。然性樂善,好稱道後進之士。唐故事,知貢舉者所放進士,以己及第時名次爲重。凝舉進士及第時第五,後知舉,選范質爲第五。後質位至宰相,封魯國公,官至太子太傅,皆與凝同,當時以爲榮焉。

趙瑩

趙瑩，字玄輝〔三〕，華州華陰人也。爲人純厚，美風儀。事梁將康延孝爲從事。晉高祖爲保義軍節度使，以瑩掌書記，自是徙鎮常以瑩從。高祖將起兵太原，以問諸將吏，將吏或贊成之，瑩獨懼形于色，勸高祖毋反。高祖雖不用其言，心甚愛之。高祖即位，拜翰林學士承旨、戶部侍郎、同中書門下平章事。累拜中書令，出爲晉昌軍節度使、開封尹。是時，出帝童昏，馮玉、李彥韜等用事，與桑維翰爭權，乃共譖去之，以瑩柔而易制，故復引以爲相。

契丹滅晉，瑩從出帝北徙虜中，契丹兀欲爲太子太保。周太祖時，與契丹通好，遣尚書左丞田敏使于契丹，遇瑩于幽州，瑩見敏悲不自勝。瑩子易則，易從，當其徙而北也，與易從俱，而易則留事漢，官至刑部郎中。後瑩病將卒，告于契丹，願以尸還中國，契丹許之。及卒，遣易從護其喪南歸。太祖憐之，贈瑩太傅，葬于華陰。

馮玉

馮玉，字璟臣，定州人也。少舉進士不中。馮贇爲河東節度使，辟爲推官。入拜監察御史，累遷禮部郎中，爲鹽鐵判官。晉出帝納玉姊爲后〔四〕，玉以后戚知制誥，拜中書舍人。玉不知書，而與殷鵬同爲舍人，制誥常遣鵬代作。頃之，玉出爲潁州團練使，拜端明殿學士、戶部侍郎，遷樞密使，中書侍郎，同中書門下平章事。是時，出帝童昏，馮皇后用事，軍國大務，一決於玉。玉除中書舍人盧價爲工部侍郎，桑維翰以價資望淺爲不可，由是相不敢除授，以俟玉決。玉與維翰有隙，維翰由此罷相。

玉爲相，四方賄賂〔五〕，積貲鉅萬。契丹滅晉，張彥澤先以兵入京師，兵士爭先入玉家，其貲一夕而盡。明日，見彥澤，猶諂笑，自言願得持晉玉璽獻契丹，以冀恩獎。彥澤不納。出帝之北，玉從入契丹，契丹以爲太子太保〔六〕。周廣順三年，其子傑自契丹逃歸，玉懼，以憂卒。

盧質

盧質，字子徵[七]，河南人也。父望，唐司勳郎中。質幼聰惠，善屬文。事唐爲祕書郎，丁母憂，解職。後去遊太原，晉王以爲河東節度掌書記。質與張承業等定議立莊宗爲嗣。莊宗將即位，以質爲大禮使，拜行臺禮部尚書。莊宗即位，欲以質爲相。質性疎逸，不欲任責，因固辭不受。拜太原尹、北京留守，遷戶部尚書、翰林學士。從平梁，權判租庸，遷兵部尚書，後爲學士承旨，仍賜論思匡佐功臣。天成元年，拜匡國軍節度使。三年，拜兵部尚書、判太常卿事。歷鎮河陽、橫海。

初，梁已篡唐，封哀帝爲濟陰王，既而酖殺之，瘞于曹州。同光三年，莊宗將議改葬，而曹太后崩，乃止。因其故壠，稍廣其封，以時薦饗而已。質乃建議立廟追謚，謚曰昭宣光烈孝皇帝[八]，廟號景宗。天成四年八月戊申，明宗御文明殿，遣質奉冊立廟于曹州。而議者以謂輝王不幸爲賊臣所立，而昭宗，何皇后皆爲梁所弑，遂以亡國，而「昭宣光烈」非所宜稱，且立廟稱宗而不入太廟，皆非是。共以此非質，大臣亦知其不可，乃奏去廟號。

秦王從榮坐謀反誅,質以右僕射權知河南府事。廢帝發兵誅之,竭帑藏以厚賞,而兵至鳳翔皆叛降。廢帝反鳳翔,愍帝過望。廢帝入立,有司獻籍數甚少,廢帝暴怒。自諸鎮至刺史,皆進錢帛助國用,猶不足,三司使王玫請率民財以佐用。乃使質與玫等共議配率,而貧富不均,怨訟並起,囚繫滿獄。六七日間,所得不滿十萬。廢帝患之,乃命質等借民屋課五月,由是民大咨怨。

晉高祖入立,質以疾分司西京,拜太子太保。卒,年七十六,贈太子太師,諡曰文忠。

呂琦

呂琦,字輝山,幽州安次人也。父兗,為橫海軍節度判官。節度使劉守文與其弟守光以兵相攻,守文敗死,其吏民立其子延祚而事之,以兗為謀主。已而延祚又為守光所敗,兗見殺。守光怒兗,并族其家。琦年十五,見執,將就刑,兗故客趙玉紿其監者曰:「此吾弟也。」監者信之,縱琦去。玉與琦得俱走,琦足弱不能行,玉負之而行,逾數百里,變姓名,乞食于道以免。

琦為人美風儀,重節概,少喪其家,游學汾晉之間。唐莊宗鎮太原,以為代州軍事推

官〔九〕。後爲橫海趙德鈞節度推官,入爲殿中侍御史。

明宗時,爲駕部員外郎,兼侍御史知雜事。河陽主藏吏盜所監物,下軍巡獄,獄吏尹訓納賂反其獄,其冤家訴于朝,下御史臺按驗,奏攝訓赴臺。訓爲安重誨所庇,不與,琦請不已,訓懼自殺,獄乃辨,蒙活者甚衆。歲餘,遷禮部郎中、史館脩撰。

長興中,廢帝失守河中,罷居清化坊,與琦同巷,琦數往過之。後廢帝入立,待琦甚厚,拜知制誥、給事中、樞密院直學士、端明殿學士。是時,晉高祖鎮河東,有二志,廢帝患之,琦與李崧俱備顧問,多所裨畫。琦言:「太原之患,必引契丹爲助,不如先事制之。」自明宗時王都反定州,契丹遣禿餒、荝剌等助都,而爲趙德鈞、王晏球所敗,禿餒見殺,荝剌等皆送京師。其後契丹數遣使者求荝剌等,其辭甚卑恭,明宗輒斬其使者不報。而東丹王又亡入中國,契丹由此數欲求和。琦因言:「方今之勢,不如與契丹通和,如漢故事,歲給金帛,妻之以女,使彊藩大鎮顧外無所引援,可弭其亂心。」崧以琦語語延朗,延朗欣然曰:「苟能紓國患,歲費縣官十數萬緡,責吾取足可也!」因共建其事。廢帝大喜,佗日以琦等語問樞密直學士薛文遇,文遇大以爲非,因誦戎昱「社稷依明主,安危託婦人」之詩,以誚琦等。廢帝大怒,急召崧、琦等問和戎計如何。琦等察帝色怒,亟曰:「臣等爲國計,非與契丹求利於中國也」帝即發怒曰:「卿等佐朕欲致太平而若是邪?朕一

女尚幼,欲棄之夷狄,金帛所以養士而扞國也,又輸以資虜,可乎?」崧等惶恐拜謝,拜無數,琦足力乏不能拜而先止。帝曰:「呂琦彊項,肯以人主視我邪!」琦曰:「臣素病羸,拜多而乏,容臣少息。」頃之喘定,奏曰:「陛下以臣等言非,罪之可也,雖拜何益〔一〇〕?」帝意稍解〔一一〕,曰:「勿拜。」賜酒一卮而遣之,其議遂寢。因遷琦御史中丞,居數月,復爲端明殿學士。其後晉高祖起太原,果引契丹爲助,遂以亡唐。

琦事晉爲祕書監,累遷兵部侍郎。天福八年,卒。

趙玉仕至職方員外郎,琦事之如父,玉疾,親嘗藥扶侍,及卒,爲其家主辦喪葬。玉子文度幼孤,琦教以學,如己子,後舉進士及第云。

琦有子餘慶、端。

薛融

薛融,汾州平遙人也。少以儒學知名,唐明宗時爲右補闕〔一二〕,直弘文館。晉高祖鎮太原,融爲觀察判官。高祖徙鄆,欲據太原拒命,延見賓佐,問以可否,而坐中或贊成之,或恐懼不敢言,融獨從容對曰:「融本儒生爾,軍旅之事,未嘗學也,進退存亡之理,豈易

言哉！」高祖不之責也。

高祖入立，拜吏部郎中、兼侍御史知雜事，累拜左諫議大夫。遷中書舍人，融曰：「文辭非臣所長也。」遂辭不拜。時詔修洛陽大內，融上疏切諫，高祖褒納其言，即詔罷其役。遷御史中丞，改尚書右丞，分司西京。卒，年六十三。

何澤

何澤，廣州人也。父鼎，唐末爲容管經略使。澤少好學，長於歌詩。舉進士，爲洛陽令。唐莊宗好畋獵，數踐民田，澤乃潛身伏草間伺莊宗，當馬諫曰：「陛下未能一天下以休兵，而暴斂疲民以給軍食。今田將熟，奈何恣畋游以害多稼？使民何以出租賦，吏以何督民耕？陛下不聽臣言，願賜臣死於馬前，使後世知陛下之過。」莊宗大笑，爲之止獵，拜倉部郎中。

明宗時，數上書言事。明宗幸汴州，又欲幸鄴，而人情不便，大臣屢言不聽。澤伏閣切諫，明宗嘉之，拜吏部郎中、史館修撰。澤外雖直言，而內實邪佞，嘗於內殿起居，班退獨留，以笏叩顙，北望而呼曰：「明主，明主！」聞者皆哂之。

五代之際，民苦於兵，往往因親疾以割股，或既喪而割乳廬墓，以規免州縣賦役。戶部歲給蠲符，不可勝數，而課州縣出紙，號爲「蠲紙」。

澤與宰相趙鳳有舊，數私于鳳，求爲給諫。章下中書，鳳等言：「澤未拜命而稱新官，輕侮朝廷，請坐以法。」乃以太僕少卿致仕，居于河陽。澤時年已七十，尚希仕進，即遣婢宜子詣閤上章言事，請立秦王爲皇太子。秦王素驕，多不軌，遂成其禍，由澤而始。

晉高祖入立，召爲太常少卿，以疾卒于家。

王權

王權，字秀山，太原人也。唐左僕射起之曾孫。父蕘，官至右司郎中[一四]。權舉進士，爲右補闕。唐亡，事梁爲職方員外郎、知制誥、翰林學士，累遷御史中丞。唐莊宗滅梁，貶爲右庶子，累遷戶部尚書。晉高祖時，爲兵部尚書。是時，高祖以父事契丹，權隨州司馬，起爲右庶子，累遷戶部尚書。權當奉使，歎曰：「我雖不才，安能稽顙於穹廬乎？」因辭不行，坐是停任。踰年以太

子少傅致仕。卒,年七十八,贈左僕射。

史圭

史圭,常山石邑人也。爲人明敏好學。爲寧晉、樂壽縣令,有善政,縣人立碑以頌之。郭崇韜鎮成德,辟爲從事。明宗時,爲尚書郎。安重誨爲樞密使,薦圭直學士。故事,直學士職雖清,而承領文書,參掌庶務,與判官無異。重誨素不知書,倚圭以備顧問,始白許圭升殿侍立。樞密直學士升殿自圭始。改尚書右丞、判吏部銓事。重誨敗死,圭出爲貝州刺史。罷歸常山,閉門絕人事[一五],出入閭里乘輜軿車。晉高祖立,召拜刑部侍郎、鹽鐵副使,遷吏部侍郎,分知銓事,有能名。以疾罷,卒于常山。

龍敏

龍敏,字欲訥,幽州永清人也。少仕州,攝參軍。劉守光亂,敏避之滄州,遂客於梁,久不調。敏素善馮道,道爲唐莊宗從事,乃潛往依之。監軍張承業謂道曰:「聞子有客,

可與俱來。」道以敏見承業,承業辟敏監軍巡官,使掌奏記。莊宗即位,召拜司門員外郎。敏父咸式,年七十餘,而其王父年九十餘,皆在鄴,敏乃求爲興唐尹[六],事祖、父以孝聞。丁母憂,去職。趙在禮反,逼敏起視事。明宗即位,在禮鎮滄州,敏乃復得居喪。服除,累拜兵部侍郎。

馮贇留守北京,辟敏副留守。贇入爲樞密使,敏拜吏部侍郎。是時,晉高祖起太原,乞兵契丹。唐廢帝在懷州,趙德鈞父子有異志,張敬達屯于晉安,勢甚危急。廢帝問計從臣,敏曰:「晉所恃者契丹也。東丹王失國之君,今在京師,若以兵送東丹自幽州而入西樓,契丹且有內顧之憂,何暇助晉?晉失契丹,大事去矣。」又謂李懿曰:「敏,燕人也,能知德鈞。德鈞爲將,守城嬰壘,篤勵健兒而已。使其當大敵,奮不顧身,非其能也。況有異志乎?今聞駕前之馬猶有五千,願得壯者千匹,健兵千人,與勇將郎萬金,自平遙沿山冒虜中而趨官砦,且戰且行,得其半達,則事濟矣!」懿爲言之廢帝,廢帝莫能用。然人皆壯其大言。

歷晉爲太常卿,使于吳越。是時,使吳越者,見吳越王皆下拜,敏獨揖之。還,遷工部侍郎[七]。

乾祐元年,瘍發於首[八],卒,贈右僕射。

校勘記

〔一〕大丈夫當爲知己死 「大」字原闕，據宋丙本、宗文本補。

〔二〕拜太子太傅 「太子太傅」，舊五代史卷一〇〇漢高祖紀下、卷一二七和凝傳作「太子太保」。按舊五代史卷一二七和凝傳云其「國初，遷太子太傅」，至後周方加太子太師。

〔三〕字玄輝 「玄輝」，宋丙本、宗文本、册府卷八九三作「玄暉」。趙瑩墓誌（拓片刊大唐西市博物館藏墓誌）作「光圖」。

〔四〕晉出帝納玉姊爲后 本書卷一七晉家人傳、舊五代史卷八九馮玉傳、通鑑卷二八三皆記晉出帝皇后爲馮玉妹。按吴光耀纂誤續補卷五：「『姊』字疑『妹』字傳寫之誤。」

〔五〕四方賄賂 「賂」字原闕，據宋丙本、宗文本補。

〔六〕契丹以爲太子太保 「太子太保」，舊五代史卷八九馮玉傳、遼史卷四太宗紀下作「太子少保」。

〔七〕字子徵 「子徵」，宋丙本、宗文本作「子微」。

〔八〕諡曰昭宣光烈孝皇帝 「諡」字原闕，據宋丙本、宗文本補。

〔九〕以爲代州軍事推官 「推官」，舊五代史卷九二吕琦傳作「判官」。

〔一〇〕雖拜何益 「雖」，宋丙本、宗文本作「屢」。通鑑卷二八〇敘其事作「多拜何爲」。

〔一一〕帝意稍解 「意」字原闕，據宋丙本、宗文本補。

〔三〕唐明宗時爲右補闕 「唐明宗」，原作「唐莊宗」，據宋丙本、宗文本改。舊五代史卷九三薛融傳敘其事作「長興四年，入爲右補闕」。按長興爲後唐明宗年號。

〔四〕年六十 舊五代史卷九三薛融傳作「年六十餘」。

〔五〕官至右司郎中 「右司郎中」，舊五代史卷九二王權傳、舊唐書卷一六四王起傳、新唐書卷二中、卷一六七王起傳作「右司員外郎」。

〔六〕閉門絕人事 「門」字原闕，據宋丙本、宗文本、諸史提要卷一五引五代史、舊五代史卷九二王起傳補。

〔七〕敏乃求興唐尹 「興唐尹」，舊五代史卷一〇八龍敏傳、册府卷一一四作「興唐少尹」。

〔八〕遷工部侍郎 「工部侍郎」，舊五代史卷八四晉少帝紀四、卷一〇一漢隱帝紀上、卷一〇八龍敏傳作「工部尚書」。

〔九〕瘍發於首 「首」，舊五代史卷一〇八龍敏傳作「背」。

新五代史卷五十七

雜傳第四十五

李崧

李崧，深州饒陽人也。崧幼聰敏，能文章，爲鎮州參軍。唐魏王繼岌爲興聖宮使，領鎮州節度使，以推官李蕘掌書記。崧謂掌書呂柔曰〔一〕：「魏王皇子，天下之望，書奏之職，非蕘所當。」柔私使崧代爲之，以示盧質、馮道，道等皆以爲善。乃以崧爲興聖宮巡官，拜協律郎。

繼岌與郭崇韜伐蜀，以崧掌書記。繼岌已破蜀，劉皇后聽讒者言，陰遣人之蜀，教繼岌殺崇韜，人情不安。崧入見繼岌曰：「王何爲作此危事？誠不能容崇韜，至洛誅之何晚？今遠軍五千里，不見咫尺之詔而殺大臣〔二〕，動搖人情，是召亂也。」繼岌曰：「吾亦

悔之,奈何?」崧乃召書吏三四人,登樓去梯,夜以黃紙作詔書,倒用都統印,明旦告諭諸軍,人心乃定。

師還,繼岌死於道。崧至京師,任圜判三司,用崧爲鹽鐵判官,以內憂去職還鄉里。服除,范延光居鎮州,辟崧掌書記。延光爲樞密使,崧拜拾遺、直樞密院。累遷戶部侍郎、端明殿學士[三]。長興中,明宗春秋高,秦王從榮多不法,晉高祖爲六軍副使,懼禍及,求出外藩。是時,契丹入鴈門,明宗選將以捍太原,晉高祖欲之。樞密使范延光、趙延壽等議將,久不決,明宗怒甚,責延壽等,延壽等惶恐,欲以康義誠應選,崧獨曰:「太原,國之北門,宜得重臣,非石敬瑭不可也!」由是從崧議。晉高祖深德之,陰遣人謝崧曰:「爲浮屠者,必合其尖。」蓋欲使崧終始成已事也。其後晉高祖以兵入京師,崧竄匿伊闕民家,晉高祖召爲戶部侍郎,拜中書侍郎、同中書門下平章事兼樞密使。丁內艱,起復。

高祖崩,出帝即位,以崧兼判三司,與馮玉對掌樞密。是時,晉兵敗契丹於陽城,趙延壽在幽州,詐言思歸以誘晉兵,崧等信之。初,漢高祖在晉,掌親軍,爲侍衛都指揮使,與杜重威同制加平章事,漢高祖恥之,怒不肯謝,晉高祖遣和凝諭之,乃謝。其後漢高祖出居太原,重威代爲侍衛使,崧亦數稱重威之材,於是漢高祖以崧爲排己,深恨之。崧又信延壽之詐以爲然,卒以重威將大兵,其後敗于中渡,晉遂以亡。

契丹耶律德光犯京師，德光素聞延壽等稱崧爲人，及入京師，謂人曰：「吾破南朝，得崧一人而已！」乃拜崧太子太師。契丹北還，命崧以族俱行，留之鎮州。其後麻荅棄鎮州，崧與馮道等得還。高祖素不悅崧，又爲怨者譖之，言崧爲契丹所厚，故崧遇漢權臣，常惕惕爲謙謹，莫敢有所忤。

初，漢高祖入京師，以崧第賜蘇逢吉，崧家遭亂，多埋金寶，逢吉悉有之。而崧弟嶼、嶬與逢吉子弟同舍，酒酣，出怨言，以爲奪我第。崧又以宅券獻逢吉，逢吉尤不喜。漢法素嚴，楊邠、史弘肇多濫刑法。嶼僕葛延遇爲嶼商賈，多乾沒其貲，嶼笞責之。延遇夜宿逢吉部曲李澄家，以情告澄。是時，高祖將葬睿陵，河中李守貞反，澄乃教延遇告變，言崧與其甥王凝謀因山陵放火焚京師，又以蠟丸書通守貞。逢吉遣人召崧至第，從容告之，崧知不免，乃以幼女託逢吉。逢吉送崧侍衞獄。崧出乘馬，從者去，無一人，崧志曰：「自古豈有不死之人，然亦豈有不亡之國乎！」乃自誣伏，族誅。

崧素與翰林學士徐台符相善，後周太祖入立，台符告宰相馮道，請誅葛延遇，道以延遇數經赦宥，難之。樞密使王峻聞之，多台符有義，乃奏誅延遇。

李鏻

李鏻,唐宗室子也。其伯父陽事唐[五],咸通間爲給事中。鏻少舉進士,累不中,客河朔間,自稱清海軍掌書記,謁定州王處直,處直不爲禮。乃易其綠衣,更爲緋衣,謁常山李弘規,弘規進之趙王王鎔,鎔留爲從事。其後張文禮弒鎔自立,遣鏻聘唐莊宗於太原。鏻爲人利口敢言,乃陰爲莊宗畫文禮可破之策[六]。後文禮敗,莊宗以鏻爲支使。

莊宗即位,拜鏻宗正卿,以李瓊爲少卿。獻祖、懿祖墓在趙州昭慶縣,唐國初建,鏻、瓊上言:「獻祖宣皇帝建初陵、懿祖光皇帝啓運陵,請置臺令。」縣中無賴子自稱宗子者百餘人,宗正無譜牒,莫能考按。有民詣寺自言世爲丹陽竟陵臺令,鏻、瓊不復詳考,遂補爲令。民即持絳幡招置部曲,侵奪民田百餘頃,以謂陵園墳地。民訴于官,不能決,以聞。莊宗下公卿博士,問故唐諸帝陵寢所在。公卿博士言:「丹陽在今潤州,而竟陵非唐事。鏻不學無知,不足以備九卿。」坐貶司農少卿,出爲河中節度副使。

明宗即位,以鏻故人,召還,累遷户部尚書。鏻意頗希大用,嘗謂馮道、趙鳳曰:「唐家故事,宗室皆爲宰相。今天祚中興,宜按舊典,鏻雖不才,嘗事莊宗霸府,識今天子於藩

邸,論才較業,何後眾人,而久叀班行,於諸君安乎?」道等惡其言。後楊溥諜者見鏻言事,鏻謂安重誨曰:「楊溥欲歸國久矣,若朝廷遣使諭之,可以召也。」重誨信之,以玉帶與諜者使為信,久而無效,由是貶鏻兗州行軍司馬。

鏻與廢帝有舊,愍帝時,為兵部尚書,奉使湖南,聞廢帝立,喜,以謂必用己為相。還過荊南,謂高從誨曰:「士固有否泰,吾不為時用久矣。今新天子即位,我將用矣!」乃就從誨求寶貨人獻以為賀,從誨與馬紅裝拂二、猻猢皮一,因為鏻置酒,問其副使馬承翰:「今朝廷之臣,孰有公輔之望?」承翰曰:「尚書崔居儉、左丞姚顗,其次太常盧文紀也。」從誨笑顧左右,取進奏官報狀示鏻,顗與文紀皆拜平章事矣。鏻慚失色。還,遂獻其皮、拂,廢帝終不用。

初,李愚自太常卿作相,而盧文紀代之,及文紀作相,鏻乃求為太常卿。及拜命,中謝曰:「臣叩入相之資。」朝士傳以為笑。

賈緯

鏻事晉,累遷太子太保。漢高祖即位,拜鏻司徒。居數月卒,年八十八,贈太傅。

賈緯，鎮州獲鹿人也。少舉進士不中，州辟參軍。唐天成中，范延光鎮成德，辟趙州軍事判官，遷石邑令。

緯長於史學。唐自武宗已後無實錄，史官之職廢，緯采次傳聞，爲唐年補錄六十五卷。當唐之末，王室微弱，諸侯彊盛，征伐擅出，天下多事，故緯所論次多所闕誤。而喪亂之際，事迹粗存，亦有補於史氏。

晉天福中，爲太常博士，非其好也，數求爲史職，改屯田員外郎、起居郎、史館脩撰，與脩唐書。丁內艱，服除，知制誥。累遷中書舍人，諫議大夫、給事中，復爲修撰。漢隱帝時，詔與王伸、竇儼等同脩晉高祖、出帝、漢高祖實錄。初，桑維翰爲相，常惡緯爲人，待之甚薄。緯爲維翰傳，言「維翰死，有銀八千鋌」。翰林學士徐台符以爲不可，數以非緯，緯不得已，更爲「數千鋌」。

廣順元年，實錄成，緯求遷官不得，由是怨望。是時，宰相王峻監脩國史，緯書日曆，多言當時大臣過失，峻見之，怒曰：「賈給事子弟仕宦亦要門閥，奈何歷詆當朝之士，使其子孫何以仕進？」言之高祖〔七〕，貶平盧軍行軍司馬。明年，卒于青州。

段希堯

段希堯，河內人也。晉高祖為河東節度使，以希堯為判官。高祖呼萬歲者，高祖惶惑，不知所為。希堯勸高祖斬其亂首，乃止。高祖軍屯忻州，軍中有擁其賓佐謀，希堯以為不可，高祖雖不聽，然重其為人，不之責也〔八〕。高祖入立，希堯比諸將吏，恩澤最薄。久之，稍遷諫議大夫，使于吳越。是時，江淮不通，凡使吳越者皆泛海，而多風波之患。希堯過海，遭大風，左右皆恐懼，希堯曰：「吾平生不欺，汝等恃吾，可無恐也！」已而風亦止。歷萊、懷、棣三州刺史。出帝時，為吏部侍郎、判東西銓事。累遷禮部尚書。卒，年七十九，贈太子少保。

張允

張允，鎮州人也。少事州為張文禮參軍。唐莊宗討張文禮，允脫身降，莊宗繫之獄，文禮敗，乃出之為魏州功曹。趙在禮辟節度推官，歷滄、兗二鎮掌書記。入為監察御史，

累遷水部員外郎、知制誥。廢帝皇子重美爲河南尹,掌六軍,以允剛介,乃拜允給事中,爲六軍判官。罷,遷左散騎常侍。

晉高祖即位,屢赦天下,允爲駁赦論以獻,曰:「管子曰:『凡赦者小利而大害,久而不勝其禍;無赦者小害而大利,久而不勝其福。』又漢之吳漢疾篤,帝問漢所欲言。漢曰:『惟願陛下無赦爾!』蓋行赦不以爲恩,不行赦不以爲無恩,罰有罪故也。自古皆以水旱則降德音而宥過,開狴牢而出囚,冀感天心以救其災者,非也。此乃致災之道,非救災之術也。至使小人有罪而一無罪見捨,則無罪者銜冤。假有二人之訟者,一遇天災,則皆喜而相勸以爲惡,曰:『國將赦矣,必捨我以救災。』如此,則是教民爲惡也。凡天之降災,所以警戒人主節嗜欲、務勤儉、恤鰥寡、正刑罰而已。」是時,晉高祖方好臣下有言,覽之大喜。

允事漢爲吏部侍郎。隱帝誅戮大臣,京師皆恐,允常退朝不敢還家,止于相國寺。周太祖以兵入京師,允匿于佛殿承塵,墜而卒,年六十五。

王松

裴皞

裴皞，字司東，河東人也。裴氏自晉魏以來，世爲名族，居燕者號「東眷」，居涼者號「西眷」，居河東者號「中眷」。皞出於名家，而容止端秀，性剛急，直而無隱。少好學，唐光化中舉進士，拜校書郎、拾遺、補闕。事梁爲翰林學士、中書舍人。事後唐爲禮部侍郎。皞喜論議，每陳朝廷闕失，多斥權臣。改太子賓客，以老拜兵部尚書致仕。晉高祖起爲工部尚書，復以老告，拜右僕射致仕。卒，年八十五，贈太子太保。

皞以文學在朝廷久，宰相馬胤孫、桑維翰，皆皞禮部所放進士也。後胤孫知舉，放牓，

王松，父徽，爲唐僖宗宰相。松舉進士，後唐時，歷刑部郎中，唐末，從事方鎮。晉高祖鎮太原，辟松節度判官。晉高祖即位，拜右諫議大夫[九]，累拜工部尚書。出帝北遷，蕭翰立許王從益於京師，以松爲左丞相。漢高祖入洛，先遣人馳詔東京百官嘗授僞命者皆焚之，使勿自疑，由是御史臺悉斂百官僞敕焚之。松以手指其胸，引郭子儀自誚，以語人曰：「此乃二十四考中書令也。」聞者笑之。後松子仁寶爲李守貞河中支使，守貞反，松以子故上書自陳，高祖憐之[一〇]，但使解職而已。松有田城東，歲時往來京師，以疾卒。

引新進士詣皞，皞喜作詩曰：「門生門下見門生。」世傳以爲榮。維翰已作相，嘗過皞，皞不迎不送。人或問之，皞曰：「我見桑公於中書，庶寮也；桑公見我於私第，門生也。何送迎之有？」人亦以爲當。

王仁裕

王仁裕，字德輦，天水人也。少不知書，以狗馬彈射爲樂，年二十五始就學，而爲人儁秀，以文辭知名秦隴間〔一〕。[一]秦帥辟爲秦州節度判官。秦州入于蜀〔二〕，仁裕因事蜀爲中書舍人、翰林學士。

〔一〕撫本有此三字。

唐莊宗平蜀，仁裕事唐，復爲秦州節度判官。王思同鎮興元，辟爲從事。思同留守西京，以爲判官。廢帝舉兵鳳翔，思同戰敗，廢帝得仁裕，聞其名不殺，寘之軍中。自廢帝起事，至其入立，馳檄諸鎮，詔書、告命皆仁裕爲之。久之，以都官郎中充翰林學士。晉高祖入立，罷職爲郎中，歷司封左司郎中、諫議大夫。漢高祖時，復爲翰林學士承旨。累遷戶部尚書，罷職爲兵部尚書、太子少保。顯德三年卒，年七十七，贈太子少師。

仁裕性曉音律，晉高祖初定雅樂，宴羣臣於永福殿，奏黃鍾，仁裕聞之曰：「音不純肅而無和聲，當有爭者起於禁中。」已而兩軍校鬬昇龍門外，聲聞于內，人以爲神。喜爲詩，其少也，嘗夢剖其腸胃，以西江水滌之，顧見江中沙石皆爲篆籀之文，由是文思益進。乃集其平生所作詩萬餘首爲百卷，號西江集。

仁裕與和凝於五代時皆以文章知名，又嘗知貢舉，仁裕門生王溥、凝門生范質，皆至宰相，時稱其得人。

裴羽

裴羽，字用化。其父贄，相唐僖宗，官至司空。羽以一品子爲河南壽安尉。事梁爲御史臺主簿，改監察御史。

唐明宗時，爲吏部郎中，與右散騎常侍陸崇使于閩，爲海風所飄至錢塘。是時，吳越王錢鏐與安重誨有隙，唐方絕鏐朝貢，羽等被留經歲，而崇以疾卒。後鏐遣羽還，羽求載崇尸與俱歸。鏐初不許，羽以語感動鏐，鏐惻然許之，因附羽表自歸。明宗得鏐表大喜，由是吳越復通於中國。羽護崇喪至京師，及其橐裝還其家，士人皆多羽之義。

羽,周太祖時爲左散騎常侍。卒,贈戶部尚書。

王延

王延,字世美,鄭州長豐人也〔三〕。少好學,嘗以賦謁梁相李琪,琪爲之稱譽,薦爲即墨縣令。馮道作相,與延故人,召拜左補闕。遷水部員外郎,知制誥。拜中書舍人,權知貢舉。吏部尚書盧文紀與故相崔協有隙,是時,協子頎方舉進士,文紀謂延曰:「吾嘗譽子于朝,貢舉選士,當求實效,無以虛名取人。昔有越人善泅,生子方晬,其母浮之水上。人怪而問之,則曰:『其父善泅,子必能之。』若是可乎?」延退而笑曰:「盧公之言,爲崔協也,恨其父遂及其子邪!」明年,選頎甲科,人皆稱其公。累遷刑部尚書,以太子少保致仕。卒,年七十三。

馬重績

馬重績,字洞微。其先出於北狄,而世事軍中。重績少學數術,明太一、五紀、八象、

三統大曆。明宗時，廢不用。

晉高祖以太原拒命，廢帝遣兵圍之，勢甚危急，命重績筮之，遇同人，曰：「天火之象，乾健而離明。健者君之德也，明者南面而嚮之，所以治天下也。同人者人所同也，必有同我者焉。易曰：『戰乎乾。』乾，西北也。又曰：『相見乎離。』離，南方也。其同我者，自北而南乎？乾，西北也，戰而勝，其九月十月之交乎？」是歲九月，契丹助晉擊敗唐軍，晉遂有天下。拜重績太子右贊善大夫[四]，遷司天監。明年，張從賓反，命重績筮之，遇隨，曰：「南瞻析木，木不自續，虛而動之，動隨其覆。歲將秋矣，無能爲也！」七月而從賓敗。高祖大喜，賜以良馬、器幣。

天福三年[五]，重績上言：「曆象，王者所以正一氣之元，宣萬邦之命。而古今所紀，考審多差，宣明氣朔正而星度不驗，崇玄五星得而歲差一日，以宣明之氣朔，合崇玄之五星，二曆相參，然後符合。自前世諸曆，皆起天正十一月爲歲首，用太古甲子爲上元，積歲愈多，差闊愈甚。臣輒合二曆，創爲新法，以唐天寶十四載乙未爲上元，雨水正月中氣爲氣首。」詔下司天監趙仁錡、張文皓等考覈得失。仁錡等言：「明年庚子正月朔，用重績曆考之，皆合無舛。」乃下詔班行之，號調元曆。行之數歲輒差，遂不用。

重續又言：「漏刻之法，以中星考晝夜爲一百刻，八刻六十分刻之二十分爲一時〔六〕，時以四刻十分爲正，此自古所用也。今失其傳，以午正爲時始，下侵未四刻十分而爲午。由是晝夜昏曉，皆失其正，請依古改正。」從之。

重續卒，年六十四。

趙延義

趙延義〔七〕，字子英，秦州人也。曾祖省躬，通數術，避亂于蜀。父溫珪，事蜀王建爲司天監，每爲建占吉凶，小不中，輒加詰責。溫珪臨卒，戒其子孫曰：「數術，吾世業，然吾仕亂國，得罪而幾死者數矣！子孫能以佗道仕進者，不必爲也。」然延義少亦以此仕蜀爲司天監。蜀亡，仕唐爲星官。

延義兼通三式，頗善相人。契丹滅晉，延義隨虜至鎮州。李筠、白再榮謀逐麻荅歸漢，猶豫未決，延義假述數術贊成之。

周太祖自魏以兵入京師，太祖召延義問：「漢祚短促者，天數邪？」延義言：「王者撫天下，當以仁恩德澤，而漢法深酷，刑罰枉濫，天下稱冤，此其所以亡也！」是時，太祖方以

兵圍蘇逢吉、劉銖第，欲誅其族，聞延義言悚然，因貸其族，二家獲全。延義事周爲太府卿、判司天監，以疾卒。

校勘記

〔一〕崧謂掌書呂柔曰「掌書」，舊五代史卷一〇八李崧傳作「掌事」。按舊五代史卷六五王思同傳：「內養呂知柔侍興聖宮，頗用事。」呂柔即呂知柔，係避後漢高祖諱省。

〔二〕不見咫尺之詔而殺大臣 「而」字原闕，據宋內本、宗文本補。

〔三〕累遷戶部侍郎端明殿學士 按本卷下文敍長興中事，則遷戶部侍郎、端明殿學士事似在明宗時。然舊五代史卷一〇八李崧傳：「清泰初，拜端明殿學士、戶部侍郎。」舊五代史卷四七唐末帝紀中：「(清泰二年)以端明殿學士李崧爲戶部侍郎。」

〔四〕初 此字原闕，據宋內本、宗文本補。

〔五〕其伯父陽事唐 「陽」，舊五代史卷一〇八李鏻傳作「湯」。

〔六〕湯昆弟有澹、深、洎，名皆從「水」。疑「陽」爲「湯」之訛。

〔七〕乃陰爲莊宗畫文禮可破之策 「畫」下原有「一」字，據宋內本、宗文本刪。

〔八〕言之高祖 「高祖」，舊五代史卷一三一賈緯傳作「太祖」。按吳縝纂誤卷下：「今按王峻爲相，正周太祖時，今呼爲『高祖』者，誤也。」

〔八〕不之責也 「之責」，原作「責之」，據宋丙本、宗文本乙正。

〔九〕拜右諫議大夫 「右」，舊五代史卷七六晉高祖紀二敍其事作「左」。

〔一〇〕高祖憐之 本書卷一〇漢本紀、舊五代史卷一〇一漢隱帝紀上皆繫李守貞反於乾祐元年三月，時高祖已去世。另册府卷九二五存赦王松敕，繫於隱帝乾祐二年，「高祖」疑爲「隱帝」之誤。

〔二〕以文辭知名秦隴間 「秦隴間」，宋丙本、宗文本無此三字。

〔三〕秦州入于蜀 「秦州入」三字原闕，據宋丙本、宗文本補。

〔三〕鄭州長豐人也 「鄭州」，原作「鄭州」，據宋丙本、宗文本改。按舊唐書卷三九地理志二，長豐縣屬鄭州。

〔四〕拜重績太子右贊善大夫 「右」，舊五代史卷九六馬重績傳同，舊五代史卷七六晉高祖紀二敍其事作「左」。

〔五〕天福三年 本書卷八晉本紀、舊五代史卷七八晉高祖紀四、五代會要卷一〇皆繫其事於天福四年。按本卷下文云「明年庚子正月朔」，「庚子」爲天福五年。

〔六〕八刻六十分刻之二十爲一時 「八刻」二字原闕，據宋丙本、宗文本補。

〔七〕趙延義 原作「趙延乂」，據吳縝纂誤卷中引雜傳、本書卷三〇李業傳改。本卷下文同。按舊五代史卷一三一有趙延乂傳。

〔宋〕歐陽脩 撰
〔宋〕徐無黨 注

點校本二十四史修訂本

新五代史

第三冊
卷五八至卷七四

中華書局

2016 年 8 月第 1 版　　2024 年 9 月第 4 次印刷
ISBN 978-7-101-12006-6

新五代史卷五十八

嗚呼，五代禮樂文章，吾無取焉。其後世有欲知之者，不可以遺也。作司天職方考。

司天考第一

司天掌日月星辰之象。周天一歲，四時，二十四氣，七十二候，行十日十二辰，以爲曆。而謹察其變者，以爲占。占者，非常之兆也，以驗吉凶，以求天意，以覺人事，其術藏於有司。曆者，有常之數也，以推寒暑，以先天道，以勉人事，其法信於天下。然自堯命羲和見於書，中星閏餘，略存其大法。而三代中間千有餘歲，遺文曠廢，六經無所述，而孔子之徒，亦未嘗道也。至於後世，其學一出於陰陽之家，其事則重，其學則末。夫天人之際，遠哉微矣。而使一藝之士，布算積分，上求數千萬歲之前，必得甲子朔旦夜半冬至，而

日、月、五星皆會于子,謂之上元,以爲曆始。蓋自漢而後,其說始詳見於世,其源流所自止於如此。是果堯舜、三代之法歟？皆不可得而考矣。然自是以來,曆家之術,雖世多不同,而未始不本於此。

五代之初,因唐之故,用崇玄曆。至晉高祖時,司天監馬重績始更造新曆,不復推古上元甲子冬至七曜之會,而起唐天寶十四載乙未爲上元,用正月雨水爲氣首。初,唐建中時,術者曹士蔿始變古法,以顯慶五年爲上元,雨水爲歲首,號符天曆。然世謂之小曆,祇行於民間。而重績乃用以爲法,遂施于朝廷,賜號調元曆。然行之五年,輒差不可用,而復用崇玄曆。周廣順中,國子博士王處訥私撰明玄曆于家。民間又有萬分曆,而蜀有永昌曆、正象曆,南唐有齊政曆。五代之際,曆家可考見者止於此。而調元曆法既非古,明玄又止藏其家,萬分止行於民間,其法皆不足紀。而永昌正象齊政曆,皆止用於其國,今亦亡,不復見。

世宗即位,外伐僭叛,内修法度。端明殿學士王朴通於曆數,乃詔朴撰定。歲餘,朴奏曰：

臣聞聖人之作也,在乎知天人之變者也。人情之動,則可以言知之；天道之動,則當以數知之。數之爲用也,聖人以之觀天道焉。歲月日時,由斯而成；陰陽寒

暑，由斯而節；四方之政，由斯而行。夫爲國家者，履端立極，必體其元；布政考績，必因其歲；禮動樂舉，必正其朔；三農百工，必順其時〔二〕；五刑九伐，必順其氣；庶務有爲，必從其日月。是以聖人受命，必治曆數。故五紀有常度，庶徵有常應，正朔行之於天下也。

自唐之季，凡歷數朝，亂日失天，垂將百載，天之曆數，汩陳而已。陛下順考古道，寅畏上天，咨詢庶官，振舉墜典。臣雖非能者，敢不奉詔。乃包萬象以爲法，齊七政以立元，測圭箭以候氣，審朓朒以定朔，明九道以步月，校遲疾以推星，考黃道之斜正，辨天勢之昇降，而交蝕詳焉。

夫立天之道，曰陰與陽，陰陽各有數，合則化成矣。陽之策三十六，陰之策二十四，奇偶相命，兩陽三陰，同得七十二，同則陰陽之數合〔三〕。七十二者，化成之數也，五之，得蓍數〔四〕。過之者，謂之氣盈；不及者，謂之朔虛。化成則謂之五行之數。五之，得蓍數〔四〕。過之者，謂之氣盈；不及者，謂之朔虛。化成則謂之五行之數。經者，常用之法也。以通法進經法，得七千二百，謂之統法。以通法進經法，得七十二萬。氣朔之下，收分必盡，自元入經，先用此法，統曆之諸法也。以通法進全率，得七千二百萬，謂之大率，而元紀生焉。元者，歲、月、日、時之全率。以通法進全率，得七千二百萬，謂之大率，而元紀生焉。元者，歲、月、日、時

皆甲子,日、月、五星合在子,當盈縮、先後之中,所謂七政齊矣。

古者,植圭於陽城,以其近洛也,蓋尚慊其中,乃在洛之東偏。開元十二年,遣使天下候影,南距林邑,北距横野,中得浚儀之岳臺,應南北弦,居地之中。大周建國,定都於汴。樹圭置箭,測岳臺晷漏,以爲中數。晷漏正,則日之所至,氣之所應,得之矣。

日月皆有盈縮。日盈月縮,則後中而朔;月盈日縮,則先中而朔。自古朓朒之法,率皆平行之數,入曆既有前次,而又衰稍不倫。今以月離朓朒,隨曆校定,日躔朓朒,臨用加減,所得者入離及諸曆,則疏遠而多失。皇極舊術,則迂迴而難用〔五〕,降定日也。一日之中,分爲九限,每限損益,衰稍有倫。朓朒之法,可謂審矣。

赤道者,天之絃帶也。其勢圓而平,紀宿度之常數焉。黄道者,日軌也。其半在赤道内,半在赤道外,去極二十四度。當與赤道近,則其勢斜;當與赤道遠,則其勢直。當斜則日行宜遲,當直則日行宜速。故二分前後加其度,二至前後減其度。九道者,月軌也。其半在黄道内,半在黄道外,去極遠六度。出黄道,謂之正交;入黄道,謂之中交。若正交在秋分之宿,中交在春分之宿,則比黄道益斜;若正交在春分之宿,中交在秋分之宿,則比黄道反直;若正交、中交在二至之宿,則其勢差斜。故

校去二至、二分遠近，以考加減之數。自古雖有九道之説，蓋亦知而未詳，徒有祖述之文，而無推步之用。今以黃道一周，分爲八節，一節之中，分爲九道，盡七十二道，而使日月無所隱其斜正之勢焉。九道之法，可謂明矣。

星之行也，近日而疾，遠日而遲，去日極遠，勢盡而留。自古諸曆，分段失實，隆降無準，今日行分尚多，次日便留，自留而退，惟用平行，仍以入段行度爲入曆之數，皆非本理，遂至乖戾。今校逐日行分，積以爲變段，然後自疾而漸遲，勢盡而留。自留而行，亦積微而後多。別立諸段變曆以推變差，俾諸段變差際會相合。星之遲疾，可得而知之矣。

自古相傳，皆謂去交十五度以下，則日月有蝕，殊不知日月之相掩，與闇虛之所射，其理有異。今以日月徑度之大小，校去交之遠近，以黃道之斜正，天勢之昇降，度仰視、旁視之分數，則交虧得其實矣。

臣考前世，無食神首尾之文，近自司天卜祝小術，不能舉其大體，遂爲等接之法，蓋從假用，以求徑捷，於是乎交有逆行之數。後學者不能詳知，因言曆有九曜，以爲注曆之常式，今並削而去之。謹以步日、步月、步星、步發斂爲四篇，合爲曆經一卷，曆十一卷，草三卷，顯德三年七政細行曆一卷，以爲欽天曆。

昔在帝堯，欽若昊天，陛下考曆象日月星辰，唐堯之道也。天道玄遠，非微臣之所盡知。詔司天監用之，以明年正月朔旦爲始。

世宗嘉之。

顯德欽天曆

演紀上元甲子，距今顯德三年丙辰，積七千二百六十九萬八千四百五十二算外〔六〕。

欽天通法：一百。
欽天經法：七十二。
欽天統法：七千二百。

欽天步日躔術

歲率：二百六十二萬九千七百六十，四十。
軌率：二百六十二萬九千八百四十四，八十。

朔率：二十一萬二千六百二十，二十八。
歲策：三百六十五，一千七百六十，四十。
軌策：三百六十五，一千八百四十四，八十。
歲中：一百八十二，四千四百八十，二十。
軌中：一百八十二[七]，四千五百二十二，四十。
朔策：二十九，三千八百二十，二十八。
氣策：十五，一千五百七十三，三十五。
象策：七，二千七百五十五，七。
周紀：六十。
歲差：八十四，四十。
辰則：六百，八刻二十四分。

赤道宿次

斗：二十六度。牛：八度。女：十二度。虛：一十度少。危：十七度。室：十六度。壁：九度。北方七宿九十八度少。

奎：十六度。婁：十二度。胃：十四度。昴：十一度。畢：十七度。觜：一度。參：一

十度。西方七宿八十一度。

井：三十三度。鬼：三度。柳：十五度。星：七度。張：十八度。翼：十八度。軫：十七度。南方七宿一百一十一度。

角：十二度。亢：九度。氐：十五度。房：五度。心：五度。尾：十八度。箕：十一度。東方七宿七十五度。

中節

置歲率，以演紀上元距所求積年乘之，爲氣積。統法而一，爲日。盈周紀去之，命甲子算外，即天正中氣日辰及分秒也。以氣策累加之，秒盈通法從分，分盈統法從日，日盈周紀去之，即各得次氣日辰及分秒也。

朔弦望

置氣積，以朔率去之，不盡爲閏餘。用減氣積，爲朔積。統法而一，爲日。盈周紀去之，命甲子算外，即天正常朔日辰及分秒也。以象策累加之，即各得弦望及次朔也。

日躔入曆

置歲率，以閏餘減之，統法而一，爲日。歲中以下爲盈；以上，減去歲中爲縮，盈縮互命，即四象所入也。累加象策，滿歲中去之，盈縮互命，即天正常朔加時所入也。

日躔朓朒

置加時入曆分秒，以其日損益率乘之，統法而一，損益其日朓朒數，爲日躔朓朒定數。

赤道日度

置氣積，以軌率去之，餘統法而一，爲度；命赤道虛八算外，即天正中氣加時日躔赤道宿度及分秒也。加歲中，以次命之，即夏至之宿也。

黄道宿次

置二至日躔赤道宿度。距前後每五度爲限，初率八，每限減一，盡九限，末率空，乃一度少彊，亦限率空。其半當四立之宿。自後亦五度爲限，初率空，每限增一，盡九限，末率八，殷二分之宿。自二分至二至，亦如之。各以限率乘所入限度，爲分。經法而一，爲度。二至前後各九限以減、二分前後各九限以加赤道宿[八]，爲黄道宿及分。就其分爲少、太、半之數。

黄道日度

置天正中氣加時日躔赤道宿度。各與所入限率相乘，皆以統法通之；以所入限率乘其分[九]，以從之。經法而一，爲分。盈統法，爲度。用減赤道所躔，即天正中氣加時日躔黄道宿度及分也。加歲中，以黄道宿次命之，即夏至加時日度及分也。

午中日躔

置二至分,減去半法,爲午後分;不足,反減,爲午前分。以乘初日躔分,經法而一,午前以加、午後以減加時黃道日度,爲午中日度及分也。各以次日日躔分加之,滿統法從度。依宿次命之,即次日午中日躔也。

午中日躔入曆

置天正中氣午前分,便爲午中入曆日分。累加一日,滿歲中即去之,盈縮互命,爲每日午中入縮曆日分。

岳臺中晷

置午中入曆分,以其日損益率乘之,如統法而一,爲分;分十爲寸。用損益其下中晷數,爲定數也。

晨昏分

各置入曆分,以其日損益率乘之,如統法而一,用損益其下晨分,即所求晨定分也。用損加、益減其下昏分,即所求昏定分也。

日出入辰刻

置晨昏分,以一百八十加晨、減昏,爲日出入分。各以辰則除〔一〇〕,爲辰數;餘滿經

法，爲刻；命辰數子正算外，則日出入辰刻也。

晝夜刻

置日入分，以日出分減之，爲晝分；用減統法，爲夜分。各滿經法，爲晝夜刻。

五夜辰刻

置昏分，以辰則除，爲辰數；經法除，爲刻數。命辰數子正算外，即甲夜辰刻也。倍晨分，五約之，爲更用分。又五約之，爲籌用分。用累加甲夜，滿辰則爲辰，滿經法爲刻，即各得五夜辰刻也。

昏曉中星

置昏分，減去半統，用乘軌率，統法除之，爲距中分。盈統法，爲度。加午中日躔，爲昏中星；減之，爲曉中星。

赤道內外數

置入曆分，以其日損益率乘之，如統法而一，用損益其下內外數；如不足損，則反損之；內外互命，即得所求赤道內外定數也。

九服距軌數

置距岳臺南北里數，以三百六十通之，爲步。一千七百五十六除之，用北加、南減二

千五百一十三,爲其地戴中數,以赤道内外定數,内減、外加之,即九服距軌數也。

九服中晷

置距軌數,二十五乘之,一百三十七除,爲天用分。置之,以二十二乘,六約之,用減四千,爲晷法。又以天用分自相乘,如晷法而一,爲地用分。相從爲晷分,分十爲寸,即得其地中晷也。

九服刻漏

經法通軌中而半之,用自相乘,如其地戴中數而一;以乘二百六十三,經法除之,爲漏法。通軌中於上,置赤道内外數於下,以下減上,餘用乘之。盈漏法,爲漏分。赤道内以減、赤道外以加一千六百二十,爲其地晨分;減統法,爲昏分。置晨昏分,各如岳臺術入之,即得其地日出入辰刻、五夜辰刻、昏曉中星也。

欽天步月離術

離率:一十九萬八千三百九十三,九。
交率:一十九萬五千九百二十七〔一〕,九十七,五十六。
離策:二十七,三千九百九十三,九。

交策：二十七，一千五百二十七，九十七，五十六。

望策：十四，五千五百一十，一十四。

交中：十三，四千三百六十三，九十八，七十八。

離朔：一，七千二百二十七，一十九。

交朔：二，二千二百九十二，三十[三]，四十四。

中準：一千七百三十六。

中限：四千七百八十。

平離：九百六十三。

程節：八百。

月離入曆

置朔積，以離率去之，餘滿統法為日，即天正常朔加時入曆也。累加象策，盈離策去之，即弦望及次朔入曆也。

月離朓朒

置入曆分，以日躔朓朒定數，朓減、朒加之，程節除之，為限數。餘乘所入限損益率，程節而一，用損益其限朓朒為定數。

朔弦望定日

各以日躔月離朓朒定數，朓減、朒加朔弦望常分，爲定日。定朔加時日入後，則進一日，有交見初則不進。弦望加時日未出，則退一日，日雖出有交見初亦如之。元日有交，則消息定之。定朔與後朔干同者，大；不同者，小；無中氣者，爲閏。

朔望加時日度

各置日躔入曆，以日躔月離朓朒定數，朓減、朒加之，爲定數。置定朔曆分，通法約之，以定數盈加、縮日損益率，統法而一，損益其下盈縮數，爲定數。置定朔加時入曆。以曆分乘其日損益率，統法而一，損益其下盈縮數，爲定數。各命以冬夏至之宿算外，即所求也。

月離入交

置朔積，以交率去之，餘滿統法爲日，即天正常朔入交泛日也。以望策累加之，盈交策去之，即望及次朔所入也。各以日躔朓朒定數，朓減、朒加之，爲入交常日。置月離朓朒定數，經法乘之，平離而一，朓減、朒加常分，即入交定日也。

黃道正交月度

統法通朔交定日[三]，以二百五十四乘之，十九而一。復以統法除，爲入交度。用減其朔加時日度，即朔前月離正交黃道宿度也。

九道宿次

月離出入黃道六度，變從八節，斜正不同，故月有九道。黃道八節，各有九限。若正交起，八節後第一限之宿，爲月行其節第一道。起第二限之宿[四]，爲月行其節第二道。即以所起限爲正交後第一限。初率八，每限減一，盡九限，末率空。又九限，初率空，每限增一，末率八，殷半交之宿。自後亦九限，初率八，每限減一，末率空。又九限，初率空，每限增一，末率八，復與黃道相會，謂之中交。自中交至正交，亦如之。各置所入限度，以限率乘之，爲泛差。其正交、中交前後各九限，以距二分之宿限數乘之；皆如經法而一，爲黃道差[五]。其正交前後各九限，在冬至之後，正交前後各九限爲加，中交前後各九限爲減，中交前後各九限爲加。在夏至之後，正交前後各九限爲減，中交前後各九限爲加。其半交前後各九限，在春分之後，入黃道內，在秋分之後，出黃道外，皆以差爲加；在春分之後，出黃道外，在秋分之後，入黃道內，皆以差爲減。四約泛差，以黃道差減之，爲赤道差。正交、中交前後各九限，皆以差爲加；半交前後各九限，皆以差爲減。以黃赤二差加減黃道，爲九道宿次，就其分爲少、太、半之數。八節各九道，七十二道周焉。

九道正交月度

置月離正交黃道宿度,各以所入限率乘之,亦乘其分,經法約之,爲泛差。用求黃赤二差,以加減之,即月離正交九道宿度也。

九道朔月度

置月離正交九道宿度,以入交度加之,命以九道宿次,即其朔加時月離九道宿度也。

九道望月度

置朔望加時日相距之度,以軌中加之,爲加時象積。用加其朔九道月度,命以其道宿次,即所求也。自望推朔,亦如之。

月離午中入曆

置朔望月離入曆,加半統,減去定分,各以日躔月離朓朒定數,朓減、朒加之,即所滿經法爲度,爲晨昏前後度。前加、後減加時月,爲晨昏月度。

晨昏月度

置其日晨昏分,以定分減之,爲前;不足,返減,爲後。用乘其日離程,統法而一[一六],

晨昏象積

置加時象積,以前象前後度,前減、後加;又以後象前後度,前加、後減之,即所求也。

每日晨昏月度

累計距後象離度[七]，以減晨昏象積，爲加；不足，反減之，爲減。以距後象日數除之，用加減每日離度，爲定度。累加晨昏月度，命以九道宿次，即所求也[八]。

月去黄道度

置入交定日。交中以下，月行陽道；以上，去之，月行陰道；皆以經法通之。行陽道，在黄道外，行陰道，在黄道内，即所求月去黄道内外度也。

置定交行陰陽道日。半交中以下，月行陽道；以上，用減交中，爲交前；皆以統法通之，爲距交分。朔視距交分，陽道四千二百一十九[九]、陰道一萬三百八十三以下，日入食限。望視距交分陰陽道皆六千九百九十五以下，月入蝕限。

日月食限

日月食甚加時定分

置朔定分。半統以上，以半統減之，半統以下，用減半統，爲距午分。十一乘之，經法而一。半統以下，以減半統；以上，以加朔定分[一〇]，爲日食加時定分。望以其日晨分與一千六百二十相減，餘以二百四十五乘之，三百一十三而一。用減二百四十五，餘以損益

望定分,爲月食加時定分。

日食常準

置中準,與其日赤道內外數相乘,二千五百一十三除,爲黃道出入食差。以距午分減半晝分以乘之,半晝分而一;赤道內以減、赤道外以加中準,爲日食常準。

日食定準

置日躔入曆,以經法通之,三千二百八十七以下,爲二至後;以上,減去三千二百八十七,爲二分前。六千五百七十四以上,用減九千八百六十一,爲二分後;以上,減去九千八百六十一,爲二至前。各三約之,二至前後用減[三]、二分前後用加二千七百七十二[三],爲黃道斜正食差。以距午分乘之,半晝分而一,以加常準,爲定準。

日食分

以定準加中限,爲陰道定準;減中限,爲陽道定限。
視陰道距交分,定準以上,定限以下,爲陰道食;即置定限,以距交分減之,爲距食分。定準以下,雖曰陰道,亦爲陽道食;即加陽道定限,爲距食分。其有限外分者,即減去限外分,爲距食分。不足減者,不食。其陽道距交分[三],定限以下,爲入定食限;即用減陽道

定限,爲距食分,皆以四百七十八除,爲日食之大分,餘爲小分。命大分以十爲限,命小分以半及彊弱。

月食分

視距交分,中準以下,皆既;以上,用減食限,爲距食分。置之,以五百二十六除,爲月食之大分,餘爲小分。命大分以十爲限,命小分以半及彊弱。

日食泛用分

置距食分,一千九百一十二以上,用減四千七百八十;餘自相乘,六萬三千二百七十二除之;以減六百四十七,爲泛用分。九百五十六以上,用減一千九百一十二,餘以通法乘之,七百三十五而一;以減五百一十七,爲泛用分。九百五十六以上[四],以距食分自相乘,二千三百六十二除之;用減三百八十七,爲泛用分。

月食泛用分

置距食分,二千一百四十以上,用減五千二百六十;餘自相乘,六萬九千一百六十九除之;以減七百一十一,爲泛用分。一千五十二以上,用減二千一百四十;餘,七除之;以減五百六十七,爲泛用分。一千五十二以下,以距食分減之;餘自相乘,二千六百五十四而一;用減四百一十七,爲泛用分。

日月初末加時定分

各置泛用分,以平離乘之,其日離程而一,爲定用分。以減朔望定分,爲虧初。加之,爲復末。加時常分,如食甚術推之,得虧初、復末定分。置初、甚、末定分,各以辰則除之,爲辰;經法除之,爲刻:即初、甚、末之辰刻也。

虧食所起

日食起虧自西,月食起虧自東。其食分少者,月行陽道,則日食偏南,月食偏北;陰道,則日食偏北,月食偏南:此常數也。立春後,立夏前,食分多,則日食偏南,月食偏北;立秋後,立冬前,食分多,則日食偏北,月食偏南:此黃道斜正也。陽道交前,陰道交後,食分多,則日食偏南,月食偏北;陽道交後,陰道交前,食分多,則日食偏北,月食偏南:此九道斜正也。黃道比常數所偏差少,九道比黃道所偏又四分之一:皆據午而言之。若午前午後,一理偏南,一理偏北,及消息所食分數多少,以定初、甚、末之方,即各得所求也。

帶食出入分

視其日出入分,在虧初定分已上,復末定分已下,即帶食出入。食甚在出入分已上者,以虧初定分減出入分,爲帶食差。食甚在出入分已下者,以出入分減復末定分,爲帶食差。各置帶食差,以距食分乘之,定用分而一,日以四百七十八、月以五百二十六除,爲帶食差。

帶食之大分，餘爲小分。

食入更籌

各置初、甚、末定分。晨分已下，以晨分加之；昏分已上，以昏分減之，皆更用分而一，爲更數。餘，籌用分而一，爲籌數。

欽天步五星術

歲星

周率：二百八十七萬一千九百七十六，六。
變率：二十四萬二千二百一十五，六十六。
曆率：二百六十二萬九千九百六十六[三五]，七十八。
周策：三百九十八，六千三百七十六，六。
曆中：一百八十二，四千四百八十，八十九。

變段	變日	變度	變曆
晨見	一十七	三三六七	二三十四
順疾	九十	一十六六十三	一十一二十三

順遲	二十五	二九	一二九
前留	二十六三十二		
退遲	一十四	一十二	空二十八
退疾	二十七	四三八	一三七
退疾	二十七	四三八	一三七
退遲	一十四	一十二	空二十八
後留	二十六三十二		
順遲	二十五	二九	一二九
順疾	九十	一十六六十三	一十一二十三
夕伏	一十七	三三十七	二三十四

熒惑

曆率：二百六十二萬九千七百六十，空。
變率：二百九十八萬五千六百六十一，七十一。
周率：五百六十一萬五千四百二十二，一十一。
周策：七百七十九，六千六百二十二，一十一。

曆中：一百八十二，四千四百八十，空。

變段	變日	變度	變曆
晨見	七十三	五十三六十八	五十八三
順疾	七十三	五十一一	四十八三
次疾	七十一	四十六六十九	四十四八十七
次遲	七十一	四十五三十三	四十二五十八
順遲	六十二	一十九二十九	一十八二十
前留	八六十九	一五十八	空四十四
退遲	一十	七四十六	二十
退疾	二十一	七四十六	二十
退疾	二十一	七四十六	二十
退遲	一十	一五十八	空四十四
後留	八六十九	一五十八	空四十四
順遲	六十二	四十五三十三	四十二五十八
次遲	七十一	四十六六十九	四十四八十七
次疾	七十三	五十一一	四十八三
順疾			
次遲	七十一	四十五三十三	四十二五十八

次疾 七十一 四十六六十九 四十四一十七

順疾 七十三 五十一一 四十八三

夕伏 七十三 五十三六十八 五十五五十八

鎮星

周率：二百七十二萬二千一百七十六，九十。

變率：九萬二千四百一十六，五十。

曆率：二百六十二萬九千七百五十九，八十。

周策：三百七十八，五百七十六，九十。

曆中：一百八十二，四千四百七十九，九十。

變段	變日	變度	變曆
晨見	十九	二七	一一四
順疾	六十五	六三八	三五一
順遲	十九	空六三	空三五
前留	三十七三		
退遲	一十六	空四十三	空一十四

退疾	三十三	二十五	空六十
退疾	三十三	二十五	空六十
退遲	一十六	空四十三	空一十四
後留	三十七三		
順遲	一十九	空六十三	空三十五
順疾	六十五	六三十八	三五十一
夕伏	一十九	二七	一一十四

太白

周率：四百二十萬四千一百四十三，九十六。

變率：四百二十萬四千一百四十三，九十六。

曆率：二百六十二萬九千七百五十，五十六。

周策：五百八十三，六千五百四十三，九十六。

曆中：一百八十二，四千四百七十五，二十八。

變段　變日　變度　變曆

夕見　四十二　五十三四十　五十一二十七

順疾	九十六	一百二十一五十七	一百一十六三十九
次疾	七十三	八十三七	七十七[二六]
次遲	三十三	三十四一	三十二四十
順遲	二十四	一十一六十一	一十二四
前留	六六十九		
退遲	四	一十二	空三十一
退疾	六	三六十五	一二十二
夕伏	七	四十	一三十七
晨見	七	四四十	一二十二
退遲	六	三六十五	一二十一
退留	四	一二十二	空三十一
後留	六六十九		
順遲	二十四	一十一六十一	一十一二十四
次遲	三十三	三十四一	三十二四十
次疾	七十三		七十七二[二七]

晨伏	順疾	九六	四二	一百二十一五七	五一三四〇
					一百一十六三九 五一一二七

辰星

周率：八十三萬四千三百三十五，五十二。
變率：八十三萬四千三百三十五，五十二。
曆率：二百六十二萬九千七百六十，四十四。
周策：一百一十五，六千三百三十五，五十二。
曆中：一百八十二，四千四百八十，二十二。

變段	變日	變度	變曆
夕見	一十七	三十四一	二十九五十四[二八]
順疾	一十一	一十八二四	一十六四
順遲	一十六[二九]	一十一四三	一十一〇
前留	二六八		
夕伏	一十一	六	二
晨見	一十一	六	二

後留	二六八
順遲	一十六[三〇] 一十一四十三 一十一
順疾	一十一 一十八二十四 一十六四
晨伏	一十七 三十四一 二十九五十四

中日中星

置氣積，以其星周率除之，爲周數，不盡爲天正中氣前合[三一]。用減歲率，爲前年天正中氣後合。如不足減，則加歲率以減之，爲次前年天正中氣後合。各以統法約之，爲日、爲度，即所求平合中日、中星也。置中日，以逐段變日累加之，即逐段中日也。置中星，以逐段變度順加、退減之，即得逐段中星。金水夕伏晨見，皆退變也。

入曆

置變率，以周數乘之，以曆率去之，餘滿統法爲度。曆中以下，爲先；以上，減去曆中，爲後。即所求平合入曆。以逐段變曆累加之，得逐段入曆也。

先後定數

置入曆分，以其度損益率乘之，經法而一，用損益其下先後數，即所求也。

常日定星

置中日中星，各以先後定數，先加、後減之，留用前段先後數，太白順伏見及前疾後次疾後次遲次疾疾、辰星順伏見及前疾後遲，並先減、後加之，即各爲其段常日定星。置定星，以其年天正中氣日躔黃道宿次加而命之，得逐段末日加時宿度也。

盈縮定數

置常日，如歲中以下，爲在盈；以上，減去歲中，餘爲在縮，即常日入盈縮曆也〔三〕。

置曆分，以其日損益率乘之，經法而一，用損益其下盈縮數，即得所求也。

定日

置常日，以盈縮定數盈減、縮加之，爲定日。以其年天正中氣加而命之，即逐段末日加時日辰也。

入中節

置定日，以氣策除之，命起冬至，即所入氣日數也。

平行分

置定日，以前段定日減之，爲日率；定星與前段定星相減，爲度率。通度率，以經法乘之，通日率而一，爲平行分。

初末行分

近伏段與伏段平行分,合而半之,爲其段遠伏行分。以平行分減之,餘減平行分,爲其段遠伏分。近留段近伏行分空。倍平行分爲其段遠留行分。其不近伏留段,皆以順行二段平行分,合而半之,爲前段末日、後段初日行分。各與其段平行分相減,平行分多,則加平行分;平行分少,則減平行分,即前段末日、後段初日行分。其不近伏留段,退行則以遲段近疾行分,爲疾段近遲行分,所得與平行分相減,平行分多,則加之,少則減之:皆爲遠遲行分也。

初行夜半宿次

置經法,以前段末日加時分減之,餘乘前段末日加時宿度,爲其段初行昏後夜半宿度也。

每日行分

初末行分相減,爲差率。累計其段初行昏後夜半距後段初行昏後夜半日數除之,爲日差。半日差,以減多、加少爲其段初末定行分。置初定行分,用日差末多則累加□□□、末少則累減,爲每日行分。以每日行分順加、退減初行昏後夜半宿度,爲每日昏後夜半星所至宿度也。

先定日昏後夜半宿次

自初日累計距所求日數，以乘其段日差，末多用加、末少用減初日行分，爲其日行分。合初日而半之，以所累計日乘之，用順加、退減其段初行昏後夜半宿次，即所求也。

欽天步發斂術

候策：五，五百二十四，四十五。
卦策：六，六百二十九，三十四。
外策：三，三百一十四，六十七。
維策：一十二，一千二百五十八，六十八。
氣盈：一千五百七十三，三十五。
朔虛：三千三百九十九，七十二。

氣候圖

冬至 十一月中	蚯蚓結	麋角解	水泉動
小寒 十二月節	鴈北鄉	鵲始巢	雉始雊
大寒 十二月中	雞始乳	鷙鳥厲疾	水澤腹堅
立春 正月節	東風解凍	蟄蟲始振	魚上冰

雨水 正月中	獺祭魚	鴻鴈來
驚蟄 二月節	桃始華	倉庚鳴
春分 二月中	玄鳥至	雷乃發聲
清明 三月節	桐始華	虹始見
穀雨 三月中	萍始生	鳴鳩拂其羽
立夏 四月節	螻蟈鳴	蚯蚓出
小滿 四月中	苦菜秀	靡草死
芒種 五月節	螳蜋生	鵙始鳴
夏至 五月中	鹿角解	蜩始鳴
小暑 六月節	溫風至	蟋蟀居壁
大暑 六月中	腐草爲螢	土潤溽暑
立秋 七月節	涼風至	白露降
處暑 七月中	鷹祭鳥	天地始肅
白露 八月節	鴻鴈來	玄鳥歸
秋分 八月中	雷乃收聲	蟄蟲坏戶

		草木萌動
		鷹化爲鳩
		始電
		田鼠化爲鴽
		戴勝降于桑
		王瓜生
		小暑至
		反舌無聲
		半夏生
		鷹乃學習
		大雨時行
		寒蟬鳴
		禾乃登
		羣鳥養羞
		水始涸

節氣	爻	候一	候二	候三	物候一	物候二	物候三
寒露 九月節					鴻鴈來賓	雀入水爲蛤	菊有黃華
霜降 九月中					豺祭獸	草木黃落	蟄蟲咸俯
立冬 十月節					水始冰	地始凍	雉入水爲蜃
小雪 十月中					虹藏不見	天氣上騰地氣下降	閉塞成冬
大雪 十一月節					鶡鳥不鳴	虎始交	荔挺出

爻象圖

節氣	爻	候一	候二	候三
冬至	坎初六	公中孚	辟復	侯屯 內
小寒	坎九二	侯屯 外	大夫謙	卿睽
大寒	坎六三	公升	大夫臨	卿益
立春	坎六四	侯小過 外	大夫蒙	卿小過 內
雨水	坎九五	公漸	大夫泰	卿需 內
驚蟄	坎上六	侯需 外	大夫隨	卿晉
春分	震初九	公解	大夫大壯	侯豫 內
清明	震六二	侯豫 外	大夫訟	卿蠱
穀雨	震六三	公革	辟夬	侯旅 內

立夏 震九四	侯 旅 外	大夫 師	卿 比
小滿 震六五	公 小畜	辟 乾	侯 大有
芒種 震上六	侯 大有 外	大夫 家人	卿 井
夏至 離初九	公 履	辟 姤	侯 鼎 內
小暑 離六二	侯 鼎 外	大夫 豐	卿 渙
大暑 離九三	公 咸	辟 遯	侯 恒 內
立秋 離九四	侯 恒 外	大夫 節	卿 同人
處暑 離六五	公 損	辟 否	侯 巽 內
白露 離上九	侯 巽 外	大夫 萃	卿 大畜
秋分 兌初九	公 賁	辟 觀	侯 歸妹 內
寒露 兌九二	侯 歸妹 外	大夫 无妄	卿 明夷
霜降 兌六三	公 困	辟 剝	侯 艮 內
立冬 兌九四	侯 艮 外	大夫 既濟	卿 噬嗑
小雪 兌九五	公 大過	辟 坤	侯 未濟 內
大雪 兌上六	侯 未濟 外	大夫 蹇	卿 頤

七十二候

各置中節,即初候也。以候策累加之,即次候也。

六十四卦

置中氣,即公卦也。以卦策累加之,即次卦也。置候卦,以外策加之,即外卦也。

五行用事

置四立之節而命之,即春木、夏火、秋金、冬水用事之初也。置四季之節,各以維策加之,即土用事也〔二四〕。

沒日

中節分五千六百二十六秒六十五已上者,用減統法,爲有沒分。通氣策以乘之,氣盈而一,滿統法爲日;用加其氣而命之,即所求沒日也。

滅日

常朔分朔虛已下者,爲滅分。以朔率乘之,朔虛而一,盈統法爲日;用加其朔而命之,即所求滅日也。

右朴所撰欽天曆經四篇。舊史亡其步發斂一篇,而在者三篇,簡略不完,不足爲法。

朴曆世既罕傳，予嘗問於著作佐郎劉義叟，義叟爲予求得其本經，然後朴之曆大備。義叟好學知書史，尤通於星曆，嘗謂予曰：「前世造曆者，其法不同而多差。至唐一行始以天地之中數作大衍曆，最爲精密。後世善治曆者，皆用其法，惟寫分擬數而已。至朴亦能自爲一家。朴之曆法，總日躔差爲盈縮二曆，分月離爲遲疾二百四十八限，以考衰殺之漸，以審朓朒，而朔望正矣。校赤道九限，更其率數，以步黃道，使日躔有常度，分黃道八節，辨其內外，以揆九道，使月行如循環，而二曜協矣。觀天勢之升降，察軌道之斜正，以制食差，而交會密矣。測岳臺之中晷，以辨二至之日夜，而軌漏實矣。推星行之逆順，伏留，使舒亟有漸，而五緯齊矣。然不能宏深簡易，而徑急是取。至其所長，雖聖人出不能廢也。」

義叟之言蓋如此，覽者得以考焉。

校勘記

〔一〕在乎知天人之變者也 「人」字原闕，據舊五代史卷一四〇曆志、五代會要卷一〇補。按本卷下文敍「人情之動」與「天道之動」，此處當有「人」字。

〔二〕必順其時 「順」，舊五代史卷一四〇曆志、五代會要卷一〇作「授」。

〔三〕同則陰陽之數合 「同」，原作「何」，據宋丙本、宗文本、舊五代史卷一四〇曆志、五代會要卷

〔四〕五之得朞數 「五」下原有「行」字，據舊五代史卷一四〇曆志、五代會要卷一〇删。按「之」一〇改。

〔五〕則迂迴而難用 「迴」字原闕，據宗文本、舊五代史卷一四〇曆志、五代會要卷一〇補。指七十二，「朞」指三百六十，「五之得朞數」意即五乘七十二，得三百六十，「行」字衍。

〔六〕積七千二百六十九萬八千四百五十二算外 「五十二」，原作「五十三」，據南監本、舊五代史卷一四〇曆志改。

〔七〕一百八十二 舊五代史卷一四〇曆志作「一百八十三」。

〔八〕二分前後各九限以加赤道宿 「宿」字原闕，據宗文本補。

〔九〕以所入限率乘其分 「以」字原闕，據宗文本補。

〔一〇〕各以辰則除 「則」字原闕，據宗文本補。

〔一一〕一十九萬五千九百二十七 舊五代史卷一四〇曆志作「一十九萬五千九百三十七」。

〔一二〕原作「三十二」，據宋丙本、宗文本、舊五代史卷一四〇曆志改。舊五代史影庫本粘籤：「小數『三十』，歐陽史作『三十二』，以統法推之，當作『三十』，今仍薛史之舊。」

〔一三〕統法通朔交定日 「統」上原有「經」字，據宗文本删。

〔一四〕起第二限之宿 「二」，原作「一」，據宋丙本、宗文本改。

〔一五〕爲黃道差 「差」，原作「產」，據宋丙本、南監本改。

〔六〕統法而一 「而一」，原作「一而」，據宗文本乙正。

〔七〕累計距後象離度 「後」字原闕，據宗文本補。

〔八〕即所求也 「也」字原闕，據宗文本補。

〔九〕陽道四千二百一十九 「二百」，宗文本作「三百」。

〔一〇〕以加朔定分 「分」，原作「而」，據宗文本改。

〔一一〕二至前後用減 「用減」二字原闕，據宋丙本、宗文本補。

〔一二〕二分前後用加二千七百七十二 「二分前後用」五字原闕，據宗文本補。

〔一三〕其陽道距交分 「陽道」，原作「陰道」，據宗文本改。

〔一四〕九百五十六以上 按本卷上文已敍「九百五十六以上」。舊五代史卷一四〇曆志作「二百六十二萬九千七百六十」，「以上」疑作「以下」。

〔一五〕二百六十二萬九千七百六十六 舊五代史考異卷五：「七百六十一，歐陽史訛作九百六十六，非也。據曆率半之爲曆中，彼此互訂，此條足正歐陽史之訛。」

〔一六〕二 宗文本、永樂大典卷七八五六引五代史作「三」。北監本、舊五代史卷一四〇曆志作「一」。

〔一七〕二 宗文本、永樂大典卷七八五六引五代史作「三」。南監本、舊五代史卷一四〇曆志作「一」。

〔一八〕 五十四 原作「三十四」，據宋丙本、宗文本、舊五代史卷一四〇曆志改。

〔一九〕 一十六 「一十六」下原有小字「四十三」，據宗文本、舊五代史卷一四〇曆志删。

〔二〇〕 一十六 「一十六」下原有小字「四十三」，據宋丙本、宗文本、舊五代史卷一四〇曆志删。

〔二一〕 不盡爲天正中氣積前合 本卷下文云「天正中氣後合」，語兩見，「積」字疑衍。

〔二二〕 即常日入盈縮曆也 「入」字原闕，據宋丙本、宗文本補。

〔二三〕 用日差末多則累加 「用」上原有「分」字，據宗文本删。

〔二四〕 即土用事也 「也」字原闕，據宋丙本、宗文本補。

新五代史卷五十九

司天考第二

昔孔子作春秋而天人備，予述本紀，書人而不書天，予何敢異於聖人哉！其文雖異，其意一也。

自堯舜、三代以來，莫不稱天以舉事，孔子刪詩書不去也。蓋聖人不絕天於人，亦不以天參人。絕天於人則天道廢，以天參人則人事惑，故常存而不究也。春秋雖書日食、星變之類，孔子未嘗道其所以然者，故其弟子之徒，莫得有所述於後世也。

然則天果與於人乎？果不與乎？曰：「天，吾不知，質諸聖人之言可也。易曰：『天道虧盈而益謙，地道變盈而流謙，鬼神害盈而福謙，人道惡盈而好謙。』此聖人極論天人之際，最詳而明者也。其於天地鬼神，以不可知為言；其可知者，人而已。夫日中則昃，盛衰必復。天，吾不知，吾見其虧益於物者矣。草木之成者，變而衰落之；物之下者，進而

流行之。地，吾不知，吾見其變流於物者矣。人之貪滿者多禍，其守約者多福。鬼神，吾不知，吾見人之禍福者矣。天地鬼神，不可知其心，則因其著於物者以測之，故據其迹之可見者以爲言，曰虧益，曰變流，曰害福。若人，則可知者，故直言其情曰好惡。其知與不知，異辭也，參而會之，與人無以異也。其果與於人乎，不與於人乎，則所不知也。以其不可知，故常尊而遠之；以其與人無所異也，則修吾人事而已。書曰：「天視自我民視，天聽自我民聽。」未有人心悅於下，而天意怒於上者；未有人理逆於下，而天道順於上者。

然則王者君天下，子生民，布德行政，以順人心，是之謂奉天。至於三辰五星常動而不息，不能無盈縮差忒之變，而占之有中有不中，不可以爲常者，有司之事也。本紀所述人君行事詳矣，其興亡治亂可以見。至於三辰五星逆順變見，有司之所占者，故以其官誌之，以備司天之所考。

嗚呼，聖人既没而異端起。自秦漢以來，學者惑於災異矣，天文五行之説，不勝其繁也。予之所述，不得不異乎春秋也，考者可以知焉。

開平二年夏四月辛丑，熒惑犯上將。甲寅，地震。四年十二月庚午，月有食之。

乾化元年正月丙戌朔，日有食之。五月，客星犯帝坐。二年正月丙申，熒惑犯房第二星[一]。戊申，月犯心大星。四月甲寅，月掩心大星[二]。壬申，彗出於張。甲戌，彗出靈臺。

同光元年十月辛未朔，日有食之。二年六月甲申，衆星交流。丙戌，衆星交流。八月戊子，熒惑犯星。十一月丁巳，地震。三年三月丙申，熒惑犯上相。戊申，月有食之。甲子，熒惑犯左執法。六月甲子，太白晝見。丙寅，歲犯右執法。四月癸亥朔，日有食之。癸卯，太白犯心大星。乙巳，月犯五諸侯。辛亥，熒惑犯上將。九月丁巳，月犯心大星。己巳，月畫見。庚寅，衆星流，自二更盡三更而止。丙辰，太白、歲相犯。十一月甲寅，地震。丁未，天狗墮，有聲如雷，野雉皆雊。辛卯，衆小星流于西南。九月甲辰，月有食之。

天成元年三月，惡星入天庫，流星犯天棓。四月庚戌，金犯積尸。六月乙未，衆小星交流。七月己未，月犯太白。庚申，太白晝見。乙丑，月入南斗魁。八月乙酉朔，日有食之。癸卯，太白犯心大星。己巳，月犯昴。庚午，熒惑犯右執法。己卯，熒惑犯左執法。十月戊子，熒惑犯上相。十一月丁丑，月暈匝火、木。戊寅，月犯金、木、土。十二月戊戌，熒惑犯氐。二年正月甲戌，熒惑、歲相犯。己丑至于庚子，日月赤而無光。丙午，月掩左執法。乙巳，月掩庶子。

二月辛卯，熒惑犯鍵閉。三月戊午，月掩鬼。庚申，衆小星流于西北。己巳，熒惑犯上相〖三〗。乙亥，月入羽林。四月丁亥，月犯右執法；癸卯，月入羽林。六月辛丑，熒惑犯房。八月己卯朔，日有食之。庚子，月犯房。癸未，地震。九月壬子，歲犯房。庚申，月入羽林。壬申，月犯上將。十月壬午，月犯右執法。癸未，地震。十一月乙卯，月入羽林。辛未，地震；壬申，地震。十二月癸未，地震。三年春正月壬申，金、火合于奎。二月丁丑朔，日有食之。四月丁酉，月犯五諸侯。五月丁巳，月掩房距星。六月乙酉，月掩心庶子。癸巳，月入羽林。自正月至于是月，宗人、宗正搖不止。七月乙卯，月入南斗魁。閏八月癸卯朔，熒惑犯上將。戊申，月犯南斗。乙卯，熒惑犯右執法。庚戌，太白犯右執法〖四〗。九月庚辰，土、木合于箕。辛巳，金、火合于軫。十月庚午，彗出西南。十一月戊子，月掩軒轅大星。乙未，太白犯鎮，月掩房。十二月壬寅朔，熒惑犯房，金、木相犯于斗。乙卯，月有食之。四年正月癸巳，月入南斗魁。二月辛酉，月及火、土合于斗。三月壬辰，歲犯牛。六月癸丑，月有食之，既。七月丁丑，月入南斗。九月丙子，熒惑入哭星。十二月庚戌，月有食之，既。

長興元年六月癸巳朔，日有食之。乙卯，太白犯天鐏。八月己亥，月犯南斗。乙卯，月犯積尸。九月辛酉朔，衆小星交流而殞。十一月壬戌，熒惑犯氐。十二月丙辰，熒惑犯

天江。二年正月乙亥，太白犯羽林。庚辰，月犯心距星。二月丁未，月犯房。四月甲寅，熒惑犯羽林。五月癸亥，太白晝見。閏五月乙巳，歲晝見。六月壬午，地震。八月丁辰犯端門。九月丙戌，癸星交流。丁亥，眾星交流而殞。戊子，太白晝見。丁未，雷。十一月甲申朔，日有食之。丙戌，太白犯鍵〔五〕。三年四月庚辰，熒惑犯積尸。九月庚寅，太白犯哭星〔六〕。十月壬申，太白晝見。十一月己亥，太白犯壁壘。四年五月癸卯，太白晝見。六月庚午，眾星交流。七月乙亥朔，眾星交流。九月辛巳，太白犯右執法。乙未，雷。

應順元年二月丁酉，眾星流于西北。四月戊寅，白虹貫日。是月改元清泰〔七〕。

清泰元年五月己未，太白晝見。六月甲戌，太白犯右執法。壬天福元年三月壬子，熒惑犯積尸。二年正月乙卯〔八〕，日有食之。七月丙寅，月犯上將。四年四月辛巳，太白犯東井北轅。甲午，太白犯五諸侯。五月丁未，太白犯輿鬼中星。七月子，雨雹于京師。冬十一月丁未，彗出虛、危，掃天壘及哭星。年四月辛巳，太白犯東井北轅。甲午，太白犯五諸侯。五月丁未，太白犯輿鬼中星。七月庚子朔，日有食之。九月癸未，月掩畢。五年十一月丁丑，月有食之。六年八月辛卯，太白犯軒轅〔九〕。九月己卯，熒惑犯上將。壬子，彗出于西，掃天市垣〔一〇〕。八年四月戊申，太

朔,日有食之。八月丙子,熒惑犯右掖。十月庚戌,彗出東方。丙辰,熒惑犯進賢。十一月庚子,月犯房。

開運元年二月辛亥,日有白虹二。壬戌,太白犯昂。己巳,熒惑犯天鑰。三月戊子,月有食之。四月丁巳,太白犯五諸侯。七月庚辰,月犯熒惑。壬午,月入南斗。甲申,太白犯東井。八月甲辰,熒惑入南斗。九月庚午朔,日有食之。丙子,月入南斗。乙酉,月食昂。丙戌,月有食之。庚寅,月犯五諸侯。十月癸卯,月入南斗。十一月辛巳,月犯昂。十二月癸丑,太白犯辰。二年七月乙未朔,月犯角。戊午,月犯心前大星。庚戌,歲犯斗魁。十一月甲午朔,太白犯哭星。癸丑,月掩角距星。戊午,月犯心後星。三年二月壬戌朔,日有食之。

天福十二年四月丙子,太白晝見。十月己丑,太白犯亢距星。十一月壬子,雨木冰。辛酉,雨木冰。壬戌,月犯昂。癸酉,雨木冰。乙亥,月掩心大星。己卯,月犯南斗。十二月乙未,月有食之。

乾祐元年四月甲午,月犯南斗。六月戊寅朔,日有食之。乙未,月入南斗。七月甲寅,月掩心庶子星。八月乙酉[二],鎮犯太微西垣。戊戌,歲犯右執法。九月丁卯,月掩

鬼。十月丁丑，歲犯左執法。二年四月壬午，太白晝見。六月癸酉朔，日有食之。壬午，月犯心。丙戌，月犯天關；八月乙亥，月犯房次將。九月壬寅，太白犯右執法。庚戌，太白犯鎮。辛酉，鎮犯右執法[三]。丁卯，太白犯歲。鎮自元年八月己丑入太微垣，犯上將、執法、內屏、謁者，勾已往來，至是歲十一月辛亥而出。[二]甲寅，月犯戌，月犯昴。六月乙卯，鎮犯左掖。七月甲申，熒惑犯司怪。八月癸卯，太白犯房。庚戌，太白犯心大星。十月辛酉，月犯心大星，太白犯木。十一月甲子朔，日有食之。

[一] 四百四十三日。

廣順元年二月丁巳，歲犯咸池[四]。己未，熒惑犯五諸侯。三月甲子，歲守心。己卯，熒惑犯鬼。壬午，熒惑犯天尸。四月甲午，歲犯鉤鈐[五]。二月庚寅，太白經天。四月丙戌朔，日有食之。七月乙丑，熒惑犯井鉞。八月乙未，熒惑犯天罇。九月辛酉，熒惑犯鬼。庚辰，太白掩右執法[六]。十月壬辰，太白犯進賢。三年四月乙丑，熒惑犯上將。丙申，熒惑犯右執法。七月乙酉，月犯房。十二月戊申，雨木五月辛巳，熒惑犯上將。丙申，熒惑犯靈臺[七]。十二月戊申，雨木冰。

顯德元年正月庚寅，有大星墜，有聲如雷，牛馬皆逸，京城以爲曉鼓，皆伐鼓以應之。三年正月壬戌，有星孛于參。十二月庚午[八]，白虹貫日。癸酉，月有食之。

五代亂世，文字不完，而史官所記亦有詳略，其日、月、五星之變，大者如此。至於氣祲之象，出沒銷散不常，尤難占據。而五代之際，日有冠珥、環暈、纓紐、負抱、戴履、背氣，十日之中常七八，其繁不可以勝書，而背氣尤多。天福八年正月丙戌，黃霧四塞。九年正月乙未，大霧中二白虹相偶。四月庚戌，大霧中有蒼白二虹。廣順元年十一月甲子，白虹竟天。此其尤異者也。至於吳火出楊林江水中、閩天雨豆之類〔九〕，皆非中國耳目所及者，不可得而悉書矣。

校勘記

〔一〕二年正月丙申熒惑犯房第二星　據劉次沅考證，此日所犯者爲房北第一星。

〔二〕四月甲寅月掩心大星　據劉次沅考證，月掩心大星在四月甲子。按是月己酉朔，甲寅爲初六，甲子爲十六日。

〔三〕己巳熒惑犯上相　據劉次沅考證，時熒惑在房上相東二度。上相，通常指太微東上相。房北第一、第二星也稱房上相、房次相。

〔四〕庚戌太白犯右執法　「庚戌」，舊五代史卷一三九天文志作「庚午」。據劉次沅考證，此天象

〔五〕太白犯鍵　文獻通考卷二八九作「太白犯鍵閉」。

〔六〕九月庚寅太白犯哭星　據劉次沅考證，是時無此天象，太白犯哭星發生於當年十一月庚寅。

〔七〕是月改元清泰　「清泰」二字原闕，據宗文本補。按舊五代史卷四六唐末帝紀上，應順元年四月乙酉改元清泰。

〔八〕二年正月乙卯　「乙卯」下原有「朔」字，據宗文本刪。舊五代史卷一三九天文志：「晉高祖天福二年，正月乙卯。先是，司天奏正月二日太陽虧蝕……是日太陽虧，十分內食三分，在尾宿十七度。」按是月甲寅朔，乙卯為初二。

〔九〕六年八月辛卯太白犯軒轅　據劉次沅考證，太白犯軒轅發生於是月辛丑。按是月戊子朔，辛卯為初四，辛丑為十四日。

〔一〇〕壬子彗出于西掃天市垣　五代會要卷一○：「晉天福六年九月壬午，有彗星，長丈餘。」按是月戊午朔，無壬子，壬午為二十五日。

〔一一〕四月丁巳太白犯五諸侯　據劉次沅考證，太白犯五諸侯發生於是月丁卯。按是月癸卯朔，丁巳為十五日，丁卯為二十五日。

〔一二〕八月乙酉　「乙酉」，舊五代史卷一三九天文志作「己丑」。本卷下文亦云「鎮自元年八月己

〔三〕辛酉鎮犯右執法　據劉次沅考證，是日鎮犯太微左執法。

〔四〕廣順元年二月丁巳歲犯咸池　據劉次沅考證，是日歲犯東咸。

〔五〕四月甲午歲犯鉤鈐　據劉次沅考證，歲犯鉤鈐發生於是月甲辰。按是月壬辰朔，甲午爲初三，甲辰爲十三日。

〔六〕庚辰太白掩右執法　據劉次沅考證，是日太白犯左執法。

〔七〕三年四月乙丑熒惑犯靈臺　據劉次沅考證，熒惑犯靈臺發生於是月乙亥。按是月庚戌朔，乙丑爲十六日，乙亥爲二十六日。

〔八〕十二月庚午　「十二月」，原作「十一月」，據宋文本、舊五代史卷一三九天文志改。按十一月己丑朔，無庚午，十二月己未朔，庚午爲十二日。

〔九〕閩天雨豆之類　「類」，原作「數」，據宋丙本、宗文本改。

新五代史卷六十

職方考第三

嗚呼,自三代以上莫不分土而治也,後世鑒古矯失,為國孰與三代長短?及其亡也,未始不分,至或無地以自存焉。蓋得其要,則雖萬國而治,失其所守,則雖一天下不能以容,豈非一本於道德哉!唐之盛時,雖名天下為十道,而其勢未分。既其衰也,置軍節度,號為方鎮,鎮之大者連州十餘,小者猶兼三四,故其兵驕則逐帥,帥彊則叛上,土地爲其世有,干戈起而相侵,天下之勢,自茲而分。然唐自中世多故矣,其興衰救難,常倚鎮兵扶持,而侵凌亂亡,亦終以此。自僖、昭以來,日益割裂。梁初,天下別為十一國,南有吳、浙、荊、湖、閩、漢,西有岐、蜀,北有燕、晉,而朱氏所有七十八州以爲梁。莊宗初起并代,取幽、滄,有州三十五,其後又取梁魏博等十有六州,合五十一州以滅梁。岐王稱臣,又得其州七。同光破蜀,已而復失,惟得

秦、鳳、階、成四州,而營、平二州陷于契丹,其增置之州一,合一百二十三州以爲唐。石氏入立,獻十有六州于契丹,而得蜀金州,又增置之州一,合一百九州以爲晉㊟。劉氏之初,秦、鳳、階、成復入于蜀,隱帝時增置之州一,合一百六州以爲漢。郭氏代漢,十州入于劉旻,世宗取秦、鳳、階、成、瀛、莫及淮南十四州,又增置之州五而廢者三,合一百一十八州以爲周。宋興因之。此中國之大略也。其餘外屬者,彊弱相并,不常其得失。至於周末,閩已先亡,而在者七國。自江以南二十一州爲吳越,自嶺南北四十七州爲南漢,自太原以北十州爲東漢,而荆、歸、峽三州爲南平。合中國所有,二百六十八州,而軍不在焉。唐之封疆遠矣,前史備載,而羈縻寄治虛名之州在其間。五代亂世,文字不完,而時有廢省,又或陷于夷狄,不可考究其詳。其可見者,具之如譜。

州	梁	唐	晉	漢	周
汴	都	有宣武。	都	都	都
洛	都	都	都	都	都

	雍	兗	密	青	淄	齊	棣	登	萊	徐	宿	鄆
	有永平。	有泰寧〔二〕。	有	有	有	有	有平盧。	有	有	有武寧。	有	有天平。
	都	有	有	有	有	有	有	有	有	有	有	有
	有晉昌。	有	有	有	有	有	有罷。	有	有	有	有	有
	有永興。	有	有	有	有	有	有平盧。	有	有	有	有	有
	有	有罷。	有	有	有	有	有	有	有	有	有	有

曹	有	有	有威信。	有罷。	有彰信。
濮	有	有	有	有	有
濟			有		有太祖置。
宋	有宣武。	有歸德。	有	有	有
亳	有	有	有	有	有
單	有輝州。	有改曰單州。	有	有	有
潁	有	有	有鎮安。	有	有復。
陳	有	有	有	有	有
蔡	有	有	有	有	有
許	有匡國。	有忠武。	有	有	有
汝	有	有	有	有	有
鄭	有	有	有	有	有
滑	有宣義。	有義成。	有	有	有

襄	均	房	金	鄧	隨	郢	唐	復	安	申	蒲
有復爲山南東道。初曰忠義，後	有	有	有蜀武雄〔四〕。	有宣化。	有	有	有	有	有宣威。	有	有護國。
有	有	有	有蜀	有威勝。	有	有	有	有	有安遠。	有	有
有〔三〕	有	有	有懷德。尋罷。	有	有	有	有	有	有罷軍〔六〕。	有	有
有	有	有	有	有	有	有	有	有	有復。	有	有
有	有	有	有武勝〔五〕。	有	有	有	有	有	有罷。	有	有

孟	懷	晉	絳	陝	虢	華	商	同	耀	解
有河陽三城。	有	有初曰定昌﹐後曰建寧。	有	有鎮國。	有	有感化。	有	有忠武〔七〕。	岐義勝。有崇州靜勝。	
有	有	有建雄。	有	有保義。	有鎮國	有	有	有匡國。	有復曰耀州改順義〔九〕。	
有	有	有	有	有	有	有	有	有	有	
有	有	有	有	有	有	有	有	有	有	有隱帝置。
有	有	有	有	有	有罷軍。	有	有〔八〕	有	有

邠	寧	慶	衍	威	鄜	坊	丹	延	夏	銀	綏	宥
岐靜難。有	岐有	岐有	岐有		岐保大。有	岐有	岐有	岐忠義。有[一〇]	有定難。	有	有	有
有	有	有	有		有	有	有	有彰武。	有	有	有	有
有	有	有	有	有高祖置。	有	有	有	有	有	有	有	有
有	有	有	有	有	有	有	有	有	有	有	有	有
有	有	有	廢	有改曰環州。	有	有	有	有	有	有	有	有

靈	鹽	岐	隴	涇	原	渭	武	秦	成	階	鳳	乾
有朔方。	有	岐鳳翔。	岐	岐彰義。	岐	岐	岐	岐雄武。蜀天雄。	岐蜀	岐蜀	岐蜀武興〔二〕。	岐李茂貞置。
有	有	有	有	有	有	有	有	有	有	有	有	
有	有	有	有	有	有	有	有	有	有	有	有	有
有	有	有	有	有	有	有	有	蜀	蜀	蜀	蜀	有
有	有	有	有	有	有	有	有〔三〕	有	有	有	有	有

魏	博	貝	衞	澶	相	邢	洺	磁	鎮	冀	深	趙
有天雄。唐	有唐	有唐	有唐	有唐	有昭德。唐	有保義。唐	有唐[一四]	有改曰惠州。唐	有武順。唐	有唐	有唐	有唐
有鄴都。	有	有	有	有	有安國。	有	有	有復曰磁州	有成德。	有	有	有
有鄴都。	有	有永清。	有鎮寧。	有彰德。	有	有	有	有	有順德[一五]。	有	有	有
有鄴都。	有	有	有	有	有	有	有	有	有成德。	有	有	有
有罷都。	有	有[一三]	有	有	有	有	有	有	有	有	有	有

易	有唐	有	有	有	有
祁	有唐	有	有	有	有
定	有義武。唐	有	有	有	有
滄	唐橫海。	有	有	有	有
景	唐	有	有	有	有廢。
德	唐	有	有	有	有
濱					有世宗置。
瀛	唐	有			有
莫	唐	有	契丹	契丹	有
雄					有世宗置。
霸					有世宗置。
幽	唐盧龍。	有	契丹	契丹	契丹
涿	唐	有	契丹	契丹	契丹

檀	薊	順	營	平	蔚	朔	雲	應	新	媯	儒	武
唐	唐	唐	唐	唐	唐	唐振武。	唐大同。	唐	唐	唐	唐	唐
有	有	有	有契丹	有契丹	有	有	有	有彰國。	有威塞。	有	有	有
契丹	契丹	契丹	契丹	契丹	契丹	契丹	契丹	契丹	契丹	契丹	契丹	契丹
契丹	契丹	契丹	契丹	契丹	契丹	契丹	契丹	契丹	契丹	契丹	契丹	契丹
契丹	契丹	契丹	契丹	契丹	契丹	契丹	契丹	契丹	契丹	契丹	契丹	契丹

寰		有明宗置。	契丹	契丹	契丹
忻	唐	有	有	有	東漢
代	唐鴈門。	有	有	有	東漢
嵐	唐	有	有	有	東漢
石	唐	有	有	有	東漢
憲	唐	有	有	有	東漢
麟	唐	有	有	有	東漢
府	唐	有	有永安〔一六〕。	有罷軍。	有永安。
并	唐河東。	有北都。	有	有	東漢
汾	唐	有	有	有	東漢
慈	唐	有	有	有	有
隰	唐	有	有	有	有
澤	唐	有	有	有	有

潞	唐昭義。	有安義。昭義。	有	有	有
沁	唐	有	有	有	東漢
遼	唐	有	有	有	東漢
揚	吳淮南。	吳	南唐	南唐	有
楚	吳	吳	南唐	南唐	有
泗	吳	吳	南唐	南唐	有
滁	吳	吳	南唐	南唐	有
和	吳	吳	南唐	南唐	有
光	吳	吳	南唐	南唐	有
黃	吳	吳	南唐	南唐	有
舒	吳	吳	南唐	南唐	有
蘄	吳	吳	南唐	南唐	有
廬	吳	吳	南唐	南唐	有保信。

壽	吳忠正[一七]。	吳	南唐清淮[一八]。	南唐	有忠正。
海	吳	吳	南唐	南唐	有
泰	吳	吳	南唐	南唐	有
濠	吳	吳	南唐	南唐	有
通		吳		南唐	有世宗置。
潤	吳	吳	南唐	南唐	南唐
常	吳	吳	南唐	南唐	南唐
宣	吳寧國。	吳	南唐	南唐	南唐
歙	吳武昌。	吳	南唐	南唐	南唐
鄂	吳	吳	南唐	南唐	南唐
昇	吳	吳	南唐	南唐	南唐
池	吳	吳	南唐	南唐	南唐
饒	吳	吳	南唐	南唐	南唐

信	江	洪	撫	袁	吉	虔	筠[一九]	建	汀	劍
吳	吳	吳鎭南。	吳	吳	吳	有吳		閩	閩	
吳	吳	吳	吳	吳	吳	吳		閩	閩	
南唐	南唐	南唐	南唐	南唐	南唐	南唐	南唐李景置[二〇]。	南唐	南唐	南唐李景置[二一]。
南唐	南唐	南唐	南唐	南唐	南唐	南唐	南唐	南唐	南唐	南唐
南唐	南唐	南唐	南唐	南唐	南唐	南唐	南唐	南唐	南唐	南唐

漳	泉	福	杭	越	蘇	湖	溫	台	明	處	衢	婺
閩	閩	閩武威〔三〕。	吳越鎮海。	吳越鎮東。	吳越	吳越	吳越	吳越	吳越	吳越	吳越	吳越
閩	閩	閩	吳越	吳越	吳越	吳越	吳越	吳越	吳越	吳越	吳越	吳越
南唐留從効	南唐留從効	吳越	吳越	吳越	吳越靜海。	吳越	吳越	吳越	吳越	吳越	吳越	吳越
南唐留從効	南唐留從効	吳越	吳越	吳越	吳越	吳越	吳越	吳越	吳越	吳越	吳越	吳越
南唐留從効	南唐留從効	吳越	吳越	吳越	吳越宣德。	吳越	吳越	吳越	吳越	吳越	吳越	吳越

睦	秀	荆	歸	峽	益	漢	彭	蜀	綿	眉	嘉	劍
吳越		南平荆南。	蜀	蜀	蜀成都。	蜀	蜀	蜀	蜀	蜀	蜀	蜀
吳越		南平	南平	南平	有後蜀	有後蜀	有後蜀	有後蜀	有後蜀	有後蜀	有後蜀	有後蜀
吳越	吳越元瓘置。	南平	南平	南平	蜀	蜀	蜀	蜀	蜀	蜀	蜀	蜀
吳越	吳越	南平	南平	南平	蜀	蜀	蜀	蜀	蜀	蜀	蜀	蜀
吳越	吳越	南平	南平	南平	蜀	蜀	蜀	蜀	蜀	蜀	蜀	蜀

梓	蜀劍南東川。	有後蜀	蜀	蜀
遂	蜀武信。	有後蜀	蜀	蜀
果	蜀	有後蜀	蜀	蜀
閬	蜀	有保寧。後蜀	蜀	蜀
普	蜀	有後蜀	蜀	蜀
陵	蜀	有後蜀	蜀	蜀
資	蜀	有後蜀	蜀	蜀
榮	蜀	有後蜀	蜀	蜀
簡	蜀	有後蜀	蜀	蜀
邛	蜀	有後蜀	蜀	蜀
黎	蜀	有後蜀	蜀	蜀
雅	蜀永平。	有後蜀	蜀	蜀
維	蜀	有後蜀	蜀	蜀

茂	文	龍	黔	施	夔	忠	萬	興	利	開	通	涪
蜀	蜀	蜀	蜀武泰。	蜀	蜀鎮江。	蜀	蜀	蜀	蜀昭武。	蜀	蜀	蜀
有後蜀	有後蜀	有後蜀	有後蜀	有後蜀	有後蜀	有後蜀	有後蜀	有後蜀	有後蜀	有後蜀	有後蜀	有後蜀
蜀	蜀	蜀	蜀	蜀	蜀	蜀	蜀	蜀	蜀	蜀	蜀	蜀
蜀	蜀	蜀	蜀	蜀	蜀	蜀	蜀	蜀	蜀	蜀	蜀	蜀
蜀	蜀	蜀	蜀	蜀	蜀	蜀	蜀	蜀	蜀	蜀	蜀	蜀

渝	蜀		有後蜀	蜀	蜀	蜀
瀘	蜀		有後蜀	蜀	蜀	蜀
合	蜀		有後蜀	蜀	蜀	蜀
昌	蜀		有後蜀	蜀	蜀	蜀
巴	蜀		有後蜀	蜀	蜀	蜀
蓬	蜀		有後蜀	蜀	蜀	蜀
集	蜀		有後蜀	蜀	蜀	蜀
壁	蜀		有後蜀	蜀	蜀	蜀
渠	蜀		有後蜀	蜀	蜀	蜀
戎	蜀	蜀山南西道。	有後蜀	蜀	蜀	蜀
梁		蜀武定。	有後蜀	蜀	蜀	蜀
洋		蜀武定。	有後蜀	蜀	蜀	蜀
潭		楚武安。	楚	楚	楚	周行逢

衡	澧	朗	岳	道	永	邵	全	辰	融	郴	連	昭
楚	楚	楚[三]	楚	楚	楚		楚	楚	楚	楚	楚	楚
楚	楚	楚武平。	楚	楚	楚	楚		楚	楚	楚	楚	楚
楚	楚	楚	楚	楚	楚	楚	楚馬希範置。	楚	楚	楚	楚	楚
楚	楚	楚	楚	楚	楚	楚	楚	楚	南漢	南漢	南漢	南漢
周行逢	周行逢	周行逢	周行逢	周行逢	周行逢	周行逢	周行逢	周行逢	南漢	南漢	南漢	南漢

宜	桂	賀	梧	蒙	嚴	富	柳	象	容	邕	端	康
楚	楚靜江。	楚	楚	楚	楚	楚	楚	楚	南漢寧遠。	南漢建武。	南漢	南漢
楚	楚	楚	楚	楚	楚	楚	楚	楚	南漢	南漢	南漢	南漢
楚	楚	楚	楚	楚	楚	楚	楚	楚	南漢	南漢	南漢	南漢
南漢	南漢〔二四〕	南漢	南漢	南漢	南漢	南漢	南漢	南漢	南漢	南漢	南漢	南漢
南漢	南漢	南漢	南漢	南漢	南漢	南漢	南漢	南漢	南漢	南漢	南漢	南漢

封	恩	春	新	高	寶	雷	化[二五]	韶	藤	白	廉	欽
南漢	南漢	南漢	南漢	南漢	南漢	南漢	南漢	南漢	南漢	南漢	南漢	南漢
南漢	南漢	南漢	南漢	南漢	南漢	南漢	南漢	南漢	南漢	南漢	南漢	南漢
南漢	南漢	南漢	南漢	南漢	南漢	南漢	南漢	南漢	南漢	南漢	南漢	南漢
南漢	南漢	南漢	南漢	南漢	南漢	南漢	南漢	南漢	南漢	南漢	南漢	南漢
南漢	南漢	南漢	南漢	南漢	南漢	南漢	南漢	南漢	南漢	南漢	南漢	南漢

廣	南漢清海。	南漢	南漢	南漢	南漢
橫	南漢	南漢	南漢	南漢	南漢
賓	南漢	南漢	南漢	南漢	南漢
潯	南漢	南漢	南漢	南漢	南漢
惠	南漢	南漢	南漢	南漢	南漢
鬱林	南漢	南漢	南漢	南漢	南漢
英		南漢劉龑置。	南漢	南漢	南漢
雄	南漢	南漢劉龑置。	南漢	南漢	南漢
瓊	南漢	南漢	南漢	南漢	南漢
崖	南漢	南漢	南漢	南漢	南漢
儋	南漢	南漢	南漢	南漢	南漢
萬安	南漢	南漢	南漢	南漢	南漢
羅	南漢	南漢	南漢	南漢	南漢

辯[二六]	瀧	勤	潘
南漢	南漢	南漢	南漢
南漢	南漢	南漢	南漢
南漢	南漢	南漢	南漢
南漢	南漢	南漢	南漢
南漢	南漢	南漢	南漢
南漢	南漢	南漢	南漢

汴州，唐故曰宣武軍。梁以汴州爲開封府，建爲東都。後唐滅梁，復爲宣武軍。晉天福三年升爲東京。漢、周因之。

洛陽，梁、唐、晉、漢、周常以爲都。唐故爲東都。梁爲西都。後唐爲洛京。晉爲西京，漢、周因之。

雍州，唐故上都，昭宗遷洛，廢爲佑國軍。梁初改京兆府曰大安，佑國軍曰永平。唐滅梁，復爲西京。晉廢爲晉昌軍。漢改曰永興，周因之。

曹州，故屬宣武軍節度。晉開運二年置威信軍。漢初，軍廢。周廣順二年復置彰信軍。

宋州，故屬宣武軍節度。梁初徙置宣武軍。唐滅梁，改曰歸德。

陳州，故屬忠武軍節度。晉開運二年置鎮安軍。漢初，軍廢。周廣順二年復之。

許州，唐故曰忠武。梁改曰匡國。唐滅梁，復曰忠武。

滑州，唐故曰義成。以避梁王父諱，改曰宣義。唐滅梁，復其故。

襄州，唐故曰山南東道。唐、梁之際改曰忠義軍。後以延州為忠義，襄州復曰山南東道。

鄧州，故屬山南東道節度。梁破趙匡凝，分鄧州置宣化軍。唐改曰威勝。周改曰武勝。

安州，梁置宣威軍。唐改曰安遠，晉罷，漢復曰安遠，周又罷。

晉州，故屬護國軍節度。梁開平四年置定昌軍，貞明三年改曰建寧。唐改曰建雄。

金州，故屬山南東道節度。唐末置戎昭軍，已而廢之，遂入于蜀。至晉高祖時，又置懷德軍，尋罷。

陝州，唐故曰保義，梁改曰鎮國，後唐復曰保義。

華州，唐故曰鎮國，梁改曰感化，後唐復曰鎮國。

同州，唐故曰匡國，梁改曰忠武，後唐復曰匡國。

耀州，本華原縣，唐末屬李茂貞，建為耀州，置義勝軍。梁末帝時，茂貞養子溫韜以州

降梁，梁改耀州爲崇州，義勝曰靜勝。後唐復爲耀州，改曰順義。

延州，故屬保大軍節度。梁置忠義軍，唐改曰彰武。

魏州，唐故曰大名府，置天雄軍，五代皆因之。後唐建鄴都，晉、漢因之，至周罷。大名府，後唐曰興唐，晉曰廣晉，漢、周復曰大名。

澶州，故屬天雄軍節度。晉天福九年置鎭寧軍。

相州，故屬天雄軍節度。梁末帝分置昭德軍，而天雄軍亂，遂入于晉。莊宗滅梁，復屬天雄。晉高祖置彰德軍。

邢州，故屬昭義軍節度。昭義所統澤、潞、邢、洺、磁五州。唐末孟方立爲昭義軍節度使，徙其軍額于邢州，而澤、潞二州入于晉。方立但有邢、洺、磁三州。故當唐末有兩昭義軍。梁、晉之爭，或入于梁，或入于晉。梁以邢、洺、磁三州爲保義軍。莊宗滅梁，改曰安國。

鎮州，故曰成德軍。梁初以「成」音犯廟諱，改曰武順。唐復曰成德，晉又改曰順德，漢復曰成德。

應州，故屬大同軍節度。唐明宗即位，以其應州人也，乃置彰國軍。

新州，唐同光元年置威塞軍〔二七〕。

府州，晉置永安軍，漢罷之，周復。

并州，後唐建北都，其軍仍曰河東。

潞州，唐故曰昭義。梁末帝時屬梁，改曰匡義，歲餘，唐滅梁，改曰安義。晉復曰昭義。

壽州，唐故曰忠正，南唐改曰清淮。周世宗平淮南，復曰忠正。

廬州，周世宗克淮南，置保信軍。

五代之際，外屬之州，揚州曰淮南，宣州曰寧國，鄂州曰武昌，洪州曰鎮南，福州曰武威，杭州曰鎮海，越州曰鎮東，江陵府曰荆南，益州、梓州曰劍南東、西川，遂州曰武信，興元府曰山南西道，洋州曰武定，黔州曰黔南，潭州曰武安，桂州曰靜江，容州曰寧遠，邕州曰建武，廣州曰清海，皆唐故號，更五代無所易，而今因之者也。其餘僭僞改置之名〔二八〕，不可悉考，而不足道，其因著于今者，略注于譜。

濟州，周廣順二年置，割鄆州之鉅野、鄆城，兗州之任城，單州之金鄉為屬縣而治鉅野。

單州，唐末以宋州之碭山，梁太祖鄉里也，為置輝州，已而徙治單父。後唐滅梁，改輝

州爲單州。其屬縣置徙，傳記不同，今領單父、碭山、成武、魚臺四縣。

耀州，李茂貞置，治華原縣。梁初改曰崇州，唐同光元年復爲耀州。

解州，漢乾祐元年九月置，割河中之聞喜、安邑、解三縣爲屬而治解[二九]。

威州，晉天福四年置，割靈州之方渠，寧州之木波、馬嶺三鎮爲屬而治方渠[三〇]。周廣順二年改曰環州，顯德四年廢爲通遠軍。[一]

[一]五代置軍六，皆寄治於縣，隸於州，故不別出。監者，物務之名爾，故不載於地理。皇朝軍監始自置屬縣，與州府並列矣。

乾州，李茂貞置，治奉先縣[二]。

磁州，梁改曰惠州，唐復曰磁州。

景州，唐故置弓高。周顯德二年廢爲定遠軍[三]，割其屬安陵縣屬德州，廢弓高縣入東光縣，爲定遠軍治所。

濱州，周顯德三年置，以其濱海爲名。初，五代之際，置榷鹽務於海傍，後爲贍國軍，周因置州，割棣州之渤海、蒲臺爲屬縣而治渤海。

雄州，周顯德六年克瓦橋關置，治歸義，割易州之容城爲屬，尋廢。

霸州，周顯德六年克益津關置，治永清，割莫州之文安、瀛州之大城爲屬。

通州，本海陵之東境，南唐置靜海制置院，周世宗克淮南，升爲靜海軍，後置通州，分其地置靜海、海門二縣爲屬而治靜海。

筠州，南唐李景置，割洪州之高安、上高、萬載、清江四縣爲屬而治高安。

劍州，南唐李景置，割建州之延平、劍浦、富沙三縣爲屬而治延平。

全州，楚王馬希範置，以潭州之湘川縣爲清湘縣，又割灌陽縣爲屬而治清湘。

秀州，吳越王錢元瓘置，割杭州之嘉興縣爲屬而治之。

雄州，南漢劉龑割韶州之保昌置，治保昌。

英州，南漢劉龑割廣州之湞陽置，治湞陽。

開封府故統六縣。梁開平元年〔三〕，割滑州之酸棗、長垣，鄭州之中牟、陽武，宋州之襄邑，曹州之考城更曰戴邑，許州之扶溝、鄢陵，陳州之太康隸焉。唐分酸棗、中牟、襄邑、鄢陵、太康五縣還其故，晉升汴州爲東京，復割五縣隸焉。

雍丘，晉改曰杞，漢復其故。

長垣，唐改曰匡城。

黎陽，故屬滑州，晉割隸衛州。

葉、襄城，故屬許州，唐割隸汝州。

楚丘，故屬單州，梁割隸宋州。

密州膠西，故曰安丘，唐復其故，晉改曰膠西。

渭南，故屬京兆，周改隸華州。

同官，故屬京兆府，梁割隸同州，唐割隸耀州。

美原，故屬同州，李茂貞置鼎州而治之。梁改爲裕州，屬順義軍節度。後不見其廢時，唐同光三年，割隸耀州。

平涼，故屬涇州。唐末渭州陷吐蕃，權於平涼置渭州而縣廢。後唐清泰三年，以故平涼之安國、耀武兩鎮置平涼縣，屬涇州。

臨涇，故屬涇州。唐末原州陷吐蕃，權於臨涇置原州而涇州兼治其民。後唐清泰三年割隸原州。

鄜州咸寧，周廢。

稷山，故隸河中，唐割隸絳州。

慈州仵城、呂香，周廢。

大名府大名，故曰貴鄉，後唐改曰廣晉，漢改曰大名。

滄州長蘆、乾符，周廢入清池。無棣，周置保順軍。

安陵，故屬景州，周割隸德州。

澶州頓丘，晉置德清軍。

博州武水，周廢入聊城。

博野，故屬深州，周割隸定州。

武康，故屬湖州，梁割隸杭州。

福州閩清，梁乾化元年，王審知於梅溪場置。

蘇州吳江，梁開平三年，錢鏐置。

明州望海，梁開平三年，錢鏐置。

處州長松，故曰松陽，梁改曰長松。

潭州龍喜，漢乾祐三年〔二四〕，馬希範置。

天長、六合，故屬揚州。南唐以天長為軍，六合為雄州，周復故。

漢陽，故屬鄂州，周置漢陽軍。

漢川，故屬沔州，周割隸安州。

襄州樂鄉，周廢入宜城。

鄧州臨湍，漢改曰臨瀨。菊潭、向城，周廢。

復州竟陵，晉改曰景陵。

監利，故屬復州，梁割隸江陵。

唐州慈丘，周廢。

商州乾元，漢改曰乾祐，割隸京兆。

洛南，故屬華州，周割隸商州。

隨州唐城，梁改曰漢東，後唐復舊，晉又改漢東，漢復舊。

雄勝軍，本鳳州固鎮，周置軍。

秦州天水、隴城，唐末廢，後唐復置。

成州栗亭，後唐置。

自唐有方鎮，而史官不錄於地理之書，以謂方鎮兵戎之事，非職方所掌故也。然而世因習，以軍目地〔三五〕，而沒其州名。〔一二〕又今置軍者，徒以虛名升建為州府之重，此不可以不書也。州、縣，凡唐故而廢於五代，若五代所置而見於今者，及縣之割隸今因之者，宜列以備職方之考。其餘嘗置而復廢，嘗改割而復舊者，皆不足書。山川物俗，職方之掌也，五代短世，無所遷變，故亦不復錄，而錄其方鎮軍名，以與前史互見之云。

職方考第三

八三五

校勘記

〔一〕若令永興，本節度軍名，而今命守臣遂曰知永興軍府事，而不言雍州京兆，是也。 「一」字原闕，據宋內本、宗文本及本卷上下文補。

〔二〕泰寧 原作「太寧」，據宋內本、宗文本改。

〔三〕有 五代會要卷二四：「晉天福七年，降爲防禦州，直屬京，所管均房二州割隸鄧州，以安從進叛命初平故也。至漢天福十二年六月，復舊爲山南東道使。」據本卷體例，「有」下當有「罷軍」二字。

〔四〕武雄 輿地紀勝卷一八九：「金州，五代前蜀王建改雄武軍，圖經在梁開平二年。」通鑑卷二七一：「蜀雄武節度使兼中書令王宗朗有罪，削奪官爵，復其姓名曰全師朗，命武定節度使兼中書令桑弘志討之。」同卷下文：「蜀桑弘志克金州，執全師朗。」亦可證金州置雄武軍，「武雄」疑爲「雄武」之訛。

〔五〕武勝 原作「威勝」，據宋內本、宗文本改。按五代會要卷二四：「後唐同光元年改爲威勝軍，周廣順二年三月改爲武勝軍，避諱也。」太平寰宇記卷一四二略同。又本卷下文：「周改爲武勝。」

〔六〕罷軍 原作「威勝」，據宋內本、宗文本改。按舊五代史卷七九晉高祖紀五：「(天福五年七

〔七〕忠武 以上二字原闕，據宋丙本、宗文本補。按通鑑卷二六六：「（開平二年五月壬申）同州匡國軍爲忠武軍。」

〔八〕有 舊五代史卷一一八周世宗紀五：「（顯德五年正月乙酉）降同州爲郡。」據本卷體例，「有」下當有「罷軍」二字。

〔九〕改順義 舊五代史卷三二唐莊宗紀六：「（同光三年四月戊寅）以耀州爲團練州，其順義軍額宜停。」據本卷體例，句下當有「尋罷」二字。

〔一〇〕忠義有 本卷下文：「延州，故屬保大軍節度。梁置忠義軍，唐改曰彰武。」據本卷體例，「忠義」二字當移於「有」下。

〔一一〕有 舊五代史卷一一八周世宗紀五：「（顯德五年閏月壬子）廢武州爲潘原縣。」據本卷體例，「有」下當有「廢」字。

〔一二〕武興 以上二字原闕，據宋丙本、宗文本補。按通鑑卷二六九：「蜀……置武興軍於鳳州，割文、興二州隸之。」

〔一三〕有 舊五代史卷一一四周世宗紀一：「（顯德元年十月丙午）詔安、貝二州依舊爲防禦州，其軍額並停。」據本卷體例，「有」下當有「罷軍」二字。

〔一四〕唐 此字原闕，據南監本及本卷上下文補。

職方考第三

八三七

〔五〕順德　太平寰宇記卷六一同，舊五代史卷八〇晉高祖紀六、通鑑卷二八三：「（天福七年正月癸亥）改鎮州爲恒州，成德軍爲順國軍。」五代會要卷二四亦云：「鎮州，天福七年正月改爲順國軍節度。」本卷下文「晉又改曰順德」同。

〔六〕永安　舊五代史卷九九漢高祖紀上：「（天福十二年四月甲子）升府州爲節鎮，加永安軍額，以振武節度使、府州團練使折從阮爲永安軍節度使，行府州刺史、檢校太尉。」則永安軍爲後漢所置，「永安」二字當下移一格。本卷下文「府州，晉置永安軍」同。

〔七〕吳忠正　舊五代史卷三九唐明宗紀五：「（天成三年十月甲子）詔升壽州爲忠正軍。戊辰，以雲州節度使索自通領壽州節度使。」本卷下文「壽州，唐故曰忠正」，則忠正軍乃後唐所遥置。

〔八〕清淮　宋内本、宗文本無「清淮」二字，九國志卷一：「又從徐温破寇於山南，遷壽州團練使。」則吳時已置清淮軍。本卷下文「壽州……南唐改曰清淮」同。

〔九〕筠　本書卷六二南唐世家記保大十年置筠州。按保大十年，即周廣順二年，則筠州非始置於晉。

〔一〇〕李景置　「李景」，原作「李煜」，據南監本及本卷下文改。按本書卷六二南唐世家：「（保大十年）分洪州高安、清江、萬載、上高四縣，置筠州。」

〔一一〕李景置　「李景」，原作「李煜」，據南監本改。本書卷六二南唐世家：「（保大四年）景分延

〔三〕武威 通鑑卷二六〇：「（乾寧三年九月庚辰）升福建爲威武軍。」新唐書卷六八方鎮表繫其事於乾寧四年，元豐九域志卷九：「唐威武軍節度，周改彰武軍，皇朝太平興國二年復舊。」本書卷六八閩世家、舊五代史卷一三四王審知傳、金石萃編卷一一八唐天祐三年王審知德政碑，皆稱「威武軍」。按錢大昕考異卷六五：「『武威』當作『威武』。」

〔三〕本書卷六六楚世家記梁太祖時，馬殷「請升朗州爲永順軍，表張佶節度使」。據本卷體例，「楚」字下當有「永順」二字。

〔四〕南漢 通鑑卷二九〇：「（廣順元年十一月丙寅）吴懷恩引兵奄至城下，希隱、可瓊帥其衆，夜斬關奔全州，桂州遂潰。懷恩因以兵略定宜、連、梧、嚴、富、昭、柳、龔、象等州，南漢始盡有嶺南之地。」則桂州至周初方爲南漢所併，本卷上下文所記連、昭、宜、梧、嚴、富、柳、象諸州同。

〔五〕化 太平寰宇記卷一六七：「（化州）唐貞觀九年……爲辯州……皇朝太平興國五年改爲化州。」則南漢時未嘗有化州。本卷辯、化並列，疑誤。

〔六〕辯 原作「辨」，據御覽卷一七二引十道志、通典卷一八四、舊唐書卷四一地理志四、新唐書卷四三上地理志七上改。

〔七〕唐同光元年置威塞軍 舊五代史卷三二唐莊宗紀六：「（同光二年七月庚申）升新州爲威塞軍節度使，以嬀、儒、武等州爲屬郡。」通鑑卷二七三：「（同光二年七月）庚申，置威塞軍於

〔一六〕其餘僭偽改置之名　「僭偽」，原作「僭位」，據宗文本、通鑑卷二七〇胡注引歐史職方考改。

〔一七〕割河中之聞喜安邑解三縣爲屬而治解　「三」字原闕，據宗文本、舊五代史卷一五〇郡縣志、五代會要卷二〇補。

〔一八〕馬嶺　原作「烏嶺」，舊五代史卷一五〇郡縣志：「（天福四年五月）靈州方渠鎮宜升爲威州，隸靈武，仍割寧州木波、馬嶺二鎮隸之。」五代會要卷二〇略同。又舊唐書卷三八地理志一、新唐書卷三七地理志一，慶州領有馬嶺縣，據改。

〔一九〕治奉先縣　太平寰宇記卷三一：「乾州，本京兆奉天縣，唐末李茂貞建爲乾州。」新唐書卷三七地理志一記京兆奉天縣，文明元年析醴泉等縣置，以奉乾陵……乾寧二年以縣置乾州。按錢大昕考異卷六五：「『奉先』當作『奉天』。」

〔二〇〕周顯德二年廢爲定遠軍　「二年」，原作「三年」，據宋丙本、宗文本改。按舊五代史卷一一五周世宗紀六、五代會要卷二四、太平寰宇記卷六八皆繫其事於顯德二年。

〔二一〕梁開平元年　冊府卷一九六、五代會要卷二〇皆繫其事於開平三年。

〔二二〕漢乾祐三年　舊五代史卷一〇二漢隱帝紀中：「（乾祐二年七月辛亥）湖南奏，析長沙縣東界爲龍喜縣。」

〔二三〕以軍目地　「目」，原作「自」，據宋丙本改。

新五代史卷六十一

嗚呼！自唐失其政，天下乘時，鯨鬣盜販，袞冕峨巍。吳暨南唐，姦豪竊攘。蜀險而富，漢險而貧，貧能自彊，富者先亡。閩陋荆蹙，楚開蠻服。剝剽弗堪，吳越其尤。牢牲視人，嶺蜑遭劉。百年之間，並起爭雄，山川亦絕，風氣不通。語曰：清風興，羣陰伏；日月出，爝火息。故真人作而天下同。作十國世家。

吳世家第一

楊行密 子渥 隆演 溥

楊行密，字化源，廬州合淝人也。爲人長大有力，能手舉百斤。唐乾符中，江淮羣盜起，行密以爲盜見獲，刺史鄭棨奇其狀貌〔一〕，釋縛縱之。後應募爲州兵，戍朔方，遷隊長。

歲滿戍還，而軍吏惡之，復使出戍。行密將行，過軍吏舍，軍吏陽爲好言，問行密行何所欲。行密奮然曰：「惟少公頭爾！」即斬其首，攜之而出，因起兵爲亂，自號「八營都知兵馬使」。刺史郎幼復棄城走，行密遂據廬州。

中和三年，唐即拜行密廬州刺史。淮南節度使高駢爲畢師鐸所攻，駢表行密行軍司馬，行密率兵數千赴之，行至天長，師鐸已囚駢，召宣州秦彥入揚州，行密不得入，屯于蜀岡。師鐸兵衆數萬擊行密，行密陽敗，棄營走，師鐸兵飢，乘勝爭入營收軍實，行密反兵擊之，師鐸大敗，單騎走入城，遂殺高駢。行密聞駢死，縞軍向城哭三日，攻其西門，彥及師鐸奔于東塘，行密遂入揚州。

是時，城中倉廩空虛，飢民相殺而食，其夫婦、父子自相牽，就屠賣之，屠者刲別如羊豕。行密不能守，欲走。而蔡州秦宗權遣其弟宗衡掠地淮南，彥及師鐸還自東塘，與宗衡合，行密閉城不敢出。已而宗衡爲偏將孫儒所殺，儒攻高郵破之，行密益懼。其客袁襲曰：「吾以新集之衆守空城，而諸將多駢舊人，非有厚恩素信力制而心服之也。今儒兵方盛，所攻必克，此諸將持兩端，因強弱、擇嚮背之時也。海陵鎮使高霸，駢之舊將，必不爲吾用。」行密乃以軍令召霸，霸率其兵入廣陵，行密欲使霸守天長，襲曰：「吾以疑霸而召之，其可復用乎？且吾能勝儒，無所用霸，不幸不勝，天長豈吾有哉！不如殺之，以并其

衆。」行密因犒軍擒霸,族之,得其兵數千。已而孫儒殺秦彥、畢師鐸,并其兵以攻行密,行密欲走海陵。襲曰:「海陵難守,而廬州吾舊治也,城廩完實,可爲後圖。」行密乃走廬州。

龍紀元年,唐拜行密宣州觀察使。行密遣田頵、安仁義、李神福等攻浙西,取蘇、常、潤州。二年,取滁、和州。景福元年,取楚州。孫儒自逐行密,入廣陵,久之,亦不能守,乃焚其城。殺民老疾以餉軍,驅其衆渡江,號五十萬,以攻行密。諸將田頵、劉威等遇之輒敗,行密欲走銅官。其客戴友規曰:「儒來氣銳而兵多,蓋其鋒不可當而可以挫,非其本志,且其爲人非公敵,此可取也。」行密乃引兵攻鍠,戰于曷山,大敗之。進圍宣州,鍠棄城走,追及殺之,行密遂入宣州。

未可圖,而秦彥之入廣陵也,召池州刺史趙鍠委以宣州。今彥且死,鍠失所恃,而守宣州

久之,未知所嚮,問襲曰:「吾欲卷甲倍道,西取洪州,可乎?」襲曰:「鍾傳新得江西,勢

之輒敗,行密欲走銅官。其客戴友規曰:「儒來氣銳而兵多,蓋其鋒不可當而可以挫,其衆不可敵而可久以敝之,若避而走,是就擒也。」劉威亦曰:「背城堅柵,可以不戰疲之。」行密以爲然。久之,儒兵飢,又大疫,行密悉兵擊之,儒敗,被擒,將死,仰顧見威曰:「聞公爲此策以敗我,使我有將如公者,其可敗邪?」行密收儒餘兵數千,以皁衣蒙甲,號「黑雲都」,常以爲親軍。

是歲,復入揚州,唐拜行密淮南節度使。乾寧二年,加檢校太傅、同中書門下平章事。

行密以田頵守宣州，安仁義守潤州。昇州刺史馮弘鐸來附。分遣頵等攻掠，自淮以南、江以東諸州皆下之。進攻蘇州，擒其刺史成及。四年，兗州朱瑾奔行密。初，瑾爲梁所攻，求救于晉，晉遣李承嗣將勁騎數千助瑾，瑾敗，因與俱奔行密。行密兵皆江淮人，淮人輕弱，得瑾勁騎，而兵益振。是歲，梁太祖遣葛從周、龐師古攻行密壽州，行密擊敗梁兵清口，殺師古，而從周收兵走，追至淠河，又大敗之。五年，錢鏐攻蘇州，及周本戰于白方湖，本敗，蘇州復入于越。天復元年，遣李神福攻越，戰臨安，大敗之，擒其將顧全武以歸。二年，馮弘鐸叛，襲宣州，及田頵戰于曷山，弘鐸敗，將入于海，行密自至東塘邀之，使人謂弘鐸曰：「勝敗，用兵常事也，一戰之衄，何苦自棄于海島？吾府雖小，猶足容君。」弘鐸感泣。

行密從十餘騎，馳入其軍，以弘鐸歸[四]，爲節度副使，以李神福代弘鐸爲昇州刺史。

是歲，唐昭宗在岐，遣江淮宣諭使李儼拜行密東面諸道行營都統、檢校太師、中書令、封吳王。三年，以李神福爲鄂岳招討使以攻杜洪，荊南成汭救洪，神福敗之于君山。梁兵攻青州，王師範來求救，遣王茂章救之，大敗梁兵，殺朱友寧。友寧，梁太祖子也[五]。太祖大怒，自將以擊茂章，兵號二十萬，復爲茂章所敗。田頵叛，襲昇州，執李神福妻子歸于宣州。行密召神福以討頵，頵遣其將王壇逆之，又遣神福書，以其妻子招之。神福曰：「吾以一卒從吳王起事，今爲大將，忍背德而顧妻子乎？」立斬其使以自絕，軍士聞之皆感

奮。行至吉陽磯，頵執神福子承鼎以招之，神福叱左右射之，遂敗壇兵于吉陽。行密別遣臺濛擊頵，頵敗死。

初，頵及安仁義、朱延壽等皆從行密起微賤，及江淮甫定，思漸休息，而三人者皆猛悍難制，頗欲除之，未有以發。天復二年，錢鏐爲其將許再思等叛而圍之，再思召頵攻鏐杭州，垂克，而行密納鏐賂，命頵解兵，頵恨之。頵嘗計事廣陵，行密諸將多就頵求賂，而獄吏亦有所求。頵怒曰：「吏欲我下獄也！」歸而遂謀反。

仁義聞之亦反，焚東塘以襲常州。常州刺史李遇出戰，望見仁義大罵之。仁義止其軍曰：「李遇乃敢辱我如此，其必有伏兵。」遂引軍却，而伏兵果發，追至夾岡，仁義植幟解甲而食，遇兵不敢追，仁義復入潤州。行密遣王茂章、李德誠、米志誠等圍之。吳之軍中推朱瑾善槊，志誠善射，皆爲第一。而仁義嘗以射自負，曰：「志誠之弓十，不當瑾槊之一；瑾槊之十，不當仁義弓之一。」每與茂章等戰，必命中而後發，以此吳軍畏之，不敢近。茂章乘其怠，穴地道而入，執仁義，斬于廣陵。

頵及仁義之將叛也，行密疑之，乃陽爲目疾，每接延壽使者，必錯亂其所見以示之。嘗行，故觸柱而仆，朱夫人扶之，良久乃蘇。泣曰：「吾業成而喪其目，是天廢我也！吾兒子皆不足以任事，得延壽付之，吾無恨矣。」夫人喜，急召

初，頵及安仁義、朱延壽等皆從行密起微賤

行密夫人朱氏，延壽者，行密夫人朱氏之弟也。

延壽,延壽至,行密迎之寢門,刺殺之,出朱夫人以嫁之。

天祐二年,遣劉存攻鄂州,焚其城,城中兵突圍而出,諸將請急擊之[六],存曰:「擊之復入,則城愈固,聽其去,城可取也。」是日城破,執杜洪,斬于廣陵。九月,梁兵攻破襄州,趙匡凝奔于行密。十一月,行密卒,年五十四,諡曰武忠。子渥立。溥僭號,追尊行密爲太祖武皇帝,陵曰興陵。

渥,字承天,行密長子也。行密病,出渥爲宣州觀察使。右衙指揮使徐溫私謂渥曰:「今王有疾而出嫡嗣,必有姦臣之謀,若它日召子,非溫使者愼無應命。」渥涕泣謝溫而去。行密病甚,命判官周隱作符召渥,隱慮渥幼弱不任事,勸行密用舊將有威望者代主軍政,乃薦大將劉威,行密未許。溫與嚴可求入問疾,行密以隱議告之,溫等大驚,遽詣隱所計事。隱未出,而溫見隱作召符猶在案上,急取遣之。渥見溫使,乃行。行密卒,渥嗣立,召周隱罵曰:「汝,欲賣吾國者,復何面目見楊氏乎?」遂殺之。以王茂章爲宣州觀察使。

渥之入也,多輦宣州庫物以歸廣陵,茂章惜而不與,渥怒,命李簡以兵五千圍之,茂章奔于錢塘。

天祐三年二月,劉存取岳州。四月,江西鍾傳卒,其子匡時代立,傳養子延規怨不得

立,以兵攻匡時。渥遣秦裴率兵攻之。九月,克洪州,執匡時及司馬陳象以歸,斬象於市,赦匡時。以秦裴爲江西制置使。

梁太祖代唐,改元開平,渥仍稱天祐。鄂州劉存、岳州陳知新以舟師伐楚,敗于瀏陽,楚人執存及知新以歸。楚王馬殷素聞其名,皆欲活之,存等大罵殷曰:「昔歲宣城脱吾刃下,今日之敗,乃天亡我,我肯事汝以求活耶?我豈負楊氏者。」殷知不可屈,乃殺之,岳州復入于楚。

初,渥之入廣陵也,留帳下兵三千於宣州,以其腹心陳璠、范遇將之。既入立,惡徐温典牙兵,召璠等爲東院馬軍以自衛。而温與左衙都指揮使張顥皆行密時舊將,又有立渥之功,共惡璠等侵其權。四年正月,渥視事,璠等侍側,温、顥擁牙兵入,拽璠等下,斬之,渥不能止,由是失政,而心憤未能發[七],温等益不自安。

五年五月[八],温、顥共遣盜入寢中殺渥,渥説羣盜能反殺温等者皆爲刺史。羣盜皆諾,惟紀祥不從,執渥縊殺之,時年二十三,謚曰景。弟隆演立。溥僭號,追尊渥爲烈宗景皇帝,陵曰紹陵。

隆演,字鴻源,行密第二子也。初名瀛,又名渭。初,温、顥之弑渥也,約分其地以臣

於梁,及渥死,顥欲背約自立,此易爲也。」明日,顥列劍戟府中,召諸將議事,自大將朱瑾而下,皆去衛從然後入。顥問諸將:「誰當立者?」諸將莫敢對。顥三問,可求前密啓曰:「方今四境多虞,非公主之不可,然恐爲之太速。且今外有劉威、陶雅、李簡、李遇皆先王一等人也,公雖自立,未知此輩能降心以事公否。不若立幼主,漸以歲時,待其歸心,然後可也。」顥不能對。可求因趨出,書一教内袖中,率諸將入賀,諸將莫知所爲。及出教宣之,乃渥母史氏教,言楊氏創業艱難,而嗣王不幸,隆演以次當立,告諸將以無負楊氏而善事之。辭旨激切,聞者感動。顥氣色皆沮,卒無能爲,隆演乃得立。

顥由此與溫有隙,諷隆演出溫潤州。可求謂溫曰:「今捨衙兵而出外郡,禍行至矣。」溫患之,可求因説顥曰:「公與徐溫同受顧託,議者謂公奪其衛兵,是將殺之於外,信乎?」顥曰:「事已行矣,安可止乎?」可求曰:「甚易也。」明日,從顥與諸將造溫,可求陽責溫曰:「古人不忘一飯之恩,況公楊氏三世之將,今幼嗣新立,多事之時,乃求居外以苟安乎?」溫亦陽謝曰:「公等見留,不願去也。」由是不行。行軍副使李承嗣與張顥善,覺可求有附溫意,諷顥使客夜刺殺之,客刺可求不能中。明日,可求詣溫,謀先殺顥,陰遣鍾章選壯士三十人〔九〕,就衙堂斬顥,因以弑渥之罪歸之。溫由是專政,隆演備位而已。

六月〔一〇〕，撫州危全諷叛，攻洪州，袁州彭彥章、吉州彭玕、信州危仔倡皆起兵叛。隆演召嚴可求問誰可用者。可求薦周本，時本方攻蘇州敗歸，慚不肯出，可求彊起之。本曰：「蘇州之敗，非怯也，乃上將權輕，而下多專命爾。若必見任，願無用偏裨。」乃請兵七千。戰于象牙潭，敗之，執全諷、彥章，而玕奔于楚，仔倡奔于錢塘。全諷至廣陵，諸將議曰：「昔先王攻趙鍠，全諷屢饟給吳軍。」乃釋不殺。初，全諷欲舉兵也，錢鏐送王茂章于梁，道過全諷，謂曰：「聞公欲大舉，願見公兵，以知濟否。」全諷陳兵，與茂章登城望之，茂章曰：「我素事吳，吳兵三等，如公此衆，可當其下將爾，非得益兵十萬不可。」而全諷卒以此敗。

八年，徐溫領昇州刺史，治舟師於金陵。宣州李遇自行密時爲大將，勳位已高，憤溫用事，嘗曰：「徐溫何人？吾猶未識，而驟至於此。」溫聞之，怒，遣柴再用以兵送王壇代遇，且召之。遇疑不受命，再用圍之，隆演使客將何薘諭遇使自歸。薘因說曰：「公若欲反，可殺薘以示衆，若本無心，何不隨薘以出？」遇自以無反心，乃隨薘出，溫諷再用伺其出，殺之，并族其家。

九年，溫率將吏進隆演位太師、中書令、吳王。溫爲行軍司馬、鎮海軍節度使、同中書門下平章事。陳章攻楚取岳州〔一一〕，執其刺史苑玫。

十年，越人攻常州，徐溫敗之于無錫。梁遣王茂章攻壽春，溫敗之于霍丘。

十二年，封徐溫齊國公，兩浙都招討使，始鎮潤州。留其子知訓爲行軍副使，秉政，而大事溫遙決之。冬，濆楊林江，水中出火，可以燃。

十三年，宿衞將李球、馬謙挾隆演登樓，取庫兵以誅知訓，陣于門橋。知訓與戰，頻却，朱瑾適自外來，以一騎前視其陣，曰：「此不足爲也。」因反顧一麾，外兵爭進，遂斬球、謙，而亂兵皆潰。

十四年，徐溫徙治金陵。

十五年，遣王祺會洪、袁、信三州兵攻虔、韶，久之不克。祺病，以劉信代之。夏四月[三]，副都統朱瑾殺徐知訓，瑾自殺。潤州徐知誥聞亂，率兵入，殺唐宣諭使李儼以止亂，遂秉政。

徐氏之專政也，隆演幼懦，不能自持，而知訓尤凌侮之。嘗飲酒樓上，命優人高貴卿侍酒，知訓爲參軍，隆演鶉衣髽髻爲蒼鶻。知訓嘗使酒罵坐，語侵隆演，隆演愧恥涕泣，而知訓愈辱之。左右扶隆演起去，知訓殺吏一人，乃止。吳人皆咎目。知訓又與朱瑾有隙，瑾已殺知訓，攜其首馳隆演府中示隆演，曰：「今日爲吳除患矣！」隆演曰：「此事非吾敢知！」遽起入內。瑾忿然以首擊柱，提劍而出，府門已闔，踰垣，折其足，遂自刎死。米志

誠聞瑾殺知訓[一三]，被甲率其家兵至天興門問瑾所在，聞瑾死，乃還。徐溫疑志誠助瑾，遣使殺之。嚴可求懼事不克，使人偽從湖南境上來告軍捷，召諸將入賀，擒志誠斬之。劉信克虔州，執譚全播以歸。

十六年春二月，溫率將吏請隆演即天子位，不許。夏四月，溫奉玉册、寶綬尊隆演即吳王位。建宗廟、社稷，設百官如天子之制，改天祐十六年為武義元年，大赦境内，追尊行密孝武王，廟號太祖，渥景王，廟號烈祖。拜溫大丞相、都督中外諸軍事，封東海郡王，以徐知誥為左僕射，參知政事，嚴可求為門下侍郎，駱知祥為中書侍郎，殷文圭、沈顔為翰林學士，盧擇為吏部尚書，李宗、陳章為左、右雄武統軍，柴再用、錢鏢為左、右龍武統軍，王令謀為内樞使[一四]。江西劉信征南大將軍，鄂州李簡鎮西大將軍，撫州李德誠平南大將軍，廬州張崇安西大將軍，海州王綰鎮東大將軍，文武以次進位。封宗室皆郡公。

溫之徙鎮金陵也，以其養子知誥守潤州。嚴可求嘗謂溫曰：「二郎君非徐氏子，而推賢下士，人望頗歸，若不去之，恐為後患。」溫不能用其言。及知誥秉政，其語泄，知誥出可求於楚州，可求懼，詣金陵見溫謀曰：「唐亡於今十二年，而吳猶不敢改天祐，可謂不負唐矣。然吳所以征伐四方，而建基業者，常以興復為辭。今聞河上之戰，梁兵屢絀，若李氏復興，其能屈節乎？宜於此時先建國以自立。」溫深然之，因留可求不遣，方謀迫隆演僭

號。

二年五月,隆演卒。隆演少年嗣位,權在徐氏,及建國稱制,非其意,常怏怏,酣飲,稀復進食,遂至疾卒,年二十四,謚曰宣。弟溥立,僭號,追尊爲高祖宣皇帝,陵曰肅陵。

溥,行密第四子也,隆演建國,封丹陽郡公。隆演卒,弟廬江公濛次當立,而徐氏秉政,不欲長君,乃立溥。七月,改昇州大都督府爲金陵府,拜徐溫太師,嚴可求右僕射。順義,赦境内。冬十一月,祀天於南郊。御天興樓,大赦。

三年,唐莊宗滅梁。遣司農卿盧蘋使于唐,嚴可求密條數事授蘋以行。蘋見洛陽,莊宗問之,蘋次第以對,皆如所授。

四年,溥至白沙閲舟師,徐溫來見,以白沙爲迎鑾鎮。

五年,唐遣諫議大夫薛昭文使福州,假道江西,劉信出勞之,謂曰:「亞次聞有信否?」昭文曰:「天子新有河南,未熟公名也。」信曰:「漢有韓信,吳有劉信,君還,其語亞次,當來較射於淮上也。」乃酌大卮,望牙旗鎞首百步,謂昭文曰:「一發而中,願以此卮爲壽,否則亦以自罰。」言訖,而箭已穿矣。

六年,追爵大丞相徐溫四代祖考,立廟於金陵。左僕射徐知誥爲侍中,右僕射嚴可求

同平章事。是歲，莊宗崩，五月丁卯，詔爲同光主輟朝七日。

七年，大丞相徐溫率吳文武上表勸溥即皇帝位，溥未許而溫病。十月，溫卒[一五]。十一月庚戌，溥御文明殿即皇帝位，改元曰乾貞[一六]，大赦境內，追尊行密武皇帝，渥景皇帝、隆演宣皇帝。以徐知誥爲太尉兼侍中，拜溫子知詢輔國大將軍，金陵尹，治溫舊鎮。諸子皆封王。

二年正月，封東海爲廣德王、江瀆廣源王、淮瀆長源王、馬當上水府寧江王、采石中水府定江王、金山下水府鎮江王。六月，荊南高季興來附，封季興秦王。九月，季興敗楚師於白田，獲其將吏三十四人來獻。

三年十一月，金陵尹徐知詢來朝，知誥誣其有反狀，留之不遣，以爲左統軍，斬其客將周廷望[一七]。以徐知諤爲金陵尹。溥加尊號睿聖文明孝皇帝，大赦境內，改元大和，以徐知誥爲中書令。

二年，册其子江都王璉爲太子。

三年，以徐知誥爲金陵尹，以其子景通爲司徒，及左僕射王令謀、右僕射宋齊丘皆平章事。

四年，封知誥東海王。

五年,建都於金陵。

六年閏正月,金陵火,罷建都。廢臨川王濛爲歷陽公,知誥遣親信王宏以兵守之。拜王令謀司徒[一八]、宋齊丘司空。知誥召景通還金陵,爲鎮海軍節度副使,以其子景遷爲太保、平章事,與令謀等執政。

七年九月,溥加尊號曰睿聖文明光孝應天弘道廣德皇帝,大赦,改元天祚。知誥進位太師、天下兵馬大元帥,封齊王。

二年,景遷病,以次子景遂爲門下侍郎、參政事。

三年,知誥建齊國,立宗廟、社稷,置左、右丞相已下,以金陵爲西都、廣陵爲東都。冬十月,溥遣江夏王璘奉册禪位於齊王。十二月,溥卒於丹陽[一九],年三十八,謚曰睿。

昇元六年,李昇遷其子孫於海陵,號永寧宮,嚴兵守之,絶不通人。久而男女自爲匹偶,吳人多哀憐之。顯德三年,世宗征淮南,下詔撫安楊氏子孫,而李景聞之,遣人盡殺其族。周先鋒都部署劉重進得其玉硯、馬腦碗、翡翠瓶以獻,楊氏遂絶。

徐温

徐溫，字敦美，海州朐山人也。少以販鹽爲盜，行密起合淝，隸帳下。行密所與起事劉威、陶雅之徒，號「三十六英雄」，獨溫未嘗有戰功。及行密欲殺朱延壽等，溫用其客嚴可求謀，教行密陽爲目疾，事成，以功遷右衛指揮使，始預謀議。

及行密病，平生舊將皆以戰守在外，而溫居帳下，遂預立渥之功。及弑渥，又與張顥有隙，使鍾章殺之。章許諾，選壯士三十人，椎牛享之，刺血爲盟。溫猶疑章不果，夜半使人探其意，陽謂曰：「温有老母，懼事不成，不如且止。」章曰：「言已出口，寧可已乎？」溫乃安。明日，鍾章殺顥，溫因盡殺紀祥等，歸弑渥之罪於顥，以其事入白渥母史氏，悸而泣曰[一〇]：「吾兒年幼，禍亂若此，得保百口以歸合淝，公之惠也。」

隆演立，溫遂專政，遷昇州刺史，治舟師於金陵。大將李遇怒溫用事，出嫚言，溫使柴再用族遇於宣州。行密舊將，人人皆自疑，溫因僞下之，恭謹如見行密，諸將乃安。八年，溫遷行軍司馬，潤州刺史，鎮海軍節度使、同平章事。

十年，遣招討使李濤攻越，戰于臨安，裨將曹筠奔于越，濤敗被執。溫間遣人語筠曰：「吾用汝爲將，汝軍有求，吾不能給，是吾過也。」赦筠妻子不誅，厚遇之。秋，越人攻毗陵，溫戰于無錫，筠感溫前言，臨戰奔歸，遂敗越兵。

十二年，封溫齊國公，兼兩浙招討使，始就鎮潤州，以昇、潤、宣、常、池、黃六州爲齊

國。溫城昇州，建大都督府。十四年，徙治之，以其子知訓輔隆演於廣陵，而大事溫遙決之。知訓爲朱瑾所殺，溫養子知誥自潤州先入，遂得政。

溫雖姦詐多疑，而善用將吏。江西劉信圍虔州，久不克，使人説譚全播出降，遣使者而遣之，溫怒曰：「吾以答信也。」因自獻捷至金陵見溫，溫與信博，信斂骰子厲聲祝曰：「劉信欲背吳，願爲惡彩，苟聞之，因命濟師，遂破全播。人有誣信逗留陰縱全播，言信將反者，信無二心，當成渾花。」溫遽止之，一擲，六子皆赤，溫慚，自以卮酒飲信，然終疑之。及唐師伐王衍，溫急召信至廣陵，以爲左統軍，託以内備，遂奪其地。

溫客尤見信者，惟駱知祥、嚴可求，可求善籌畫，知祥長於財利，溫嘗以軍旅問可求，國用問知祥，吳人謂之「嚴駱」。溫亦自喜爲智詐，尤得吳人之心。初隨行密破趙鍠，諸將皆爭取金帛，溫獨據餘困，作粥以食餓者。十六年，溫請隆演即皇帝位，不許，又請即吳王位，乃許，遂建國改元，拜溫大丞相、都督中外諸軍事，封東海郡王。隆演卒，溫越次立其弟溥〔二〕。順義七年，溫又請溥即皇帝位，溥未許而溫病卒，年六十六，追封齊王，諡曰忠武〔三〕。李昇僭號，號溫爲義祖。

嗚呼，盜亦有道，信哉！行密之書，稱行密爲人，寬仁雅信，能得士心。其將蔡儔叛於廬州，悉毀行密墳墓，及儔敗，而諸將皆請毀其墓以報之。行密歔曰：「儔以此爲惡，吾豈復爲邪？」嘗使從者張洪負劍而侍，洪拔劍擊行密，不中。洪死，復用洪所善陳紹負劍不疑。又嘗罵其將劉信，信忿，奔孫儒，行密戒左右勿追，曰：「信豈負我者邪[二]？其醉而去，醒必復來。」明日，果來。行密起於盜賊，其下皆驍武雄暴，而樂爲之用者，以此也。故二世四主，垂五十年。及渥已下，政在徐溫。於此之時，天下大亂，中國之禍，篡弒相尋，而徐氏父子，區區詐力，裴回三主，不敢輕取之，何也？豈其恩威亦有在人者歟！[二]

[一] 據吳錄、運曆圖、九國志皆云唐景福元年，再入揚州，至晉天福二年，爲李昪所篡，實四十六年。而舊唐書、舊五代史皆云大順二年入揚州，至被篡，四十七年。吳錄徐鉉等撰，運曆圖龔穎撰，二人皆江南故臣，所記宜得實。而唐末喪亂，中朝文字多差失，故今以鉉、穎所記爲定。

校勘記

[一] 鄭棨 新唐書卷一八八楊行密傳作「鄭綮」。按舊唐書卷一七九、新唐書卷一八三有鄭綮傳。錢大昕考異卷六六：「『棨』當作『綮』。」

〔二〕師鐸兵衆數萬擊行密　「兵」，宋丙本、宗文本作「率」。「擊」，宗文本作「出擊」。

〔三〕二年　本卷上文敍龍紀元年事。按龍紀僅一年，次年正月即改元大順。新唐書卷一〇昭宗紀、通鑑卷二五八繫楊行密取滁、和州事於大順二年。

〔四〕以弘鐸歸　「歸」字原闕，據宗文本補。

〔五〕友寧梁太祖子也　本書卷一三梁家人傳云友寧爲梁太祖兄朗王存之子。又五代會要卷一一記梁開平二年「追封皇從子友寧爲安王」。

〔六〕諸將請急擊之　「請」字原闕，據宗文本補。

〔七〕而心憤未能發　「憤」字原闕，據宗文本補。

〔八〕五年五月　「五月」，原作「三月」，據宋丙本、宗文本改。按通鑑卷二六六繫其事於開平二年五月，開平二年即天祐五年。

〔九〕鍾章　通鑑卷二六六作「鍾泰章」，通鑑考異：「吳錄作『鍾章』」，十國紀年作『鍾泰章』，今從之。」本書卷六二南唐世家云「（李煜）母鍾氏，父名泰章」，即其人。本卷下文同。

〔一〇〕六月　本卷上文敍天祐五年事，通鑑卷二六七繫其事於開平三年六月，按開平三年即天祐六年。吳光耀纂誤續補卷六：「此『月』字疑『年』字傳寫之誤。」

〔一二〕陳章　通鑑卷二六八作「陳璋」。按九國志卷一有陳璋傳。本卷下一處同。

〔一三〕夏四月　「夏」字原闕，據宋丙本、宗文本補。

〔三〕米志誠 原作「米至誠」，據宋丙本、宗文本及本卷上文改。本卷下文同。按九國志卷二有米志誠傳。

〔四〕王令謀爲内樞使 「内樞使」原作「内樞密」，據宋丙本、宗文本、通鑑卷二七〇改。通鑑卷二七七胡注：「内樞使，即内樞密使之職。」按周廣業經史避名彙考卷一八：「時以樞密爲内樞者，猶避吳武皇諱也。……案歐史隆演稱帝，以王令謀爲内樞密使……必衍『密』字。」

〔五〕十月溫卒 「十月溫」三字原闕，據宗文本補。按通鑑卷二七六繫其事於天成二年十月，天成二年即順義七年。

〔六〕改元曰乾貞 容齋四筆卷一〇載鄂州南樓磨崖：「其文曰『乾正元年，荆襄寇亂，大吳將軍出陳武昌，詔太守楊公出鎮。』……案楊行密之子溥嗣吳王位，是歲唐明宗天成二年，溥以十一月僭帝，改元乾貞。宋莒公紀年通譜書爲『乾正』，云避仁宗嫌名。通鑑亦同，而此直以爲乾正，一時所立，不應有誤也。」

〔七〕周廷望 原作「周延望」，據宗文本、本書卷六二南唐世家、通鑑卷二七六、馬令南唐書卷八改。

〔八〕拜王令謀司徒 「王」字原闕，據宗文本補。

〔九〕十二月溥卒於丹陽 本書卷六二南唐世家、通鑑卷二八一皆繫楊溥禪位事於吳天祚三年冬十月，徐知誥改元昇元，次年十一月，溥卒。此處敍事疑有脱誤。

〔二0〕史氏悸而泣曰 「氏」字原闕，據宗文本補。

〔二一〕諡曰忠武 「忠」字原闕，據宗文本、本書卷六二南唐世家、舊五代史卷一三四李昪傳、通鑑卷二七六、九國志卷三補。

〔二二〕信豈負我者邪 「豈」字原闕，據宋丙本、宗文本補。

新五代史卷六十二

南唐世家第二

李昪 子景 景子煜

李昪，字正倫，徐州人也。世本微賤，父榮，遇唐末之亂，不知其所終。昪少孤，流寓濠泗間，楊行密攻濠州，得之，奇其狀貌，養以爲子。而楊氏諸子不能容，行密以乞徐溫，乃冒姓徐氏，名知誥。及壯，身長七尺，廣顙隆準。爲人溫厚有謀。爲吳樓船軍使，以舟兵屯金陵。柴再用攻宣州，用其兵殺李遇，昪以功拜昇州刺史。時江淮初定，州縣吏多武夫，務賦斂爲戰守，昪獨好學，接禮儒者，能自勵爲勤儉，以寬仁爲政，民稍譽之。徐溫鎮潤州，以昪、池等六州爲屬，溫聞昪理昇州有善政，往視之，見其府庫充實，城壁修整，乃徙治之，而遷昪潤州刺史。昪初不欲往，屢求宣州，溫不與。既而徐知訓爲朱瑾所殺，溫居

金陵，未及聞。昇居潤州，近廣陵，得先聞，即日以州兵渡江定亂，遂得政。

昇事徐溫甚孝謹，溫嘗罵其諸子不如昇，諸子頗不能容，而知訓尤甚，嘗召昇飲酒，伏劍士欲害之，行酒吏刁彥能覺之，酒至昇，以手爪掐之，昇悟起走，乃免。後昇自潤州入覲，知訓與飲於山光寺，又欲害之，徐知諫以其謀告昇，昇起遁去。知訓以劍授刁彥能，使追殺之，及於中塗而還，紿以不及，由是得免。後昇貴，以彥能爲撫州節度使。

知訓之用事也，嘗凌弱楊氏而驕侮諸將，遂以見殺。及昇秉政，欲收人心，乃寬刑法，推恩信，起延賓亭以待四方之士，引宋齊丘、駱知祥、王令謀等爲謀客，士有羈旅於吳者，皆齒用之。嘗陰使人察視民間有婚喪匱乏者，往往賙給之。盛暑未嘗張蓋操扇，左右進蓋，必却之，曰：「士衆尚多暴露，我何用此？」以故溫雖遙秉大政，而吳人頗已歸昇。

武義元年，拜左僕射、參知政事。溫行軍司馬徐玠數勸溫以己子代昇，溫遣子知詢入廣陵，謀代昇秉政。會溫病卒，知詢奔還金陵，玠反爲昇謀，誣知詢以罪，斬其客將周廷望，以知詢爲右統軍[一]。楊溥僭號，拜昇太尉、中書令。大和三年，出鎮金陵，如溫之制，留其子景通爲司徒、同平章事，以王令謀宋齊丘爲左右僕射、同平章事。四年，封昇東海郡王。

昇照鑑見白鬚，顧其吏周宗嘆曰：「功業已就，而吾老矣，奈何？」宗知其意，馳詣廣

陵見宋齊丘，謀禪代。齊丘以爲未可，請斬宗以謝吳人，昪黜宗爲池州刺史。

吳臨江王濛者〔二〕，怨徐氏捨己而立溥，心嘗不平，及昪將謀篡國，先廢濛爲歷陽公，使吏以兵守之。濛殺守者，奔廬州節度使周本。本，吳舊將也，聞濛至，欲納之，爲其子祚所止。本曰：「此吾故主家郎君也，何忍拒之！」遽自出迎，祚閉門遮本不得出，縛濛送金陵，見殺。

五年，昪封齊王。已而閩、越諸國皆遣使勸進，昪謂人望已歸。天祚三年，建齊國〔三〕，置宗廟社稷，以宋齊丘、徐玠爲左、右丞相。十月，溥遣攝太尉楊璘傳位於昪，國號齊，改元昪元。昪以册尊溥曰：「受禪老臣知誥，謹上册皇帝爲高尚思玄弘古讓皇帝。」追尊徐溫爲忠武皇帝，封子景爲吳王，封徐氏子知證江王、知諤饒王。周本與諸將至金陵勸進，歸而嘆曰：「吾不能誅篡國者以報楊氏〔四〕，今老矣，豈能事二姓乎！」憤悒而死。

二年四月，遷楊溥於潤州丹陽宮。以王輿爲浙西節度使，馬思讓爲丹陽宮使，以嚴兵守之。

徐氏諸子請昪復姓，昪謙抑不敢忘徐氏恩，下其議百官，百官皆請，然後復姓李氏，改名曰昪。自言唐憲宗子建王恪生超，超生志，爲徐州判司，志生榮。乃自以爲建王四世孫，改國號曰唐。立唐高祖、太宗廟，追尊四代祖恪爲孝靜皇帝，廟號定宗；曾祖超爲孝

平皇帝,廟號成宗;祖志孝安皇帝,廟號惠宗;考榮孝德皇帝,廟號慶宗。奉徐溫爲義祖[五],徐氏子孫皆封王、公,女封郡、縣主。以門下侍郎張居詠、中書侍郎李建勳、右僕射張延翰同平章事。十一月,以步騎八萬講武於銅橋。

楊溥卒於丹陽宮。溥子璉爲吳太子時,昇以女妻之,及昇簒國,封其女永興公主。女聞人呼公主,則嗚咽流涕而辭[六],宮中皆憐之。溥卒,以璉爲康化軍節度使,已而以疾卒。

三年四月,昇郊祀昊天上帝於圓丘,禮畢,羣臣請上尊號。昇曰:「尊號,非古也。」不許。州縣言民孝悌五代同居者七家,皆表門閭,復其繇役,其尤盛者江州陳氏,宗族七百口,每食設廣席,長幼以次坐而共食,有畜犬百餘,共一牢食,一犬不至,諸犬爲之不食。

四年六月,晉安州節度使李金全叛,送款于昇,昇遣鄂州屯營使李承裕迎之。承裕與晉將馬全節、安審暉戰安陸南,三戰皆敗,承裕與裨將段處恭皆死,都監杜光鄴及其兵五百人被執送于京師,高祖厚賜之,遣還。昇致書高祖,復送光鄴等,請以敗軍行法,高祖又遣之,昇以甲士臨淮拒之,乃止。

六年,吳越國火,焚其宮室府庫,甲兵皆盡,羣臣請乘其弊攻之,昇不許,遣使弔問,厚賵其乏。錢氏自吳時素爲敵國,昇見天下亂久,常厭用兵,及將簒國,先與錢氏約和,歸其

所執將士，錢氏亦歸吳敗將，遂通好不絕。

昇客馮延巳好論兵、大言，嘗誚昇曰：「田舍翁安能成大事！」而昇志在守吳舊地而已，無復經營之略也，然吳人亦賴以休息。

七年，昇卒，年五十六，諡曰光文肅武孝高皇帝，廟號烈祖，陵曰永陵。子景立。

景，初名景通，昇長子也。既立，又改名璟。徐溫死，昇專政，以為兵部尚書、參知政事。明年，昇鎮金陵，留景為司徒、同平章事，與宋齊丘、王令謀居廣陵，輔楊溥，國，召景歸金陵為副都統。昇立，封齊王。昇卒，嗣位，改元保大。尊母宋氏為皇太后，妃鍾氏為皇后。封弟壽王景遂為燕王、宣城王景達為鄂王〔七〕，景邊前未王，為保寧王。秋，改封景遂齊王，諸道兵馬元帥、太尉、中書令，景達為燕王、副元帥，盟於昇柩前，約兄弟世世繼立。封其子冀南昌王、江都尹。

冬十月，破虔州妖賊張遇賢。遇賢，循州羅縣小吏也〔八〕。初，南海劉龑死，子玢初立，言禍福輒中。遇賢禱之，神曰：「遇賢是羅漢，可留事我。」是時，南海劉龑死，子玢初立，嶺南盜賊起，羣盜千餘人，未有所統，問神當為主者，神言遇賢，遂共推為帥。遇賢自號「中天八國王」，改元永樂，置官屬，羣賊盜皆絳衣，攻剽嶺外，問神所嚮，神曰：「當過嶺取

虔州。」遂襲南康,節度賈浩不能禦。遇賢據白雲洞,造宮室,有衆十餘萬,連陷諸縣。景遣洪州營屯虞候嚴思〔九〕、通事舍人邊鎬率兵攻之。遇賢問神,神不復語,羣盜皆懼,遂執遇賢以降。

景以馮延巳、常夢錫爲翰林學士,馮延魯爲中書舍人,陳覺爲樞密使,魏岑、查文徽爲副使。夢錫直宣政殿,專掌密命,而延巳等皆以邪佞用事,吳人謂之「五鬼」。夢錫屢言五人者不可用,景不納。十二月,景下令中外庶政委齊王景遂參決,惟陳覺、查文徽得奏事,羣臣非召見者,皆不得入〔一〇〕。給事中蕭儼上疏切諫,不報。侍衛軍都虞候賈崇詣閣求見景,曰:「臣事先朝三十年,見先帝所以成功業者,皆用衆賢之謀,故延接疏遠,未嘗壅隔,然下情猶時有不達者〔一一〕。今陛下新即位,所信用者何人,奈何頓與臣下隔絶!臣老即死,恐無復一見顏色。」因泣下嗚咽,景爲之動容,引與坐,賜食而慰之,遂寢所下令。

初,宋齊丘爲昇謀簒楊氏最有力,及事成,乃陽入九華山,昇屢招之,乃出。昇僭號,未幾,齊丘以病罷相,出爲洪州節度使。景立,復召爲相,而陳覺、魏岑等皆爲齊丘所引用。而岑與覺有隙,譖覺於景,左遷少府監。齊丘亦罷相爲浙西節度使。齊丘不得意,願復歸九華山,賜號「九華先生」,封青陽公,食青陽一縣。

二年二月,閩人連重遇、朱文進弑其君王延羲,文進自立。是時,延羲弟延政亦自立

於建州，國號殷。王氏兄弟連兵累年，閩大亂，景因其亂遣查文徽及待詔臧循發兵攻建州。延政聞唐且攻之，遣人紿福州曰：「唐兵助我討賊矣。」福州信之，共殺文進等以降，延政遣其從子繼昌守福州。文徽軍屯建陽，福州將李仁達殺王繼昌自稱留後，泉州將留從効亦殺其刺史黃紹頗，皆送款於文徽。

四年八月，文徽乘勝克建、汀、泉、漳四州，景分延平、劍浦、富沙三縣，置劍州，遷王延政之族于金陵。以延政爲饒州節度使、李仁達爲福州節度使、留從効爲清源軍節度使。景遂欲罷兵，而查文徽、陳覺等皆言：「仁達等餘孽猶在，不若乘勝盡取之。」陳覺自言可不用尺兵致仁達等。景以覺爲宣諭使，召仁達朝金陵，仁達不從。覺慚，還至建州，矯命發汀、建、信、撫州兵攻仁達。時魏岑安撫漳、泉，聞覺起兵，亦擅發兵會覺。景大怒，馮延巳等爲言：「兵業行，不可止。」乃以王崇文爲招討使，王建封爲副使，益兵以會之，以延魯、魏岑、陳覺皆爲監軍使。仁達送款於吳越，吳越以兵三萬應仁達。覺等爭功，進退不相應，延魯與吳越兵先戰，大敗而走，諸軍皆潰歸。景怒，遣使者鎖覺、延魯、延魯舒州。延巳方爲宰相，宋齊丘復自九華召爲太傅，爲稍解之，乃流覺等齊丘惡之，貶熙載和州司馬。是歲，契丹陷京師，中國無主，而景方以書切諫，請誅覺等，韓熙載上覺等疲兵東南，不暇北顧。御史中丞江文蔚劾奏宰相馮延巳，諫議大夫魏岑亂政，與覺等

同罪而不見貶黜，言甚切直。景大怒，自答其疏，貶文蔚江州司士參軍，亦罷延巳爲少傅、岑爲太子洗馬。

五年，以景遂爲太弟；景達爲元帥，封齊王；南昌王冀爲副元帥，封燕王。契丹遣使來聘，以兵部尚書賈潭報聘。

六年，漢李守貞反河中，遣其客將朱元來求援，景以潤州節度使李金全爲北面行營招撫使，兵攻沭陽，聞守貞已敗，乃還。是時，漢隱帝少，中國衰弱，淮北羣盜多送款於景，景遣皇甫暉出海、泗諸州招納之。

八年，福州詐言吳越戍兵亂，殺李仁達而遜，遣人請建州節度使查文徽，文徽與劍州刺史陳誨下舟閩江趨應之。福州以兵出迎。誨曰：「閩人多詐難信，宜駐江岸徐圖之。」文徽曰：「久則生變，乘其未定，亟取之。」留誨屯江口，進至西門，伏兵發，文徽被擒。誨與越人戰，大敗之，獲其將馬先進。景送先進還越，越亦歸景文徽。是歲，楚王馬希廣爲其弟希萼所弒〔二〕，希萼自立。

九年秋，楚人囚希萼於衡山，立其弟希崇，附于景，楚國大亂。景遣信州刺史邊鎬攻楚，破潭州，盡遷馬氏之族于金陵。景以希萼爲洪州節度使、希崇舒州節度使〔三〕，以邊鎬爲湖南節度使。

十年,分洪州高安、清江、萬載、上高四縣,置筠州。廣州劉晟乘楚之亂,取桂管。景遣將軍張巒出兵爭之,不克。楚地新定,其府庫空虛,宰相馮延巳以克楚為功,不欲取費於國,乃重斂其民以給軍,楚人皆怨而叛,其將劉言攻邊鎬,鎬不能守,遯歸。

十一年,金陵大火踰月。

十二年,大饑,民多疫死。

十三年十一月,周師南征,詔曰:「蠢爾淮甸,敢拒大邦,盜據一方,僭稱偽號。晉、漢之代,寰海未寧,而乃招納叛亡,朋助兇逆。金全之據安陸,守貞之叛河中,大起師徒,來為應援。迫奪閩、越,塗炭湘、潭,至於應接慕容,憑陵徐部,沭陽之役,曲直可知。」乃拜李穀為行營都部署,攻自壽州始。是時,宋齊丘為洪州節度使,景召齊丘還金陵,以劉彥貞為神武統軍,劉仁瞻為清淮軍節度使,以距周師。李穀曰:「吾無水戰之具,而使淮兵斷正陽浮橋,則我背腹受敵。」乃焚其芻糧,退屯正陽。遣李重進急趨正陽,曰:「唐兵且至,宜急擊之。」劉彥貞等聞穀退軍,曰:「吾軍却,唐兵必追之。」比及正陽,而重進先至,軍未及食而戰,彥貞等遂敗。彥貞之兵施利刃於拒馬,維

以鐵索；又刻木爲獸，號「捷馬牌」〔一四〕，以皮囊布鐵蒺藜于地。周兵見而知其怯，一鼓敗之。世宗營于淝水之陽，徙浮橋于下蔡。景遣林仁肇等爭之不得，而周師取滁州。景懼，遣泗州牙將王知朗至徐州〔一五〕，稱唐皇帝奉書，願效貢賦，陳兄事之禮，世宗不答。景東都副留守馮延魯、光州刺史張紹、舒州刺史周祚、泰州刺史方訥皆棄城走；延魯削髮爲僧，爲周兵所獲。蘄州裨將李福殺其刺史王承儁降周。世宗不報，分兵襲下揚、泰。景遣人懷蠟丸書翰林學士鍾謨、文理院學士李德明奉表稱臣，獻犒軍牛五百頭，酒二千石，金銀羅綺數千，請割壽、濠、泗、楚、光、海六州，以求罷兵。景益懼，始改名景以避周廟諱，遣其走契丹求救，爲邊將所執。光州刺史張承翰降周。

十四年三月，景又遣司空孫晟、禮部尚書王崇質奉表，辭益卑服，世宗猶不答，前遣鍾謨等并晟、崇質皆留行在。而謨等請歸取景表，盡獻江北地，世宗許之，遣崇質、德明還，始賜景書曰：「自有唐失御，天步方艱，六紀于茲，瓜分鼎峙。自爲聲教，各擅蒸黎，交結四夷，憑凌上國。華風不競，否運所鍾，凡百有心，孰不興憤？朕擁一百州之富庶，握三十萬之甲兵，農戰交修，士卒樂用，苟不能恢復內地，申畫邊疆，便議班旋，真同戲劇。至於削去尊稱，願輸臣節，孫權奉周，蕭詧奉周，古也雖然，今則不取。但存帝號，何爽歲寒？儻堅事大之心，必不迫人于險。」德明等還，盛稱世宗英武，景不悅。宋齊丘、陳覺等

皆以割地無益,而德明賣國以圖利。景怒,斬德明。遣元帥齊王景達與陳覺、邊鎬、許文縝率兵趣壽春,景達將朱元等復得舒、蘄、泰三州。夏,大雨,周師在揚、滁、和者皆却,諸將請要其險隘擊之。宋齊丘曰:「擊之怨深,不如縱之以爲德。」誡諸將閉壁,無得要戰,故周師皆集於壽州。世宗屯於渦口,欲再幸揚州,宰相范質以師老泣諫,乃班師,以李重進攻廬、壽,向訓守揚州。訓請棄揚州,併力以攻壽春,乃封府庫付主者,遣景舊將按巡城中,秋毫不犯而去。淮人大悦,皆負糗糧,以送周師。

十五年,景達遣朱元等屯紫金山,築甬道以餉壽州。二月,世宗復南征,徙下蔡浮橋于渦口,爲鎮淮軍,築二城以夾淮。周師連破紫金諸寨。景達雖爲元帥,而兵事皆決於陳覺[一六]。覺與朱元素有隙,以元李守貞客,反覆難信,景遣大將楊守忠代元,且召之。元憤怒,叛降于周,諸軍皆潰,許文縝、邊鎬皆被執。景達以舟兵奔還金陵。劉仁贍病且死,其副使孫羽等以壽州降于周。世宗班師,景遣人焚揚州,驅其士庶而去。冬十月,世宗復南征,遂圍濠州,刺史郭廷謂告于周曰:「臣不能守一州以抗王師,然願請命于唐而後降。」世宗爲之緩攻,廷謂遣人請命于景,景許其降,乃降。又取泗州。周師步騎數萬,水陸齊進,軍士作檀來之歌,聲聞數十里。十二月,屯于楚州之北門。

交泰元年正月,大赦改元。周師攻楚州,守將張彦卿、鄭昭業城守甚堅,攻四十日不

可破。世宗親督兵以洞屋穴城而焚之，城壞，彥卿、昭業戰死，周兵怒甚，殺戮殆盡。周師復取海、泰、揚州。世宗幸迎鑾以臨大江，景知不能支，而恥自屈身去其名號，乃遣陳覺奉表，請傳國與其世子而聽命。

初，周師南征，無水戰之具，已而屢敗景兵，獲水戰卒，乃造戰艦數百艘，使降卒教之水戰，命王環將以下淮。景之水軍多敗，長淮之舟，皆為周師所得。又造齊雲船數百艘，世宗至楚州北神堰，齊雲舟大，不能過，乃開老鸛河以通之[七]，遂至大江。景初自恃水戰，以周兵非敵，且未能至江。及覺奉使，見舟師列于江次甚盛，以為自天而下，乃請曰：「臣願還國取景表，盡獻江北諸州，如約。」世宗許之，始賜景書曰「皇帝恭問江南國主」，勞其良苦而已。是時，揚、泰、滁、和、壽、濠、泗、楚、光、海等州已為周得，景遂獻廬、舒、蘄、黃，畫江以為界。五月，景下令去帝號，稱國主，奉周正朔，時顯德五年也。

初，孫晟使于周，留不遣，而世宗問晟江南虛實，不對，世宗怒，殺晟。周已罷兵，景乃表，稱天地父母之恩不可報；又請降詔書同藩鎮，遣謨面陳願傳位世子。世宗遣謨等還贈劉仁贍太師，追封晟魯國公。世宗遣鍾謨、馮延魯歸國。景復遣謨等朝京師，手自書國，優詔以勞安之。景以謨爲禮部侍郎，延魯户部侍郎。

景爲太子時，延魯等皆出入東宮，禮部尚書常夢錫自昇世屢言不可使延魯等近太子，

及景立，延魯用事，夢錫每排斥之。景既割地稱臣，有語及朝廷爲大朝者，夢錫大笑曰：「君等嘗欲致君如堯舜，今日自爲小朝邪？」鍾謨素善李德明，既歸，而聞德明由宋齊丘等見殺，欲報其冤，未能發。陳覺、齊丘黨也，與景相嚴續素有隙[八]。覺嘗奉使周，還言世宗以江南不即聽命者，嚴續之謀，勸景誅續以謝罪。景疑之，謨因請使于周，驗其事，已割地稱臣，乃遣謨入朝謝罪，言不即割地者，非續謀，願赦之。世宗大驚，曰：「續能爲謀，是忠其主也，朕豈殺忠臣乎？」謨還，言覺姦詐，景怒，流覺饒州，殺之，宋齊丘坐覺黨與，放還青陽，賜死。以太弟景遂爲洪州節度使，燕王冀爲太子。

景困於用兵，鍾謨請鑄大錢，以一當十，文曰「永通泉貨」。謨嘗得罪，而大錢廢。韓熙載又鑄鐵錢，以一當二。

九月，太子冀卒[九]。次子從嘉封吳王，居東宮。鍾謨言從嘉輕肆，請立紀國公從善，景怒，貶謨國子司業，立從嘉爲太子。世宗使人謂景曰：「吾與江南，大義已定，然慮後世不能容汝，可及吾世修城隍、治要害，爲子孫計。」景因營緝諸城，謀遷其都于洪州，羣臣皆不欲遷，惟樞密使唐鎬贊之[一〇]，乃升洪州爲南昌，建南都。建隆二年，留太子從嘉監國，景遷于南都。而洪州迫隘，宮府營廨，皆不能容，羣臣日夕思歸，景悔怒不已。唐鎬慚懼，發疾卒。

六月，景卒，年四十六〔二一〕。從嘉嗣立，以喪歸金陵，遣使入朝，願復景帝號，太祖皇帝許之，乃諡曰明道崇德文宣孝皇帝，廟號元宗，陵曰順陵。

煜，字重光，初名從嘉，景第六子也。煜爲人仁孝，善屬文，工書畫，一目重瞳子。自太子冀已上，五子皆早亡，煜以次封吳王。建隆二年，景遷南都，立煜爲太子，留監國。景卒，煜嗣立於金陵。母鍾氏，父名泰章。煜尊母曰聖尊后，立妃周氏爲國后，封弟從善韓王、從益鄭王〔二二〕、從謙宜春王、從度昭平郡公、從信文陽郡公。大赦境內。遣中書侍郎馮延魯修貢于朝廷。令諸司四品已下無職事者，日二員待制於內殿。

三年〔二三〕，泉州留從效卒。景之稱臣於周也，從效亦奉表貢獻于周，世宗以景故，不納。從效聞景遷洪州，懼以爲襲己，遣其子紹基納貢于金陵〔二四〕，而從效病卒，泉人因并送其族于金陵，推立副使張漢思。漢思老不任事，州人陳洪進逐之，自稱留後，煜即以洪進爲節度使。乾德二年，始用鐵錢，民間多藏匿舊錢，舊錢益少，商賈多以十鐵錢易一銅錢出境〔二五〕，官不可禁，煜因下令以一當十。拜韓熙載中書侍郎，勤政殿學士。封長子仲遇清源公〔二六〕、次子仲儀宣城公〔二七〕。

五年，命兩省侍郎、給事中、中書舍人、集賢勤政殿學士，分夕於光政殿宿直，煜引與

談論。煜嘗以熙載盡忠,能直言,欲用爲相,而熙載後房妓妾數十人,多出外舍私侍賓客,煜以此難之,左授熙載右庶子,分司南都。熙載盡斥諸妓,單車上道,煜喜留之,復其位。已而諸妓稍稍復還,左授熙載右庶子,分司南都。熙載盡斥諸妓,單車上道,煜喜留之,復其位。已而諸妓稍稍復還,煜曰:「吾無如之何矣!」是歲,熙載卒,煜嘆曰:「吾終不得熙載爲相也。」欲以平章事贈之,問前世有此比否。羣臣對曰:「昔劉穆之贈開府儀同三司。」遂贈熙載平章事。熙載,北海將家子也,初與李轂相善。明宗時,熙載南奔吳,轂送至正陽,酒酣臨訣,熙載謂轂曰:「江左用吾爲相,當長驅以定中原。」轂曰:「中國用吾爲相,取江南如探囊中物爾。」及周師之征淮也,命轂爲將,遂留不遣。煜手疏求從善還國,太祖皇帝不許。煜嘗怏怏以國蹙爲憂,日與臣下酣宴,愁思悲歌不已。

開寶四年,煜遣其弟韓王從善朝京師,遂留不遣。煜手疏求從善還國,太祖皇帝不許。

五年,煜下令貶損制度:下書稱教,改中書、門下省爲左、右內史府,尚書省爲司會府,御史臺爲司憲府,翰林爲文館,樞密院爲光政院,諸王皆爲國公,以尊朝廷。煜性驕侈,好聲色,又喜浮圖,爲高談,不恤政事。

六年,內史舍人潘佑上書極諫,煜收下獄,佑自縊死。

七年,太祖皇帝遣使詔煜赴闕,煜稱疾不行,王師南征,煜遣徐鉉、周惟簡等奉表朝廷求緩師,不答。八年十二月,王師克金陵。九年,煜俘至京師,太祖赦之,封煜違命侯,拜

左千牛衛將軍。其後事具國史。

予世家江南，其故老多能言李氏時事，云太祖皇帝之出師南征也，煜遣其臣徐鉉朝于京師。鉉居江南，以名臣自負，其來也，欲以口舌馳說存其國，其日夜計謀思慮言語應對之際詳矣。及其將見也，大臣亦先入請，言鉉博學有材辯，宜有以待之。太祖曰：「第去，非爾所知也。」明日，鉉朝于廷，仰而言曰：「李煜無罪，陛下師出無名。」其說累數百言。太祖曰：「爾謂父子者爲兩家，可乎？」鉉無以對而退。太祖曰：「煜以小事大，如子事父，未有過失，奈何見伐？」其說之簡也。蓋王者之興，天下必歸于一統。其可來者，來之；不可者，伐之。嗚呼，大哉，何其言之簡也！僭偽假竊，期於掃蕩一平而後已。予讀周世宗征淮南詔，怪其區區攟摭前事，務較曲直以爲辭，何其小也！然世宗之英武有足喜者，豈爲其辭者之過歟？[二]

[一]據湯悦所撰江南錄，云景以保大十五年正月，改元交泰，是歲盡獻淮南十四州，畫江爲界。保大十五年，乃周顯德四年也。案五代舊史及世宗實錄，顯德四年十月壬申，世宗方復南征，五年正月丙午，始克楚州。二月己亥，景始盡獻淮南諸州，畫江爲界，當是保大十六年也。悦等南唐故臣，記其目見之事，何其差繆？而九國志、紀年通譜之類，但以悦書爲正，不復參校，

遂皆差一年。至於景滅閩國,是保大四年,江南錄書於三年,亦差一年,已具閩世家注。或疑景立踰年而改元,則滅閩國當爲三年,周取淮南當爲十五年不差,但江南錄誤於景立之年改元保大,所以常差一年也。今知不然者,以諸書參較,閩人殺王延羲,當晉開運元年。周師伐南唐,當顯德二年。據景以初立之年即改元,則開運元年爲保大二年,顯德二年爲保大十三年。今江南錄書延義被殺於二年,周師伐於十三年,則是景立之年改元,不誤,而悅等書滅王氏、割淮南自各差一年爾。昇自晉天福二年建國,至皇朝開寶八年國滅,凡三十九年。

校勘記

〔一〕以知詢爲右統軍 「右」,本書卷六一吳世家、馬令南唐書卷八作「左」。

〔二〕吳臨江王濛者 「臨江王」,本書卷六一吳世家、通鑑卷二七九、馬令南唐書卷九作「臨川王」。

〔三〕天祚三年建齊國 舊五代史卷一三四李昇傳:「至清泰二年改天祚元年,其年以金陵爲齊國。」

〔四〕吾不能誅篡國者以報楊氏 「能」字原闕,據宗文本補。

〔五〕奉徐温爲義祖 「義祖」,原作「義父」,據宋丙本、宗文本、本書卷六一吳世家、舊五代史卷一三四李昇傳、通鑑卷二八二、馬令南唐書卷八改。

新五代史卷六十二

〔六〕則嗚咽流涕而辭　宋丙本、宗文本作「必悲咽流涕而辭」。

〔七〕宣城王景達爲鄂王　「爲」字原闕，據宗文本及本卷上文補。

〔八〕循州羅縣小吏也　「羅縣」，通鑑卷二八三敘其事作「博羅縣」。按舊唐書卷四一地理志四、新唐書卷四三上地理志七上循州下有博羅縣，而無羅縣。本卷下一處同。

〔九〕嚴思　馬令南唐書卷二作「嚴思禮」，通鑑卷二八三作「嚴恩」。

〔一〇〕皆不得入　「皆」字原闕，據宗文本補。

〔一一〕然下情猶時有不達者　「時」字原闕，據宗文本補。

〔一二〕楚王馬希廣爲其弟希萼所弑　據本書卷六六楚世家、舊五代史卷一〇三漢隱帝紀下、通鑑卷二八七，希萼係希廣之兄。

〔一三〕希崇舒州節度使　以上七字原闕，據宋丙本、宗文本補。按馬令南唐書卷三：「希崇爲舒州節度使。」又徐公文集卷六有撫州節度使馬希崇除舒州節度使制。

〔一四〕號捷馬牌　「捷馬牌」，宋史卷四八四李重進傳作「搟馬牌」。按西溪叢語卷下：「南唐世家『號搟馬牌』。按南唐史亦作『搟』字。舉世以爲『捷』字，非也。説文『搟』字，從建。音紀偃切，馬行不利也。」

〔一五〕遣泗州牙將王知朗至徐州　「徐州」，舊五代史卷一一六周世宗紀三、馬令南唐書卷三、卷一六作「滁州」。按本書卷一二周本紀、舊五代史卷一一六周世宗紀三及本卷上文，時世宗親

〔六〕而兵事皆決於陳覺 「而」字原闕,據宗文本補。

征,方克滁州,故王知朗赴滁州奉書。

〔七〕老鸛河 原作「老鵲河」,據輿地紀勝卷三九注引五代史、册府卷四五改。舊五代史卷一一八周世宗紀五作「鸛河」。

〔八〕與景相嚴續素有隙 「景相」二字原闕,據宗文本補。唐主以中書侍郎、知尚書省嚴續爲門下侍郎、同平章事嚴續罷爲少傅。」是時嚴續爲李景相。」卷二九四:「(顯德五年二月)侍郎、同平章事嚴續罷爲少傅。」是時嚴續爲李景相。

〔九〕九月太子冀卒 本卷上文敍顯德五年事,通鑑卷二九四、馬令南唐書卷四皆繫其事於顯德六年九月。吳光耀纂誤續補卷六:「上止有『五年』,脱書『六年』。」

〔一〇〕惟樞密使唐鎬贊之 「樞密使」,通鑑卷二九四作「樞密副使」。

〔一一〕年四十六 「四十六」,原作「六十四」,據宗文本、舊五代史卷一三四李景傳、九國志卷四、馬令南唐書卷四改。

〔一二〕封弟從善韓王從益鄭王 續資治通鑑長編卷二敍其事云:「莒公從鎰爲鄧王。」吳蘭庭纂誤補卷四:「謹案徐鼎臣騎省集有太尉中書令鄭王從善詩,又有鄭王加元帥江寧尹制詞。又馬令南唐書作鄧王從益,紀、傳並同。後主又有送鄧王二十弟從益詩,則是從善鄭王而從益鄧王也。陸氏書亦作『鄧王』而『益』作『鎰』。」

〔二三〕三年　原作「五年」，據宋丙本、宗文本、續資治通鑑長編卷三改。

〔二四〕遣其子紹基納貢于金陵　「紹基」，續資治通鑑長編卷三、宋史卷四八三留從效傳作「紹鎡」。按宋史卷四八三留從效傳：「從效無嗣，以兄從願之子紹鎡、紹鏻爲子。」其子名皆從「金」。

〔二五〕商賈多以十鐵錢易一銅錢出境　「十鐵錢」，原作「一鐵錢」，據宋丙本、宗文本、詳節卷九改。

〔二六〕封長子仲遇清源公　「仲遇」，續資治通鑑長編卷五、宋史卷四七八南唐李氏傳作「仲寓」，隆平集卷一二、東都事略卷二三作「仲寓」。

〔二七〕次子仲儀宣城公　「仲儀」，續資治通鑑長編卷五作「仲宣」，馬令南唐書卷五作「仲宣」，卷七有宣城公仲宣傳。

新五代史卷六十三

前蜀世家第三

王建 子衍

王建，字光圖，許州舞陽人也。爲人隆眉廣顙[一]，狀貌偉然。少無賴，以屠牛、盜驢、販私鹽爲事，里人謂之「賊王八」。後爲忠武軍卒，稍遷隊將。

黃巢陷長安，僖宗在蜀，忠武軍將鹿晏弘以兵八千屬楊復光討賊，巢敗走，復光以其兵爲八都，都將千人，建與晏弘皆爲一都頭。復光死，晏弘率八都西迎僖宗于蜀，所過剽略，行至興元，逐節度使牛叢[二]，自稱留後。僖宗即以晏弘爲節度使，晏弘以建等八都頭皆領屬州刺史。已而晏弘擁衆東歸，陷陳許，建與晉暉、韓建、張造、李師泰等各率一都西奔于蜀。僖宗得之大喜，號「隨駕五都」，以屬十軍觀軍容使田令孜，令孜以建等爲養

子。僖宗還長安，使建與晉暉等將神策軍宿衛。

光啓元年，河中王重榮與令孜爭鹽池，重榮召晉兵犯京師，僖宗幸鳳翔。二年三月，移幸興元，以建爲清道使，使負玉璽以從[三]。行至當塗驛，李昌符焚棧道，棧道幾斷，建控僖宗馬，冒煙燄中過，宿坂下，僖宗枕建膝寢，既覺，涕泣，解御衣賜之。

僖宗已至興元，令孜以謂天子播越，由己致之，懼且得罪，復恭代爲軍容使。令孜因求爲西川監軍，楊復恭代爲軍容使。復恭出建爲壁州刺史，建乃招集亡命及谿洞夷落，有衆八千，以攻閬州，執其刺史楊行遷，又攻利州，利州刺史王珙棄城走。敬瑄患之，以問令孜，令孜曰：「王八吾兒也，以一介召之，可置麾下。」乃使人招建。

我欲至成都見陳公，以求一鎮。」即以其家屬託彥朗，選精兵二千[四]，馳之成都。行至鹿頭關，敬瑄悔召建，使人止之。建大怒，擊破鹿頭關，取漢州。彥朗聞之，出兵助建，軍于學射。敬瑄遣將句惟立逆建，建擊敗之，遂攻彭州。敬瑄遣眉州刺史山行章將兵五萬屯新繁，建又擊敗之，虜獲萬餘人，橫屍四十里。敬瑄發兵七萬益行章，與建相持濛陽、新都百餘日。昭宗遣左諫議大夫李洵爲兩川宣諭和協使，詔彥朗等罷兵。彥朗請以大臣鎮蜀，因爲建求旌節。文德元年六月，以宰相韋昭度爲西川節度使。分邛、蜀、黎、雅爲永平

東川顧彥朗與建有舊，建聞令孜召已，大喜，因至梓州，謂彥朗曰：「十軍阿父召我，

軍，拜建節度使。

敬瑄不受代，昭宗即命昭度將彥朗等兵討之。昭宗以建爲招討牙內都指揮使。久之，不克，建謂昭度曰：「公以數萬之衆，困兩川之人。昭宗以建爲招討牙內都指揮使。久東方諸鎮，兵接都畿，公當歸相天子，靜中原以固根本，此蠻夷之國，不足以留公！」昭度遲疑未決，建遣軍士擒昭度親吏於軍門，臠而食之，建入白曰：「軍士飢，須此爲食爾！」昭度大恐，即留符節與建而東。建即以兵扼劍門，兩川由是阻絕。

昭度已去，建引兵攻成都，而資、簡、戎、茂、嘉、邛諸州皆殺刺史降建。

山行章屯廣都，建擊敗之，行章走眉州，以州降建。

建攻成都甚急，田令孜登城呼建曰：「老夫與公相厚，何嫌而至此！」建曰：「軍容父子之恩，心何可忘。然兵討不受代者，天子命也。」令孜夜入建軍，以節度觀察牌印授建。明日，敬瑄開門迎建。建將入城，以張勍爲都虞候，戒其軍士曰：「吾以張勍爲虞候矣，汝等無犯其令，幸無劾執而見我，我尚活汝」，使其殺而後白，吾亦不能詰也。」建入城，軍士剽略，勍殺百人而止。後建遷敬瑄于雅州，使人殺之，復以令孜爲監軍，既而亦殺之。

大順二年十月，唐以建爲檢校司徒、成都尹、劍南西川節度副大使、知節度事、管內觀察處置雲南八國招撫等使。

東川顧彥朗卒，其弟彥暉立。唐遣宦者宗道弼賜彥暉東川旌節〔五〕，綿州刺史常厚執道弼以攻梓州，建遣李簡、王宗滌等討厚，戒曰：「兵已破厚，彥暉必出犒師，即與俱來，無煩吾再舉也。」簡等擊厚〔六〕，敗之鍾陽，厚走還綿州，以唐旌節還道弼而出之。彥暉已得節，辭疾不出犒軍。乾寧二年，建遣王宗滌攻之。十二月，宗滌敗彥暉於楸林，斬其將羅璋，遂圍梓州。三年五月，昭宗遣宦者袁易簡詔建罷兵，建收兵還成都。黔南節度使王肇以其地降于建。

四年，宗滌復攻東川，別遣王宗侃、宗阮等出峽，取渝、瀘州。五月，建自將攻東川，昭宗遣諫議大夫李洵、判官韋莊宣諭兩川，詔建罷兵。建不奉詔，乃責授建南州刺史，以郯王爲鳳翔節度使，徙李茂貞代建爲西川節度使〔七〕。茂貞拒命，乃復建官爵。冬十月，建攻破梓州，彥暉自殺。彥暉將顧彥瑤顧城已危〔八〕，謂諸將吏曰：「事公當生死以之！」指其所佩賓鐵劍曰：「事急而有叛者，當齧此劍！」及城將破，彥瑤與彥暉召集將吏飲酒，遂與之俱死。建以王宗滌爲東川留後，唐即以宗滌爲節度使，於是并有兩川之地。

是時，鳳翔李茂貞兼據梁、洋、秦、隴，數以兵侵建。天復元年，梁太祖兵誅宦者，宦者韓全誨等劫天子幸鳳翔，梁兵圍之，茂貞閉城拒守經年，力窘，求與梁和。建間遣人聘茂貞，許以出兵爲援，勸其堅壁勿和。遣王宗滌將兵五萬，聲言迎駕，以攻興元，執其節度使

李繼業〔九〕，而武定節度使拓拔思敬遂以其地降于建，於是并有山南西道。是時，荊南成汭死，襄州趙匡凝遣其弟匡明襲據之，建乘其間，攻下夔、施、忠、萬四州。三年八月，唐封建蜀王。四年，唐遷都洛陽，改元天祐，建與唐隔絕而不知，故仍稱天復。六年，又取歸州，於是并有三峽。

七年，梁滅唐，遣使者諭建，建拒而不納。建因馳檄四方，會兵討梁，四方知其非誠實，皆不應。

是歲正月，巨人見青城山。六月，鳳凰見萬歲縣，黃龍見嘉陽江，而諸州皆言甘露、白鹿、白雀、龜、龍之瑞。秋九月己亥，建乃即皇帝位。封其諸子爲王，以王宗佶爲中書令，韋莊爲左散騎常侍、判中書門下事，唐襲爲樞密使，鄭騫爲御史中丞，張格、王鍇皆爲翰林學士，周博雅爲成都尹。蜀恃險而富，當唐之末，士人多欲依建以避亂。建雖起盜賊，而爲人多智詐，善待士，故其僭號，所用皆唐名臣世族：莊，見素之孫；格，濬之子也。建謂左右曰：「吾爲神策軍將時，宿衞禁中，見天子夜召學士，出入無間，恩禮親厚如寮友，非將相可比也。」故建待格等恩禮尤異，其餘宋玭等百餘人，並見信用。

武成元年正月，祀天南郊，大赦，改元，以王宗佶爲太師。宗佶本姓甘氏，建爲忠武軍卒時掠得之，養以爲子，後以軍功累遷武信軍節度使。後建所生子元懿等稍長，宗佶以養

子心不自安，與鄭騫等謀，求爲大司馬，總六軍，開元帥府，凡軍事便宜行而後聞。建以宗佶創業功多，優容之。唐襲本以舞僮幸於建，宗佶尤易之，後爲樞密使，猶名呼襲，襲雖内恨，而外奉宗佶愈謹。唐襲之怒曰：「宗佶名呼我樞密使，是將反也。」建心益疑。宗佶入奏事，自請不已，建叱衛士撲殺之，并賜騫死。六月，以遂王宗懿爲皇太子。章三上，建以問襲，襲因激怒建曰：「宗佶功臣，其威望可以服人心，陛下宜即與之。」建加尊號英武睿聖皇帝。七月，騶虞見武定。

二年，頒永昌曆。廣都嘉禾合穗。

三年八月，有龍五十見洵陽水中。十月，麟見壁州。十二月，大赦，改明年爲永平元年。岐王李茂貞自爲梁所圍，而山南入于蜀，地狹勢孤，遂與建和，以其子娶建女，因求山南故地。建怒，不與，以王宗侃爲北路都統，宗佑、宗賀、唐襲爲三面招討使以攻岐。戰于青泥，宗侃敗績，退保西縣，爲茂貞兵所圍。建自將擊之，岐兵敗，解去，建至興元而還。

加尊號曰英武睿聖光孝皇帝。

二年，又加號曰英武睿聖神功文德光孝皇帝。初，田令孜之爲監軍也，盜唐傳國璽入于蜀而埋之，二月，尚食使歐陽柔治令孜故第，穿地而得之，以獻。五月，梁遣光祿卿盧玭來聘，推建爲兄，其印文曰「大梁入蜀之印」。宰相張格曰：「唐故事，奉使四夷，其印文曰

『大唐入某國之印』,今梁已兄事陛下,奈何卑我如夷狄?」建怒,欲殺梁使者,格曰:「此梁有司之過爾,不可以絕兩國之懽。」已而梁太祖崩,建遣將作監李紘弔之,遂刻其印文曰「大蜀入梁之印」。

三年正月,麟見永泰。五月,驢虞見壁山。六月,麟見文州。十二月,黃龍見富義江。秋七月,皇太子元膺殺太子少保唐襲。元膺,建次子也,初名宗懿,後更名宗坦[一〇],建得銅牌子於什仿,有文二十餘字,建以爲符讖,因取之以名諸子,故又更曰元膺。元膺爲人猥喙齙齒[一一],多材藝,能射錢中孔,嘗自抱毬擲馬上,馳而射之,無不中。年十七,爲皇太子,判六軍,創天武神機營,開永和府,置官屬。建以元膺年少任重,以記事戒之,令「一切學朕所爲,則可以保國」。又命道士廣成先生杜光庭爲之師。唐襲,建之嬖也,元膺易之,屢譖于朝,建懼其交惡,乃罷襲樞密使,出爲興元節度使。已而襲罷歸,元膺廷疏其過失,建益不悅。是月七夕,元膺召諸王大臣置酒,而集王宗翰、樞密使潘峭、翰林學士毛文錫不至,元膺怒曰:「集王不來,峭與文錫教之耳!」明日,元膺白建峭及文錫離間語[一二]。建怒,將罪之。元膺出而襲入,建以問之,襲曰:「太子謀作亂,欲召諸將、諸王以兵鋤之,然後舉事爾!」建疑之,襲請召營兵入衞[一三]。元膺初不爲備,聞襲召兵,以爲誅己,乃與伶人安悉香、軍將喻全殊率天武兵自衞,遣人擒峭及文錫而笞之,幽於其家;召大將徐瑤、常謙率兵出拒

襲，與襲戰神武門，襲中流矢，墜馬死。建遣王宗賀以兵討之，元膺兵敗，皆潰去。元膺匿躍龍池檻中[四]明日，出而丐食，蜀人識之，以告，建遣宗翰招諭之，宗翰未至，爲衛兵所殺。建乃立其幼子鄭王宗衍爲太子。白龍見邛州江。

四年，荆南高季昌侵蜀巫山，遣嘉王宗壽敗之于瞿唐。八月，殺黔南節度使王宗訓。冬，南蠻攻掠界上，建遣夔王宗範擊敗之于大渡河[五]。麟見昌州。

五年，起壽昌殿於龍興宮，盡建像於壁；又起扶天閣，畫諸功臣像。十一月，大火，焚其宮室。遣王宗儔等攻岐，取其秦、鳳、階、成四州，至大散關。梁叛將劉知俊在岐，於是特以其族來。

通正元年，遣王宗綰等率兵十二萬出大散關攻岐，取隴州。八月，起文思殿，以清資五品正員官購羣書以實之，以内樞密使毛文錫爲文思殿大學士。黃龍見大昌池。十月，大赦，改元。十二月，又改明年元曰天漢[六]，國號漢。

天漢元年，殺劉知俊。十二月，大赦，改明年元曰光天，復國號蜀。

光天元年六月，建卒，年七十二。

建晚年多内寵，賢妃徐氏與妹淑妃皆以色進，專房用事，交結宦者唐文扆等干與外政。建年老昏耄，文扆判六軍，事無大小，皆決文扆。及建疾，以兵入宿衛，謀盡去建故將。故將大臣聞建疾[七]，皆不得入見，久之，宗弼等排闥

入,言文扆欲爲變,乃殺之。建因以老將大臣多許昌故人,必不爲太子用,思擇人未得而疾亟,乃以宦者宋光嗣爲樞密使判六軍而建卒。太子立,去「宗」名「衍」。

衍,字化源。建十一子:曰衞王宗仁,簡王元膺,趙王宗紀,幽王宗輅,韓王宗智,莒王宗特,信王宗傑,魯王宗鼎,興王宗澤,薛王宗平。而鄭王宗衍最幼,其母徐賢妃也,以母寵得立爲皇太子,開崇賢府,置官屬,後更曰天策府。衍爲人方頤大口,垂手過膝,顧目見耳,頗知學問,能爲浮豔之辭。元膺死,建以幽王宗輅貌類己,而信王宗傑於諸子最材賢,欲於兩人擇立之。而徐妃專寵,建老昏耄,妃與宦者唐文扆教相者上言衍相最貴,又諷宰相張格贊成之,衍由是得爲太子。

建卒,衍立,諡建曰神武聖文孝德明惠皇帝,廟號高祖,陵曰永陵。建正室周氏號昭聖皇后,後建數日而卒,衍因尊其母徐氏爲皇太后,后妹淑妃爲皇太妃。太后、太妃以教令賣官,自刺史以下,每一官闕,必數人並爭,而入錢多者得之;通都大邑起邸店,以奪民利。

衍年少荒淫,委其政於宦者宋光嗣、光葆、景潤澄、王承休、歐陽晃、田魯儔等,以韓昭、潘在迎、顧在珣、嚴旭等爲狎客。起宣華苑,苑有重光、太清、延昌、會真之殿〔八〕,清

和、迎仙之宮，降眞、蓬萊、丹霞之亭，飛鸞之閣，瑞獸之門。又作怡神亭[九]，與諸狎客、婦人日夜酣飲其中。嘗以九日宴宣華苑，嘉王宗壽以社稷爲言，言發泣涕。韓昭等曰：「嘉王酒悲爾！」諸狎客共以慢言謔嘲之，坐上誼然。衍不能省也。

蜀人富而喜遨，當王氏晚年，俗競爲小帽，僅覆其頂，俛首即墮，謂之「危腦帽」。衍以爲不祥，禁之。而衍好戴大帽，每微服出遊民間，民間以大帽識之，因令國中皆戴大帽。又好裹尖巾，其狀如錐。而後宮皆戴金蓮花冠，衣道士服，酒酣免冠，其髻鬢然，更施朱粉，號「醉粧」，國中之人皆效之。嘗與太后、太妃游青城山，宮人衣服，皆畫雲霞，飄然望之若仙。衍自作甘州曲，述其仙狀，上下山谷，衍常自歌，而使宮人皆和之。衍立之明年，改元乾德。

乾德元年正月，祀天南郊，大赦，加尊號爲聖德明孝皇帝。

二年冬，北巡，至于西縣，旌旗戈甲，連亘百餘里。其還也，自閬州浮江而上，龍舟畫舸，照耀江水，所在供億，人不堪命。

三年正月，還成都。

五年，起上清宮，塑王子晉像，尊以爲聖祖至道玉宸皇帝，又塑建及衍像，侍立於其左右。，又於正殿塑玄元皇帝及唐諸帝，備法駕而朝之。

六年，以王承休爲天雄軍節度使[一〇]。天雄軍，秦州也。承休以宦者得幸，爲宣徽使，承休妻嚴氏，有絕色，衍通之。是時，唐莊宗滅梁，蜀人皆懼。莊宗遣李嚴聘蜀，衍與俱朝上清，而蜀都士庶，簾帷珠翠，夾道不絕。嚴見其人物富盛，而衍驕淫，歸乃獻策伐蜀。明年，唐魏王繼岌、郭崇韜伐蜀。是歲，衍改元曰咸康。衍自立，歲常獵于子來山。是歲，又幸彭州陽平化、漢州三學山。以王承休妻嚴氏故，十月，幸秦州，羣臣切諫，衍不聽。行至梓潼，大風發屋拔木，太史曰：「此貪狼風也，當有敗軍殺將者。」衍不省[一一]。衍至縣而唐師入其境，衍懼，遽還。唐師所至，州縣皆迎降。衍留王宗弼守綿谷，遣王宗勳、宗儼、宗昱率兵以拒唐師。宗勳等至三泉，望風退走。衍詔宗弼誅宗勳等，宗勳等合謀，送款於唐師。衍自綿谷還成都，百官及後宮迎謁七里亭，衍雜宮人作回鶻隊以入。明日，御文明殿，與其羣臣相對涕泣。而宗弼亦自綿谷馳歸，登太玄門，遣王宗勳、宗儼、宋光嗣景潤澄歐陽晃等殺之，函首送于繼岌。衍即上表乞降，宗弼遷衍于天啓宮。魏王繼岌至成都，衍君臣面縛輿櫬，出降于七里亭。

莊宗召衍入洛，賜衍詔曰：「固當列土而封，必不薄人于險，三辰在上，一言不欺！」衍捧詔，忻然就道，率其宗族及僞宰相王鍇張格庾傳素許寂、翰林學士李昊等[一二]，及諸將佐家族數千人以東。同光四年四月，行至秦川驛，莊宗用伶人景進計，遣宦者向延嗣誅其

族。衍母徐氏臨刑呼曰:「吾兒以一國迎降,反以爲戮,信義俱棄,吾知其禍不旋踵矣!」衍妾劉氏,鬢髮如雲而有色,行刑者將免之,劉氏曰:「家國喪亡,義不受辱!」遂就死。

宗弼,本姓魏,名弘夫,建錄爲養子。建攻顧彥暉,宗弼常以建語泄之彥暉,敗,建待之如初。建病且卒,宗弼守太師兼中書令、判六軍,輔政。衍已降,宗弼以蜀珍寶奉魏王及郭崇韜,求爲西川節度使,魏王曰:「此我家物也,何用獻爲?」居數日,爲崇韜所殺。

宗壽,許州民家子也。建以同姓,錄之爲子。宗壽好學,工琴奕,爲人恬退,喜道家之術,事建時爲鎮江軍節度使。衍既立,宗壽爲太子太保奉朝請,以鍊丹養氣自娛。衍爲淫亂,獨宗壽常切諫之。後爲武信軍節度使。

唐師伐蜀,所在迎降,魏王嘗以書招之,獨宗壽不降。聞衍已銜璧,大慟,從衍東遷,至岐陽,以賂賂守者,得入見衍,衍泣下霑襟,曰:「早從王言,豈有今日!」衍死,宗壽走澠池,聞莊宗遇弑,亡入熊耳山。天成二年,出詣京師,上書求衍宗族葬之。明宗嘉其忠,以爲保義軍行軍司馬,封衍順正公,許以諸侯禮葬之。宗壽得王氏十八喪,葬之長安南三

趙村。

嗚呼,自秦漢以來,學者多言祥瑞,雖有善辯之士,不能祛其惑也!予讀蜀書,至於龜、龍、麟、鳳、騶虞之類世所謂王者之嘉瑞,莫不畢出於其國,異哉!然考王氏之所以興亡成敗者,可以知之矣。或以爲一王氏不足以當之,則視時天下治亂,可以知之矣。

龍之爲物也,以不見爲神,以升雲行天爲得志。今偃然暴露其形,是不神也;不上于天而下見於水中,是失職也。然其一何多歟,可以爲妖矣。鳳凰,鳥之遠人者也。當是之時,鳳凰適至,或出於庸君繆政之時,或出於危亡大亂之際,是果爲瑞哉?其後鳳凰數至,或出於治天下,政成而民悅,命夔作樂,樂聲和,鳥獸聞之皆鼓舞。其後因以鳳來爲有道之應。因并記以爲美,後世因以鳳來爲有道之應。麟,獸之遠人者也。昔魯哀公出獵,得之而不識,蓋索而獲之,非其自出也。故孔子書於春秋曰「西狩獲麟」者,譏之也。「西狩」非其遠也;「獲麟」,惡其盡取也。狩必書地,而哀公馳騁所涉地多,不可徧以名舉,故書「西」以包衆地,謂其舉國之西皆至也。麟,人罕識之獸也,以見公之窮山竭澤而盡取,至於不識之獸,皆搜索而獲之,故曰「譏之也」。聖人已没,而異端之說興,乃以麟爲王者之瑞,而附以符命、讖緯詭怪之言。鳳嘗出於舜,以爲瑞,猶有説也,及其後出於亂世,則可以知其非瑞矣。

若麟者，前有治世如堯、舜、禹、湯、文、武、周公之世[三]，未嘗一出，其一出而當亂世，然則孰知其爲瑞哉？䮝，玄物也，污泥川澤，不可勝數，其死亦貴於卜官者，用適有宜爾。而戴氏禮以其在宮沼爲王者難致之瑞，戴禮雜出於諸家，其失亦以多矣。騶虞，吾不知其何物也。詩曰：「吁嗟乎騶虞！」賈誼以謂騶者，文王之囿。」虞，虞官也。當誼之時，其說如此，然則以之爲獸者，其出於近世之說乎？

夫破人之惑者，難與爭於篤信之時，待其有所疑焉，然後從而攻之可也。麟、鳳、䮝、龍，王者之瑞，而出於五代之際，又皆萃于蜀，此雖好爲祥瑞之說者亦可疑也。因其可疑者而攻之，庶幾惑者有以思焉。[二]

[一] 據前蜀書、運曆圖、九國志皆云建以唐大順二年入成都爲西川節度使，天復七年九月建號[二四]，明年正月改元武成，今以爲定。惟舊五代史云龍紀元年入成都，天祐五年建號改元者，繆也。至後唐同光三年蜀滅，則諸書皆同。自大順二年至同光三年，凡三十五年。

校勘記

[一] 爲人隆眉廣顙 「爲人」二字原闕，據宗文本補。

[二] 牛叢 舊五代史卷一三六王建傳、冊府卷二二三同，新唐書卷九僖宗紀、冊府卷一七八、通鑑

〔三〕使負玉璽以從 「使」字原闕，據宗文本補。卷二五五作「牛勗」。

〔四〕選精兵二千 「二千」，通鑑卷二五七同，舊五代史卷一三六王建傳、通鑑、冊府卷一二三作「三千」。

〔五〕宗道弼 通鑑卷二五八作「宋道弼」。按唐書、新唐書、通鑑、冊府數見宋道弼，嘗爲神策右軍中尉。唐重修内侍省碑（拓片刊考古與文物一九八三年第四期）記「内樞密使廣平宋公道弼」。

〔六〕簡等擊厚 「厚」字原闕，據宗文本補。

〔七〕徙李茂貞代建爲西川節度使 「徙」字原闕，據宗文本補。

〔八〕顧彥瑤 通鑑卷二六一作「顧瑤」。按錢大昕考異卷六六：「案唐書顧彥暉傳，瑤爲彥暉養子，且單名瑤，無『彥』字。」本卷下一處同。

〔九〕李繼業 通鑑卷二六三作「李繼密」。

〔一〇〕後更名宗坦 通鑑卷二六七敍其事云：「蜀主更太子宗懿名曰元坦。」

〔一一〕元膺爲人猴喙齲齒 「齲齒」，通鑑卷二六八作「齙齒」。

〔一二〕元膺白建峭及文錫離間語 「離間語」，宋丙本作「離諸王」，宗文本作「離間諸王」。

〔一三〕襲請召營兵入衛 「營兵」，宗文本作「屯營軍」。通鑑卷二六八敍其事作「屯營兵」。

〔一四〕元膺匿躍龍池檻中 「躍龍池」，通鑑卷二六八作「龍躍池」。按檮杌卷上：「摩訶池爲龍

〔五〕建遣夔王宗範擊敗之于大渡河　「大渡河」，原作「大河渡」，據宗文本改。通鑑卷二六九敍其事亦作「大渡河」。

〔六〕十月大赦改元十二月又改明年元日天漢　「改元十二月又」六字原闕，據宗文本補。按舊五代史卷一三六王建傳：「（永平五年）改元通正，是年冬，改元天漢。」

〔七〕故將大臣聞建疾　「大臣」二字原闕，據宗文本補。

〔八〕苑有重光太清延昌會真之殿　「苑」字原闕，據宗文本補。

〔九〕又作怡神亭　「怡神亭」，原作「悦神亭」，據宋丙本、宗文本、舊五代史卷一三六王衍傳改。

〔一〇〕以王承休爲天雄軍節度使　「軍」字原闕，據宗文本、困學紀聞卷一五引五代史補。

〔一一〕衍不省　以上三字原闕，據宗文本補。

〔一二〕李昊　原作「李旻」，據南監本改。按通鑑卷二七四：「蜀主命翰林學士李昊草降表。」本書卷六四後蜀世家、蜀檮杌卷下記李昊事。柴德賡識語：「百衲本作『李旻』，誤。昊被稱爲世草降表|李家者也。」

〔一三〕前有治世如堯舜禹湯文武周公之世　「舜」字原闕，據宗文本補。

〔一四〕天復七年九月建號　「天復」，原作「天祐」，據宗文本改。按本卷上文：「改元天祐，建與唐隔絕而不知，故仍稱『天復』。」

新五代史卷六十四

後蜀世家第四

孟知祥 子昶

孟知祥，字保胤，邢州龍岡人也。其叔父遷，當唐之末，據邢、洺、磁三州，爲晉所虜。晉王以遷守澤潞，梁兵攻晉，遷以澤潞降梁。知祥父道，獨留事晉而不顯。及知祥壯，晉王以其弟克讓女妻之，以爲左教練使。莊宗爲晉王，以知祥爲中門使。前此爲中門使者多以罪誅〔一〕，知祥懼，求佗職，莊宗命知祥薦可代己者，知祥因薦郭崇韜自代，崇韜德之，知祥遷馬步軍都虞候。莊宗建號，以太原爲北京，以知祥爲太原尹、北京留守〔二〕。

魏王繼岌伐蜀，郭崇韜爲招討使，崇韜臨訣，白曰：「即臣等平蜀，陛下擇帥以守西川，無如孟知祥者。」已而唐兵破蜀，莊宗遂以知祥爲成都尹、劍南西川節度副大使。知祥

馳至京師，莊宗戒有司盛供帳，多出內府珍奇諸物以宴勞之。酒酣，語及平昔，以為笑樂，歎曰：「繼岌前日乳臭兒爾，乃能為吾平定兩川，吾徒老矣，孺子可喜，然益令人悲爾！吾憶先帝棄世時，疆土侵削，僅保一隅，豈知今日奄有天下，九州四海，珍奇異產，充牣吾府！」因指以示知祥曰：「吾聞蜀土之富，無異於此，以卿親賢，故以相付。」

同光四年正月戊辰，知祥至成都，而崇韜已死。魏王繼岌引軍東歸，先鋒康延孝，攻破漢州。知祥遣大將李仁罕會任圜、董璋等兵擊破延孝，知祥得其將李肇、侯弘實及其兵數千以歸。而莊宗崩，魏王繼岌死，明宗入立。知祥乃訓練兵甲，陰有王蜀之志。益置義勝、定遠、驍銳、義寧、飛棹等軍七萬餘人，命李仁罕、趙廷隱、張業等分將之。

初，魏王之班師也，知祥率成都富人及王氏故臣家，得錢六百萬緡以犒軍，其餘者猶二百萬。任圜自蜀入為相，兼判三司，素知蜀所餘錢。是冬，知祥加拜侍中（三），乃以太僕卿趙季良齎官告賜之，因以為三川制置使，督蜀犒軍餘錢送京師，且制置兩川征賦，知祥怒，不奉詔。然知祥與季良有舊，遂留之。

樞密使安重誨頗疑知祥有異志，思有以制之。初，知祥鎮蜀，莊宗以宦者焦彥賓為監軍，明宗入立，悉誅宦者，罷諸道監軍。彥賓已罷，重誨復以客省使李嚴為監軍。嚴前使蜀，既歸而獻策伐蜀，蜀人皆惡之，而知祥亦怒曰：「焦彥賓以例罷，而諸道皆廢監軍，獨

吾軍置之，是嚴欲以蜀再爲功也。」掌書記毋昭裔及諸將吏皆請止嚴而無內，知祥曰：「吾將有以待其來！」嚴至境上，遣人持書候知祥，知祥盛兵見之，冀嚴懼而不來，嚴聞之自若。天成二年正月，嚴至成都，知祥置酒召嚴。是時，焦彥賓雖罷，猶在蜀，嚴於懷中出詔示知祥以誅彥賓，知祥不聽，因責嚴曰：「今諸方鎮已罷監軍，公何得來此？」目客將王彥銖執嚴下，斬之。明宗不能詰。

初，知祥鎮蜀，遣人迎其家屬于太原，行至鳳翔，鳳翔節度使李從曮聞知祥殺李嚴，以爲知祥反矣，遂留之。明宗既不能詰，而猶欲以恩信懷之[四]，乃遣客省使李仁矩慰諭知祥，并送瓊華公主及其子昶等歸之。

知祥因請趙季良爲節度副使，事無大小，皆與參決。三年，唐徙季良爲果州團練使，以何瓚爲節度副使。知祥得制書匿之，表留季良，不許。乃遣其將雷廷魯至京師論請，明宗不得已而從之。是時，瓚行至縣谷，懼不敢進，知祥乃奏瓚爲行軍司馬。

是歲，唐師伐荊南，詔知祥以兵下峽，知祥遣毛重威率兵三千戍夔州。已而荊南高季興死，其子從誨請命，知祥請罷戍兵，不許。知祥諷重威以兵鼓譟，潰而歸，唐以詔書劾重威，知祥奏請無劾，由是唐大臣益以知祥爲必反。

四年，明宗將有事于南郊，遣李仁矩責知祥助禮錢一百萬緡，知祥覺唐謀欲困己，辭

不肯出。久之,請獻五十萬而已。初,魏王繼岌東歸,留精兵五千戍蜀。自安重誨疑知祥有異志,聽言事者,用己所親信分守兩川管內諸州,每除守將,則以精兵為其牙隊,多者二三千,少者不下五百人,以備緩急。是歲,以夏魯奇為武信軍節度使,分東川之閬州為保寧軍,以李仁矩為節度使;又以武虔裕為縣州刺史。仁矩與東川董璋有隙,而虔裕,重誨表兄,由是璋與知祥皆懼,以謂唐將致討。自璋鎮東川,未嘗與知祥通問,於是璋始遣人求婚以自結。而知祥心恨璋,欲不許,以問趙季良,季良以為宜合從以拒唐,知祥乃許。於是連表請罷還唐所遣節度使、刺史等。明宗優詔慰諭之。

長興元年二月,明宗有事于南郊,加拜知祥中書令。初,知祥與璋俱有異志,而安重誨信言事者〔五〕,以璋盡忠於國,獨知祥可疑,重誨猶欲倚璋以圖知祥。是歲九月,董璋先反,攻破閬州,擒李仁矩殺之。是月應聖節,知祥開宴,東北望再拜,俯伏嗚咽,泣下沾襟,士卒皆為之歔欷。明日,遂舉兵反。

是秋,明宗改封瓊華公主為福慶長公主〔六〕,有司言前世公主受封,皆未出降,無遣使就藩冊命之儀。詔有司草具新儀,乃遣祕書監劉岳為冊使。岳行至鳳翔,聞知祥反,乃旋。明宗下詔削奪知祥官爵,命天雄軍節度使石敬瑭為都招討使,夏魯奇為副。知祥遣李仁罕、張業、趙廷隱將兵三萬人會璋攻遂州,別遣侯弘實將四千人助璋守東川,又遣張

武下峽取渝州。唐師攻劍門，殺璋守兵三千人，遂入劍門。璋來告急，知祥大駭，遣廷隱分兵萬人以東，已而聞唐軍止劍州不進，喜曰：「使唐軍急趨東川，則遂州解圍，吾勢沮而兩川搖矣。今其不進，吾知易與爾。」十二月，敬瑭及廷隱戰于劍門，唐師大敗。張武已取渝州，武病卒，其副將袁彥超代將其軍，又取黔州。二年正月，李仁罕克遂州，夏魯奇死之，知祥以仁罕爲武信軍留後，遣人馳魯奇首示敬瑭軍，敬瑭乃班師。利州李彥珂聞唐軍敗[七]，東歸，乃棄城走，知祥以趙廷隱爲昭武軍留後。李仁罕進攻夔州，刺史安崇阮棄城走，以趙季良爲留後。

是時，唐軍涉險，以餉道爲艱，自潼關以西，民苦轉餽，每費一石不能致一斗，道路嗟怨，而敬瑭軍既旋[八]，所在守將又皆棄城走。明宗憂之，以責安重誨。重誨懼，遽自請行。而重誨亦以被讒得罪死。明宗謂致知祥等反由重誨失策，及重誨死，乃遣西川進奏官蘇愿、進奉軍將杜紹本西歸招諭知祥，具言知祥家屬在京師者皆無恙。

知祥聞重誨誅死，而唐厚待其家屬，乃邀璋欲同謝罪，璋曰：「孟公家屬皆存，而我子孫獨見殺，我何謝爲！」知祥三遣使往見璋，璋不聽，乃遣觀察判官李昊說璋，璋益疑知祥賣己，因發怒，以語侵昊。昊乃勸知祥攻之。而璋先襲破知祥漢州，知祥遣趙廷隱率兵三萬，自將擊之，陣雞距橋[九]。知祥得璋降卒，衣以錦袍，使持書招降璋，璋曰：「事已及

此,不可悔也!」璋軍士皆譟曰:「徒曝我於日中,何不速戰?」璋即麾軍以戰。兵始交,璋偏將張守進來降,知祥乘之,璋遂大敗。過金鴈橋,麾其子光嗣使降,以保家族,光嗣哭曰:「自古豈有殺父以求生者乎?寧俱就死!」因與璋俱走。知祥遣趙廷隱追之,不及,璋走至梓州見殺,光嗣自縊死,知祥卒不遣使謝唐。

唐樞密使范延光曰:「知祥雖已破璋,必借朝廷之勢,以爲兩川之重,自非屈意招之,彼亦不能自歸也。」明宗曰:「知祥,吾故人也,本因閒諜,致此危疑,撫吾故人,何屈意之有?」先是,克寧妻孟氏,知祥妹也。莊宗已殺克寧,孟氏歸于知祥,其子璟,留事唐爲供奉官。明宗即遣璟歸省其母,因賜知祥詔書招慰之。知祥兼據兩川,以趙季良爲武泰軍留後、李仁罕武信軍留後、趙廷隱保寧軍留後、張業寧江軍留後[一○]、李肇昭武軍留後,良等因請知祥稱王,以墨制行事,議未決而璟至蜀。知祥見璟倨慢。九月,璟自蜀還,得知祥表,請除趙季良等爲五鎮節度,其餘刺史已下,得自除授。又請封蜀王,且言福慶公主已卒。明宗爲之發哀,遣閤門使劉政恩爲宣諭使。政恩復命,知祥始遣其將朱洨來朝[一一]。

四年二月癸亥,制以知祥檢校太尉兼中書令、行成都尹、劍南東西兩川節度、管內觀察處置統押近界諸蠻兼西山八國雲南安撫制置等使。遣工部尚書盧文紀册封知祥爲蜀

王,而趙季良等五人皆拜節度使。唐兵先在蜀者數萬人,知祥皆厚給其衣食,因請送其家屬,明宗詔諭不許。十一月,明宗崩。明年閏正月[三],知祥乃即皇帝位,國號蜀。以趙季良爲司空、同中書門下平章事,中門使王處回爲樞密使,李昊爲翰林學士。

三月,唐潞王舉兵於鳳翔,愍帝遣王思同等討之,思同兵潰,山南西道節度使張虔釗、武定軍節度使孫漢韶皆以其地附于蜀。四月,知祥改元曰明德。六月,虔釗等至成都,知祥宴勞之,虔釗奉觴起爲壽,知祥手緩不能舉觴,遂病,以其子昶爲皇太子監國。知祥卒,謚爲文武聖德英烈明孝皇帝,廟號高祖,陵曰和陵。

昶,知祥第三子也。知祥爲兩川節度使[三],昶爲行軍司馬[四]。知祥僭號,以昶爲東川節度使、同中書門下平章事。知祥病,昶監國。知祥已卒而祕未發喪[五],王處回夜過趙季良,相對泣涕不已,季良正色曰:「今彊侯握兵,專伺時變,當速立嗣君以絕非望,泣無益也。」處回遂與季良立昶,而後發喪。昶立,不改元,仍稱明德,至五年始改元曰廣政。

明德三年三月,熒惑犯積尸,昶以謂積尸,蜀分也,懼,欲禳之,以問司天少監胡韞韞曰:「按十二次,起井五度至柳八度,爲鶉首之次,鶉首,秦分也,蜀雖屬秦,乃極南之表

前世火入鬼，其應在秦[六]。晉咸和九年三月，火犯積尸，四月，雍州刺史郭權見殺。義熙十四年[七]，火犯鬼，明年，雍州刺史朱齡石見殺。而蜀皆無事。」昶乃止[八]。

昶好打毬走馬，又爲方士房中之術，多採良家子以充後宮。樞密副使韓保貞切諫，昶大悟，即日出之，賜保貞金數斤。有上書者，言臺省官當擇清流，昶歎曰：「何不言擇其人而任之？」左右請以其言詰上書者，昶曰：「吾見唐太宗初即位，獄吏孫伏伽上書言事，皆見嘉納，奈何勸我拒諫耶！」

然昶年少不親政事，而將相大臣皆知祥故人，知祥寬厚，多優縱之，及其事昶，益驕蹇，多踰法度，務廣第宅，奪人良田，發其墳墓，而李仁罕、張業尤甚。昶即位數月，執仁罕殺之，并族其家。是時，李肇自鎮來朝，杖而入見，稱疾不拜，及聞仁罕死，遽釋杖而拜。

廣政九年，趙季良卒，張業益用事。業，仁罕甥也。業方掌禁兵，昶懼其反仄[九]，乃用以爲相，業兼判度支，置獄于家，務以酷法厚斂蜀人，蜀人大怨。十一年，昶與匡聖指揮使安思謙謀，執而殺之。王處回、趙廷隱相次致仕，由是故將舊臣始盡。昶始親政事，於朝堂置匭以通下情。

是時，契丹滅晉，漢高祖起於太原，中國多故，雄武軍節度使何建以秦、成、階三州附于蜀，昶因遣孫漢韶攻下鳳州，於是悉有王衍故地。漢將趙思綰據永興、王景崇據鳳翔附

反,皆送款于昶。昶遣張虔釗出大散關,何建出隴右,李廷珪出子午谷,以應思綰。昶相毋昭裔切諫以爲不可,然昶志窺關中甚銳,乃遣安思謙益兵以東。已而漢誅思綰、景崇,虔釗等皆罷歸,而思謙恥於無功,多殺士卒以威衆。昶與翰林使王藻謀殺思謙,而邊吏有急奏,藻不以時聞,輒啓其封,昶怒之。其殺思謙也,藻方侍側,因并擒藻斬之。

十二年,置吏部三銓、禮部貢舉。

十三年,昶加號睿文英武仁聖明孝皇帝。封子玄喆秦王、判六軍事,次子玄珏褒王,弟仁毅夔王,仁贄雅王,仁裕嘉王〔二〕。

十八年,周世宗伐蜀,攻自秦州。昶以韓繼勳爲雄武軍節度,聞周師來伐,歎曰:「繼勳豈足以當周兵邪!」客省使趙季札請行,乃以季札爲秦州監軍使。季札行至德陽,聞周兵至,遽馳還奏事。昶問之〔三〕,季札惶懼不能道一言,昶怒殺之,乃遣高彦儔、李廷珪出堂倉以拒周師。彦儔大敗,走青泥,於是秦、成、階、鳳復入于周。昶懼,分遣使者聘於南唐、東漢,以張形勢。

二十年,世宗以所得蜀俘歸之,昶亦歸所獲周將胡立于京師,因寓書于世宗,世宗怒昶無臣禮,不答。

二十一年,周兵伐南唐,取淮南十四州,諸國皆懼。荊南高保融以書招昶使歸周,昶

以前嘗致書世宗不答，乃止。昶幼子玄寶，生七歲而卒[三]，太常言無服之殤無贈典[三]。昶問李昊，昊曰：「昔唐德宗皇子評，生四歲而卒，贈揚州大都督，封肅王，此故事也。」昶乃贈玄寶青州大都督，追封遂王。

二十五年，立秦王玄喆爲皇太子。昶幸晉、漢之際，中國多故，而據險一方，君臣務爲奢侈以自娛，至於溺器，皆以七寶裝之。宋興，已下荆、潭，昶益懼，遣大程官孫遇以蠟丸書間行東漢，約出兵以撓中國，遇爲邊吏所得。太祖皇帝遂詔伐蜀，遣王全斌、崔彥進等出鳳州，劉光乂、曹彬等出歸州；詔八作司度右掖門南，臨汴水爲昶治第一區，凡五百餘間，供帳什物皆具，以待昶。

昶遣王昭遠、趙彥韜等拒命。昭遠，成都人也，年十三，事東郭禪師智諲爲童子。知祥嘗飯僧於府，昭遠執巾履從智諲以入，知祥見之，愛其惠黠。時昶方就學，即命昭遠給事左右，而見親狎。昶立，以爲捲簾使。樞密使王處回致仕，昶以樞密使權重難制，乃以昭遠爲通奏使、知樞密使事，然事無大小，一以委之，府庫金帛恣其所取不問。昶母李太后常爲昶言昭遠不可用，昶不聽。昭遠好讀兵書，以方略自許。兵始發成都，昶遣李昊等餞之，昭遠手執鐵如意，指揮軍事[四]，自比諸葛亮，酒酣，謂昊曰：「吾之是行，何止克敵，當領此二三萬雕面惡少兒，取中原如反掌爾！」昶又遣子玄喆率精兵數萬守劍門。玄喆

輦其愛姬，攜樂器，伶人數十以從，蜀人見者皆竊笑。全斌至三泉，遇昭遠，擊敗之。昭遠焚吉柏江浮橋，退守劍門。軍頭向韜得蜀卒降卒，言來蘇小路，出劍門南清彊店，與大路合。全斌遣偏將史延德分兵出來蘇，北擊劍門，與全斌夾攻之，昭遠、彥韜敗走，皆見擒。玄喆聞昭遠等敗，亦逃歸。

劉光乂攻夔州，夔州守將高彥儔戰敗[二五]，閉牙城拒守，判官羅濟勸其走，彥儔曰：「吾昔不能守秦川，今又奔北，雖人主不殺我，我何面目見蜀人乎！」又勸其降，彥儔不許，乃自焚死。而蜀兵所在奔潰，將帥多被擒獲。昶問計於左右，老將石頵以謂東兵遠來[二六]，勢不能久，宜聚兵堅守以敝之。昶歎曰：「吾與先君以溫衣美食養士四十年，一旦臨敵，不能為吾東向放一箭，雖欲堅壁，誰與吾守者邪！」乃命李昊草表以降，時乾德三年正月也。自興師至昶降，凡六十六日。初，昊事王衍為翰林學士，衍之亡也，昊為草降表，至是又草焉，蜀人夜表其門曰「世脩降表李家」，當時傳以為笑。

昶至京師，拜檢校太師兼中書令，封秦國公，七日而卒，追封楚王。其母李氏，為人明辯，甚見優禮，詔書呼為「國母」，嘗召見勞之曰：「母善自愛，無戚戚思蜀，佗日當送母歸。」李氏曰：「妾家本太原，儻得歸老故鄉，不勝大願。」是時，劉鈞尚在，太祖大喜曰：「俟平劉鈞，當如母願。」昶之卒也，李氏不哭，以酒酹地祝曰：「汝不能死社稷，苟生以取

羞。吾所以忍死者,以汝在也。吾今何用生爲!」因不食而卒。其餘事具國史。〔二〕

〔二〕知祥興滅年數甚明,諸書皆同,蓋自同光三年乙酉入蜀,至皇朝乾德三年乙丑國滅,凡四十一年。惟舊五代史云同光三年丙戌至乾德三年乙丑,四十年者,繆也。

校勘記

〔一〕前此爲中門使者多以罪誅 「此」下原有「人」字,據宗文本刪。

〔二〕北京留守 舊五代史卷三三唐莊宗紀六、卷三三三唐莊宗紀七作「北京副留守」。

〔三〕知祥加拜侍中 「加」字原闕,據宗文本補。通鑑卷二七五敍其事作「加西川節度使孟知祥兼侍中」。

〔四〕而猶欲以恩信懷之 「猶」字原闕,據宗文本補。

〔五〕安重誨 「安」字原闕,據宗文本補。

〔六〕明宗改封瓊華公主爲福慶長公主 「瓊華公主」,通鑑卷二七七胡注引歐史、舊五代史卷三九唐明宗紀五、福慶長公主墓誌(拓片刊成都出土歷代墓銘券文圖錄綜釋)作「瓊華長公主」。

〔七〕李彦珂 通鑑卷二七七作「李彦琦」。

〔八〕而敬瑭軍既旋 「既」,原作「亦」,據宗文本、吳縝纂誤卷下引五代史改。

〔九〕鷄距橋 通鑑卷二七七、九國志卷七作「鷄蹤橋」。

〔一〕張業 宋丙本作「張鄴」，舊五代史卷四四唐明宗紀十作「張知業」，册府卷一七八作「張知鄴」。本卷各處同。

〔二〕朱滉 原作「朱晃」，據宗文本、本書卷六唐本紀、册府卷一七八改。

〔三〕明年閏正月 「閏」字原闕，據宗文本補。

〔四〕知祥爲兩川節度使 「兩川節度使」，宋史卷四七九西蜀孟氏世家同，宗文本作「西川節度使」。

〔五〕知祥爲行軍司馬 「昶」，宗文本作「昉」。

〔六〕知祥已卒而祕未發喪 「喪」字原闕，據宗文本、通鑑卷二七九補。

〔七〕其應在秦 宗文本作「其應多在秦」。

〔八〕義熙十四年 原作「十四」，據宗文本改。按晉書卷一三天文志，朱齡石卒於義熙十四年之明年，即晉恭帝元熙元年。

〔九〕昶乃止 「昶」字原闕，據宗文本補。

〔一〇〕昶懼其反仄 「仄」字原闕，據宋丙本、宗文本補。

〔一一〕仁裕嘉王 通鑑卷二八九、蜀檮杌卷下敍其事云：「仁裕爲彭王，仁操爲嘉王。」東都事略卷二三：「仁祐彭王，仁操嘉王。」

〔一二〕昶問之 「問」，宗文本作「召問」。

後蜀世家第四

九〇九

〔二一〕二十一年……昶幼子玄寶生七歲而卒　蜀檮杌卷下繫其事於十三年。

〔二二〕太常言無服之殤無贈典　「之」字原闕，據宗文本補。

〔二三〕指揮軍事　「軍」字原闕，據宗文本、諸史提要卷一五引五代史、續資治通鑑長編卷五、東都事略卷二三、隆平集卷一二補。

〔二四〕夔州守將高彥儔戰敗　「夔州」二字原闕，據宗文本補。

〔二五〕石頵　續資治通鑑長編卷六、太平治迹統類卷一作「石奉頵」，宋史卷四七九西蜀孟氏世家、宋朝事實卷一七作「石斌」。

新五代史卷六十五

南漢世家第五

劉隱 弟龑 龑子玢 玢弟晟 晟子鋹

劉隱,其祖安仁[一],上蔡人也,後徙閩中,商賈南海,因家焉。父謙,爲廣州牙將。唐乾符五年,黃巢攻破廣州,去略湖湘間,廣州表謙封州刺史、賀江鎮遏使,以禦梧、桂以西。歲餘,有兵萬人,戰艦百餘艘。謙三子,曰隱、台、巖。謙卒,廣州表隱代謙封州刺史。乾寧中,節度使劉崇龜死,嗣薛王知柔代爲帥,行至湖南,廣州將盧琚、覃玘作亂[二],知柔不敢進。隱以封州兵攻殺琚、玘,迎知柔,知柔辟隱行軍司馬。其後徐彥若代知柔,表隱節度副使,委以軍政。彥若卒,軍中推隱爲留後。天祐二年,拜隱節度使。梁開平元年,加檢校太尉、兼侍中。二年,兼靜海軍節度、安南都

護。三年，加檢校太師、兼中書令，封南平王。

隱父子起封州，遭世多故，數有功於嶺南，遂有南海。隱復好賢士。是時，天下已亂，中朝士人以嶺外最遠，可以避地，多遊焉。唐世名臣謫死南方者往往有子孫，或當時仕宦遭亂不得還者，皆客嶺表。王定保、倪曙、劉濬、李衡、周傑、楊洞潛、趙光胤之徒〔三〕，隱皆招禮之。定保容管巡官，曙唐太學博士，濬崇望之子，以避亂往；衡德裕之孫，唐右補闕，以星術事人，常稱疾不起，隱亦客之。傑善星曆，唐司農少卿，因避亂往；秩滿客南海，隱常師事之，後以爲節度副使，及襲僭號，爲陳吉凶禮法。洞潛初爲邕管巡官，隱數問以災變，傑恥以奉使往；皆辟寘幕府，待以賓客。爲國制度，略有次序，皆用此數人焉。

乾化元年，進封隱南海王。是歲卒，年三十八。弟龑立。

龑，初名巖，謙庶子也。其母段氏生龑於外舍，謙妻韋氏素妬，聞之怒，拔劍而出，命持龑至，將殺之，及見而悸，劍輒墮地，良久曰：「此非常兒也！」後三日，卒殺段氏，養龑爲己子。及長，善騎射，身長七尺，垂手過膝。

隱爲行軍司馬，龑亦辟薛王府諮議參軍。隱鎮南海，龑爲副使。隱卒，龑代立。乾化二年，除清海節度使、檢校太保、同平章事。三年，加檢校太傅。末帝即位，悉以隱官爵授

龑,襲封南海王。

唐末,南海最後亂,僖宗以後,大臣出鎮者,天下皆亂,無所之,惟除南海而已,自隱始亦自立。是時,交州曲顥、桂州劉士政、邕州葉廣略、容州龐巨昭〔四〕分據諸管,盧光稠據虔州以攻嶺上,其弟光睦據潮州,子延昌據韶州;高州刺史劉昌魯、新州刺史劉潛及江東七十餘寨,皆不能制。隱攻韶州,龑曰:「韶州所賴者光稠,擊之,虔人必應,應則首尾受敵,此不宜直攻而可以計取。」隱不聽,果敗而歸,因盡以兵事付龑。龑悉平諸寨,遂殺昌魯等,更置刺史,卒出兵攻敗盧氏,取潮、韶。又與馬殷爭容、桂,殷取桂管,虜士政;龑取容管,逐巨昭,又取邕管。

貞明三年,龑即皇帝位,國號大越,改元曰乾亨。追尊安仁文皇帝、謙聖武皇帝、隱襄皇帝,立三廟。置百官,以楊洞潛爲兵部侍郎、李衡禮部侍郎、倪曙工部侍郎、趙光胤兵部尚書,皆平章事。光胤自以唐甲族,恥事僞國,常怏怏思歸。龑乃習爲光胤手書,遣使間道至洛陽,召其二子損、益并其家屬皆至。光胤驚喜,爲盡心焉。

龑性聰悟而苛酷,爲刀鋸、支解、刳剔之刑,每視殺人,則不勝其喜,不覺朶頤,垂涎呀呷,人以爲真蛟蜃也。又好奢侈,悉聚南海珍寶,以爲玉堂珠殿。龑初欲僭號,憚王定保不從,遣定保使荊南,二年,祀天南郊,大赦境内,改國號漢。

及還，懼其非己，使倪曙勞之，告以建國。定保曰：「建國當有制度，吾入南門，清海軍額猶在，四方其不取笑乎！」龑笑曰：「吾備定保久矣，而不思此，宜其譏也！」

三年，册越國夫人馬氏為皇后。馬氏，楚王殷女也。

四年春，置選部貢舉，放進士、明經十餘人，如唐故事，歲以為常。

七年[五]，唐莊宗入汴，龑懼，遣宮苑使何詞入詢中國虛實，稱大漢國主致書大唐皇帝。詞還，言唐必亂，不足憂，龑大喜。又性好夸大，嶺北商賈至南海者，多召之，使升宮殿，示以珠玉之富。自言家本咸秦，恥王蠻夷，呼唐天子為「洛州刺史」。是歲[六]，雲南驃信鄭旻遣使致朱鬃白馬以求婚，使者自稱皇親母弟，清容布縈兼理，賜金錦袍虎綾紋擎金裝刀、封歸仁慶侯、食邑一千户，持節鄭昭淳。昭淳好學有文辭，龑與游宴賦詩，龑及羣臣皆不能逮，遂以隱女增城縣主妻旻[七]。

八年，作南宮，王定保獻南宮七奇賦以美之。龑初名巖，又更曰陟。

九年，白龍見南宮三清殿，改元曰白龍，又更名龑[八]，以應龍見之祥。有胡僧言：「讖書：『滅劉氏者，龑也。』」龑乃採周易「飛龍在天」之義為「龑」字，音「儼」，以名焉。

四年，楚人以舟師攻封州，封州兵敗於賀江，龑懼，以周易筮之，遇大有，遂赦境內，改元曰大有。遣將蘇章以神弩軍三千救封州，章以兩鐵索沈賀江中，為巨輪於岸上，築隄以

隱之，因輕舟迎戰，陽敗而奔，楚人逐之，章舉巨輪挽索鎖楚舟，以彊弩夾江射之，盡殺楚人。

三年，遣將李守廊、梁克貞攻交趾，擒曲承美等。承美至南海，龔登儀鳳樓受俘，謂承美曰：「公常以我爲僞廷，今反面縛，何也？」承美頓首伏罪，乃赦之。承美，顥子也。克貞又攻占城，掠其寶貨而歸。

四年，愛州楊廷藝叛，攻交州刺史李進，進遯歸。龔遣承旨程寶攻廷藝，寶戰死。

五年，封子耀樞邕王、龜圖康王、洪度秦王、洪熙晉王、洪邈高王、洪昌越王、洪弼齊王、洪雅韶王、洪澤鎮王、洪操萬王、洪杲循王、洪暐息王〔九〕、洪簡同王、洪建益王、洪濟辨王、洪道貴王、洪昭宜王〔一〇〕、洪政通王、洪益定王。

九年，遣將軍孫德晟攻蒙州〔一一〕，不克。

十年，交州牙將皎公羨殺楊廷藝自立，廷藝故將吳權攻交州，公羨來乞師。龔封洪操交王，出兵白藤以攻之。權已殺公羨，逆戰海口，植鐵橛海中，權兵乘潮而進，洪操逐之，潮退舟還，轢橛者皆覆，洪操戰死，龔收餘衆而還。

十五年，龔卒，年五十四，謚天皇大帝，廟號高祖，陵曰康陵。子玢立。

玢，初名洪度，封秦王。龑子耀樞、龜圖皆早死，玢次當立。龑病臥寢中，召右僕射王翻與語〔二〕，呼洪度、洪熙小字曰：「壽、儞雖長，然皆不足任吾事，惟洪昌類我，吾欲立之。奈何吾子孫不肖，後世如鼠入牛角，勢當漸小爾！」因泣下歔欷。翻爲龑謀，出洪度以邕州、洪熙容州，然後立洪昌爲太子。議已定，崇文使蕭益入問疾，龑以告之，益諫曰：「少者得立，長者爭之，禍始此矣！」由是洪度卒得立。更名玢，改元曰光天，尊母趙昭儀爲皇太妃，以晉王洪熙輔政。

玢立，果不能任事。龑在殯，召伶人作樂，飲酒宮中，裸男女以爲樂，或衣墨縗與倡女夜行，出入民家。由是山海間盜賊競起。妖人張遇賢，自稱中天八國王，攻陷循州。玢遣越王洪杲、洪昌、循王洪杲攻之，遇賢圍洪昌等於錢帛館，裨將萬景忻、陳道庠力戰，挾二王潰圍而走。玢莫能省，嶺東皆亂。

洪熙日益進聲妓誘玢爲荒恣。玢亦頗疑諸弟圖己，敕宦官守宮門，入者皆露索。洪熙、洪杲、洪昌陰遣陳道庠養勇士劉思潮、譚令禋、林少彊、少良、何昌廷等，習爲角觝以獻玢。玢宴長春宮以閱之，玢醉起，道庠與思潮等隨至寢門拉殺之，盡殺其左右。玢立二年，年二十四，謚曰殤。弟晟立。

晟，初名洪熙，封晉王。既弒玢，遂自立，改元曰應乾，以洪昌為兵馬元帥、知政事，洪杲副元帥，劉思潮等封功臣。晟既弒兄[一三]，立不順，懼眾不伏，乃益峻刑法以威眾。已而洪杲屢請討賊，陰勸晟誅思潮等以止外議。晟大怒，使使者夜召洪杲。洪杲知不免，乃留使者，入具沐浴，詣佛前祝曰：「洪杲誤念，來生王宮，今見殺矣！後世當生民家，以免屠害。」因涕泣與家人訣別[一四]，然後赴召，至則殺之。冬，晟祀天南郊，改元曰乾和，羣臣上尊號曰大聖文武大明至道大孝皇帝。

二年夏，遣洪昌祠襄帝陵於海曲，至昌華宮，晟使盜刺殺之。晟自殺洪杲，由是與諸弟有隙，而洪昌最賢，襲素所欲立者，晟尤忌之，故先及害。鎮王洪澤居邕州，有善政，是歲鳳皇見邕州，晟怒，使人酖殺之。而諸弟相次見殺。

三年，殺其弟洪雅，又殺劉思潮等五人。思潮等死，陳道庠懼不自安，其友鄧伸以荀悅漢紀遺之，道庠莫能曉，伸罵曰：「憃獠！韓信誅而彭越醢，皆在此書矣！」道庠悟，益懼。晟聞之大怒，以道庠、伸下獄，皆斬之於市，夷其族。以右僕射王翻為英州刺史[一五]，使人殺之於路。

五年，晟弟洪弼、洪道、洪益、洪濟、洪簡、洪建、洪暐、洪昭，同日皆見殺。

六年，遣工部郎中、知制誥鍾允章聘楚以求婚，楚不許。允章還，晟曰：「馬公復能經

略南土乎？」是時，馬希廣新立，希萼起兵武陵，湖南大亂，允章具言楚可攻之狀。晟乃遣巨象指揮使吳珣、內侍吳懷恩攻賀州，已克之，楚人來救，珣鑿大穽於城下，覆箔於上，以土傅之，楚兵迫城，悉陷穽中，死者數千，楚人皆走。珣等攻桂州及連、宜、嚴、梧、蒙五州皆克之。掠全州而還。

九年冬，又遣內侍潘崇徹攻郴州，李景兵亦在，與崇徹等遇[一六]，戰，大敗景兵於宜章，遂取郴州。晟益得志，遣巨艦指揮使暨彥贇以兵入海，掠商人金帛作離宮遊獵[一七]，故時劉氏有南宮、大明、昌華、甘泉、玩華、秀華、玉清、太微諸宮，凡數百，不可悉紀。宦者林延遇、宮人盧瓊仙，內外專恣為殺戮，晟不復省。常夜飲大醉，以瓜置伶人尚玉樓項，拔劍斬之以試劍，因并斬其首。明日酒醒，復召玉樓侍飲，左右白已殺之，晟歎息而已。

十年，湖南王進逵以兵五萬率谿洞蠻攻郴州，潘崇徹敗進逵於蠔石，斬首萬餘級。

十一年，晟病甚，封其子繼興衛王，璇興桂王[一八]，慶興荊王，保興祥王，崇興梅王。

十二年，晟親耕藉田。交州吳昌濬遣使稱臣，求節鉞。昌濬者，權子也。權自龔時據交州，龔遣洪操攻之，洪操戰死，遂棄不復攻。璵死，子昌岌立，昌岌卒，弟昌濬立，始稱臣於晟。晟遣給事中李璵以旌節招之，璵至白州，昌濬使人止璵曰[一九]：「海賊為亂，道路不通。」璵不果行。晟殺其弟洪逸。

十三年，又殺其弟洪政，於是襲之諸子盡矣。顯德三年[二〇]，世宗平江北，晟始惶恐，遣使脩貢於京師，爲楚人所隔，使者不得行，晟憂形於色。又嘗自言知星，末年，月食牛女間，出書占之，歎曰：「吾當之矣！」因爲長夜之飲。

十六年，卜葬域於城北，運甓爲壙，晟親臨視之。是秋卒，年三十九，謚曰文武光聖孝皇帝，廟號中宗，陵曰昭陵。子鋹立。

鋹，初名繼興，封衛王。晟卒，以長子立，改元曰大寶。鋹性剛忌，不能任臣下，而獨任其嬖倖宦官、宮婢延遇、瓊仙等。至鋹尤愚，以謂羣臣皆自有家室，顧子孫，不能盡忠，惟宦者親近可任，遂委其政於宦者龔澄樞、陳延壽等，至其羣臣有欲用者，皆閹然後用。澄樞等既專政，鋹乃與宮婢波斯女等淫戲後宮，不復出省事。延壽又引女巫樊胡子，自言玉皇降胡子身，國事皆決於胡子，盧瓊仙、陳寶貝，胡子冠遠遊冠、衣紫霞裾，坐帳中宣禍福，呼鋹爲太子皇帝。鋹於內殿設帳幄，胡子冠遠遊冠、衣紫霞裾，坐帳中宣禍福，呼鋹爲太子皇帝，國事皆決於胡子，盧瓊仙、龔澄樞等爭附之。「澄樞等皆上天使來輔太子，有罪不可問。」尚書左丞鍾允章參政事[二一]，深嫉之，數請誅宦官，宦官皆仄目。

二年，鋹祀天南郊，前三日，允章與禮官登壇，四顧指麾，宦者許彥眞望見之曰：「此

謀反爾!」乃拔劍升壇,允章迎叱之,彥真馳走,告允章反。鋹下允章獄,遣禮部尚書薛用丕治之。允章與用丕有舊,因泣下曰:「吾今無罪,自誣以死固無恨,然吾二子皆幼,不知父冤,俟其長,公可告之。」彥真聞之,罵曰:「反賊欲使而子報仇邪!」復入白鋹,并捕二子繫獄,遂族誅之。陳延壽謂鋹曰:「先帝所以得傳陛下者,由盡殺羣弟也。」勸鋹稍誅諸王,鋹以爲然,殺其弟桂王璇興。是歲,建隆元年也。鋹將邵廷琄言於鋹曰:「漢乘唐亂,居此五十年,幸中國有故,干戈不及,而漢益驕於無事,今兵不識旗鼓,而人主不知存亡。夫天下亂久矣,亂久而治,自然之勢也。今聞真主已出,必將盡有海內,其勢非一天下不能已。」勸鋹修兵爲備,不然,悉珍寶奉中國,遣使以通好。鋹懵然莫以爲慮,惡廷琄言直,深恨之。

四年,芝菌生宮中,野獸觸寢門,苑中羊吐珠,井旁石自立,行百餘步而仆,樊胡子皆以符瑞諷羣臣入賀。

五年,鋹以宦者李托養女爲貴妃,專寵。托爲內太師,居中專政。許彥真既殺鍾允章,惡龔澄樞等居己上,謀殺之。澄樞使人告彥真反,族誅之。

七年,王師南伐,克郴州,晟所遣將暨彥贄與其刺史陸光圖皆戰死,餘衆退保韶州。會王師退舍,廷琄訓士卒,脩戰備,嶺人倚鋹始思廷琄言,遣廷琄以舟兵出洸口抗王師。

以爲良將。有譖者投無名書言廷珪反，鋹遣使者賜死，士卒排軍門見使者，訴廷珪無反狀，不能救，爲立祠於洸口。

八年，交州吳昌文卒〔二一〕，其佐吕處玶與峯州刺史喬知祐爭立〔二二〕，交趾大亂，驩州丁璉舉兵擊破之，鋹授璉交州節度。

九年，南海民妻生子兩首四臂。是時，太祖皇帝詔李煜諭鋹使稱臣，鋹怒，囚煜使者龔慎儀。

十三年，詔潭州防禦使潘美出師，師次白霞。鋹遣龔澄樞守賀州、郭崇岳守桂州、李托守韶州以備。是歲秋，潘美平賀州，十月平昭州，十一月平連州。鋹喜曰：「昭、桂、連、賀，本屬湖南，今北師取之，足矣，其不復南也。」其愚如此。十二月平韶州。開寶四年正月，平英、雄二州，鋹將潘崇徹先降。師次瀧頭，鋹遣使請和，求緩師。二月，師度馬逕，鋹遣其右僕射蕭漼奉表降。漼行，鋹惶迫，復令整兵拒命。美等進師，鋹遣其弟祥王保興率文武詣美軍降，不納。龔澄樞、李托等謀曰：「北師之來，利吾國寳貨爾，鋹以海舶十餘，悉載珍寶、嬪御，將入海，宦官樂範竊其舟以逃歸。師不能駐，當自還也。」乃盡焚其府庫、宮殿。師次白田，鋹素衣白馬以降。獻俘京師，赦鋹爲左千牛衞大將軍〔二四〕，封恩赦侯。其後事具國史。〔二一〕

【一】隱興滅年世，諸書皆同。蓋自唐天祐二年隱為廣州節度使，至皇朝開寶四年國滅，凡六十七年。舊五代史以梁貞明三年龔僭號為始，故曰五十五年爾。

校勘記

〔二〕其祖安仁　「安仁」，通鑑卷二七〇、九國志卷九、東都事略卷二三同，舊五代史卷一三五劉陟傳、册府卷二一九、隆平集卷二一、宋史卷四八一南漢劉氏世家作「仁安」。劉隱女劉華墓誌（拓片刊文物一九七五年第一期）：「曾祖諱安。」

〔三〕覃玘　舊五代史卷一三五劉陟傳、册府卷二二三作「譚玘」，通鑑卷二六〇作「譚弘玘」。

〔三〕趙光胤　據舊唐書卷一七八趙隱傳、册府卷二六五、卷二六七、東都事略卷二三同，舊五代史卷一三五劉陟傳、通鑑卷二六七、卷二七〇、卷二八二，仕劉隱者為趙光裔，趙光胤為光裔弟，仕梁為宰相。本卷下文同。

〔四〕龐巨昭　通鑑卷二六五、卷二六七考異引湖湘故事、新唐書卷一九〇劉建鋒傳作「龐巨曦」。

〔五〕一二作「龐巨源」，通鑑卷二六七、吳越備史卷一繫其事於同光三年，按同光三年即南漢乾亨九年。

〔六〕七年　舊五代史卷三二唐莊宗紀六、吳越備史卷一繫其事於同光三年，按同光三年即南漢白龍元年。

〔七〕是歲　通鑑卷二七四繫其事於同光三年，按同光三年即南漢白龍元年。

〔八〕增城縣主　通鑑卷二七四作「增城公主」。

〔八〕又更名龑 「龑」，原作「龔」，據諸史提要卷一五引五代史、舊五代史卷一三五劉陟傳、通鑑卷二七四、五國故事卷下、隆平集卷一二、宋史卷四八一改。

〔九〕洪暐息王 「息王」，通鑑卷二七八作「思王」。

〔一〇〕洪昭宜王 「洪昭」，宋丙本、宗文本作「洪照」。本卷下一處同。「宜王」，原作「宣王」，據宋丙本、宗文本、通鑑卷二七八改。

〔一一〕遣將軍孫德晟攻蒙州 「孫德晟」，宋丙本、宗文本作「孫德成」，通鑑卷二八〇敍其事作「侵蒙、桂二州」。「蒙州」，原作「象州」，據宋丙本、宗文本改。通鑑卷二八〇作「孫德威」。

〔一二〕王翱 原作「王翻」，據宋丙本、宗文本、諸史提要卷一五引五代史、通鑑卷二八三改。本卷下文同。

〔一三〕晟既弑兄 「弑」，原作「殺」，據宗文本改。

〔一四〕因涕泣與家人訣別 「因」字原闕，據宗文本補。

〔一五〕以右僕射王翱爲英州刺史 「右」，通鑑卷二八五作「左」。

〔一六〕與崇徹等遇 「等」字原闕，據宗文本補。按通鑑卷二九〇記南漢攻郴州者，除潘崇徹外尚有將軍謝貫。

〔一七〕掠商人金帛作離宮遊獵 「掠」，原作「採」，據宗文本改。

南漢世家第五

九二三

〔八〕璿興桂王 「璿興」,通鑑卷二九一同,宗文本、續資治通鑑長編卷一作「旋興」。本卷下文同。

〔九〕昌濬 原作「潛」,據宗文本改。

〔一〇〕顯德三年 據本書卷一二周本紀、舊五代史卷一一八周世宗紀五,周平江北在顯德五年,又通鑑卷二九三繫南漢欲通使於周在顯德四年。

〔一一〕尚書左丞鍾允章參政事 「左」,通鑑卷二九四作「右」。

〔一二〕錢大昕考異卷六六:「今據黎崱安南志略云:吳權……卒,子昌岌立。昌岌卒,弟昌濬立。昌濬卒,弟昌文立。凡四世,而爲丁部領所代。則昌文實昌濬之弟,相繼嗣立,授受分明。剘生長安南,距宋初未遠,所言必得其實,較之正史爲可信也。」

〔一三〕吳昌文 宋會要輯稿蕃夷四之二〇作「吳處玶」。「吳處玶」、宋史卷四八八交阯傳、續資治通鑑長編卷四作「橋知佑」,安南志略卷一作「喬知佐」。「喬知祐」、宋史卷四八八交阯傳作「矯知護」。

〔一四〕赦銀爲左千牛衛大將軍 「左」,東都事略卷二、卷二三二、隆平集卷一二、續資治通鑑長編卷一二作「右」。

新五代史卷六十六

楚世家第六

馬殷 子希聲 希範 希廣

馬殷,字霸圖,許州鄢陵人也。唐中和三年,蔡州秦宗權遣孫儒、劉建峯將兵萬人屬其弟宗衡[一],略地淮南,殷初爲儒裨將。宗衡等攻楊行密於揚州,未克,梁兵方急攻宗權,宗權數召儒等,儒不欲還,宗衡屢趣之,儒怒,殺宗衡,自將其兵取高郵,遂逐行密。行密據宣州,儒以兵圍之,久不克,遣殷與建峯掠食旁縣。儒戰敗死,殷等無所歸,乃推建峯爲帥,殷爲先鋒,轉攻豫章,略虔、吉,有衆數萬。乾寧元年,入湖南,次澧陵[二]。潭州刺史鄧處訥發邵州兵戍龍回關,建峯等至關,降其戍將蔣勳。建峯取勳鎧甲被先鋒兵,張其旗幟,直趨潭州,至東門,東門守者以爲關兵戍還,開門内之,遂殺處訥,建峯自稱留後。

僖宗授建峯湖南節度使〔三〕，殷爲馬步軍都指揮使。蔣勛求爲邵州刺史，建峯不與，勛率兵攻湘鄉，建峯遣殷擊勛於邵州。

建峯庸人，不能帥其下，常與部曲飲酒讙呼。軍卒陳瞻妻有色，建峯私之，瞻怒，以鐵檛擊殺建峯。軍中推行軍司馬張佶爲帥，佶將入府，乘馬輒蹶囓，傷佶髀。佶臥病，語諸將曰：「吾非汝主也，馬公英勇，可共立之。」諸將乃共殺瞻，磔其尸，遣姚彥章迎殷於邵州。殷至，佶乘肩輿入府，殷拜謁於廷中，佶召殷上，乃率將吏下，北面再拜，以位與之，時乾寧三年也。

唐拜殷潭州刺史。殷遣其將秦彥暉、李瓊等攻連、邵、郴、衡、道、永六州〔四〕，皆下之。殷遣使聘于士政，使者至境上，桂管劉士政懼，遣其將陳可璠、王建武等率兵守全義嶺。殷遣瓊等以兵七千攻之，擒可璠等及其兵二千餘人，悉坑之，遂圍桂管，可璠等不納。殷怒，遣瓊等以兵七千攻之，擒可璠等及其兵二千餘人，悉坑之，遂圍桂管，虜士政，盡取其屬州。殷表瓊桂管觀察使。四年，拜殷武安軍節度使。

初，孫儒敗於宣州，殷弟賨爲楊行密所執，行密收儒餘兵爲「黑雲都」，以賨爲指揮使。賨從行密攻戰，數有功，爲人質重，未嘗自矜，行密愛之，問賨誰家子，賨曰：「馬殷弟也。」行密大驚曰：「汝兄貴矣，吾今歸汝，可乎？」賨不對。他日又問之，賨謝曰：「臣，孫儒敗卒也，幸公待以不死，非殺身不足報。湖南隣境，朝夕聞殷動靜足矣，不願去也。」行密歎

曰：「昔吾愛子之貌，今吾得子之心矣。然勉爲吾合二國之懽，通商賈、易有無以相資，亦所以報我也！」乃厚禮遣賓歸。殷大喜，表賓節度副使。

行密遣將劉存等攻杜洪，圍鄂州，殷遣秦彥暉、許德勳以舟兵救之，已而杜洪敗死，存等遂攻殷。殷遣彥暉拒於上流，偏將黃璠以舟三百伏瀏陽口。存等屢戰不勝，乃致書於殷以求和，殷欲許之，彥暉曰：「淮人多詐，將急我師，不可信。」急擊之，存等退走，黃璠以瀏陽舟截江合擊，大敗之，劉存及陳知新戰死[五]，彥暉取岳州。

梁太祖即位，殷遣使脩貢，太祖拜殷侍中兼中書令，封楚王。

荊南高季昌以兵斷漢口，邀殷貢使，殷遣許德勳攻其沙頭，季昌求和，乃止。楊行密袁州刺史呂師周來奔。師周，勇健豪俠，頗通緯候、兵書，自言三世將家[六]，懼不能免，與酒徒聚飲，醉則起舞，悲歌慷慨泣下。行密聞之，疑其有異志，使人察其動靜。師周益懼，謂其裨將綦毋章曰：「吾與楚人爲敵境，吾常望其營上雲氣甚佳，未易敗也。吾聞馬公仁者，待士有禮，吾欲逃死於楚，可乎？」章曰：「公自圖之，章舌可斷，語不泄也。」師周以兵獵境上，乃奔於楚，綦毋章縱其家屬隨之。殷聞師周至，大喜曰：「吾方南圖嶺表，而得此人足矣。」以爲馬步軍都指揮使[七]，率兵攻嶺南，取昭、賀、梧、蒙、龔、富等州。殷表師周昭州刺史。

朗州雷彥恭召吳人攻平江，許德勳擊敗之。殷遣秦彥暉攻朗州，彥恭奔於吳，執其弟彥雄等七人送于梁。於是澧州向瑰、辰州宋鄴、漵州昌師益等率溪洞諸蠻皆附于殷〔八〕。殷請升朗州為永順軍，表張佶節度使。殷乃請依唐太宗故事，開天冊府，置官屬。太祖拜殷天冊上將軍，殷以其弟賓為左相，存為右相，廖光圖等十八人為學士。末帝時，加殷武安武昌靜江寧遠等軍節度使〔九〕、洪鄂四面行營都統。

唐莊宗滅梁，殷遣其子希範修貢京師，上梁所授都統印。莊宗問洞庭廣狹，希範對曰：「車駕南巡，纔堪飲馬爾。」莊宗嘉之。莊宗平蜀，殷大懼，表求致仕，莊宗下璽書慰勞之。明宗即位，遣使脩貢，并賀明年正月，荊南高季昌執其貢使史光憲。殷遣袁詮、王環等攻之，至其城下，季昌求和，乃止。

殷初兵力尚寡，與楊行密、成汭、劉龑等為敵國，殷患之，問策於其將高郁，郁對曰：「成汭地狹兵寡，不足為吾患；而劉龑志在五管而已；楊行密，孫儒之仇，雖以萬金交之，不能得其懽心。然尊王仗順，霸者之業也，今宜內奉朝廷以求封爵而外誇鄰敵，然後退脩兵農、畜力而有待爾。」於是殷始修貢京師，然歲貢不過所產茶茗而已。乃自京師至襄、唐、郢、復等州置邸務以賣茶，其利十倍。郁又諷殷鑄鉛鐵錢，以十當銅錢一。又令民自造茶以通商旅，而收其算，歲入萬計。由是地大力完，數邀封爵。

天成二年，請建行臺。明宗封殷楚國王，有司言無封國王禮，請如三公用竹册，乃遣尚書右丞李序持節以竹册封之。殷以潭州爲長沙府，建國承制，自置官屬，以其弟實爲靜江軍節度使，子希振武順軍節度使，次子希聲判内外諸軍事，姚彦章爲左相，許德勳爲右相，李鐸爲司徒，崔穎爲司空，拓拔常爲僕射，馬珙爲尚書，文武皆進位。謚其曾祖筠曰文肅，祖正曰莊穆，父元豐曰景莊，立三廟于長沙。長興元年，殷卒，年七十九，詔曰「馬殷官爵俱高，無以爲贈，謚曰武穆」而已。子希聲立。

希聲，字若訥，殷次子也。殷建國，以希聲判内外諸軍事。荆南高季昌聞殷將高郁素教殷以計策而楚以彊，患之，嘗使諜者行間於殷，殷不聽。希聲用事，諜者語希聲曰：「季昌聞楚用高郁，大喜，以爲亡馬氏者必郁也。」希聲素愚，以爲然，遂奪郁兵職，郁怒曰：「吾事君王久矣，嘔營西山，將老焉，犬子漸大，能咋人矣！」希聲聞之，矯殷令殺郁。殷老不復省事，莫知郁死，是日大霧四塞，殷怪之，語左右曰：「吾嘗從孫儒，儒每殺不辜[10]，天必大霧，豈馬步獄有冤死乎？」明日，吏以狀白，殷拊膺大哭曰：「吾荒耄如此，而殺吾勳舊！」顧左右曰：「吾亦不久於此矣！」明年殷薨。

希聲立，授武安靜江等軍節度使。希聲嘗聞梁太祖好食雞，慕之，乃日烹五十雞以供

膳。葬殷上瀆，希聲不哭泣，頓食雞肉數器而起，其禮部侍郎潘起譏之曰：「昔阮籍居喪而食蒸豚，世豈乏賢邪！」長興三年，希聲卒，追封衡陽王。弟希範立。

希範，字寶規，殷第四子也。殷子十餘人，嫡子希振長而賢，其次希聲與希範同日生，而希聲母袁夫人有美色，希聲以母寵得立，而希振棄官為道士，居于家。故希聲卒，而希範以次立，襲殷官爵，封楚王。清泰二年，賜以弓矢冠劍。天福四年，加希範天冊上將軍、開府承制如殷故事。

希範好學，善詩，文士廖光圖、徐仲雅、李皋、拓拔常等十八人皆故殷時學士，希範性奢侈，光圖等皆薄徒，飲博懽呼，獨常沉厚長者，上書切諫，光圖等惡之。

襄州安從進、安州李金全叛，晉高祖詔希範出兵。希範遣張少敵以舟兵趨漢陽，漕米五萬斛以餽軍，金全等敗，少敵乃旋。

溪州刺史彭士然率錦、獎諸蠻攻澧州，希範遣劉勍、劉全明等以步卒五千擊之，士然大敗。勍等攻溪州，士然走獎州，遣其子師暠率諸蠻酋降于勍。溪州西接牂柯，兩林、南通桂林、象郡，希範乃立銅柱以為表，命學士李皋銘之。於是，南寧州首長莫彥殊率其本部十八州，都雲酋長尹懷昌率其昆明等十二部，牂柯張萬濬率其夷、播等七州皆附於

希範。

希範作會春園、嘉宴堂,其費鉅萬,始加賦於國中,拓拔常切諫以爲不可。希範又作九龍殿,以八龍繞柱,自言身一龍也。是時,契丹滅晉,中國大亂,希範牙將丁思覲廷諫希範曰〔四〕:「先王起卒伍,以攻戰而得此州,倚朝廷以制隣敵,傳國三世,有地數千里,養兵十萬人。今天子囚辱〔五〕,中國無主,真霸者立功之時。誠能悉國之兵出荆、襄以趨京師,倡義於天下,此桓文之業也。奈何耗國用而窮土木,爲兒女之樂乎〔六〕?」希範謝之,思覲瞋目視希範曰:「孺子終不可教也!」乃扼喉而死。開運四年,希範卒,年四十九,諡曰文昭。希廣立。

希廣,字德丕,希範同母弟也。希範平生惡拓拔常諫諍,常入謁,希範呼閽者指常曰:「吾不欲見此人,勿復内也。」乃謝絶之。及臥病,始思常言,以爲忠,召之託以希廣。

希萼爲朗州節度使,希範之卒,希萼自朗州來奔喪。希廣將劉彦瑫謀曰:「武陵之來,其意不善,宜出兵迎之,以備非常,使其解甲釋兵而後入。」希廣泣曰:「吾兄也,焉忍殺之,分國而治可也。」乃以兵迎希萼,常數勸希廣以位奉其兄希萼,希廣不從。

萼於砥石，止之於碧湘宮，厚賂以遣之。希萼憤然而去，乃遣使詣京師求封爵，請置邸稱藩。漢隱帝不許，降璽書慰勞講解之。希萼怒，送款於李景，舉兵攻長沙。希廣遣劉彥瑫、許可瓊等禦之。

彥瑫敗希萼於僕射洲。希萼去，誘溪洞諸蠻寇益陽。希廣遣崔洪璉以步卒七千屯湘鄉玉潭[七]，以過諸蠻。劉彥瑫以舟兵趨武陵，攻希萼。彥瑫敗於湄洲，希廣大懼，遣使請兵於京師，漢隱帝不能出師。希萼率舟兵沿江而上[八]，自號「順天將軍」，攻岳州，刺史王贇堅城不戰，希萼呼贇曰：「吾昔約君同行，今何異心乎？」贇曰：「君王兄弟不相容，而責將吏異心乎？願君王入長沙，不傷同氣，臣不敢不盡節。」希萼引兵去，下湘鄉[九]，止長沙，屯水西，劉彥瑫、許可瓊屯水東。

彭師暠登城望水西軍，入白希廣曰：「武陵兵驕，雜以蠻蜑，其勢易破。請令可瓊等陣山前，臣以步兵三千自巴溪渡江趨岳麓後[一〇]，夜擊之。」希廣以為可，而可瓊已陰送款於希萼，遂沮其議。明日，師暠詣可瓊計事，瞋目叱之曰：「視汝反文在面[一一]，豈欲投賊乎！」拂衣而出，急白希廣，請殺之，希廣不聽。希萼攻長樂門，牙將吳宏、楊滌戰于門中，希萼少衄，已而許可瓊奔于希萼，宏、滌聞之皆潰。

希廣率妻子匿于慈堂。明日，擒之。希萼見之惻然，曰：「此鈍夫也，豈能為惡？徒

為左右惑之爾〔一二〕。」顧其下曰：「吾欲活之，如何？」其下皆不對，遂縊殺之〔一三〕。

乾祐三年，希萼自立。明年，漢隱帝崩，京師大亂，希萼遂臣於李景，景冊封希萼楚王，希萼悉以軍政事任其弟希崇。希崇與楚舊將徐威、陸孟俊、魯緼等謀作亂。希萼置酒端陽門，希崇辭以疾，威等縱惡馬十餘匹，以壯士執檛隨之，突入其府，劫庫兵〔一四〕，縛希萼，迎希崇以立。希崇遣彭師暠、廖偃囚希萼於衡山，師暠奉希萼為衡山王，臣於李景。希崇懼，亦請命於景。景遣邊鎬入楚，盡遷馬氏之族于金陵，時周廣順元年也。景封希萼楚王〔一五〕，希崇領舒州節度使，居揚州。

顯德三年，世宗征淮，下揚州，下詔撫安馬氏子孫。已而揚州復入于景，希崇率其兄弟十七人歸京師，拜右羽林統軍〔一六〕。希能左屯衛大將軍，希貫右千牛衛大將軍，希隱、希濬、希知〔一七〕、希朗皆為節度行軍司馬。

劉言

劉言，吉州廬陵人也。王進逵，武陵人也。言，初事刺史彭玕，從玕奔楚，言事希範為辰州刺史。進逵少為靜江軍卒，事希萼為指揮使。

希萼攻希廣，以進逵爲先鋒，陷長沙。長沙遭亂殘毀，希萼使進逵以靜江兵營緝之，兵皆愁怨，進逵因擁之，夜以長柯巨斧斫關，奔歸武陵。希萼方醉，不能省。明旦，遣將唐藁追之，及于武陵，藁戰大敗而還。進逵乃逐出留後馬光惠，迎言於辰州以爲帥，進逵自爲副。已而希萼將徐威等作亂，縛希萼，而立希崇，湖南大亂。李景遣邊鎬入楚，遷馬氏于金陵，因并召言。

周廣順三年，言奉表京師，以邀封爵，又言長沙殘破，不可居，請移治所於武陵。周太祖皆從之，乃升朗州爲武平軍，在武安軍上，以言爲節度使，因以武安授進逵。進逵自言已所迎立，不爲之下。言患之，二人始有隙，欲相圖。進逵謀曰：「言將可用者不過何景真、朱全琇爾，召而殺之，言可取也。」是時，劉晟取楚梧、桂、宜、蒙等州，進逵因白言召景真等會兵攻晟。言信之，遣景真、全琇往，至皆見殺。乃舉兵襲武陵，執言殺之，奉表京師，周太祖即以進逵爲武平軍節度使。

世宗征淮南，授進逵南面行營都統。進逵攻鄂州，過岳州，岳州刺史潘叔嗣，進逵故時同列，待進逵甚謹。進逵左右就叔嗣求賂，叔嗣不與，左右讒其短，進逵面罵之，叔嗣慚恨，語其下曰：「進逵戰勝而還，吾無遺類矣。」進逵入鄂州，方攻下長山，叔嗣以兵襲武陵。進逵聞之，輕舟而歸，與叔嗣戰武陵城外，進逵敗，見殺。

周行逢 子保權

周行逢,武陵人也。與王進逵俱爲靜江軍卒,事希萼爲軍校。進逵攻邊鎬,行逢別破益陽,殺李景兵二千餘人,擒其將李建期。進逵爲武安軍節度使,拜行逢集州刺史,爲進逵行軍司馬。進逵與劉言有隙,行逢爲畫謀策,遂襲殺言[一九]。進逵據武陵,行逢據潭州。

顯德元年,拜行逢武清軍節度使,權知潭州軍府事。潘叔嗣殺進逵,或勸其入武陵,叔嗣曰:「吾殺進逵,救死而已,武陵非吾利也。」乃還岳州,遣其客將李簡率武陵人迎行逢於潭州。行逢入武陵,或請以潭州與叔嗣,行逢曰:「叔嗣殺主帥,罪當死,以其迎我,未忍殺爾。若與武安,是吾使之殺王公也。」召以爲行軍司馬。叔嗣怒,稱疾不至,行逢怒曰:「是又欲殺我矣!」乃陽以武安與之,召使至府受命,至則殺之。

行逢,故武陵農家子,少貧賤,無行,多慷慨大言。及居武陵,能儉約自勉勵,而性勇敢,果於殺戮,麾下將吏素恃功驕慢者,一以法繩之。大將十餘人謀爲亂,行逢召宴諸將,酒半,以壯士擒下斬之,一境皆畏服。民過無大小皆死,夫人嚴氏諫曰[二〇]:「人情有善

惡,安得一概殺之乎!」行逢怒曰:「此外事,婦人何知!」嚴氏不悅,紿曰:「家田佃戶以公貴,頗不力農,多恃勢以侵民,請往視之。」至則營居以老,歲時衣青裙押佃戶送租入城。行逢往就見之,勞曰:「吾貴矣,夫人何自苦邪!」嚴氏曰:「公思作戶長時乎?民租後時,常苦鞭扑,今貴矣,宜先期以率衆,安得遂忘壠畝間乎!」行逢彊邀之,以羣妾擁升肩輿,嚴氏卒無留意,因曰:「公用法太嚴而失人心,所以不欲留者,一旦禍起,田野間易為逃死爾。」行逢為少損。

建隆三年,行逢病,召其將吏,以其子保權屬之曰:「吾起隴畝為團兵,同時十人,皆以誅死,惟衡州刺史張文表獨存,然常怏怏不得行軍司馬。吾死,文表必叛,當以楊師璠討之。如其不能,則嬰城勿戰,自歸於朝廷。」

行逢卒,子保權立。文表聞之,怒曰:「行逢與我起微賤而立功名,今日安能北面事小兒乎!」遂舉兵叛,攻下潭州。保權乞師於朝廷,亦命楊師璠討文表,告以先人之言,感激涕泣,師璠亦泣,顧其軍曰:「汝見郎君乎?年未成人而賢若此。」軍士奮然,皆思自效。師璠至平津亭,文表出戰,大敗之。初,保權之乞師也,太祖皇帝遣慕容延釗討文表,未至而文表為師璠所執。延釗兵入朗州,保權舉族朝于京師。其後事具國史。[二]

[一]殷自唐乾寧三年入湖南,至周廣順元年,凡五十七年,餘具年譜注。

校勘記

〔一〕劉建峯　舊五代史卷一三三馬殷傳同，新唐書卷一九〇劉建鋒傳作「劉建鋒」，又云「字鋭端」，以字推之，當以「鋒」字是。本卷下文同。

〔二〕次澧陵　「澧陵」，新唐書卷一八六鄧處訥傳、通鑑卷二五九同，通鑑胡注：「澧當作醴，醴陵在漢臨湘縣界。」

〔三〕僖宗授建峯湖南節度使　據新唐書卷一九〇劉建鋒傳、通鑑卷二五九及本卷上文，劉建峯入湖南在乾寧元年，「僖宗」，疑當作「昭宗」。

〔四〕殷遣其將秦彥暉李瓊等攻連邵郴衡道永六州　據通鑑卷二六一，馬殷時已控制邵州，所攻僅連、郴、衡、道、永五州。

〔五〕劉存及陳知新戰死　宗文本作「殺存及陳知新」。按本書卷六一吳世家、通鑑卷二六六，劉存及陳知新皆被執而後處斬。

〔六〕自言三世將家　「三世」，原作「五世」，據宋内本、宗文本改。

〔七〕以爲馬步軍都指揮使　「馬步軍」，通鑑卷二六七、九國志卷一一作「步軍」。

〔八〕溆州昌師益等率溪洞諸蠻皆附于殷　「溆州」，通鑑卷二六七考異引湖湘故事作「敍州」。朱孝誠墓碑（拓片刊北京圖書館藏中國歷代石刻拓本匯編第三十册）記：「元和初，張伯靖負固

新五代史卷六十六

〔九〕 鈙州　錢大昕潛研堂金石文跋尾卷八：「史稱伯靖『澉州蠻』，碑作『鈙』，當以碑爲正。」

〔一〇〕 末帝時加殷武安武昌靜江寧遠等軍節度使　「武安」二字原闕，據南監本、通鑑卷二六八補。宗文本作「民安」，係「武安」之訛。又通鑑卷二六八繫其事於梁太祖乾化二年四月。

〔一一〕 故希聲卒　「故」字原闕，據宗文本補。

〔一二〕 儒每殺不幸　「儒」字原闕，據宗文本補。

〔一三〕 彭士然　舊五代史卷七八晉高祖紀四、卷七九晉高祖紀五、卷一三三馬希範傳、宋史卷四九三西南溪峒諸蠻傳上、通鑑卷二八一、溪州銅柱銘文(拓片藏上海博物館)作「彭士愁」。興地紀勝卷七五銅柱銘條：「五代史謂之彭士然者，字之訛也，當以彭士愁爲正。」本卷下文同。

〔一四〕 遣其子師暠率諸蠻酋降于勍　「師暠」，溪州銅柱銘文作「師杲」。通鑑卷二八五作「丁思瑾」，五代史補卷三作「丁思僅」。本卷下一處同。

〔一五〕 丁思覬　通鑑卷二八五作「丁思瑾」。

〔一六〕 今天子囚辱　「今」字原闕，據宋丙本、宗文本、詳節卷九補。

〔一七〕 爲兒女之樂乎　「兒女」，宗文本作「兒女子」。

〔一八〕 崔洪璉　原作「崔珙璉」，據宋丙本、宗文本、通鑑卷二八九、馬令南唐書卷二九改。

〔一九〕 希萼率舟兵沿江而上　「率」字原闕，據宗文本補。通鑑卷二八九敍其事云：「希萼留其子光贊守朗州，悉發境內之兵趣長沙。」

〔九〕下湘鄉 「湘鄉」，通鑑卷二八九作「湘陰」。按自岳州至長沙，當由湘陰，湘鄉非必經之地。

〔一〇〕柴德賡識語：「當從通鑑作『湘陰』。」

〔一一〕臣以步兵三千自巴溪渡江趨岳麓後 「後」，原作「候」，據宗文本改。通鑑卷二八九敍其事云：「願假臣步卒三千，自巴溪渡江，出嶽麓之後，至水西，令許可瓊以戰艦渡江，腹背合擊，必破之。」又九國志卷一一敍其事云：「請假臣步卒三千人，南自巴溪渡江，趨嶽麓後，夜擊之。」

〔一二〕視汝反文在面 「反文在面」，原作「文不在面」，據宋丙本、宗文本、九國志卷一一改。

〔一三〕徒爲左右惑之爾 「徒爲」二字原闕，據宗文本補。

〔一四〕遂縊殺之 「殺」，原作「死」，據宗文本改。

〔一五〕劫庫兵 「庫」，原作「軍」，據宋丙本、宗文本改。

〔一六〕景封希萼楚王 「景」字原闕，據宗文本補。

〔一七〕拜右羽林統軍 「右」，舊五代史卷一一六周世宗紀三、册府卷一六七作「左」。

〔一八〕希知 宋丙本、宗文本作「希矩」。

〔一九〕明旦 原作「明日」，據宗文本作「遲明」。

〔二〇〕遂襲殺言 「遂」字原闕，據宗文本補。

〔二一〕夫人嚴氏諫曰 「嚴氏」，通鑑卷二九三、東都事略卷二四作「鄧氏」。本卷下文同。

新五代史卷六十七

吳越世家第七

錢鏐 子元瓘 元瓘子佐 佐弟俶

錢鏐，字具美，杭州臨安人也。臨安里中有大木，鏐幼時與羣兒戲木下，鏐坐大石指麾羣兒爲隊伍，號令頗有法，羣兒皆憚之。及壯，無賴，不喜事生業，以販鹽爲盜。縣錄事鍾起有子數人，與鏐飲博，起嘗禁其諸子，諸子多竊從之遊。豫章人有善術者，望牛斗間有王氣。牛斗，錢塘分也，因遊錢塘。占之在臨安，乃之臨安，以相法隱市中，陰求其人。起與術者善，術者私謂起曰：「占君縣有貴人，求之市中不可得，視君之相貴矣，然不足當之。」起乃爲置酒，悉召縣中賢豪爲會〔一〕，陰令術者徧視之，皆不足當者。過起家，鏐適從外來，見起，反走，術者望見之，大驚曰：「此真貴人也！」起笑曰：「此

吾旁舍錢生爾。」術者召鏐至,熟視之,顧起曰:「君之貴者,因此人也。」乃慰鏐曰:「子骨法非常,願自愛!」因與起訣曰:「吾求其人者,非有所欲也,直欲質吾術爾。」明日乃去。起始縱其子等與鏐遊,時時貸其窮乏。

鏐善射與槊,稍通圖緯諸書。唐乾符二年,浙西裨將王郢作亂,石鑑鎮將董昌募鄉兵討賊,表鏐偏將,擊郢破之。是時,黃巢衆已數千,攻掠浙東,至臨安,鏐曰:「今鎮兵少而賊兵多,難以力禦,宜出奇兵邀之。」乃與勁卒二十人伏山谷中,巢先鋒度險皆單騎,鏐伏弩射殺其將,巢兵亂,鏐引勁卒蹂之,斬首數百級。鏐曰:「此可一用爾,若大衆至〔一〕,何可敵邪!」乃引兵趨八百里,八百里,地名也,告道旁媼曰:「嚮十餘卒不可敵,況八百里乎!」遂急引兵過。都統高駢聞巢不敢犯臨安,壯之,召董昌與鏐俱至廣陵。久之,駢無討賊意,昌等不見用,辭還,駢表昌杭州刺史。是時,天下已亂,昌乃團諸縣兵爲八都,以鏐爲都指揮使,成及爲靖江都將。

中和二年,越州觀察使劉漢宏與昌有隙,漢宏遣其弟漢宥、都虞候辛約屯兵西陵。鏐率八都兵渡江,竊敵軍號〔二〕,斫其營,營中驚擾,因焚之,漢宥等皆走。漢宏復遣將黃珪、何肅屯諸暨、蕭山,鏐皆攻破之。與漢宏遇,戰,大敗之,殺何肅、辛約。漢宏易服持膾刀

以遯,追者及之,漢宏曰:「我宰夫也。」舉刀示之,乃免。

四年,僖宗遣中使焦居璠爲杭越通和使,詔昌及漢宏罷兵,皆不奉詔。漢宏遣其將朱褒、韓公玫[五]、施堅實等以舟兵屯望海。鏐出平水,成及夜率奇兵破褒等於曹娥埭,進屯豐山,施堅實等降,遂攻破越州。漢宏走台州,台州刺史執漢宏送於鏐,斬于會稽,族其家。鏐乃奏昌代漢宏,而自居杭州。

光啓三年,拜鏐左衛大將軍、杭州刺史,昌越州觀察使。是歲,畢師鐸囚高駢,淮南大亂,六合鎮將徐約攻蘇州。潤州牙將劉浩逐其帥周寶,寶奔常州,浩推度支催勘官薛朗爲帥。鏐遣都將成及、杜稜等攻常州,取周寶以歸,鏐具軍禮郊迎,館寶於樟亭,寶病卒。稜等進攻潤州,逐劉浩,執薛朗,剖其心以祭寶。然後遣其弟鏵攻徐約,約敗走入海,追殺之。

昭宗拜鏐杭州防禦使。是時,楊行密、孫儒爭淮南,與鏐戰蘇常間。久之,儒爲行密所殺,行密據淮南,取潤州,鏐亦取蘇、常。唐升越州威勝軍,以董昌爲節度使,封隴西郡王;杭州武威軍[六],拜鏐都團練使,以成及爲副使。及字弘濟,與鏐同事攻討,謀多出於及,而鏐以女妻及子仁琇。鏐乃以杜稜、阮結[七]、顧全武等爲將校,沈崧、皮光業、林鼎、羅隱爲賓客。

景福二年，拜鏐鎮海軍節度使、潤州刺史。乾寧元年，加同中書門下平章事。二年，越州董昌反。昌素愚，不能決事，臨民訟，以骰子擲之，而勝者爲直。妖人應智、巫韓媼等，以妖言惑昌，獻鳥獸爲符瑞。牙將倪德儒謂昌曰：「曩時謠言有羅平鳥主越人禍福，民間多圖其形禱祠之，視王書名與圖類。」因出圖以示昌，昌大悅，乃自稱皇帝，國號羅平，改元順天，分其兵爲兩軍，中軍衣黃，外軍衣白，銘其衣曰「歸義」。副使黃碣切戒昌以爲不可〔八〕，昌大怒，使人斬碣，持其首至，罵曰：「此賊負我，好聖明時，三公不肯作，乃自求死邪！」投之圊中。昌乃以書告鏐，鏐以昌反狀聞。

昭宗下詔削昌官爵，封鏐彭城郡王，浙江東道招討使。鏐曰：「董氏於吾有恩，不可遽伐。」以兵三萬屯迎恩門，遣其客沈滂諭昌使改過。昌以錢二百萬犒軍〔九〕，執應智等送軍中，自請待罪，鏐乃還兵。昌復拒命，遣其將陳郁、崔溫等屯香嚴、石侯，乞兵於楊行密，行密遣安仁義救昌。鏐遣顧全武攻昌，斬崔溫。昌所用諸將徐珣、湯臼、袁邠等皆庸人〔一〇〕，不知兵，遇全武輒敗。昌兄子真，驍勇善戰，全武等攻之，逾年不能克。真與其神將刺羽有隙，羽譖之，昌殺真，兵乃敗。全武執昌歸杭州，行至西小江，昌顧左右曰：「吾與錢公俱起鄉里，吾嘗爲大將，今何面目復見之乎〔一一〕！」左右相對泣下，因瞋目大呼，投水死。

昭宗以宰相王搏鎮越州[二]，搏請授鏐，乃改威勝軍爲鎮東軍，拜鏐鎮海、鎮東軍節度使，加檢校太尉、中書令，賜鐵券，恕九死。鏐如越州受命，還治錢塘，號越州爲「東府」。

光化元年，移鎮海軍於杭州，加鏐檢校太師，改鏐鄉里曰廣義鄉勳貴里，鏐素所營曰衣錦營。婺州刺史王壇叛附于淮南，楊行密遣其將康儒應壇，因攻睦州。鏐遣其弟銶敗儒於軒渚，壇奔宣州。昭宗詔鏐圖形凌煙閣，升衣錦營爲衣錦城，石鑑山曰衣錦山，大官山曰功臣山。鏐游衣錦城，宴故老，山林皆覆以錦，號其幼所嘗戲大木曰「衣錦將軍」。

天復二年，封鏐越王。鏐巡衣錦城，武勇右都指揮使徐綰與左都指揮使許再思叛，焚掠城郭，攻内城，鏐子傳瑛及其將馬綽、陳爲等閉門拒之。鏐歸，至北郭門不得入。成及代鏐與綰戰，斬首百餘級，綰屯龍興寺。鏐微服踰城而入，遣馬綽、王榮、杜建徽等分屯諸門，使顧全武備東府，全武曰：「東府不足慮，可慮者淮南爾，綰急，必召淮兵，淮兵至[三]，患不細矣。楊公大丈夫，今以難告，必能閔我。」鏐以爲然。全武曰：「獨行，事必不濟[四]，請擇諸公子可行者。」鏐曰：「吾嘗欲以元璙婚楊氏。」乃使隨全武如廣陵。綰果召田頵於宣州。全武等至廣陵，行密以女妻元璙，亟召頵還。頵取鏐錢百萬，質鏐子元瓘而歸。

天祐元年，封鏐吳王，鏐建功臣堂，立碑紀功，列賓佐將校名氏於碑陰者五百人。四

年,升衣錦城爲安國衣錦軍。

梁太祖即位,封鏐吳越王,兼淮南節度使。客有勸鏐拒梁命者,鏐笑曰:「吾豈失爲孫仲謀邪!」遂受之。太祖嘗問吳越進奏吏曰:「錢鏐平生有所好乎?」吏曰:「好玉帶、名馬。」太祖笑曰:「真英雄也。」乃以玉帶一匣、打毬御馬十匹賜之。江西危全諷等爲楊渥所敗,信州危仔倡奔於鏐,鏐惡其姓,改曰元。開平二年,加鏐守中書令,改臨安縣爲安國縣、廣義鄉爲衣錦鄉。三年,加守太保。

楊渥將周本、陳章圍蘇州〔五〕,鏐遣其弟鋸、鏢救之。淮兵爲水柵環城,以銅鈴繫網沈水中,斷潛行者。水軍卒司馬福,多智而善水行,乃先以巨竹觸網,淮人聞鈴聲遂舉網,福乃過,入城中,其出也亦然。乃取其軍號,內外夾攻,號令相應,淮人以爲神,遂大敗之,本等走,擒其將間丘直、何明等〔六〕。

四年,鏐游衣錦軍,作還鄉歌曰:「三節還鄉兮掛錦衣,父老遠來相追隨。牛斗無孛人無欺,吳越一王駟馬歸。」乾化元年,加鏐守尚書令,兼淮南、宣潤等道四面行營都統。鏐弟鏢居湖州,擅殺戍將潘長,懼罪奔于淮南。二年,梁郢王友珪立,立生祠於衣錦軍。末帝貞明三年,加鏐天下兵馬都元帥〔七〕,開府置官屬。四年,楊隆演取虔州,鏐始由海路入貢京師。龍德元年,賜鏐詔書不名。

唐莊宗入洛，鏐遣使貢獻，求玉册。莊宗下其議於有司，羣臣皆以謂非天子不得用玉册，郭崇韜尤爲不可，既而許之，乃賜鏐玉册、金印。鏐因以鎮海等軍節度授其子元瓘，自稱吴越國王，更名所居曰宫殿、府曰朝，官屬皆稱臣，起玉册、金券、詔書三樓於衣錦軍，遣使册新羅、渤海王，海中諸國，皆封拜其君長。

明宗初即位[八]，安重誨用事，鏐致書重誨，書辭嫚，重誨大怒。是時，供奉官烏昭遇、韓玫使吴越，既還，玫誣昭遇稱臣舞蹈，重誨乃奏削鏐王爵、元帥、尚父，以太師致仕。元瓘等遣人以絹表間道自陳。安重誨死，明宗乃復鏐官爵。長興三年，鏐卒，年八十一，謚曰武肅。子元瓘立。

元瓘，字明寶[九]，少爲質於田頵。頵叛於吴，楊行密會越兵攻之，頵每戰敗歸，即欲殺元瓘，頵母嘗蔽護之。後頵將出，語左右曰：「今日不勝，必斬錢郎。」是日頵戰死，元瓘得歸。

鏐臥病，召諸大將告之曰：「吾子皆愚懦，不足任後事，吾死，公等自擇之。」諸將泣下，皆曰：「元瓘從王征伐最有功，諸子莫及，請立之。」鏐乃出筦鑰數篋，召元瓘與之曰：「諸將許爾矣。」鏐卒，元瓘立，襲封吴越國王，玉册、金印皆如鏐故事。

王延政自立於建州，閩中大亂，元瓘遣其將仰詮、薛萬忠等攻之，逾年，大敗而歸。元瓘亦善撫將士，好儒學，善爲詩，使其國相沈崧置擇能院，選吳中文士錄用之。然性尤奢僭，好治宮室。天福六年，杭州大火，燒其宮室迨盡，元瓘避之，火輒隨發，元瓘大懼，因病狂。是歲卒，年五十五，謚曰文穆。子佐立。

佐，字祐。立時年十三，諸將皆少佐，佐初優容之，諸將稍不法，佐乃黜其大將章德安於明州，李文慶於睦州，殺内都監杜昭達、統軍使闞璠，由是國中皆恐。王延羲、延政兄弟相攻，卓儼明、朱文進、李仁達等自相篡殺，連兵不解者數年。仁達附于李景，已而又叛，景兵攻之，仁達求救於佐。佐召諸將計事，諸將皆不欲行，佐奮然曰：「吾爲元帥，而不能舉兵邪？諸將皆吾家素畜養，獨不肯以身先我乎？有異吾議者斬！」乃遣其統軍使張筠、趙承泰等率兵三萬，水陸赴之。遣將誓軍，號令齊整。筠等大敗景兵，俘馘萬計，獲其將楊業、蔡遇等，遂取福州而還，由是諸將皆服。

佐立七年，襲封吳越國王，玉冊、金印皆如元瓘。開運四年，佐卒，年二十，謚曰忠獻。弟俶立。

俶,字文德。佐卒,弟倧以次立。初,元瓘質於宣州,以胡進思、戴惲等自隨,元瓘立,用進思等爲大將。佐既年少,進思以舊將自待,甚見尊禮,及倧立,頗卑侮之,進思不能平。倧大閲兵於碧波亭,方第賞,進思前諫以賞太厚,倧怒,擲筆水中曰:「以物與軍士,吾豈私之,何見咎也!」進思大懼。歲除,畫工獻鍾馗擊鬼圖,倧以詩題圖上,進思見之大悟,知倧將殺己。是夕,擁衞兵廢倧,囚於義和院,迎俶立之,遷倧于東府。俶歷漢、周,襲封吳越國王,賜玉册、金印。

世宗征淮南,詔俶攻常、宣二州以牽李景,俶治國中兵以待。景聞周師將大舉,乃遣使安撫,境上皆戒嚴。蘇州候吏陳滿不知景使,以謂朝廷已克諸州,遣使安撫矣,亟言於俶,請舉兵以應。俶相國吳程遽調兵以出,相國元德昭以爲王師必未渡淮,與程爭於俶前,不可奪。程攻常州,果爲景將柴克宏所敗,程裨將邵可遷力戰,可遷子死馬前,猶戰不顧,程等僅以身免。周師渡淮,俶乃盡括國中丁民益兵,使邵可遷等以戰船四百艘、水軍萬七千人至于通州以會期。

吳越自唐末有國,而楊行密、李昇據有江淮。吳越貢賦,朝廷遣使,皆由登、萊泛海,歲常飄溺其使。顯德四年,詔遣左諫議大夫尹曰就、吏部郎中崔頌等使于俶,世宗諭之曰:「朕此行決平江北,卿等還當陸來也。」五年,王師征淮。正月,克靜海軍,而日就等果

陸還。世宗已平淮南，遣使賜俶兵甲旗幟，橐駝羊馬。

錢氏兼有兩浙幾百年，其人比諸國號爲怯弱，而俗喜淫侈，偷生工巧，自鏐世常重斂其民以事奢僭，下至鷄魚卵鷇，必家至而日取。每笞一人以責其負，則諸案吏各持其簿列于庭〔二〕，凡一簿所負，唱其多少，量爲笞數，已則以次唱而答之〔三〕，少者猶積數十，多者至笞百餘，人尤不勝其苦。又多掠得嶺海商賈寶貨。當五代時，常貢奉中國不絶，及世宗平淮南，宋興，荆、楚諸國相次歸命，俶勢益孤，始傾其國以事貢獻。太祖皇帝時，俶嘗來朝，厚禮遣還國，俶喜，益以器服珍奇爲獻，不可勝數。太祖曰：「此吾帑中物爾，何用獻爲！」太平興國三年，詔俶來朝，俶舉族歸于京師，國除。其後事具國史。

嗚呼！天人之際，爲難言也。非徒自古術者好奇而幸中，至於英豪草竊亦多自託於妖祥，豈其欺惑愚衆，有以用之歟？蓋其興也，非有功德漸積之勤，而鯨鬾盜販，倔起於王侯，而人亦樂爲之傳歟？考錢氏之始終，非有德澤施其一方，百年之際，虐用其人甚矣，其動於氣象者，豈非其孽歟？是時四海分裂，不勝其暴，又豈皆知王侯？術者之言，不中者多，而中者少，而人特喜道其中者歟？是皆無所得而推歟？

〔一〕鏐世興滅，諸書皆同，蓋自唐乾寧二年爲鎮海、鎮東軍節度使兼有兩浙，至皇朝太平興國三年

國除,凡八十四年。

校勘記

〔一〕悉召縣中賢豪爲會 「縣中」二字原闕,據宗文本補。

〔二〕若大衆至 「若」字原闕,據宗文本、經進東坡文集事略卷五五錢氏表忠觀碑注引五代史吳越世家補。

〔三〕皆曰 「皆」字原闕,據宗文本、經進東坡文集事略卷五五錢氏表忠觀碑注引五代史吳越世家補。

〔四〕竊敵軍號 「敵」原作「取」,據宗文本改。吳越備史卷一敘其事作「竊賊號」。

〔五〕韓公玟 宗文本、新唐書卷一九〇劉漢宏傳、吳越備史(四部叢刊本)卷一作「韓公汶」。吳越備史卷一作「韓公玟」。

〔六〕武威軍 新唐書卷六八方鎮表五、通鑑卷二五九、吳越備史卷一作「武勝軍」。

〔七〕阮結 原作「陽結」,據宋內本、宗文本改。按通鑑卷二五七有阮結。

〔八〕黃碣 新唐書卷二二五下董昌傳、通鑑卷二六〇、吳越備史卷一作「黃碼」。按新唐書卷一九三有黃碣傳。本卷下一處同。

〔九〕昌以錢二百萬犒軍 「二百萬」,新唐書卷二二五下董昌傳作「二百萬緡」。

〔一〇〕昌所用諸將徐珣湯臼袁邠等皆庸人 「等」字原闕，據宗文本補。按吳越備史卷一，董昌將尚有徐章、李元賓等。

〔一一〕今何面目復見之乎 「目」字原闕，據宗文本補。

〔一二〕王摶 原作「王溥」，據宗文本改。按新唐書卷一〇昭宗紀、卷六三宰相表下、卷一一六王摶傳，通鑑卷二六〇，越州置威勝軍，摶罷相出為威勝軍節度使。

〔一三〕淮兵至 「淮兵」二字原闕，據宗文本補。吳越備史卷一敍其事云「縮必召田頵，頵來，淮南即興師矣」。

〔一四〕事必不濟 「必不」，原作「不必」，據宗文本、吳越備史卷一乙正。

〔一五〕陳章 通鑑卷二六七、吳越備史卷二作「陳璋」。按九國志卷一有陳璋傳。

〔一六〕何明 吳越備史卷一、通鑑卷二六七作「何朗」。

〔一七〕天下兵馬都元帥 吳越備史卷一同，舊五代史卷九梁末帝紀中、通鑑卷二七〇作「天下兵馬元帥」。

〔一八〕明宗初即位 「初」字原闕，據宗文本補。舊五代史卷一三三錢鏐傳敍其事作「明宗即位之初」。

〔一九〕字明寶 通曆卷一五、吳越備史卷二、九國志卷五同，全唐文卷八五九吳越文穆王錢元瓘碑銘云其「字文寶」。

〔一〇〕佐乃黜其大將章德安於明州 「明州」,吳越備史卷三、通鑑卷二八三作「處州」。

〔一一〕諸將皆吾家素畜養 「皆」字原闕,據宗文本補。

〔一二〕則諸案吏各持其簿列于庭 「吏」、「庭」原作「史」、「廷」,據宗文本、續資治通鑑長編卷一九改。

〔一三〕已則以次唱而答之 「已則」二字原闕,據宗文本補。續資治通鑑長編卷一九敍其事作「答已,次吏復唱而答之」。

新五代史卷六十八

閩世家第八

王審知 子延翰 子鏻 鏻子繼鵬 延羲 延政

王審知，字信通，光州固始人也。父恁，世爲農。兄潮，爲縣史。

唐末羣盜起，壽州人王緒攻陷固始，緒聞潮兄弟材勇，召置軍中，以潮爲軍校。是時，蔡州秦宗權方募士以益兵，乃以緒爲光州刺史，召其兵會擊黃巢。緒性猜忌，部將有材能攻緒。緒率衆南奔，所至剽掠，自南康入臨汀，陷漳浦，有衆數萬。者，多因事殺之，潮頗自懼。軍次南安，潮說其前鋒將曰：「吾屬棄墳墓、妻子而爲盜者，爲緒所脅爾，豈其本心哉！今緒雄猜，將吏之材能者必死，吾屬不自保朝夕，況欲圖成事哉！」前鋒將大悟，與潮相持而泣。乃選壯士數十人，伏篁竹間，伺緒至，躍出擒之，囚之

軍中。緒後自殺。

緒已見廢，前鋒將曰：「生我者潮也。」乃推潮為主。是時，泉州刺史廖彥若為政貪暴，泉人苦之，聞潮略地至其境，而軍行整肅，其耆老相率遮道留之，潮即引兵范暉自稱留後[一]。潮遣審知攻暉，久不克，士卒傷死甚眾，審知請班師，潮不許。又請潮自臨軍，且益兵，潮報曰：「兵與將俱盡，吾當自往。」審知懼[二]，乃親督士卒攻破之，暉見殺。唐即以潮為福建觀察使，潮以審知為副使。

審知為人狀兒雄偉，隆準方口，常乘白馬，軍中號「白馬三郎」。乾寧四年，潮卒，審知代立。唐以福州為威武軍，拜審知節度使，累遷同中書門下平章事，封琅琊王。唐亡，梁太祖加拜審知中書令，封閩王，升福州為大都督府。是時，楊行密據有江淮，審知歲遣使泛海[三]，自登、萊朝貢于梁，使者入海，覆溺常十三四。

審知雖起盜賊，而為人儉約，好禮下士。王倓[四]，唐相摶之子[五]；楊沂，唐相涉從弟；徐寅，唐時知名進士，皆依審知仕宦。又建學四門，以教閩士之秀者。招來海中蠻夷商賈。海上黃崎，波濤為阻，一夕風雨雷電震擊，開以為港，閩人以為審知德政所致，號為甘棠港。

審知同光三年卒，年六十四，諡曰忠懿。子延翰立。

延翰，字子逸，審知長子也。同光四年，唐拜延翰節度使。是歲，莊宗遇弒，中國多故，延翰乃取司馬遷史記閩越王無諸傳示其將吏曰：「閩，自古王國也，吾今不王，何待之有？」於是軍府將吏上書勸進。十月，延翰建國稱王，而猶稟唐正朔。

延翰爲人長大，美晢如玉，其妻崔氏陋而淫，延翰不能制。崔氏性妬，良家子之美者，輒幽之別室，繫以大械，刻木爲人手以擊頰，又多選良家子爲妾。一歲中死者八十四人。崔氏後病，見以爲祟而卒。

審知養子建州刺史延稟，本姓周氏，自審知時與延翰不叶。延翰立，以其弟延鈞爲泉州刺史，延鈞怒。二人因謀作亂。十二月，延稟、延鈞皆以兵入，執延翰殺之。而延鈞立，更名鏻。

鏻，審知次子也。唐即拜鏻節度使，累加檢校太師、中書令，封閩王。

初，延稟與鏻之謀殺延翰也，延稟之兵先至，已執延翰而殺之，明日鏻兵始至，延稟自以養子，推鏻而立之。延稟還建州，鏻餞于郊，延稟臨訣謂鏻曰：「善繼先志，毋煩老兄復

來!」鏻銜之。長興二年,延稟率兵擊鏻,攻其西門,使其子繼雄轉海攻其南門[六],鏻遣王仁達拒之。仁達伏甲舟中,僞立白幟請降,繼雄信之,登舟,伏兵發,刺殺之,梟其首西門,其兵見之皆潰去,延稟見執。鏻誚之曰:「予不能繼先志,果煩老兄復來。」延稟不能對,遂殺之。延稟子繼昇守建州,聞敗,奔于錢塘。

長興三年,鏻上書言:「楚王馬殷、吳越王錢鏐皆爲尚書令,今皆已薨,請授臣尚書令。」唐不報,鏻遂絕朝貢。

鏻好鬼神道家之說,道士陳守元以左道見信,建寶皇宮以居之。守元謂鏻曰:「寶皇命王少避其位,後當爲六十年天子。」鏻欣然遜位,命其子繼鵬權主府事。既而復位,遣守元問寶皇:「六十年後將安歸?」守元傳寶皇語曰:「六十年後,當爲大羅仙人。」鏻乃即皇帝位,受冊於寶皇,以黃龍見真封宅,改元爲龍啓,國號閩。追諡審知爲昭武孝皇帝[七],廟號太祖,立五廟,置百官,以福州爲長樂府[八]。而閩地狹,國用不足,以中軍使薛文傑爲國計使。文傑多察民間陰事,致富人以罪,而籍没其貨以佐用,閩人皆怨。又薦妖巫徐彥,曰:「陛下左右多姦臣,不質諸鬼神,將爲亂。」鏻使彥視鬼於宮中。

文傑與內樞密使吳英有隙[九],英病在告,文傑謂英曰:「上以公居近密,而屢以疾告,將罷公。」英曰:「奈何?」文傑因教英曰:「即上遣人問公疾,當言『頭痛而已,無佗苦

也」。英以爲然。明日，諷鏻使巫視英疾，巫言：「入北廟，見英爲崇順王所訊，曰：『汝何敢謀反？』以金槌擊其首。」以金語文傑，文傑曰：「未可信也，宜問其疾如何。」鏻遣人問之，英曰：「頭痛。」鏻以爲然，即以英下獄，命文傑劾之，英自誣伏，見殺。英嘗主閩兵，得其軍士心，軍士聞英死，皆怒。是歲，吳人攻建州，鏻遣其將王延宗救之，兵士在道不肯進，曰：「得文傑乃進。」鏻惜之不與，其子繼鵬請與之紓難，乃以檻車送文傑軍中。文傑善數術，自占云：「過三日可無患。」送者聞之，疾馳二日而至，軍士踴躍，磔文傑於市，閩人爭以瓦石投之，齏食立盡。明日，鏻使者至，赦之，已不及。初，文傑爲鏻造檻車，以謂古制疏闊，乃更其制，令上下通，中以鐵芒内嚮，動輒觸之，既成，首被其毒。

龍啟三年，改元永和。王仁達爲鏻殺延稟有功，而典親兵，鏻心忌之，嘗問仁達曰：「趙高指鹿爲馬，以愚二世，果有之邪？」仁達曰：「秦二世愚，故高指鹿爲馬，非高能愚二世也。今陛下聰明，朝廷官不滿百，起居動靜，陛下皆知之，敢有作威福者，族滅之而已。」退而謂人曰：「仁達智略，在吾世猶可用〔一〇〕，不可遺後世患。」卒誣以罪殺之。

鏻妻早卒，繼室金氏賢而不見答。審知婢金鳳，姓陳氏，鏻嬖之，遂立以爲后。有嬖吏歸守明者，以色見倖，號歸郎，鏻後得風疾，陳氏與歸郎奸。又有百工院使李可殷，

因歸郎以通陳氏。鏻命錦工作九龍帳，國人歌曰：「誰謂九龍帳，惟貯一歸郎。」鏻婢春鶯有色，其子繼鵬蒸之，鏻已病，繼鵬因陳氏以求春鶯，鏻快快與之。其次子繼韜怒，謀殺繼鵬，繼鵬懼，與皇城使李倣圖之。是歲十月，鏻饗軍于大酺殿，坐中昏然，言見延稟來，倣以為鏻病已甚，乃令壯士先殺李可殷于家。明日晨朝，鏻無恙，問倣殺可殷何罪，倣懼而出，與繼鵬率皇城衛士而入。鏻聞鼓噪聲，走匿九龍帳中，衛士刺之不殂，宮人不忍其苦，為絕之。繼韜及陳后，歸郎皆為倣所殺。鏻立十年見殺，諡曰惠皇帝〔一〕，廟號太宗〔二〕。

繼鵬，鏻長子也〔三〕。既立，更名昶，改元通文，以李倣判六軍諸衛事。倣有弑君之罪，既立昶，而心常自疑，多養死士以為備。昶患之，因大享軍，伏甲擒倣殺之，梟其首于市。倣部曲千人叛，燒啟聖門，奪倣首，奔於錢塘。

晉天福二年，昶遣使朝貢京師，高祖遣散騎常侍盧損册昶閩王，拜其子繼恭臨海郡王〔四〕。損至閩，昶稱疾不見，令繼恭主之，又遣中書舍人劉乙勞損于館，乙衣冠偉然，驕僮甚盛。佗日損遇乙于塗，布衣芒屩而已，損使人誚之曰：「鳳閣舍人，何偪下之甚也！」乙羞媿，以手掩面而走。昶聞之，怒損侵侮之，損還，昶無所答。而其子繼恭遣其佐鄭元

弼隨損至京師貢方物，致書晉大臣，述昶意，求以敵國禮相往來。高祖怒其不遜，下詔暴其罪，歸其貢物不納。兵部員外郎李知損上書請籍没其物而禁錮使者，於是以元弼下獄具引見，元弼俯伏曰：「昶，夷貉之君，不知禮義，陛下方示大信，以來遠人，臣將命無狀，願伏斧鑕，以贖昶罪。」高祖乃赦元弼，遣歸。

昶亦好巫，拜道士譚紫霄爲正一先生，又拜陳守元爲天師，而妖人林興以巫見幸，事無大小，興輒以寶皇語命之而後行。守元教昶起三清臺三層，以黄金數千斤鑄寶皇及元始天尊、太上老君像，日焚龍腦、薰陸諸香數斤，作樂于臺下，晝夜聲不輟，云如此可求大還丹。三年夏，虹見其宫中，林興傳神言：「此宗室將爲亂之兆也。」乃命興率壯士殺審知子延武、延望及其子五人。後興事敗，亦被殺。而昶愈惑亂，立父婢春鷰爲淑妃，後立以爲皇后。又遣醫人陳究以空名堂牒賣官。

昶弟繼嚴判六軍諸衛事[一五]，昶疑而罷之，代以季弟繼鏞，而募勇士爲宸衛都以自衛，其賜予給賞，獨厚於佗軍。控鶴都將連重遇，拱宸都將朱文進皆以此怒激其軍。是歲夏，術者言昶宫中當有災，昶徙南宫避災，而宫中火，昶疑重遇軍士縱火。内學士陳郯素以便佞爲昶所親信，昶以火事語之，郯反以告重遇。重遇懼，夜率衛士縱火焚南宫，昶挾愛姬、子弟、黄門衛士斬關而出，宿于野次。

重遇迎延義立之。延義令其子繼業率兵襲昶[六]，及之，射殺數人。昶知不免，擲弓于地，繼業執而殺之，及其妻子皆死無遺類。延義立，謚昶曰康宗。

延義，審知少子也。既立，更名曦，遣使者朝貢于晉，改元永隆。

曦自昶世倔彊難制，昶相王惔每抑折之，曦亦憚惔，不敢有所發。鑄大鐵錢，以一當十。

新羅遣使聘閩以寶劍，昶舉以示惔曰：「此將何爲？」惔曰：「不忠不孝者，斬之。」曦居旁色變。曦既立，而新羅復獻劍，曦思惔前言，而惔已死，命發冢戮其尸，惔面如生，血流被體。

泉州刺史余廷英嘗矯曦命掠取良家子，曦怒，召下御史劾之。廷英進買宴錢千萬，曦御史中丞劉贊坐不糾舉，將加笞，諫議大夫鄭元弼切諫，曦謂元弼曰：「卿何如魏鄭公，乃曰：「皇后土貢何在？」廷英又獻皇后錢千萬，乃得不劾。曦嘗嫁女，朝士有不賀者答之。元弼曰：「陛下似唐太宗，臣爲魏鄭公可矣。」曦喜，乃釋贊不笞。

曦弟延政爲建州節度使，封富沙王，自曦立，不叶，數舉兵相攻，曦由此惡其宗室，多以事誅之。諫議大夫黃峻舁櫬詣朝堂極諫，曦怒，貶峻漳州司戶參軍。校書郎陳光逸上書疏曦過惡五十餘事，曦命衛士鞭之百而不死，以繩繫頸，掛于木，久而乃絕。國計使陳匡範增算商之法以獻，曦曰：「匡範，人中寶也。」已而歲入不登其數，乃借於民以足之，匡

範以憂死。其後知其借於民也,剖棺斷尸,棄之水中。

曦性既淫虐,而妻李氏悍而酗酒,賢妃尚氏有色而寵,以爲相。曦常爲牛飲,羣臣侍酒,醉而不勝,有訴及私棄酒者輒殺之,殺其贊者一人。連重遇殺昶,懼爲國人所討,與朱文進連姻以自固。曦心疑之,常以語誚重遇等,重遇流涕自辨。李氏妬尚妃之寵,欲圖曦而立其子亞澄,乃使人謂重遇等曰:「上心不平於二公,奈何?」重遇等懼。六年三月,曦出遊,醉歸,重遇等遣壯士拉於馬上而殺之,謚曰景宗。

延政,審知子也。曦立,爲淫虐,延政數貽書諫之。曦怒,遣杜建崇監其軍,延政逐之,曦乃舉兵攻延政,爲延政所敗。延政乃以建州建國稱殷,改元天德。

明年,連重遇已殺曦,集閩羣臣告曰:「昔太祖武皇帝親冒矢石,遂啓有閩,及其子孫,淫虐不道。今天厭王氏,百姓與能,當求有德,以安此土。」羣臣皆莫敢議,乃掖朱文進升殿,率百官北面而臣之。文進以重遇判六軍諸衞事,王氏子弟在福州者無少長皆殺之。以黃紹頗守泉州、程贇守漳州、許文縝守汀州,稱晉年號,時開運元年也。泉州軍將留從効詐其州人曰:「富沙王兵收福州矣,吾屬世爲王氏臣,安能交臂而事賊乎!」州人共殺

紹頗，迎王繼勳為刺史，漳州聞之，亦殺贇，迎王繼成為刺史，皆王氏之諸子也。文縝懼，以汀州降于延政。延政已得三州，重遇亦殺文進，傳首建州以自歸。福州禆將林仁翰又殺重遇，謀迎延政都福州。

是時，南唐李景聞閩亂，發兵攻之，延政遣其從子繼昌守福州，而南唐兵方急攻延政，福州將李仁達謂其徒曰：「唐兵攻建州，富沙王不能自保，其能有此土乎？」乃擒繼昌殺之。欲自立，懼衆不附，以雪峯寺僧卓儼明示衆曰[七]：「此非常人也。」被以袞冕，率諸將吏北面而臣之。已而又殺儼明，乃自立，送款于李景，景以仁達為威武軍節度使，更其名曰弘義。而景兵攻破建州，遷延政族於金陵，封鄱陽王。是歲，景保大四年也。

留從効聞延政降唐，執王繼勳送于金陵。李景以泉州為清源軍，以從効為節度使。而留從効亦逐景守兵，據泉、漳二州，景猶封從効晉江王。周世宗時，從効遣牙將蔡仲興為商人[八]，間道至京師，求置邸內屬。是時，世宗與李景畫江為界，遂不納，從効仍臣于南唐。其後事具國史。[二]

[一]晉開運三年丙午，南唐保大四年也。是歲，李景兵破建州，王氏滅。《江南錄》云保大三年，虞王氏之族，遷于金陵，謬也。據王潮實以唐景福元年入福州，拜觀察使，而後人紀錄者，乃用「騎馬來，騎馬去」之讖以為據，遂以王潮光啓二年歲在丙午拜泉州刺史為始年，至保大四年，歲

復在丙午而滅，故爲六十一年。然其奄有閩國，則當自景福元年爲始，實五十五年也。今諸家記其國滅丙午是也。其始年則牽於識書，繆矣。惟江南録又差其末年也。

校勘記

（一）其壻范暉自稱留後　「壻」，新唐書卷一九〇王潮傳、舊五代史卷一三四王審知傳同，通鑑卷二五八作「妻弟」，通鑑考異：「薛史、閩中録、閩書皆云范暉，嚴壻，餘書皆云妻弟。林仁志王氏啓運圖載監軍程克諭表云妻弟，此最得實，今從之。」陳巖墓誌（拓片刊隋唐五代墓誌匯編北京大學卷第二册）：「夫人錢塘范氏。」

（二）審知懼　「懼」字原闕，據宗文本、通鑑卷二五九補。

（三）審知歲遣使泛海　「遣」字原闕，據宋丙本、宗文本、馬令南唐書卷二八補。

（四）王倓　原作「王淡」，據馬令南唐書卷二八及本卷下文改。四庫全書考證卷二八：「按馬氏南唐書『淡』作『倓』，此後延義世家中有昶相王倓，此『淡』字當是『倓』字之誤。」王審知墓誌（拓片刊文物一九九一年第五期）書丹者署前守河南府文學王倓，即其人。

（五）唐相摶之子　「摶」原作「溥」，據宗文本改。按新唐書卷一〇昭宗紀、卷六三宰相表下、卷一一六王摶傳皆記王摶相昭宗。另新唐書卷七二中宰相世系表二中載王摶（「摶」原訛「摶」，趙超新唐書宰相世系表集校已校正）王倓爲父子。

〔六〕使其子繼雄轉海攻其南門　「南門」，通鑑卷二七七敍其事作「東門」。

〔七〕追諡審知爲昭武孝皇帝　「孝」字原闕，據宋丙本、宗文本、九國志卷一〇補。

〔八〕以福州爲長樂府　「福」字原闕，據宗文本、通鑑卷二七八補。

〔九〕吳英　通鑑卷二七八作「吳勗」。

〔一〇〕在吾世猶可用　「猶」字原闕，據宗文本。本卷下文同。

〔一一〕諡曰惠皇帝　「惠皇帝」，通鑑卷二七九、九國志卷一〇作「齊肅明孝皇帝」。

〔一二〕廟號太宗　「太宗」，通鑑卷二七九、五國故事卷下、九國志卷一〇作「惠宗」。

〔一三〕繼鵬鏻長子也　王延鈞妻劉華墓誌（拓片刊文物一九七五年第一期）記其四子：長繼嚴、次繼鵬、次繼韜、次繼恭。繼鵬爲延鈞次子。

〔一四〕拜其子繼恭臨海郡王　舊五代史卷一三四王審知傳、册府卷二三三同，通鑑卷二八一云繼恭係其弟。按劉華墓誌記繼恭爲繼鵬弟。

〔一五〕昶弟繼嚴判六軍諸衞事　劉華墓誌記繼嚴爲繼鵬兄。

〔一六〕延義令其子繼業率兵襲昶　通鑑卷二八二記繼業爲延義兄子。

〔一七〕卓儼明　通鑑卷二八四作「卓巖明」，通鑑考異：「閩錄、啓運圖、啓國實録、江南錄作『巖明』，閩中實錄、閩王列傳、九國志、薛史、唐餘錄、王審知傳、吳越備史作『儼明』。」按啓運圖、

〔一八〕蔡仲興　册府卷一六七、九國志卷一〇同，册府卷二三二、通鑑卷二九四、宋史卷四八三留從効傳作「蔡仲賨」。

巖明本名偓，爲僧，名體明，即位改巖明。今從之。」本卷下文同。

新五代史卷六十九

南平世家第九

高季興 子從誨　從誨子保融　保勗　保融子繼沖

高季興，字貽孫，陝州硤石人也。本名季昌，避後唐獻祖廟諱，更名季興。季興少為汴州富人李讓家僮。梁太祖初鎮宣武，讓以入貲得幸，養為子，易其姓名曰朱友讓。季興以友讓故得進見，太祖奇其材，命友讓以子畜之，因冒姓朱氏，補制勝軍使，遷毅勇指揮使。

天復二年，梁兵攻鳳翔，李茂貞堅壁不出，太祖議欲收軍還河中，季興獨進曰：「天下豪傑窺此舉者一歲矣，今岐人已憊，破在旦夕，而大王之所慮者，閉壁以老我師，此可以誘致之也。」太祖壯其言，命季興募勇敢士，得騎士馬景，季興授以計，引見太祖。景

曰：「此行無還理，願錄其後嗣。」太祖惻然止之，景固請，乃行。景以數騎馳叩城門告曰：「梁兵將東，前鋒去矣。」岐人以爲然，開門出追梁軍，梁兵隨景後以進，殺其九千餘人，景死之。茂貞後與梁和，昭宗出，贈景官，諡曰忠壯。季興由是知名。明年，拜宋州刺史。從破青州，徙潁州防禦使，復姓高氏。

當唐之末，襄州趙匡凝襲破雷彥恭于荊南，以其弟匡明爲留後。開平元年，拜季興節度使。梁兵攻破襄州，匡凝奔于吳，匡明奔于蜀，乃以季興爲荊南節度觀察留後。二年，加同中書門下平章事。荊南節度十州，當唐之末，爲諸道所侵，季興始至，江陵一城而已，兵火之後，井邑凋零。季興招緝綏撫，人士歸之，乃以倪可福、鮑唐爲將帥，梁震、司空薰、王保義等爲賓客。

太祖崩，季興見梁日以衰弱，乃謀阻兵自固，治城隍，設樓櫓。以兵攻歸、峽，爲蜀將王宗壽所敗。又發兵聲言助梁擊晉，以侵襄州，爲孔勍所敗，乃絕貢賦累年。梁末帝優容之，封季興渤海王，賜以袞冕劍佩。貞明三年，始復脩貢。

梁亡，唐莊宗入洛，下詔慰諭季興，司空薰等皆勸季興入朝京師，梁震以爲不可，曰：「梁、唐世爲仇敵，夾河血戰垂二十年，今主上新滅梁，而大王梁室故臣，握彊兵，居重鎮，以身入朝，行爲虜爾。」季興不聽，留其二子，以騎士三百爲衛，朝于洛陽。莊宗果欲留之，

郭崇韜諫曰：「唐新滅梁得天下，方以大信示人，今四方諸侯相繼入貢，不過遣子弟將吏而季興以身述職，爲諸侯率，宜加恩禮，以諷動來者。而反縶之，示天下以不廣，且絕四方內向之意，不可。」莊宗乃止，厚禮而遣之。莊宗嘗問季興曰：「吾已滅梁，欲征吳、蜀，何者爲先？」季興曰：「宜先蜀，臣請以本道兵先進。」莊宗大悅，以手拊其背，季興因命工繡其手迹於衣，歸以爲榮耀。季興已去，莊宗心悔遣之，密詔襄州劉訓圖之。季興行至襄州，心動，夜斬關而出，已去，而詔書夜至。季興歸而謂梁震曰：「不聽子言，幾不免。」因曰：「吾行有二失：來朝一失，放還一失。」且主上百戰以取河南，對功臣誇手抄春秋；又曰：『我於手指上得天下。』其自矜伐如此。而荒于遊畋，政事多廢，吾可無慮矣。」季興聞京師有變，乃悉邀留蜀物，而殺其使者韓珙等十餘人。

封南平王。魏王繼岌已破蜀，得蜀金帛四十餘萬，自峽而下，而莊宗之難作。同光三年，

初，唐兵伐蜀，季興請以本道兵自取夔、忠、萬、歸、峽等州，乃以季興爲峽路東南面招討使，而季興未嘗出兵。魏王已破蜀，而明宗入立，季興因請夔、忠等州爲屬郡，唐大臣以爲季興請自取之，而兵出無功，不與。季興屢請，雖不得已而與之，而唐猶自除刺史，季興拒而不納。明宗乃以襄州劉訓爲招討使，攻之不克，而唐別將西方鄴克其夔、忠、萬三州，季興遂以荆、歸、峽三州臣于吳，吳册季興秦王。

天成三年冬卒,年七十一,謚曰武信。季興子九人,長子從誨立。

從誨,字遵聖。季興時,入梁為供奉官,累遷鞍轡庫使[二],賜告歸寧,季興遂留為馬步軍都指揮使,行軍司馬。季興卒,吳以從誨為荊南節度使。從誨以父自絕于唐,懼復見討,乃遣使者聘于楚,楚王馬殷為之請命于唐,而從誨亦遣押衙劉知謙奉表自歸,進贖罪銀三千兩,明宗納之。長興元年正月,拜從誨節度使,追封季興楚王,謚曰武信。三年,封從誨渤海王。應順元年,封南平王。

從誨為人明敏,多權詐。晉高祖遣翰林學士陶穀為從誨生辰國信使,從誨宴穀望沙樓,大陳戰艦于樓下,謂穀曰:「吳、蜀不賓久矣,願脩武備,習水戰,以待師期。」穀還,具道其語,晉高祖大喜,復遣使賜以甲馬百匹。襄州安從進反,結從誨為援,從誨外為拒絕,陰與之通。晉師致討,從誨遣將李端以舟師為應,從進誅,從誨求鄖州為屬郡,高祖不許。契丹滅晉,漢高祖起太原,從誨遣人間道奉表勸進,且言漢得天下,願乞鄖州為屬,漢高祖陽諾之。漢高祖入汴,從誨遣使朝貢,因求鄖州,高祖不與。從誨怒,發兵攻鄖州,為刺史尹實所敗。漢遣國子祭酒田敏使于楚,假道荊南。從誨問敏中國虛實,以為契丹之後,兵食皆殫,意欲以誚敏。敏為言:「杜重威悉以晉戈甲降虜,虜置之鎮州,未嘗以北,而晉

兵皆漢有也。」從誨不悅。敏以印本五經遺從誨，從誨謝曰：「予之所識不過孝經十八章爾。」敏曰：「至德要道，於此足矣。」敏因誦諸侯章曰：「在上不驕，高而不危，制節謹度，滿而不溢。」從誨以爲譏己，即以大巵罰敏。

荊南地狹兵弱，介於吳、楚爲小國。自吳稱帝，而南漢、閩、楚皆奉梁正朔，歲時貢奉，皆假道荊南。季興、從誨常邀留其使者，掠取其物，而諸道以書責誚，或發兵加討，即復還之而無媿。其後南漢與閩、蜀皆稱帝，從誨所嚮稱臣，蓋利其賜予。俚俗語謂奪攘苟得無媿恥者爲「賴子」，猶言無賴也，故諸國皆目爲「高賴子」。

從誨自求郢州不得，遂自絶於漢。逾年，復通朝貢。乾祐元年十月卒，年五十八，贈尚書令，諡曰文獻。子保融立。從誨十五子，長曰保勗，次保正，保融第三子也，不知其得立之因。

保融，字德長。從誨時，爲節度副使、兼峽州刺史。從誨卒，拜節度使。廣順元年，封渤海郡王。顯德元年，進封南平王。世宗征淮，保融遣指揮使魏璘率兵三千，出夏口以爲應，又遣客將劉扶奉牋南唐，勸其内附。李景稱臣，世宗得保融所與牋，大喜，賜以絹萬匹〔三〕。荊南自後唐以來，常數歲一貢京師，而中間兩絶。及世宗時，無歲不貢矣。保融

以謂器械金帛，皆土地常產，不足以效誠節，乃遣其弟保紳來朝，世宗益嘉之，不復給。

初，季興之鎮，梁以兵五千爲牙兵，衣食皆給於梁。至明宗時，歲給以鹽萬三千石，後不復給。及世宗平淮，故命泰州給之。

保融性迂緩，無材能，而事無大小，皆委其弟保勗。其從叔從義謀爲亂，爲其徒高知訓所告，徙之松滋而殺之。宋興，保融懼，一歲之間三入貢。建隆元年，以疾卒，年四十一，贈太尉，諡曰貞懿。弟保勗立。

保勗，字省躬，從誨第十子也。保融卒，拜節度使。三年，保勗疾，謂其將梁延嗣曰：「我疾遂不起，兄弟孰可付之後事者？」延嗣曰：「公不念貞懿王乎？先王寢疾，以軍府付公，今先王子繼沖長矣。」保勗曰：「子言是也。」即以繼沖判內外兵馬。十一月，保勗卒，年三十九，贈侍中。保融之子繼沖立。

繼沖，字成和。保勗卒，拜節度使。

湖南周行逢卒，子保權立，其將張文表作亂，建隆四年，太祖命慕容延釗等討之。延釗假道荆南，約以兵過城外。繼沖大將李景威曰：「兵尚權譎，城外之約，不可信也【四】。

宜嚴兵以待之！」判官孫光憲叱之曰：「汝峽江一民爾，安識成敗！且中國自周世宗時，已有混一天下之志，況聖宋受命，真主出邪，王師豈易當也！」因勸繼沖去斥候，封府庫以待，繼沖以爲然。景威出而歎曰：「吾言不用，大事去矣，何用生爲！」因扼吭而死。延釗軍至，繼沖出逆于郊，而前鋒遽入其城。繼沖驅歸，見旌旗甲馬，布列衢巷，大懼，即詣延釗納牌印，太祖優詔復命繼沖爲節度使。

乾德元年，有事于南郊，繼沖上書願陪祠。九月，具文告三廟，率其將吏、宗族五百餘人朝于京師，拜武寧軍節度使以卒。光憲拜黃州刺史，其後事具國史。[二]

[一]季興滅年世甚明，諸書皆同，蓋自梁開平元年鎮荊南，至皇朝乾德元年國除，凡五十七年。

校勘記

[一] 天復二年 「天復」，原作「天福」，據宗文本、舊五代史卷一三三高季興傳改。

[二] 鞍轡庫使 舊五代史卷一三三高從誨傳作「鞍轡庫副使」。

[三] 賜以絹萬匹 「萬」，原作「百」，據宋丙本、宗文本、通鑑卷二九四、宋史卷四八三荊南高氏世家改。

[四] 不可信也 宗文本作「其可信乎」，東都事略卷二四敍其事作「可信乎」。

新五代史卷七十

東漢世家第十

劉旻 子承鈞 承鈞子繼恩 繼元

劉旻，漢高祖母弟也〔一〕。初名崇，爲人美鬚髯，目重瞳子。少無賴，嗜酒好博，嘗黥爲卒。高祖事晉爲河東節度使，以旻爲都指揮使。高祖即帝位，以爲太原尹、北京留守、同中書門下平章事。隱帝時，累加中書令。

隱帝少，政在大臣，周太祖爲樞密使，新討三叛，立大功，而與旻素有隙，旻頗不自安。謂判官鄭珙曰：「主上幼弱，政在權臣，而吾與郭公不叶，時事如何？」珙曰：「漢政將亂矣！晉陽兵雄天下，而地形險固，十州征賦足以自給。公爲宗室老〔二〕，不以此時爲計，後必爲人所制。」旻曰：「子言乃吾意也。」乃罷上供征賦，收豪傑，籍丁民以益兵。三年，

周太祖起魏，隱帝遇弒，贇乃謀舉兵。

周太祖之自魏入也，反狀已白，而漢大臣不即推尊之，故未敢即立，乃白漢太后，立贇子贇爲漢嗣，遣宰相馮道迎贇于徐州。當是時，人皆知太祖之非實意也，贇獨喜曰：「吾兒爲帝矣，何患！」乃罷兵，遣人至京師。周太祖少賤，黥其頸上爲飛雀，世謂之「郭雀兒」。太祖見贇使者，具道所以立贇之意，因自指其頸以示使者曰：「自古豈有雕青天子？幸公無以我爲疑。」贇喜，益信以爲然。太原少尹李驤曰：「郭公舉兵犯順，其勢不能爲漢臣，必不爲劉氏立後。」因勸贇以兵下太行，控孟津以俟變，庶幾贇得立，贇立而罷兵可也。贇大罵曰：「驤腐儒，欲離間我父子！」命左右牽出斬之。驤臨刑歎曰：「吾爲愚人畫計，死誠宜矣！然吾妻病，不可獨存，願與之俱死。」贇聞之，即并戮其妻于市，以其事白漢，以明無佗。已而周太祖果代漢，降封贇湘陰公。贇遣牙將李晏奉書周太祖，求贇歸太原，而贇已死。晏慟哭，爲李驤立祠，歲時祠之。

乃以周廣順元年正月戊寅即皇帝位于太原，以子承鈞爲太原尹，判官鄭珙、趙華爲宰相，都押衙陳光裕爲宣徽使，遣通事舍人李釨間行使于契丹。契丹永康王兀欲與旻約爲父子之國，旻乃遣宰相鄭珙致書兀欲，稱姪皇帝，以叔父事之而已。兀欲遣燕王述軋，政事令高勳以册尊旻爲大漢神武皇帝，并册旻妻爲皇后。兀欲性豪儁，漢使者至，輒以酒肉

困之，珙素有疾，兀欲彊之飲，一夕而以醉卒。然兀欲聞旻自立，頗幸中國多故，乃遣其貴臣述軋、高勳以自愛黃騮、九龍十二稻玉帶報聘。

已而兀欲爲述軋所弑，述律代立。旻遣樞密直學士王得中聘于述律，求兵以攻周。述律遣蕭禹厥率兵五萬助旻。旻出陰地攻晉州，爲王峻所敗。是歲大寒，旻軍凍餒，亡失過半。明年，又攻府州，爲折德扆所敗，德扆因取岢嵐軍。

周太祖崩，旻聞之喜，遣使乞兵于契丹。契丹遣楊袞將鐵馬萬騎及奚諸部兵五六萬人，號稱十萬以助旻。旻以張元徽爲先鋒，自將騎兵三萬攻潞州。潞州李筠遣穆令鈞以步騎二千拒元徽于太平驛〔三〕，元徽擊敗之，遂圍潞州。

是時，世宗新即位，以謂旻幸周有大喪，而天子新立，必不能出兵，宜自將以擊其不意。自宰相馮道等多言不可，世宗意甚銳。顯德元年三月親征，甲午，戰于高平，李重進、白重贊將左，樊愛能、何徽將右，向訓、史彥超居中軍，張永德以禁兵衛蹕。旻亦列爲三陣：張元徽居東偏，楊袞居西偏，旻居其中。袞望周師謂旻曰：「勍敵也，未可輕動！」旻奮髯曰：「時不可失，無妄言也！」袞怒而去。旻號令東偏先進，王得中叩馬諫曰：「南風甚急，非北軍之利也，宜少待之。」旻怒曰：「老措大，毋妄沮吾軍！」即麾元徽，元徽擊周右軍，兵始交，愛能、徽退走，其騎軍亂，步卒數千棄甲叛降元徽，呼萬歲聲振川谷。世宗

旻收餘兵萬人阻澗而止。

大駭,躬督戰士,士皆奮命爭先,而風勢愈盛,旻自麾赤幟收軍,軍不可遏,旻遂敗。日暮,

是時,周之後軍,劉詞將之,在後未至,而世宗銳於速戰,戰已勝,詞軍繼至,因乘勝追擊之,旻又大敗,輜重器甲、乘輿服御物皆爲周師所獲。旻獨乘契丹黃騮,自鴈鴈嶺間道馳去,夜失道山谷間,得村民爲鄉導,誤趨平陽,得佗道以歸,而張元徽戰歿于陣。楊袞怒旻,按兵西偏不戰,故獨全軍而返。旻歸,爲黃騮治厩,飾以金銀,食以三品料,號「自在將軍」。

世宗休軍潞州,大宴將士,斬敗將樊愛能、何徽等七十餘人,軍威大振。進攻太原,遣符彥卿、史彥超北控忻口,以斷契丹援路。太原城方四十里,周師去城三百步,圍之匝,自四月至於六月,攻之不克,而彥超爲契丹所敗,彥超戰歿,世宗遽班師。

初,周師之圍城也[四],旻遣王得中送楊袞以歸,因乞援兵於契丹,契丹發數萬騎助旻,遭得中先還。至代州,代州將桑珪殺防禦使鄭處謙,以城降周,并送得中于周。世宗召問得中虜助兵多少,得中言送袞歸,無所求也,世宗信之。已而契丹敗符彥卿於忻口,得中遂見殺。

旻自敗於高平,已而被圍,以憂得疾。明年十一月卒[五],年六十。子承鈞立。

承鈞,旻次子也。少頗好學,工書。旻卒,承鈞遣人奉表契丹,自稱男。述律答之以詔,呼承鈞爲兒,許其嗣位。初,旻常謂張元徽等曰:「吾以高祖之業,贇之冤,義不爲郭公屈爾,期與公等勉力以復家國之讎。至於稱帝一方,豈獲已也,顧我是何天子,爾亦是何節度使?」故其僭號仍稱乾祐,不改元,不立宗廟,四時之祭,用家人禮。承鈞既立,始赦境内,改乾祐十年曰天會元年,立七廟於顯聖宫。

契丹遣高勳以兵助承鈞[六],承鈞遣李存瓌與勳攻上黨,無所得而還。明年,世宗北伐契丹,下三關,契丹使來告急,承鈞將發兵,而世宗班師,乃已。

宋興,昭義節度使李筠叛命,遣其將劉繼沖、判官孫孚奉表稱臣,執其監軍周光遜、李廷玉送于太原,乞兵爲援。承鈞欲謀於契丹,繼沖道筠意,請無用契丹兵。承鈞即率其國兵自將出團柏谷,輦臣餞之汾水。僕射趙華曰:「李筠舉事輕易,陛下不圖成敗,空國興師,臣實憂之。」承鈞至太平驛,封筠隴西郡王。筠見承鈞儀衛不備,非如王者,悔臣之,筠因自陳受周氏恩,不忍背德。而承鈞與周世仇也,聞筠言亦不悅。遣宣徽使盧贊監其軍,筠心益不平,與贊多不叶,承鈞遣宰相衛融和解之。

已而筠敗死,衛融被執至京師,太祖皇帝問融承鈞所以助筠反狀,融言不遜,太祖命

以鐵檛擊其首,流血被面,融呼曰:「臣得死所矣!」太祖顧左右曰:「此忠臣也。」釋之,命以良藥傅其瘡。遣融致書于承鈞,求周光遜等,約亦歸融太原,承鈞不報,融遂留京師。承鈞謂趙華曰:「不聽公言,幾至於敗。然失衞融、盧贊,吾以爲恨爾。」

承鈞由此益重儒者,以抱腹山人郭無爲參議國政。無爲,棣州人,方頰鳥喙,好學多聞,善談辯,嘗衣褐爲道士,居武當山。周太祖討李守貞于河中,無爲詣軍門上謁,詢以當世之務,太祖奇之。或謂太祖曰:「公爲漢大臣,握重兵居外,而延縱橫之士,非所以防微慮遠之道也。」由是太祖不納,無爲去,隱抱腹山。承鈞內樞密使段常識之,薦其材,承鈞以諫議大夫召之,遂以爲相。五年,宿衞殿直行首王隱、劉紹[七]、趙鸞等謀作亂[八],事覺被誅,其詞連段常,乃罷常樞密爲汾州刺史,縊殺之。

自旻世凡舉事必稟契丹,而承鈞之立多略。契丹遣使者責承鈞改元、援李筠、殺段常不以告,承鈞惶恐謝罪。使者至契丹輒見留,承鈞奉之愈謹,而契丹待承鈞益薄。承鈞自李筠敗而失契丹之援,無復南侵之意,地狹產薄,以歲輸契丹,故國用日削,乃拜五臺山僧繼顒爲鴻臚卿。

繼顒,故燕王劉守光之子,守光之死,以孽子得不殺,削髮爲浮圖,後居五臺山,爲人多智,善商財利,自旻世頗以賴之。繼顒能講華嚴經,四方供施,多積畜以佐國用。五臺

當契丹界上,繼顒常得其馬以獻,號「添都馬」,歲率數百匹。又於柏谷置銀冶,募民鑿山取鑛,烹銀以輸,劉氏仰以足用,即其治建寶興軍。繼顒後累官至太師、中書令,以老病卒,追封定王。

太祖皇帝嘗因界上諜者謂承鈞曰:「君家與周氏為世讎,宜其不屈,今我與爾無所間,何為困此一方之人也?若有志於中國,宜下太行以決勝負。」承鈞遣諜者復命曰:「河東土地兵甲,不足以當中國之十一,然承鈞家世非叛者,區區守此,蓋懼漢氏之不血食也。」太祖哀其言,笑謂諜者曰:「為我語承鈞,開爾一路以為生。」故終其世不加兵。

承鈞立十三年病卒,其養子繼恩立。

繼恩,本姓薛氏,父釗為卒,旻以女妻之,生繼恩。釗無材能,高祖衣食之而無所用。妻以旻女常居中,釗罕得見,釗常怏怏,因醉拔佩刀刺之,傷而不死,釗即自裁。旻女後適何氏,生子繼元,而何氏及旻女皆卒。旻以其子承鈞無子,乃以二子命承鈞養為子。

承鈞立,以繼恩為太原尹。承鈞嘗謂郭無為曰:「繼恩純孝,然非濟世之才,恐不能了我家事。」無為不對。承鈞病臥勤政閣,召無為,執手以後事付之。

承鈞卒，繼恩告哀於契丹而後立。繼恩服縗裳視事，寢處皆居勤政閣，而承鈞故執事百司宿衛者皆在太原府廨。九月，繼恩置酒會諸大臣宗子，飲罷，臥閣中。供奉官侯霸榮率十餘人挺刃入閣，閉戶而殺之。郭無爲遣人以梯登屋，入殺霸榮并其黨。

初，承鈞之語郭無爲也，繼恩怨無爲不助己，及立，欲逐之而未果，故霸榮之亂，人皆以謂無爲之謀，霸榮死，口滅而無知者。無爲迎繼元而立之。

繼元爲人忍。旻子十餘人，皆無可稱者。當繼元時，有鎬、鍇、錡、錫、銑，於繼元爲諸父，皆爲繼元所殺，獨銑以佯愚獲免。承鈞妻郭氏，繼元兄弟自少母之。繼元妻段氏，嘗以小過爲郭氏所殺，既而以它疾而卒，繼元疑其殺之。及立，遣嬖者范超圖殺郭氏，郭氏方縗服哭承鈞于柩前，超執而縊殺之，於是劉氏之子孫無遺類矣。

繼元立，改元曰廣運。王師北征，繼元閉城拒守，太祖皇帝以詔書招繼元出降，許以平盧軍節度使，郭無爲安國軍節度使。無爲捧詔色動，而并人及繼元左右皆欲堅守以拒命。無爲仰天慟哭，拔佩刀欲自裁，爲左右所持。繼元自下執其手，延之上坐，無爲曰：「奈何以孤城拒百萬之王師？」蓋欲搖動并人，而并人守意益堅。宦者衛德貴察無爲有異志，以告繼元，繼元遣人縊殺之。

初，太祖皇帝命引汾水浸其城，水自城門入，而有積草自城中飄出塞之。是時，王師頓兵甘草地中，會歲暑雨，軍士多疾，乃班師。王師已去，繼元決城下水注之臺駘澤，水已落而城多摧圮。契丹使者韓知璠時在太原，歎曰：「王師之引水浸城也，知其一而不知其二，若先浸而後涸，則并人無類矣！」

太平興國四年，王師復北征，繼元窮窘，而并人猶欲堅守。其樞密副使馬峯老疾居于家，昇人見繼元，流涕以興亡諭之，繼元乃降。太宗皇帝御城北高臺受降，以繼元爲右衞上將軍，封彭城公。其後事具國史。[二]

年譜注。

[一]旻年世興滅，諸書皆同，自周廣順元年建號，至皇朝太平興國四年國滅[九]，凡二十八年，餘具

校勘記

[一] 漢高祖母弟也 「母弟」，舊五代史卷一三五劉崇傳作「從弟」。

[二] 公爲宗室老 「老」字原闕，據宋丙本、宗文本補。

[三] 滁州李筠遣穆令鈞以步騎二千拒元徽于太平驛 「二千」，原作「三千」，據宋丙本、宗文本、通鑑卷二九一、宋史卷四八四李筠傳改。按冊府卷四四三：「李筠遣令均率步騎各千人以拒

〔四〕周師之圍城也 「之」字原闕，據宗文本補。

〔五〕明年十一月卒 明年即顯德二年，舊五代史卷一一四周世宗紀一、卷一三五劉崇傳同，本書卷七一十國世家年譜、宋史卷四八二北漢劉氏世家、通鑑卷二九〇記劉崇卒於顯德元年。

〔六〕契丹遣高勳以兵助承鈞 「以兵」二字原闕，據宗文本補。通鑑卷二九三、契丹國志卷五敍其事作「將兵」。「高勳」，通鑑卷二九三作「崔勳」。

〔七〕劉紹 續資治通鑑長編卷四作「劉詔」。

〔八〕趙鸞 續資治通鑑長編卷四作「趙巒」。

〔九〕至皇朝太平興國四年國滅 下二「國」字原闕，據宗文本補。

新五代史卷七十一

十國世家年譜第十一

嗚呼，堯舜盛矣！三代之王，功有餘而德不足，故皆更始以自新，由是改正朔矣，至於後世，遂名年以建元。及僭竊交興，而稱號紛雜，則不可以不別也。五代十國，稱帝改元者七。吳越、荆、楚，常行中國年號。然予聞於故老，謂吳越亦嘗稱帝改元，而求其事迹不可得，頗疑吳越後自諱之。及旁采閩、楚、南漢諸國之書，與吳越往來者多矣，皆無稱帝之事。獨得其封落星石為寶石山制書，稱「寶正六年辛卯」，則知其嘗改元矣。「辛卯」，長興二年，乃鏐之末世也，然不見其終始所因，故不得而備列。錢氏訖五代，嘗外尊中國，豈其張軌之比乎？十國皆非中國有也，其稱帝改元與不，未足較其得失，故並列之。作十國世家年譜。

	丁卯	戊辰	己巳	庚午	辛未	壬申	癸酉
梁太祖	開平元年	二	三	四	乾化元年	二	三 末帝二月即位。
晉 李克用	天祐四年	五 正月，克用卒，是歲，子存勖立。	六	七	八	九	十
吳 楊渥	天祐四年	五 是歲，隆演立。	六	七	八	九	十
蜀 王建	天復七年 是歲即位。	武成	二	三	永平	二	三
南漢 劉隱	開平				乾化 是歲，襲立。		
楚 馬殷	開平				乾化		
吳越 錢鏐	開平						
閩 王審知	開平				乾化		
南平 高季興	開平				乾化		

甲戌	乙亥	丙子	丁丑	戊寅	己卯	庚辰	辛巳
四	貞明元年	二	三	四	五	六	龍德元年
十一	十二	十三	十四	十五	十六	十七	十八
十一	十二	十三	十四	十五	武義 是歲，以吳王稱制〔一〕改元。	二 是歲，溥立。	順義
四	五	通正	天漢	光天 是歲，衍立。	乾德	二	三
	貞明	乾亨 是歲，襲僭帝號，改元。	二	三	四	五
	貞明						龍德
	貞明						龍德
	貞明						龍德

	壬午	癸未	甲申	乙酉	丙戌	丁亥	戊子	己丑	庚寅
	二	唐莊宗 同光元年	二	三	明宗 天成元年	二	三	四	長興元年
		是歲,四月改元同光。							
	二	三	四	五	六	乾貞 是歲,溥僭帝號,改元。	二	大和	二
	四	五	六	咸康 是歲,蜀亡。					
	六	七	八	白龍	二	三	大有	二	三
		同光		天成					長興 是歲,希聲立。
				寶正	二	三	四	五
		同光	是歲,延翰立。	天成 是歲,鏻立。					長興
		同光		天成			是歲,從誨立。		長興

辛卯	壬辰	癸巳	甲午	乙未	丙申
二	三	四[二] 十二月，愍帝即位。	應順元年 廢帝[三] 清泰元年	二	晉高祖 天福元年
三	四	五	六	天祚	二
		後蜀明德 孟知祥立。是歲卒，昶立。	二	三
四	五	六	七	八	九
是歲，希範立。			應順 清泰		天福
六 錢氏唯見一號六年其餘皆闕不見。	是歲，元瓘立。				
	龍啟	二	永和 是歲昶立。	通文
			應順 清泰		天福

	丁酉	戊戌	己亥	庚子	辛丑	壬寅	癸卯
	二	三	四	五	六	七 出帝六月即位。	八
南唐昇元,是歲,李昇立。	二	三	四	五	六	保大是歲,景立。
	四	廣政二	三	四	五	六
	十	十一	十二	十三	十四	光天是歲,玢立。	應乾乾和是歲,晟立。
			是歲,佐立。				
	二	三	永隆是歲,曦立。	二	三	四	五 天德是歲,延政以建州稱殿,改元。

	甲辰	乙巳	丙午	丁未	戊申
	開運元年	二	三	漢高祖天福十二年	乾祐元年 隱帝二月即位。
	二	三	四	五	六
	七	八	九	十	十一
	二	三	四	五	六
	開運			是歲,希廣立。	乾祐
				廢。是歲,倧立見	是歲,俶立。
	是歲,曦亡。	天德三	四 是歲,延政爲南唐所虜,王氏滅。		
	開運 六	天德 二			乾祐 是歲,保融立。

	己酉	庚戌	辛亥	壬子	癸丑	甲寅	乙卯
	二	三	廣順元年年 周太祖 乾祐四	二	三	顯德元年 世宗正月即位。	二
			東漢劉旻立。			是歲，承鈞立。	
	七	八	九	十	十一	十二	十三
	十二	十三	十四	十五	十六	十七	十八
	七	八	九	十	十一	十二	十三
	是歲，希萼立。	是歲，希萼等遷于金陵，馬氏絕。 廣順		是歲，劉言立，見殺。王進逵立。	顯德		
		廣順			顯德		

丙辰	三	九	十四	十九	十四		是歲,周行逢立。
丁巳	四	天會	十五	二十	十五〔四〕	大寶	
			顯德〔五〕				
戊午	五	二	交泰	二十一	是歲錢立。		
己未	六 恭帝六月即位明年正月遜位。	三		二十二	二		

或問:十國固非中國有也,然猶命以封爵,而稱中國年號來朝貢者,亦有之矣,本紀之不書,何也?曰:封爵之不書,所以見其非中國有也。其朝貢之來如夷狄,以夷狄書之則甚矣。問者曰:四夷、十國,皆非中國之有也,四夷之封爵朝貢則書,而十國之不書,何也?曰:以中國而視夷狄,夷狄之可也。以五代之君而視十國,夷狄之則未可也。故十國之封爵、朝貢,不如夷狄,則無以書之。書如夷狄,則五代之君未可以夷狄之也。是

以外而不書，見其自絕於中國焉爾。問者曰：外而不書，則東漢之立何以書？曰：吾於東漢，常異其辭於九國也。世亂則疑難之事多，正疑處難，敢不慎也？周、漢之事，可謂難矣哉！或謂：劉旻嘗致書于周，求其子贇不得而後自立，然則旻之志不以亡漢爲讎[六]，而以失子爲讎也。曰：漢嘗詔立贇爲嗣，則贇爲漢之國君，不獨爲旻子也。旻之大義，宜不爲周屈，其立雖未必是，而義當不屈于周，此其可以異乎九國矣。終旻之世，猶稱乾祐，至承鈞立，然後改元，則旻之志豈不哀也哉[二]！

[二]十國年世，惟楚、閩、東漢三國，諸家之說不同，而互有得失，最難考正。今略其諸說而正其是者，庶幾博覽者不惑，而一以年譜爲正也。馬氏，據湖湘故事、九國志、運曆圖並云殷以長興元年卒，是歲，子希聲立，長興三年卒。而五代舊史殷列傳云殷長興二年卒，享年七十八，子希聲立，不周歲而卒；明宗本紀長興元年，書希聲除節度使，起復，三年八月，又書希聲卒。今據九國志，殷以大中壬申至長興元年庚寅，實七十九年，爲得其實。而希聲，據湖湘故事、九國志、運曆圖皆以三年卒，與明宗本紀合，不疑。惟舊史書殷卒二年，及年七十八，希聲立不周歲卒爲繆爾。希萼希崇之亂，南唐盡遷馬氏之族歸于金陵，五代舊史云，時廣順元年也。而運曆圖云乾祐二年馬氏滅者，繆也。初，殷

入湖南，掘地得石，讖云：「龍起頭，豬掉尾。」蓋殷以乾寧三年歲在丙辰，自立於湖南，至廣順元年辛亥而滅。九國志以乾祐三年爲辛亥，湖湘故事以顯德元年爲辛亥者，皆繆也。惟五代舊史得其實。

唐景福元年歲在壬子始入福州，至開運三年丙午而滅，實五十五年，當云七主五十五年，爲得其實。而運曆圖云五十六年，九國志、五代舊史、紀年通譜、閩中實錄、閩王列傳皆云七主六十年者，皆繆也。

王氏世次，曰潮、曰審知、曰延翰、曰鏻、曰昶、曰曦、曰延政，凡七主。

審知，五代舊史本傳云同光元年十二月卒，九國志亦云同光元年卒，運曆圖同光三年卒。今檢五代舊史莊宗本紀，同光二年五月丙午，福建副使王延翰奏稱權知軍府事，三月辛亥，遂除延翰威武軍節度使。以此推之，審知卒當在同光三年十二月，蓋閩去京師遠，明年二月延翰之奏始至京師，理當然也。又據閩王列傳、九國志，皆云審知在位二十九年。審知以唐乾寧四年嗣位，是歲丁巳，至同光三年乙酉，實二十九年。則運曆圖爲是，而舊史、九國志元年卒者，皆繆也。

鏻本名延鈞，五代舊史本傳云在位十二年，九國志云在位十一年，閩王列傳、紀年通譜皆云在位十年。蓋鏻以天成元年殺延翰自立，是歲丙戌，至清泰二年乙未，實十年而卒，與閩王列傳合，而舊史、九國志皆繆也。鏻以清泰二年改元永和，是歲見殺，而舊史、九國志運曆圖皆無永和之號，又運曆圖書鏻見殺在天福元年丙申者，皆繆也。

劉旻，九國志云乾

祐七年十一月旻卒，享年六十，子承鈞立，時年二十九。乾祐七年，乃顯德元年也。而五代舊史、周世宗實錄、運曆圖、紀年通譜皆云顯德二年冬，旻卒。又有旻僞中書舍人王保衡晉陽見聞要録云旻乙卯生，卒年六十一，子承鈞立。承鈞丙戌生，立時年二十九。保衡是旻之臣，其親所見聞，所得最實，然而頗爲轉寫差誤爾。按保衡書旻乙卯生，若享年六十一，當於乙卯歲卒，則是顯德二年也。又書承鈞丙戌生，立時年二十九，則當是顯德元年甲寅歲也。豈有旻卒於二年，承鈞以元年嗣位？理必不然。以九國志參較，旻享年六十，顯德元年卒，承鈞以是歲嗣位，時年二十九，爲得其實，但見聞要録衍〔一〕二字爾。其云二年卒者，皆繆也。九國志又云承鈞立，服喪三年，至乾祐九年服除，改十年爲天會元年，當是顯德四年。而紀年通譜以顯德三年爲天會元年者，繆也。晉與梁爲敵國，自稱天祐者二十年，故首列於年譜，其後遂滅梁而爲唐，故不列於世家。

校勘記

〔一〕 以吳王稱制 「以」字原闕，據宋丙本、宗文本補。

〔二〕 四 此字原闕，據宋丙本、宗文本補。

〔三〕 廢帝 原作「末帝」，據宗文本改。按本書卷七唐本紀作「廢帝」。

〔四〕 十五 以上二字原闕，據宗文本補。

〔五〕交泰顯德　以上四字原闕,據宗文本補。按通鑑卷二九四,南唐改元交泰當在顯德五年,又據本書卷六二南唐世家,本年南唐奉周正朔。

〔六〕然則旻之志不以亡漢爲讎　「亡」,原作「忘」,據宋丙本、宗文本改。按王鳴盛商榷卷九八:「『忘』當作『亡』。」

新五代史卷七十二

四夷附錄第一

嗚呼，夷狄居處飲食，隨水草寒暑徙遷，有君長部號而無世族、文字記別，至於弦弓毒矢，彊弱相并，國地大小，興滅不常，是皆烏足以考述哉！惟其服叛去來，能爲中國利害者，此不可以不知也。自古夷狄之於中國，有道未必服，無道未必不來，蓋自因其衰盛。雖嘗置之治外，而羈縻制馭恩威之際，不可失也。其得之未必爲利，失之有足爲患，可不慎哉！作四夷附錄。

夷狄，種號多矣。其大者，自以名通中國，其次小遠者附見，又其次微不足錄者，不可勝數。其地環列九州之外，而西北常彊，爲中國患。三代獫狁，見於詩書。秦漢以來，匈奴著矣。隋唐之間，突厥爲大。其後有吐蕃、回鶻之彊。五代之際，以名見中國者十七八，而契丹最盛。

契丹自後魏以來，名見中國，或曰與庫莫奚同類而異種。其居曰梟羅箇没里，没里者，河也。是謂黄水之南，黄龍之北，得鮮卑之故地，故又以爲鮮卑之遺種。當唐之世，其地北接室韋，東隣高麗，西界奚國，而南至營州。其部族之大者曰大賀氏，後分爲八部，其一曰但利皆部，二曰乙室活部，三曰實活部，四曰納尾部，五曰頻没部，六曰内會雞部，七曰集解部，八曰奚嗢部。部之長號大人，而常推一大人建旗鼓以統八部。至其歲久，或其國有災疾而畜牧衰，則八部聚議，以旗鼓立其次而代之。被代者以爲約本如此，不敢争。某部大人遙輦次立，時劉仁恭據有幽州，數出兵摘星嶺攻之，每歲秋霜落，則燒其野草，契丹馬多飢死，即以良馬賂仁恭求市牧地，請聽盟約甚謹。八部之人以爲遙輦不任事，選於其衆，以阿保機代之。

阿保機，亦不知其何部人也，爲人多智勇而善騎射。是時，劉守光暴虐，幽涿之人多亡入契丹。阿保機乘間入塞，攻陷城邑，俘其人民，依唐州縣置城以居之。漢人教阿保機曰：「中國之王無代立者。」由是阿保機益以威制諸部而不肯代。其立九年，諸部以其久不代，共責誚之。阿保機不得已，傳其旗鼓，而謂諸部曰：「吾立九年，所得漢人多矣，吾欲自爲一部以治漢城，可乎？」諸部許之。漢城在炭山東南灤河上，有鹽鐵之利，乃後魏滑鹽縣也。其地可植五穀，阿保機率漢人耕種，爲治城郭邑屋廛市如幽州制度，漢人安

鹽池。阿保機伏兵其旁，酒酣伏發，盡殺諸部大人，遂立，不復代。

梁將篡唐，晉王李克用使人聘于契丹，阿保機以兵三十萬會於雲州東城。既歸，而背約，遣使者袍笏梅老聘梁。梁遣太府卿高頎〔三〕、軍將郎公遠等報聘。逾年，頎還，阿保機遣使者解里隨頎〔四〕，以良馬、貂裘、朝霞錦聘梁，奉表稱臣，以求封册。梁復遣公遠及司農卿渾特以詔書報勞，别以記事賜之，約共舉兵滅晉，然後封册爲甥舅之國，又使子弟三百騎入衞京師。克用聞之，大恨。是歲，克用病，臨卒，以一箭屬莊宗，期必滅契丹。渾特等至契丹，阿保機不能如約，梁亦未嘗封册。而終梁之世，契丹使者四至。

莊宗天祐十三年，阿保機攻晉蔚州，執其振武節度使李嗣本。是時，莊宗已得魏博，方南向與梁爭天下，遣李存矩發山北兵。存矩至祁溝關，兵叛，擁偏將盧文進擊殺存矩，亡入契丹。契丹攻破新州，以文進部將劉殷守之。莊宗遣周德威擊殷，而文進引契丹數十萬大至，德威懼，引軍去，爲契丹追及，大敗之。德威走幽州，契丹圍之。幽薊之間，虜騎遍滿山谷，所得漢人，以長繩連頭繫之於木，漢人夜多自解逃去。文進又教契丹爲火

車、地道、起土山以攻城。城中鎔銅鐵汁揮之，中者輒爛墮。德威拒守百餘日，莊宗遣李嗣源、閻寶、李存審等救之。契丹數爲嗣源等所敗，乃解去。

契丹比佗夷狄尤頑傲，父母死，以不哭爲勇，載其尸深山，置大木上，後三歲往取其骨焚之，酹而呪曰：「夏時向陽食，冬時向陰食，使我射獵，猪鹿多得。」其風俗與奚、靺鞨頗同。至阿保機，稍并服旁諸小國，而多用漢人，漢人教之以隸書之半增損之，作文字數千，以代刻木之約。又制婚嫁，置官號。乃僭稱皇帝，自號天皇王。以其所居爲上京，起樓其間，號西樓，又於其東千里起東樓，北三百里起北樓，南木葉山起南樓，往來射獵四樓之間。契丹好鬼而貴日，每月朔旦[五]，東向而拜日，其大會聚，視國事，皆以東向爲尊，四樓門屋皆東向。名年曰天贊。以其所居橫帳地名爲姓，曰世里，世里，譯者謂之耶律。

莊宗討張文禮，圍鎮州。定州王處直懼鎮且亡[六]，晉兵必并擊己，遣其子郁說契丹，使入塞以牽晉兵。郁謂阿保機曰：「臣父處直使布愚款曰：『故趙王王鎔，王趙六世，鎮州金城湯池，金帛山積，燕姬趙女，羅綺盈廷。張文禮得之而爲晉所攻，懼死不暇，故皆留以待皇帝。』」阿保機大喜。其妻述律不肯，曰：「我有羊馬之富，西樓足以娛樂，今捨此而遠赴人之急，我聞晉兵彊天下，且戰有勝敗，後悔何追？」阿保機躍然曰：「張文禮有金玉百萬，留待皇后，可共取之。」於是空國入寇。郁之召契丹也，定人皆以爲後患[七]，不可召，

而處直不聽。郁已去,處直爲其子都所廢而都立,遂攻中山,渡沙河。都告急於莊宗,阿保機攻幽州不克,又攻涿州,陷之。聞處直廢而都立,遂攻中山,渡沙河。都告急於莊宗,莊宗自將鐵騎五千,遇契丹前鋒於新城,晉兵自桑林馳出,人馬精甲,光明燭日,虜騎愕然,稍却,晉軍乘之,虜遂散走,而沙河冰薄,虜皆陷沒。阿保機退保望都。會天大雪,契丹人馬飢寒,多死,阿保機顧盧文進,以手指天曰:「天未使我至此。」乃引兵去。莊宗躡其後,見其宿處,環秸在地,方隅整然,雖去而不亂,歎曰:「虜法令嚴,蓋如此也!」

契丹雖無所得而歸,然自此頗有窺中國之志,患女真、渤海等在其後,欲擊渤海,懼中國乘其虛,乃遣使聘唐以通好。同光之間,使者再至。莊宗崩,明宗遣供奉官姚坤告哀於契丹。坤至西樓而阿保機方東攻渤海,坤追至慎州見之。阿保機錦袍大帶垂後,與其妻對坐穹廬中,延坤入謁。阿保機仰天大哭曰:「晉王與我約爲兄弟,河南天子,即吾兒也。昨聞中國亂,欲以甲馬五萬往助我兒,而渤海未除,志願不遂。」又曰:「我兒既沒,理當取我衆所推,已副人望。」阿保機問曰:「聞爾河南、北有兩天子,信乎?」坤曰:「天子以魏州軍亂,命總管令公將兵討之,而變起洛陽,凶問今至矣。總管返兵河北,赴難京師,爲衆所推,已副人望。」阿保機仰天大哭曰:「晉王與我約爲兄弟,河南天子,即吾兒也。昨聞中國亂,欲以甲馬五萬往助我兒,而渤海未除,志願不遂。」又曰:「我兒既沒,理當取我商量,新天子安得自立?」坤曰:「新天子將兵二十年,位至大總管,所領精兵三十萬,天時人事,其可得違?」其子突欲在側曰:「使者無多言,蹊田奪牛,豈不爲過!」坤曰:「應

天順人，豈比匹夫之事。至如天皇王得國而不代，豈彊取之邪？」阿保機即慰勞坤曰：「理正當如是爾！」又曰：「吾聞此兒有宮婢二千人，樂官千人，放鷹走狗，罷散樂官。我亦有諸部樂官千人，不惜人民，此其所以敗也。我自聞其禍，即舉家斷酒，解放鷹犬，罷散樂官，不肖，非公宴不用。我若所爲類吾兒，則亦安能長久？」又謂坤曰：「吾能漢語，然絕口不道於部人，懼其效漢而怯弱也。」因戒坤曰：「爾當先歸，吾以甲馬三萬會新天子幽、鎮之間，共爲盟約，與我幽州，則不復侵汝矣。」已而阿保機病死，述律護其喪歸西樓，立其次子元丹國，以其長子人皇王突欲爲東丹王。

帥太子耀屈之。坤從至西樓而還。

當阿保機時，有韓延徽者，幽州人也，爲劉守光參軍，守光遣延徽聘于契丹。延徽見阿保機不拜，阿保機怒，留之不遣，使牧羊馬。久之，知其材，召與語，奇之，遂用以爲謀主。阿保機攻党項、室韋，服諸小國，皆延徽謀也。延徽後逃歸，事莊宗，莊宗客將王緘譖之，延徽懼，求歸幽州省其母，行過常山，匿王德明家。居數月，德明問其所向，延徽曰：「吾欲復走契丹。」德明以爲不可，延徽曰：「阿保機失我，如喪兩目而折手足，今復得我，必喜。」乃復走契丹。阿保機見之，果大喜，以謂自天而下。阿保機僭號，以延徽爲相，號政事令，契丹謂之「崇文令公」。後卒于虜。

耀屈之後更名德光。葬阿保機木葉山，謚曰大聖皇帝，後更其名曰億。德光立三年，改元曰天顯，遣使者以名聘唐，并求碑石爲阿保機刻銘。明宗厚禮之，遣飛勝指揮使安念德報聘。定州王都反，唐遣王晏球討之。都以蠟丸書走契丹求援，德光遣禿餒、荊刺等以騎五千救都，都及禿餒擊晏球於曲陽，爲晏球所敗。明宗又遣惕隱赫邈益禿餒以騎七千，晏球又敗之于唐河。赫邈與數騎返走，至幽州，爲趙德鈞所執，而晏球攻破定州，擒禿餒、荊刺，皆送京師。明宗斬禿餒等六百餘人，而赦赫邈，選其壯健者五十餘人爲「契丹直」[八]。

初，阿保機死，長子東丹王突欲當立，其母述律遣其幼子安端少君之扶餘代之，將立以爲嗣。然述律尤愛德光。德光有智勇，素已服其諸部，安端已去，而諸部希述律意，共立德光。突欲不得立，長興元年，自扶餘泛海奔于唐。明宗因賜其姓爲東丹，而更其名曰慕華。以其來自遼東，乃以瑞州爲懷化軍，拜慕華懷化軍節度、瑞慎等州觀察處置等使。其部曲五人皆賜姓名：罕只曰罕友通，穆葛曰穆順義，撒羅曰羅賓德，易密曰易師仁，蓋禮曰蓋來賓，以爲歸化、歸德將軍。又賜前所獲赫邈姓名曰狄懷惠，擔列曰列知恩[九]，蓋禮曰原知感，福郎曰服懷造，竭失訖曰乙懷有[一〇]。其餘爲「契丹直」者，皆賜姓名。二年，更賜突欲姓李，更其名曰贊華。三年，以贊華爲義成軍節度使。

契丹自阿保機時侵滅諸國，稱雄北方。及救王都，爲王晏球所敗，喪其萬騎，又失赫邈等，皆名將，而述律尤思念突欲，由是卑辭厚幣數遣使聘中國，因求歸赫邈、荝刺等，唐輒斬其使而不報。當此之時，中國之威幾振。

距幽州北七百里有榆關，關東臨海[二]，北有兔耳、覆舟山，山皆斗絕，並海東北有路，狹僅通車[三]，其旁地可耕植。唐時置東西狹石[三]，渌疇、米磚、長揚、黃花、紫蒙、白狼等戍，以扼契丹於此。

自唐末幽薊割據，戍兵廢散，契丹因得出陷平、營，久之皆有田宅，養子孫，以堅守爲己利。戍兵常自耕食，惟衣絮歲給幽州，幽薊之人歲苦寇鈔。自涿州至幽州百里，人迹斷絕，轉餉常以兵護送，契丹多伏兵鹽溝以擊奪之。莊宗之末，趙德鈞鎮幽州，於鹽溝置良鄉縣，又於幽州東五十里築城，皆戍以兵。及破赫邈等，又於其東置三河縣。由是幽薊之人，始得耕牧，而輸餉可通。德光乃西徙橫帳居撲剌泊[四]，出寇雲朔之間。明宗患之，以石敬瑭鎮河東，總大同、彰國、振武、威塞等軍禦之。應順、清泰之間，調發饋餉，遠近勞敝。

德光事其母甚謹，常侍立其側，國事必告而後行。石敬瑭反，唐遣張敬達等討之。敬瑭遣使求救於德光，德光白其母曰：「吾嘗夢石郎召我，而使者果至，豈非天邪！」母召胡巫問吉凶，巫言吉，乃許。是歲九月，契丹出鴈門，車騎連亙數十里，將至太原，遣人謂敬

瑭曰：「吾爲爾今日破敵，可乎？」敬瑭報曰：「皇帝赴難，要在成功，不在速，大兵遠來，而唐軍甚盛，願少待之。」使者未至，而兵已交，敬達大敗。德光曰：「吾謂唐兵能守鴈門而扼諸險要，約爲父子，問曰：「大兵遠來，戰速而勝者，何也？」德光曰：「吾謂唐兵能守鴈門而扼諸險要，則事未可知。今兵長驅深入而無阻，吾知大事必濟。且吾兵多難久，宜以神速破之。此其所以勝也。」敬達敗，退保晉安寨，德光圍之。唐遣趙德鈞、延壽救敬達，而德鈞父子按兵團柏谷不救。德光謂敬瑭曰：「吾三千里赴義，義當徹頭。」乃築壇晉城南，立敬瑭爲皇帝，自解衣冠被之，册曰：「咨爾子晉王，予視爾猶子，爾視予猶父。」已而楊光遠殺張敬達降晉。晉高祖自太原入洛陽，德光送至潞州，趙德鈞、延壽出降。德光謂晉高祖曰：「大事已成。吾命大相溫從爾渡河，吾亦留此，俟爾入洛而後北。」臨訣，執手噓欷，脫白貂裘以衣高祖，遺以良馬二十四、戰馬千二百匹，戒曰：「子子孫孫無相忘！」時天顯九年也。

高祖已入洛，德光乃北，執趙德鈞、延壽以歸。德鈞，幽州人也，事劉守光、守文爲軍校，莊宗伐燕得之，賜姓名曰李紹斌。其子延壽，本姓劉氏，常山人也，其父祁爲蓚縣令[五]，劉守文攻破蓚縣，德鈞得延壽并其母种氏而納之，因以延壽爲子。延壽爲人姿質妍柔，稍涉書史，明宗以女妻之，號興平公主。莊、明之世，德鈞鎮幽州十餘年，以延壽故，尤見信任。延壽，明宗時爲樞密使，罷。至廢帝立，復以爲樞密使。晉高祖起太原，廢帝

遣延壽將兵討之。而德鈞亦請以鎮兵討賊，廢帝察其有異志，使自飛狐出擊其後，而德鈞南出吳兒，會延壽於西唐，延壽因以兵屬之。廢帝以德鈞爲諸道行營都統，延壽爲太原南面招討使。德鈞爲延壽求鎮州節度使，廢帝怒曰：「德鈞父子握彊兵，求大鎮，苟能敗契丹而破太原，雖代予亦可。若翫寇要君，但恐犬兔俱斃。」德鈞父子遣人聘德光，求立己爲帝。德光指穿盧前巨石謂德鈞使者曰：「吾已許石郎矣。石爛，可改也。」德鈞至潞州，鎖德鈞父子而去。德光母述律見之，問曰：「汝父子自求爲天子何邪？」德鈞慙不能對，悉以田宅之籍獻之。述律問何在。曰：「在幽州[六]。」述律曰：「幽州屬我矣，何獻之爲？」明年，德鈞死，德光以延壽爲幽州節度使，封燕王。

契丹當莊宗、明宗時攻陷營、平二州，及已立晉，又得鴈門以北幽州節度管内，合一十六州。乃以幽州爲燕京，改天顯十一年爲會同元年，更其國號大遼，置百官，皆依中國，參用中國之人。晉高祖每遣使聘問，奉表稱臣，歲輸絹三十萬匹，其餘寶玉珍異，下至中國飲食諸物，使者相屬於道無虛日。德光約高祖不稱臣，更表爲書，稱「兒皇帝」，如家人禮。高祖復遣趙瑩、馮道等以太常鹵簿奉册德光遣中書令韓頴奉册高祖爲英武明義皇帝。高祖崩，出帝即位，德光怒其不先以告，而又不奉表，不稱臣而稱孫，數遣使者責晉光及其母尊號。終其世，奉之甚謹。

晉大臣皆恐，而景延廣對契丹使者語獨不遜，德光益怒。楊光遠反青州，招之。開運元年春，德光傾國南寇，分其衆爲三：西出鴈門，攻并、代，劉知遠擊敗之于秀容，東至于河，陷博州，以應光遠；德光與趙延壽南〔七〕，攻陷貝州。德光屯元城，兵及黎陽。晉出帝親征，遣李守貞等東馳馬家渡，擊敗契丹。而德光與晉相距于河，月餘，聞馬家渡兵敗，乃引衆擊晉，戰于戚城。德光臨陣，望見晉軍旗幟光明，而士馬嚴整，有懼色，謂其左右曰：「楊光遠言晉家兵馬半已餓死，何其盛也！」兵既交，殺傷相半，陣間斷箭遺鏃，布厚寸餘。日暮，德光引去，分其兵爲二，一出滄州，一出深州以歸。二年正月，德光復傾國入寇，圍鎮州，分兵攻下鼓城等九縣。杜重威守鎮州，閉壁不敢出。契丹南掠邢、洺、磁，至于安陽河，千里之內，焚剽殆盡。契丹見大桑木，罵曰：「吾知紫披襖出自汝身，吾豈容汝活邪！」束薪於木而焚之。是時，出帝病，不能出征，遣張從恩、安審琦、皇甫遇等禦之。遇河，千里之內，焚剽殆盡。契丹見大桑木，罵曰：「吾知紫披襖出自汝身，吾豈容汝活邪！」束薪於木而焚之。是時，出帝病，不能出征，遣張從恩、安審琦、皇甫遇等禦之。遇契丹，戰于榆林，幾爲所虜。審琦從後救之，契丹望見塵起，謂救兵至，引去。而從恩畏怯，不敢追，亦引兵南走黎陽。契丹已北，而出帝疾少間，乃下詔親征，軍于澶州，遣杜重威等北伐。契丹歸至古北，聞晉軍且至，即復引而南，及重威戰于陽城、衞村。晉軍飢渴，鑿井輒壞，絞泥汁而飲。德光坐奚車中，呼其衆曰：「晉軍盡在此矣，可生擒之，然後平定天下。」會天大風，晉軍奮死擊之，契丹大敗。德光喪車，騎一白橐駝而走。

至幽州，其首領大將各答錢數百，獨趙延壽免焉。是時，天下旱蝗，晉人苦兵，乃遣開封府軍將張暉假供奉官聘于契丹，奉表稱臣，以脩和好，德光母述律嘗謂晉人曰：「南朝漢兒爭得一向臥邪？自古聞漢來和蕃，不聞蕃去和漢，若漢兒實有回心，則我亦何惜通好！」晉亦不復遣使，然數以書招趙延壽。

延壽見晉衰而天下亂，嘗有意窺中國，而德光亦嘗許延壽滅晉而立之。延壽得晉書，僞爲好辭報晉，言身陷虜思歸，約晉發兵爲應。而德光將高牟翰亦詐以瀛州降晉，晉君臣皆喜。三年七月，遣杜重威、李守貞、張彥澤等出兵，爲延壽應，兵趨瀛州，牟翰空城而去。晉軍至城下，見城門皆啓，疑有伏兵，不敢入，遣梁漢璋追牟翰及之，漢璋戰死。重威等軍屯武强。德光聞晉出兵，乃入寇鎮州。德光西屯中渡，與德光夾水而軍。德光分兵，並西山出晉軍後，攻破欒城縣，縣有騎軍千人，皆降於虜。德光每獲晉人，刺其面，文曰「奉敕不殺」，縱以南歸。重威等被圍糧絕，遂舉軍降。德光喜，謂趙延壽曰：「所得漢兒皆與爾。」因以龍鳳赭袍賜之，使衣以撫晉軍，亦以赭袍賜重威。遣傅住兒監張彥澤將騎二千先入京師。晉出帝與太后爲降表，自陳過咎。德光遣解里以手詔賜帝曰：「孫兒但勿憂，管取一喫飯處。」德光將至京師，有司請以法駕奉迎，德光曰：「吾躬擐甲冑，以定中原，太常之儀，不暇顧也。」止而不用。出帝與太后出郊奉迎，德光辭不見，曰：「豈有兩天子相

見于道路邪!」四年正月丁亥朔旦,晉文武百官班于都城北,望帝拜辭,素服紗帽以待。德光被甲衣貂裘貂帽[八],立馬于高岡,百官俯伏待罪。德光入自封丘門,登城樓,遣通事宣言諭衆曰:「我亦人也,可無懼。我本無心至此,漢兵引我來爾。」遂入晉宮,宮中嬪妓迎謁,皆不顧,夕出宿于赤岡。封出帝負義侯,遷于黄龍府。癸巳,入居晉宮,以契丹守諸門,門廡殿廷皆磔犬掛皮,以爲猒勝。甲午,德光胡服視朝于廣政殿。乙未,被中國冠服,百官常參、起居如晉儀,而氊裘左袵,胡馬奚車,羅列階陛,晉人俛首不敢仰視。二月丁巳朔[九],金吾六軍、殿中省仗、太常樂舞陳于廷,德光冠通天冠,服絳紗袍,執大珪以視朝,大赦,改晉國爲大遼國、開運四年爲會同十年。

德光嘗許趙延壽滅晉而立以爲帝,故契丹擊晉,延壽常爲先鋒,虜掠所得,悉以奉德光及其母述律。德光已滅晉而無立延壽意,延壽不敢自言,因李崧以求爲皇太子。德光曰:「吾於燕王無所愛惜,雖我皮肉,可爲燕王用者,吾可割也。吾聞皇太子是天子之子,燕王豈得爲之?」乃命與之遷秩。翰林學士張礪進擬延壽中京留守、大丞相、録尚書事、都督中外諸軍事。德光索筆,塗其「録尚書事、都督中外諸軍事」,止以爲中京留守、大丞相,而延壽前爲樞密使、封燕王皆如故。又以礪爲右僕射兼門下侍郎、同中書門下平章事,與故晉相和凝並爲宰相。礪,明宗時翰林學士,晉高祖起太原,唐廢帝遣礪督趙延壽

進軍於團柏谷,已而延壽爲德光所鎖,并礦遷于契丹。德光重其文學,仍以爲翰林學士。礦常思歸,逃至境上,爲追者所得,德光責之,礦曰:「臣本漢人,衣服飲食言語不同,今思歸而不得,生不如死。」德光顧其通事高唐英曰:「吾戒爾輩善待此人,致其逃去,過在爾也。」因答唐英一百而待礦如故,其愛之如此。德光將視朝,有司給延壽貂蟬冠,礦三品冠服,延壽與礦皆不肯服。而延壽別爲王者冠以自異。礦曰:「吾在上國時,晉遣馮道奉册北朝,道賚二貂冠,其一宰相韓延徽冠之,其一命我冠之。今其可降服邪!」卒冠貂蟬以朝。三月丙戌朔,德光服靴、袍、御崇元殿,百官入閤,德光大悅,顧其左右曰:「漢家儀物,其盛如此。我得於此殿坐,豈非真天子邪!」其母述律遣人賫書及阿保機明殿書賜德光。明殿,若中國陵寢下宫之制,其國君死,葬,則於其墓側起屋,謂之明殿,置官屬職司,歲時奉表起居如事生,置明殿學士一人掌答書詔,每國有大慶弔,學士以先君之命爲書以賜國君,其書常曰「報兒皇帝」云。

德光已滅晉,遣其部族酋豪及其通事爲諸州鎮刺史、節度使,括借天下錢帛以賞軍。胡兵人馬不給糧草,日遣數千騎分出四野[三〇],劫掠人民,號爲「打草穀」,東西二三千里之間,民被其毒,遠近怨嗟。漢高祖起太原,所在州鎮多殺契丹守將歸漢,德光大懼。又時已熱,乃以蕭翰爲宣武軍節度使。翰,契丹之大族,其號阿鉢,翰之妹亦嫁德光,而阿鉢

本無姓氏，契丹呼翰爲國舅，及將以爲節度使，李崧爲製姓名曰蕭翰，於是始姓蕭。德光已留翰守汴，乃北歸，以晉內諸司伎術、宮女、諸軍將卒數千人從。自黎陽渡河，行至湯陰，登愁死岡，謂其宣徽使高勳曰：「我在上國，以打圍食肉爲樂，自入中國，心常不快，若得復吾本土，死亦無恨。」勳退而謂人曰：「虜將死矣。」相州梁暉殺契丹守將，閉城距守。德光引兵攻破之〔二〕，城中男子無少長皆屠之，婦女悉驅以北。後漢以王繼弘鎮相州，得髑髏十數萬枚，爲大家葬之。德光至臨洺，見其井邑荒殘，笑謂晉人曰：「致中國至此，皆燕王爲罪首。」又顧張礪曰：「爾亦有力焉。」德光行至欒城，得疾，卒于殺胡林。契丹破其腹，去其腸胃，實之以鹽，載而北，晉人謂之「帝羓」焉。永康王兀欲立，謚德光爲嗣聖皇帝，號阿保機爲太祖，德光爲太宗。

校勘記

〔一〕其一曰但利皆部 「但利皆」，原作「但皆利」，據宗文本、通鑑卷二六六胡注引歐史改。宋丙本作「但利皆」，五代會要卷二九、遼史卷三七地理志作「旦利皆」。

〔二〕阿保機遺晉馬千四 「千四」，舊五代史卷一三七契丹傳、通鑑卷二六六、契丹國志卷一作「三千匹」。

〔三〕梁遣太府卿高頎 「太府卿高頎」，通鑑卷二六六、契丹國志卷一作「太府少卿高頎」。

〔四〕解俚 原作「解俚」，據宋丙本、宗文本及本卷下文改。

〔五〕每月朔旦 「旦」，原作「日」，據宋丙本、宗文本改。

〔六〕定州王處直懼鎮且亡 「鎮」字原闕，據宗文本補。通鑑卷二七一敍其事云：「處直以平日鎮、定相爲脣齒，恐鎮亡而定孤。」契丹國志卷一略同。

〔七〕定人皆以爲後患 「後患」，宗文本作「契丹必爲患」。

〔八〕選其壯健者五十餘人爲契丹直 「五十」，原作「五千」，據宗文本改。舊五代史卷三九唐宗紀五、册府卷九八七、通鑑卷二七六敍其事皆作「五十人」。

〔九〕挒列 宗文本作「挃列」。

〔一〇〕竭失訖 原作「竭失記」，舊五代史卷四二唐明宗紀八、册府卷一七〇改。

〔二〕關東臨海 「關」字原闕，據宗文本補。按通鑑卷二六九胡注引宋白續通典敍其事作「渝關……其關東臨海」。

〔三〕並海東北有路狹僅通車 「有路狹」三字原闕，據宋丙本、宗文本、通鑑卷二六九胡注引宋白續通典敍其事作「山下尋海岸東北行，狹處纔通一軌」。

〔三〕唐時置東西狹石 「狹石」，原作「狹西」，據宗文本、通鑑卷二六六胡注引歐史、新唐書卷三九地理志三改。

（四）揆剌泊　舊五代史卷四三唐明宗紀九、冊府卷九七〇、通鑑卷二七八作「捼剌泊」。

（五）其父邟爲蓨縣令　「邟」，遼史卷七六趙延壽傳、通鑑卷二七五作「邟」，通曆卷一五作「邠」。

（六）在幽州　「在」字原闕，據宋內本、宗文本、舊五代史卷九八趙德鈞傳、通鑑卷二八〇、契丹國志卷一六補。

（七）德光與趙延壽南　「趙」字原闕，據宗文本補。

（八）德光被甲衣貂裘貂帽　「貂裘」二字原闕，據宗文本、通鑑卷二八六補。

（九）二月丁巳朔　「丁巳」原作「丁丑」，據宗文本改。舊五代史卷九九漢高祖紀上、通鑑卷二八六皆繫其事於二月丁巳。按是月丁巳朔，丁丑爲二十一日。

（一〇）日遣數千騎分出四野　「日」字原闕，據宗文本、遼史卷三四兵衛志上補。

（一一）德光引兵攻破之　「攻」字原闕，據宗文本補。按舊五代史卷一三七契丹傳敍其事作「德光親率諸部以攻之」。

新五代史卷七十三

四夷附録第二

兀欲，東丹王突欲子也。突欲奔于唐，兀欲留不從，號永康王。契丹好飲人血，突欲左右姬妾，多刺其臂吮之，其小過輒挑目，刲灼，不勝其毒。然喜賓客，好飲酒，工畫，頗知書，其自契丹歸中國，載書數千卷，樞密使趙延壽每假其異書，醫經，皆中國所無者。明宗時，自滑州朝京師，遙領武信軍節度使〔一〕，食其俸，賜甲第一區、宮女數人。契丹兵助晉于太原，唐廢帝遣宦者秦繼旻、皇城使李彥紳殺突欲于其第。晉高祖追封突欲爲燕王。德光滅晉，兀欲從至京師。德光殺繼旻、彥紳，籍其家貲，悉以賜兀欲。德光死欒城，兀欲與趙延壽及諸大將等俱入鎮州。延壽自稱權知軍國事，遣人求鎮州管鑰于兀欲，兀欲不與。延壽左右曰：「契丹大人聚而謀者詢詢，必有變，宜備之。今中國之兵，猶有萬人，可以擊虜，不然，事必不成。」延壽猶豫不決。兀欲妻，延壽以爲妹，五月朔旦，兀欲召

延壽及張礪、李崧、馮道等置酒,酒數行,兀欲謂延壽曰:「妹自上國來,當一見之。」延壽欣然與兀欲俱入。食頃,兀欲出坐,笑謂礪等曰:「燕王謀反,鎖之矣。諸君可無慮也。」又曰:「先帝在汴州與我算子一莖,許我知南朝軍國事,昨聞寢疾,無遺命,燕王安得自擅邪?」礪等罷去。兀欲召延壽廷立而詰之,延壽不能對。乃遣人監之,而籍其家貲。兀欲宣德光遺制曰:「永康王,大聖皇帝之嫡孫,人皇王之長子,可於中京即皇帝位。」中京,契丹謂鎮州也。遣使者告哀於諸鎮。蕭翰聞德光死,棄汴州而北,至鎮州,兀欲已去。翰以騎圍張礪宅,執礪而責曰:「汝教先帝勿用胡人爲節度使,何也?」礪對不屈,翰鎖之。是夕,礪卒。

兀欲爲人儁偉,亦工畫,能飲酒,好禮士,德光嘗賜以絹數千匹,兀欲散之,一日而盡。兀欲已立,先遣人報其祖母述律。述律怒曰:「我兒平晉取天下,有大功業,其子在我側者當立,而人皇王背我歸中國,其子豈得立邪?」乃率兵逆兀欲,將廢之。兀欲留其將麻荅守鎮州,晉諸將相隨德光在鎮州者皆留之而去。以翰林學士徐台符、李澣從行,與其祖母述律相距于石橋。述律所將兵多亡歸兀欲。兀欲乃幽述律於祖州。祖州,阿保機墓所也。

述律爲人多智而忍。阿保機死,悉召從行大將等妻,謂曰:「我今爲寡婦矣,汝等豈

宜有夫。」乃殺其大將百餘人，曰：「可往從先帝。」左右有過者，多送木葉山，殺於阿保機墓隧中，曰：「爲我見先帝于地下。」大將趙思溫，本中國人也，以材勇爲阿保機所寵，述律後以事怒之，使送木葉山，思溫辭不肯行。述律曰：「爾，先帝親信，安得不往見之？」思溫對曰：「親莫如后，后何不行？」述律曰：「我本欲從先帝于地下，以子幼，國中多故，未能也。然可斷吾一臂以送之。」左右切諫之，乃斷其一腕，而釋思溫不殺。初，德光之擊晉也，述律常非之，曰：「吾國用一漢人爲主，可乎？」德光死，載其尸歸，述律不哭而撫其尸曰：「待我國中人畜如故，然後葬汝。」已而兀欲囚之，後死于木葉山。

兀欲更名阮，號天授皇帝，改元曰天祿。是歲八月，葬德光於木葉山，遣人至鎮州召馮道、和凝等會葬。使者至鎮州，鎮州軍亂，大將白再榮等逐出麻荅[二]。據定州[三]，已而悉其眾以北。麻荅者，德光之從弟也，德光滅晉，以爲邢州節度使。兀欲立，命守鎮州。麻荅尤酷虐，多略中國人，剝面、抉目、拔髮、斷腕而殺之，出入常以鉗鑿挑割之具自隨，寢處前後掛人肝、脛、手、足，言笑自若，鎮、定之人不勝其毒。麻荅已去，馮道等乃南歸。

漢乾祐元年[四]，兀欲率萬騎攻邢州，陷內丘。契丹入寇，常以馬嘶爲候。其來也，馬不甚嘶鳴[五]，而矛戟夜有光，又月食，虜眾皆懼，以爲凶，雖破內丘而人馬傷死者太半。

兀欲立五年，會諸部首長，復謀入寇，諸部大人皆不欲，兀欲彊之。燕王述軋與太寧王嘔里僧等率兵殺兀欲於火神淀[六]。德光子齊王述律聞亂，走南山。契丹擊殺述軋、嘔里僧，而迎述律以立。

述律立，改元應曆，號天順皇帝，後更名璟。

初，兀欲常遣使聘漢，使者至中國而周太祖入立。太祖復遣將軍朱憲報聘，憲還而兀欲死。述律立，遂不復南寇。顯德六年夏，世宗北伐，以保大軍節度使王晏爲益津關部署，右神武統軍李洪信爲合流口部署，前鳳翔節度使王晏爲益津關部署，侍衛親軍馬步都虞候韓通爲陸路都部署。世宗自乾寧軍御龍舟，艫船戰艦，首尾數十里，至益津關，降其守將，而河路漸狹，舟不能進，乃捨舟陸行。瓦橋淤口關，瀛莫州守將皆迎降。方下令進攻幽州，世宗遇疾，乃置雄州於瓦橋關，霸州於益津關而還。周師下三關，瀛、莫，兵不血刃。述律聞之，謂其國人曰：「此本漢地，今以還漢，又何惜耶？」述律後爲庖者因其醉而殺之。

嗚呼！自古夷狄服叛，雖不繫中國之盛衰，而中國之制夷狄則必因其彊弱。予讀周

日曆,見世宗取瀛、莫、定三關,兵不血刃,而史官譏其以王者之師,馳千里而襲人,輕萬乘之重於葭葦之間,以僥倖一勝。夫兵法,決機因勢,有不可失之時。世宗南平淮甸,北伐契丹,乘其勝威,擊其昏殆,世徒見周師之出何速,而不知述律有可取之機也。是時,述律以謂周之所取,皆漢故地,不足顧也,然則十四州之故地,皆可指麾而取矣。不幸世宗遇疾,功志不就。然瀛、莫、三關,遂得復爲中國之人,而十四州之俗,至今陷於夷狄。彼其爲志豈不可惜,而其功不亦壯哉! 夫兵之變化屈伸,豈區區守常談者所可識也!

初,蕭翰聞德光死,北歸,有同州部陽縣令胡嶠爲翰掌書記,隨入契丹。而翰妻爭妬,告翰謀反,翰見殺,嶠無所依,居虜中七年。當周廣順三年,亡歸中國,略能道其所見,云:「自幽州西北入居庸關,明日,又西北入石門關,關路崖狹,一夫可以當百,此中國控扼契丹之險也。又三日,至可汗州,南望五臺山,其一峯最高者,東臺也。又三日,至新武州,西北行五十里有雞鳴山,云唐太宗北伐,聞雞鳴于此,因以名山。明日,入永定關北[七],此唐故關也。又四日,至歸化州。又三日,登天嶺,嶺東西連亘,有路北下,四顧冥然,黃雲白草,不可窮極。 契丹謂嶠曰:『此辭鄉嶺也,可一南望而爲永訣。』同行者皆慟哭,往往絕而復蘇。又行三四日,至黑榆林,時七月,寒如深冬。又明日,入斜谷,谷長五十里,高崖峻谷,仰不見日,而寒尤甚。已出谷,得平地,氣稍溫。又行二日,渡湟水。又

明日,渡黑水。又二日,至湯城淀,地氣最溫,契丹若大寒,則就溫于此。其水泉清冷,草軟如茸,可藉以寢。又二日,記其二種:一曰旱金,大如掌,金色燦人;一曰青囊,如中國金燈,而色類藍,可愛。而多異花,記其二種:一曰旱金,大如掌,金色燦人;一曰青囊,如中國金燈,而色類藍,可愛。又二日,至儀坤州,渡麝香河。自幽州至此無里候,其所向不知爲南北。又二日,至赤崖,翰與兀欲相及,遂及述律戰于沙河。述律兵敗而北,兀欲追至獨樹渡,遂囚述律于撲馬山。又行三日,遂至上京,所謂西樓也。西樓有邑屋市肆,交易無錢而用布。有綾錦諸工作、宦者、翰林、伎術、教坊、角觝、秀才、僧尼、道士等,皆中國人,而并、汾、幽、薊之人尤多。自上京東去四十里,至真珠寨,始食菜。明日,東行,地勢漸高,西望平地松林鬱然數十里。遂入平川,多草木,始食西瓜,云契丹破回紇得此種,以牛糞覆棚而種,大如中國冬瓜而味甘。又東行,至裹潭,始有柳,而水草豐美,有息雞草尤美,而本大,馬食不過十本而飽。自裹潭入大山,行十餘日而出,過一大林,長二三里,皆蕪荑,枝葉有芒刺如箭羽,其地皆無草。兀欲時卓帳于此,會諸部人葬德光。自此西南行,日六十里,行七日,至大山門,兩高山相去一里,而長松豐草,珍禽野卉,有屋室碑石,云德光所獵之地。入而門閎,明日開門,曰『拋盞』,曰『陵所』也。兀欲入祭,諸部大人惟執祭器者得入。問其禮,皆祕不肯言。」嶠所目見囚述律、葬德光等事,與中國所記差異。禮畢。而翰得罪被鎖,嶠與部曲東之福州。福州,翰所治也。嶠等東行,過一山,名十三

山，云此西南去幽州二千里。又東行，數日，過衞州，有居人三十餘家，蓋契丹所虜中國衞州人，築城而居之。嶠至福州而契丹多憐嶠，教其逃歸，嶠因得其諸國種類遠近，云：「距契丹國東至于海，有鐵甸，其族野居皮帳而人剛勇。其地少草木，水鹹濁，色如血，澄之久而後可飲。又東，女真，善射，多牛、鹿、野狗。其人無定居，行以牛負物，遇雨則張革爲屋。常作鹿鳴，呼鹿而射之，食其生肉。能釀糜爲酒，醉則縛之而睡，醒而後解，不然，則殺人。又東南，渤海、又東，遼國，皆與契丹略同。又南，至于榆關矣，西南至儒州，皆故漢地。西則突厥、回紇。西北丹略同，而人好殺戮。又南，至于榆關矣，西南至儒州，皆故漢地。西則突厥、回紇。西北至嫗厥律，其人長大，髦頭，酋長全其髮，盛以紫囊。地苦寒，水出大魚，契丹仰食。又多黑、白、黄貂鼠皮，北方諸國皆仰足。其人最勇，隣國不敢侵。又其西，轄戛、又其北，單于突厥，皆與嫗厥律略同。又北，黑車子，善作車帳，其人知孝義，地貧無所産。云契丹之先，常役回紇，後背之走黑車子，始學作車帳。又北，牛蹄突厥，人身牛足，其地尤寒，水曰瓠𤬩河，夏秋冰厚二尺，春冬冰徹底，常燒器銷冰乃得飲。東北，至轊劫子，其人髦首，披布爲衣，不鞍而騎，大弓長箭，尤善射，遇人輒殺而生食其肉，契丹等國皆畏之。契丹五騎遇一轊劫子，則皆散走。其國三面皆室韋：一曰室韋，二曰黄頭室韋，三曰獸室韋。其地多銅、鐵、金、銀，其人工巧，銅鐵諸器皆精好，善織毛錦。地尤寒，馬溺至地成冰堆。又

北,狗國,人身狗首,長毛不衣,手搏猛獸,語爲犬嗥,其妻皆人,能漢語,生男爲狗、女爲人,自相婚嫁,穴居食生,而妻女人食。云嘗有中國人至其國,其妻憐之,使逃歸,與其筋十餘隻,教其每走十餘里遺一筋,狗夫追之,見其家物,必銜而歸,則不能追矣。」其説如此。又曰:「契丹嘗選百里馬二十匹,遣十人齎乾餱北行,窮其所見。其人自黑車子,歷牛蹄國以北,行一年,經四十三城,居人多以木皮爲屋,其語言無譯者,不知其國地、山川、部族、名號。其地氣,遇平地則溫和,山林則寒冽。至三十三城,得一人,能鐵甸語,其言頗可解,云地名頡利烏于邪堰。云『自此以北,龍蛇猛獸、魑魅羣行,不可往矣』。其人乃還。此北荒之極也。」

契丹謂嶠曰:「夷狄之人豈能勝中國?然晉所以敗者,主暗而臣不忠。」因具道諸國事,曰:「子歸悉以語漢人,使漢人努力事其主,無爲夷狄所虜,吾國非人境也。」嶠歸,錄以爲陷虜記云。〔二〕

〔一〕契丹年號,諸家所記,舛謬非一,莫可考正,惟嘗見於中國者可據也。據耶律德光立晉高祖册文云〔八〕:「惟天顯九年歲次丙申〔九〕。」是歲,乃晉天福元年。推而上之,得唐天成三年戊子,爲天顯元年。按契丹附錄〔一〇〕,德光與唐明宗同年而立,立三年改元天顯,與此正合矣。又據開運四年德光滅晉入汴,肆赦,稱會同十年。推而上之,得天福三年爲會同元年,是天顯

盡十年,而十一年改爲會同矣。惟此二者〔二〕,其據甚明,餘皆不足考也。〖附錄所載夷狄年號,多略不書,蓋無所用,故不必備也。

校勘記

（一）遥領武信軍節度使 「武信」,通鑑卷二七八作「昭信」。舊五代史卷四四唐明宗紀十、遼史卷七二義宗傳敍其事皆作「虔州節度使」。按昭信軍治虔州,武信軍治遂州。

（二）白再榮 原作「白再筠」,據宗文本、本書卷四八白再榮傳改。

（三）據定州 舊五代史卷一〇〇漢高祖紀下敍其事云:「麻答與河陽節度使崔廷勳、洛京留守劉晞,並奔定州。」通鑑卷二八七略同。「據」上疑有脱文。

（四）漢乾祐元年 舊五代史卷一〇三漢隱帝紀下、五代會要卷二九、通鑑卷二八九繫其事於乾祐三年。

（五）馬不甚嘶鳴 「甚」字原闕,據宗文本、類要卷三六北狄引五代史補。

（六）火神淀 原作「大神淀」,據宋丙本、宗文本、通鑑卷二九〇、契丹國志契丹國九主年譜改。按遼史卷三七地理志一有火神淀,通鑑卷二九〇胡注引宋白曰:「火神淀在新州西。」

（七）入永定關北 宗文本作「入永定關」。

（八）據耶律德光立晉高祖册文云 「云」原作「據」,據宋丙本、宗文本改。

〔九〕惟天顯九年歲次丙申 「惟」，原作「推」，據宋丙本、宗文本改。

〔一〇〕按契丹附錄 「按」，原作「云」，據宋丙本、宗文本改。

〔一一〕惟此二者 「惟」，原作「推」，據宋丙本、宗文本改。

新五代史卷七十四

四夷附錄第三

奚,本匈奴之別種。當唐之末,居陰涼川,在營府之西,幽州之西北[一],皆數百里。有人馬二萬騎。分爲五部:一曰阿薈部,二曰啜米部,三曰粵質部,四曰奴皆部,五曰黑訖支部[二]。後徙居琵琶川,在幽州東北數百里。地多黑羊;馬逴前,蹄堅善走。其登山逐獸,下上如飛。

契丹阿保機彊盛,室韋、奚、霫皆服屬之。奚人常爲契丹守界上,而苦其苛虐,奚王去諸怨叛,以別部西徙媯州,依北山射獵,常採北山麝香、仁參賂劉守光以自託。其族至數千帳,始分爲東、西奚。去諸之族,頗知耕種,歲借邊民荒地種黍,秋熟則來穫,窖之山下,人莫知其處。釀以平底瓦鼎,煮糜爲粥,以寒水解之而飲。

去諸卒,子掃剌立。莊宗破劉守光,賜掃剌姓李,更其名紹威。紹威卒,子拽剌立。

同光以後，紹威父子數遣使朝貢。初，紹威娶契丹女舍利逐不魯之姊爲妻，後逐不魯叛亡入西奚，紹威納之。晉高祖入立，割幽州、鴈門以北入于契丹，是時，紹威與逐不魯皆已死，耶律德光已立晉北歸，拽剌迎謁馬前，德光曰：「非爾罪也。負我者，掃剌與逐不魯爾。」乃發其墓，粉其骨而颺之。後德光滅晉，拽剌常以兵從。其後不復見於中國。自去諸徙媯州，自別爲西奚，而東奚在琵琶川者，亦爲契丹所并，不復能自見云。

吐渾，本號吐谷渾，或曰乞伏乾歸之苗裔。自後魏以來，名見中國，居於青海之上。當唐至德中，爲吐蕃所攻，部族分散，其內附者，唐處之河西。其大姓有慕容、拓拔、赫連等族。懿宗時，首領赫連鐸爲陰山府都督，與討龐勛，以功拜大同軍節度使。爲晉王所破，其部族益微，散處蔚州界中。

莊宗時，有首領白承福者，依中山北石門爲柵，莊宗爲置寧朔、奉化兩府，以承福爲都督，賜其姓名爲李紹魯。終唐時，常遣使朝貢中國。晉高祖立，割鴈門以北入于契丹，於是吐渾爲契丹役屬，而苦其苛暴。是時，安重榮鎮成德，有異志，陰遣人招吐渾入塞，承福等乃自五臺入處中國。契丹耶律德光大怒，遣

使者責誚高祖,高祖恐懼,遣供奉官張澄率兵搜索并、鎮、忻、代等州山谷中吐渾驅出之。然晉亦苦契丹,思得吐渾爲緩急之用,陰遣劉知遠鎮太原慰撫之。終高祖時,承福數遣使者朝貢。後出帝與契丹絕盟,召承福入朝,拜大同軍節度使,待之甚厚。契丹與晉相距于河,承福以其兵從出帝禦虜。是歲大熱,吐渾多疾死,乃遣承福歸太原,居之嵐石之間。劉知遠稍侵辱之,承福謀復亡出塞,知遠以兵圍其族,殺承福及其大姓赫連海龍、白可久、白鐵匱等,其羊馬貨財鉅萬計,皆籍沒之,其餘衆以其別部王義宗主之。吐渾遂微,不復見。

初,唐以承福之族爲熟吐渾。長興中,又有生吐渾杜每兒來朝貢。每兒,不知其國地、部族。至漢乾祐二年,又有吐渾何戛剌來朝貢,不知爲生、熟吐渾,蓋皆微,不足考録。

達靼,靺鞨之遺種,本在奚、契丹之東北,後爲奚、契丹所攻[三],而部族分散,或屬契丹,或屬渤海,其別部散居陰山者[四],自號達靼。當唐末,以名見中國。有每相温、于越相温,咸通中,從朱邪赤心討龐勛。其後李國昌、克用父子爲赫連鐸等所敗,嘗亡入達靼。

後從克用入關破黃巢,由是居雲代之間。其俗善騎射,畜多駝、馬。其君長、部族名字,不可究見,惟其嘗通於中國者可見云。

同光中,都督折文通數自河西來貢駝、馬。明宗討王都於定州,都誘契丹入寇,明宗詔達靼入契丹界,以張軍勢,遣宿州刺史薛敬忠以所獲契丹團牌二百五十及弓箭數百賜雲州生界達靼,蓋唐常役屬之。長興三年,首領頡哥率其族四百餘人來附。迄于顯德,常來不絕。

党項,西羌之遺種。其國在禹貢析支之地,東至松州,西接葉護,南界春桑〔五〕,北鄰吐渾,有地三千餘里。無城邑而有室屋,以毛罽覆之。其人喜盜竊而多壽,往往百五六十歲。其大姓有細封氏、費聽氏、折氏〔六〕、野利氏〔七〕,拓拔氏為最彊。唐德宗時,党項諸部相率內附,居慶州者號東山部落,居夏州者號平夏部落。部有大姓而無君長,不相統一,散處邠寧、鄜延、靈武、河西、東至麟府之間。自同光以後,大姓之彊者各自來朝貢。

明宗時,詔沿邊置場市馬,諸夷皆入市中國,而回鶻、党項馬最多。明宗為招懷遠人,勞以來無駑壯皆售,而所讎常過直,往來館給,道路倍費。其每至京師,明宗為御殿見之,勞以

酒食，既醉，連袂歌呼，道其土風以爲樂，去又厚以賜賚，歲耗百萬計。唐大臣皆患之，數以爲言。乃詔吏就邊場售馬給直，止其來朝，而党項利其所得，來不可止。其在靈慶之間者，數犯邊爲盜。自河西回鶻朝貢中國，道其部落，輒邀劫之，執其使者，賣之佗族，以易牛馬。

明宗遣靈武康福、邠州藥彥稠等出兵討之。福等擊破阿埋、韋悉、褒勒、彊賴、埋厮骨尾，及其大首領連香、李八薩王、都統悉那、埋摩、侍御乞埋、嵬悉逋等族[八]，殺數千人，獲其牛羊鉅萬計及其所劫外國寶玉等，悉以賜軍士，由是党項之患稍息。

至周太祖時，府州党項尼也六泥香王子、拓拔山等皆來朝貢。廣順三年，慶州刺史郭彥欽貪其羊馬，侵擾諸部，獨野雞族彊不可近，乃誣其族犯邊。太祖遣使招慰之。野雞族苦情，不肯聽命，太祖遣邠州折從阮、寧州刺史張建武等討之。建武勇於立功，不能通夷情，馳軍擊野雞族，殺數百人。而喜玉[九]、折思、殺牛三族聞建武擊破野雞族，各以牛酒犒軍，軍士利其物，反劫掠之。三族共誘建武軍至包山，度險，三族共擊之，軍投崖谷，死傷甚衆。太祖怒，罪建武等，選良吏爲慶州刺史以招撫之。

其佗諸族，散處沿邊界上者甚衆，然其無國地、君長，故莫得而紀次云。

突厥,國地、君世、部族、名號、物俗,見於唐著矣。至唐之末,為諸夷所侵,部族微散。五代之際,嘗來朝貢。同光三年,渾解樓來。天成二年,首領張慕晉來。長興二年,首領杜阿熟來。天福六年,遣使者薛同海等來。凡四至,其後不復來。然突厥於時最微,又來不數,故其君長,史皆失不能紀。

吐蕃,國地、君世、部族、名號、物俗,見於唐著矣。當唐之盛時,河西、隴右三十三州,涼州最大,土沃物繁而人富樂。其地宜馬,唐置八監,牧馬三十萬匹。以安西都護府羈縻西域三十六國。唐之軍、鎮、監、務,三百餘城,常以中國兵更戍,而涼州置使節度之。安祿山之亂,肅宗起靈武,悉召河西兵赴難,而吐蕃乘虛攻陷河、隴,華人百萬皆陷于虜。文宗時,嘗遣使者至西域,見甘、涼、瓜、沙等州城邑如故,而陷虜之人見唐使者,夾道迎呼,涕泣曰:「皇帝猶念陷蕃人民否?」其人皆天寶時陷虜者子孫,其語言稍變,而衣服猶不改。

至五代時,吐蕃已微弱,回鶻、党項諸羌夷分侵其地,而不有其人民。值中國衰亂,不能撫有,惟甘、涼、瓜、沙四州常自通于中國。甘州為回鶻牙,而涼、瓜、沙三州將吏猶稱唐

官，數來請命。自梁太祖時，嘗以靈武節度使兼領河西節度，而觀察甘、肅、威等州。然雖有其名，而涼州自立守將。唐長興四年，涼州留後孫超遣大將拓拔承謙及僧、道士、耆老楊通信等至京師求旌節。明宗問孫超世家，承謙曰：「吐蕃陷涼州，張掖人張義朝募兵擊走吐蕃[一〇]，唐因以義朝爲節度使，發鄆州兵二千五百人戍之。唐亡，天下亂，涼州以東爲突厥、党項所隔，鄆兵遂留不得返。今涼州漢人皆其戍人子孫也。」明宗乃拜孫超節度使。

清泰元年，留後李文謙來請命。後數年，涼州人逐出文謙，靈武馮暉遣牙將吳繼勳代文謙爲留後[一一]，是時天福七年。明年[一二]，晉高祖遣涇州押牙陳延暉齎詔書安撫涼州，涼州人共劫留延暉，立以爲刺史。至漢隱帝時，涼州留後折逋嘉施來請命，漢即以爲節度使。嘉施，土豪也。

周廣順二年，嘉施遣人市馬京師，因來請命帥。是時，樞密使王峻用事，峻故人申師厚者，少起盜賊，與峻相友善，後峻貴，師厚敝衣蓬首，日候峻出，峻即前，訴以饑寒，峻未有以發。而嘉施等來請帥，峻即建言：「涼州深入夷狄，中國未嘗命吏，請募率府率、供奉官能往者。」月餘，無應募者，乃奏起師厚爲左衛將軍，已而拜河西節度使。師厚至涼州，奏薦押蕃副使崔虎心[一三]，陽妃谷首領沈念般等及中國留人子孫王廷翰、溫崇樂、劉少英爲將吏[一四]。又自安國鎮至涼州[一五]，立三州以控扼諸羌，用其酋豪爲刺史。然涼州夷夏雜處，師厚小人，不能撫有。至世宗時，師厚留其子而逃歸，涼州遂絕

於中國。獨瓜、沙二州，終五代常來。沙州，梁開平中有節度使張奉，自號「金山白衣天子」。至唐莊宗時，回鶻來朝，沙州留後曹義金亦遣使附回鶻以來，莊宗拜義金爲歸義軍節度使，瓜沙等州觀察處置等使。晉天福五年，義金卒，子元德立。至七年，沙州曹元忠、瓜州曹元深皆遣使來。周世宗時，又以元忠爲歸義軍節度使、元恭爲瓜州團練使[一六]。其所貢碙砂、羚羊角、波斯錦、安西白氎、金星礬、胡桐律、大鵬砂、毦褐、玉團。皆因其來者以名見，而其卒立、世次，史皆失其紀。

而吐蕃不見於梁世。唐天成三年，回鶻王仁喻來朝，吐蕃亦遣使附以來，自此數至中國。明宗嘗御端明殿見其使者，問其牙帳所居，曰：「西去涇州二千里。」明宗賜以虎皮，人一張，皆披以拜，委身宛轉，落其氈帽，亂髮如蓬，明宗及左右皆大笑。至漢隱帝時猶來朝，後遂不復至，史亦失其君世云。

回鶻，爲唐患尤甚。其國地、君世、物俗，見於唐著矣。唐嘗以女妻之，故其世以中國爲舅。其國本在娑陵水上，後爲黠戛斯所侵，徙天德、振武之間，又爲石雄、張仲武所破，其餘衆西徙，役屬吐蕃。是時，吐蕃已陷河西、隴右，乃以回鶻散處之。

當五代之際，有居甘州、西州者嘗見中國，而甘州回鶻數至，猶呼中國爲舅，中國答以詔書亦呼爲甥。梁乾化元年，遣都督周易言等來，而史不見其君長名號，梁拜易言等官爵，遣左監門衛上將軍楊沼押領還蕃。至唐莊宗時，王仁美遣使者來，貢玉、馬，自稱「權知可汗」，莊宗遣司農卿鄭續持節册仁美爲英義可汗〔七〕。是歲，仁美卒，其弟狄銀立，遣都督安千想等來〔八〕。同光四年，狄銀卒，阿咄欲立。天成二年〔九〕，權知國事王仁裕遣李阿山等來朝，明宗遣使者册仁裕爲順化可汗。阿咄欲，不知其爲狄銀親疏，亦不知其立卒.。而仁裕訖五代常來朝貢，史亦失其紀。晉高祖時，又册爲奉化可汗。其地宜白麥、青穬麥、黃麻、葱韭、胡荽，以橐駝耕而種。其可汗常樓居，妻號天公主，其國相號媚禄都督。其地出玉、氂牛〔一〇〕、綠野馬、獨峯駝、白貂鼠、羚羊角、碙砂、膃肭臍、金剛鑽、紅鹽、觿觽、駒騄之革。其婦人總髮爲髻，高五六寸，以紅絹囊之，既嫁，則加氈帽。又有別族號龍家，其俗與回紇小異。見可汗，則去帽被髮而入以爲禮。長興四年，回鶻來獻白鶻一聯，明宗命解縱放之。自明宗時，常以馬市中國，其所賫寶玉皆鬻縣官〔一一〕，而民犯禁爲市者輒罪之。周太祖時除其禁，民得與回鶻私市，玉價由此倍賤。顯德中，來獻玉，世宗曰：「玉雖寶而無益。」却之。

于闐，國地、君世、物俗見於唐。五代亂世，中國多故，不能撫來四夷。其嘗自通於中國者僅以名見，其君世、終始，皆不可知。而于闐尤遠，去京師萬里外。其國西南近葱嶺，與婆羅門爲鄰國，而相去猶三千餘里，南接吐蕃，西北至疏勒二千餘里。

晉天福三年，于闐國王李聖天遣使者馬繼榮來貢紅鹽、鬱金、氂牛尾、玉、氍等。是歲冬十二月，匡鄴等自靈州行二歲至于闐，至七年冬乃還。而居誨頗記其往復所見山川諸國，而不能道聖天世次也。

居誨記曰：「自靈州過黃河，行三十里，始涉沙入党項界，曰細腰沙、神點沙[三]。至三公沙，宿月支都督帳。自此沙行四百餘里，至黑堡沙，沙尤廣，遂登沙嶺。沙嶺，党項牙也，其酉曰捻崖天子。渡白亭河至涼州，自涼州西行五百里至甘州。甘州，回鶻牙也。其南，山百餘里，漢小月支之故地也，有別族號鹿角山沙陀，云朱耶氏之遺族也。自甘州西，始涉磧，磧無水，載水以行。甘州人教晉使者作馬蹄木澀，木澀四竅，馬蹄亦鑿四竅而綴之，駝蹄則包以氂皮乃可行。西北五百里至肅州，渡金河，西百里出天門關，又西百里出玉門關，經吐蕃界。吐蕃男子冠中國帽，婦人辮髮，戴瑟瑟珠，云珠之好者，一珠易一良

馬。西至瓜州、沙州,二州多中國人,聞晉使者來,其刺史曹元深等郊迎,問使者天子起居。瓜州南十里鳴沙山,云冬夏殷殷有聲如雷,云三危山也。又東南十里三危山,云三苗之所竄也。其西,渡都鄉河曰陽關。沙州西曰仲雲族[四],其牙帳居胡盧磧。胡盧磧,漢明帝時征匈奴,屯田於吾盧,蓋其地也。其人勇而好戰,瓜、沙之人皆憚之。匡鄴等西行入仲雲界,至地無水而嘗寒多雪,每天暖雪銷,乃得水。又,渡陷河,伐檉置水中乃於吾盧,蓋其地也。其西,渡都鄉河曰陽關。沙州西曰仲雲族[四],其牙帳居胡盧磧。胡盧磧,漢明帝時征匈奴,屯田大屯城,仲雲遣宰相四人,都督三十七人候晉使者,匡鄴等以詔書慰諭之,皆東向拜。自仲雲界西,始涉醶磧,無水,掘地得濕沙,人置之胸以止渴。又,渡陷河,伐檉置水中乃渡,不然則陷。又,西,至紺州,于闐所置也,在沙州西南,云去京師九千五百里矣。又行二日至安軍州,遂至于闐。聖天衣冠如中國,其殿皆東向,曰金冊殿,有樓曰七鳳樓。以蒲桃爲酒,又有紫酒、青酒,不知其所釀,而味尤美。其食,粳沃以蜜,粟沃以酪。其衣,布帛。有園圃花木。俗喜鬼神而好佛。聖天居處,嘗以紫衣僧五十人列侍,其年號同慶二十九年。其國東南曰銀州、盧州、湄州,其南千三百里曰玉州,云漢張騫所窮河源出于闐,而山多玉者,此山也。其河源所出,至于闐分爲三:東曰白玉河,西曰綠玉河,又西曰烏玉河。三河皆有玉而色異,每歲秋水涸,國王撈玉于河,然後國人得撈玉。」

自靈州渡黃河至于闐,往往見吐蕃族帳,而于闐常與吐蕃相攻劫。匡鄴等至于闐,聖

天頗責誚之，以邀誓約，匡鄴等還，聖天又遣都督劉再昇獻玉千斤及玉印、降魔杵等。漢乾祐元年，又遣使者王知鐸來。

高麗，本扶餘之別種也〔二五〕。其國地、君世見於唐，比佗夷狄有姓氏，而其官號略可曉其義。當唐之末，其王姓高氏。同光元年〔二六〕，遣使廣評侍郎韓申一、副使春部少卿朴巖來，而其國王姓名，史失不紀。至長興三年，權知國事王建遣使者來，明宗乃拜建玄菟州都督、充大義軍使，封高麗國王。建，高麗大族也。開運二年，建卒，子武立。乾祐四年，武卒，子昭立。王氏三世，終五代常來朝貢，其立也必請命中國，中國常優答之。其地產銅、銀，周世宗時，遣尚書水部員外郎韓彥卿以帛數千匹市銅於高麗以鑄錢。六年，昭遣使者貢黃銅五萬斤。高麗俗知文字，喜讀書，昭進別敘孝經一卷、越王孝經新義八卷、皇靈孝經一卷、孝經雌圖一卷〔二七〕。別敘，敘孔子所生及弟子事迹；越王新義，以「越王」爲問目〔二八〕，若今「正義」；皇靈，述延年辟穀〔二九〕；雌圖，載日食、星變。皆不經之説。

渤海，本號靺鞨，高麗之別種也。唐高宗滅高麗，徙其人散處中國，置安東都護府於平壤以統治之。武后時，契丹攻北邊，高麗別種大乞乞仲象與靺鞨酋長乞四比羽走遼東，分王高麗故地，武后遣將擊殺乞四比羽，而乞乞仲象亦病死。仲象子祚榮立，因并有比羽之衆，其衆四十萬人，據挹婁，臣于唐。至中宗時，置忽汗州，以祚榮爲都督，封渤海郡王，其後世遂號渤海，其貴族姓大氏。開平元年，國王大諲譔遣使者來，訖顯德常來朝貢。其國土物產，與高麗同。諲譔世次、立卒，史失其紀。

新羅，弁韓之遺種也。其國地、君世、物俗見於唐。其大族曰金氏、朴氏，自唐高祖時封金眞爲樂浪郡王，其後世常爲君長。同光元年，新羅國王金朴英遣使者來朝貢。長興四年，權知國事金溥遣使來。朴英、溥世次、卒立，史皆失其紀。自晉已後不復至。

黑水靺鞨，本號勿吉。當後魏時見中國。其國東至海，南界高麗，西接突厥，北鄰室韋，蓋肅慎氏之地也。其衆分爲數十部，而黑水靺鞨最處其北，尤勁悍，無文字之記。其

兵、角弓、楛矢。同光二年，黑水兀兒遣使者來，其後常來朝貢，自登州泛海出青州。明年，黑水胡獨鹿亦遣使來。兀兒、胡獨鹿若其兩部酋長，各以使來。而其部族、世次、立卒，史皆失其紀。至長興三年，胡獨鹿卒，子桃李花立，嘗請命中國，後遂不復見云。

南詔蠻，見於唐。其國在漢故永昌郡之東、姚州之西。僖宗幸蜀，募能使南詔者，得宗室子李龜年及徐雲[三○]、虎姪藹，乃以龜年爲使，虎爲副，藹爲判官，使南詔。南詔所居曰苴咩城，龜年等不至苴咩，得其要約與唐爲甥舅。僖宗許以安化公主妻之，南詔大喜，遣人隨龜年求公主，已而黃巢敗，收復長安，僖宗東還乃止。

同光三年，魏王繼岌及郭崇韜等破蜀，得王衍時所俘南詔蠻數十人，又得徐藹，自言嘗使南詔，乃矯詔還其所俘，遣藹等持金帛招撫南詔，諭以威德，南詔不納。至明宗時，巂州山後兩林百蠻都鬼主、右武衛大將軍李卑晚，遣大鬼主傅能何華來朝貢[三一]，明宗拜卑晚寧遠將軍，又以大渡河南山前邛州六姓都鬼主[三二]，懷安郡王勿鄧摽莎爲定遠將軍。明年，遣左金吾衛將軍烏昭遠爲入蠻國信使[三三]，昭遠不能達而還。

牂牁蠻,在辰州西千五百里〔三〕,以耕植爲生,而無城郭聚落,有所攻擊,則相屯聚。刻木爲契。其首領姓謝氏,其名見於唐。至天成二年嘗一至,其使者曰清州八郡刺史宋朝化,冠帶如中國,貢草豆蔻二萬箇、朱砂五百兩、蠟二百斤。

附牂牁以來。

昆明,在黔州西南三千里外,地産羊馬。其人椎髻、跣足、披氈,其首領披虎皮。天成二年嘗一至,其首領號昆明大鬼主、羅殿王、普露靜王九部落,各遣使者來,使者號若土,

占城,在西南海上。其地方千里,東至海,西至雲南,南鄰真臘,北抵驩州。其人俗與大食同。其乘、象、馬;其食,稻米、水兕、山羊。鳥獸之奇,犀、孔雀。自前世未嘗通中國。顯德五年,其國王因德漫遣使者莆訶散來,貢猛火油八十四瓶、薔薇水十五瓶,其表以貝多葉書之,以香木爲函。猛火油以灑物,得水則出火。薔薇水,云得自西域,以灑衣,

雖敝而香不滅。

五代，四夷見中國者，遠不過于闐、占城。史之所紀，其西北頗詳，而東南尤略，蓋其遠而罕至，且不爲中國利害云。

校勘記

（一）幽州之西北　「西北」，原作「西南」，據通鑑卷二六六胡注引歐史改。按通鑑胡注引宋白稱奚「西南去幽州九百里」，五代會要卷二八作「南去幽州九百里」。

（二）五曰黑訖支部　「黑訖支部」，通鑑卷二六六胡注引歐史同，宋丙本、宗文本作「墨訖支部」。

（三）後爲奚契丹所攻　「奚」字原闕，據宗文本補。按通鑑卷二五三胡注引宋白曰：「奚、契丹漸盛，多爲攻劫。」建炎以來朝野雜記乙集卷一九亦云其爲「奚契丹所攻」。

（四）其別部散居陰山者　「其」字原闕，據宗文本補。

（五）南界春桑　「春桑」，原作「春桑」，據宋丙本、舊唐書卷一九八党項羌傳、新唐書卷二二一党項傳、通典卷一九〇、唐會要卷九八、五代會要卷二九改。

（六）折氏　五代會要卷二九作「析利氏」，舊唐書卷一九八党項羌傳、新唐書卷二二一党項傳、宋

〔七〕野利氏　舊唐書卷一九八黨項羌傳、新唐書卷二二一黨項傳、通典卷一九〇、唐會要卷九八、通鑑卷一九三、太平寰宇記卷一八四作「野辭氏」。五代會要卷二九、通鑑卷一九三、太平寰宇記卷一八四作「往利氏」。

〔八〕及其大首領連香李八薩王都統悉那埋摩侍御乞埋嵬悉逋等族　「等族」其事作「六人」，册府卷三九八敍其事作「六十人」。

〔九〕喜玉　五代會要卷二九作「喜王」。

〔一〇〕張義朝　舊唐書卷一八下宣宗紀、新唐書卷八宣宗紀、卷二一六下吐蕃傳、通鑑卷二四九、唐會要卷七一作「張義潮」。敦煌文書伯三六二〇卷末題末年三月廿五日學生張議潮寫，按此卷係張議潮自書。本卷下一處同。

〔一一〕吳繼勳　舊五代史卷一三八吐蕃傳作「吳繼興」。

〔一二〕是時天福七年明年自焚於天福六年二月。又據舊五代史卷八〇晉高祖紀六、晉高祖紀六，晉高祖崩於天福七年六月。舊五代史卷八〇晉高祖紀六、册府卷九八〇、通鑑卷二八二皆繫李文謙奏薦押蕃副使崔虎心「押蕃副使」原作「押衙副使」，據宋內本改。五代會要卷三〇作「押番副使」。

〔一三〕陽妃谷首領沈念般等及中國留人子孫王廷翰溫崇樂劉少英爲將吏　「王廷翰」、「溫崇樂」，

新五代史卷七十四

〔五〕又自安國鎮至涼州 「鎮」字原闕，「王庭瀚」、「温崇業」。

册府卷一七〇作 據宗文本、舊五代史卷一三八吐蕃傳、五代會要卷二九、册府卷一七〇補。

〔六〕元恭爲瓜州團練使 「元恭」，舊五代史卷一三八吐蕃傳、册府卷一七〇同，續資治通鑑長編卷三：「（建隆三年正月丙子加……元忠子延敬爲瓜州防禦使，賜名延恭。」按敦煌榆林窟第七窟供養人題記，莫高窟第四百四十四窟供養人題記，又第四百五十四窟供養人題記及伯三八二七、伯三六六〇太平興國四年四月曹延禄牒作「延恭」。延恭有弟名延禄，兄弟名皆有「延」字。

〔七〕鄭績 舊五代史卷一三八回鶻傳作「鄭績」，五代會要卷二八作「鄭質」。

〔八〕安千想 本書卷五唐本紀、五代會要（四庫本）卷二八同，舊五代史卷一三八回鶻傳、五代會要卷二八作「安千」。

〔九〕天成二年 本書卷六唐本紀、舊五代史卷一三八回鶻傳、五代會要卷二八、册府卷九七二皆繫其事於天成三年。

〔一〇〕犛牛 「牛」字原闕，據宋内本、宗文本、文獻通考卷三四七補。

〔一一〕其所賣寶玉皆鬻縣官 「鬻」，原作「屬」，據宋内本、宗文本、文獻通考卷三四七改。舊五代史卷一三八回鶻傳叙其事作「其所有寶貨者皆鬻之入官」。

〔一三〕高居誨　重修政和經史證類備用本草卷三引蘇頌本草圖經、遊宦紀聞卷五、演繁露卷一、宋史卷二〇四藝文志三作「平居誨」。

〔一四〕神點沙　宋丙本、書蔡氏傳旁通卷二引五代史、文獻通考卷三三七作「神樹沙」。

〔一五〕沙州西日仲雲族　「族」字原闕，據宋丙本、宗文本、文獻通考卷三三七補。

〔一六〕本扶餘之別種也　「扶餘」下原有「人」字，據宗文本、舊五代史卷一三八高麗傳、五代會要卷三〇刪。

〔一七〕孝經雌圖一卷　「一卷」，舊五代史卷一二〇周恭帝紀、五代會要卷三〇、册府卷九七二作「三卷」。

〔一八〕同光元年　五代會要卷三〇繫其事於同光三年。按本書卷五唐本紀、舊五代史卷三三唐莊宗紀三皆記同光三年有高麗使來。

〔一九〕以越王爲問目　「越王」二字原闕，據宗文本、五代會要卷三〇、文獻通考卷三三五補。

〔二〇〕述延年辟穀　「辟穀」，五代會要卷三〇、文獻通考卷三三五作「避災」。

〔二一〕徐虎　册府卷三九七作「徐虔」。本卷下文同。

〔二二〕傅能何華　本書卷六唐本紀同，舊五代史卷三七唐明宗紀三、册府卷九六二、卷九七二作「傳能阿花」，五代會要卷三〇作「傅能阿花」。

〔二一〕又以大渡河南山前邛州六姓都鬼主 「邛」，原作「印」，據宋丙本、舊五代史卷三七唐明宗紀三、五代會要卷三〇改。「州」，舊五代史卷三七唐明宗紀三、五代會要卷三〇作「川」。

〔二二〕烏昭遠 原作「馬昭遠」，據宋丙本、舊五代史卷三八唐明宗紀四、五代會要卷三〇、冊府卷六六二改。

〔二三〕在辰州西千五百里 五代會要卷三〇敍其事作「東至辰州二千四百里，南至交州一千五百里」，舊唐書卷一九七南蠻傳、新唐書卷二二二南蠻傳下、宋史卷四九六西南諸夷傳略同。

附録

五代史記序　建安陳師錫

孟子曰：「三代之得天下也以仁，其失天下也以不仁。」自生民已來，一治一亂，旋相消長，未有去仁而興，積仁而亡者。甚哉五代不仁之極也！其禍敗之復，殄滅剝喪之威，亦其效耳。夫國之所以存者以有民，民之所以生者以有君。方是時，上之人以慘烈自任，刑戮相高，兵革不休，夷滅構禍，置君猶易吏，變國若傳舍。生民膏血塗草野，骸骼暴原隰。君民相際如髦蠻草木，幾何其不胥為夷也！逮皇天悔禍，真人出寧，易暴以仁，轉禍以德，民咸保其首領，收其族屬，各正性命，豈非天邪？方夷夏相蹂，兵連亂結，非無忠良豪傑之士竭謀單智以緩民之死，乃堙沒而無聞矣。否閉極而泰道升，聖人作而萬物覩，指揮中原，兵不頓刃，向之滔天巨猾，搖毒煽禍以害斯人者，蹈鼎鑊斧鑕之不暇，豈非人邪？天與人相為表裏，和同於無間。聖人知天之所助、人之所歸、國之所恃以為固者，仁而已。非特三代然也，堯舜之盛、唐漢之興、秦隋之暴、魏晉之亡、南北之亂，莫不由此也。五代

鉅今百有餘年,故老遺俗往往垂絕,無能道說者。史官秉筆之士,或文采不足以耀無窮,道學不足以繼述作,使五十有餘年間廢興存亡之迹、姦臣賊子之罪、忠臣義士之節不傳於後世,來者無所攷焉。惟廬陵歐陽公慨然以此自任,蓋潛心累年而後成書,其事迹實錄詳於舊記,而褒貶義例仰師春秋,由遷固而來,未之有也。至於論朋黨宦女、忠孝兩全、義子降服,豈小補哉,豈小補哉!

宋甲本題跋

章　鈺　傅增湘

壬戌十二月，自津來京。二十三日，沅叔同年招游藏園，并集同好五舉祭書之典。是年沅叔所得爲北宋本五代史記十二卷、北宋本唐百家詩選、宋本義豐集一卷、宋巾箱本四朝名臣言行錄二卷、宋本揚子法言十卷、宋本太玄經一卷、宋本播芳大全文粹四卷、宋本尚書注疏二十卷、元本遼史一百十六卷、元本蒲道源閒居叢稿十三卷、元本道園類稿五十卷、明藏本墨子十五卷，尤爲銘心絕品。墨緣書福，歲益光大，敬書歐史卷端，以志盛集。

長洲章鈺記。

汾陽王式通、仁和吳昌綬同觀。

是日同集者，嘉定徐禎祥、長白彥慧、蕭山朱文鈞、吳興徐鴻寶、吳江沈兆奎、豐潤張允亮。期而不至者，仁和王克敏、豐潤張恂。年年與祭而以歲暮歸者，江寧鄧邦述也。

祭書方畢，書友魏經腴又持歐史序目一卷來，以百番易之。「厚價收書不似貧」，殆爲我詠矣。傅增湘附記。

百衲本跋

張元濟

此宋刊五代史記，朗、匡、貞、徵、戍、讓、煦、慎、敦皆闕末筆，卷十八漢家人傳後有「慶元五年魯曾三異校定」一行，當爲寧宗時刊本。此爲建陽坊刻，書中時有訛奪，然佳處正復不少。宋吳縝五代史纂誤於是書糾摘綦詳，如唐明宗紀贊：「其即位時，春秋已高，不邇聲色，不樂遊畋，在位十年」，謂「明宗在位止七年七月，可強名八年，以爲十年則誤」。此本固作「七年」。唐家人皇后劉氏傳：「同光二年四月己卯，皇帝御文明殿，遣使册劉氏爲皇后」，謂「按莊宗紀，乃是同光二年二月癸未立皇后劉氏，與此不同，未知孰是」。此本固作「同光二年癸未」，但脱去「二月」二字。周臣傳贊：「治君之用，能置賢知於近」，謂「按上下文意，此『治君之用』當是『治國之君』傳寫之誤爾」。此本固作「治國之君」。義兒李存孝傳：「求救于幽州李斥威，斥威兵至」，謂「按王鎔傳，乃是李匡威，作『斥』則非」。此本固作「匡威」。是可見此所從出之本勝於吳氏所見。如謂曾氏據纂誤改正，則吳氏所舉甚多，何僅取此數條耶？

他如唐莊宗紀下：「降於李嗣源，嗣源入於汴州」，不脱下「嗣源」二字。晉出帝紀：

「如京使李仁廓使於契丹」,「如京」下無「師」字。梁家人皇后張氏傳:「天祐元年,后以疾卒」,「天祐」不誤「天福」。晉家人高祖諸子傳:「重胤鄴王」,不誤「鄭王」。宦者傳:「漢瓊西迎廢帝於路」,「路」不誤「潞」。職方考:「秦成階鳳四州均蜀有」,不誤「漢有」。南漢劉鋹世家:「鋹喜曰『昭桂連賀,本屬湖南。』」「昭桂」不誤「韶桂」。皆與吳蘭庭五代史記纂誤補所訂正者合。

又周太祖紀:「請立武寧軍節度使贇爲嗣」,「武寧」不誤「泰寧」。唐家人皇后劉氏傳:「後嫁契丹突欲李贊華」,「突欲」不誤「突厥」。康福傳:「乃拜福涼州刺史、朔方河西軍節度使」,「刺史」下不脫「朔方」二字。張彥澤傳:「敗契丹於泰州」,不誤「秦州」。顯德三年司天考二:「天福五年十一月丁丑,月有食之。開運元年三月戊子,月有食之。十二月癸酉,月有食之」,均不誤「日食」。閩王審知世家:「定州梁有。」「義武」,不誤「義成」。南唐李景世家:「始改名景」,不誤「璟」。

又梁太祖紀一:「天子復位」,不誤「復立」。紀二:「赦流罪以下囚」,「以下」因」。梁末帝紀:「劉鄩爲兗州安撫制置使以討之」,「制置」下不脫「使」字。唐家人太祖諸子傳:「以兵圍其第而誅之」,不誤「族之」。郭崇韜傳:「彥章圍之」,不誤「圖之」。蘇

逢吉傳:「獄上中書」,不誤「獄中上書」。楚馬希範世家:「開府承制」,不誤「開封」。皆與王鳴盛十七史商榷所訂正者合。

此外尚有武英殿本及各本之訛誤,前人皆未覺察,亦賴有此本始得考見者。如梁太祖紀二注:「克丹州,無主將姓名」,不脫「克」字。按若無「克」字,則似謂丹州無主將姓名,而正文之「首惡王行思」爲不可通矣。周世宗紀:「殺左羽林大將軍孟漢卿」,不誤「漢瓊」。按舊五代史本紀亦作「漢卿」,又武英殿本考證:「監本脫『瓊』字,今增正。」是則此「瓊」字爲館臣所增。又「及見淤口關,止置寨」,不誤「上置」。按世宗下三關,今增正。益津二關皆建爲州,惟淤口關則但置寨,故以作「止」爲是。郭崇韜傳:「梁兵日掠澶、相、取黎陽、衞州」,不脫「取」字。按本書梁末帝紀:「龍德二年八月,段凝攻衞州,執其刺史李存儒」,舊五代史梁末帝紀下:「龍德二年八月,段凝、張朗攻衞州,下之」,蓋衞州本屬唐,此時爲梁所奪,故當有「取」字。周德威傳:「以功遷衞内指揮使」,袁建豐傳:「明宗爲衞内指揮使」,義兒李嗣昭傳:「爲衞内指揮使」,均不誤「内衞」。按唐末至宋初,各鎮將多以親子弟爲衞内官,宋代尚有「某衞内」之稱,其明證也。張延朗傳:「以租庸吏爲鄆州糧料使」,不作「租庸使」。按下文「梁興,始置租庸使,領天下錢穀」,是租庸吏爲掌度支最高之職,似無降爲鄆州糧料使之理,則當以「租庸吏」爲是。張敬達傳:「自雁門入,

旌旗相屬五十餘里」「五十」不誤「五千」。按此爲契丹救太原之師，由雁門至太原，安得有五千里之遥？又按四夷附録一：「九月，契丹出雁門，車騎連亘數十里，將至太原」，知不當作「五千」矣。李罕之傳：「遣子顥送于梁以乞兵」不作「遣子顥」。按下文罕之子名顥者，早留於晉，罕之背晉歸梁，晉王幾欲殺顥，非顥無疑。

袁象先傳：「末帝即遣人之魏州，以謀告楊師厚，師厚遣裨將王舜賢至洛陽」，疊見「師厚」二字。按如不疊見，則似末帝徑自遣王舜賢至洛陽矣。史圭傳：「契丹滅晉，留蕭翰守汴，翰又棄去」，不脱下「翰」字。按如無下「翰」字，則似契丹將汴棄去矣。

「爲寧晉樂壽縣令」，不誤「晉寧」。按寧晉與樂壽在唐時同屬河北道，地望相近。新唐書昆州有縣四，晉寧居其一，然昆州在蠻州之列，隸戎州都督府，且舊唐書又作「普寧」，則作「晉寧」者非矣。南平高季興世家：「季興因請夔忠等州爲屬郡」「屬」不誤「蜀」。按「屬郡」謂以夔忠等州爲已所屬之郡也，作「蜀」者非。南漢世家篇末注：「皇朝開寶四年」，不誤「宋開寶」。東漢劉承鈞世家：「太祖皇帝嘗因界上諜者」，繼元世家：「太祖皇帝以詔書招繼元出降」，又「太祖皇帝命引汾水浸其城」，又「太宗皇帝御城北高臺受降」，均不脱「皇帝」二字。此蓋未經後人删改，猶足考見歐、徐原文。以上諸條，僅及一二，其他疵纇，殆不勝舉，他日當别爲詳録，以資考證。

卷首序目原有闕葉,改用北宋殘本。卷三十五第九葉,卷五十九第九葉,卷六十第三、四葉,卷六十二第四葉,卷七十四第六至十七葉均寫補,附識於此。海鹽張元濟。

主要參考文獻

一

五代史記七十四卷,百衲本二十四史影印元覆宋慶元五年建刊曾三異校訂本,商務印書館,一九三七年。

五代史記卷一至一四,南宋初撫州刊本,中國國家圖書館藏。

五代史記卷四三至四五、卷四八至五〇,南宋刊宋元遞修本,北京大學圖書館藏。

五代史記卷七十四,南宋初浙江刊宋修本(有補鈔),臺北「國家圖書館」藏。

五代史記卷七十四,中華再造善本影印元宗文書院刻明修本,北京圖書館出版社,二〇〇六年。

五代史記七十四卷,明萬曆四年南京國子監刊本,中華書局圖書館藏。

五代史記七十四卷,明萬曆二十八年北京國子監刊本,中華書局圖書館藏。

二

十三經注疏，清阮元校刻，中華書局，一九八〇年。
書蔡氏傳旁通，元陳師凱撰，日本內閣文庫藏元至正五年余氏勤有堂刊本。
後漢書，南朝宋范曄撰，唐李賢等注，中華書局，一九六五年。
晉書，唐房玄齡等撰，中華書局，一九七四年。
舊唐書，後晉劉昫等撰，中華書局，一九七五年。
新唐書，宋歐陽脩、宋祁撰，中華書局，一九七五年。
舊五代史，宋薛居正等撰，中華書局，一九七六年。
宋史，元脫脫等撰，中華書局，一九七七年。
東都事略，宋王稱撰，「中央圖書館」善本叢刊，一九九一年。
遼史，元脫脫等撰，中華書局，一九七四年。
資治通鑑，宋司馬光編著，元胡三省音注，中華書局，一九五六年。

主要參考文獻

資治通鑑考異，宋司馬光撰，中華再造善本影印宋紹興二年兩浙東路茶鹽司公使庫刻宋元遞修本，北京圖書館出版社，二〇〇三年。

通鑑釋文辯誤，元胡三省撰，中華再造善本影印元刻本，北京圖書館出版社，二〇〇五年。

續資治通鑑長編，宋李燾撰，中華書局，一九九二年。

通曆，唐馬總等編，山西人民出版社，一九九二年。

五代史補，宋陶岳撰，五代史書彙編，杭州出版社，二〇〇四年。

九國志，宋路振撰，五代史書彙編，杭州出版社，二〇〇四年。

五國故事，宋佚名撰，五代史書彙編，杭州出版社，二〇〇四年。

吳越備史，宋錢儼撰，五代史書彙編，杭州出版社，二〇〇四年。

吳越備史，宋錢儼撰，四部叢刊（續編）景印吳枚菴手鈔本，商務印書館，一九三四年。

蜀檮杌校箋，宋張唐英撰，王文才、王炎校箋，巴蜀書社，一九九九年。

太平治迹統類，宋彭百川撰，景印文淵閣四庫全書本，臺灣商務印書館，一九八六年。

隆平集校證，宋曾鞏撰，王瑞來校證，中華書局，二〇一二年。

南唐書，宋馬令撰，五代史書彙編，杭州出版社，二〇〇四年。

契丹國志，題宋葉隆禮撰，中華書局，二〇一四年。

主要參考文獻

安南志略，越黎崱撰，中華書局，二〇〇〇年。

十國春秋，清吳任臣撰，中華書局，一九八三年。

敬鄉錄，元吳師道撰，叢書集成續編影印適園叢書本，新文豐出版公司，一九八九年。

諸史提要，宋錢端禮撰，中華再造善本影印宋乾道間紹興府學刻本，北京圖書館出版社，二〇〇三年。

京本增修五代史詳節，題宋呂祖謙輯，中華再造善本影印宋刻本，北京圖書館出版社，二〇〇六年。

太平寰宇記，宋樂史撰，中華書局，二〇〇七年。

元豐九域志，宋王存撰，中華書局，一九八四年。

輿地紀勝，宋王象之撰，中華書局，一九九二年。

通典，唐杜佑撰，中華書局，一九八八年。

唐會要，宋王溥撰，上海古籍出版社，二〇〇六年。

五代會要，宋王溥撰，上海古籍出版社，二〇〇六年。

五代會要，宋王溥撰，景印文淵閣四庫全書本，臺灣商務印書館，一九八六年。

宋會要輯稿，清徐松輯，上海古籍出版社，二〇一四年。

主要參考文獻

宋朝事實，宋李攸撰，中華書局，一九五五年。

建炎以來朝野雜記，宋李心傳撰，中華書局，二〇〇〇年。

文獻通考，元馬端臨撰，中華書局，二〇一一年。

郡齋讀書志校證，宋晁公武撰，孫猛校證，上海古籍出版社，一九九〇年。

鄭堂讀書記，清周中孚著，上海書店出版社，二〇〇八年。

金石萃編，清王昶撰，中國書店，一九八五年。

山右石刻叢編，清胡聘之編，山西人民出版社，一九八八年。

石刻史料新編第一輯，新文豐出版公司，一九七七年。

千唐誌齋藏誌，文物出版社，一九八四年。

北京圖書館藏中國歷代石刻拓本匯編，中州古籍出版社，一九八九年。

隋唐五代墓誌匯編，天津古籍出版社，一九九一年。

新中國出土墓誌河北壹，文物出版社，二〇〇四年。

河洛墓刻拾零，趙君平、趙文成編，北京圖書館出版社，二〇〇七年。

大唐西市博物館藏墓誌，胡戟、榮新江編，北京大學出版社，二〇一二年。

成都出土歷代墓銘券文圖錄綜釋，文物出版社，二〇一二年。

主要參考文獻

山西碑碣,山西人民出版社,一九九七年。

晉陽古刻選隋唐五代墓誌卷,文物出版社,二〇一三年。

五代王處直墓,文物出版社,一九九八年。

五代馮暉墓,重慶出版社,二〇〇一年。

五代李茂貞夫婦墓,科學出版社,二〇〇八年。

五代墓誌彙考,周阿根著,黃山書社,二〇一二年。

五代閩國劉華墓發掘報告,文物一九七五年第一期。

唐重修内侍省碑出土記,保全撰,考古與文物一九八三年第四期。

唐末五代閩王王審知夫婦墓清理簡報,鄭國珍撰,文物一九九一年第五期。

後晉石重貴石延煦墓誌銘考,都興智、田立坤撰,文物二〇〇四年第十一期。

法藏敦煌西域文獻,上海古籍出版社,二〇〇四年。

敦煌莫高窟供養人題記,敦煌研究院編,文物出版社,一九八六年。

中國藏西夏文獻,史金波、陳育寧等編,甘肅人民出版社、敦煌文藝出版社,二〇〇五年。

重修政和經史證類備用本草,宋唐慎微撰,宋寇宗奭衍義,中華再造善本影印蒙古定宗四

年張存惠晦明軒刻本，北京圖書館出版社，二〇〇四年。

北夢瑣言，宋孫光憲撰，中華書局，二〇〇二年。

夢溪筆談校證，宋沈括撰，胡道靜校證，上海人民出版社，二〇一一年。

文昌雜錄，宋龐元英撰，全宋筆記第二編，大象出版社，二〇〇六年。

遊宦紀聞，宋張世南撰，中華書局，一九八一年。

邵氏聞見錄，宋邵伯溫撰，中華書局，一九八三年。

容齋隨筆，宋洪邁撰，中華書局，二〇〇五年。

演繁露，宋程大昌撰，全宋筆記第四編，大象出版社，二〇〇八年。

西溪叢語，宋姚寬撰，中華書局，一九九三年。

困學紀聞，宋王應麟撰，清翁元圻等注，上海古籍出版社，二〇〇八年。

太平廣記，宋李昉等撰，中華書局，一九六一年。

元和姓纂（附四校記），唐林寶撰，岑仲勉校記，郁賢皓、陶敏整理，孫望審訂，中華書局，一九九四年。

太平御覽，宋李昉等編，中華書局，一九六〇年。

宋本册府元龜，宋王欽若等編，中華書局，一九八九年。

册府元龜，宋王欽若等編，中華書局，一九六〇年。

類要，宋晏殊撰，四庫存目叢書影印西安文管會藏舊鈔本，齊魯書社，一九九七年。

錦繡萬花谷，宋佚名撰，北京圖書館古籍珍本叢刊影印宋刻本，北京圖書館出版社，一九八九年。

記纂淵海，宋潘自牧撰，中華再造善本影印宋刊本，北京圖書館出版社，二〇〇四年。

名賢氏族言行類稿，宋章定撰，景印文淵閣四庫全書本，臺灣商務印書館，一九八六年。

玉海，宋王應麟纂，江蘇古籍出版社、上海書店，一九八七年。

小字錄，宋陳思撰，四部叢刊（三編）影印鐵琴銅劍樓藏明活字本，商務印書館，一九三五年。

永樂大典，明解縉等編，中華書局，一九八六年。

海外新發現永樂大典十七卷，上海辭書出版社，二〇〇三年。

白氏長慶集，唐白居易著，四部叢刊（初編）景日本翻宋大字本，商務印書館，一九二九年。

徐公文集，宋徐鉉著，四部叢刊（初編）景黃丕烈校宋本，商務印書館，一九二九年。

景文集，宋宋祁著，景印文淵閣四庫全書本，臺灣商務印書館，一九八六年。

歐陽文忠公文集，宋歐陽脩著，四部叢刊（初編）景元刊本，商務印書館，一九二九年。

歐陽脩集編年箋注，宋歐陽脩著，李之亮箋注，巴蜀書社，二〇〇七年。

經進東坡文集事略，宋蘇軾撰，宋郎曄注，四部叢刊（初編）景宋本，商務印書館，一九二九年。

雞肋集，宋晁補之著，四部叢刊（初編）景明本，商務印書館，一九二九年。

文忠集，宋周必大著，景印文淵閣四庫全書本，臺灣商務印書館，一九八六年。

公是集，宋劉敞撰，宋集珍本叢刊影印清光緒覆刻聚珍本，綫裝書局，二〇〇四年。

癸巳存稿，清俞正燮著，續修四庫全書影印連筠簃叢書本，上海古籍出版社，二〇〇二年。

全唐文，清董誥等編，中華書局，一九八三年。

三

五代史纂誤，宋吳縝撰，知不足齋叢書，中華書局，一九九〇年。

五代史記纂誤補，清吳蘭庭撰，續修四庫全書影印清嘉慶八年刻本，上海古籍出版社，二〇〇二年。

主要參考文獻

欽定四庫全書考證，清王太岳等編，書目文獻出版社，一九九一年。

五代史記纂誤補續，清周壽昌撰，續修四庫全書影印清光緒八年刻本，上海古籍出版社，二〇〇二年。

五代史記纂誤續補，清吳光耀撰，續修四庫全書影印清光緒十四年刻本，上海古籍出版社，二〇〇二年。

五代史校勘記，清劉光蕡著，二十四史訂補，書目文獻出版社，一九九六年。

柴德賡點校新五代史，宋歐陽脩撰，柴德賡點校，商務印書館，二〇一四年。

舊五代史考異，清邵晉涵撰，續修四庫全書影印清面水層軒鈔本，上海古籍出版社，二〇〇二年。

舊五代史新輯會證，陳尚君輯纂，復旦大學出版社，二〇〇五年。

二十五史補編，中華書局，一九五五年。

廿二史考異，清錢大昕撰，上海古籍出版社，二〇〇四年。

潛研堂金石文跋尾，清錢大昕撰，續修四庫全書影印清嘉慶十年刻本，上海古籍出版社，

十七史商榷，清王鳴盛撰，上海書店出版社，二〇〇五年。

主要參考文獻

廿二史劄記校證（訂補本），清趙翼撰，王樹民校證，中華書局，二〇〇一年。

十七史疑年錄，牛繼清、張林祥著，黃山書社，二〇〇七年。

新唐書宰相世系表集校，趙超著，中華書局，一九九八年。

唐方鎮年表，吳廷燮編，中華書局，一九八〇年。

五代十國方鎮年表，朱玉龍編，中華書局，一九九七年。

諸史天象記錄考證，劉次沅著，中華書局，二〇一五年。

兩浙史事叢稿，徐映璞著，浙江古籍出版社，一九八八年。

溪州銅柱及其銘文考辨，彭武文著，岳麓書社，一九九四年。

新五代史四夷附錄標點辨誤一則，婁雨亭著，中國歷史地理論叢一九八九年第二期。

新五代史勘誤一則，劉橋著，中國史研究二〇一四年第二期。

藏園群書經眼錄，傅增湘著，中華書局，一九八三年。

阿部隆一遺稿集第一卷，日阿部隆一著，汲古書院，一九九三年。

正史の宋元版研究，日尾崎康著，汲古書院，一九八九年。

涉園所見宋版書影文祿堂書影宋元書式，徐蜀編，北京圖書館出版社，二〇〇三年。

文祿堂訪書記，王文進著，上海古籍出版社，二〇〇七年。

主要參考文獻

中國古籍善本書目史部,上海古籍出版社,一九九三年。

中國歷史地圖集,譚其驤主編,中國地圖出版社,一九九六年。

中國行政區劃通史五代十國卷,李曉杰著,復旦大學出版社,二〇一四年。

二十史朔閏表,陳垣編,中華書局,一九六二年。

中國史曆日和中西曆日對照表,方詩銘、方小芬編著,上海辭書出版社,一九八七年。

經史避名彙考,清周廣業撰,北京圖書館出版社,一九九九年。

歷代避諱字彙典,王彥坤編著,中華書局,二〇〇九年。

點校本二十四史及清史稿修訂工程組織機構

總　修　纂　　任繼愈

學術顧問

王元化　王永興　王鍾翰　何茲全　季羨林　馮其庸　蔡尚思

戴　逸　饒宗頤

（以姓氏筆畫爲序）

修纂委員會

丁福林　王小盾　王　素　朱　雷　吴玉貴　吴金華　吴麗娱

汪桂海　辛德勇　周天游　武秀成　孟彦弘　南炳文　施新榮

烏　蘭　凍國棟　陳尚君　陳高華　徐　俊　張　帆　張金龍

程妮娜　景蜀慧　趙生群　裴汝誠　鄭小容　劉次沅　劉浦江

戴建國　羅　新

（以姓氏筆畫爲序）

審定委員會

王天有　王文楚　王春瑜　王　堯　王曾瑜　王繼如　白化文

田餘慶　安平秋　安作璋　何英芳　何齡修　吳宗國　吳榮曾

宋德金　李學勤　周良霄　周振鶴　周祖謨　周清澍　周偉洲　來新夏

祝總斌　陳允吉　陳祖武　陳智超　袁行霈　高　敏　陶　敏

徐蘋芳　張大可　張文強　張忱石　崔文印　梁太濟　許逸民

黃留珠　鄒逸麟　程毅中　傅璇琮　傅熹年　裘錫圭　蔡美彪

熊國禎　樓宇烈　劉鳳翥　龔延明

（以姓氏筆畫為序）